ELECTRONIC COMMERCE

12TH EDITION

电子商务

(原书第12版)

[美] 加里·P. 施奈德（Gary P.Schneider） ◎著
加利福尼亚州立大学

张俊梅 袁勤俭 杨欣悦 ◎等译

机械工业出版社
CHINA MACHINE PRESS

图书在版编目（CIP）数据

电子商务（原书第12版）/（美）加里·P. 施奈德（Gary P. Schneider）著，张俊梅等译. —北京：机械工业出版社，2020.1（2024.7 重印）

（华章教材经典译丛）

书名原文：Electronic Commerce, 12th Edition

ISBN 978-7-111-63716-5

I. 电… II. ① 加… ② 张… III. 电子商务 – 教材 IV. F713.36

中国版本图书馆 CIP 数据核字（2019）第 262868 号

北京市版权局著作权合同登记　图字：01-2017-2418 号。

Gary P. Schneider. Electronic Commerce, 12th Edition.

Copyright © 2017 by Course Technology, a part of Cengage Learning.

Original edition published by Cengage Learning. CMP Press is authorized by Cengage Learning to publish and distribute exclusively this simplified Chinese edition. This edition is authorized for sale in the Chinese mainland (excluding Hong Kong SAR, Macao SAR and Taiwan). Unauthorized export of this edition is a violation of the Copyright Act. No part of this publication may be reproduced or distributed by any means, or stored in a database or retrieval system, without the prior written permission of the publisher.

All rights reserved.

本书原版由圣智学习出版公司出版。版权所有，盗印必究。本书中文简体字翻译版由圣智学习出版公司授权机械工业出版社独家出版发行。此版本仅限在中国大陆地区（不包括香港、澳门特别行政区及台湾地区）销售。未经授权的本书出口将被视为违反版权法的行为。未经出版者预先书面许可，不得以任何方式复制或发行本书的任何部分。

本书封底贴有 Cengage Learning 防伪标签，无标签者不得销售。

本书分四部分，共 12 章，系统且详细地阐述了电子商务重要的商务问题和技术问题，包括电子商务网络基础、电子商务的业务战略、电子商务软硬件、电子商务安全、电子商务法律、电子支付系统、电子商务规划等内容。本书结构清晰、内容新颖、通俗易懂，可以引导读者探索并研究电子商务这个既熟悉又陌生的神秘领域。通过学习本书，读者不仅可以深入理解并掌握电子商务的理论知识，还可以学会如何运用电子商务理论知识解决电子商务实践问题。

本书适合高等院校电子商务及相关专业的本科生、研究生及 MBA 学员。

出版发行：机械工业出版社（北京市西城区百万庄大街 22 号　邮政编码 100037）

责任编辑：冯小妹　　　　　　　　　　　　　责任校对：殷　虹

印　　刷：北京捷迅佳彩印刷有限公司　　　　版　　次：2024 年 7 月第 1 版第 3 次印刷

开　　本：185mm×260mm　1/16　　　　　　印　　张：27

书　　号：ISBN 978-7-111-63716-5　　　　　定　　价：89.00 元

客服电话：(010) 88361066　68326294

版权所有·侵权必究
封底无防伪标均为盗版

The Translators' Words 译者序

《电子商务》（原书第12版）终于与读者见面了，鉴于本书前几版在电子商务教学、研究领域已建立了一定的影响力，使用量一直位于电子商务类教材的前列，我想很多读者的心情与我一样，都已迫不及待想要翻阅本书了。本书的最大特点是管理与技术、理论与实践有效融合，能给人很多启示，非常值得一读。

2001年教育部首次批准了全国13所院校开设电子商务专业，我从那时起从事电子商务专业的教学工作，至今算来已有18年。2005年我以访问学者身份在美国麻省理工学院斯隆管理学院学习，在该院杰出教授迈克尔·A.库苏马诺（Michael A. Cusumano）的指导下开发MBA的电子商务课程，对国外电子商务的教学与研究又增加了感性与理性的认识。多年来，在给本科生以及MBA学生开设的《电子商务》课程中，我接触到了很多国内外的教材，施奈德的《电子商务》是其中比较优秀的教材之一。

本书不要求读者具备电子商务的基础知识，内容循序渐进、重点突出、通俗易懂，能有效针对企业当前开展电子商务所普遍遇到的问题讲解，既适合对电子商务领域感兴趣的读者来了解、探寻相关知识，又特别适合电子商务领域的教学工作。电子商务应用发展非常迅速，本书一直紧密结合电子商务的理论与实践，在新一版中，增加了移动应用程序App的出现推动美国零售业发展以及语义Web研究的第一个商业应用等内容，这些都是非常重要的。

本书每章引言都设有一个精简的案例来引导该章内容，每章还提供了与该章内容相关的电子商务失败案例，这些案例都能给人较深刻的感悟，特别适合启发学生学习的课堂讨论。每章后的习题分为三个部分，既有检查理论知识掌握情况的问题，又有动手操作的小练习，还有以小组形式完成的案例分析。案例分析习题非常有特色，通过设置情景，让学生在其中应用所学理论知识分析、解决问题。每个案例的文化背景差异也不大，非常适合管理类课程的启发式教学。这些案例已成为很好的课堂教学素材。

本书由张俊梅老师、袁勤俭老师和杨欣悦负责全书翻译的组织、校译、审校和统稿工作，具体分工是：张俊梅老师负责第1章到第6章的翻译和校译，敖毅菲校对；周昊天和徐娟负责第7章的翻译（毛春蕾负责校译）；朱梦茜负责第8章的翻译（朱梦然负责校译）；朱梦然负责第9章的翻译（朱梦茜负责校译）；毛春蕾负责第10章的翻译（周昊天和徐娟负责校译）；朱哲慧负责第11章的翻译（杨欣悦负责校译）；杨欣悦负责第12章的翻译（朱哲慧负责校译）；张俊梅老师负责第1章到第6章的审校和统稿工作，杨欣悦负责第7章到第12章的第一遍审校和统稿工作，袁勤俭老师负责第7章到第12章最终稿的审校和统稿工作。

翻译是自己对《电子商务》这门课程系统的思考过程，这让我回想起在斯隆管理学院学习的日子、库苏马诺教授所给予的指导，以及埃莉诺（Eleanor）女士等人所给予的帮助。翻译也是再学习的过程，有时为了找到一个恰当的词语或语句来表达，需要字斟句酌。感谢美国加州州立大学圣贝纳迪诺分校终身教授吴浩然博士在翻译中所给予的支持与帮助；本书前几版由中国人民大学的成栋老师翻译，此时更能体会到成老师翻译的认真与高水平。

在本书的成型过程中，要特别感谢机械工业出版社的各位编辑所给予的支持与帮助，没有他们的辛勤工作，这本书也不会较快与读者见面。

本书出版之际，恰值在美国新墨西哥大学安德森管理学院访学，感谢国家留学基金委的资助，感谢安德森管理学院校董事会讲席教授（Regent's Professor）罗欣博士所给予的悉心指导。

由于译者水平有限，书中难免有错误之处，欢迎广大读者批评指正。

张俊梅

2019 年 4 月于 Zimmerman 图书馆

Preface 前言

本书全面介绍了电子商务的关键业务和技术要素。本书的读者无须具有电子商务的任何相关知识或经验。

在从事电子商务研究、咨询和企业培训数年之后，我于1998年开始给商学院的本科生和研究生开设电子商务课程。虽然在公司培训工作中使用过各种书籍以及其他材料，但是由于它们是面向广泛的不同群体编写的，没有诸如复习题这样的对学生来说非常重要的板块，我担心它们在大学课程中不能达到很好的教学效果。

我四处寻找能够兼顾电子商务的商务要素和技术要素的教科书，却并没找到。本书第1版就是为了填补这一空白。从第1版开始，我一直在努力完善此书，并使其内容及时反映这一动态领域的快速变化。

一、本书的新增内容

为了使该书的内容能及时反映电子商务实践领域的快速变化，本版除了常见内容更新外，还新增加了以下内容：

- 移动应用程序的出现推动了美国零售业的发展（第1章）。
- 诸如谷歌公司的Project Loon、新的无线技术以及语义Web研究的第一个商业应用这样的技术发展（第2章）。
- 在线视频的收入模式发展（第3章）。
- 新的在线广告标准和移动广告的发展（第4章）。
- 供应链管理如何增强了组织实施精益生产和零库存管理的能力（第5章）。
- 中国的银行业利用在线拍卖出售不良贷款（第6章）。
- 诸如Airbnb这样的租房中介以及诸如Lyft和Uber这样的打车中介所面临的法律问题（第7章）。
- 云计算和内容分发网络（第8章）。
- 高级购物车管理服务、软件即服务形式的企业资源规划系统和客户关系管理系统架构的详细介绍（第9章）。
- LastPass黑客、诸如Regin和TeslaCrypt这样的新病毒以及新涌现出的使数字证书能被更广泛采用的措施（第10章）。
- 移动设备支付系统以及电子账单处理与支付系统（第11章）。

- 企业加速器（第 12 章）。

二、本书的组织和内容

本书向读者介绍在互联网和万维网上开展商务活动的理论和实践。全书分为四个部分：概述、业务战略、技术以及整合。

1. 概述

本书第一部分包括两章。第 1 章 "电子商务导论" 定义了电子商务，介绍了公司如何利用电子商务创造新的产品和服务，降低现有业务流程的成本，并提高其运营的效率和有效性。本章提出并发展了电子商务浪潮的概念。本章还概述了互联网和 Web 的历史，说明了电子商务所处的国际环境，概述了企业运营的经济结构，并介绍了电子商务如何适应这些经济结构。本章介绍了将反复出现并贯穿于本书的两个主题：研究企业的价值链可以揭示出企业实施电子商务的机会；降低交易成本是众多企业实施电子商务的重要因素。

第 2 章 "技术基础设施：互联网和万维网"，介绍了开展在线业务所使用的技术，所涉及内容包括：互联网基础设施、网络协议、包交换网络和物联网。本章还介绍了 Web 上使用的标记语言（HTML 和 XML），讨论了包括无线技术在内的各种互联网接入方式以及选择时的利弊权衡。

2. 业务战略

本书第二部分包括五章，介绍了公司和其他组织在网上开展业务使用的业务战略。第 3 章 "网上销售" 介绍了公司在网上使用的收入模式，并解释了一些公司如何随着网络的成熟而改变它们的收入模式。本章还阐释了理解 Web 沟通本质的企业如何能够识别并接触尽可能多的合格客户。

第 4 章 "网络营销" 介绍了网络营销和在线广告。其内容涵盖了市场细分、技术支持的客户关系管理、理性的品牌策略、情景广告、本地化广告、病毒营销和许可营销。本章还解释了在线企业如何通过联盟营销和品牌所有者之间的合作来分享和转移品牌利益。本章也包括有效使用移动应用程序来宣传和推广产品和服务。

第 5 章 "企业间电子商务活动：提高效率，降低成本" 探讨了公司使用互联网和 Web 技术改进采购和物流主要活动的各种方法。本章还介绍了公司如何使用电子数据交换，如何将部分业务流程外包给本国或欠发达国家的其他公司，以及如何在精益制造供应链中使用协同商务。本章也描述了企业如何在在线供应链管理实践中使用诸如电子采购、射频识别和反向拍卖这样的技术。

第 6 章 "社交网络、移动商务和网上拍卖" 解释了公司现在如何使用网络做以前从未做过的事情，比如创建社交网络，从事移动商务和运营拍卖网站。本章还介绍了企业如何开发社交网络，以及如何利用现有的社交网站来增加销售和进行市场调查。本章也讨论了移动商务、订单和支付服务以及基于位置感知在线服务的发展。此外，本章也解释了公司如何利用网络拍卖来销售商品和产生广告收入。

第 7 章 "电子商务的环境：法律、伦理和税务问题" 讨论了知识产权使用的法律和伦理问题、客户的隐私权以及使用互联网的儿童的保护。本章还讨论了网络犯罪、恐怖主义以及网络战争。本章也介绍了许多有管辖权和征税权的政府机构,开展电子商务的企业必须了解与这些司法管辖区内的客户开展业务往来时面对的潜在责任。

3. 技术

本书第三部分包括四章,介绍了电子商务技术并解释了它们的工作原理。第 8 章 "Web 服务器的软件和硬件"介绍了组织在其电子商务网站运营中使用的计算机、操作系统、电子邮件系统、实用程序、Web 服务器软件以及云计算技术。本章还介绍了未经许可的电子邮件(UCE 或垃圾邮件)问题,并概述了技术和法律的解决办法。

第 9 章 "电子商务软件"介绍了所有电子商务网站须具备的基本功能,并解释了用于执行这些功能的各种软件选项。本章还概述了 Web 服务、数据库管理、购物车、内容分发网络、云计算以及电子商务中使用的其他类型的软件。本章也讨论了各种规模的在线企业的网络托管选项。

第 10 章 "电子商务安全"讨论了电子商务的安全威胁和组织可用于确保客户端计算机(包括智能手机和平板电脑)、通信信道和 Web 服务器安全的应对措施。本章还强调了书面安全策略的重要性,并解释了加密和数字证书的工作原理。本章也概述了影响电子商务活动的重要计算机病毒、蠕虫和其他威胁。

第 11 章 "电子商务支付系统"介绍了电子支付系统,包括电子账单处理及支付系统、移动银行、电子现金、电子钱包,以及使储值卡、信用卡、借记卡、收费卡工作的技术。本章还介绍了支付系统的操作方式,包括批准交易和支付给商家,并描述了银行如何使用互联网技术来改进支票清算和支付处理操作。本章也概述了使用移动设备作为数字钱包进行支付和进行网上银行业务。此外,本章还讨论了网络钓鱼攻击和身份盗窃犯罪对个人和在线企业构成的威胁。

4. 整合

本书第四部分,也是最后一部分,包括一章,整合了电子商务中所使用的业务策略和技术策略。第 12 章 "电子商务规划"概述了电子商务实施的商业计划中通常包含的诸如目标设定、项目的成本和效益估算这样的关键要素。本章还介绍了在线企业孵化器和加速器、外包策略以及将项目管理和项目组合管理作为正规的方法来计划和控制电子商务实施过程中的任务和所使用的资源。本章也讨论了变革管理,并概述了企业实施电子商务的具体工作。

三、本书的特色

本书具有很多特点,并提供了旨在帮助读者理解电子商务的额外资源。这些特点和资源包括:

- 商业案例法。每章的引言部分都有一个真实的商业案例,为该章所述内容提供了统一的主题和背景。每个案例都阐明了该章所述内容中的一个重要主题,并说明它与现行电子商务实践的相关性。
- 前车之鉴。并非所有电子商务活动都取得了成功。本书的每一章都包含一个电子商失败案例的简短总结，我们应该从错误中吸取教训。本书的这个特点旨在帮助读者了解电子商务先驱们在所走过的艰辛道路上的失误，并从中吸取他们的教训。
- 本章小结。每章最后都有一个小结，简明扼要地概括了本章中最重要的概念。
- 复习题和练习题。复习题既可用于课堂讨论，也可作为书面完成的家庭作业。实践性的练习题让学生亲身体验，使用计算机进行操作，了解输出结果或提交一份书面报告。
- 案例。每章都以两个综合案例结束。一个案例是使用一个虚拟场景来说明本章的主要学习目标。另一个案例给学生提供了应用本章所学知识解决真实公司或组织实际问题的机会。这些案例为学生能够应用所学知识提供了丰富的学习环境，并为学生进一步研究这些内容提供了动力。
- 延伸阅读。每章的最后都列出了本章的全部参考文献，包括正式出版的期刊论文、图书以及IT产业和商业媒体上所发表的文章，为想要更多地了解本章所讨论主题的读者提供了一个良好的起点。
- 关键术语。每章结尾都有一个本章关键术语及其定义的列表。

四、致谢

我非常感谢使本书成功出版的Cengage出版社的朋友们，包括产品经理杰森·盖勒（Jason Guyler）、内容开发人员泰德·奈特（Ted Knight）和项目经理迪维亚·迪瓦卡兰（Divya Divakaran）。我还感谢在前11个版本中担任开发编辑的阿曼达·布罗德金（Amanda Brodkin）。

此外，我还要感谢下列审稿人对本书前几版本所提出的独到见解和建议：

Paul Ambrose	University of Wisconsin, Milwaukee
Kirk Arnett	Mississippi State University
Tina Ashford	Macon State College
Rafael Azuaje	Sul Ross State University
Robert Chi	California State University-Long Beach
Chet Cunningham	Madisonville Community College
Roland Eichelberger	Baylor University
Mary Garrett	Michigan Virtual High School
Barbara Grabowski	Benedictine University
Milena Head	McMaster University
Perry M. Hidalgo	Gwinnett Technical Institute
Brent Hussin	University of Wisconsin, Green Bay
Cheri L. Kase	Legg Mason Corporate Technology
Joanne Kuzma	St. Petersburg College
Rick Lindgren	Graceland University
Victor Lipe	Trident Technical College
William Lisenby	Alamo Community College
Diane Lockwood	Seattle University
Jane Mackay	Texas Christian University
Michael P. Martel	University of Alabama
William E. McTammany	Florida State College at Jacksonville
Leslie Moore	Jackson State Community College
Martha Myers	Kennesaw State University

Pete Partin	Forethought Financial Services
Andy Pickering	University of Maryland University College
David Reavis	Texas A&M University
George Reynolds	Strayer University
Barbara Warner	University of South Florida
Gene Yelle	Megacom Services

特别感谢新加坡南洋理工大学的审稿人李·吉尔伯特（A. Lee Gilbert），他为完善第12章提供了非常详细的意见和许多有用的建议。我还要感谢许多教授使用此书前几版作为教材，并提出了完善此书的建议。特别要感谢太平洋联合学院的大卫·贝尔（David Bell）就第2章中IP地址的覆盖范围所提出的详细建议。

圣迭戈大学提供的研究经费使我能够完成本书的第1版，还使我拥有了乐于讨论和批判性地评估书中观点的同事，他们包括现执教于阿祖萨太平洋大学的汤姆·巴克尔斯（Tom Buckles）、北卡罗来纳大学格林斯伯勒分校的拉赫尔·辛哈（Rahul Singh）以及与我合著了本书前两版的卡尔·里布曼（Carl Rebman）和吉姆·佩里（Jim Perry）。圣迭戈大学商学院给帮助我完成了本书前7版的许多研究生提供了研究资助，他们包括富布赖特学者塞巴斯蒂安·艾利奥艾（Sebastian Ailioaie），其在Web链接方面做了大量的工作；也包括安东尼·库里（Anthony Coury），其拥有丰富的法律知识且认真审核了第7章，并提出了很多改进意见。此外，我还要感谢昆尼皮亚克大学的研究生阿里恩·克韦特库斯（Arienne Kvetkus），其就第6章的内容提出了很多有价值的意见。

多年来，我的许多研究生都提供了有益的建议和想法。我要特别感谢迪马·伽维（Dima Ghawi）和丹·戈登（Dan Gordon）这两名同学。迪马·伽维分享了她对反向拍卖的重要背景研究，并帮助我形成了在第5章及第6章所提出的许多想法。丹·戈登在一家大型国际公司担任EDI运营经理，他的工作经验使我受益，并且其对第5章进行了深入的审核。其他提供了宝贵建议的学生还包括马克西米利安诺·奥尔蒂里（Maximiliano Altieri）、阿德里安·博伊斯（Adrian Boyce）、卡尔·弗莱格（Karl Flaig）、凯西·格拉泽（Kathy Glaser）、埃米莉·约翰逊·赫什（Emilie Johnson Hersh）、罗宾·劳埃德（Robin Lloyd）、查德·麦克马纳米（Chad McManamy）、丹·马利根（Dan Mulligan）、菲拉特·奥兹坎（Firat Ozkan）、苏珊娜·菲利普斯（Suzanne Phillips）、苏珊·索莱曼（Susan Soelaiman）、卡罗琳·施图茨（Carolyn Sturz）、莱拉·沃思（Leila Worthy）和祖友·王（Zu Yo Wang）。

最后，我要对我的妻子凯西·考斯比（Cathy Cosby）所给予的支持和鼓励表示深深的感谢。如果没有她的支持和耐心，我不可能完成本书。

五、作者简介

加里·施奈德（Gary Schneider）目前是加利福尼亚州立大学蒙特利湾分校商学院的教授。在此之前，施奈德教授曾担任昆尼皮亚克大学的威廉·S. 珀罗斯（William S. Perlroth）教授和圣迭戈大学的克拉伦斯·L. 斯特伯（Clarence L. Steber）教授。此外，他还曾在辛辛那提大学、北肯塔基大学、田纳西大学和泽维尔大学任教。他曾在这些大学荣获许多教学和研究奖励，并在圣迭戈大学担任电子商务和信息系统专业研究生项目的学术主任。他已经出版了 50 多本书，发表了 100 多篇会计、信息系统和管理方面的研究论文。他的书被翻译成中文、法文、意大利文、韩文以及西班牙文。他的研究获得了欧文基金会和美国海军研究所提供的资金支持。他的论文发表在《会计视野》《信息系统学报》《交叉科学学报》《会计教育问题》以及《信息系统审计与控制学报》等一流学术期刊上。

他曾担任《商业研究杂志》《会计系统》和《科技报道》等刊物的编辑，担任《会计、财务及经济进展学报》会计学主编，担任《全球信息管理学报》副主编，以及《信息系统学报》《组织电子商务学报》《数据库管理学报》《信息系统审计与控制学报》编委。他曾在美国、欧洲、南美和亚洲的大学及企业中做电子商务专题讲座。他还为包括加德纳公司、捷威公司、霍尼韦尔公司、美国国家科学基金会、高通公司和美国商业部在内的许多主要客户提供咨询和培训服务。1999 年，他被任命为加德纳研究所研究员。2013 年，他被任命为墨西哥瓜达拉哈拉蒙特雷高等技术学院的杰出客座教授。他是俄亥俄州的注册会计师，在俄亥俄州从事过 14 年的会计工作。他拥有美国田纳西州立大学的会计信息系统博士学位、泽维尔大学会计学商务管理硕士学位和辛辛那提大学的经济学学士学位。

Contents 目录

译者序
前言

第一部分 概述

第1章 电子商务导论 / 2
1.1 电子商务演变 / 3
1.2 电子商务的发展 / 6
1.3 商业模式、盈利模式和业务流程 / 12
1.4 电子商务的机遇和注意事项 / 15
1.5 经济因素与电子商务 / 18
1.6 识别电子商务的机遇 / 23
1.7 电子商务的国际化禀性 / 27

本章小结 / 33　关键术语 / 33
复习题 / 35　练习题 / 36
案例 / 36　延伸阅读 / 39

第2章 技术基础设施：互联网和万维网 / 42
2.1 互联网和 WWW / 43
2.2 包交换网络 / 46
2.3 互联网协议 / 49
2.4 WWW 的兴起 / 53
2.5 标记语言和网页 / 57
2.6 互联网接入方案 / 66
2.7 第二代互联网与语义网 / 71

本章小结 / 72　关键术语 / 73
复习题 / 78　练习题 / 78
案例 / 79　延伸阅读 / 80

第二部分 业务战略

第3章 网上销售 / 84
3.1 网上业务的盈利模式 / 85
3.2 战略的改变：盈利模式的变迁 / 103
3.3 网上业务盈利策略问题 / 106
3.4 企业网上商业形象的有效建立 / 108
3.5 网站的可用性 / 110
3.6 使用互联网与客户联系 / 115

本章小结 / 117　关键术语 / 118
复习题 / 119　练习题 / 120
案例 / 120　延伸阅读 / 123

第4章 网络营销 / 126
4.1 网络营销战略 / 127
4.2 同各细分市场沟通 / 129
4.3 超越市场细分：客户行为与关系强度 / 133
4.4 网上广告 / 138
4.5 电子邮件营销 / 145
4.6 技术支持的客户关系管理 / 146

4.7 互联网上品牌的创建和
　　维护 /149
4.8 搜索引擎排名与域名 /153
本章小结 /158　关键术语 /159
复习题 /162　练习题 /162
案例 /164　延伸阅读 /166

第5章　企业间电子商务活动：提高效率，降低成本 /169

5.1 采购、物流和业务支持
　　流程 /170
5.2 电子数据交换 /177
5.3 使用互联网技术的供应链
　　管理 /185
5.4 网上企业市场和商业
　　网络 /190
本章小结 /194　关键术语 /194
复习题 /197　练习题 /197
案例 /198　延伸阅读 /200

第6章　社交网络、移动商务和网上拍卖 /203

6.1 从虚拟社区到社交网络 /204
6.2 移动商务 /213
6.3 网上拍卖 /218
6.4 网上拍卖及相关业务 /221
6.5 拍卖相关服务 /227
本章小结 /229　关键术语 /229
复习题 /231　练习题 /232
案例 /233　延伸阅读 /234

第7章　电子商务的环境：法律、伦理和税务问题 /238

7.1 电子商务的法律环境 /239
7.2 电子商务企业知识产权的
　　使用与保护 /248
7.3 网络犯罪、恐怖活动与
　　战争 /255
7.4 伦理问题 /258

7.5 税收和电子商务 /264
本章小结 /267　关键术语 /268
复习题 /270　练习题 /271
案例 /272　延伸阅读 /273

第三部分　技术

第8章　Web服务器的软件和硬件 /278

8.1 Web服务器基础 /279
8.2 Web服务器的软件 /283
8.3 电子邮件 /285
8.4 Web网站实用程序 /291
8.5 Web服务器的硬件 /293
本章小结 /300　关键术语 /300
复习题 /302　练习题 /303
案例 /303　延伸阅读 /305

第9章　电子商务软件 /307

9.1 主机托管方案 /308
9.2 电子商务软件的基本
　　功能 /308
9.3 电子商务软件如何与其他
　　软件协同工作 /313
9.4 面向中小型企业的电子商务
　　软件 /317
9.5 面向中型企业的电子商务
　　软件 /319
9.6 面向大型企业的电子商务
　　软件 /320
本章小结 /324　关键术语 /324
复习题 /326　练习题 /327
案例 /327　延伸阅读 /329

第10章　电子商务安全 /331

10.1 在线安全问题概述 /332
10.2 客户机的安全 /335
10.3 通信信道的安全 /345

10.4 服务器的安全 / 354
10.5 促进计算机安全的组织 / 359
本章小结 / 360　关键术语 / 361
复习题 / 365　练习题 / 365
案例 / 366　延伸阅读 / 367

复习题 / 389　练习题 / 389
案例 / 390　延伸阅读 / 392

第四部分　整合

第11章　电子商务支付系统 / 370
11.1 常用在线支付方法 / 371
11.2 支付卡 / 373
11.3 数字现金 / 378
11.4 数字钱包 / 380
11.5 互联网技术和银行业 / 381
11.6 支付系统面临的威胁：网络钓鱼和身份盗窃 / 383
本章小结 / 386　关键术语 / 387

第12章　电子商务规划 / 396
12.1 电子商务活动的收益识别和成本估算 / 397
12.2 电子商务网站的开发战略 / 403
12.3 管理电子商务的实施 / 407
本章小结 / 411　关键术语 / 412
复习题 / 414　练习题 / 414
案例 / 414　延伸阅读 / 417

PART 1

第一部分

概 述

第1章
电子商务导论

|学习目标|

什么是电子商务,它是如何演变进入第三次成长浪潮的?
- 当企业刚开始实施电子商务时,为什么要关注收入模式?为什么业务流程的分析取代了商务模式的分析?
- 启动电子商务项目时,如何识别机会与障碍?
- 经济因素如何创建了培育电子商务持续增长的商业环境?
- 企业如何使用价值链和SWOT分析来发现电子商务机会?
- 电子商务的国际化本质如何影响了它的产生与发展?

|引 言|

电子商务始于美国,多年以来主要是通过英文网站开展。但正如本章中所介绍的,近年来已经发生了巨大的变化。从2013年开始,中国已经成为网上零售业务的领导者,其中越来越多的销售是通过智能手机而非电脑进行的。

中国拥有14亿人口,约6.5亿人可以上网,是世界上具有网上零售市场最大潜力的国家。最近的研究发现,中国用户是特别活跃的互联网用户,超过90%的被调查者说他们每天上网次数为2~4次,加上中国经济增长总体呈上升趋势,当前和未来预期的网上零售业务将继续保持目前的上升趋势。虽然中国的购买者也在美国的网站上购物,如亚马逊和eBay,但他们更频繁光顾国内的知名网站,如京东JD.com和天猫Tmall.com。

中国与美国网上购物者的不同并非在于使用不同的语言。中国网上购物者更容易受网上评论的影响,且想写网评的人远多于世界上其他地方,他们也喜欢在网上与其他人深入地交流讨论其潜在的购买需求,征询购买意见。这些文化特性导致了独立评论网站的发展,耐克等企业也成为中国聊天和消息类传播网站(如新浪微博和微信）的积极参与者。

在中国的销售商发现，他们在一个地域辽阔、多民族的国家开展业务，必须考虑地域差异。在大城市，人们购买奢侈品和大件物品，如汽车；而在较小的城镇，消费者对价格更敏感，他们在网上搜寻并购买日用品。在中国的部分地区，商品的分销和物流递送依然很棘手，因为这些地区还没有建设好发达的道路交通设施和标准化的运输。一些销售商通过自建配送系统来克服这些问题。例如，京东已经在34个城市建立了超过80家仓库，保证京东能比其竞争对手向用户提供更快、更可靠的递送服务。

本章将介绍在线业务是如何产生的，以及如何演变发展来应对世界各地不同文化和基础设施的挑战。

1.1 电子商务演变

我们现在称为电子商务的商业现象经历了一段非常有趣的发展历史。20世纪90年代中期电子商务业务量并不起眼，其后迅速增长，直到2000年发生了巨大的衰退，导致大众媒体津津乐道于".com网络热潮"如何转变为".com泡沫破灭"。2000~2003年，许多行业观察家都撰文宣告电子商务的死亡。正像繁荣时期的突然成功导致不切实际的过高期望，这一时期新闻报道的色彩又过于悲观。

从2003年开始，电子商务开始呈现出意义深远的重生。在电子商务低迷期幸存下来的公司不仅实现了销售额的再次增长，而且许多公司开始盈利。当经济增长时，电子商务也在增长，但是增长的步伐更快。这样，电子商务在全球经济总量中所占的比重逐渐增大。

在2008年开始的经济衰退中，电子商务比大部分实体经济受到的损害要小。从现在往回看，我们发现随着经济的扩张与收缩，电子商务在经济形势好的时候一直都在增长，而在经济衰退时受到的影响要比其他经济领域少。本节定义了电子商务，并介绍了电子商务如何从一个新生事物演变发展为目前全球商业活动中的一个重要组成部分。

1.1.1 电子商务和电子交易

对很多人而言，"电子商务"这个术语意味着在互联网上购物。然而，电子商务还包括很多其他的活动，例如企业之间的交易，以及企业用于支持采购、销售、员工招聘、计划等活动的内部流程。一些人会使用**电子交易**（或e-business）这个术语，来讨论更广泛意义上的电子商务。例如，IBM公司把电子交易定义为"通过使用互联网技术转变关键业务流程"。大多数人会不加区别地使用"电子商务"和"电子交易"。在本书中，电子商务（electronic commerce）这个术语用来表示电子商务最广泛的定义，包括使用互联网技术的所有商业活动。互联网技术包括互联网、WWW、移动电话网络上的无线传输技术等。只经营网上业务的公司被称为.com或纯.com公司以区别于实体经营的公司（只有实体业务或实体业务结合了网上业务的公司），然而，网上商业活动已经与许多人的日常生活融合在一起，没有人再关注其中的差别了。

1.1.2 电子商务的类型

划分电子商务类型的一个有效并被普遍认同的方法是按照交易过程或商务过程参与方所

属类型进行划分。电子商务通常划分为五大类,分别是:企业与消费者之间的电子商务、企业与企业之间的电子商务、企业交易与业务流程、消费者与消费者之间的电子商务、企业与政府之间的电子商务。最常见的三类电子商务是:

- 消费者浏览网页,在网站上进行购物,称为**企业与消费者之间的电子商务**(B2C)。
- 企业之间通过互联网开展交易,称为**企业与企业间的电子商务**(B2B)。
- 支撑企业、政府以及其他组织使用互联网技术来开展采购、销售活动的业务流程。

一家企业所从事的活动可能包含很多种类型的电子商务。我们来看一家生产立体声话筒的公司。这家公司在互联网上销售立体声话筒给消费者,这是 B2C 类型的电子商务,同时,它也通过互联网从其他公司购买生产立体声话筒所需的原材料,这是 B2B 类型的电子商务。企业往往设立一个完整的部门负责与供应商谈判、实施采购。这样的部门通常被称为**供应链管理部**(supply management)或**采购部**(procurement)。因此,B2B 电子商务有时也被称为**电子采购**(e-procurement)。

除了购买原材料与销售话筒,公司还需完成其他很多活动,将原材料转变为产品话筒。这些活动包括雇用并管理制造话筒的工人,以及租用或购买用于生产和储存话筒所需的设备厂房、运输话筒、会计记账、获取客户反馈、购买保险、开展营销活动、设计新的产品型号。这些交易与业务流程中越来越多的活动都可在互联网上完成,生产过程(如装配话筒)也可以利用互联网技术进行控制。所有这些沟通、控制以及与交易相关的活动都是电子商务的重要组成部分。有人将这些活动归入 B2B 类型的电子商务,也有人认为这些活动应归入基础或支持性的业务活动。

1.1.3　业务流程

80 多年来,企业研究人员一直在研究人们在企业中的行为方式。这项研究能够帮助管理人员更好地了解员工是如何工作的,以及如何激励员工更有效地工作。研究结果不仅帮助了管理者,近来也帮助员工本人提高了工作绩效和生产力。进行这类研究的一个重要组成部分,是了解每个员工所从事的活动。在此背景下,一项**业务活动**(business activity)是员工在完成他的工作中所执行的一项任务。

几个世纪以来,企业主们一直在记录着企业的经营状况。会计或交易记录可以追溯到中世纪。**交易**(transaction)是价值的交换,例如购买、销售,或将原材料转化为成品。通过记录交易信息,会计人员帮助企业所有者记录并评估企业经营状况。所有交易至少包括一项业务活动,有些交易包含很多的业务活动,但不是所有的业务活动都能导致交易,因此,一个交易总是有一个或几个业务活动与之相关,但某个业务活动可能与交易无关。

企业所从事的一系列彼此相关、有逻辑关系与前后顺序的活动和交易的集合通常被统称为**业务流程**(business processes)。资金转账、下订单、寄送发票、向客户送货都属于业务活动或交易。例如,将产品送达客户的业务流程包括一系列的业务活动(或称任务,或称交易),诸如检验货物、包装、与运输公司谈判、录入并打印运输单据、货物装车、支付运输公司费用等。

互联网帮助员工提高工作效率的一种重要方式是让公司员工能在家或其他地点(如旅行中)更有效地开展工作,这被称为**远程办公**(telecommuting)或**远程工作**(telework),员工通过互联网登录到公司的网络,不再需要到办公室上班。

1.1.4 电子商务各要素的相对大小

图 1-1 所示为两种主要的电子商务类型,是公司可能从事的全部业务流程的子集。图形面积大致代表了电子商务的三个组成成分（B2C 交易、B2B 交易,以及综合的业务流程）的规模。根据交易金额和交易数量,企业间的电子商务业务 B2B 大于企业与消费者间的电子商务业务 B2C。然而,基于网络技术所开展的业务流程的份额远远大于企业间的电子商务 B2B 与企业与消费者间电子商务 B2C 的总和。

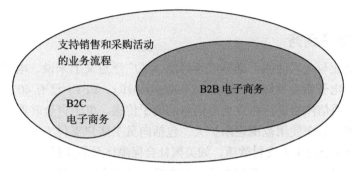

图 1-1 电子商务的组成

在图 1-1 中,最大的椭圆表示支持销售和采购活动的业务流程,是电子商务应用中的最大份额。

有的研究人员提出第四种类型的电子商务,称为**消费者之间的电子商务**（consumer-to-consumer 或 C2C）,即个人之间进行的商品买卖。例如,当一个人通过拍卖网站将一件物品卖给另一个人时就是 C2C 的电子商务。本书将 C2C 归入 B2C 电子商务类型中,因为从交易的目的来看,个人销售商品的行为与企业类似。

最后,有的研究人员还提出了**企业与政府之间的电子商务**（business-to-government 或 B2G）,这种类型包括企业与政府机制之间的交易,比如缴税、填报政府所需的报表。在美国,越来越多的州政府创建网站来帮助企业完成与州政府之间的业务。本书将 B2G 电子商务业务归入 B2B 类型中。表 1-1 对这五类电子商务进行了概括。

表 1-1 电子商务类别

类别	描述	实例
企业与消费者之间的电子商务（B2C）	企业向消费者个人销售产品或服务	沃尔玛通过网站 Walmart.com 向消费者销售商品
企业之间的电子商务（B2B）	企业向其他企业销售产品或服务	Grainger.com 通过网站向大企业与小企业销售工业用品
支持采购与销售活动的业务流程	企业或其他组织使用信息对顾客、供应商和员工进行识别和评估。目前,越来越多的企业与自己的客户、供应商、雇员与业务伙伴分享这些信息	戴尔公司使用加密的互联网连接供应商,分享当前的销售信息并预测未来销售状况。供应商使用这些信息来制订生产计划,并在恰当的时间将合适数量的零配件送达戴尔
消费者之间的电子商务（C2C）	网络市场中的消费者能相互之间买卖商品。由于销售的一方扮演了企业的角色,本书将 C2C 归入 B2C 电子商务	消费者之间,消费者与企业之间在 eBay.com 在线市场中进行交易
企业与政府之间的电子商务（B2G）	企业向政府机构销售产品或服务。本书将 B2G 交易归入 B2C 电子商务	CA.gov 网站允许企业在网上销售产品给加利福尼亚州政府

1.2　电子商务的发展

人类之间的贸易活动已有上千年的历史，人们总是会及时使用新出现的工具和技术。例如，在古代，帆船的出现给买卖双方的交易带来了新的途径。此后的一些发明，如印刷术、蒸汽机和电话都改变了人们从事贸易活动的方式。互联网比历史上其他的技术能提供给人们更多的改变购买、销售、招聘员工、组织业务活动等商业活动的方式，以及开展这类商业活动更快捷的方法。

1.2.1　早期的电子商务

Web 使很多企业与个人的网上交易成为可能，从广泛意义上来说，电子商务的存在已有很多年。银行使用**电子资金转账**（electronic funds transfer，EFT）已有 40 多年，EFT 也称为电汇，即通过私有通信网络进行账户交易信息的电子传递。电子资金转账最初用于企业支票账户间的资金转账，后来使用范围逐渐扩大，包括向员工账户支付工资，自动归还汽车和其他抵押贷款，以及政府向个人支付款项，如美国社会保障体系的支付。

企业使用一种形式的电子商务即电子数据交换，已经有很多年了。**电子数据交换**（EDI）是指一家企业以标准格式传送计算机可读的数据到另一家企业。在 20 世纪 60 年代，很多企业意识到企业间相互传递的很多单据都与商品的运输有关，比如发票、采购订单、提货单等。对每笔交易，这些单据所包含的信息基本是相同的。企业还意识到其花费了大量时间和金钱将这些数据录入自己的计算机，再打印出纸质表格，接着交易的另一方又要将数据再次输入他们的计算机中。虽然每笔交易中的采购订单、发票和提货单包含的信息大部分相同，如商品编码、商品描述、价格和数量，但每张纸质单据又有各自不同的格式来显示这些信息。通过建立一系列的标准格式来传递电子信息，企业可以减少失误，节省文件打印和邮寄成本，消除数据的重复录入。

相互间使用 EDI 的企业称为**贸易伙伴**（trading partner）。在 EDI 中使用的标准格式包括企业使用标准纸质发票、采购订单和运输文件中的一切信息。通用电气、西尔斯和沃尔玛等企业最早使用 EDI 来改善采购流程，改善与供应商之间的关系。美国政府也是世界上最大的 EDI 贸易伙伴，对 EDI 在企业中的应用起到了推动作用。

早期使用 EDI 的企业所面临的一个问题是高昂的实施成本。直到 20 世纪 90 年代，使用 EDI 仍然需要购买昂贵的计算机硬件和软件，然后在所有贸易伙伴间建立起直接的网络连接（使用租用的电话线），或租用增值网络。**增值网络**（value-added network，VAN）是一个独立的企业，它为使用 EDI 的买卖双方提供连接服务和交易代理服务。在我们今天所熟知的互联网出现之前，VAN 在交易伙伴间提供连接服务，并负责确保数据传递的安全。

EDI 仍然是 B2B 电子商务业务中的一大份额，并且每年的交易量和交易金额都在稳步增长。本书第 5 章将介绍更多的有关 EDI、VAN 以及 B2B 交易的新技术。

1.2.2　电子商务的第一次浪潮，1995～2003 年

许多研究人员认为，电子商务的发展导致了开展商务方式的重大改变，并将其与经济组织的其他历史变迁如工业革命进行比较。越来越多的商业领域的研究学者认定，经济结构的重大变化不会只导致单一事件的发生，而是导致一系列的发展，或是随后一段时间内所出现

的发展高潮。例如，工业革命不再作为一个单一的事件被研究，而是研究 50～100 年之间企业的一系列发展。经济学家克里斯·弗里曼（Chris Freeman）和弗朗西斯科·卢桑（Francisco Louçã）在其巨著《光阴似箭》一书中，描述了发生在工业革命中的四次浪潮（或四个阶段）。在每一次不同的浪潮中，他们发现企业采用不同的业务战略获得成功。

由互联网所带来的电子商务和信息革命也将经历一系列的浪潮。本节列出了电子商务第一次浪潮的特征。本章后继章节讨论了电子商务第二次浪潮与第三次浪潮的发展。

电子商务第一次浪潮的特点是快速增长，通常被称为"繁荣"，紧随其后的是快速收缩，常被人们称为"破灭"。在 1997 年到 2000 年间，投资者投入 1000 多亿美元创建了 12 000 多家互联网公司。乐观情绪四处弥漫，也就是后来所说的非理性繁荣，投资者害怕他们错过终身难遇的赚钱机会。由于众多投资者竞争投资数量有限的好想法，结果这些想法的价格不断攀升，很多好的想法在实施过程却执行得很糟糕；更糟糕的是，很多坏的想法也获得了投资。

超过 5000 家这样的互联网初创企业在 2000 年开始的经济低迷期中倒闭或被收购。2000～2003 年，媒体对 ".com 破灭" 的报道铺天盖地。然而，在那个时期，超过 2000 亿美元的风险基金被投资到收购经营遇到困难的电子商务企业或新创建的互联网企业。虽然金融资本的注入没有得到大众媒体和商业媒体的报道，但这些投资赋予了在线商务活动在随后几年显著增长的新生命。第二次投资浪潮为早期被糟糕实施的好想法带来了新的成功机会。

1.2.3 电子商务的第二次浪潮，2004～2009 年

在电子商务第一次浪潮中，美国现象占据了主导地位。网页中的语言主要使用的是英语，尤其是商务网站。第二次浪潮的特征是电子商务的国际化，销售商开始在其他国家使用这些国家的语言做生意。语言翻译和货币兑换是电子商务第二次浪潮中阻碍全球商务活动有效开展的两个问题。在本章中，我们将介绍全球电子商务所带来的问题，在本书第 7 章中，将关注全球电子商务的法律问题，第 11 章中的在线支付系统对这些问题也有所涉及。

在电子商务第一次浪潮中，由于很容易获得起步资金，导致过分强调创建大型的新企业来抓住电子商务机遇。投资者对电子商务热情高涨，急欲参与，根本不考虑成本或可能的风险。在第二次电子商务浪潮中，现有的企业用自己的起步资金来开展电子商务，然后逐步扩大融资机会。这种慎重的、深思熟虑的投资有助于电子商务的稳步发展，尽管这让发展速度放缓。

在第一次电子商务浪潮中（尤其是 B2C 电子商务中）所使用的互联网技术是低速廉价的互联网技术。虽然企业通常使用宽带连接，但大多数消费者使用调制解调器拨号上网。家庭宽带上网的不断增多，是第二次电子商务浪潮的一个关键因素。2004 年，美国家庭使用宽带上网的数量显著增加。很多行业报告统计，在 2004 年年初，大约有 12% 的美国家庭使用宽带上网。到 2009 年，估计有 70%～80% 的美国家庭使用宽带连接。其他国家，如韩国，给国民补贴上网费用，导致人们使用更高速率的宽带上网。

人们在家使用互联网传递数据量大的音频和视频文件的需求不断上升，这被视为在电子商务第二次浪潮中，人们愿意支付额外的费用来获得宽带上网的原因。高速上网不仅提高了互联网的使用效率，也改变了人们使用互联网的方式。例如，宽带上网允许用户在线观看电影和电视节目，但如果人们使用调制解调器拨号上网是不可能做到的。宽带上网也给在线零售带来了更多的商业机会，它改变了在线零售商向网站访问者介绍、展示商品的方式。企业

客户多年来使用高速率的互联网，在第二次电子商务浪潮中，不断涌现的无线互联网上网新方式扩大了 B2B 电子商务的规模和应用类型。例如，销售人员使用手提电脑与客户联系、准备报价，无论身处何处都能检查订单的履行情况。在第 2 章中，读者将学习不同类型的上网方式，在第 3 章与第 4 章中将学习互联网连接速度如何影响消费者网上购物的体验。

在电子商务第一次浪潮中，电子邮件是一种非结构化、随意沟通的工具。在第二次电子商务浪潮中，B2C 和 B2B 的销售商都开始将电子邮件整合到营销和客户沟通的策略中。本书将在第 2 章中介绍电子邮件使用技巧，在第 4 章中介绍电子邮件营销。

网上广告是很多在第一次浪潮中倒闭的 ".com 公司" 的主要收入来源。经历了电子商务第一次浪潮的低谷后，在电子商务的第二次浪潮中，企业又开始重燃将互联网作为有效广告媒体的兴趣。一些类别的网络广告，诸如就业服务（求职广告）增长很快，已经取代了同类型的传统广告。如 Google 这样的公司所设计推出的广告方式，更容易让互联网用户对广告中的商品和服务感兴趣。在本书第 4 章中，将介绍这些广告策略。

在电子商务第一次浪潮中，数字化产品的销售困难重重。音像业无法（有人认为是不愿意）设计出一种好的方式来解决数字音乐的网站分销，这就造成了数字产品盗版现象猖獗。电子图书也未能获得成功。电子商务第二次浪潮中，已能找到技术来保障音乐、视频和其他数字产品合法地在互联网上进行分销。苹果公司的 iTunes 网站是第二浪潮中进行数字产品分销的先行者之一，它满足了消费者和行业的需求。在本书第 3 章中将介绍更多的数字化产品的分销策略，第 7 章中将介绍与数字产品相关的法律问题。

在第二次浪潮中，还出现了另一组技术被整合用于开发新的网上商务活动。这些技术统称为 Web 2.0，包括允许网站的访问用户参与网站的创建、编辑，并在第三方拥有和经营的网站上发布内容的软件。如维基（Wikipedia）、YouTube、Facebook 等网站都使用了 Web 2.0 技术。客户关系管理软件也可以利用 Web 2.0 技术，供用户通过互联网所使用，如可以通过互联网租用 Salesforce.com 公司所开发的软件产品。Web 2.0 所带来的商业机遇将贯穿全书，本书第 9 章中将介绍相关的技术。

在电子商务第一次浪潮中，很多公司和投资者相信，成为销售某类特殊产品和服务的第一家网站，往往就能获得成功，这种策略称为**先行者优势**（first-mover advantage）。商业研究人员专门分析了那些努力获得先行者优势的企业后发现，先发并不一定能够获得成功（参见本章"延伸阅读"中 Suarez 和 Lanzolla 所发表的论文）。先行者需要在新技术上投入大量的资金，并分析什么样的客户能从这些技术中获得什么客户价值。由于需求的高度不确定性，再加上需要大量资金的投入，成为先行者可以说是一种商业冒险。正如很多企业战略家们所注意到的，往往"是第 2 只老鼠获得了奶酪"。这称为**聪明跟随策略**（smart-follower strategy）。在该方法中，当一家企业发现先行者失败，并且该项业务已不再需要大量的投资，业务流程已经被先行者所测试，该企业随后进入该业务。

成功的先行者往往是拥有声望、著名品牌，具备丰富营销经验的大公司。缺乏这些经验的规模小的先行者往往趋向于失败。另外，进入激烈变化的市场，或技术变化很快行业的先行者往往也不得善终。在第二次浪潮中，越来越多的企业开展网上业务时，都采用聪明跟随策略。

1.2.4　电子商务的第三次浪潮，2010 年至今

在 2010 年，众多因素齐聚一起，启动了电子商务发展的第三次浪潮。这些因素包括：

- 使用功能强大的移动设备（智能手机和平板）用户的数量形成临界规模，伴随着全球高速手机网络的快速扩张所提供的用户与公司之间的令人满意的连接，史上第一次，借助于网络，用户与企业之间能够进行互动。
- 在发展中国家，尤其是中国、印度和巴西等人口众多的国家，国内和跨国的电子商务活动都在增加。
- 人们广泛使用的社交网络平台，与商业活动相结合，增加了企业使用这些平台打广告、开展促销和销售的意愿。
- 越来越多的小企业参与到网上的销售、采购和融资活动。
- 公司对其所收集到的网上客户的大量数据，开展了复杂度较高的分析。
- 跟踪技术与 B2B 电子商务的集成，以及与公司内部业务流程的整合在不断提升。

1. 移动商务的出现

大约从 2001 年开始，行业分析家几乎每年都在预测基于手机的电子商务的出现〔通常也称为**移动电子商务**（mobile commerce，或 m-commerce）〕。一年又一年，他们惊讶地发现所期盼的移动电子商务并未发生。手机有限的容量是移动电子商务发展的主要障碍。

在电子商务的第三次浪潮中，伴随着智能手机和可以上网手机的普及，移动电子商务终于起飞了。**智能手机**（smart phone）配备浏览器、完整的键盘，以及能让用户运行各种应用软件的操作系统。这些手机基于每月固定资费就能传输或下载大量甚至无限量的数据。

另一个出现的技术是平板电脑。这种手持设备比智能手机大，但比笔记本电脑小。大部分的平板电脑（和智能手机）能通过自带的无线网卡或使用本地无线网络与互联网连接。这种上网的灵活性很重要，尤其是无线数据套餐方案限制了数据下载量。这些设备的有效和低廉的上网费用，第一次将移动电子商务的大范围应用变为现实。领先的在线商务研究机构，包括 Forrester、Coda 和 ABI，估计 2015 年的移动电子商务交易额为 760 亿美元，预测到 2018 年能快速增长到 1300 亿美元。

平板设备和智能手机这两种移动设备都允许用户使用浏览器访问互联网，越来越多的购物者通过在移动设备上安装**应用软件**（mobile software application，移动 App）来进行购物。移动应用程序由卖家发布，让人们能在他们的网上商店更容易、更方便地购物。2014 年，互联网零售商报告说，在美国的所有 B2C 移动销售业务中，有 42% 的业务使用移动 App。

2. 全球电子商务的出现

促使全球网上零售业务增长的一个因素是越来越多的人能够访问互联网。今天，全球数十亿人仍然没有计算机，因此也不可能通过计算机访问互联网。全球在线业务的增长，特别是在欠发达国家，部分原因是越来越多的人使用便宜的设备，如手机和平板设备上网。在中国、印度和巴西等经济快速增长的人口密集的国家，这种增长趋势尤其显著。事实上，从 2010 年开始，中国网上零售销售额已超越美国。

具有上网功能的手持设备的普及，真正实现了在任何地点都能上网。互联网的这种可持续使用不间断性，将以很多方式改变消费者行为（在第 3 章和第 4 章讨论），并为网上商业活动提供新的机会，而这些商机如果没有宽带连接都是不可能实现的，特别是数字产品和数字内容的销售与交付。在第 5 章中将介绍计算机（包括笔记本电脑和平板）以及具备上网功能的手机的普及如何改变了 B2B 电子商务，在第 6 章中将介绍 B2C 移动电子商务越来越多的机会。

3. 社交网络的普及

Web2.0 技术使得在第二次浪潮中出现并获得增长的部分电子商务业务将在第三次浪潮中发挥主要作用。举例来说，诸如 Facebook 的社交网站以及采用微博技术的 Twitter 网站都可以用来开展社会化商务。

社会化商务（social commerce）是使用人际关系网络来推广或销售商品和服务。由于与互联网连接的手持设备可以让用户随时在线，企业可以使用在线社交互动来打广告、促销或推荐特定的产品与服务。虽然通过销售追溯，社会化商务活动的销售额估计为每年 200 亿美元，但大部分行业分析家认为在所有的网上业务中，社会化商务活动的销售份额要大于 200 亿美元。在本书第 6 章中，将介绍社交网络、微博以及社会化商务的更多知识。

4. 小企业的积极参与

电子商务第一次浪潮由大企业所主导，这类大企业无论是现有企业还是新建企业，早期都获得了大量资本的投入。在电子商务第二次浪潮中，小企业（雇员人数少于 200 人）在网络经济中的参与率大幅提升。目前，美国 30% 以上的小企业依然没有自己的企业网站。在世界上的其他地区，这个比例更高。在电子商务第三次浪潮中，小企业参与的比例将更高。

小企业可以通过网站和社交商务活动来筹集运营资金。用于将多个小投资者聚集在一起为特定业务活动融资的网站称为**众筹网站**（crowdsourcing site）。这类网站允许企业在网站上发表它们的想法，面向广大市民征集它们所需要的资金，取代银行和私人投资者，大众成为企业扩张或创造新产品和服务所需资金的来源。在本书第 12 章中将介绍这些融资的机会。提供帮助小企业开展电子商务的服务将是电子商务第三次浪潮中的重要增长领域。

5. 对大数据集的复杂分析

在网上做生意的公司发现，它们可以跟踪客户在公司网站上的详细行为。它们还发现可以将这类信息大量存储起来，用来改善业务并与客户开展互动。要获取如此多的数据，对于实体企业来说只有通过昂贵的调查和专门的营销团队才能做到，企业通过实施电子商务获取了大量数据，这促进了复杂软件分析工具的开发来分析这些数据。术语**大数据**（big data）在商业中用于描述非常大的信息存储，例如由网上商家收集的关于客户的信息。用于研究大数据中所包含模式和知识的高复杂性的工具称为**数据分析**（data analytics）。

公司通过其商业网站，存储了大量客户行为数据，结合客户过去的采购数据，来预测每个客户可能感兴趣的产品、服务或特价商品的种类。在本书第 4 章中，将介绍企业如何使用大数据来为各类客户群甚至是一个单独的客户，定制开发产品、打广告和制定营销策略。

对数据分析的研究，包括开发和使用统计软件来发现大数据中所包含的模式并对客户行为建模，已成为世界各地许多大学的热门学科。在本书第 4 章中，将介绍如何用数据分析来管理客户关系，第 9 章将介绍用于完成这些活动的应用软件。

6. 跟踪技术与 B2B 业务的整合

在前两次电子商务浪潮中，通过使用条形码和扫描仪，互联网技术被整合到 B2B 交易和企业内部业务流程中，来跟踪零部件、装配、库存和产品状况。但这些跟踪技术并没能很好地集成在一起。另外，公司之间交易信息的传递，是各种通信方式的混合，包括使用传真、电子邮件和电子数据交换 EDI。在电子商务第三次浪潮中，无线射频识别设备（RFID）与生物识别技术相结合的智能卡，诸如指纹识别仪和视网膜扫描仪，能在各式各样的场合下，管理控制更多的人和物品。这些技术越来越多地彼此集成，并且与通信系统相整合，让企业之间能更有效地共享交易、存货水平和客户需求信息。在本书第 5 章中将介绍与 B2B 电子商务相整合的这些技术。

表 1-2 对电子商务第三次浪潮的关键特性进行了总结，并与先前所讨论的电子商务第一次浪潮和第二次浪潮的特性进行了对比。

表 1-2　电子商务三次浪潮中的关键特征

电子商务特征	第一次浪潮	第二次浪潮	第三次浪潮
电子商务国际化禀性	美国公司所主宰	在许多国家开展业务的跨国企业参与到电子商务	中国、印度、巴西等国家成为电子商务活动的主要中心
语言	大部分电子商务网站使用英语	很多电子商务网站使用多种语言	英语不再是全球网站上的主导语言
资金	很多初创企业靠外部投资成立	现有企业使用自己的资金启动电子商务计划	广泛的资金来源，包括众包
接入技术	很多电子商务的参与者使用低速互联网接入方式	宽带连接的快速普及	高速宽带移动电话网成为另一种重要的连接技术
与客户的联系	使用无结构化的电子邮件与客户沟通	个性化的电子邮件策略是客户联系不可或缺的一部分	社交网络工具是电子邮件联系的重要补充
广告与电子商务的整合	依赖简单的在线广告作为主要收入来源	采用多种复杂的广告方式，很好地整合到电子商务现有的业务流程和策略中	越来越多的广告和营销策略由可获得的网上沟通技术所驱动
数字产品的分销	由于数字产品的无效分销导致盗版泛滥	出现了数字产品销售和分销的新方法	销售和分销数字产品变得司空见惯
先行者优势	依赖先行者优势确保在所有类型的市场和行业获得成功	意识到仅有部分公司依赖先行者优势在某些特定市场和行业取得成功	先行者优势不再被视为是开展电子商务的关键要素

并非所有电子商务的未来都是基于第二次浪潮与第三次浪潮的发展。在电子商务第一次浪潮中，一些最成功的公司，如亚马逊、eBay 和雅虎，通过提供越来越多的创新产品和服务继续保持增长。电子商务第三次浪潮也将为这些公司提供新的发展机遇。

1.2.5　繁荣和破灭的神话

尽管 2000 年到 2002 年之间的许多新闻报道宣布了电子商务的死亡，但 B2C 电子商务的销售额在那个时期依然在增长，只是增长的速度比 20 世纪 90 年代末的繁荣期要慢一些。因此，从历史的角度看，在"萧条"被媒体如此广泛报道的时候，其实是电子商务增长的放缓而非电子商务全面的崩溃。在连续 4 年，每年以 2 到 3 倍的速度成长后，从 2001 年开始，网上销售的发展速度放缓至 20% 至 30% 的年增长率，扩张速度仍然非常高。2008～2009 年的经济衰退期，仍保持了这样的增长速度。

2008～2009 年发生的全球经济衰退，摧毁了很多传统零售商，尤其是给美国和欧洲的零售业带来重创。然而，亚洲大的经济体，如中国和印度所遭受的损失要小，依然保持了持续增长。即使在全球经济衰退期，全球范围内，网上销售额总量仍在增长，虽然低于 10 年前 20% 到 30% 的增长速度。由于很多传统企业陷入经济衰退的后遗症中，网上业务活动重新获得传统企业的关注，并成为经济增长的前沿。经济衰退时期，亚洲网上业务增长速度相对较快，从而提高了全球网上销售的总量。

不但企业与消费者间的 B2C 电子商务不断增长，企业间电子商务 B2B 也持续增长了 20 年。B2B 电子商务的交易额要远高于 B2C 电子商务销售金额，这是因为 B2B 包括了 EDI 的交易金额。据统计，1995 年 EDI 的交易额是 4000 亿美元，而当时基于互联网的电子商务才刚刚起步。本书将企业与企业间、企业与员工间、企业与政府机构之间（如缴税）的交易都归入 B2B 的交易额中，因为这些业务流程都是互联网技术的应用。

预计到 2018 年，全球网上业务活动的总量将超过 14 万亿美元。表 1-3 是 B2C 与 B2B 全球网上销售额的实际或估计值。

表 1-3　B2C 与 B2B 全球网上销售额的实际或估计值

年份	B2C 销售：实际或估计值（10 亿美元）	B2B 销售（包括 EDI）：实际或估计值（10 亿美元）
2015	1 170	14 300
2014	1 080	13 100
2013	963	11 900
2012	821	10 600
2011	681	9 500
2010	573	8 600
2009	487	7 500
2008	453	6 500
2007	426	5 600
2006	361	4 800
2005	255	4 100
2004	179	2 800
2003	103	1 600
2002	91	900
2001	73	730
2000	52	600
1999	26	550
1998	11	520
1997	5	490
1996	小于 1	460

资料来源：ClickZ Network（http://www.clickz.com/stats/stats_toolbox/）；eMarketer（http://www.emarketer.com/）；Forrester Research（http://www.forrester.com）；Gartner（http://www.gartner.com）；Internet Retailer（http://www.internetretailer.com）；the Statistical Abstract of the United States, 2008, Washington: U.S. Census Bureau; the Statistical Abstract of the United States, 2011, Washington: U.S. Census Bureau; and the Statistical Abstract of the United States, 2012, Washington: U.S. Census Bureau.

1.3　商业模式、盈利模式和业务流程

商业模式（business model）是指企业为了实现其主要目标，尤其是盈利目标而建立的业务流程的集合。在电子商务第一次浪潮中，众多投资者竞相追踪互联网所驱动的新的商业模式。投资者期望具有好商业模式的企业能带来销售的快速增长并主导市场。如果一家公司成

功地实施了一个新的".com"商业模式，投资者就会吵吵嚷嚷地要求复制那个模式或对使用类似商业模式的另一家初创企业进行投资。这导致了很多企业的失败，其中有些公司的经历非常富有戏剧性。

在终结了电子商务第一次浪潮的.com崩溃后逐渐复苏的时期，很多研究人员分析了这种"对一个成功的商业模式进行复制"的效率，并开始质疑过分关注商业模式是否明智。主要的批评者之一是哈佛商学院的迈克尔·波特（Michael Porter）教授，他认为商业模式不仅毫无用处，而且可能根本就不存在（有关迈克尔·波特对商业模式的批评文章请参看本章的延伸阅读）。

今天，大部分的公司逐渐意识到模仿或采用其他公司的商业模式绝非通往成功的一条捷径或明智的方法，相反，企业应该仔细审核自己的业务特点，识别和寻找能被互联网技术所增强、简化、改进与替代的业务流程。

企业和投资者其实使用**盈利模式**（revenue model）的理念，即识别客户、面向这些客户进行市场推广、实现销售获取收益的业务流程的集合。盈利模式的理念可以帮助企业识别出创造收益的业务活动，从而更好地进行营销沟通和分析。在第3章中将详细讲述网上业务的盈利模式。

1.3.1 关注特定的业务流程

除了盈利模式中的业务流程之外，企业还要认真审核业务活动中的其他业务流程，包括购买原材料、货物转售、将原材料和劳动力转变为产成品的生产过程、管理运输与物流、招聘并培训员工、管理企业财务等很多活动。

本书的教学目标之一是帮助读者学习如何识别哪些业务流程可以通过电子商务技术进行改进，使其运行更有效率。在某些情况下，使用传统商务活动的业务流程更有效，这些流程无法通过技术的实施得到改进。消费者喜欢购买时能亲手触摸、嗅闻或能拿近了仔细观察的产品就很难通过电子商务进行销售。例如，高档时尚服饰（消费者很难通过计算机屏幕辨别微妙的色彩变化，也不可能在网上触摸布料）和古董珠宝（消费者需要近距离观察来判断其价值）等，对这些商品，如果消费者不能近距离地观察，可能会不愿意购买。

本书将帮助读者学习如何利用互联网技术来改进现有的业务流程并发现新的业务机会。电子商务的重要性还在于企业能利用它适应环境的变化。商业环境的变化速度是前所未有的。虽然本书有相当大的篇幅介绍技术，但重点关注电子商务的商务活动，技术只是用来支持业务流程。

1.3.2 零售推销的作用

零售商开实体店做生意的传统方法已有很多年，关于如何创造良好的商店购物环境激发顾客的购买欲望，零售商已积累了多年的经验。店面设计、布局和商品陈列摆放被称为**零售推销**（merchandising）。此外，售货员也具备很多销售技巧来帮助他们识别客户需求，并推荐满足客户需求的产品与服务。

这些零售推销的技能和售货员的销售技巧很难远程实践。然而，要想在网上成功销售，公司必须将零售推销技能移植到网站上。有些商品由于其零售推销技能更容易移植到网站上，则会更容易在网上销售。本书第3章与第4章将介绍如何进行网上推销。

1.3.3 适合电子商务的产品与业务流程

图书、激光唱片 CD 等产品非常适合电子商务，因为客户在购买前无须体验这些商品的物理特性。由于同一版本的每本图书内容都一样，并且客户也不需要关注商品是否合身、是否新鲜以及其他类似的质量特性，客户只需在网上根据书名订购，收货时也无须仔细检查。本书后面的章节将介绍如何评估电子商务在不同业务流程中的优缺点。表 1-4 列出了适合电子商务与传统商务业务流程的例子。

表 1-4 适合电子商务与传统商务业务流程的例子

非常适合电子商务	适合电子商务与传统商务结合	非常适合传统商务
图书和 CD 的买卖	汽车的买卖	冲动购买能立即使用的物品
具有强大品牌声誉的商品	银行与金融服务	二手商品、无品牌商品的买卖
软件和数字内容产品，如音乐、电影的在线分销	寻找房屋合租伙伴的服务	
旅游产品的买卖	房地产的买卖	
网上货物运输跟踪	高价值珠宝首饰和古董的买卖	
投资和保险产品的买卖		

随着技术的发展，在传统商务活动中有严格要求的业务流程也逐渐适合于电子商务，这种趋势还将持续下去。在第 13 章中将介绍这种业务流程的变迁。

日用商品的销售特别适合电子商务的业务流程。日用商品（commodity item）是指不同厂商提供的产品或服务彼此没有差别，产品的特征、功能已经标准化并且众所周知，购买者所能感知的区别仅是商品的价格。汽油、办公用品、肥皂、计算机、航空运输服务，以及亚马逊所销售的图书和光盘都属于日用商品。

并非所有的日用商品都适合电子商务。适合在线销售的日用商品需具备吸引人的**运输特性**（shipping profile）。运输特性是指影响产品包装和运输难易程度的所有特征。产品价值/重量比高的商品，商品运输费用只在其销售价格中占很小的一部分。DVD 是产品价值/重量比较高商品的极好例子。对于尺寸大小固定、形状和重量一致的商品，仓储和运输比较简单，并且成本不高。运输特性非常吸引人的商品包括图书、衣服、鞋、厨房配件和很多小的居家用品。

知名品牌的产品诸如索尼电视等，比不知名的产品更容易在网上销售，因为品牌的声誉降低了购买者在不能亲眼见到产品的情况下，对其质量的担心。昂贵的珠宝其价值/重量比很高，但多数人不会不亲自挑选就下单购买，除非该珠宝具有赫赫有名的品牌并可无条件退换。

其他适合电子商务的物品针对的是那些需求总量不大、地理位置分散的客户群体。珍藏漫画书就是这样的商品。

传统商务比电子商务的销售更需要依赖于人的销售技巧。如商业地产的销售涉及大量资金，需要很高的人际信任。即使商业地产可以在网站上列出，但交易过程通常需要人与人的接触，针对交易进行谈判。很多企业采用个人接触与网上商品展示相结合的方式进行销售，如高档时装、古董和特定的食品。

当业务流程既有日用商品的特征，又需要消费者亲自接触，则需要电子商务与传统商务结合的策略。例如，很多人通过互联网查阅新车或二手车的信息，在前往汽车零售店购买前，对相关汽车的品牌和型号通过网络进行大量的研究。针对二手车销售，电子商务给购买者提供了一种获取信息的便捷方式，能提供汽车的车型、特征、可靠性、价格、经销商，甚至能按照购买者的需求，帮助购买者发现适合他们要求的某辆汽车。对于二手车车况千差万别的情况，传统的商务过程为客户提供了亲自接触汽车的机会，这是促成交易的一个关键要素。

美国家得宝公司（Home Depot）将网上销售与传统销售相结合取得了很大的成功。五金商店和家居中心销售的很多物品都又大又笨重，这意味着，运输费用很高。然而，家得宝公司有大量的实体店。通过向网上购物者提供到邻近商店取货的选项，家得宝公司将线上线下两个世界很好地结合在一起。今天，公司网上销售 40% 以上的订单都是客户自己取货，许多客户购买后不久，又进行了额外的采购。

1.4 电子商务的机遇和注意事项

电子商务改变了很多行业中企业的经营方式。然而，并不是每一个业务流程都适合电子商务。由于技术的进步，越来越多类型的业务流程成为实施电子商务的候选。本节将列出一些电子商务的机遇，并给出企业评估机遇，从事网上业务活动时应注意的相关事项。

1.4.1 电子商务机遇

企业被电子商务吸引的一个简单因素，是电子商务能帮助企业提高利润。电子商务能帮助企业增加销售，降低商业成本。网站上广告做得好，能让小企业将信息推广到全球的各个国家。公司能使用电子商务接触到地理上分散的、小的客户细分群体。互联网特别适合于创建虚拟社区，成为企业理想的目标市场。**虚拟社区**（virtual community）是人们集聚在一起分享共同的兴趣与爱好，但这种聚集不是在现实世界中，而是在互联网上。近年来，虚拟社区利用 Web 2.0 技术优势，让社区活动更有趣，使成员参与社区活动更加方便。托马斯·佩金格尔（Thomas Petzinger）在《华尔街日报》的专栏和其所著书《新先锋》中撰写了大量从虚拟社区中发展出来的新的工作方式和新的商务方法。在本书第 6 章中，读者将学习**社交网站**（social networking site），即个人和企业使用网络进行社会交往，以及社交网站所带来的商业机会。

正如电子商务可以为卖家增加销售机会，它也同样增加了买家的购买机会。公司在采购时可以利用电子商务找到新的供应商和贸易伙伴。在电子商务中，讨价还价和交易条款的传递都十分便捷，因为互联网可以快速有效地在企业间传递竞投标信息。电子商务增强了企业间信息交换的准确性，提升了速度，降低了交易双方的成本。通过开展电子商务来支持销售和接受订单，企业可以降低询价、报价、确定产品是否有现货等业务活动的成本。

思科（Cisco）公司是全球领先的计算机网络设备制造商，目前几乎所有产品都是网上销售。由于完成这些销售不需要客户服务代表，公司的运营效率非常高。在 1998 年，思科启动网上销售的第一年，当年就有 72% 的销售是通过电子商务完成的。仅这一年，思科每月就减少了 50 万个电话的接听，节约了 5 亿美元。今天，思科公司 99% 以上的采购与销售业务都是在网上进行的。

同传统商务相比，电子商务给购买者提供了更多的选择，因为买主能从很多的卖方中考虑更多的产品和服务。买主每天 24 小时都可上网，对网上所提供的各种产品进行评估。有的买主在决定购买时喜欢获取大量的信息，有的买主喜欢信息少一点。电子商务给买方提供了一种方便的方式，能让买方根据自己的需要，决定获取信息的详细程度。购买者能在网站上即时获得所需的信息，而不用等待多日才能收到邮寄来的产品目录，甚至不用等几分钟的传真。电子商务允许客户创建自己理想的信息环境，节省资金并增加销售的机会。

大部分的数字产品，如软件、音乐、视频或图像，可以通过互联网直接交货，以减少消费者购买后的时间等待。网上递送数字产品不仅缩减了成本，还增加了销售机会。Intuit 公司在网上销售所得税报税软件 TurboTax，顾客任何时候都可以直接从网上下载软件。每年 4 月 14 日晚上 TurboTax 软件的销售额都非常可观（4 月 15 日是美国上报个人所得税纳税申报表的截止日期）。

电子商务所带来的好处延伸到社会的整体福利。通过使用电子支付，退税、公共退休金发放等社会福利的支持成本降低了，社会福利发放安全又快捷。与传统支票支付方式相比，电子支付更易于监督和审计，可以有效地防止欺诈并减少偷盗。由于电子商务可让人们在家工作，减少交通的拥堵和空气污染，每个人都能从中获益。电子商务还可以将产品和服务送到偏远地区。例如，不管人们住在哪里，也不管他们何时有空，都能通过远程教育学习，获得学位。

1.4.2 电子商务目前的障碍

很多商务流程可能并不适合电子商务。例如，易腐烂变质食品和独一无二的高价商品，如定制设计的珠宝（暂且不考虑未来可能出现的技术），顾客难以远程查看。目前有四个问题构成了实施电子商务的障碍。随着人们网上业务知识的不断丰富以及技术的发展，这些问题将逐渐得到解决。这些问题如下：

- 需要有足够数量的潜在购买者，他们需具备上网购物必需的技术，并能轻松地使用该技术。
- 需具备对实施电子商务所采用技术的投入成本以及收益回报的可预测能力。
- 需具备足够的工具和方法来集成硬件和软件技术。
- 需具备能力克服对公司有效实施电子商务业务带来阻碍的文化和法律问题。

1. 临界规模

对于很多商品和服务来说，实现电子商务的前提是需要一定数量的潜在客户具备上网能力，并愿意通过互联网购物。例如，网上超市 Peapod 公司开始提供送货服务时仅有几个城市，随着越来越多的潜在客户上网并享受到网上购物的乐趣，Peapod 公司逐步将送货业务谨慎地扩展到更多的城市。经过 10 多年的苦心经营，Peapod 公司目前也只能覆盖不到 20 个的美国大都市。网上超市除了销售区域受到限制外，销售品种也主要集中在有包装的商品和品牌商品，水果和蔬菜之类的易腐食品则不易在网上销售，因为顾客总是希望亲自挑选新鲜商品。Peapod 公司是企业开展电子商务需要客户达到临界规模的一个成功案例。Peapod 公司是开展网上食品杂货零售的先驱之一，公司经历过网上零售经营的困难时期，在 2000 年曾经短暂暂停了网上业务。Peapod 公司后来获得一家欧洲企业 Royal Ahold 的投资，支持它在网上继续开展经营。Peapod 公司的两个主要竞争对手 WebVan 公司和 HomeGrocer 公司却没能支撑住，在获得足够规模的客户群之前就倒闭了。

美国传统零售连锁经营商 Safeway 公司在电子商务第二次浪潮中，利用互联网技术提供网上订货、送货上门的服务。公司利用现有的基础设施（包括仓库、采购系统、遍布各地的店铺），避免了大量的投资，而正是在基础设施上的投资挫败了电子商务第一次浪潮中的网上超市 WebVan 和 HomeGrocer。

将 WebVan 公司和 HomeGrocer 公司的运营方式进行改进并获得成功的网上食品杂货店是 FreshDirct 公司。它的服务范围仅限于人口稠密的纽约市及周边区域，其找到了运营规模与市场规模的结合点。这家公司成立于 2002 年，并于 2004 年盈利，当年的销售规模是 9000 万美元。相比之下，WebVan 公司和 HomeGrocer 公司要想盈利，则需要达到更大的销售规模。

在美国以外，世界上最成功的 3 家网上零售商分别是多伦多的 Grocery Gateway 公司、布宜诺斯艾利斯的 Disco Virtual 公司和英国的特易购（Tesco）公司。Grocery Gateway 公司和 Disco Virtual 公司都是在人口稠密的大城市里经营，能够在相对小的地理区域中吸引到足够规模的客户群，从而使送货上门有利可图。特易购公司在伦敦开展网上销售业务，同样选择的是人口密集的大城市。然而，特易购公司也选择在靠近特易购超市的农村地区扩展业务。

2. 成本和收入的可预见性

企业在采用任何一项新技术之前都需要计算投资回报率。对电子商务进行投资，其收益是很难计算的，这是因为实施电子商务的成本和收益很难定量计算。成本与技术成函数关系，当底层技术快速改变的时候，以技术为自变量的成本变化幅度很大，即使在电子商务短期项目的实施中也会出现这种情况，因为电子商务的关键技术发展太快了。随着电子商务第三次浪潮的到来，越来越多的企业使用大数据和相关分析工具，越来越善于对一部分成本和收入进行预测。但对大多数公司而言，成本和收入的预测问题难度仍然很大。

对很多准备实施电子商务的企业来说，招聘并留住掌握网上业务所需技术与设计能力，以及能在网上实施业务流程的员工也是一件难事。大企业通常采用的方法是使用企业原有员工，但这些员工已完全习惯于传统业务方式，总是很难将自己所了解的业务方式用到电子商务中，因为两者的风险和收益都截然不同。本书第 12 章中将介绍投资收益的计算和员工的招聘与保留。

3. 技术集成问题

企业开展网上业务所面临的另一个难题是，企业按照传统业务流程所设计的软件和数据库如何与实施电子商务的软件有效整合。虽然很多的软件公司和咨询公司都声称能够提供软件设计和咨询服务，保证将现有系统与新的网上业务系统整合成一体，但这样的服务收费很高，并且集成系统将来工作状况如何具有高度的不确定性。

在电子商务的第三次浪潮中，越来越多的企业引入追踪技术来帮助管理者更有效地集成运营业务。在本书第 5 章中将介绍企业如何使用追踪技术，在第 9 章中将讨论企业如何解决软件集成的问题。

4. 文化法律问题

除了上述技术和软件方面的问题，很多企业在实施电子商务时还将面临文化和法律上的障碍。B2C 电子商务面临的问题是，很多消费者不愿在互联网上发送信用卡号，也担心从未谋面的网上商店了解自己过多的信息。还有些消费者不愿改变购物习惯，他们对通过电脑屏幕选购商品，而不是与人接触完成交易感到不舒服。

B2B 电子商务同样面临文化和法律方面的问题。企业间电子商务的交易细节通常缺乏明确的说明，企业往往依赖于长期以来做生意的具体方法。这样建立起来的商业惯例在不同的国家间差异很大，在进行国际贸易时可能会带来严重的后果。读者将在本书的后面章节中学习电子商务安全、客户隐私和支付等问题。

电子商务所面临的法律环境也充满了不明确甚至相互矛盾的法律条款。在很多情况下，政府立法机构已无法跟上技术的发展。正如本书第 7 章中所述，当需要签署的文件在任何商业交易中都合理时，政府才会同意将其列入法律条款。然而，随着越来越多的企业和个人认识到电子商务所能带来的好处而对其不可抗拒时，这些技术的不足以及文化障碍都将得到解决，终将不再成为问题。

前车之鉴

Pets.com

1999 年 2 月 Pets.com 开办了自己的网站，希望面向全美 60% 有宠物的家庭进行销售。这些家庭每年在宠物食品、娱乐用品和护理用品上的花费超过 200 亿美元。大约有 1 万多家实体商店经营宠物用品，这些商店包括街边小店、杂货店、折扣零售商（如沃尔玛和开市客）以及新兴的宠物用品超市。Pets.com 有一个极好的域名，它希望能够抓住投资者热衷于电子商务这个机遇。Pets.com 计划投入巨资塑造品牌并建立网站，使公司迅速成为网上宠物用品首屈一指的网站。

网站建好后，1999 年 Pets.com 从私人投资者处筹集到 1.1 亿美元，在 2000 年年初上市时又募集到了 8000 万美元。Pets.com 在其短暂的企业生命周期中，广告上的投入就超过 1 亿美元，还花费了大量资金建成了一个商品品种超过 12 000 种的网上商店。到 2000 年 11 月，网站经营还不到两年，Pets.com 就倒闭了。

在 Pets.com 的电子商务所涉足的行业中，网上商务相对传统商务来说几乎没有任何优势。商品的价值/重量比很低，公司最畅销的商品——宠物食品的送货费使每笔交易都赔钱。宠物产品的形状、大小、重量各异，很难进行有效的包装和运输。在投资者开始质疑电子商务企业的生存能力时，Pets.com 已经挥霍完所有的资金。这个案例的教训是：Pets.com 没有能够培育出相对于传统宠物商店的持续竞争优势，结果只好倒闭。

在 Pets.com 倒闭后几年，诸如 PETCO 和 PetFoodDirect.com 等很多公司开始在网上销售宠物食品和宠物用品。这些公司更谨慎地选择网上所售商品的品类，只销售具有合适**运输规格**（shipping profile）的商品，很多这类公司已经取得成功。例如，兽医发现调配满足特殊要求的宠物食品可以在网上卖出高价钱，使网上销售有利可图。

1.5 经济因素与电子商务

经济学研究的是人们对稀缺资源的配置问题。资源配置的一个重要方式是贸易（另一个主要方式是政府行为，如征税和补贴）。许多经济学家对商务活动的组织方式很感兴趣，商务活动的一种组织方式就是进入市场。经济学家认为市场的规范定义应包括两个条件：首先，一种商品的潜在卖主与潜在买主进行接触；其次，必须有合适的交换媒介。这种交换媒介可以是货币也可以是实物，即货币交易或易货交易。大多数经济学家都认为市场是一种对稀缺资源进行配置的强有力的有效机制。如果事实果真如此，大多数的商业交易就应该在市场中进行。然而，今天有大量的商务活动发生在大型**等级制企业组织**（hierarchical business organization）的内部，经济学家通常把这种组织称为**公司**（firm 或 company）。

大部分等级制组织以总裁或首席运营官为首，下面有几个副总经理向他汇报工作，副总经理的下面又有更多的中层经理向他们汇报工作，依次类推。一个组织的等级可以较为平坦，也就是管理层级较少；组织也可以设立更多的管理层级。无论是哪种情况，最底层的雇员人数总是最多的，一般由生产工人或服务提供者组成。因此，等级制组织是一个金字塔形结构。这些大型企业中大量的业务活动完全在公司内部的组织结构中进行，只有当企业购买原材料和销售产成品时才参与市场。如果市场真的是分配稀缺资源的强大而有效的机制，这些大型企业应该在其生产的每一个阶段和价值创造过程的每一阶段都进入市场。诺贝尔经济学奖得主罗纳德·科斯（Ronald Coase）于 1937 年写了一篇文章，他在这篇文章中提出了这样的问题：为什么参与商务活动的个人经常会创建企业来组织这些活动？他对这些企业的等级制结构有着浓厚的兴趣。科斯研究了商人把经济活动从市场转移到等级制企业的原因，最后得出结论：交易成本的存在是导致这种行为的主要原因。

1.5.1 交易成本

交易成本（transaction cost）是买主和卖主收集信息和协商交易时所发生的全部成本的总和。虽然中介费和销售佣金也可能成为交易成本中的一部分，但信息搜寻和获取的成本仍是交易成本中最重要的组成部分。交易成本中另一个重要的组成部分是卖主为了向买主提供产品或服务，在设备上的投资以及雇用有技能的员工。

为了更好地理解交易成本在市场上是如何发生的，举一个毛衣生产的例子来说明。一个毛衣经销商可以与很多个独立的毛衣编织工在市场上进行交易来购进毛衣。每个编织工都可以将编织好的毛衣销售给一个或多个经销商。经销商的交易成本包括寻找独立的编织工、走访他们并协商购买价格、安排毛衣的送货、对送达的毛衣质量进行检查等活动所发生的成本。编织工也要产生一些成本，如购买编织工具和毛线。因为独立的编织工并不知道毛衣经销商是否会向他们采购毛衣，他们为进入毛衣编织业务所进行的投资就具有不确定性，不一定能获取收益。对编织工来说，这种不确定性就是很大的交易成本。

毛衣购进后，经销商将把这些毛衣运到不同的市场，与毛衣零售商进行交易，零售商再把毛衣销售给消费者。经销商通过与零售商就价格、质量等问题进行商务谈判，来了解市场上需要什么颜色、编织图案和风格款式的毛衣，然后经销商又将这些信息通过与毛衣编织工协商价格和其他交易条款反馈给他们。图 1-2 给出了这种交易的市场结构。

1.5.2 市场和等级制

科斯分析，当交易成本很高时，商人就会成立组织来取代在市场上进行的交易协商活动。这种组织是等级制结构，能够对工人进行有力的监督控制。这样就不需要同独立编织工进行商务洽谈来采购其生产的毛衣，组织将雇用编织工，然后监督他们的生产活动。这样的监督控制系统包括从组织低层流向组织高层的监测信息，也包括从组织高层流向组织低层的控制信息。虽然建立和维持一个监督和控制系统的成本很高，但在很多时候这些成本会低于交易成本。

在毛衣的例子中，毛衣经销商雇用编织工，向其提供毛线和编织工具，并监督管理他们的编织活动。监督工作主要由生产一线的监工进行，这些监工是从熟练的编织工中挑选出来的。已成立的企业通过建立等级制的组织来生产原材料以替代供应商市场，这种做法称为**垂**

直一体化（vertical integration）。图 1-3 所示为毛衣例子中通过垂直一体化将编织工和个体经销商整合到经销商企业的等级制结构中。

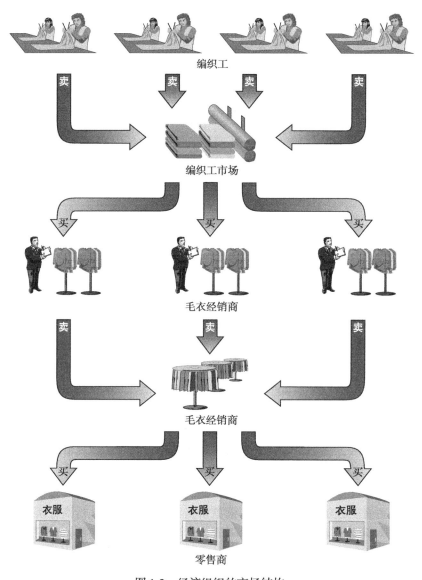

图 1-2　经济组织的市场结构

经济学家奥利弗·威廉姆森（Oliver Williamson）将科斯的理论推进了一步，他注意到，那些生产工艺复杂、采用流水线作业的行业倾向于采用等级式组织和垂直一体化。20 世纪，企业界的生产和管理创新大大提高了等级制监督活动的效率和效果。流水线和其他批量生产技术可以把复杂的工作分解成小的、易于监督的步骤。计算机的出现大大提高了高层管理者监督控制下属具体业务活动的能力。这些提供给高层管理者使用的直接监督度量技术甚至比在生产一线的监工的监督更有效。

从工业革命至今，随着监测手段的改进与日益普及，企业垂直一体化的规模和层次都在不断地增加。然而，一些大型企业的监控系统不能跟上企业规模不断扩大的步伐。由于一个企业的经济生存能力取决于有效跟踪监督其基层业务活动的水平，这就出现了很多问题。这些企业只好采用分权管理，让不同的业务部门像独立的企业那样运作，不同业务部门间按市场运作协商交易，而不像同一企业不同部门间的关系。经济学家认为大型企业的分权，是因为它们成长得太快了，已不能使用等级制的组织结构有效地进行管理，因此管理者需要在企业内使用市场机制，以获取运营信息。

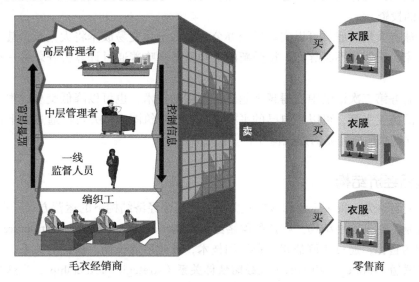

图 1-3　经济组织的等级制结构

为了揭示分权经营的市场机制，这些企业允许每个部门像一个独立的业务单元进行运营。一个**战略业务单元**（strategic business unit，SBU）或简称为**业务单元**（business unit），是一个企业中独立的组成部分，SBU 规模足够大，能实现自我管理，又足够小，能快速适应所处的商业环境的变化。SBU 具有自己的使命与目标，因此，每个 SBU 都有自己的营销战略、产品开发、采购策略和长期发展目标。

通用电气（GE）是全球最大的企业之一，从 20 世纪 60 年代开始，采用战略业务单元 SBU 来管理公司内部不同的业务。通用电气公司既生产喷气式发动机，又生产灯泡，这是与发动机截然不同的产品。这两类产品具有不同的分销渠道和客户类型，需要制定不同的目标、产品开发策略、营销计划和生产运营。通用电气的发动机部门、灯泡部门被划分成独立的战略业务单元。虽然 SBU 的运作像市场中的一个参与方（不像是同一家公司等级制下的一个部门），但 SBU 的内部组织采用的是等级制结构。

在现实生活中，与等级制这一普遍趋势背道而驰的情况确实存在。很多大宗商品，如小麦、食糖、原油，仍然是在市场上交易，这些在市场上交易产品的日用品特性明显地降低了交易成本。市场上小麦等农产品的买主很多，因此农民不需要实施产品的定制化以满足不同客户的需求。所以，这种市场上的卖主和买主的交易成本都不高。

1.5.3　使用电子商务降低交易成本

企业和个人都可以利用电子商务提高信息的流动，协调不同活动，降低不确定性，从而降低交易成本。通过降低收集潜在购买者和销售者的信息成本，增加市场的潜在参与者数量，电子商务可以改变垂直一体化对很多企业的吸引力。

为了理解电子商务如何改变交易成本的水平和性质，请看一下雇员找工作的交易成本。

当雇员同意签署招聘合同时，将给卖主即出售自己服务的个人，带来很大的交易成本，这种交易成本包括放弃其他的就业和职业发展机会的成本，个人还需要在学习上投资，并适应雇主的文化。如果所接受的工作还需要搬家，这位新雇员还将蒙受更大的损失，包括搬家的成本和诸如配偶丢掉工作的成本。这种成本是针对某个地方特定的职位而发生的，无法将其视为对新工作的投资。

如果全球有大量的雇员可以实现远程办公，那么上述交易成本将大大减少甚至消失。雇员不需要搬家，配偶也不必辞职，接受新的工作只是意味着通过计算机登录另一家公司的服务器罢了。

在电子商务第三次浪潮中变得越来越流行的移动技术，也可以降低交易成本。例如，一位建筑业中的施工主管，可以用自己的平板设备查看建筑图纸，并可以通过该平板设备在网上下订单，立即采购所需要的建筑构件。

1.5.4 网络经济结构

一些研究者认为，很多企业和战略业务单元在当今经济结构下的运营方式既不是市场制，也不是等级制，而是网络结构。在这种**网络经济结构**（network economic structure）中，企业间基于共同的目标，通过协调战略、资源和技术，彼此形成长期、稳定的关系。这种关系通常称为**战略联盟**（strategic alliance）或**战略伙伴关系**（strategic partnership），当这种关系发生在互联网上运营的企业之间时，就称这些企业为**虚拟企业**（virtual company）。

在有些情况下，这些被称为**战略伙伴**（strategic partner）的各个实体会因为某个特定的项目或行动，走到一起组成团队，团队在完成项目后解散，但团队中的成员在项目停止后的一段时间（保证期）内，相互之间依然会保持联系。当相似项目或活动出现时，这些组织和个人会整合各自的资源再次组成团队。在另一些情况下，战略伙伴建立许多企业间的团队去完成一系列正在进行的任务。本书后面章节将介绍战略伙伴通过互联网建立战略联盟的这类案例。在等级制的商业环境中，这类战略联盟通常不会持续太长的时间，因为较大的战略伙伴通常会收购规模小的战略伙伴，组成一家更大的企业。

网络型组织特别适合信息密集的技术行业。在前面的毛衣例子中，编织工可以组成专门生产某些特定款式或设计的规模较小的网络型组织。一些技能特别熟练的编织工将离开毛衣经销商，创办自己的企业，为客户生成定制化的毛衣；毛衣经销商中的一部分营销人员也会离开公司，创建自己的企业，专门调查研究零售商的采购需求，将调查结果卖给毛衣经销商和生产定制毛衣的企业。随着市场环境条件的变化，这些非常灵活的小企业会不断地重塑自我，并抓住毛衣市场中出现的新机会。图1-4所示为这种网络组织的例子。

电子商务促进了这种主要依赖信息共享的网络组织的创立和运作。一些研究者认为，网络组织形式将在不久的将来在商务活动中占据主导地位。其中一位专家，曼纽尔·卡斯特（Manuel Castells）甚至预言经济网络未来将成为人们之间所有社会交流的主要组织结构。

1.5.5 网络效应

经济学家发现，绝大多数活动所产生的价值会随着消费量的增加而递减。例如，某人在吃一个汉堡时会从这次消费中获得一定的价值，当他吃更多的汉堡时，从每个汉堡中所获得的价值就逐渐递减。很少有人会在吃第五个汉堡时感觉同吃第一个汉堡时一样好。经济活动的这个特点称为**边际收益递减**（law of diminishing returns）。但是在互联网环境下，边际收益递减规律却出现了有趣的例外：使用某个网络的人或组织越多，这个网络对每个参与者的价值就越大。这种价值的增加称为**网络效应**（network effect）。

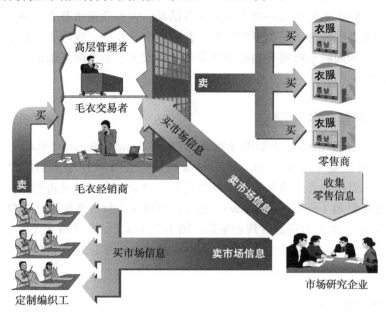

图 1-4　网络组织的例子

为了说明网络效应的原理，我们看看 19 世纪早期的电话用户。当电话刚出现时，拥有电话的人很少，随着越来越多的人安装电话，每部电话能提供给用户的价值不断增加。随着电话网络的扩大，每部电话因可以被用于同更多的人进行交流，其能力不断增强。当越来越多的电话相互间连接时，每部电话的价值都增加了，这就是网络效应的结果。设想一下，如果今天你只能使用你的手机与拥有相同手机运营商的其他人通话，移动电话的价值就变小了（这样，移动电话的价值就降低了）。

你可以用自己的电子邮件账户同其他在互联网上有电子邮件账户的用户进行联系，这是网络效应的又一个例子。如果你的电子邮件账户只能在一个小的网络范围内使用，它的价值就会大大减少。现在大多数人的电子邮件账户都是互联网（巨大的全球计算机网络，第 2 章中将详述）的一部分。早期的电子邮件账户往往只属于一家公司或组织，只能供公司或组织内部的人员相互之间通信。由于网络效应，今天互联网上的电子邮件账户的价值要远远高于单一组织内部电子邮件账户的价值。

对于某个行业内的企业，不管其采用何种组织形式（市场型、等级型或网络型），都需要设法识别业务流程并评估电子商务是否适用于每一个流程。下面介绍检查业务流程的一个有用的方法。

1.6　识别电子商务的机遇

可以利用互联网技术改进的业务流程有很多，管理者往往很难决定在企业内部哪个环节应用这项技术，以及如何应用这项技术。其中一种检查某项业务流程是否适合电子商务的方法，是将这项业务分解为一系列的增值活动进行分析，这些增值活动结合在一起产生利润并实现企业的目标。本节，你将学习将业务活动分解为一系列价值创造活动的方法。

任何规模的企业都需要开展商务活动。小企业可能只关注涉及一种产品的生产、通过一个分销渠道进行销售或销售给某一类客户的商务活动。大企业通常基于各种分销渠道销售很多不同的产品和服务给各种不同类型的客户。在这些大企业中，管理者围绕战略业务单元的活动来组织工作。相同股东所拥有的多个业务单元构成了公司，向类似的客户销售类似产品的多家企业形成**行业**（industry）。

1.6.1 战略业务单元的价值链

迈克尔·波特在其1985年出版的《竞争优势》（*Competitive Advantage*）一书中提出了价值链的思想。**价值链**（value chain）是一种根据战略业务单元所承担的设计、生产、促销、营销、递送、对所销售产品和服务支持等任务，对企业业务活动进行划分的方法。这些业务活动称为**主要活动**（primary activity），此外，波特认为价值链模型还包括一些**辅助活动**（supporting activity），如人力资源管理和采购。图1-5所示为一个战略业务单元的价值链，其中既包括主要活动，也包括辅助活动。在任何一个战略单元中，这些价值链活动都将以某种形式出现。

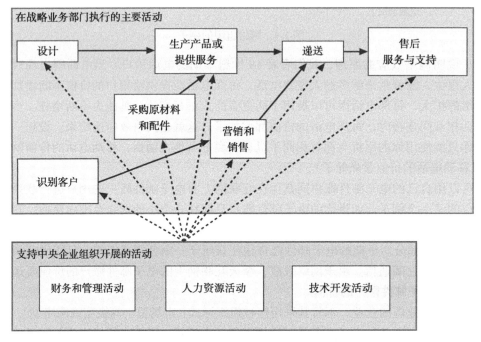

图1-5　战略业务单元的价值链

图1-5中从左到右的流动方向并没有严格地表示这些业务流程的时间顺序。例如，一个业务单元在采购原材料和配件前就可能已经开展了营销活动，对每个战略业务单元，主要活动包括：

- 设计——从产品概念形成到生产之前的活动，包括概念研究、工艺设计和试销。
- 识别客户——帮助企业发现新客户，向老客户提供新服务的活动，包括市场调查和客户满意度调查。
- 采购原材料和配件——采购活动，包括供应商选择、资质认定、签订长期供货合同、监督交货质量和递送的及时性。
- 生产产品或提供服务——将原材料和劳力转化为产成品的活动，包括制造、组装、完工、检验和包装。
- 营销和销售——方便并诱导客户购买的活动，包括广告、促销、销售人员管理、定价、监控销售和分销渠道。
- 递送——储存、配送和运输产成品或提供服务，包括仓储、处理原材料、统一运费、选择发货人、监控交货的及时性。
- 售后服务与支持——提升并保持客户关系的活动，包括安装、测试、维护、修理、履行保修合同、更换零部件。

每项主要活动的重要性取决于业务单元所提供的产品或服务以及购买者的类型。每个业务单元都有辅助活动为主要活动提供基础设施和支持。公司总部通常提供如图 1-5 所示的辅助活动。这些辅助活动包括：

- 财务和管理活动——属于企业最基本的活动，包括会计、付款、借款、向政府监管部门上报报表、确保企业遵守相关法律且合法经营。
- 人力资源活动——协调员工的管理活动，包括招聘、雇用、培训、工资和福利管理。
- 技术开发活动——改进企业所售产品和服务的活动，并帮助提升每个主要活动中的业务流程，包括基础研究、应用研究和开发、流程改进调查、设备维护的现场检测。

1.6.2 行业价值链

波特在书中也强调了检查战略业务单元适合其所在行业的重要性。波特使用价值系统这个术语来描述某个具体的业务单元的价值链从属于的更大的业务活动流。但波特之后的研究人员和企业咨询者使用**行业价值链**（industry value chain）来代替价值系统这个术语。当一个业务单元向客户交付一种产品时，客户可能将这种产品视为自己价值链中采购的原材料。通过了解行业价值链中其他业务单元开展业务的方式，管理者可以找到降低成本、改进产品和重组渠道的新机会。

每种产品或服务都有自己的行业价值链，管理者可以通过行业价值链的分析来发现改进的机会。为了创建行业价值链，从战略业务单元的输入开始，向后识别出你的供应商的供应商，然后识别出这些供应商的供应商，依次类推。然后从你的客户开始向前识别出你的客户的客户，然后再识别这些客户的客户，依次类推。

图 1-6 所示为一个行业价值链的例子，显示了木椅的价值链：从森林中的树木一直到垃圾回收站的产品全生命周期过程。

在图 1-6 所示的每个业务单元（伐木场、锯木厂、木材厂、家具厂、零售商、消费者和回收处理站）都有自己的价值链。例如，锯木厂从伐木场购买原木进行加工，加工时还需招募工人和购买锯片。锯木厂的客户是家具厂等。分析这个价值链对想进入伐木业的锯木厂很有用，对准备寻求与货运企业合作的家具零售商也非常有用。行业价值链可以帮助想提高效率和产品质量的企业在产品生命周期中向前或向后识别机会。

仔细分析行业价值链后，很多管理者发现可以使用电子商务和互联网技术来降低成本、改进产品质量、寻求新客户或供应商、找到新的销售方式。例如，一家软件开发商每年升级一次软件产品，它可能将软件零售商从销售渠道中移除，转向利用互联网直接为客户提供升级软件。这种变革就改变了软件开发商的行业价值链，并提高了销售收入（软件开发商获得了原来零售商或分销商在软件升级中所获取的利润），但这种利润机会不是软件开发商业务单元价值链内的一部分。通过分析每个业务单元之外的价值链，管理者可以识别出很多的商业机会，包括可以使用电子商务来开发的机会。

价值链的概念是从总体上考虑企业战略的有效途径。当企业准备实施电子商务时，价值链是一个很好的方法，帮助企业深入分析业务单元内部流程和产品生命周期其他部分的业务流程。价值链分析会让企业意识到电子商务是一种业务解决方案，而不是一项为了实施而实施的技术。

1.6.3 SWOT 分析：评估业务单元的机会

大家已经学习了行业价值链和战略业务单元 SBU，现在我们来学习一种常用的分析和评估业务机会的方法。大多数电子商务的实施都是通过减少交易成本、创建某种类型的网络效应，或综合这两种方法来增加

图 1-6　木椅的行业价值链

价值。在 SWOT（优势、劣势、机会、威胁）分析中，分析者首先识别业务单元内的优势和劣势，然后仔细研究业务单元所处的运营环境，识别出该环境所提供的机会，以及该环境所带来的威胁。图 1-7 所示为进行 SWOT 分析时，分析者可能提出的问题。

优势	劣势
• 公司做得怎么样？ • 公司市场强大吗？ • 公司是否有很强的目标意识以及支撑这一目标的文化？	• 公司哪些方面做得不好？ • 哪些问题可以避免？ • 公司的金融负债严重吗？
机会	威胁
• 行业趋势是向上发展吗？ • 公司的产品/服务是否有新的市场？ • 是否有公司可以利用的新技术？	• 竞争者哪些方面做得好？ • 公司面临哪些障碍？ • 公司的商业环境（技术、法律和法规）是否有令人不安的变化？

图 1-7　SWOT 分析问题

业务单元通过系统地考虑自己面临的所有问题，就能根据自身的优势制定战略以抓住机遇，同时避开各种威胁并弥补自身的劣势。

在20世纪90年代中期，戴尔电脑公司使用SWOT分析工具创建了商业战略，使戴尔公司成为行业价值链中强有力的竞争者。通过SWOT分析，戴尔公司发现自身的优势是向最终用户直销电脑的能力，以及通过对计算机和其他设备的设计来降低制造成本，并认识到自身的弱点是与各地计算机经销商的关系比较弱。戴尔面临诸如康柏（Compaq，现已被惠普收购）和IBM等竞争对手的威胁，当时这两家公司在品牌声望和质量信誉方面有很大的优势。戴尔发现自己所面临的机会是：客户的电脑知识越来越丰富，不需要销售人员的帮助就能准确知道自己所需要的电脑配置；它还发现互联网已成为一个潜在的营销工具。戴尔仔细考虑并回答了图1-7中所示的SWOT分析中的问题，戴尔公司SWOT分析的结果如图1-8所示。

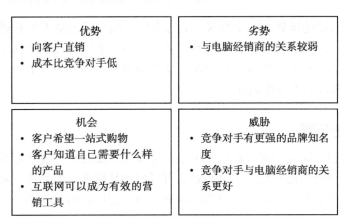

图1-8 戴尔公司SWOT分析的结果

在对SWOT的四个元素进行深入分析后，戴尔制定了战略。戴尔决定按订单生产客户定制化的电脑，先进行电话直销，最终，则通过互联网开展直销。戴尔公司的战略充分发挥了自身的优势，避免了对经销商网络的依赖。由于戴尔公司的每台电脑都是为每个买家所定制，提高了客户感知质量，减轻了康柏公司和IBM公司的品牌声誉和质量所带来的威胁。10年以后，戴尔注意到个人电脑的销售环境发生了变化，也开始通过经销商销售电脑。

1.7 电子商务的国际化禀性

由于互联网将全球的计算机连接在一起，任何开展电子商务的公司瞬间就可以成为一家国际化公司，与其他国家具有不同文化背景的潜在客户接触。当公司使用Web改善一个业务流程时，这家公司就已经自然而然地在一个全球化的环境中运作。电子商务的第一次浪潮由美国公司主导。在电子商务第二次浪潮中，欧洲和亚洲的企业竞相上网。

在电子商务第三次浪潮中，网上商务活动的比例在美国以外的其他国家和地区快速增长。人口众多的国家，如中国、印度和巴西，近期在互联网上网人数和网上业务数量方面出现了巨大的增长。智能手机和平板设备的普及，大大增加了企业在这些国家开展运营的潜在市场规模。自2013年开始，中国的B2C销售额已超过美国。图1-9所示为全球主要地区网上

B2C 销售额的比率。

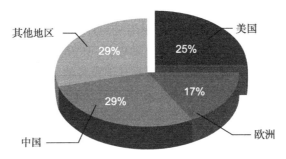

图 1-9　全球主要地区 2015 年网上 B2C 销售的比率

资料来源：*Internet Retailer* reports of Goldman Sachs, Forrester Research, U.S. Department of Commerce, United Nations Conference on Trade and Development, and China National Bureau of Statistics estimates.

尽管图 1-9 中所示的世界上每个地区的大部分网上销售活动都发生在该地区内部，但今天的很大一部分网上业务已经跨越国家边界。任何公司开展国际商务所面临的关键问题都涉及信任、文化、语言、政府，以及基础设施。这些内容将在下面的章节中讲述，相关的国际法和货币兑换问题将在第 7 章中阐述。

1.7.1　网上信任问题

对任何企业来说，同客户建立起信任关系都是非常重要的。在现实环境中，知名企业通常通过让客户了解自己来建立信任，这些企业可以依赖其所创立的品牌在网上建立信任。而想要在网上开展业务的新企业则面临更多的挑战，因为它们在网上面临公司与产品都不具有名气的难题。

例如，一家美国银行可以建立网站为全世界提供服务。潜在客户无法仅靠浏览网站的页面就判断出这家银行的规模和声望。除非访问者对网站背后的企业建立了信任，否则不会成为它的客户。建立企业信誉的计划是至关重要的。网上企业不能想当然地认为访问者会知道网站是由一家值得信赖的公司所运营的。

客户天生就缺少对网上"陌生人"的信任感，毕竟，人们几千年来都是和自己的邻居而不是和陌生人做生意。当一家企业成长为大型的跨国企业时，它的声誉也要相应地得到发展。一家企业在各国开展业务前，需要靠多年来为客户所提供的满意服务来证明自己值得信赖。网上企业必须想办法改变人们不相信陌生人的根深蒂固的传统，当今企业可能在网上一开张，第二天就能和全世界的人做生意。这些企业要想在网上获得成功，就必须想办法快速获得传统企业经过多年努力才能得到的信任。

1.7.2　语言问题

大多数企业已经认识到，在不同文化环境下有效开展业务的唯一办法就是适应文化，即"全球化思维，本地化行动"。通常，网上企业接触到不同文化背景的其他国家的潜在客户的第一步，是提供当地语言版本的页面。这意味着公司需要将网站页面翻译成另一种语言或当地的方言。研究人员发现，即使客户英语阅读能力很好，但还是更愿意从使用他们母语的网站上购买产品和服务。全球 70 亿人中只有 4 亿人的母语是英语。电子商务虽然起源于美国，但已成为一种全球现象，近年来只使用英语的网站数量急剧下降。今天，全球大约 25% 的网站使用英语。

有的语言甚至需要对多种不同的方言进行翻译。例如，西班牙人所说的西班牙语与墨西哥人所说的西班牙语就有差别，墨西哥人说的西班牙语同拉丁美洲其他国家所说的西班牙语也存在不同。居住在阿根廷和乌拉圭的一些地区的居民使用西班牙语的第四种方言，这些方言的差异多是发音不同，这对网站设计者来说并不重要（除非网站上有音频和视频信息）。但是也有很多词语的含义和拼写存在差异，美式英语和英式英语就存在这样的情况，美式英语的"gray"灰色，在英式英语中的拼写为"grey"；"bonnet"在美式英语中是"帽子"的意思，在英式英语中则指"汽车的引擎盖"。汉语也有两种字体，即中国内地使用的简体字与港台地区使用的繁体字。

大多数公司在翻译网站时会选择翻译所有的页面，但是随着网站越来越大，公司不得不对翻译的内容有所选择，有些网站有数千个页面，翻译所有的页面成本太高了。很多公司使用熟练的人工翻译来对网页进行翻译与维护，通常按每字 25～90 美分的标准付费。复杂的语言或少见的语言，收费通常会更高。对电子商务网站上不同的内容可采取不同的方式恰当地进行翻译。对于关键的营销信息要阐述词义上的微妙差别，人工翻译是绝对必要的。对很多日常事务处理功能的说明，软件提供的自动翻译就足够好了。软件翻译也称为**机器翻译**（machine translation），翻译速度可达每小时 40 万字，因此即使翻译得不完美，但相对人工翻译每小时 500 字的速度来说，公司更愿意使用软件翻译。致力于机器翻译领域的公司正努力开发软件，并建立数据库存放以往翻译过的材料，来帮助翻译工作人员，使其翻译工作更加有效和准确。

为电子商务网站提供翻译服务与软件的公司，一般不愿意用"翻译"这个词语来形容它们所做的工作，而更愿意使用**本地化**（localization）这个词，因为除了需要考虑翻译语种的地方性方言的变化情况，还要考虑当地环境的其他因素，如商业和文化习俗。文化因素非常重要，因为它能影响某句话所表达的含义，有时甚至是完全相反的意思。

1.7.3 文化问题

影响公司信誉的一个重要因素是交易的另一方在特定环境下的行动方式，品牌传递了公司商业行为的预期，因此，已建立品牌的公司比无名新公司能更快速、更容易地开展网上业务。例如，一个潜在购买者可能需要知道针对失实描述说明所出售的商品，卖方如何处理买方的索赔。这样的商业知识部分来源于买卖双方共同使用的语言和习俗。买方更乐于与所信任的卖方做生意。

语言和风俗习惯的结合通常称为**文化**（culture）。大多数的研究者都认为不同国家的文化存在差异，而且很多时候，同一个国家的不同地区之间也存在文化差异。例如，在很多欧洲和北美国家的文化价值观中，对私有财产非常重视，并以此构成法律基础。亚洲的文化却不那么重视私有财产，因此这些国家的法律和商业惯例可能是完全不同的。所有企业都必须对其准备开展业务地区所存在的语言和习惯所构成的文化差异进行了解。

例如，虚拟葡萄园网站（现属 Wine.com）在网上销售葡萄酒和特殊食品，公司管理层对来自日本客户高得不寻常的缺货投诉不知所措。公司常按整箱（12 瓶）或半箱的规格销售葡萄酒。因此，为了降低运营成本，公司把要运输出去的酒按一箱、半箱、两瓶一组来存放。

调查后发现，许多日本顾客虽然只订购了一瓶葡萄酒，但这瓶酒是装在放两瓶酒的容器中送来的。日本顾客认为葡萄酒这种高质量产品的包装是非常重要的，无法想象谁会用放两瓶酒的容器来装一瓶葡萄酒，于是发电子邮件询问另一瓶酒在哪里，根本不顾他们当初只是订购了一瓶葡萄酒的事实。

一些由语言和文化标准的细微差异所导致的错误已经进入国际商务的教科书和培训案例中。例如，通用汽车公司的雪佛兰 Nova 车型的命名让拉丁美洲的人们发笑，因为"no va"在西班牙语中是 it will not go（开不动）的意思。百事可乐"come alive"（翻译为：活了过来，活跃起来）的广告活动在中国彻底失败了，因为它被译成"百事让你的祖先走出坟墓，活了过来"。

另一个国际商务课程中常用的案例，讲述一家卖罐装婴儿食品的公司在包装罐上印着一个很漂亮的婴儿照片，这种罐装食品在其他市场上都卖得很好，但在非洲部分地区却卖不动，制造厂商后来发现，在当地，食品包装上所使用的图片总是反映了食品的构成成分。这个故事特别有趣，因为它从来没有发生过。但这个案例非常能说明问题，即潜在文化问题对商务活动所造成的显著影响，因此营销教材和国际商务培训中经常使用此案例。

国际贸易网站的设计者需要小心选择表示经常性动作的图标。例如，在美国，构建电子商务网站时经常会使用购物车图标，但欧洲人在购物时用的是购物篮，从来没有见过购物车。澳大利亚人也使用购物车，知道购物车的图标含义，但却被图标上的文字"shopping cart"（购物车）迷惑了，在澳大利亚，描述购物车的词是"shopping trolley"（购物手推车）。美国人常用食指和拇指构成一个圆圈表示"很好"的意思或"一切都很好"，一个网站如果使用这个手势图标表示交易已经完成或信用卡已经接受，就没有考虑到在巴西等国这是一个非常下流的手势。

草率的设计会因文化背景的差异带来问题。在印度，在卡通片、漫画或其他滑稽的事情中使用母牛的图片是非常不适当的。在很多伊斯兰国家，一张露着胳膊和腿的人的照片将冒犯这里的潜在客户，甚至颜色或页面的设计元素也会惹出麻烦。白色在欧美国家表示纯洁，而在一些亚洲国家表示死亡和悲恸。日本的网民不能容忍分成 4 块的网页，因为数字"4"在日本文化中是死亡的象征。

起初，日本人对美国式的电子商务有抵触，他们喜欢用现金付款或转账，不喜欢使用信用卡，对在网上做生意心有余悸。软银（Softbank），一家卓越的向互联网企业投资的公司，想出了一种向日本人推广电子商务的办法。软银同 7-11 便利店、日本雅虎（Yahoo）、通贩公司（日本一家很大的图书批发商）创建了一家合资企业 eS-Books，在网上销售图书和 CD，顾客在网上下订单，然后在附近的 7-11 便利店取货并用现金付款。通过导入中间环节满足日本顾客的需要，软银公司将企业与消费者间的 B2C 电子商务成功引入日本。

1.7.4　文化和政府

世界上一些地区的文化环境对网上讨论存有敌意，这种文化会导致政府的控制，从而限制电子商务的发展。互联网上的沟通非常开放，这种无拘无束、无所顾忌的沟通是某些文化根本无法接受的。例如，**人权观察**（Human Rights Watch）的一份报告中指出，中东和北非的许多国家不愿意让公民无限制地接入互联网，这份报告还提到，这些地区的很多政府常常阻止人们自由表达思想，并采取措施抵制国家无法控制的信息交流。

世界上很多国家对互联网访问实施限制，以阻止内部的独立政治激进组织的形成和发展。

通过限制访问或对互联网流量的监控，策划反政府的叛乱将被挫败。审查网上的内容与沟通会限制电子商务，因为这将导致有些产品或服务不能销售或发布广告。这种审查也抑制了很多人参与网上活动的兴趣。如果一个国家中的大多数人对上网不感兴趣，利用互联网发布信息或销售产品的业务在该国就得不到发展。

其他国家，如中国和新加坡，正在努力解决通过互联网进行商务活动的高速增长所带来的问题。这些国家有限制公民访问境外信息的习惯做法，但又希望本国经济从电子商务中获得好处。中国对从事电子商务的企业制定了一系列复杂的法规，并由公安机关负责执法。例如，互联网服务商必须把所有顾客名单在公安机关备案，必须把所有电子邮件和聊天室内容保留60天。

一些国家虽然不完全禁止电子商务，但其涉及商业行为法规在文化上有严格的限制要求。在法国，商品或服务的广告必须使用法语，因此，美国公司如果在网页上做广告，并想将产品销往法国，就必须将广告页面翻译成法语，以遵守法国法律。很多美国的电子商务网站都在其网页上列出该网站接收订单的国家名单，以避免触犯类似的法律条款。

1.7.5 基础设施问题

除成功面对信任、语言和文化挑战外，企业还要面对互联网基础设施的差异和不足所带来的挑战。互联网的基础设施包括计算机、连接互联网的软件以及传递信息包的通信网络。不同于美国，很多国家的电信行业要么是政府所有，要么受政府严格管制。很多情况下，这些国家的管制约束了电信基础设施的发展，或限制了基础设施的扩充，使其不能有效支持互联网上的流量。

在很多发展中国家，通过电话网接入互联网的成本比美国高很多，这对电子商务参与者的行为有很大影响。例如，在互联网接入成本比较高的国家，很少有人会乐意不停地上网浏览信息来购买某个产品，他们只会直接访问销售其所要购买产品的网站。因此，要想在这些国家销售产品，企业需在这些国家的传统媒体上做广告宣传自己的网站，不能依赖搜索引擎把客户带到自己的网站上。这个问题在许多国家一直存在，甚至用户使用移动设备上网，上网费也很高。这就限制了互联网的使用，特别是B2C网上购物，这就类似以前电话费很高的情况。

在互联网上，一半以上的企业因没有适当的流程来处理国际订单，而白白让其流失。有些企业每年损失的国际业务量有数百万美元。这是一个全球性的问题，并非仅仅是美国企业进入国际市场所遇到的困难，其他国家的企业进入美国市场时也将碰到类似的困难。

完成国际业务的文书工作（涉及处理报告、信函和表格的工作）以及错综复杂的业务过程，是技术要解决的另一个问题。大多数开展国际业务的公司依靠一系列复杂部署，通过货运代理公司、客户经纪人、国际货运公司、保税仓库、进口商来完成每个交易环节所要求的单据，各种各样的单据让人眼花缭乱，犹如在迷宫中航行，这些单据用来满足政府部门和保险公司的要求。**货运代理**（freight forwarder）是为国际业务安排运输和保险的公司。**客户经纪人**（customer broker）是针对国际运输计算运输费用并安排支付以及遵守国际货运海关法的公司。很多公司将上述两种业务整合，提供全方位的出口管理服务。**保税仓库**（bonded warehouse）是一个暂时存放进口货物的安全可靠的地方，所存货物暂时无须缴纳关税直到海关办理好相关手续或直到完成付款过程。图1-10所示为典型的国际贸易中各种信息和实物的传递过程。

如图1-10所示,信息流非常复杂。国内贸易通常只涉及卖方、买方、各自的开户银行和一家货运公司。国际贸易则需要多家货运公司来完成货物运输,在国际运输前存储在转运公司的仓库,到达目的国后又存储在港口或保税仓库。这些运输和存储不但要受到国内交易买卖双方的监督,还必须接受政府海关部门的监督。因为国际贸易的法规和手续过于复杂,交易常常需要报关行和货物转运公司的共同努力。第11章将讲述企业进行国际贸易时资金转账的业务流程。

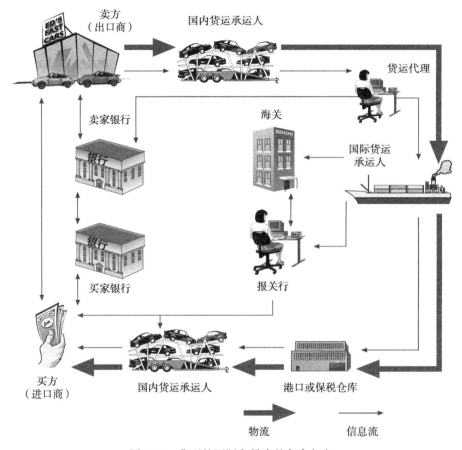

图1-10 典型的国际贸易中的各参与方

业内专家估计,处理国际贸易单据的费用每年高达700亿美元。有公司开发并销售能自动处理上述流程部分书面工作的应用软件,但是各国都有自己独特的单据格式和国际货运人必须遵循的手续。更麻烦的是,有些国家已经使用计算机完成了某些步骤的自动化,所用的计算机系统和其他国家的计算机系统又不兼容。

一些国家对企业在网上开展国际业务提供帮助。阿根廷政府运营的Argentina Empresas网站为希望在阿根廷开展业务的公司提供了大量信息。美国商务部国际贸易署运营的Export.gov网站,是针对希望开辟国际市场美国公司的门户网站。

基础设施问题将继续阻碍国际商务潜力的充分发挥,直到使用技术克服了这些障碍,而不是技术的应用又造成新的障碍。

本章小结

本章介绍了电子商务是利用新技术，尤其是互联网技术和Web技术来帮助个人、企业和其他组织更有效地开展商务活动。电子商务正在经历变革浪潮。电子商务的第一次浪潮从1995年左右开始，并持续到2003年，这一阶段的特征为快速增长和创新，并伴随着大量企业对先行者优势的追逐。这一时期包括多种盈利模式和经营策略的实践，主要在美国进行。第二次浪潮从2004年开始，持续到2009年，见证了互联网和Web技术的改进，推动了电子商务的全球扩张。由于内容提供商处理盗版问题和所制定的战略在网络环境下所取得的成功，数字产品的网上分销发展迅速。越来越多的企业采用聪明的跟随策略而非采用先行者优势。电子商务的第三次浪潮开始于2010年，拥有功能强大的智能手机和平板设备、渴望做生意并加入社交网络的移动用户数量达到了临界规模。第三次浪潮的其他特征还包括越来越多小企业的参与，在人口众多的发展中国家电子商务的快速增长，对电子商务活动产生的海量数据进行的复杂分析，以及跟踪技术与业务运营整合的日益广泛。

本章还介绍到，从历史发展的角度来看，媒体上所描述的电子商务发展的"繁荣与泡沫"特性很大程度上是不正确的。虽然网上商务活动随着总体经济的变化，也会增加和减少，但在其发展的整个历史阶段，始终长期超越了传统商务活动的发展。

通过开展电子商务，一些企业可以创造出新的产品和服务，另外一些企业可以改进产品的促销、营销及交付方式。企业可采用多种方式实施电子商务，改善采购和供应活动，识别出新的客户，使财务、行政、人力资源等管理活动更加有效。本章还讲述了电子商务可以帮助企业降低交易成本，创造能提高收入的网络效应。

本章概括了企业的几种经济结构，即市场型、等级型和网络型，并描述了电子商务对这些经济结构的适用程度。本章介绍了波特的业务部门价值链和行业价值链的思想，以及如何使用价值链和SWOT分析来了解企业业务流程并分析其是否适合开展电子商务。

电子商务固有的全球化性质，为企业带来机遇，也使企业面临挑战。期望利用电子商务开展国际贸易的企业必须仔细应对信任、文化、语言和法律等问题。

关键术语

大数据（big data）：非常大的信息存储，例如在线卖家收集的有关其客户的信息。

保税仓库（bonded warehouse）：一个安全的位置，可以保留进货国际货物，直到满足海关要求或直到付款安排完成。

业务活动（business activity）：工作人员在完成工作的过程中所执行的任务。

商业模式（business model）：指为盈利而建立的业务流程的集合。

业务流程（business process）：企业开展商务活动所需要的业务活动。

业务单位（business unit）：是企业内部围绕特定产品、分销渠道和客户类别的组合而建立的单位，是战略业务单位的同义词。

企业间电子商务（business-to-business，B2B）：企业彼此之间在WWW上进行的交易。

企业与消费者间的电子商务（business-to-consumer，B2C）：消费者同企业在WWW上进行的交易。

企业与政府间的电子商务（business-to-government，B2G）：指企业与政府机构进行交易（如缴税和填表等）的电子商务。

日用商品（commodity item）：特征已经标准

化并为消费者熟知，顾客无法区分不同厂商所提供的产品之间的差别；对于这类产品或服务，顾客的采购决策主要关注价格。

消费者间的电子商务（consumer-to-consumer，C2C）：发生在消费者个人之间的买卖交易。

众包网站（crowdsourcing site）：也称为众筹网站，这是一个社交网站，允许用户征求其他用户的投资或贡献。

文化（culture）：某些人群的语言和习惯。

报关行（customs broker）：一家公司，负责安排支付关税并遵守国际货运的海关法律。

数据分析（data analytics）：用于调查大数据中包含的模式和知识的复杂统计工具。

.com（dot-com）：一家只在线运营的公司。

电子采购（e-procurement）：使用互联网技术完成企业的采购与供应管理职能。

电子交易（electronic business，e-business）：有时用来描述包括企业所有的业务流程在内的广义电子商务，以区别于只包括销售与采购交易的狭义电子商务。

电子商务（electronic commerce，e-commerce）：通过在互联网和WWW上进行的电子数据传输开展的商务活动。

电子数据交换（electronic data interchange，EDI）：指企业彼此交换标准格式的机读数据。

电子资金转账（electronic funds transfer，EFT）：指在安全的专网上进行账户交易信息的电子传输。

公司（firm, or company）：开展商务活动的企业。

先发优势（first-mover advantage）：企业因先于竞争对手推出某个产品或服务而获得利益。

货运代理（freight forwarder）：为国际贸易安排运输和保险的公司。

等级制企业组织（hierarchical business organization）：有多级责任制的企业。这些组织通常有一个最高的总裁或总经理，有几个副总裁向他汇报，副总裁之下又有更多的中层经理向其汇报。

行业（industry）：向相似顾客销售相似产品的多家公司。

行业价值链（industry value chain）：某个业务单位的价值链所从属的更大的业务活动流。

边际收益递减（law of diminishing returns）：很多业务活动的价值随消费量的增加而递减的特征。

本地化（localization）：指翻译时除了考虑所翻译语种的方言外，还要考虑当地环境的其他因素（如商业和文化特点）。

机器翻译（machine translation）：由软件完成的翻译，速度可达每小时40万字。

市场（market）：潜在的卖主和买主彼此进行接触并进行一定交换（货币或易货贸易）的现实或虚拟场所。

零售推销（merchandising）：通过店面设计、布局和商品陈列摆放来创造刺激购买的购物环境。

移动商务（mobile commerce，m-commerce）：利用无线连接设备访问的资源，如股票信息、方向指南、天气预报、航班信息等。

移动应用（mobile App）：在智能手机和平板电脑等无线设备上运行的程序。

网络经济结构（network economic structure）：不同企业因共同目标建立长期稳定关系以协调彼此战略、资源和技术的一种企业结构。

网络效应（network effect）：随着网络中人或组织的增多，网络对每个参与者价值的增加。

基本活动（primary activity）：运作企业所要求的业务活动，包括产品或服务的设计、生产、促销、销售、运输和售后服务。

采购（procurement）：包含所有购买活动以及对购买交易所有环节的控制在内的业务活动。

纯电子商务企业（pure dot-com）：只在互联网上开展运营的企业，也被称为dot-com公司。

收入模式（revenue model）：即企业用于从客户处获取收益的策略与技术。

运输规格（shipping profile）：指影响产品包装和运输难易程度的所有特征。

聪明跟随策略（smart-follower strategy）：一种策略，即当一项业务不再需要大量的投资并且业务流程已经被测试过，当企业观察到先行企业的失败，会随后进入该业务。

智能手机（smart phone）：具备浏览器和全键盘功能，内置操作系统可以让用户运行各种应用软件的手机。

社交商务（social commerce）：利用网上人际关系进行商品或服务的促销与销售。

社交网站（social networking site）：个人和企业可以使用的网站，用于在线进行社交互动。

战略联盟（strategic alliance）：不同企业因共同目标建立长期稳定的关系以便协调彼此的战略、资源和技术。

战略业务单位（strategic business unit，SBU）：是企业内部围绕特定产品、分销渠道和客户类别的组合而建立的单位。

战略伙伴（strategic partner）：战略联盟的参与者。

战略伙伴关系（strategic partnership）：战略联盟的同义词。

供应管理（supply management）：采购的同义词，是指包含所有购买活动以及对购买交易所有环节控制在内的业务活动。

辅助活动（supporting activity）：支持企业基本活动的一些次要性活动，包括人力资源管理、采购和技术开发等。

SWOT 分析（SWOT analysis）：评估业务单位的优势和劣势，识别业务单位所处市场的机遇以及竞争对手带来的威胁。

远程办公（telecommuting, telework）：指员工在办公室之外通过互联网登录公司计算机完成工作，不再需要去办公室上班。

贸易伙伴（trading partner）：彼此开展 EDI 交易的企业。

交易（transaction）：价值的交换。

交易成本（transaction cost）：买主和卖主收集信息与协商交易时所有发生成本的总和。

增值网（value-added network，VAN）：为开展 EDI 交易的企业提供连接服务和 EDI 报文传输的第三方企业。

价值链（value chain）：由每个战略业务单位承担所售产品或服务的设计、生产、促销、销售、运输和售后服务等的业务活动组织方式。

价值系统（value system）：行业价值链的同义词。

垂直整合（vertical integration）：现有企业用自己的战略业务单位生产原材料以替代供应商的做法。

虚拟社区（virtual community）：具有共同兴趣的人在网上的聚集地。

虚拟企业（virtual company）：网上运营企业之间建立的战略联盟。

Web 2.0：允许互联网用户在第三方拥有和运营的网站上，进行网站内容的创建、编辑和发布信息的技术。

电子转账（wire transfer）：电子资金转账的同义词，指在安全的专网上电子传输账户交易信息。

复习题

1. 电子商务的两大主要类别是什么？
2. 列出业务流程中需要考虑的几项活动。
3. 列出企业与政府之间电子商务（B2G）所包含的几项活动。
4. 请对企业自 20 世纪 60 年代以来所使用的以电子方式交换业务信息的技术命名。
5. 什么是增值网络？
6. 在电子商务的第一次浪潮中，什么因素导致了投资者热情高涨，使投向网上业务的资金快速增长？
7. 采用先发优势策略具有哪些缺点？
8. 在电子商务的第三次浪潮中，哪一种互联网技术导致了电子商务在发展中国家的增长？
9. 企业如何使用网络社交开展互动？

10. 什么是众筹？
11. 开展网上业务的企业如何使用数据分析来提高销售额？
12. 简要介绍一下商业模式与盈利模式之间的区别。
13. 什么是运输规格？
14. 简要解释一下，为什么许多观察家认为将电子商务的历史描述为一系列的"繁荣与萧条"的过程是不正确的。
15. 为什么今天大多数的商业活动在等级制组织而不是市场上进行？
16. 什么是网络经济结构？
17. 列出在某个特定业务价值链中的四个主要活动。
18. 简要解释为什么开展网上业务的企业感觉很难与客户建立信任。
19. 实施本地化与语言的翻译有何不同？
20. 简要描述货运代理在国际电子商务中所履行的职能。

练习题

1. 请用两到三个段落，说明"业务活动""业务流程"和"事务"之间的不同。
2. 一些作家认为电子商务的出现是一场"革命"，其他人则把它描述为一系列的浪潮。用大约100字，简要讨论每个观点的优势。
3. 用大约100字，概述在电子商务第二次浪潮中，互联网技术发生的哪些变化推动了数字内容消费的快速增长。
4. 网络广告在电子商务第二次浪潮中的使用明显不同于电子商务第一次浪潮。用一两个段落，简要描述所发生的变化。
5. 在电子商务的第一次浪潮中，很多企业试图利用先行者优势。在第二次浪潮中，企业更倾向采用聪明的跟随策略。用大约100字，比较先行者优势与聪明的跟随策略。
6. 使用移动设备的客户，很多人更喜欢通过移动设备上安装的App应用软件来进行采购，而不用移动设备上的浏览器登录网站进行购买。目前，尚不清楚是否这些客户只使用商家专门推出的移动App来搜索和选购具体的商品。用大约200字，列出使用特定商家移动App来挑选与采购商品的优缺点。
7. 许多公司正在将其网上业务活动与现有的实体店铺相结合。用大约100字，解释它们正在组合哪些要素，以及线上线下业务相结合时，需要解决什么问题。
8. 简要定义"交易成本"这个术语，并用大约100字，列出使用电子商务降低交易成本的几种具体方式。
9. 用一两个段落，解释互联网如何建立或增强网络效应。
10. 用一个段落来说明业务价值链和行业价值链的不同。
11. 政治和文化的问题会限制企业在其他国家做生意的能力。用大约100字，列举说明具体的政府规章和文化习俗如何妨碍了跨境电子商务的开展。

案例

案例1-1 机场自助租车——银车公司（Silvercar）

在机场租车，对很多人而言，都是一个不愉快的经历。经过漫长的白天或夜晚的飞行甚至航班延误，终于抵达机场，疲惫的旅客还需徒步跋涉或乘坐公交到租赁点。在柜台前排队等待，终于轮到自己了，却又要面对诸多选择：要租什么类型的汽车，选择什么样的保险，是先预付燃油费还是返回机场的途中给汽车加满油，需要使用哪种导航设备……经常旅行的人可以通过提前做好决策来减少烦琐的选择过程中所需要的时间，但是已经选好的车型租不到的情况仍然很常见。

虽然有 Zipcar 等公司提供汽车出租共享服务的网站，以及 Lyft 和 Uber 等公司提供包括司机在内的出租车服务网站，这些企业在成立之初就已经将互联网技术视为其业务运营的一个关键要素，但大部分的汽车租赁公司在其核心的机场租赁业务中，所采用的互联网技术仍然非常有限。Silvercar 公司于 2012 年推出了机场汽车租赁业务，旨在改变这种状况。从最早在奥斯汀机场开展业务以来，到 2015 年，Silvercar 已经将公司业务扩展到了 10 个机场，此后计划每过几个月就开拓一个新的机场。为将自己宣传为"第一家无任何烦恼的汽车租赁公司"，Silvercar 公司设计工作流程，尽量减少顾客在机场租赁汽车过程中所需要的时间。

Silvercar 公司的顾客必须在其所使用的手机或平板设备中下载移动 App 来进行租车预约。预约内容包括险种选择，但无须选择车型，因为所有 Silvercar 营业点所配备的车辆都相同，都是银色的奥迪 A4 轿车。顾客一抵达机场，其手机或平板设备中就会收到 Silvercar 公司的员工所发送的一条文本信息，引导他们在路边或者到附近的地方取到预约的车辆。App 应用程序中还包括解锁汽车的扫描代码。App 还会提醒顾客何时还车，能通过车辆上所安装的 GPS 全球定位系统为顾客导航。如果顾客还车的时候没能给汽车油箱加满油，Silvercar 公司将按当地当时的燃油价格收取加油费，外加 5 美元的服务费。公司所制定的汽车租赁价格，相对于其他公司中型轿车的租赁定价，在每个机场都具有竞争力。租金还可以包含额外聘用驾驶员以及所提供的路边服务费用。每辆车都配备了 GPS 全球定位系统、Wi-Fi 无线互联网技术、卫星无线广播和计费跟踪系统，能让顾客在驾驶车辆的过程中，了解所发生费用的确切金额（大多数租车公司除了收取车辆租金费用外，还按天收取计费跟踪系统的租金）。

问题

1. Silvercar 公司的业务流程设计隐含地排除了针对某些客户所能提供的服务。用大约 100 字，识别出这些顾客的特征，并列出 Silvercar 公司选择不为他们提供服务所付出的代价和获得的好处。

2. 假设你在一家已成立多年的汽车租赁公司担任客户体验经理。准备一篇 200 字左右的备忘录给公司董事会，归纳出 Silvercar 公司给你所在公司所带来的威胁，并概述你认为贵公司可以采取哪些具体行动来减少这些威胁。

3. 许多汽车租赁公司以往通过强调其员工的乐于助人和友好来推广它们的服务。用大约 100 字，评估在 Silvercar 公司的业务流程设计中，员工性格（如乐于助人）的重要性与所起的作用。

请注意：老师可能要求同学以小组的形式来完成这个案例，并要求每个组在全班进行正式陈述。

案例 1-2 哈勒木工

哈勒·多诺万（Hal Donovan）于 1988 年在俄亥俄州的桑达斯基（Sandusky）市创建了一家普通的五金商店。哈勒在大学暑假期间一直在一家历史悠久的五金商店工作，并决定今后从事自己所喜欢的五金行业。哈勒五金是社区连锁店，其口碑很好，顾客都将它视为令人倍感亲切的社区商店。商店经理对社区活动都很积极，商店会定期赞助年轻人的体育比赛和一些慈善活动。售货员上岗后要接受一个全面的培训计划，包括管道工技术、电工技术、电动工具使用、瓷砖铺设技能和园艺技能等复杂的工作技能培训，以及客户服务技能的培训。由于哈勒五金公司注重服务，大多数连锁店铺都成为社区活动的中心。

哈勒五金公司连锁店每个月为拥有自己房子的业主和房屋装修爱好者提供学习教室和车间，进行3个晚上的培训课程，在周末的上午还为专业顾客定期安排研讨会。有些课程和研讨会是由制造商授课，推销他们自己生产的产品，但更多课程由哈勒五金公司的员工讲授。

近年来，哈勒五金因为业务量不再增长而越来越忧虑，公司面临家得宝（Home Depot）和劳氏家居（Lowe's）等五金连锁店的激烈竞争。这些全国性的连锁最近频繁开店，不但店铺面积大、商品品种多，而且价格更低。由于竞争异常激烈，哈勒五金公司因此撤销了木料商品部。这些全国性的连锁店采购的木料数量巨大，因此售价很低，哈勒五金公司如果将木料价格降低到竞争对手所提供的价格，将无法盈利，另外销售木料也要占据店铺很大的空间。

哈勒担心其他商品部门也将出现类似问题，因此千方百计地寻找改进顾客购物体验的方法，尤其是那些全国连锁店不愿或不能采取的方法。比如，大多数人在花费几百美元购买电动工具前都希望亲自试用一下，因此哈勒五金公司的店铺都设有电动工具示范区，示范区的销售人员都精通电动工具的操作，还对常用电动工具（如钻孔机、电锯、刨床、研磨工具等）编写了实用手册并免费发送给顾客。此外，哈勒五金还销售自己录制的成本较低的电动工具使用示范光盘。

哈勒五金公司目前已建立了公司网站，网站上有总公司和实体店铺的相关信息，如商店位置、抵达的路线及营业时间。哈勒正在考虑通过公司网站开展网上销售，他希望网站能方便顾客订购商品，查看店铺中某款商品是否有现货，并能帮助顾客对不同厂商生产的某种商品货比多家。哈勒还希望网站能帮助公司接触到没有住在商店周边社区的客户，但他也意识到部分产品不适合物流递送。

哈勒与公司最资深的店铺经理萨拉·约翰逊（Sarah Johnson）讨论了开展网上销售的想法，萨拉已经在公司工作了20多年，并为哈勒连锁店每周六下午在演示区举办的活动，组织设计了一系列的课程。听了哈勒的想法后，萨拉也表达了对目前竞争状况的担忧。萨拉认为将公司的整个产品线全部搬到网上进行销售可能意义不大，因为常用工具在网上销售竞争性很强，不亚于线下实体店间的激烈竞争。萨拉注意到有一部分核心客户对木工活儿非常感兴趣，凡有此类培训课程都亲自到场参加，这类客户购买店铺中销售得最好、最贵的工具，很多时候，当这些客户在进行某个具体的项目时，萨拉还需要为他们订购特殊的工具。

萨拉向哈勒建议，应该以不同的方式开展网上业务，只销售针对木工或家具厂商的专用高端工具，这些商品比普通商品的利润高很多，并且哈勒店铺中的店员都迫切地想制作出满足这类更有经验的特殊顾客需要的视频和使用说明小册子。萨拉建议将网上业务命名为哈勒木工，以区别于一般的五金店业务。萨拉还建议哈勒浏览一下木工高地（Highland Woodworking）和木工供应（Woodworker's Supply）的网站，以更好地了解萨拉心目中的网上商店应具有的功能。

问题

1. 对哈勒五金公司的现状进行SWOT分析。你可以使用案例中所提供的信息、个人对五金零售店和工具行业的知识，以及上网搜索到的相关信息，独立进行分析，用类似图1-8的方式来总结SWOT分析的结果。
2. 对萨拉所提出的哈勒木工网上业务进行SWOT分析，使用案例中所提供的信息、你个人对五金零售店和工具行业的知识，以及上网搜索到的相关信息，独立进行分析，用类似图1-8的方式来总结SWOT分析的结果。
3. 基于网上业务SWOT分析的结果，撰写一份400字左右的分析报告，包括你所提出的设想并列出对哈勒木工的具体建议清单。建议的内容应该尽量详细，具体到哈勒五金公司提供的网站内容和设立哪些栏目、网站应提供哪些功能，以及如何克服你在SWOT分析中所指出的劣势或威胁。
4. 用大约100字，概述公司同时开展两项业务所可能面临的成本以及可能获得的收益。

延伸阅读

Bannan, K. 2006. "Lost in Translation," *B to B*, 91(7), June, 21–23.

Berthon, P., L. Pitt, D. Cyr, and C. Campbell. 2008. "E-readiness and Trust: Macro and Micro Dualities for E-commerce in a Global Environment," *International Marketing Review*, 25(6), 700–714.

Boles, C. and S. Morrison. 2007. "Yahoo Settles Suit Over Jailed Chinese Dissidents," *The Wall Street Journal*, November 14, A2.

Brady, P. 2015. "This New Company May Change the Rental Car Game," *Condé Nast Traveler*, May 1. http://www.cntraveler.com/stories/2015-05-01/this-new-company-may-change-the-rental-car-game

Brohan, M. 2015. "E-commerce Sales Grow Six Times Faster for U.S. Top 500 Merchants than Total Retail Sales," *Internet Retailer*, April 13. https://www.internetretailer.com/2015/04/13/e-commerces-sales-outgrow-total-retail-sales-2014

Buckley, C. 2013. "Formal Arrest of Advocate Is Approved by China," *The New York Times*, August 24, A9.

Castells, M. 1996. *The Rise of the Network Society*. Cambridge, MA: Blackwell.

Chen, T. and V. Wang. 2010. "Web Filtering and Censoring," *Computer*, 43(3), March, 94–97.

Coase, R. 1937. "The Nature of the Firm," *Economica*, 4(4), November, 386–405.

Collett, S. 1999. "SWOT Analysis," *Computerworld*, 33(29), July 19, 58.

Columbus, L. 2013. "Getting a Head Start on Five Factors Reshaping E-commerce," *Forbes*, March 23. http://www.forbes.com/sites/louiscolumbus/2013/03/23/getting-a-head-start-on-five-factors-reshaping-e-commerce/

Computerworld. 2001. "Autopsy of a Dot Com," January 19. http://www.computerworld.com/article/2590458/e-commerce/autopsy-of-a-dot-com.html

Correia, J. and G. Alvarez. 2013. *Market Insight: Three Compelling Reasons to Update Your E-commerce Product Strategy*. Stamford, CT: Gartner.

Drickhamer, D. 2003. "EDI Is Dead! Long Live EDI!" *Industry Week*, 252(4), April, 31–35.

Enright, A. 2011. "Classy Examples: Luxury Brands Show How to Sell High-ticket Items Online," *Internet Retailer*, May 31, 74–80.

Enright, A. 2015. "Digital Disruptors," *Internet Retailer*, May 1. https://www.internetretailer.com/2015/05/01/editors-greeting-digital-disruptors

Foer, F. 2014. "Amazon Must Be Stopped," *The New Republic*, October 9. http://www.newrepublic.com/article/119769/amazons-monopoly-must-be-broken-radical-plan-tech-giant

Freeman, C. and F. Louçã. 2001. *As Time Goes By: From the Industrial Revolutions to the Information Revolution*. Oxford: Oxford University Press.

Goldstein, E. 1999. *The Internet in the Mideast and North Africa: Free Expression and Censorship*. Washington: Human Rights Watch.

Grau, J. 2011. *U.S. Retail Ecommerce Forecast: Growth Opportunities in a Maturing Channel*. New York: eMarketer.

Gudivada, V., R. Baeza-Yates, and V. Raghavan. 2015. "Big Data: Promises and Problems," *Computer*, March, 20–23.

Hajli, N. and J. Sims. 2015. "Social Commerce: The Transfer of Power from Sellers to Buyers," *Technological Forecasting and Social Change*, 94, May, 350–358.

Harsany, J. 2004. "Web Grocer Hits Refresh: Online Grocer FreshDirect Takes the Hassle Out of City Shopping," *PC Magazine*, May 18, 76.

Hill, C., G. Zhang, and G. Scudder. 2009. "An Empirical Investigation of EDI Usage and Performance Improvement in Food Supply Chains," *IEEE Transactions on Engineering Management*, 56(1), February, 61–75.

Holahan, C. 2007. "Yahoo! Agrees to Pay Prisoners' Families," *Business Week*, November 14. http://www.bloomberg.com/bw/stories/2007-11-14/yahoo-agrees-to-pay-prisoners-familiesbusinessweek-business-news-stock-market-and-financial-advice

Honan, M. 2014. "Don't Diss Cheap Smartphones. They Are About To Change Everything," *Wired*, May 16. http://www.wired.com/2014/05/cheap-smartphones/

Horrigan, J. and L. Rainie. 2002. *Getting Serious Online*. Washington, DC: Pew Internet & American Life Project.

Internet Retailer. 2014. "Hot Mobile Retailers Ride a Wild Mobile Wave," December, 14.

Kearney, A. T. 2015. *Global Retail E-commerce Keeps on Clicking*. Chicago: A. T. Kearney.

Kell, J. 2015. "Home Depot Finds Its Footing in Online Shopping," *Fortune*, May 19. http://fortune.com/2015/05/19/home-depot-web-strategy/

Knight, K. 2014. "Study: Consumers Find Driving Need to Be Always On," *BizReport*, November 19. http://www.bizreport.com/2014/11/study-consumers-find-driving-need-to-be-always-on.html

Kristof, N. 2005. "Death by a Thousand Blogs," *The New York Times*, May 24, A21.

LaValle, S., E. Lesser, R. Shockley, M. Hopkins, and N. Kruschwitz. 2011. "Big Data, Analytics, and the Path from Insights to Value," *MIT Sloan Management Review*, Winter, 52(2), 21–31.

Lightman, S. 2007. "Web Globalization," *B to B*, 92(13), October, 11.

MacKinnon, M. 2010. "Jailed Dissident's Nobel Peace Prize Infuriates China," *The Globe and Mail*, October 8. http://www.theglobeandmail.com/news/world/jailed-dissidents-nobel-peace-prize-infuriates-china/article1750923/

MacLaggan, C. 2004. "Global Grocer," *Latin Trade*, 12(4), April, 51–54.

Mayer-Schönberger, V. and K. Cukier. 2013. *Big Data: A Revolution That Will Transform How We Live, Work, and Think*. London: John Murray.

Moon, J., D. Chadee, and S. Tikoo. 2008. "Culture, Product Type, and Price Influences on Consumer Purchase Intention to Buy Personalized Products Online," *Journal of Business Research*, 61(1), January, 31–39.

Ozcan, P. and K. Eisenhardt. 2009. "Origin of Alliance Portfolios: Entrepreneurs, Network Strategies, and Firm Performance," *Academy of Management Journal*, 52(2), 246–279.

Panditrao, M. 2015. "How Can Small Retailers Gain from Social Commerce?" *ETRetail.com*, April 27. http://retail.economictimes.indiatimes.com/re-tales/How-can-small-retailers-gain-from-social-commerce/597

Petzinger, T. 1999. *The New Pioneers: The Men and Women Who Are Transforming the Workplace and Marketplace*. New York: Simon & Schuster.

Porter, M. 1985. *Competitive Advantage: Creating and Sustaining Superior Performance*. New York: Free Press.

Porter, M. 1998. "Clusters and the New Economics of Competition," *Harvard Business Review*, 76(6), November–December, 77–90.

Porter, M. 2001. "Strategy and the Internet," *Harvard Business Review*, 79(3), March, 63–78.

Powell, W. 1990. "Neither Market nor Hierarchy: Network Forms of Organization," *Research in Organizational Behavior*, 12(3), 295–336.

Ramdeen, C., J. Santos, and H. Chatfield. 2009. "EDI and the Internet in the E-Business Era," *International Journal of Hospitality & Tourism Administration*, 10(3), 270–282.

Rayport, J. and B. Jaworski. 2001. *E-Commerce*. New York: McGraw-Hill/Irwin.

Ring, P. and A. Van de Ven. 1992. "Structuring Cooperative Relationships Between Organizations," *Strategic Management Journal*, 13(4), 483–498.

Schneider, G. 2005. "Digital Products on the Web: Pricing Issues and Revenue Models," 154–174. In Kehal, H. and V. Singh, eds., *Digital Economy: Impacts, Influences, and Challenges*. Hershey, PA: Idea Group.

Shapiro, A. 1999. *The Control Revolution: How the Internet Is Putting Individuals in Charge and Changing the World We Know*. New York: The Century Foundation.

Shapiro, C. and H. Varian. 1999. *Information Rules: A Strategic Guide to the Network Economy*. Boston: Harvard Business School Press.

Siwicki, B. 2011. "Stores Link to the Online World," *Internet Retailer*, September, 22–29.

Suarez, F. and G. Lanzolla. 2005. "The Half-Truth of First-Mover Advantage," *Harvard Business Review*, 83(4), April, 121–127.

Tai, Z. 2010. "Casting the Ubiquitous Net of Control: Internet Surveillance in China from Golden Shield to Green Dam," *International Communication Association Annual Meeting*, Suntec City, Singapore.

Tapscott, D. 2001. "Rethinking Strategy in a Networked World: Or Why Michael Porter Is Wrong About the Internet," *Strategy + Business*, 21(3), 1–8.

Taylor, D. and A. Terhune. 2001. *Doing E-Business: Strategies for Thriving in an Electronic Marketplace*. New York: John Wiley & Sons.
Thompson, D. 2014. "What in the World Is Amazon?" *The Atlantic*, October 10. http://www.theatlantic.com/business/archive/2014/10/is-amazon-evil/381357/
Thynne, J. 2008. "The E-revolution," *Bookseller*, October, 20–21.
U.S. Census Bureau. 2011. *Statistical Abstract of the United States*. Washington, DC: U.S. Census Bureau.
U.S. Census Bureau. 2012. *Statistical Abstract of the United States*. Washington, DC: U.S. Census Bureau.
Vascellaro, J. 2009. "Google to Tie Ads to Surfers' Habits," *The Wall Street Journal*, March 12, B8.
Vora, S. 2015. "The Car Rental Company Silvercar Adds Locations," *The New York Times*, May 12. http://www.nytimes.com/2015/05/13/travel/the-car-rental-company-silvercar-adds-locations.html
W3Techs. 2013. *Usage of Content Languages for Websites*. September. Maria Enzerdorf, Austria: W3Techs. http://w3techs.com/technologies/overview/content_language/all
Williamson, O. 1975. *Markets and Hierarchies: Analysis and Antitrust Implications*. New York: Free Press.
Williamson, O. 1985. *The Economic Institutions of Capitalism*. New York: Free Press.
Yang, K. 2011. "The Aborted Green Dam-Youth Escort Censor-ware Project in China," *Telematics and Informatics*, 26(2), May, 101–111.

第 2 章
技术基础设施：互联网和万维网

学习目标

- 互联网的起源、发展和现状。
- 包交换网络构成互联网的原理。
- 互联网、电子邮件、Web 协议的工作原理。
- 互联网地址和域名的构成原理。
- 标记语言的历史和应用。
- HTML 标记和链接的工作原理。
- 互联网的各种接入方法和费用。
- 第二代互联网和语义网。

引言

正如第 1 章中所介绍的，如今的互联网用户，尤其是发展中国家的互联网用户，普遍使用智能手机或平板设备而非计算机上网。对很多这类用户而言，移动设备是他们的主要甚至唯一的上网设备，很多公司开发的网站在这些屏幕小、使用键盘的设备上都很好用。然而，随着通过移动电话网络连接到互联网用户数的增加，网络流量的快速增长让现有技术不堪重负，甚至出现网络过载的威胁。

无线电话网络建立在蜂窝技术上，使用发射塔上的天线来收集移动设备信号并且使用位于塔基部的设备将它们传送到有线网络中。当越来越多的用户在一个发射塔的范围内上网，电话网络为每个用户服务的速度将减慢。随着用户数量以及传输数据量的增加（例如，播放视频比发送电子邮件或使用语音通话需要传送更大量的数据），网络速度会显著减慢甚至完全断开连接。目前，无线网络中唯一的技术解决方案是电信公司增加更多的蜂窝塔，但此方法较昂贵，并且难以找到新增加发射塔的安装位置。

预计到 2017 年移动数据流量将翻一番，2018 年将增长 3 倍，目前正在寻找解决此问题的方案。Steven Perlman 是一位企业家，他成功开发了 WebTV 并在 1997 年以 4.25 亿美元的价格将其出售给微软公司。在过去的 8 年时间里，Steven 的公司 Artemis Networks 一直致力于移动数据传输的解决方案。Steven 提出的方法，称为 pCell 技术，通过在实验室中测试，其数据传输速度大约为目前无线电话网络技术的 35 倍。对此测试结果，一些批评家提出了质疑。但是在 2015 年，Perlman 在旧金山的 Dish 网络启动了为期两年的 pCell 技术的商业应用测试。

与基于 200～15 000 英尺㊀范围内的，为所有用户提供服务的基站网络不同，pCell 技术为每个设备创建一个"个人"子网络。该系统使用一系列小型无线发射器，与移动设备一起构建这些个人子网，每个子网的范围小于 1 英寸㊁。因此，与数百甚至上千个移动设备竞争某个发射塔信号的方式不同，pCell 技术中，每个设备都能获得网络的全部传输速度。在目前的发展阶段，pCell 技术旨在与现有的移动设备协同工作。

本章将介绍创建互联网的技术，以及使万维网成为一个强大的、引领全球商业活动的平台所使用的技术，这样的商务方式是前所未有的。这些技术的持续发展在未来又将创造出新的数字产品和服务。

2.1 互联网和 WWW

计算机网络（computer network）是一项将计算机彼此连接的技术。Internet 中的"i"是一组相互连接的计算机网络。实际上，"internet"是"interconnected network"的缩写，使用一系列特定的规则将全球的各种网络连接在一起。各种计算机网络以及将它们彼此连接的互联网构成了电子商务的技术基础。

本章介绍电子商务业务中所使用到的计算机软硬件技术。首先，讲述互联网和 WWW 的原理，接着讲述支持互联网、WWW 和电子商务的其他技术。在本章中你会学习到一些复杂的网络技术，如果想深入了解计算机网络的工作原理，可以阅读本章延伸阅读中所列的计算机网络书籍，或选修数据通信与网络方面的课程。

WWW（world wide web）是互联网的一部分，简单来说，Web 是互联网上计算机的子集，按照特定方式互相连接，彼此可以很容易地进行内容互访。Web 最重要的特点是具有易于使用的标准图形界面，这种界面使得对计算机不是很精通的人也可用 Web 访问大量的互联网资源。

2.1.1 互联网的起源

20 世纪 60 年代初期，美国国防部开始担心核攻击可能给其计算机设施带来严重的后果。国防部意识到将来的武器需要功能强大的计算机进行协调和控制，而当时功能强大的计算机都是大型主机。

国防部开始想办法把这些计算机互相连接，并将它们和部署在全球的武器装置连到一起。国防部聘请了很多顶尖的通信技术专家，并资助一些著名的大学和机构进行研究。目的是设

㊀ 1 英尺 =0.3048 米。
㊁ 1 英寸 =0.0254 米。

计一种全球性的网络，即使这种网络的一部分被敌人摧毁，整个网络还可以正常运行。研究人员认为要实现目标，所构建的网络不能用中央计算机来控制其运行。

当时的计算机网络租用电信公司的专线进行连接，电信公司在每个电话的呼叫者和接受者之间建立一条单信道的连接，这种连接方式使所有的数据都在一条路径上传播。当一家公司想把分散在不同地点的计算机连接起来，它可以用电话专线建立这个连接，让所连接的两台计算机通过这个单信道连接进行通信。

国防部很担心这种单信道的计算机连接所存在的风险，研究人员于是提出了通过多信道发送信息的方法。这种方法要把文件和信息分解打包，每个信息包上都打上电子代码以标明它们的来源、序列和目的地。本章后面将讲述这种包交换网络的工作原理。

1969年，美国国防部高级研究计划署（Advanced Research Projects Agency，ARPA）的专家用这种网络模型把4台分别位于加州大学洛杉矶分校、斯坦福大学国际研究所（SRI International）、加州大学圣巴巴拉分校和犹他大学的计算机连到了一起，这个网络被称为ARPANET。ARPANET是最早的计算机网络，并最终形成了我们所称的互联网。在整个20世纪70年代和80年代，很多学术界的研究者接入这个网络，他们为网络的技术发展出谋献策，提高了网络运行的速度和效率。与此同时，其他大学也用同样的技术创建了自己的网络。

2.1.2 互联网的新用途

尽管国防部研究这个网络的目的是控制武器系统和传输研究文件，但在20世纪70年代初期，人们已经为这个巨大的网络找到了一些新的用途。1972年，一位名叫雷·汤姆林森（Ray Tomlinson）的研究者，写出了一段可以通过网络发送和接收信件的程序，电子邮件就这样诞生了。这种新的沟通方式迅速得到广泛的使用。军事、教育和科研领域的网络用户在不断地增加。很多新的用户用这项网络技术传输文件并远程登录到其他计算机。

第一个电子邮件列表也出现在这些军事、教育和科研领域的网络上。**邮件列表**（mailing list）是一个电子邮件地址，可以将所收到的邮件转发给任何一个加入邮件列表的用户。1979年，杜克大学和北卡罗来纳大学的一群学生和程序员创建了**用户新闻网**（User's News Network，Usenet），它可让网上任何用户阅读和张贴各种话题的文章。Usenet发展至今已有1000多个专题，每个专题区域称为一个**新闻组**（newsgroup）。

虽然当时人们已经为网络的使用开发出了很多创造性的应用，但网络的用户仍局限在能触网的学术界人士。从1979年到1989年，网络的这些新用途不断得到改进，用户规模也在不断壮大。随着研究和学术机构对一个公共网络所能带来收益认识的不断加深，国防部的网络软件得到了更广泛的应用。当来自不同组织的越来越多的人使用网络时，安全便成为人们所关心的问题，并且从那时起到现在，一直都被人们所关注。在本书第10章，将讨论安全问题。在20世纪80年代，随着个人电脑的普及，越来越多的人喜欢使用电脑，同时，其他一些独立的网络（如Bitnet）也被美国以外的世界各地的学术和研究人员所开发（如英国的学术研究网络，Janet），在20世纪80年代中后期，这些分布在全球各地的独立学术和研究网络合并成了我们现在所熟知的互联网。

2.1.3 互联网的商业用途

在20世纪80年代，随着个人计算机性能的日趋强大、价格日趋降低和使用日益普及，越来越多的企业使用个人计算机来构建自己的企业内部网络。虽然这些网络也装有电子邮件软件，可以在企业的雇员之间收发电子邮件，但企业还是希望雇员能够与企业网络之外的人进行信息交流。国防部的网络和其他大部分相关的学术网络都受到美国科学基金会（National Science Foundation，NSF）的资助。由于美国科学基金会禁止商业网络连入自己的网络，这些企业只好求助于商业性的电子邮件服务提供商帮企业处理这类电子邮件需求。大企业开始建立自己的网络，这些网络租用电信公司的线路把地区分公司和公司总部连在一起。

1989 年，美国科学基金会允许两家商业性的电子邮件服务商 MCI Mail 公司和 CompuServe 公司与互联网建立有限的连接，也就是说，只能和互联网上的用户互相交换电子邮件。从 20 世纪 90 年代开始，各行各业的人——不仅仅是科学家或学术研究者——开始把网络看成是一种全球性的共享资源，这就是我们现在所熟知的互联网。虽然这种网络从 1969 年国防部的 4 台计算机发展到了 1990 年 30 多万台计算机，但互联网的高速增长还没有到来。

2.1.4 互联网的发展

1991 年，美国科学基金会进一步放宽对互联网商业活动的限制，并开始对互联网实施私有化。互联网的私有化工作到 1995 年基本完成，美国科学基金会将其对互联网的运营权交给了一批私营公司。互联网新的结构体系包括 4 个**网络访问点**（network access point，NAP），分别位于旧金山、纽约、芝加哥和华盛顿哥伦比亚特区。每个网络访问点都由一个独立的公司来运营。随着互联网的发展，很多公司开始在更多的地点设立新的网络访问点。这些被称为**网络访问服务商**（network access provider），它们把互联网访问权直接销售给大客户，对小企业和个人的销售则是通过**互联网服务提供商**（Internet service provider，ISP）间接完成的。

互联网就这样悄悄地进入了我们的生活。当初那些投身于互联网创造和发展的研究者只是把互联网当成他们工作环境的一部分。然而，研究领域之外的人根本不知道这种计算机网络的大规模连接所带来的巨大的发展潜力。图 2-1 所示为**互联网主机**（Internet host，即直接接入互联网的计算机）数量持续显著增长的情况，今天的主机数已超过 10 亿台。

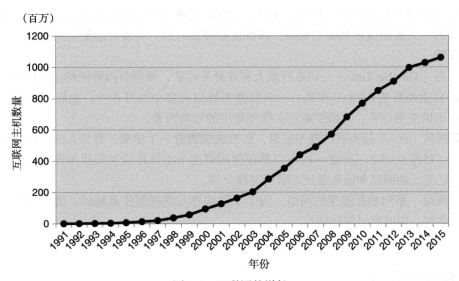

图 2-1　互联网的增长

资料来源：Internet Software Consortium（http://www.isc.org/）以及作者的估算。

2.1.5 物联网

人们对因特网最普遍的看法，是它将计算机彼此连接，并通过这样的方式让计算机的用户也彼此连接。近年来，除计算机以外的设备也连到了互联网上，如移动电话和平板设备。互联网再一次将这些设备的用户彼此相连。然而，人们所使用的各类设备与因特网的连接正在迅速增加。例如，开关、光学扫描器，以及能检测温度、光线、湿度、振动或物体移动等变化的传感器都可以连接到因特网上，并可以使用计算机来自动管理环境状况（如加热、制冷或照明强弱）以及安全防范。这些相互连接的设备可能位于房屋、办公室、工厂、汽车以及家用电器等物品中。

计算机也可以通过互联网相互连接，无须人工干预也能进行商业交易。例如，用来监视库存水平的计算机可以使用与之相连的传感器通过与互联网的连接，自动地生成采购订单并发送到供应商的计算机中。由计算机和传感器彼此相连进行通信和自动事务处理的互联网子集通常称为**物联网**（Internet of things）。行业分析家估计，物联网中互连的设备、传感器、交换机和计算机的数量已有 100 亿（超过地球上的人口总和），到 2020 年将达到 400 亿。使用物联网使企业业务流程更高效、安全，且成本更低的例子包括：

- 可口可乐公司在其存货控制、运输和服务支持系统中加入了与互联网相连接的语音识别设备，节省了 200 多万美元，并将订单准确率从 90% 提高到 99.8%。
- BC Hydro 是加拿大不列颠哥伦比亚省的一家电力公司，它使用与互联网连接的智能电表和远程监控设备来精确地管理整个电网中的电流，减少盗窃，节省费用超过 5 亿美元。
- 阿根廷 Banco de Cordoba 银行通过使用互联网将 2600 台摄像机、一个新网络和位于 243 个分支地点的数字标牌连接到其中央控制与安全系统中，不仅使电子交易额增长了 8 倍，处理成本更低，还意外发现在向员工发送培训和营销信息方面节省了大量成本。
- SK Solutions 是迪拜一家建筑安全服务提供商，使用与互联网连接的传感器，能连续监测机械设备的承重、位置、移动、惯性以及周边环境的风速和温度，为其客户所雇用的工人提供更多的安全保障，减少设备停机时间，为客户能更快速地完成项目提供保障。
- 力拓（The Rio Tinto）公司在西澳大利亚开采煤矿，使用与因特网相连的控制系统来管理自主经营的 54 个卡车队、一条铁路系统以及多个钻井作业，消除采矿过程对周围社区的安全危害，并减少雇员工作环境中的危险因素。

互联网从 1969 年起步时的微不足道，已发展成为近一千年来，最惊人的一项技术和社会成就之一。目前全球近三分之一的人口都在使用着这个由计算机互联所构成的复杂网络，每年有数十亿美元的商品和服务通过互联网完成交易。

互联网是一系列相互连接的网络，为了了解构建互联网的技术基础，就要先学习构成它的子网的结构，即网络组件的结构。

2.2 包交换网络

距离较近的计算机组成的网络（例如，同一栋建筑物内）称为**局域网**（local area network，

LAN）；距离较远的计算机互连组成的网络叫作**广域网**（wide area network，WAN）。

广域网的早期模型（可以追溯到20世纪50年代）起源于市内电话和长途电话公司，因为早期的广域网是通过租用电信公司的线路来建立连接的。当时，一个电话呼叫就在打电话和接电话的座机之间建立一个连接。一旦这个连接建立起来，数据就可以沿着这个路径进行传输。电信公司的设备（最初是机械式，现在是电子式）会选择特定的电话线路，并通过闭合开关把双方的线路连接在一起。这种开关的工作原理类似家里的电灯开关，但开、合更快，由机械设备或电子设备控制，而不是手动控制。电话线加上连接电话线的闭合开关构成线路（circuit），这个线路在打电话和接电话的人之间形成一条电路，这条通路只存在于某次通话中，通话结束，通路也就撤销了。这种中央控制的单线连接模式称为**线路交换**（circuit switching）。

虽然线路交换模式非常适用于电话，但它对广域网或相互连接网络（如互联网）的数据交换并不适用。设计互联网是为了避免连接失败，在线路交换网络中，任何连接的失败都会导致连接中断和数据丢失。互联网使用包交换技术在两点之间传输数据。在包交换网络（packet-switched）中，文件和电子邮件信息被分解成小片段，称作包（packet），包上有表示源地址、顺序和目的地址的电子标签。这些包沿着网络中的通路，从一台计算机传输到另一台计算机，直至到达目的地。每个包都可以选择网络中不同的通路，而且可能不按顺序到达目的地。目的地计算机把这些包汇集起来，并把包中的信息重新集合成原先的文件或电子邮件。如果有包遗失，目的地计算机可以请求重传发送，使其能再现（重构）所发送的文件或消息。

2.2.1 路由数据包

每个数据包从信息源到目的地的最佳路径是由途经的各个计算机所决定的。最佳路径每时每刻都在发生变化，主要取决于互联网上的每一台计算机在当时所处理的通信流量的大小。决定每个数据包最佳路径的计算机称为**路由计算机**（routing computer）、**路由器计算机**（router computer）、**路由器**（router）、**网关**（gateway computer，因为充当从局域网或广域网连接到互联网的入口）或**边界路由器**（border router，因为位于组织网络和互联网之间的边界）。路由器计算机中决定每个包传递最佳路径的程序叫**路由算法**（routing algorithm）。这个程序将路由算法所计算出的信息存储在**路由表**（routing table）或**配置表**（configuration table）中，这些信息包括指向连接其他路由器中特定组的连接列表、确定优先使用哪个连接的规则以及处理包流量过大和网络拥堵的规则。

每个局域网和广域网都可在自己的网络中使用不同的规则和标准生成包。网络中将数据包从一个地点移动到另一个地点的设备称为集线器、交换机或网桥。路由器用于网络之间的连接。如需要更详细地了解这些网络设备及其工作原理，可以选修数据通信与网络课程。

当数据包离开一个网络进入互联网时，需要将它转换成标准格式，这个任务通常由路由器完成。可以看出，路由器在互联网技术设施中具有非常重要的作用。当企业或组织连入互联网时，必须使用至少一个路由器来连接其他组织或公司的路由器，从而构成互联网。图2-2所示为互联网一小部分的示意图，显示了互联网基于路由器的体系构架。图中只显示出将组织的广域网和局域网连入互联网的路由器，没有画出广域网和局域网内部的路由器以及组织内部彼此连接的路由器。

互联网中还有处理通过互联网主要连接点的数据包流量的路由器。这些路由器和连接它们的电信线路构成**互联网主干网**（Internet backbone）。当路由计算机是每秒能处理30亿个数据包的大型计算机，这样的路由器有时也称为**主干网路由器**（backbone router）。从图2-2可以看出，接入互联网的路由器总是存在多条传输数据包的路径。由于构造了多条包传输路径，互联网的设计者就建立了一定程度的冗余，即使路由器或连接线路出现故障也可保证数据包的传输。

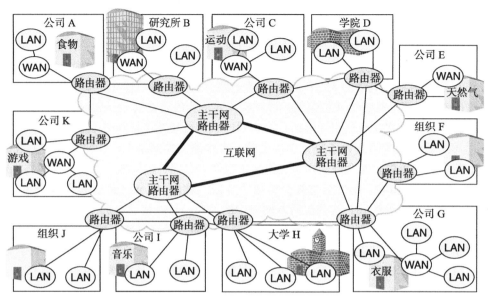

图 2-2 基于路由器的互联网体系结构

2.2.2 公共网络与专用网络

公共网络（public network）是任何公众都可以使用的计算机网络或电信网络，互联网就是一个公共网络。如后面章节所讲述，公共网络（如互联网）的基础结构本身并不具有高度安全性。

专用网络（private network）是指两个企业间的专线连接，这种连接是两个企业内部网络之间的物理连接。专线（leased line）是两点之间持久的电话线连接。一般的拨号连接在用户拨打一个电话号码时才建立连接，专线则与之不同，总是处于连通状态。专线连通的最大优点就是安全，只有租用专线建立专用网络的双方才能进入该网络。

专用网络的最大缺陷是成本太高，非常昂贵。每对想使用专用网络的企业都需要一条独立的专用线路把它们连接到一起。例如，如果一个企业想通过专用网络与另外 7 个企业建立外部网连接，企业必须支付 7 条专线的费用。虽然租用专线的费用在过去的 20 年中已显著下降，但仍然不便宜，尤其当企业需要与多个办公地点进行连接时，费用就更高了。

2.2.3 虚拟专用网

虚拟专用网（virtual private network，VPN）使用公共网络进行连接，收发数据时所使用的网络协议能保证所传输数据的安全，就像使用专用网络一样，但成本很低。虚拟专用网中，发送信息两端的计算机都需安装 VPN 软件，大部分 VPN 软件所使用的技术是 IP 通道（IP tunneling）或封装（encapsulation）。

IP 通道利用公共网络创建一个私有的通道，保证数据从一台计算机安全地传输到另一台计算机。通道由 VPN 软件创建，对数据包中的传输内容进行加密，然后把加密包放入另一个数据包中，这个过程称为封装，外层的信息包称为 IP 包装（IP wrapper）。Web 服务器通过互联网（一个公共网络），把封装的数据包送到目的地，收到数据包的计算机打开包，并用 VPN 软件对信息解密，接收端计算机中安装的 VPN 软件与发送端计算机中安装的 VPN 软件是相同或兼容的。

虚拟专用网中的"虚拟"一词意即专用网的连接是永久的，但这种连接只是临时的，每次传输时建立 VPN，在互联网上传输信息，之后就终止连接。

VPN 就像高速公路（互联网）上的一条单独的密封的公共汽车通道，公共汽车通道外的车辆看不到通道内的乘客。利用建立在互联网上的 VPN 专用通道，处于异地的企业员工可以连接企业内的计算机传递敏感的信息。本书第 10 章将讲述 VPN、防火墙，以及其他的网络安全设备。

2.2.4 内联网和外联网

早期的互联网，专用网络和公共网络之间的区别很明显，组织的内部运转管理需要建立一个或多个专用网，组织也可以与其他组织一起参与到公共网络。互联网就是这样的公共网络。然而，由于网络技术（包括跨网络 inter-networking）越来越便宜，设备越来越容易配置，组织开始构建越来越多的互联网（即小写"i"表示）或称内部互联网（interconnected network）。没有超出某个组织边界范围的互联网通常被称为内联网（intranet）。以往，大多数企业内联网的构建是将一些自用网络相互连接。现在，组织可以采用 VPN 技术建立安全的内联网。

类似地，外联网（extranet）开始构建时是内联网，只供组织内部使用，然后使用范围逐渐扩展至组织之外的机构，如业务伙伴、顾客或供应商。外联网的使用可以节约资金，提高工作效率，代替传统的沟通工具，如传真、电话或次日送达的快递文件。为了保障外联网的安全，几乎所有的组织都是采用将专用网络连接的方式来构建外联网。随着互联网的广泛使用，越来越多的组织使用互联网来构成企业外联网的一部分（并且，在某些情况下也成为企业内联网的一部分）。VPN 技术的出现使组织能够在互联网这种公共网络上，实现与过去构建专用网络传递信息同样的安全级别，使数据能通过互联网安全传输。

随着时间的推移，技术不断演进发展，让人们对公共网络、专用网络、VPN、内联网、外联网等专业术语的使用不知所措。请记住，内联网（intranet）是在一个组织内部使用 TCP/IP 协议所构建的内部网络；外联网（extranet）是内联网扩展至组织之外，并包括了其他组织的网络。公共网络、专用网络或 VPN 技术与组织边界无关，例如，一个内联网的构建可以使用专用网络、VPN 甚至公共网络技术。

2.3 互联网协议

协议（protocol）是一组规则的集合，它规定网络传输数据的格式和顺序，并检查这些数据中的错误。例如，协议确定了数据的发送设备如何表示已经完成信息的发送，以及接收设备如何表示已经收到（或没收到）信息。协议包含的规则还有允许传输哪些内容的规则，以及这些内容所采用的格式。彼此进行数据传递的计算机必须使用相同的协议。在本章前边的内容已经介绍了第一代的包交换网络——ARPANET，这个网络仅连接了一些大学与研究中心。

继 1969 年建立以来，这个实验性的网络在接下来的几年中不断发展，并开始使用**网络控制协议**（Network Control Protocol，NCP）。在计算机发展的早期，每个计算机制造厂商都制订自己的协议，所以不同厂家生产的计算机相互之间不能连接。这种做法被称为**专用体系结构**（proprietary architecture）或**封闭式体系结构**（closed architecture）。NCP 的设计理念是让任何计算机制造厂商和任何计算机都可以使用它。这种开放式的体系结构理念当时是为不断发展的 ARPANET 所设计的，后来成为互联网的核心，这个体系结构包括任何计算机连入互联网时所使用的通用协议和处理消息的 4 个关键规则：

- 独立的网络在连入另外的网络时不需要进行任何内部的改变。
- 没有到达目的地的数据包必须从源网络节点重新传输。
- 路由器计算机作为接收和转发设备，不保留处理过的数据包的信息。
- 网络上不存在全局控制。

开放式体系结构是互联网成功的关键，使得诸如苹果、戴尔、惠普、Sun 等不同计算机厂商所生产的计算机彼此可以相互连接。这样，ARPANET 以及后续的互联网使用路由器将每个局域网或广域网同与之相连接的其他网络隔离开。每个局域网或广域网使用自己的协议在内部传输数据，但可以通过路由器将标准格式（或协议 protocol）的数据包传输到互联网上。遵循这些简单的规则使网络之间的相互连接能有效运作。

2.3.1 TCP/IP

互联网使用的两个主要协议是：**传输控制协议**（Transmission Control Protocol，TCP）和**互联网协议**（Internet Protocol, IP）。这些协议是互联网先驱温顿·瑟夫（Vinton Cerf）和罗伯特·卡恩（Robert Kahn）开发的，这些协议规定了数据如何在网络上进行传输，以及建立和断开网络连接的方式。我们通常用缩写字母 TCP/IP 来表示这两种协议。TCP / IP 在技术上优于当时可用的其他协议（例如 NCP）。一旦 TCP/IP 协议在互联网上普及开，依据本书第 1 章中所提到的网络效应就阻止了任何其他协议来挑战 TCP / IP 协议的使用。

TCP 协议用来控制在互联网传输前的消息或文件的分解打包和数据包到达目的地后重新组合成原来的格式；IP 协议详细说明了每个数据包的寻址信息，确保每个数据包都打上了正确的源地址和目的地地址标签。TCP / IP 协议一经推出就取代了 ARPANET 原先使用的 NCP 协议。

除了用于互联网，TCP/IP 目前也广泛用于局域网。目前大多数的个人计算机常用的操作系统如 Linux、Macintosh、Microsoft Windows 和 UNIX 等都提供 TCP/IP 协议。

2.3.2 IP 地址

自 1981 年以来一直在使用的 IP 版本是**互联网协议第 4 版**（Internet Protocol version 4, IPv4），简称 IPv4。它使用一个 32 位的数字来识别连入互联网中的计算机，这个数字被称为 IP 地址（IP address）。计算机使用**二进制**（base 2 或 binary）进行所有内部运算，二进制系统中每个数字要么是 0，要么是 1，表示关或开的状态。IPv4 所使用的 32 位二进制数可以表示 40 多亿个不同的地址（2^{32}=4 294 967 296）。

在通过互联网发送信息前，路由器将要发送的信息打包，并在每个数据包上标明源 IP 地址和目的地 IP 地址。为了便于人们阅读，IP 地址显示为以圆点分隔的四个数字，这种显示方式所采用的符号系统被称为**点分十进制**（dotted decimal）格式。每个 IPv4 都是一个 32 位的数字，32位数字又用4个十进制数以圆点分割，因此这4个数字每个都由8位二进制数构成（4×8=32）。在大多数计算机应用中，8位数字称为一个字节（byte），但在网络应用中，8位数字称为一个**8位位组**（octet）。在二进制中，一个8位位组取值范围为00000000~11111111，这些数字分别对应十进制的0~255。

一个四个数字构成的点分十进制数的每一部分的取值范围是0到255，所以IP地址的范围在0.0.0.0（二进制中是32个0）到255.255.255.255（二进制中是32个1）之间。虽然有人开始觉得点分十进制有些混乱，但多数人认为216.115.108.245地址总比11011000011100110110110011110101或十进制的3 631 433 189更容易读、写和记忆。

今天，IP地址由3家非营利组织负责分配，即美国互联网号码注册中心（American Registry for Internet Numbers，ARIN）、欧洲IP注册中心（Reseaux IP Europeans，RIPE）和亚太网络信息中心（Asia-Pacific Network Information Center，APNIC）。这些注册机构负责世界不同地区IP地址的分配和管理：ARIN管理北美、南美、加勒比海和非洲撒哈拉以南地区；RIPE负责欧洲、中东和非洲其他地区；APNIC负责亚洲和太平洋地区。

你可以打开ARIN网站的ARIN Whois页面来搜索北美地区各组织机构的IP地址，在该页面的搜索框中输入机构的名称，然后点击"Search Whois"按钮，Whois服务器就会返回该机构的IP区段地址。例如，输入"卡耐基"（Carnegie）这个关键词，会搜索出卡耐基银行、卡耐基梅隆大学和其他以"卡耐基"开头的组织的IP地址。你也可以输入IP地址查询哪家机构拥有该地址，如输入3.0.0.0，你会发现通用电气公司拥有从3.0.0.0到3.255.255.255整个区段的地址。通用电气公司拥有的这些IP地址（大约1670万个），既可以用于公司内部自己的计算机，也可以租给提供互联网接入服务的其他公司或个人。

在互联网发展的早期，由IPv4规则提供的40多亿个IP地址足够应对一个实验性研究网络对地址的需求。然而由于将这些地址成块地分配给组织，这些IP地址中大约有20亿个不是被占用就是不可用，随着移动设备以及物联网应用的增加，对IP地址的需求显著增长。

网络工程师已经提出许多"头痛医头、脚痛医脚"的暂时技术来扩展IP地址量。其中最受欢迎的一种技术是子网技术（subnetting），这种技术使用局域网和广域网中已保留的私有IP地址来提供额外的IP地址。**专用IP地址**（private IP addresses）是一系列不允许标注在数据包在互联网上传输的IP号码，在子网技术中，有一台被称为**网络地址转换设备**（network address translation device）的计算机，它在子网中的计算机向互联网传送数据包时把私有IP地址转换成正常的IP地址。

互联网工程任务组（Internet engineering task force，IETF）曾提出若干网络协议来解决IPv4的地址容量问题，在1997年，一致同意使用**互联网协议第6版**（IPv6）来替代IPv4。新的IP会逐步实施，主要因为这两种协议不能直接兼容。转用IPv6需要花很多年的时间，但网络工程师已想出办法在相互连接的网络上并行地运行这两种协议。在2011年，互联网协会对全球1000多个网站进行了24小时的IPv6测试，只有不到10%的Web服务器支持新协议，互联网协会的首席技术官设立的目标是到2012年年底，全球20%的Web服务器安装IPv6协议。

全球增长的移动设备和物联网数量使得现有的IPv4地址比原来任何预测使用IPv4地址的消耗速度都快很多，并且最后一个可用的IPv4地址在2015年夏天已被分配。而仍然需要使用IPv4地址的公司可以在二级市场购买它们或者这些公司还可以使用子网以及NAT设备来调整其流量到IPv6。IPv6的主要优点是用128位地址替代IPv4的32位地址，地址量可以

达到 2^{128}，其值为 34 后跟 37 个 0，是 IPv4 的地址空间的数十亿倍。新 IP 也改变了数据包的格式。过去 20 年网络技术的不断改进使 IPv4 包中的许多域都变得没有必要了，IPv6 去除了这些不必要的域，添加了安全域和其他可选信息。

IPv6 用一个速记符号系统来表示地址，类似于 IPv4 的点分十进制表示系统。由于 IPv6 的地址空间太大了，其符号表示系统非常复杂，采用 8 组 16 位数字（8 × 16=128），每组是 4 个十六进制数字，组之间用冒号分隔，称为**冒号区分十六进制**（colon hexadecimal 或 colon hex）。**十六进制**（hexadecimal 或者 base16）用 16 个数字字符（0，1，2，3，4，5，6，7，8，9，a，b，c，d，e，f）计数，例如 IPv6 的一个地址表示为：CD18:0000:0000:AF23:0000:FF9E:61B2:884D，为节约空间，0 可以省略，这样就缩写成 CD18:::AF23::FF9E:61B2:884D。

2.3.3　电子邮件协议

通过互联网传递的**电子邮件**（electronic mail，或 e-mail）也必须依照一组通用规则确定格式。大部分组织采用客户/服务器体系结构来处理电子邮件，组织中有一台专门用来处理电子邮件的计算机，称为**电子邮件服务器**（e-mail server），这台计算机上安装的软件用于存储和传输电子邮件。组织中的人们使用**电子邮件客户端软件**（e-mail client software）来读取和发送电子邮件，这些软件包括 Microsoft 公司的 Outlook、Mozilla 基金会的 Thunderbird 和其他许多电子邮件客户端软件。电子邮件客户端软件与电子邮件服务器端的软件相互通信来发送和接收电子邮件信息。

许多人也在家里的计算机上使用电子邮件。大多数情况下，他们所使用的电子邮件系统是由提供互联网接入服务的公司来运营的。越来越多的人使用网站所提供的电子邮件服务，如雅虎公司的 Yahoo!Mail、Microsoft 公司的 Hotmail、Google 公司的 Gmail。在这种情况下，邮件服务器和邮件客户端由该网站来运营。个人用户使用浏览器登录邮件服务器后看到的只是电子邮件客户端软件（不是电子邮件服务器端软件）。

由于存在许多不同的电子邮件客户端和服务器软件，制定标准和规则就非常重要。如果电子邮件信息不遵循标准的规则，发送电子邮件的人与接收电子邮件的人使用的是不同的客户端邮件程序，邮件就无法被阅读。本章已介绍过，为计算机之间数据传输所定义的这些规则被称为协议。

SMTP 和 POP 是两个用于发送和取回电子邮件的常用协议。**简单邮件传输协议**（simple mail transfer protocol，SMTP）规定了邮件信息的具体格式、电子邮件服务器上邮件的管理方式以及互联网上电子邮件的传输方式。在用户计算机上运行的电子邮件客户端程序使用**邮局协议**（post office protocol，POP）向组织中的电子邮件服务器请求电子邮件，POP 消息可以通知电子邮件服务器将电子邮件发到用户的计算机上并从邮件服务器中删除，或将邮件发送到用户的计算机上但不从邮件服务器中删除，或仅仅询问是否有新邮件到达。POP 协议还支持**多用途互联网邮件扩展**（multipurpose internet mail extension，MIME），这是处理电子邮件附件（如使用文字处理软件的文档、电子表格文档、照片、声音文件等）的规则集。

交互式邮件访问协议（interactive mail access protocol，IMAP）是一种新的电子邮件协议，可以实现与 POP 协议同样的功能，还具有许多附加功能。例如，IMAP 可以指示电子邮件服务器只下载所选中的邮件而不是全部邮件。IMAP 允许用户先阅读邮件信息的标题和发送者的名字，再决定是否下载该邮件。POP 要求用户先将电子邮件下载到他们的计算机中，然后才能检索、阅读、转发、删除或回复这些邮件。IMAP 允许用户在服务器上创建管理文件夹（也叫邮箱），管理存储在邮件服务器中用户个人的电子邮件，这样用户对电子邮件进行处理时就无须先下载。

IMAP 允许用户在电子邮件服务器上处理和存储他们的电子邮件，并可以使用任何一台计算机来存取邮件，这个功能非常重要，因为人们在不同的时间，使用不同的计算机来收发电子邮件。IMAP 让用户可以使用不同的计算机来访问存放在邮件服务器中自己的邮件。IMAP 的主要缺点是用户邮件要存储在电子邮件服务器上，随着时间的推移，所存储的邮件将超过给予用户在服务器上的空间容量。

2.3.4 网页请求与传输协议

Web 是运行在通过互联网彼此连接的计算机上的软件。Web **客户机**（Web client computer）上运行的软件称为 Web **客户端软件**（Web client software）或 Web **浏览器软件**（Web browser software）。常用的 Web 浏览器软件包括：Google 公司的 Chrome、Microsoft 公司的 Internet Explore 和 Mozilla 基金会的 Firefox。Web 浏览器软件向 Web 服务器发送访问网页的请求，Web 服务器上所运行的软件称为 **Web 服务器软件**（Web server software）。Web 服务器软件接受很多不同客户端的请求，响应请求将文件发送给这些客户端的计算机，每台客户端上的 Web 客户端软件将这些文件显示成网页。Web 服务器的用途就是响应 Web 客户端提交的请求，这种运行 Web 客户端软件的客户计算机与运行 Web 服务器软件的服务器的组合称为**客户机/服务器结构**（client/server architecture）。

在互联网上传输网页的规则集称为**超文本传输协议**（hypertext transfer protocol），该协议是蒂姆·伯纳斯-李（Tim Berners-Lee）于 1991 年开发出来的。当用户在 Web 浏览器的地址栏中输入域名（如 www.yahoo.com）时，浏览器发出一个 HTTP 格式的信息给储存网页文件的 Yahoo! 服务器，Yahoo! 服务器向客户机发回一组文件（包括一个网页文件，以及每个网页中的声音、图像、视频等文件），这些文件被放在 HTTP 格式的一个消息中发送。

使用 Web 浏览器发送一个网页请求，用户需要先输入协议名称，接着是"://"和域名，例如用户输入 http://www.yahoo.com 就可以访问 Yahoo! 雅虎网站。现在大多数浏览器都能自动插入 http://，协议名和域名的组合称为**统一资源定位符**（uniform resource locator，URL），因为它可以让用户找到位于另一台计算机（Web 服务器）上的资源（网页）。

2.4 WWW 的兴起

在技术层面上，Web 是运行在接入互联网的计算机上的软件。Web 软件所产生的网络流量是今天互联网上最大的单一类别流量，超越电子邮件、文件传输和其他的数据传输所产生的流量。与其说 Web 是一项技术，倒不如说它是对如何组织信息以便于存储和获取的创新思维方式。从这个意义上说，它的历史要追溯到很多年以前。Web 中两项关键的技术要素是超文本和图形用户界面。

2.4.1 超文本的发展

1945 年，时任美国科学研究和发展办公室（USOSRD）主任的万尼瓦尔·布什（Vanner Bush）在《大西洋月刊》（*The Atlantic Monthly*）上发表了一篇文章，探讨科学家如何将第二次世界大战中获得的技术运用于战后的和平建设活动。文章提出了许多富有远见的想法，涉及将来如何利用先进的技术来组织和有效获取信息资源。他推测工程师最终将建成一种所谓

Memex 的机器，这是一种记忆扩展设备，可以将一个人所有的书籍、磁带、信件和研究成果都储存在微型胶卷里。Memex 带有机械的辅助设施，如微型胶卷阅读器和内容索引，可以帮助用户快速灵活地查阅所收集到的资料。

在 20 世纪 60 年代，特德·尼尔森（Ted Nelson）描述了一种类似的系统，一个页面的文本可以和其他页面的文本链接在一起，尼尔森把这种页面链接的系统称为**超文本**（hypertext）。与此同时，计算机鼠标的发明者道格拉斯·恩格尔巴特（Douglas Engelbart）在一台大型计算机上创造了第一个实验性的超文本系统。1987 年，尼尔森出版了《文学机器》（*Literary Machines*），在这本书中他介绍了 Xanadu 计划，一个在线超文本出版和商务的全球系统，尼尔森用"超文本"描述了一个页面链接系统，不管信息存储在世界的何处，按信息内容的关联将页面进行链接的系统。

1989 年，欧洲粒子物理实验室（CERN）的蒂姆·伯纳斯 – 李（Tim Berners-Lee）开始着手改进实验室的研究文档处理程序。CERN 当时连入互联网已有两年时间，但科学家想找到更好的方法对全球各地的高能物理研究领域的科学论文和数据进行交流。伯纳斯 – 李提出了一个超文本开发计划来提供这种数据共享功能。

在接下来的两年，伯纳斯 – 李开发出了超文本服务器程序代码，并使之适用于互联网。**超文本服务器**（hypertext server）是一种储存**超文本标记语言**（hypertext markup language，HTML）所写文件的计算机，这种语言用于创建网页。超文本服务器通过互联网连接到其他的计算机，使这些计算机能够读取存储在超文本服务器中的 HTML 文件。Web 上使用的超文本服务器，现在也称为 Web 服务器（Web server）。伯纳斯 – 李为超文本服务器开发的程序 HTML，是一种语言，它包括附加到文本上的一组代码（或标签）。这些代码描述了文本元素之间的关系，例如，HTML 中的标记说明了哪个文本是标题元素的一部分，哪个文本是段落元素的一部分，哪个元素是项目列表元素的一部分。其中一种重要的标记类型是超文本链接标记。**超文本链接**（hypertext link 或 hyperlink）可以指向同一 HTML 文件的其他位置或其他 HTML 文件。HTML 的详细内容和其他标记语言将在本章后续内容中讲述。

2.4.2 超文本的图形界面

正如你在本章前面所了解到的，Web 浏览器（Web browser）是一种软件界面，帮助用户读取或浏览 HTML 文件，也可以让用户通过文件中附件的超文本链接标记从一个 HTML 文件转移到另一个 HTML。如果这些 HTML 文件放在连入互联网的计算机上，用户就可以使用 Web 浏览器从一台计算机上的一个 HTML 文件转到互联网上另一台计算机上的另一个 HTML 文件。

一个 HTML 文件不同于文字处理软件所处理的文件，区别在于 HTML 文件对一个特定文本元素的出现方式不做指定。例如，使用文字处理软件产生文件标题时，可以把标题文本的字体定义成 Arial 字体，字号定义成 14 号，位置居中，设置好后，无论何时用该文字处理软件打开这个文件，文件将严格按照上述设置显示或打印出来。与之相反，HTML 文件只是在这个标题文本上简单地加上一个标题标记。不同的浏览器程序都可以读取 HTML 文件，这些浏览器程序识别出标题标记，然后以各自的显示方式将标题文本显示出来。这时不同的浏览器程序对这个标题的显示方式会不一样，但所有的浏览器都会将其显示为标题。

Web 浏览器以一种易读的方式把 HTML 文件在其图形用户界面上显示出来。**图形用户界面**（graphical user interface，GUI）是一种向用户显示程序控制功能、显示输出结果给用户、用户输入数据的界面显示方式。图形用户界面使用图片、图标和其他图形元素，而不仅仅显示文本。现在几乎所有的个人计算机都使用了微软的 Windows 或苹果公司的 Macintosh 等图形用户界面。

2.4.3 WWW

伯纳斯 – 李把他设计的由超文本链接的 HTML 文件构成的系统称为 WWW。WWW 迅速在科学研究领域普及，但在研究领域之外，几乎没有人具有能读取 HTML 文件的软件。1993 年，伊利诺伊大学的马克·安德里森（Marc Andreessen）带领着一群学生写出了 Mosaic，这是第一个能读取 HTML 文件的图形界面程序，它能读取互联网上任意计算机的页面，并使用超链接实现不同计算机上的页面间的自由跳转。Mosaic 是第一个广泛用于个人计算机的 WWW 浏览器，今天仍然有网民在使用它。

程序设计人员很快意识到，用超文本链接构成的页面系统可以帮助互联网的众多新用户方便地访问互联网上的信息。企业界也发现了采用图形界面易于使用的计算机所构成的全球网络中，蕴藏的盈利机会。1994 年，安德里森和伊利诺伊州大学的 Mosaic 团队的成员同硅谷图形公司（Silicon Graphics）的詹姆斯·克拉克（James Clark）合作成立了网景通信公司（该公司于 1998 年被时代华纳收购，但在 2003 年被解散）。公司的第一个产品——基于 Mosaic 的网景 Navigator 浏览器——立即获得了巨大的成功。网景公司成为有史以来发展最快的软件公司之一。看到网景公司的成功，微软也不甘示弱，随即开发出了 Internet Explorer 浏览器。目前，Internet Explorer 是全球使用最广的浏览器，它的主要竞争对手 Mozilla 基金会的 Firefox 是从网景公司的 Navigator 浏览器发展而来的。

网站数目的增长速度甚至超过了互联网自身的发展速度。据估计，目前全球的网站数已超过 8 亿，网页数量超过万亿，因为每个网站可能包含数百甚至数千个独立的网页，因此没有人知道到底有多少页面。图 2-3 显示了 Web 总体的增长速度，在经历了 2001 ～ 2002 年经济衰退的短暂停顿后，Web 始终以稳定的速度增长。

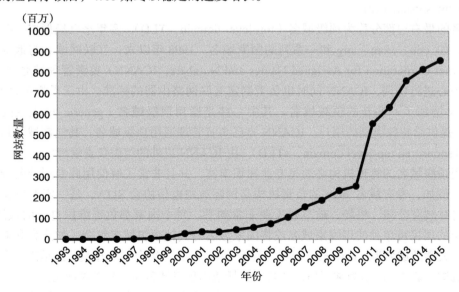

图 2-3　WWW 的增长

资料来源：Netcraft Web Server Surveys（http://www.netcraft.com）以及作者的估计。

2010～2011 年的增长速度尤其引人关注，Web 网站的数量增加了一倍。这种不同寻常的增长，部分原因是发展中国家大量出现的新站点，主要在亚洲和东欧。

2.4.4 深网

网页除了可采用特定的编程以便能以固定不变的形式显示外，Web 还能根据用户查询要求创建个性化的页面，这样的网页所显示的内容信息来自数据库。例如，如果你访问亚马逊网站（Amazon.com），寻找关于"网上业务"（online business）的图书，亚马逊网站所在的计算机即 Web 服务器将查询数据库中存放的图书信息，并将图书信息查询结果以网页形式显示出，这就是一个个性化的响应，显示你搜索结果的网页，在你访问之前是不存在的。存储的信息可以通过网页获取，这种方式称为**深网**（deep Web）。

研究者估计深网上的网页有数万亿。在深网上检索信息可能较困难，甚至不可能查询，因为信息不存放在网页上，只有当用户向维护数据库的网站发出特定信息请求时，数据库才会提供结果。换句话说，从来没有用户查询的数据，悄悄地隐藏在数据库中。

2.4.5 域名

互联网的创建者发现点分十进制标记法非常难记忆，为了便于使用，就发明了一种用单词替代数字的地址标记方式。在这种系统中，类似 www.cengage.com 表示的地址就称为域名。域名（domain name）是用来表示 IP 地址的单词组。域名包括以句点间隔的两个以上的单词，最右边的部分是域名中最通用的部分，越左边的部分越具体。

例如，域名 www.sandiego.edu 由句点分割成 3 部分，从右边开始，"edu"表示这台计算机由一家教育机构所拥有，这家机构的名称是圣迭戈大学（San Diego），由域名中的"sandiego"表示，"www"表示计算机运行的是连入互联网的软件。大多数的网络地址遵循惯例以"www"开头，但也并非全部如此，如运营雅虎游戏（Yahoo!Games）的计算机群的域名为 games.yahoo.com。

域名的最右边部分称为顶级域名（top-level domain，TLD），多年来已经形成一些通用顶级域名，如 .edu、.com、.org 和一系列的国家域名。1998 年以来，互联网域名与地址分配中心（Internet Corporation for Assigned Names and Numbers，ICANN）负责管理域名并同 IP 地址注册中心进行协调，ICANN 同时也负责制定互联网路由器的标准。由于承担了这些职责，ICANN 又增加了一些新的顶级域名。其中一些是**通用顶级域名**（generic top-level domain，gTLD），提供给特殊类别的用户。ICANN 自己负责管理通用顶级域名。其他新域名是**专用顶级域名**（sponsored top-level domain，sTLD），由 ICANN 以外的组织负责管理。

专用顶级域名的管理机构必须是专业知识丰富，并且非常了解使用此专用域名行业的公认机构。例如，专有域名 .aero 的负责机构是国际航空电信协会 SITA，是一家航空运输行业协会，它对航空公司、机场、航空航天业非常熟悉。每个国家都负责维护自己的顶级域名，每个国家的居民可单独使用国家域名或将国家域名与其他顶级域名组合，如澳大利亚布里斯班昆士兰大学的域名为 www.uq.edu.au，".edu"与".au"组合在一起表示这是澳大利亚的一家教育机构。表 2-1 所示为常用顶级域名，包括通用顶级域名和一些频繁使用的国家域名。

虽然 ICANN 对新的顶级域名的挑选都经过深思熟虑和慎重考虑，但还是遭到很多人的强烈批评（详见 ICANNWatch 网站）。2011 年，ICANN 决定不再对新的顶级域名的增加进行严格的管理，从 2012 年开始，个人和公司可以申请他们所希望使用的任何顶级域名，这引发了一些争议，有关这方面的讨论可参见网站 Internet Governance Project 和 Convergence Center，这两个网站都位于雪城大学（Syracuse University）服务器上。顶级域名越来越多，企业域名和产品品牌的保护也就越来越困难，详细内容参见第 7 章。

表 2-1 常用域名

顶级域名	使用	顶级域名	使用
.com	美国商业	.name	个人
.edu	四年制教育机构	.pro	得到许可的专业人士（持牌专业人士，如会计师、律师、医生）
.gov	美国联邦政府	.au	澳大利亚
.mil	美国军事	.ca	加拿大
.net	普遍使用	.de	德国
.org	非营利组织	.fi	芬兰
.us	美国通用	.fr	法国
.asia	总部设在亚太地区的公司、个人或组织	.jp	日本
.biz	企业	.se	瑞典
.info	通用	.uk	英国

资料来源：Internet Assigned Numbers Authority Root Zone Database, http://www.iana.org/domains/root/db/.

2.5 标记语言和网页

网页包含许多元素，例如图形、照片、声音剪辑，以及可以在浏览器上运行的小程序，这些元素都以文件的形式单独存储在 WWW 服务器上。网页中最重要的部分是页面的结构和构成页面主体的文本，页面结构和文本存储在采用文本标记语言标记的文本文件中。**文本标记语言**（text markup language）规定了一组插入文本中的标记。这些**标记**（markup tag）是 Web 客户机软件可以理解的格式化指令。Web 客户端软件使用这些指令将页面所包含的文本和页面元素显示为客户机上所显示的网页。

WWW 上常用的标记语言是 HTML，它是更早也更复杂的**标准通用标记语言**（standard generalized markup language，SGML）的子集。SGML 语言是在 20 世纪 60 年代被开发出来的，用于创建文档，只需定义一次格式，以电子方式存储文档，然后就可以用不同的版面设计布局多次打印文档，每种布局都能以不同的方式来诠释格式。美国国防部的承包商使用 SGML 语言为武器装备系统制作使用手册和零部件清单。这些武器系统文档包含了以许多不同版本和格式来重复打印文件的信息元素。使用电子文档存储并编程以不同的版面设计来诠释格式，节省了大量的文档重复输入的时间和成本。

WWW 联盟（World Wide Web Consortium，W3C）是一个非营利性组织，一直在维护着 WWW 的标准。1996 年提出 XML 的第一个草案，1998 年 W3C 发布第一个正式版本，XML 是比 HTML 更新的标记语言。2000 年，W3C 又发布一种新的标记语言，称为**扩展超文本标记语言**（extensible hypertext markup language，XHTML）的第一版，是在 HTML 4.0 版的基础上重新构成 XML 的应用。W3C 组织的网站上有链接，读者可以通过该链接查看 W3C XHTML1.0 版的规范。

2.5.1 超文本标记语言

HTML 包含了定义网页文件格式与样式的标签。HTML 还包含了建立一个文件内部或多个文件中文本元素之间关系的标签。这些彼此相关的文本元素被称为超文本元素（hypertext element）。

HTML 较之 SGML 更易于学习和使用，是目前在互联网上常用的创建文件的标记语言，早期版本的 HTML 允许网页设计人员使用标题、标题栏、项目符号、线段以及项目列表来创建基于文本的电子文档。随着 HTML 的使用以及互联网的发展，HTML 的发明者伯纳斯 – 李将维护 HTML 版本的工作移交给了 W3C 组织。HTML 的后续版本包括表格、网页框架及其他功能的标签，能帮助网页设计者创建更复杂的网页布局。关于 HTML 版本的详细信息以及相关主题，可以浏览 W3C 网站上的 W3C HTML 工作小组（W3C HTML Working Group）页面。

HTML 的最新版本为 5.0，于 2014 年定稿。关于 HTML 最新版本的信息可访问 W3C 网站的 HTML 5 网页来学习了解。

图 2-4 展现了 HTML、XML 和 XHTML 如何从最初的 SGML 规范发展而来。出版业多年来使用 SGML 语言来生成文档，可以频繁修改并以不同的格式打印。除了作为标记语言，SGML 还是一种元语言（metalanguage），也就是可以用于定义其他语言的语言。从 SGML 语言派生出来的另一种标记语言是可扩展标记语言（extensible markup language，XML），正越来越多地被用于企业间通过互联网相互共享信息的标签。XML 中的 X 来自于英文单词可扩展，即 eXtensible。XML 也是一种元语言，因为用户可以创建自己的标签来扩展 XML 的可用性（这也是其被称为"可扩展"语言的原因）。

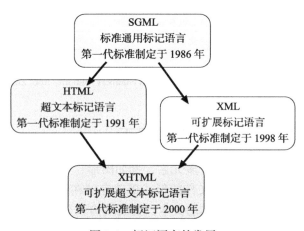

图 2-4　标记语言的发展

1. HTML 标签

一个 HTML 文件包括文本和标识元素。HTML 文件中所使用的标签由浏览器所解释，然后以自己的格式显示这些标签中的文字。在 HTML 中，标签放在尖括号（<>）中，大部分 HTML 标记都有**开始标签**（opening tag）和**结束标签**（closing tag），两者之间是要确定格式的文字。结束标签在尖括号前加一个斜杠（</>）。HTML 通常的形式是：

    <tagname properties>Displayed information affected by tag</tagname>

对 HTML 标签进行解释的两个很好的例子，是强调字符格式标签和重点字符格式标签，若浏览器读入下面这些文本：

    <strong>A Review of the Book <em>HTML Is Fun!</em></strong>

就将 <strong> 和 </strong> 标签看作是以粗体显示整行文字的指令，将 <em> 和 </em> 标签看作以斜体显示标识内文字的指令，浏览器将文本显示为：

A Review of the Book *HTML Is Fun*！

有些浏览器允许用户自定义对标签的解释，因此不同的浏览器对标签的文字会有不同的显示。例如,浏览器会将强调信息标签 <strong> 封装的文字显示为蓝色而不是粗体,标签通常用小写字母,然而,较早的 HTML 版本既允许 HTML 标签使用大写字母,又允许使用小写字母,故会看到 Web 页面文件中的 HTML 标签包含大写字母(或大小写混合)。虽然大多数标签是成对的,需要同时使用开始标签和结束标签,但也有些标签不是这样。只需要一个开始标签,这称为单侧标签,如要求换行的标签(</br>)就是一个常见的单侧标签。有些标签,如段落标签(<p>...</p>)是双侧标签,但结束标签可有可无,设计者常常忽略这种结束标签,但这种做法是非常不好的。

一些开放式标签包含一个或多个属性修饰符,可以进一步细化标签的运行效果。一个标签的属性可以修改文字的显示效果或指定一个图像元素的位置。图 2-5 所示为用 HTML 标签标注文字的样本,图 2-6 所示为这些文字在一个浏览器中显示的效果。这两张图中的标签都是目前互联网上最常用的 HTML 标签。

```
<html>
   <head>
       <title>HTML Tag Examples</title>
   </head>
   <body>
   <h1>This text is set in Heading one tags</h1>
   <h2>This text is set in Heading two tags</h2>
   <h3>This text is set in Heading three tags</h3>

   <p>
   This text is set within Paragraph tags. It will appear as one paragraph: the
   text will wrap at the end of each line that is rendered in the Web browser no
   matter where the typed text ends. The text inside Paragraph tags is rendered
   without regard to extra spaces typed in the text, such as these:
   Character formatting can also be applied within Paragraph tags. For
   example, <strong>the Strong tags will cause this text to appear bolded in
   most Web browsers</strong> and <em>the emphasis tags will cause this to
   appear italicized in most Web browsers</em>.
   </p>

   <pre>
   HTML includes tags that instruct the Web browser to render the text
   Exactly      the      way      it      is      typed,
   as in this example.
   </pre>

   <p>
   HTML includes tags that instruct the Web browser to place text in bulleted or
   numbered lists:
   </p>

   <ul>
      <li>Bulleted list item one</li>
      <li>Bulleted list item two</li>
      <li>Bulleted list item three</li>
   </ul>

   <ol>
      <li>Numbered list item one</li>
      <li>Numbered list item two</li>
      <li>Numbered list item three</li>
   </ol>

   <p>
   The most important tag in HTML is the Anchor Hypertext Reference tag,
   which is the tag that provides a link to another Web page (or another location
   in the same Web page). For example, the underlined text
   <a href="http://www.w3c.org/">World Wide Web Consortium</a>
   is a link to the not-for-profit organization that develops Web technologies.
   </p>

   </body>
</html>
```

图 2-5 用 HTML 标签标注的文本

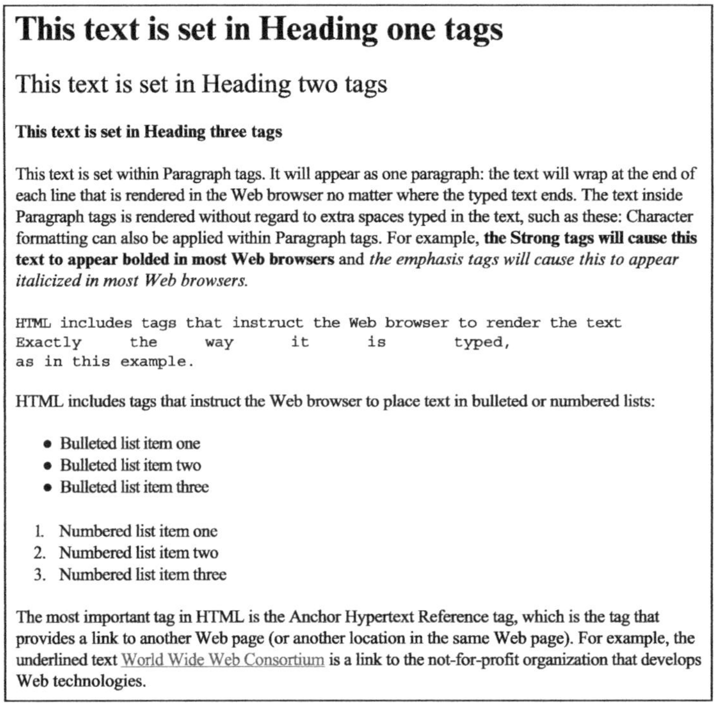

图 2-6　用 HTML 标注的文本在浏览器中的显示效果

其他常用的 HTML 标签（图中没有给出），可以在网页中插入图片，或将文字以表格形式显示出来。网上资源（例如 W3C 组织的 HTML 入门网页）和教科书都可以帮助读者了解更多有关 HTML 语言的信息。

2. HTML 链接

互联网将遍布世界各地的相互有关联的信息页面组织起来，页面上的超链接构成了这些页面之间的"网络"。用户可以遍历这些相互交织页面，通过点击一个页面上的超链接文本就可以转到另一个页面，在页面构成的网络中穿梭。用户可以按顺序阅读网页，也可点击超链接按自己喜欢的方式随意阅读。引导用户在页面中穿梭的链接方式会影响网站的可用性。两种常用的链接结构是线性超链接结构和层次超链接结构。**线性超链接结构**（linear hyperlink structure）类似于传统的纸质文档，读者从第一页开始，点击"下一页"按钮进入下一页，以串行方式阅读网页。这种结构适用于顾客填写订单或其他协议的表格，在这种结构下，顾客只能从第一页开始阅读和响应，然后才能到下一页，该过程持续到整个表格全部填完为止。用户可以选择的网页漫游方式只有"后退"和"前进"两种。图 2-7 所示为以线性方式阅读纸质目录和以非线性方式阅读超文本目录的区别。

很多网站采用**层次超链接结构**（hierarchical hyperlink structure），在层次结构中用户打开一个介绍页面称为**主页**（home page）或**起始页**（start page）。主页通常包括一个或多个接入其他页面的链接，这些页面依次链接更多的页面。这种层次结构类似于一棵倒置的树，树根在上，树枝在下。层次结构特别适合于引导顾客从一般的主题或产品开始，逐步访问到具体的产品型号和数量。将线性结构和层次结构组合在一起的混合设计也是可以的。图 2-8 所示为网页采用这三种链接方式的结构。

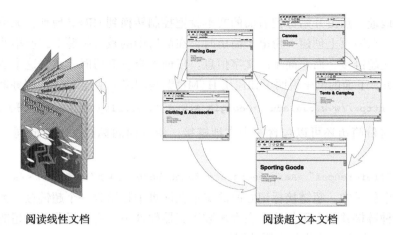

阅读线性文档　　　　　　　　　　阅读超文本文档

图 2-7　文档的线性与非线性路径

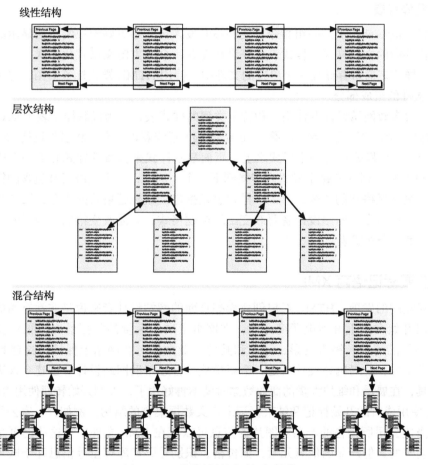

图 2-8　三种常见的网页组织结构

HTML 中的超链接是使用锚标记（anchor tag）创建的。无论是与同一文档中的文本还是远程计算机上的文档建立链接，锚标记的基本格式都是一样的，即：

<a href="地址"> 可见的链接文本 </a>

锚标记有开始和结束标记。开始标记有一个超文本参数属性（HREF），该属性确定远程或本地文档的地址。点击开始标记后面的文本就把控制转换到 HREF 地址，无论这个地址在哪里。当一个人在网页上创建一份电子简历时，在简历中的教育标题下，所毕业的大学名称和地址可以创建超链接，而非简单的文字信息。任何人查看简历时，点击这个链接就可以进入该大学的主页。下面的例子说明了如何用 HTML 编码创建一个连入 Web 服务器的超链接：

`<a href="http://www.gsu.edu">Georgia State University（佐治亚州立大学）</a>`

类似地，这份简历还可以包含一个本地链接，用下面的标注文本指向同一文档的另一部分：

`<a href="#references">References are found here（这里找到参考资料）</a>`

在上面两个例子中，超链接标记之间的文本在网页中显示为一个超链接。大部分浏览器用蓝色显示这种链接并加上下划线。在大多数浏览器软件中，将鼠标移动到超链接上的动作将导致鼠标标示从箭头改变为指向手的图标。

3. 层叠样式表

样式表（style sheet）是一组指令，使网站开发人员能够更好地控制页面显示的格式。类似字处理软件中的文档样式，样式表允许设计者在一个地方定义格式化样式，然后应用于多个网页中。样式表通常存储在一个单独的文件中，使用 HTML 样式标签引用，也可以作为网页 HTML 文件的组成部分。

今天，大多数网站设计者使用一种特定类型的样式表，称为级联样式表（cascading style sheet，CSS），术语"级联"或"层叠"（cascading）意味着设计者可将多种风格的样式表用在同一页面上，一个样式在另一个样式之上，页面显示样式来自每款样式和下一个样式的共同影响（或称层叠）。样式从每个样式表传播到下一个。例如，一个三级层叠包含的第一个样式表是指定一级标题格式的指令，第二个样式表是指定二级标题格式的指令，第三个样式表是指定段落格式的指令。网站设计者要改变二级标题格式，只需改变第二个样式表，这些改变将层叠进入第三个样式表。

2.5.2 扩展标记语言 XML

随着互联网的发展，HTML 对想创建漂亮页面的网站设计者来说是非常有用的工具。然而，当公司开始在网上开展电子商务时，在网页上展示大量的数据就变得很重要，公司网站上有库存物品清单、销售发票、订单和其他商业数据。在网站上保持对这些数据的及时更新也非常重要，这对网站设计者是一个新挑战。曾经帮助网站设计者创建令人满意页面的 HTML 工具，在展示和维护大量的商业数据时就不再好用了，人们开始转而使用 XML。

XML 使用成对的开始标记和结束标记来定义数据集合的结构。例如，一家公司在网上销售产品，描述公司所销售的产品和图片的信息可以存在 XML 文件中。这些网页是用 HTML 标记语言创建的，但产品的信息元素，如价格、识别号码和库存量等信息存于嵌入在 HTML 文件中的 XML 内。

XML 包含有 HTML 所没有的数据管理能力。为了更好地理解 XML 与 HTML 的不同，来看一个简单的例子，一个网页上有一个各国及其基本信息的列表。HTML 标记可以使用相同的格式来显示每个国家相同的信息项目。图 2-9 所示为 4 个国家的数据和 HTML 标题标识（这只是一个例子，实际列表包括了 150 多个国家）。不同类型的数据被赋予不同的标题样式

（如 h1、h2 等风格），这使得浏览器能以不同的样式显示每类数据（如图 2-10 所示）。

```
<html>
  <head>
    <title>Countries</title>
  </head>
  <body>
    <h1>Countries</h1>

    <h2>CountryName</h2>
    <h3>CapitalCity</h3>
    <h4>AreaInSquareKilometers</h4>
    <h5>OfficialLanguage</h5>
    <h6>VotingAge</h6>

    <h2>Argentina</h2>
    <h3>Buenos Aires</h3>
    <h4>2,766,890</h4>
    <h5>Spanish</h5>
    <h6>18</h6>

    <h2>Austria</h2>
    <h3>Vienna</h3>
    <h4>83,858</h4>
    <h5>German</h5>
    <h6>19</h6>

    <h2>Barbados</h2>
    <h3>Bridgetown</h3>
    <h4>430</h4>
    <h5>English</h5>
    <h6>18</h6>

    <h2>Belarus</h2>
    <h3>Minsk</h3>
    <h4>207,600</h4>
    <h5>Byelorussian</h5>
    <h6>18</h6>

  </body>
</html>
```

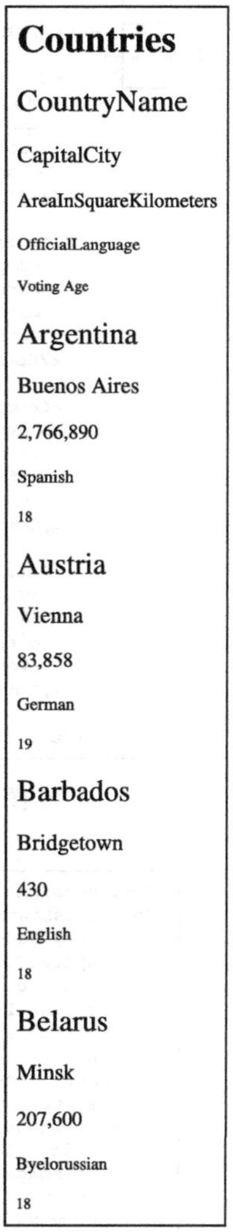

Countries
CountryName
CapitalCity
AreaInSquareKilometers
OfficialLanguage
Voting Age
Argentina
Buenos Aires
2,766,890
Spanish
18
Austria
Vienna
83,858
German
19
Barbados
Bridgetown
430
English
18
Belarus
Minsk
207,600
Byelorussian
18

图 2-9　使用 HTML 标记的国家列表　　图 2-10　国家列表数据在浏览器中的显示效果

从这些图中可以看出，使用 HTML 来表示数据元素的含义时具有一些局限性。HTML 只有 6 级标题标识，因此在这个例子中，若需要更多信息项（如人口和国土）来描述国家，就没有办法了。网页设计者可以使用各种文本属性（如字号、字体、颜色、粗体或斜体）的组合对这些信息项进行区分，但这些标记没有一个能表达各个数据元素的含义。

XML 解决了这些问题。由于 XML 标记没有被默认定义，用户可以创建自己的标记和定义来表达信息所具有的含义（即语义）。再次考虑国家列表示例，为每类信息创建 XML 标记来描述每个信息项的含义。图 2-11 所示为使用 XML 标注的国家数据（如首都等）。图 2-12 所示为浏览器窗口中显示的国家 / 地区列表的 XML 文件。

XML 文件中的第一行是一个声明，指出该文件使用 XML 的 1.0 版。XML 标记形式类似 SGML 标记，此声明可以防止同时使用这两种标记的组织发生混乱。第二行和最后一行是根元素，XML 文件的根元素包含此文件中的所有其他项，通常需要起一个名字来描述此文件的目的或含义。

```
声明 ──<?xml version="1.0"?>
根元素 ──<CountriesList>

       <Country Name = "Argentina">
         <CapitalCity>Buenos Aires</CapitalCity>
         <AreaInSquareKilometers>2,766,890</AreaInSquareKilometers>
         <OfficialLanguage>Spanish</OfficialLanguage>
         <VotingAge>18</VotingAge>
       </Country>

       <Country Name = "Austria">
         <CapitalCity>Vienna</CapitalCity>
         <AreaInSquareKilometers>83,858</AreaInSquareKilometers>
         <OfficialLanguage>German</OfficialLanguage>
         <VotingAge>19</VotingAge>
       </Country>

       <Country Name = "Barbados">
         <CapitalCity>Bridgetown</CapitalCity>
         <AreaInSquareKilometers>430</AreaInSquareKilometers>
         <OfficialLanguage>English</OfficialLanguage>
         <VotingAge>18</VotingAge>
       </Country>

       <Country Name = "Belarus">
         <CapitalCity>Minsk</CapitalCity>
         <AreaInSquareKilometers>207,600</AreaInSquareKilometers>
         <OfficialLanguage>Byelorussian</OfficialLanguage>
         <VotingAge>18</VotingAge>
       </Country>

     </CountriesList>
```

图 2-11 使用 XML 标记的国家列表

```
<?xml version="1.0" ?>
<CountriesList>
- <Country Name="Argentina">
    <CapitalCity>Buenos Aires</CapitalCity>
    <AreaInSquareKilometers>2,766,890</AreaInSquareKilometers>
    <OfficialLanguage>Spanish</OfficialLanguage>
    <VotingAge>18</VotingAge>
  </Country>
- <Country Name="Austria">
    <CapitalCity>Vienna</CapitalCity>
    <AreaInSquareKilometers>83,858</AreaInSquareKilometers>
    <OfficialLanguage>German</OfficialLanguage>
    <VotingAge>19</VotingAge>
  </Country>
- <Country Name="Barbados">
    <CapitalCity>Bridgetown</CapitalCity>
    <AreaInSquareKilometers>430</AreaInSquareKilometers>
    <OfficialLanguage>English</OfficialLanguage>
    <VotingAge>18</VotingAge>
  </Country>
- <Country Name="Belarus">
    <CapitalCity>Minsk</CapitalCity>
    <AreaInSquareKilometers>207,600</AreaInSquareKilometers>
    <OfficialLanguage>Byelorussian</OfficialLanguage>
    <VotingAge>18</VotingAge>
  </Country>
</CountriesList>
```

图 2-12 在浏览器中显示的使用 XML 标记的国家 / 地区列表数据

其他元素统称为子元素，如 Country 是 CountriesList 的一个子项，依次类推，其他每个属性又是 Country 的子项。与 HTML 文件不同，当一个 XML 文件在浏览器中显示时，标识是可见的，子项的命名是针对在此文件中的使用，如果另外一个组织的程序员也要创建一个有国家信息的文件，他们可能给国家中的这些元素项起不同的名字，如首都使用 Capital 而非 CapitalCity，这就使得两个组织之间难以共享信息。所以，XML 的最大优点即允许用户自定义标记，也是其最大的缺点。

为了克服这个缺点，许多公司都已同意遵循 XML 标记的通用标准。这些标准，以数据类型定义（DTD）或以 XML 概要形式定义，对许多行业都适用，如用于法律专业信息的 LegalXML，用于数学和科学信息的 MathML，用于财务会计信息标准的扩展商业报表语言（extensible business reporting language, XBRL）。XBRL 可能是世界上使用最广泛的 XML 模式之一。美国证券交易委员会和其他国家的类似机构已经开始要求上市公司使用 XBRL 以电子方式提交年度财务信息，而不是提交纸质文件。个人投资者和专业的金融分析师可以将这些文件中的 XBRL 数据直接导入自己的电子表格软件，来迅速、频繁地审查和研究公司的财务报告。

许多行业组织已经建立了适合本行业所有公司的 XML 标记标准，RosettaNet 就是这样的一个行业组织。2001 年，W3C 联盟发布了 XML 文档互可操作性的一套规则，很多研究者相信这将有助于解决不同 XML 标记系统之间不相兼容的问题。一套 XML 标记系统有时也称为一个 **XML 词表**（XML Vocabulary），目前已广泛使用的 XML 词表数以百计，你可以通过 Oasis 封面页找到有关此内容的相关链接：**XML 的应用和举措**（XML Application and Initiative）的网页，可以通过阅读 W3C 联盟的 XML 网页学习更多的 XML 知识。

虽然很多浏览器都可以显示 XML 文件，但 XML 文件一般需要用另一个格式转换指令文件或者由程序来翻译。这些格式转换指令通常是用**扩展样式表语言**（extensible stylesheet language，XSL）来编写的，由程序读取，这些程序也称为 **XML 解析器**（XML parser），它可以转换 XML 文件的格式，使之可以在计算机屏幕、智能手机、具备互联网功能的移动电话或其他设备上显示。图 2-13 所示为 Web 服务器处理网页中来自 XML 数据库的 HTTP 请求，以不同的格式满足不同网页浏览设备的要求。

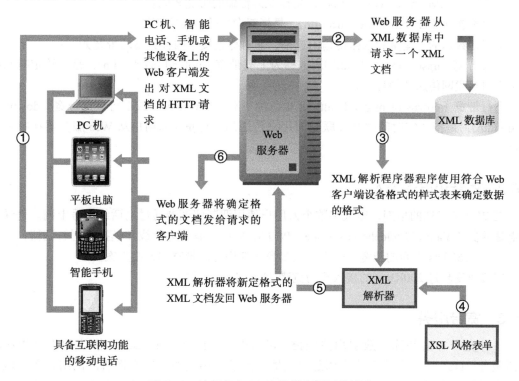

图 2-13　处理来自 XML 数据库页面的请求

2.6 互联网接入方案

互联网由一系列相互连接的网络组成。大多数组织建立网络让组织内部的计算机之间互连，很多家用计算机也彼此连接在一个网络中，移动电话则连接到无线电话运营服务提供商的网络中。这些网络都可以多种方式接入互联网，正如本节所描述的。为个人、企业或其他组织提供互联网接入服务的公司称为互联网接入服务商（Internet access provider, IAP）或互联网服务商（ISP），这些公司可以提供多种接入服务。本节简要介绍了当前互联网接入的各种方式，并对每种方式的优点和缺点进行了说明。

2.6.1 接入概述

互联网服务商 ISP 为客户提供多种互联网接入方式。最常见的接入方式有语音电话线、各种类型的宽带连接、光纤和无线连接。不同的 ISP 提供服务的主要区别在于每个服务商所提供的连接带宽不同。**带宽**（bandwidth）是单位时间内通过一条通信线路的数据量。带宽越大，数据文件的传输速度就越快，网页在计算机屏幕上的显示速度也就越快。互联网的每种接入方式提供的带宽不同，针对某种连接，每个互联网服务提供商 ISP 所提供的带宽也不相同。互联网或本地服务商的通信量将会大大地影响实际带宽，**实际带宽**（net bandwidth）是信息传输时的实际速度，即每秒钟数据的实际传输量。如果要求 ISP 提供服务的人不多，实际带宽将接近服务商的带宽上限。反之，在通信拥挤的时段，用户会感到上网的速度大大下降。

传向 ISP 数据的带宽和 ISP 传来数据的带宽可能会不同，这取决于用户接入互联网的方式。连接类型包括：

对称接入（symmetric connection），是指双向传输的带宽相同。

非对称连接（asymmetric connection），是指双向传输的带宽不同。

带宽指数据的传输量和数据传输的速率，非对称连接中两种类型的带宽如下：

上行带宽（upstream bandwidth），也称为**上载带宽**（upload bandwidth），是指给定时间内从用户向互联网传送的信息量。

下行带宽（downstream bandwidth），也称为**下载**（download）或**下行链接带宽**（downlink bandwidth），是指给定时间内从互联网向用户传送的信息量（如用户从 Web 服务器接收一个网页）。

2.6.2 语音级电话接入

在 WWW 发展的早期，绝大多数个人用户使用调制解调器通过电话线拨号上网。**普通老式电话服务**（plain old telephone service, POTS）使用已有的电话线和模拟调制解调器，可以提供 28～56Kbps 之间的带宽。今天，大多数人使用更高带宽的连接方案。

连接速度超过 200Kbps 的接入称为**宽带**（broadband）服务。

2.6.3 宽带服务

一种宽带方案是称为**数字用户线路**（digital subscriber line, DSL）协议的更高档次的电话服务。DSL 接入方式不使用调制解调器，而是使用类似网络交换机的网络设备，但大多数人都错误地称之为 DSL 调制解调器。使用 DSL 协议最早的宽带业务之一是**非对称数**

字用户线路（asymmetric digital subscriber line，ADSL，通常简写为DSL）。它提供上行100～640Kpbs和下行1～15Mbps（每秒百万比特）的传输带宽。DSL是一条没有流量竞争的专线。

电缆调制解调器模式——连接到用于有线电视的相同带宽的同轴电缆，通常提供从客户端到服务器端的500Kbps到15Mbps的传输速率，下行带宽最高可达10 Mbps。近年来，DSL月租费已略低于在同一市场竞争的提供电缆接入公司的月租费。与DSL不同，因使用共享资源，电缆调制解调器接入的带宽会随网络用户数目的变化而变化。在用户众多的街区，高峰时段，当用户同时使用电缆调制解调器时，数据传输速度会大大降低。

前车之鉴

北点通信公司

1997年，一位成功的电信公司总裁迈克尔·马拉加（Michael Malaga）萌生出一个想法，向城区小企业提供宽带互联网接入服务。当时DSL技术刚刚出现，电信公司也提供专线租赁服务。迈克尔·马拉加不希望所提供的服务吸引当地居民，因为居民很快就会得到便宜的电缆调制解调器接入服务满足其所需带宽的要求；他也不想吸引位于郊区和农村的企业，以便能降低专线租用的成本（距离远，租赁成本就高）。他和5个朋友拿出50万美元积蓄创办了北点通信公司，几个月内又私募到1100万美元。半年后，公司筹集到更多的投资资金，发展了1500名客户，却净亏损3000万美元。凭借客户数量的优势，北点通信公司希望能筹集到1亿美元，这是迈克尔估计建设网络基础设施所需要的资金量。

像北点公司这种独立的DSL提供商，一方面迫于客户的压力需要迅速安装接入服务，另一方面又得依赖本地电话公司保证电话线路能够支持DSL技术。电话公司需要安装交换机和其他设备来支持DSL在特定线路上工作。电话公司对于此项业务通常并不着急，因为它们自己也提供DSL服务，快速提供服务只会帮助竞争者。电话公司的拖延导致安装业务经常停顿，使北点公司的客户非常不满意。安装完成后，客户如果再遇到问题，就会被电话公司推给北点公司，问题往往得不到及时、满意的解决。

虽然北点公司无法从每位客户身上获利，但还是从当时火热的资本市场上迅速筹集到资金，公司在1999年股票上市前就筹集到1.62亿美元，上市后又带来3.87亿美元。当时，公司有13 000位客户，也就是说，每一位客户能让公司从外部投资者募集到42 000美元，考虑到每位客户每年只能带来1000美元的收入，企业的经济状况不妙。到1999年年底，北点公司在网络基础设施建设上已花费了3亿美元，运营亏损1.84亿美元。此时，北点公司的业务扩展到28个城市。

在接下来的一年，公司继续筹集资金，发展新客户，但在每位客户身上继续亏损。2000年8月，Verizon电话公司同意分期支付8亿美元购买北点公司55%的股票。到2000年年底，北点公司募集到的资金加上Verizon公司的首付款总计达到12亿美元。截至当年年底，北点公司业务扩展到109个城市，仅维持运营每月就需要6600万美元的现金流，Verizon公司宣布放弃收购，北点公司股票开始暴跌，公司不得不裁员。

北点公司于2001年1月申请破产保护，3月份将网络硬件设备作价1.35亿美元卖给了AT&T公司。AT&T对DSL业务没有兴趣，只是想要那些硬件设备，结果北点公司的87 000家小企业客户一夜之间失去了互联网接入服务。在北点公司提供服务的很多城市,没有竞争者愿意接手这项服务。20世纪90年代末期,资本市场向任何与互联网有关的公司疯狂投资,所以北点公司才能够筹集到不可思议的巨资。但是,北点公司向客户提供的互联网接入服务的价格低于服务的成本,再多的投资也不能弥补这个致命的商业错误。

2.6.4 租用线路连接

那些在互联网上通信量很大的大公司与 ISP 建立连接时,可以从电信运营商租用更高的带宽。这种连接使用的技术很多,通常按所包含的等同数量的电话线来分类(所使用的连接技术最初用于搭载海量通话信息)。

用于传输一个数字信号的电话线称为 DS0(数字信号零,是在这类线路上发信号所用格式的名称),带宽为 56Kbps。一条 T1 线路(也称为 DS1)搭载 24 条 DS0,带宽是 1.544Mbps。T3 服务(也称为 DS3)带宽 44.736Mbps(相当于 30 条 T1 线路或 760 条 DS0 线路)。所有这些租用电话线连接都要比 POTS、ISDN 或 DSL 连接贵很多。

大公司和政府部门内有成百上千的独立用户需要连入互联网,所以需要非常高的带宽。这些组织租用 T1 和 T3 线路。网络访问服务商(NAP)或主干网路使用帧中继(frame relay)、异步传输模式(asynchronous transfer mode,ATM)或光纤(optical fiber,代替铜线)通过计算机连接,带宽由光纤所使用的电缆类别决定。OC3(搭载 3 个光路)带宽为 156Mbps,OC12 的带宽为 622 Mbps,OC48 的带宽为 2.5Gbps[gigabits(吉比特),千兆比特或每秒 10 亿比特],OC192 的带宽达 10Gbps,OC768 提供 40 Gbps 的速率。

2.6.5 无线连接

虽然 20 世纪 60 年代互联网创建时是基于电信公司的电话线路和基础设施,但今天大部分互联网用户使用相当多的无线连接。在本节,将介绍互联网的无线接入方案。

1. 无线以太网

目前最常见的无线连接技术就是 Wi-Fi,即**无线以太网**(wireless Ethernet)。该技术也以其网络规范号 802.11 命名。其最新版本是 802.11ac,因为它具有更大的带宽,在许多网络中替代了 802.11n。与 802.11n 的标准带宽 450Mbps 相比,802.11ac 使用标准安装,其带宽最高可达 2.5 Gbps。这两个版本的使用范围均为 500 英尺左右。

在实际安装过程中,因为信号需穿越诸如墙、地板、门和建筑物的窗等,带宽和使用范围受建筑物材料的影响很大。例如,钢筋混凝土墙和某些有色玻璃会大大减少 Wi-Fi 的有效工作范围。为了克服这些缺陷,各个组织可以在其整个办公场地内安装一定数量的 WAP,使 Wi-Fi 成为其无线局域网结构的关键构成部分。一台安装了 Wi-Fi 网卡的计算机可通过连接到局域网的无线访问点进行通信,从而加入局域网。**无线访问点**(wireless access point,WAP)是一种设备,确保在一定范围内安装了 Wi-Fi 的计算机能与其他设备之间传递数据包。

Wi-Fi 设备具有漫游功能,也就是说,在 WAP 之间移动时,无须用户介入。一些组织,包括机场、会展中心和酒店,向公众开放 WAP。这些访问点称为**无线热点**(hot spot)。有些组织允许公众免费访问它们的无线热点,有些则收取访问费。大多数餐馆和快餐零售商,如麦当劳、Panera面包店和星巴克咖啡等都提供无线热点。酒店和商务办公楼安装WAP远比网络布线容易，而且成本也更低，尤其是一些老式建筑。一些酒店提供免费的无线访问，另一些则收取一小点费用。使用收费网络的用户，需要登录获取网络使用授权，并被收取连接费。

2. 个人区域网络

蓝牙（bluetooth）是最早的无线协议（在挪威制定的协议，以10世纪斯堪的纳维亚国王Harald Bluetooth的名字命名）之一，专为个人用户短距离通信而设计。蓝牙可靠工作距离为35英尺，最多可组成10个网络，每个网络有8个设备。这是一种低带宽技术，速度最高为722Kbps。蓝牙对以下这些任务都非常有用：笔记本电脑与台式计算机之间的同步，笔记本电脑、手机的无线打印任务等。这些小的蓝牙网络称为**个人区域网络**（personal area network，PAN）或**微微网**（piconet）。

蓝牙技术的一个主要优势是能耗极低，这对移动设备而言非常重要。另一个优势是蓝牙设备彼此能自动发现对方并交换信息。例如，一个人临时在某个办公室使用笔记本电脑，可以使用办公室内支持蓝牙技术的打印机，而无须登录网络，也不必在所使用的笔记本电脑中安装软件。打印机和笔记本电脑通过电子方式识别出对方是蓝牙设备并立即开始交换信息。

另一种无线通信技术称为**超宽带**（ultra wideband，UWB），提供短距离（30～100英尺）的宽带通信（目前最高带宽为480Mbps）。超宽带技术是20世纪60年代为军方短距离安全通信而研发的技术。很多行业观察家相信超宽带技术将应用于个人局域网，如家庭媒体中心（例如，个人电脑将所存储的视频文件传输到附近的电视上播出）和手机的互联网接入。UWB技术比目前所使用的无线以太网技术速度更快、可靠性更强。

一种低成本和运行时所需能量非常小的短距离无线技术是ZigBee（该名称来源于蜜蜂在返回蜂巢时来回摇摆、上下移动飞舞，来与同伴传递花粉所在方位信息）。为控制能耗，ZigBee有意被设计为低带宽（20～250 Kbps），工作范围为30～300英尺。人们已经开发了越来越多的应用程序运行在家庭能源管理系统（包括照明、供暖、制冷）、商业建筑自动化、安全系统和远程管理消费电子产品的ZigBee上。你可以访问ZigBee联盟网站了解有关此技术的更多信息。

3. 定点无线服务

很多农村地区没有有线电视服务，没有支持互联网传输的高等级的电话线，一些小公司开始提供固定点的无线服务来取代价格较高的卫星服务。**定点无线服务**（fixed-point wireless）是使用中继器系统将无线信号从ISP转发给客户。中继器（repeater）是接收—发送设备［也称为**收发器**（transceiver）］，它接收信号再发送给用户屋顶安装的天线及下一个转发器，接收到信号的转发器再将信号传递给下一个转发器，最远达20英里⊖。用户天线所连接的设备可将无线电信号转换成Wi-Fi包，并传给用户的计算机或无线局域网。另一种定点无线服务是采用成百上千的彼此接近的短程收发器直接传输Wi-Fi包，这种方法称为**网格路由**（mesh routing）。随着Wi-Fi技术的发展，还将继续涌现越来越多的各种无线接入互联网的方案。

目前使用网格路由最有趣的应用之一是谷歌公司的Loon项目，它使用在平流层中漂浮

⊖ 1英里=1.609 344千米。

的气球网络来将互联网和地面站点彼此连接。该研究项目启动于 2013 年，最近几年为试验阶段，但预计 2016 年可以实现商业化。气球飘浮在距离地面 10 到 30 英里之间的常年刮低速风的区域，并且必须定期更换一次（目前，大约每 100 天更换一次）。气球上的电子设备由太阳能电池板供电。地面站可以由电信公司或其他 ISP 运营。在项目的测试阶段，基于气球所构建的网格网络已经能直接连接到智能手机和平板设备。完全投入运营后，Google 公司希望此网络能够帮助到目前仍然无法接入互联网的 60% 的世界人口。

4. 卫星微波

对大多数居住在农村地区的人而言，最早是通过卫星微波传输实现互联网接入的。这种接入方式使用微波发射器，提供 120 Kbps 至 5 Mbps 范围内的上行带宽和 1 到 16 Mbps 传输速率范围内的下载。使用卫星接入方式，最初的安装费比其他的互联网接入方式贵，主要原因是需要专业人员仔细调整碟形天线以对准卫星。现在，天线的精度已经很高，居民可以自己安装，大幅度地降低了安装费用。在北美地区安装时，天线要直接对着西南方的天空，这就使很多居住在大城市的居民或住在公寓楼东北面的人无法使用这种服务。现在许多航空公司将卫星接入和地面上的无线接入组合在一起，为飞行中的乘客提供互联网接入。

虽然多年来，卫星是唯一的无线互联网接入方式，但现在可用的无线网络已有很多。今天，人们使用具备互联网功能的手机、智能手机、游戏机、带无线网卡的笔记本电脑接入各种各样的无线网络，最终接入互联网。

5. 移动电话网络

在 2014 年，世界上的移动电话数量近 80 亿，历史上第一次比全球的人口数还要多（虽然世界上还有很多人没有移动电话，但越来越多的人拥有多部移动电话和设备）。移动电话有时也称为蜂窝手机（或单元手机），因为它们利用相距 3 英里的天线来收发信息，每个天线所覆盖的六边形区域称为蜂窝。

多数手机的屏幕很小，只能用来收发使用**短信息服务**（short message service，SMS）协议的短信。正如本章开始处所述，具备互联网功能的手机和智能电话在发达国家非常普及，可以让人们很方便地在旅途中保持联系。但更重要的是，手机让发展中国家越来越多的人第一次接触到了互联网世界。

虽然移动电话最初被设计为处理语音通信，但它们一直能够传输数据。然而数据的传输速度非常慢，在 10 到 384 Kbps 之间。今天大部分的移动电话网络使用称为**第三代无线技术**（third-generation wireless technology）3G 的一系列技术，下载速度最高可达 2Mbps，上传速度最高达 800Kbps。然而美国主要的无线运营商又快速引进新的技术，包括**长期演进技术**（long term evolution，LTE）和**全球微波接入协同工作**（worldwide interoperability for microwave access，WiMAX），这些技术通常被称为**第四代无线技术**（fourth-generation wireless technology，4G）。这些 4G 技术提供的下载速度最高为 14Mbps，上行速度最高达 8Mbps。

除移动电话外，各种各样的设备也使用移动电话网络。这些设备包括称为**上网本**（netbook）的小型计算机和平板设备。平板设备（tablet device）比手机大，但比大多数计算机小（包括大部分上网本）。大多数平板设备、移动电话和智能手机，既可以使用移动电话网络，又可以使用本地可用的无线网络。使用本地的无线网络要比使用移动电话网络便宜。

尽管移动电话网络正受到来自互联网用户传输越来越多数据量的压力，但针对增加网络带宽的许多研究工作正在进行中，包括本章所介绍的 pCell 技术。

表 2-2 总结了家庭或企业通常采用的有线或无线接入互联网方式所能获得的带宽与需要支付的费用。

表 2-2　互联网接入方案

服务	上行带宽	下行带宽	容量 并发用户数	一次性安装费 （美元）	月租费 （美元）
居民和小企业服务					
POTS	28～56	28～56	1	0～20	9～20
无线 3G 网络	10～800	10～2 000	1	0～120	30～150
DSL	100～640	1 000～15 000	4～20	50～100	20～300
电缆	300～1 500	500～15 000	4～10	0～100	35～200
卫星	120～5 000	1 000～16 000	1～3	0～800	40～100
固定点无线	250～1 500	500～3 000	1～4	0～350	50～150
无线 4G 网络	500～5 000	1 000～12 000	1	0～200	80～200
商业服务					
租用数字线（DS0）	64	64	1～50	50～200	40～150
固定点无线	500～10 000	500～10 000	5～1 000	0～500	150～4 000
T1 租用线	1 544	1 544	100～1 000	100～2 000	200～300
T3 租用线	44 736	44 736	1000～10 000	500～5 000	2500～3 000
大型组织					
OC3 专线	156 000	156 000	1 000～50 000	3 000～12 000	5 000～20 000
OC12 专线	622 000	622 000	骨干网	协商	25 000～100 000
网络接入提供商					
OC48 专线	2 500 000	2 500 000	骨干网	协商	协商
OC192 专线	10 000 000	10 000 000	骨干网	协商	协商
OC768 专线	40 000 000	40 000 000	骨干网	协商	协商

2.7　第二代互联网与语义网

1995 年，当美国科学基金会将互联网的主干网移交给商业机构，很多科学家都感觉失去了一个巨大的充满活力的实验平台。1996 年，来自近 200 所大学和多家大公司的网络研究人员联合起来，重拾当年研究 ARPANET 的热情，创建了一个更先进的研究网络称为第二代互联网（Internet2）。第二代互联网是新的网络技术的实验平台，与原有的互联网分离，其带宽能达到 10 Gbps，在网络的某些部分带宽甚至能超出 10Gbps。

第二代互联网也被各大学所使用，开展大型课题的合作研究，这些课题往往需要多台超级计算机高速连接，或者需要使用多路摄像输入，在低带宽的互联网上无法实现这些事情。例如，第二代互联网研究成员中医学院校的老师，经常针对复杂的手术，进行视频会议；还有粒子物理学家使用它来收集和分析大型强子对撞机（位于瑞士日内瓦附近的大粒子物理实验室）实验中所产生的大量信息，每秒可生成 10Gb 的数据。第二代互联网成为互联网未来新技术的试验田。许多目前成为物联网（本章前半部分所介绍的）技术的组成部分，最初都为

Internet2 的开发计划。读者可以通过访问 Internet2 的网页链接，来了解在此网络上目前各项活动的详细信息。

第二代互联网项目主要关注技术开发。与之相反，蒂姆·伯纳斯－李在 2001 年主持的一个项目中就提出要融合技术与信息来创建下一代的互联网，即语义网。**语义网**（Semantic Web）项目设想对网页上出现的单词用 XML 标识其含义，这样互联网就成为一个庞大的机器可读的数据库而非文字信息。人们可以使用称为**软件代理**（software agent）的智能程序来阅读 XML 标识以确定单词在语境中的含义，而不需要自己亲自来识别单词的含义或依赖于网站制作人员的关键词描述。例如，给软件代理发出指令，按特定的条件（日期、城市、票价）去搜索机票，软件代理完成在互联网上的搜索后，返回一张符合标准的电子机票。而不是用户必须亲自访问多个网站来收集信息，比较价格和线路，最终做出决策，软件代理能自动完成搜索、比较和购买。

为了让软件代理能执行这些功能，网页标准必须包含 XML，一个资源描述框架和一个本体。前面已经讲述了用 XML 标记描述数据元素的语义。**资源描述框架**（resource description framework，RDF）是一套 XML 语法标准，将作为网页上所使用的 XML 标记的代码字典。**本体**（ontology）也是一套标准，用于在一个特定领域内详细定义 RDF 标准与特定 XML 标准之间的关系。例如，烹饪领域的本体包括配料、厨具、烤箱的概念，也包括规则和行为期望，如使用厨具来混合配料，所制成的食物可供人食用，烤箱在密闭区域内加热。本体和 RDF 提供知识领域的智能，以便软件代理能像人那样做出决策。

语义网的发展预计需要很多年，项目的第一步是开发特定领域的本体。迄今为止一些科学领域已经在探索开发本体，这些本体将成为搭建领域内语义的组合积木。生物学、基因组学和医学在特定本体的开发中都取得了进展。这些研究领域能从语义网这样的工具中大大受益，可以加快研究成果的获取，可以给该领域的所有研究人员提供实验数据以及新的实验途径。这样，这些领域的研究人员会有很高的动力，相互协作、参与到创建本体的辛勤工作中。

其他科学领域，如气候、水文和海洋学具有相似的开发本体的动机，科学家正在为自己所在的研究领域开发本体。英国政府也正在为其所收集的数据开发本体，希望这些数据对于众多领域的研究人员有用。

一个令人感兴趣的正在进行的语义网项目是 DBpedia，它正在建立一个知识库，来描述维基网上百科全书的内容。DBpedia 数据集目前已有超过 500 万件东西，包括人物、地点、创意作品、组织名称、物种和疾病。

虽然参与语义网项目的很多研究者对项目缓慢的进展表示失望，但语义网的很多用户已经开发了一些重要的本体，使项目能不断地继续向前推进。读者可以通过 W3C 组织的 Semantic Web 页面链接来了解该项目目前的发展状况。

由语义网络社区所引导的当前商业应用研究，包括手机搜索工具的自然语言接口，如苹果 iPhone 手机上的 Siri 和 Android 手机上的 Google Now。Facebook 公司还向其广告客户提供图形搜索，这是一种语义搜索技术，可帮助他们更好地定位广告信息。

本章小结

本章介绍了互联网和 WWW 的发展历史，包括这些技术如何从最初的研究项目中脱颖而出，成长为今天支撑电子商务发展的基础设施结构。本章讲述了利用公共网络、专用网络、虚拟专用网络 VPN 技术来实现企业内部网和外联网。此外，你还可以了解当今可连接到 Internet 的各种设备，包括物联网。

本章也讲述了作为互联网和 WWW 基础的分组交换网络、协议、程序、语言和体系结构。TCP/IP 是在互联网上生成和传输信息包的协议集，介绍了 IP 地址和域名的工作原理；HTTP 是传输网页以及处理页面请求的规则集；POP、SMTP 和 IMAP 是管理电子邮件的协议。本章还介绍了标记语言的发展历史，以及如何使用其特定版本（包括 HTML，XHTML 和 XML）来显示网页和管理网页所包含的数据内容。

本章还介绍了互联网服务提供商所提供的众多不同类型的互联网有线接入服务，以及通过手机和平板设备提供的无线接入方案，手机上网是使用互联网的重要途径，尤其在发展中国家。

此外，还介绍了第二代互联网是由研究型大学和企业联合建立的一个实验性网络，为未来高速网络技术的创建和完善提供了一个实验平台。语义网项目的研究正在提供一些商业优势，同时朝其目标缓慢迈进，即研究数据的广泛可用，帮助智能代理软件成为电子商务中具有创造性的部分。

关键术语

定位标签（anchor tag）：创建链接定位的 HTML 标记。

非对称连接（asymmetric connection）：双向带宽不同的互联网接入方式。

非对称数字用户线路（asymmetric digital subscriber line，ADSL）：是使用 DSL 协议提供宽带服务的最新技术，提供 16～640Kbps 的上行带宽和 1.5～9Mbps 的下行带宽。

异步传输模式（asynchronous transfer mode，ATM）：带宽为 622Gbps 的互联网连接技术。

主干网路由器（backbone router）：处理通过互联网主要连接点包通信的路由器，这些路由器是每秒处理 5000 万个包的大型计算机。

带宽（bandwidth）：单位时间内通过一条通信线路的数据量，也指一个网站可同时接待的最大访问者数量。

二进制（base 2/binary）：每个数字不是 0 就是 1 的数字系统，表示关或开的状态。

蓝牙（bluetooth）：适合短距和低带宽下连接的无线协议。

边界路由器（border router）：位于组织和互联网的边界上的计算机，用来确定包传送到目的地的路径，是网关计算机和网关路由器的同义词。

宽带（broadband）：指超过 200Kbps 的网络接入服务。

层叠样式表（cascading style sheet，CSS）：HTML 的功能，可以让设计者在网页上使用事先定义的展示风格。

线路（circuit）：数据从出发至目的地间的传输路径。

线路交换（circuit switching）：通过集中控制将计算机（或其他设备）连接起来的路径，电话公司就是采用这种方式提供语音电话服务的。连接建立后进行数据传输，然后终止连接。

客户机／服务器体系结构（client/server architecture）：运行 WWW 客户机软件的 WWW 客户机与运行 WWW 服务器软件的 WWW 服务器组合在一起的结构。

封闭架构（closed architecture）：在计算机早期时代，计算机厂商都各自制定专用的沟通协议，这时不同厂家生产的计算机彼此不能连接，也称为专用体系结构。

结束标记（closing tag）：HTML 双边标记的后半部分，在尖括号前加一个斜杠。

计算机网络（computer network）：将计算机彼此连接的技术。

配置表（configuration table）：有关路由的信息，这些信息包括指向连接其他路由器中特定组的连接表、确定优先使用哪个连接的规则以及处理包流量过大和网络拥堵的规则。

数据类型定义（data-type definition，DTD）：许多公司遵循的通用标准的 XML 标签，例如数据类型定义或 XML 模式。

深层互联网（deep Web）：存储在数据库中的信息，用户可通过 Web 界面访问这些信息。

数字订购线路（digital subscriber line，DSL）：比标准 56K 接入方式更快的电话接入方式。

域名（domain name）：即网址，是以句点间隔的两个以上单词。域名由右至左越来越具体。

点分十进制（dotted decimal）：用句点分隔的四组数字来表示的 IP 地址标记方式。

下载带宽（download bandwidth）：也称为下行带宽或下行链路带宽，是指在给定时间内可以从互联网向用户传送信息量的度量。

下行带宽（downstream bandwidth）：指特定时间内从互联网向用户传送信息的带宽。

边缘路由器（edge router）：路由计算机或其他网络设备，位于组织和 Internet 之间的边界或组织间的边界。

电子邮件（electronic mail/e-mail）：由一个发送者使用特殊邮件程序与协议传给另外一个或多个接收者的信息。

电子邮件客户端软件（e-mail client software）：用来读取和发送电子邮件的程序。

电子邮件服务器（e-mail server）：专门处理电子邮件往来的计算机。

封装（encapsulation）：VPN 软件对信息包加密，然后把加密配置于另一个 IP 包装的信息包内。

可扩展商业报告语言（extensible business reporting language，XBRL）：有助于实现会计和财务信息标准的语言。

可扩展超文本标记语言（extensible hypertext markup language，XHTML）：由 WWW 联盟发布的一种新标注语言，是支持 XML 的 HTML 4.0 修改版。

可扩展标记语言（extensible markup language，XML）：用来描述页面内容的语义并定义页面上数据记录的语言。

可扩展样式表语言（extensible stylesheet language，XSL）：规范 XML 代码在浏览器中显示的语言。

外联网（extranet）：是内部网的扩展，连接了业务伙伴或其他组织。

固定点无线（fixed-point wireless）：采用转发器将无线电信号从 ISP 转发给客户的数据传输服务。

第四代无线技术 [fourth-generation（4G）wireless technology]：无线技术，下载速度高达 12 Mbps，上传速度高达 5 Mbps。

帧中继（frame relay）：一种路由技术。

网关计算机（gateway computer）：路由器的同义词，用来确定数据包传输路径的计算机。

通用顶级域名（generic top-level domain，gTLD）：主要的顶级域名，包括 .com、.net、.edu、.gov、.mil、.us 和 .org。

图形用户界面（graphical user interface，GUI）：显示图片、图符和其他易用图形元素等所用的程序控制功能。

十六进制 [hexadecimal（base 16）]：用 16 个数字进行计数的系统。

分层超链接结构（hierarchical hyperlink structure）：用户从主页开始依次按链接进入想购买产品页面的一种超链接结构。

主页（home page）：在分层超链接结构下某网站的介绍性页面，是起始页的同义词。

热点（hot spot）：对公众开放的无线访问点（WAP）。

超链接（hyperlink）：指向同一个 HTML 文件其他位置或其他 HTML 文件的一种标签类型，也称为超文本链接。

超文本（hypertext）：在 HTML 页面之间通过链接进行导航的系统。

超文本元素（hypertext element）：HTML 文

档内部或文档之间的彼此关联的文本项。

超文本链接（hypertext link）：可以指向同一 HTML 文件的其他位置或其他 HTML 文件的链接。

超文本标记语言（hypertext markup language，HTML）：附加在文本上的一套代码（标记）语言，这些代码描述了文本元素之间的关系。

超文本服务器（hypertext server）：网络服务器的同义词，是接入互联网并且储存 HTML 文件的计算机，其他计算机可访问它以读取这些 HTML 文件。

超文本传输协议（hypertext transfer protocol，HTTP）：在互联网上传输页面及处理对页面请求的互联网协议。

交互式邮件访问协议（interactive mail access protocol，IMAP）：在 POP 上改进的一种新电子邮件协议。

互联网（Internet）：覆盖全球、互相连接的计算机网络系统。

互联网接入提供商（Internet access provider，IAP）：互联网接入服务商、互联网服务提供商的同义词。

互联网主干网（Internet backbone）：互联网中处理通过主要连接点之间包流量的路由器。

互联网 EDI（Internet EDI）：使用互联网传输信息的 EDI。

物联网（Internet of things）：Internet 的子集，用于将计算机和传感器相互连接，以进行通信、数据交换和自动事务处理。

互联网协议（Internet protocol，IP）：参见 TCP/IP。

互联网协议第 4 版（Internet Protocol version 4，IPv4）：过去 20 年里互联网所用的 IP 地址版本，它用一个 32 位的数字来识别连入互联网的计算机。

互联网协议第 6 版（Internet Protocol version 6，IPv6）：即将替代 IPv4 的协议。

互联网服务提供商（Internet service provider，ISP）：为其他企业提供互联网接入服务的企业。

第二代互联网（Internet 2）：是意在为研究服务的下一代互联网，提供超过 1Gbps 的带宽。

内部网（intranet）：在公司或组织内部计算机上使用的互联网络。

IP 地址（IP address）：用来表示互联网某个特定位置（计算机）地址的一个 32 位的数字。

IP 通道（IP tunneling）：在公共的互联网上创建一条专用通路，以保证数据在外部网上的企业之间安全地传输。

IP 包装（IP wrapper）：信息封装过程中的外层信息包。

专线（leased line）：两点之间永久的专用电话线连接。

法律 XML（LegalXML）：传递法律专业信息的 XML。

线性超链接结构（linear hyperlink structure）：以类似传统纸面文档的形式，让用户按照序列顺序来阅读页面的超链接结构。

局域网（local area network，LAN）：同一个地点的计算机连接所组成的网络。

长期演进（long term evolution，LTE）：4G 无线技术，下载速度高达 12 Mbps，上传速度高达 5 Mbps。

邮件列表（mailing list）：一个电子邮件地址，可将收到的邮件转发给所有加入邮件名录的用户。

标记标签（markup tag）：用来指定排版格式网页编码，这种编码可为 WWW 客户端软件识别。

数学 XML（MathXML）传递数学和科学信息的 XML。

网状路由（mesh routing）：采用成百上千的短程收发器直接传输 Wi-Fi 包定点无线服务传输方式。

元语言（metalanguage）：由一组语言元素构成，用来定义其他语言的语言。

多用互联网邮件扩展（multipurpose Internet mail extension，MIME）：允许用户附加二进制文件的电子邮件协议。

网络带宽（net bandwidth）：指考虑通信通道拥挤情况时信息传输的实际速度。

网络接入点(network access point, NAP)：美国最初的 4 个访问互联网主干网的连接点。

网络接入提供商(network access provider)：提供互联网直接访问的几家大公司，它们将互联网访问权再转售给小的互联网服务商。

网络地址转换器[network address translation(NAT)device]：在子网计算机向互联网传送数据包时把私有 IP 地址转换成正常的 IP 地址的计算机。

网络控制协议(network control protocol, NCP)：20 世纪 70 年代 ARPANET 实验性网络上传输数据包时所采取的协议。

新闻组(newsgroup)：Usenet 上用户阅读和张贴文章的专题区。

本体(ontology)：是一套标准，用于在特定领域内详细定义 RDF 标准与 XML 标记之间的关系。

开放的体系结构(open architecture)：指互联网背后的思想，即独立网络在接入互联网时不再需要进行任何内部变更，未到达目的地的信息包必须重发，路由器不保留已处理包的信息，对互联网不进行全局控制。

打开标签(opening tag)：在要标记的文本之前的 HTML 标记。

光纤(optical fiber)：利用玻璃纤维传输 10Gbps 带宽的线路。

分组交换(packet-switched)：包上标有源地址、次序和目的地地址的电子标签的网络。这些包在网络中从一台计算机传输到另一台计算机，直至到达目的地。每个包都可以选择网络中不同的线路，而且可能不按顺序到达目的地。目的地的计算机把这些包集中起来，并把每个包中的信息重新集合成原先的文件或电子邮件。

包(packet)：在互联网上传输的文件与电子邮件信息的小片断。

pCell 技术(pCell)：一种运行速度约为目前无线网络电话 35 倍的技术。

个人区域网(personal area network, PAN)：最多由 10 个网络，每个网络有 8 个设备所组成的小型、低带宽的蓝牙网络，对笔记本与台式机之间的无线通信或笔记本、PDA、移动电话无线打印等任务非常有用，是微微网的同义词。

微网(piconet)：最多由 10 个网络，每个网络有 8 个设备所组成的小型、低带宽的蓝牙网络，对笔记本与台式机之间的无线通信或笔记本、PDA、移动电话无线打印等任务非常有用，是个人局域网的同义词。

普通老式电话服务(plain old telephone service, POTS)：用现有的电话线和模拟调制解调器的电话连接网络，可提供 56Kbps 的带宽。

邮局协议(post office protocol, POP)：向电子邮件服务器请求电子邮件的协议。

私有 IP 地址(private IP address)：一系列只允许用于子网的 IP 号码，不允许标在数据包上互联网传输。

专用网络(private network)：两个企业间的专线连接，这种连接是两个企业的内部网之间的物理连接。

专有架构(proprietary architecture)：在计算机时代早期，厂商都使用专用的沟通协议，防止不同厂商生产的计算机互相连通，也称为封闭式体系结构。

协议(protocol)：一组规则的集合，它规定网络传输数据的格式和顺序，并检查这些数据中的错误。

公共网络(public network)：允许公众访问其内联网的外联网，或者将多个公司的内联网连接起来的网络。

中继器(repeater)：在固定点无线网络中把 ISP 的无线信号转发给客户的一种发送接收装置，是收发器的同义词。

资源描述框架(resource description framework, RDF)：一套 XML 语法标准。

漫游(roaming)：指 Wi-Fi 设备在 WAP 之间移动时无须用户介入。

路由器(router)：即决定每个包传递最佳路径的计算机。

路由器计算机(router computer/ routing computer)：决定每个包传递的最佳互联网

路径的计算机，是网关计算机和路由器的同义词。

路由算法（routing algorithm）：路由器用以决定数据包传输最佳路径的程序。

路由表（routing table）：配置表的同义词，是指向连接特定路由器组、确定优先连接的规则及处理包流量过大和网络拥堵规则的信息。

语义网（semantic Web）：由蒂姆·伯纳斯－李提出的融合技术与信息创建的下一代互联网，是以词语含义（用XML）标记页面上的词语的网络。

短消息服务（short message service，SMS）：向手机和其他无线设备传输短文本信息所用的协议。

简单邮件传输协议（simple mail transfer protocol，SMTP）：邮件服务器用于规定电子邮件格式及管理方式的标准协议。

软件代理（software agent）：能代表个人或机构收集信息、加以过滤并撮合交易，是智能软件代理的同义词。

赞助顶级域名（sponsored top-level domain，sTLD）：是由ICANN之外的其他机构负责管理的顶级域名。

标准通用标记语言（standard generalized markup language，SGML）：是一种早期复杂的文本标注语言，用来生成以不同格式印刷、经常修改的文档。

开始页（start page）：在分层超链接结构中网站的介绍性页面，是主页的同义词。

样式表（style sheet）：控制页面显示格式的指令集，通常存储在另一文件中，允许网站开发者定义页面所用的特定格式。

子网划分（subnetting）：用局域网和广域网中保留的私有IP地址来提供额外IP地址空间。

对称连接（symmetric connection）：双向带宽相同的互联网接入方式。

TCP/IP协议（TCP/IP）：互联网基本操作的协议集，TCP协议是互联网上计算机建立与断开连接的规则，IP协议控制数据包的传输路径。

文本标记语言（text markup language）：用于指定插入文本的标签的语言。

第三代无线技术［third-generation（3G）wireless technology］：无线移动电话技术，下载速度高达2 Mbps，上传速度高达800 Kbps，并使用SMS协议发送和接收短信。

顶级域名（top-level domain，TLD）：域名最右边部分，是域名最通用的识别标记。

收发器（transceiver）：在固定点无线网络中把ISP的无线信号传送给客户的一种发送接收装置，是转发器的同义词。

传输控制协议（transmission control protocol，TCP）：参见"TCP/IP"。

超宽带（ultra wideband，UWB）：提供短距离（30～100英尺）的无线宽带（目前最高为480Mbps）通信技术。

统一资源定位器（uniform resource locator，URL）：位符代表某网页IP地址的名字与缩写，由访问网页的协议及网页地址组成，以句点来分隔标记。

上传带宽（upload bandwidth）：上行带宽的同义词。

上行带宽（upstream bandwidth）：指特定时间内从用户向互联网传送信息的带宽。

用户新闻网（usenet /user's news network）：最早的邮件名录之一，可让网上订阅者在专题区内阅读和张贴文章。

虚拟专用网络（virtual private network，VPN）：采用通道或数据封装系统，以公共网络及其协议发送敏感数据的网络。

网页（Web）：万维网WWW的同义词。

WWW浏览器/浏览器软件（Web browser/Web browser software）：让用户阅读HTML文档并通过超链接进入其他HTML文档的软件。

Web客户端计算机（Web client computer）：接入互联网并下载网页的计算机。

Web客户端软件（Web client software）：向WWW服务器发送页面文件请求的软件。

Web服务器软件（Web server software）：将文件发给互联网上其他计算机的软件。

Web服务器（Web server）：从众多不同的WWW客户机接收请求并发回HTML文件的

- 计算机。
- **广域网**（wide area network，WAN）：指距离较远的计算机互联组成的网络。
- **无线网络连接**（Wi-Fi）：是局域网最常用的无线接入技术，通过局域网上的无线访问点进行通信从而加入局域网。
- **无线接入点**（wireless access point，WAP）：一定范围内 Wi-Fi 计算机同其他设备之间传送数据包的设备。
- **无线以太网**（wireless ethernet）：是局域网最常用的无线接入技术，通过局域网上的无线访问点进行通信从而加入局域网。
- **万维网**（world wide web）：互联网的子集，指计算机及其内容按特定方式互联并采用标准界面来方便数据共享。
- **万维网联盟**（World Wide Web Consortium，W3C）：制定 WWW 标准的非营利组织。
- **全球微波接入协同**（worldwide interoperability for microwave access，WiMAX）：4G 无线技术，下载速度高达 12 Mbps，上传速度高达 5 Mbps。
- **XML 解析器**（XML parser）：读取 XML 文件并显示在计算机屏幕、无线 PDA、手机或其他设备的程序。
- **XML 模式**（XML schemas）：许多公司遵循的通用标准的 XML 标签，例如数据类型定义或 XML 模式。
- **XML 词汇表**（XML vocabulary）：一套 XML 标记系统。
- **ZigBee 技术**（ZigBee）：一种短距离无线技术，开发成本低，运行所需功率极低。

复习题

1. 互联网英文术语 internet 中小写的"i"是什么含义？
2. 为什么美国国防部从事后来成为互联网的研究项目？
3. 什么是 Bitnet 和 Janet？
4. 在互联网上，网络接入点的功能是什么？
5. 举一个例子，简要说明在一个企业中如何使用物联网来降低成本或提高效率。
6. 什么是边界路由器？
7. 什么是私有网络的关键要素？
8. 什么是协议？
9. 简要描述 TCP / IP 协议对互联网的作用。
10. 为什么互联网需要采用 IPv6 协议？
11. 简要描述 Web 浏览器软件的功能。
12. 什么是统一资源定位器？
13. HTML 文件与文字处理文件有什么不同？
14. 简要解释深网如何获取了数据库中的隐藏信息。
15. 描述 HTML 标签的常见功能。
16. 描述 XML 标签的常见功能。
17. 什么是带宽，为什么人们通常用其作为网络连接速度的度量？
18. 一家位于市区的小企业有五名员工，列出适合该企业的互联网接入方案。
19. 无线接入点的主要功能是什么？
20. 什么是漫游？
21. 什么是网络路由？
22. 简要说明第二代互联网项目的目标。
23. 列出从语义网研究项目中所形成的一些商业应用。

练习题

1. 用一两个段落，评估 NSF 在 1989 年所做出的决定，即在国防部网络上引入有限的商业活动，并最终成为今天的互联网。
2. 用大约 100 个字，概述使用线路交换和包交换网络传输数据的优点和缺点。
3. 用大约 100 个字，简要描述在相互连接的网络中，每种类型路由器的功能。
4. 用一两个段落，说明 VPN 在数据传输的过程中，如何保证所传输数据的安全性。
5. 用一个段落，简要解释闭合和开放式架构之间的区别；然后，用另外的两三个段落，概述互联网选用开放式架构的原因。
6. 用大约 100 个字，解释为什么 IMAP 电子邮件协议比 POP 电子邮件协议更好。
7. 用一两个段落，说明为什么 Web 通常被形容为具有客户端/服务器体系结构。
8. 用一两个段落，说明为什么万尼瓦尔·布什提出的 Memex 机器的想法预言了 Web 的出现。
9. 用大约 100 个字，说明顶级域名的申请和批准。
10. 用两三个段落，解释说明网页的超链接结构及其重要性。
11. HTML 和 XML 都是标记语言，但两种语言要达到的目标却非常不同。用大约 100 个字，描述每种语言的目标，并至少用一个示例说明使用 XML 比使用 HTML 更好。
12. 用大约 100 个字，描述适合个人区域网络的两三种情境（商业或个人）。

案例

案例 2-1　海得拉巴市的互联网接入

海得拉巴是印度第四大城市，市区人口近 900 万，整个城市人口总和超过 1500 万。海得拉巴是安德拉邦州的首府，安德拉邦州有 8600 万人口，每年的经济总量为 100 亿美元。海得拉巴每年的经济活动就占了 60 亿美元，大部分来自信息技术（亚马逊、谷歌和微软的印度总部都设在该市）和医药品。在海得拉巴市有超过 12 所大学，该市是印度教育和研究的领导者。

与印度其他地区一样，海得拉巴市能上网的市民人数不多，这种情况与该城市拥有强大的信息技术产业不符合。总的来说，仅有 170 万居民（约占人口总数的 19%）能经常上网，在这 170 万经常上网的居民中，大约一半的人使用具有互联网功能的手机作为主要的上网设备。将近 85% 的海得拉巴市民都有移动电话，但大部分都不具备上网功能。

虽然海得拉巴的互联网接入水平高于印度的平均水平，但远远落后于美国，在美国，90% 以上的人能经常上网。海得拉巴的互联网接入水平同样落后于中国，中国 46% 的人能经常上网（大约 80% 的人使用移动设备上网）。

问题

1. 对海得拉巴的市民来说，如果他们想成为全球经济下一个 5 年的积极参与者，低速的互联网连接将会对他们带来什么影响？请用 100 字概述你的想法。
2. 在这个案例中，通过到图书馆查阅资料、在网上搜索信息，识别出当前在印度具备上网功能的手机和其他的互联网接入设备的增长趋势。用大约 200 字，评估一下未来几年中，上网速率发生显著变化的前景。
3. 使用本章所介绍的互联网接入技术，概述海得拉巴市政府应该考虑实施的几个备选技术方案（可考虑在与当地信息技术公司建立合作的基础上）来提升市民上网的网速，准备一份 200 字的报告来讨论至少两个备选技术方案。

案例 2-2　快速修理公司 QFR

你是快速修理公司 QFR 服务经理尹婵的助理。QFR 公司为三个州的房主提供维修和维护服务。QFR 公司的维修服务技术人员都具有工作许可证和资质，对小型管道进行维修、做电工和木工活，以及对绝大多数家用电器进行修理。

尹经理希望用技术来装备每个维修人员，以便他们能汇报每项工作的时间和材料使用情况。现在，维修人员携带一台笔记本电脑在工作现场记录这些信息。他们还携带一部智能手机，与办公室保持联系，订购用完的零部件，了解公司最新的工作日程安排。这些智能手机目前使用公司的移动电话接入套餐上网，每月每部手机提供最高 5 Gb 的免费数据传输。

尹经理希望确保技术服务人员在工作现场能访问 QFR 公司的主机，能查看耗材库存，查阅 Quick Fix 服务指南，帮助服务人员以最有效的方式开展维修工作。

问题

1. 研究让服务技术人员无线远程访问 QFR 公司主机的各种备选方案。方案中应考虑到技术人员可能会随意选择使用笔记本电脑、智能手机或新的平板电脑设备。用大约 200 字写一份报告，概述技术人员使用每种设备访问 QFR 公司主机的优点和缺点。一定要考虑如果只携带一种设备是否可以满足技术人员的需求。

2. 考虑至少三个方案来连接你所选择的设备，每个方案最多用两个段落来说明。然后选择最佳方案，并对所选择方案的优缺点撰写一页纸的评估报告。

3. 尹经理一直在阅读有关物联网的资料，并关注到公司的技术人员可能会遇到诸如恒温器和照明控制等与互联网相连或包含计算机处理器（如汽车的车载诊断系统）的设备。使用搜索引擎或所在学校的图书馆，确认目前正在销售或可能很快上市的至少一种这样的设备，并用两三个段落来说明 QFR 公司的技术人员将来维修此类设备时需要什么样的技术。

请注意：老师可能要求同学以小组的形式来完成这个案例，并要求每个组在全班进行正式陈述。

延伸阅读

Bergman, M. 2001. *The Deep Web: Surfacing Hidden Value*. Sioux Falls, SD: BrightPlanet.com. http://brightplanet.com/technology/deepweb.asp

Bonson, E., V. Cortijo, and T. Escobar. 2009. "Toward the Global Adoption of XBRL Using International Financial Reporting Standards (IFRS)," *International Journal of Accounting Information Systems*, 10(1), March, 46–60.

Buckler, C. 2011. "HTML5 Completion Date Announced," *Sitepoint*, February 16. http://www.sitepoint.com/html5-completion-date-announced-by-w3c/

Campbell, T. 1998. "The First E-Mail," *PreText Magazine*, March.

Chester, J. 2006. "The End of the Internet?" *The Nation*, February 1. http://www.thenation.com/doc/20060213/chester

Chmielewski, D. 2015. "WebTV Founder's Super-Fast Wireless Network to Launch in San Francisco," *re/code*, February 23. http://recode.net/2015/02/23/webtv-founders-super-fast-wireless-network-to-launch-in-sf/

China Internet Network Information Center (CINIC). 2015. *Statistical Report on Internet Development in China*. Beijing: CINIC.

Davidson, N. 2015. "Global Internet: Google's Project Loon," *Popular Science*, April, 42–43.

Dominque, J., D. Fensel, and J. Hendler. 2011. *Handbook of Semantic Web Technologies*. London: Springer.

Dooley, M. and T. Rooney. 2013. *IPv6 Deployment and Management*. Hoboken, NJ: Wiley.

Dyck, T. 2002. "Going Native: XML Databases," *PC Magazine*, 21(12), June 30, 136–139.

The Economist, 2008. "India: 3G at Last," *The Economist Intelligence Unit Country Monitor*, 16(28), July 28, 1.

EContent. 2009. "XML for the Masses," 32(3), April, 45.

Goldfarb, C. 1981. "A Generalized Approach to Document Markup," *ACM Sigplan Notices*, (16)6, June, 68–73.

Gompa, N. 2013. "IPv6 Makes Mobile Networks Faster," *PC Magazine*, March 20, 6.

Hardy, Q. 2015. "Tim O'Reilly Explains the Internet of Things," *The New York Times*, February 4. http://bits.blogs.nytimes.com/2015/02/04/tim-oreilly-explains-the-internet-of-things/

Hawn, C. 2001. "Management By Stock Market: NorthPoint Rode the Web Wave," *Forbes*, 167(10), April 30, 52–53.

Internet Society. 2011. "World IPv6 Day." http://www.worldipv6day.org/

Jeffrey, R. and A. Doron. 2013. *The Great Indian Phone Book: How Cheap Mobile Phones Change Business*. Cambridge, MA: Harvard University Press.

Kerravala, Z. 2014. "Ten Enterprise Internet of Things Deployments With Actual Results," *Network World*, November 17. http://www.networkworld.com/article/2848714/cisco-subnet/10-enterprise-internet-of-things-deployments-with-actual-results.html

Kumaravel, K. 2011. "Comparative Study of 3G and 4G in Mobile Technology," *International Journal of Computer Science Issues*, 8(5), September, 256–263.

Lawson, L. 2013. "Why CIOs Need to Prepare for Big Data from Internet of Things," *IT Business Edge*, August 22. http://www.itbusinessedge.com/blogs/integration/why-cios-need-to-prepare-for-big-data-from-internet-of-things.html

Lawton, C. 2009. "Making the Connection," *The Wall Street Journal*, April 20, R4.

Lawton, G. 2011. "4G: Engineering Versus Marketing," *IEEE Computer*, 44(3), March, 14–16.

Lendino, J. 2015. "What is 802.11ac WiFi, and How Much Faster Than 801.11n Is It? *ExtemeTech*, April 20. http://www.extremetech.com/computing/160837-what-is-802-11ac-and-how-much-faster-than-802-11n-is-it

Liebman, L. 2001. "XML's Tower Of Babel," *InternetWeek*, April 30, 25–26.

Luckerson, V. 2015. "Google's Nuttiest Project Is Making Big Progress," *Time*, May 29. http://time.com/3902045/googles-project-loon/

Markelevich, A. and T. Riley. 2013. "Embracing and Integrating XBRL," *The CPA Journal*, 83(6), 70–72.

McMillan, R. 2013. "How the Large Hadron Collider Will Bring the Internet to Everything," *Wired*, June 21. http://www.wired.com/wiredenterprise/2013/06/open-garden/

Metz, C. 2015. "This Guy Is Creating an All-New Cell Network Built by You," *Wired*, March 6. http://www.wired.com/2015/03/perlman/

Nelson, T. 1987. *Literary Machines*. Swarthmore, PA: Nelson.

Newman, D. 2014. "The Future of Marketing Is Semantic: Search Predicts The Future," *Forbes*, August 12. http://www.forbes.com/sites/danielnewman/2014/08/12/the-future-of-marketing-is-semantic-search-predicts-the-future-part-3/

Nielsen, J. 2009. "Mobile Usability," *Alertbox*, July 20. http://www.useit.com/alertbox/mobile-usability.html

Panko, R. and J. Panko. 2015. *Business Data Networks and Telecommunications*. Tenth Edition. Upper Saddle River, NJ: Prentice Hall.

Perlman, S. and A. Forenza. 2015. *pCell: Wireless Reinvented*. San Francisco: Artemis Networks.

Recker, K. 2014. "Search Today and Beyond: Optimizing for the Semantic Web," *Wired*, February. http://www.wired.com/2014/02/search-today-beyond-optimizing-semantic-web/

Rodenbaugh, M. 2009. "Abusive Domain Registrations: ICANN Policy Developments (or Lack Thereof?)," *Computer & Internet Lawyer*, 26(5), May, 17–22.

Shadbolt, N., T. Berners-Lee, and W. Hall. 2006. "The Semantic Web Revisited," *IEEE Intelligent Systems*, 21(3), 96–101.

Singh, S. 2013. "With Growing Internet Penetration and Data Usage, India Is Facebook's New Lab," *The Economic Times*, July 30, 3.

Stansbury, M. 2015. "How Three Prominent Universities Are Becoming Video Trailblazers," *eCampus News*, May 1. http://www.ecampusnews.com/technologies/university-video-internet2-281/

Steele, B. 2015. "Google's Project Loon Improves Launch and Range to Expand Its Reach," *Engadget*, May 29. http://www.engadget.com/2015/05/29/google-project-loon-launcher-range-boost/

Strategic Finance. 2009. "XBRL Reporting Is Now Mandatory," 90(7), January, 61.

Telecommunications Reports. 2011. "ICANN Approves Expansion of gTLDs," 77(13), July 1, 22.

Thurm, S. 2002. "Cisco Profit Exceeds Expectations," *The Wall Street Journal*, May 8, A3.

Tech Media Network. 2013. *Top Ten Reviews: Satellite Internet*. New York: Tech Media Network. http://satellite-internet-review.toptenreviews.com/

Tribunella, T. and H. Tribunella. 2010. "Using XBRL to Analyze Financial Statements," *The CPA Journal*, 80(3), 69–72.

Violino, B. 2013. "The 'Internet of Things' Will Mean Really, Really Big Data," *InfoWorld*, July 29. http://www.infoworld.com/d/big-data/the-internet-of-things-will-mean-really-really-big-data-223314

Weinberger, D. 2009. "The Dream of the Semantic Web," *KM World*, 18(3), March, 1–3.

White, C. 2011. *Data Communications and Computer Networks: A Business User's Approach*. 6th Edition. Cincinnati: South-Western.

Wood, G. 2011. "IPv6: Making Room for the World on the Future Internet," *IEEE Internet Computing*, 15(4), July–August, 88–89.

Yoo, S., Y. Kim, and S. Park. 2013. "An Educational Tool for Browsing the Semantic Web," *Informatics in Education*, 12(1), 143–151.

Zhang, Z., G. Dong, Z. Peng, and Z. Yan. 2011. "A Framework for Incremental Deep Web Crawler Based on URL Classification," *Lecture Notes in Computer Science*, 6988, 302–310.

Zhu, H. and H. Wu. 2011. "Interoperability of XBRL Financial Statements in the U.S," *International Journal of E-Business Research*, 7(2), April–June, 19–33.

PART 2

第二部分

业务战略

第3章 网上销售

|学习目标|

- 什么是盈利模式,企业如何使用各种盈利模式?
- 通过哪些特性来确定具体的盈利模型?
- 企业如何通过转换盈利模式获得成功?
- 企业进行网上销售时所面临的盈利策略有哪些?
- 如何在网上进行有效的企业展示?
- 哪些因素可以提升网站的可用性?
- 企业如何使用互联网与客户建立良好的关系?

|引 言|

一直以来,人们都喜欢拍照。目前在全球销售的手机基本都内置了相机功能,几乎每个人都很容易拍摄到大量的照片和视频。人们不仅在重要的家庭活动中捕捉画面,如生日和婚礼,而且拍摄普通的日常事物。很多人的智能手机中保存了大量的个人照片和视频,他们不希望手机发生任何问题导致所存储的照片或视频遗失。有时候,人们甚至会意外发现手机上的存储空间用完了。

鉴于这种需求,为人们提供照片和视频存储服务已经成为一个很有吸引力的网上业务,尤其是随着存储空间和高带宽互联网接入成本的持续降低。实际上,已经有一些公司以免费或低成本的方式提供这类服务,包括亚马逊公司(作为其Prime 订阅服务的一部分)、Dropbox 公司、OneDrive 公司和雅虎公司的 Flickr(采用广告支持的盈利模式,这种盈利模式策略将在本章中介绍)。然而,经营这项业务的所有公司都面临着类似的成本问题,也就是说数字存储和高带宽互联网接入都需要花钱,因此它们中任何一家企业都难以成为最低成本提供商来开展竞争。能成功开展网上照片存储业务的公司,将是那些能够提供最有效、易于使用和具有直观人机界面软件工具来管理用户越来越多的照片内容的公司。也就是，竞争将基于功能，而非成本。

2015 年，谷歌公司推出了名为 Google Photos 的照片存储服务，希望能够满足大多数用户在此类服务中所需要的功能。虽然每个竞争对手都试图完成同样的事情，但谷歌公司的开发人员将公司的技术能力与客户如何与技术进行互动的研究结合起来（本章中将介绍这种方法）。谷歌公司的开发人员还意识到，大多数人拍照后，没有时间来对照片进行任何方式的分类处理。

谷歌公司开发的技术包括一系列的软件工具，可以分析图像数据并检测图像元素的含义（在本书第 1 章中已经介绍了语义研究的本质）。通过使用这些软件工具来分析每张照片所传递的含义，谷歌公司的计算机可以将照片自动分类。这种语义检测过程并不完美，但能很好地识别照片中的物体，并将它们分组到包括公共或相关物体的类别中。很多照片在拍摄时被标记了地理位置坐标，这些信息也可以用于照片类别的识别。

虽然谷歌公司开发的技术已经可以很好地对照片进行了分类，特别是通过识别出相似的面孔来进行分类，但开发团队还是走访了大量的潜在客户，并让这些客户描述一下最近所拍摄的 10 张照片。他们发现大多数人使用四个类别来描述所拍摄的照片：照片里有什么人、照片拍摄的地方、照片中有什么物体，以及特性（照片还是视频，纵向拍摄还是横向拍摄等）。

通过将技术与来自于客户的信息相组合，开发团队提供了能够自动将照片进行分类的服务。

在本章中，将讲述企业如何选择盈利模式，并利用企业对已有客户需求的了解，在网上业务的设计中构建令人满意的用户体验，吸引并留住客户。

3.1 网上业务的盈利模式

在本书第 1 章中曾经介绍过，实施电子商务的一种有效方法是考虑可用于产生收入的各种策略，这些策略称为盈利模式。并非所有电子商务项目的启动都有盈利的要求；有些电子商务项目的实施不是为了盈利，而是为了降低成本或改善客户服务。在本书的第 5 章中将介绍电子商务在这些方面的应用。本章将介绍目前网上业务的各种盈利模式，包括网上目录模式、数字内容模式、广告支持模式、广告—收费混合模式以及交易费用模式。

这些盈利模式既适合于企业与消费者之间的电子商务（B2C），也适合于企业与企业之间的电子商务（B2B），很多公司创建的网站既可以处理 B2C 也可以处理 B2B 的销售业务。即使有些公司可能会针对 B2C 和 B2B 业务分别建立了网站（或在同一个网站上分建不同的网页），它们通常仍对两种类型的业务采用相同的盈利模式。

3.1.1 网上目录盈利模式

很多企业在网上销售商品和服务所采用的盈利模式是已有 100 多年历史的邮寄目录模式。1872 年，一个名为亚伦·蒙哥马利·沃德（Aaron Montgomery Ward）的旅行推销商就开始使用一页纸的货单向农民销售干货。1895 年，理查德·西尔斯（Richard Sears）和阿尔瓦·罗巴克（Alvah Roebuck）开始向农民和小城镇的居民邮寄商品目录。蒙哥马利·沃德公司和西尔斯–罗巴克公司都在 20 世纪 50 年代成为美国零售业巨头，在城市开设零售店，并向农村和小城镇邮寄商品目录进行销售。被人们普遍接受的邮购目录业务，为 20 世纪 90 年代从它发展出的基于 Web 的目录销售方式，打下了坚实的基础。

在传统的基于目录的零售盈利模式中，卖家首先需建立品牌形象，然后印刷商品信息邮寄给预期购买者，通过品牌形象的优势开展销售，购买者通过邮件或拨打商家电话来下订单。一个多世纪以来，这种盈利模式称为**邮购模式**（mail-order）或**商品目录模式**（catalog model），已成功地应用于各种各样的个人消费品的销售中，包括服装衣饰、计算机、电子产品、居家用品和礼品等。在 20 世纪成功开展邮购目录业务的其他公司，还包括 J.C.Penney、LL Bean 和 Hickory Farms。

很多公司都采用了这种盈利模式开展网上业务，并利用网页代替或补充它们的印刷产品目录。这样的盈利模式称为**网上目录盈利模式**（Web catalog revenue model）。今天，大多数消费者通过网站下订单，但在电子商务发展的早期，很多购物者通过网络来获取产品信息，比较产品价格和性能，然后通过电话进行购买。使用网上目录盈利模式的各类零售业务包括计算机、消费类电子产品、图书、音乐、音像制品、珠宝首饰、服装、花卉和礼品。很多综合性市场也采用网上目录盈利模式。许多开展企业间业务的销售商也成为网上目录盈利模式的狂热使用者。诸如工具、电器和水暖配件等物品，每一种人们可以想到的供应工业活动所需的物品，从砂纸到阀门垫片，现在都可以在网上采购到。

很多成功使用目录盈利模式开展网上业务的企业，是那些原来就经营着邮购目录业务的企业，它们只是简单地将业务扩展到了网上。其他使用网上目录盈利模式的企业，认识到它们在实体店铺中销售的产品也能在网上销售后，就开始采用这样的业务方式。这种新的销售渠道不需要企业去新建额外的店铺，还能给企业提供接触世界各地新客户的途径。

3.1.2 折扣零售商：获取更大的网上业务交易

在电子商务的第一次浪潮中，一些新成立的零售折扣商，比如 Buy.com（现在的乐天），开始使用网上目录的盈利模式来开展网上零售业务。借用传统折扣零售商（如好市多、凯马特和沃尔玛）所采用的低成本策略，这些企业以非常低的价格在网上销售商品。大多数的传统折扣零售商那时都不情愿开展网上销售业务，因为这些公司已经在它们的实体店铺中投入了巨额资金，并从实体店中获得了大量的销售收入，它们并没有真正了解网上零售业务。在电子商务的第二次浪潮中，这些传统的折扣零售商也在网上销售工作中使用了目录盈利模式。在网上业务最初的实施过程中，这些传统零售商确实犯了一些错误，并逐渐了解企业所面临的挑战，但所有企业最后都发现网上销售是企业整体收入和利润的重要来源。

前车之鉴

Walmart.com

沃尔玛是全球最大的零售商，拥有成千上万的店铺，年销售额超过 4 700 亿美元，由零售业的传奇人物山姆·沃尔顿（Sam Walton）创办于 1962 年。沃尔玛多年来赢得无数经营创新奖，但是沃尔玛进军网上零售业却遇到了挫折。

沃尔玛在 1996 年 7 月启动了第一个网站的建设，像当时大多数公司的网站一样，沃尔玛的网站上只有公司介绍，不提供任何商品进行销售。这样的情况持续了3年，直到1999年才开始在网上进行零售，却刚好赶上当年灾难性的圣诞节购物潮。

沃尔玛并非是在1999年唯一遇到麻烦的网上零售商，很多企业根本没想到如此多的消费者会在这年圣诞节期间开始尝试网上购物，他们对此准备不足，结果普遍出现订单遗失、缺货或者到来年元月才能送货的情况。沃尔玛公司凭借运输和物流的管理成为行业的领先者而闻名，结果1999年却在网站上宣布12月14日以后接收的订单无法在圣诞节前递送，真是特别尴尬。

更糟糕的是，沃尔玛当时正在开发一个新网站，希望赶在圣诞节之前投入运营，结果这个业界分析家估计耗资上亿元的网站延迟了数月，直到2000年的1月才推出。

运营8个月后，新网站的客户访问量还是很低（远不如彭尼百货、西尔斯、凯马特和塔吉特等主要竞争对手的网站），而且因为网站速度慢、难以使用、没有客户服务功能等诸多缺点，而受到网站设计专家的猛烈批评。

在2000年10月，沃尔玛把这个网站关闭了4周，在当年的早些时候，沃尔玛同Accel公司合资，建立了名为Walmart.com的新网站，但新网站直到2000年11月才正式推出。行业分析家对沃尔玛公司在节日购物潮开始之际长时间关闭网站的决策大加批评。

新网站相对旧网站进行了巨大的改进，网站组织得很好，浏览和搜索功能也提升了很多。虽然网上所售商品的品种数量与原来网站相同（大约50万种，比实体店铺要多好几倍），但是新网站上增加了更多的家用电器、玩具和体育用品，减少了快速消费类商品的品种。另外，沃尔玛还专门为Walmart.com的业务建立了一个独立的配送中心。

十年后，沃尔玛的网上业务再一次上了新闻。2011年，行业分析家估计Walmart.com是北美第六大网上零售商，但对于世界上最大的零售商沃尔玛而言其网上业务的表现无法令人称赞，不能给人们留下深刻印象。2011年8月，沃尔玛宣布停止音乐下载销售业务，因其无法与苹果公司的iTunes商店竞争，并且公司网上业务的两名高级管理人员宣布辞职。随着事态的发展，沃尔玛宣布对其北美、英国和日本的网上业务进行重大资产重组，希望通过重组能更好地将网上业务与实体店铺经营有效整合在一起。公司在每个国家的网上业务经理需要向其所在地区的实体店零售业务负责人汇报，而不是像以往那样，向公司负责全球电子商务的管理者汇报。经历了10年多的时间，沃尔玛改变了其在2000年做出的将网上业务与实体经营分开的决策。

沃尔玛开展网上业务的经历，让我们看到企业在网上正确地开展零售业务有多难。世界上最大的零售商沃尔玛花了好多年都未能取得网上业务的成功。在过去的16年中，据估计，沃尔玛在网站建设和产品分销策略上花费了数十亿美元，许多行业观察家认为沃尔玛尚未充分发挥其网上零售业务的潜力。

3.1.3 使用多种营销渠道

正如蒙哥马利·沃德和西尔斯多年前所发现的，对企业来说能有一种以上的方式接触到客户是一个非常好的主意。蒙哥马利·沃德和西尔斯用一个渠道（零售店）接触城市客户，用另一个渠道（邮寄订单目录）来接触农村客户。每一个不同的接触客户的途径称为**营销渠道**（marketing channel）。

很多公司发现，当有多个营销渠道时，公司可以以较少的成本接触到更多的客户。例如，如果要在一个实体店销售很多不同的商品，成本将非常高昂，因此如百思买这样的公司只在其实体店铺销售最受欢迎的商品，而在其网站上销售类型更广泛的商品（包括那些在实体店需求量不太高的商品）。客户如想在网上购买前，亲自查看触摸某款商品（例如，想把手指放在笔记本电脑的键盘上），就可亲临百思买的实体店体验一下。一个客户如果想要一套高端的家庭影院系统，可以在网上采购到昂贵的音像设备。通过这两个营销渠道（零售店和网站），百思买接触到了更多客户，比单独使用其中的任何一个营销渠道，能提供范围更广、种类更多的销售产品。正如很多其他的零售商一样，家得宝鼓励客户在网站上订货，并提供网上订单的免费送货选项，客户可选择到距离最近的家得宝的实体店自己取货，免去了送货上门的运费。这对于体积大或沉重的，需要较高送货费用的商品，是一个特别有吸引力的选择。

某些零售商，如 Talbot，将两种营销渠道的优势结合在一起，提供店内的网上订购。这使得顾客可以在实体店中仔细查看商品，选择合适的商品尺寸和所喜欢的颜色，然后在店里上网，在零售商的网站上下订单。

类似地，邮寄印刷目录的零售商，在商品目录中包括了商品的一般描述信息和图片，但推荐客户到零售商的网站上去了解商品的规格和更多的详细信息。邮寄目录（或报纸中的广告插页）依然是有效的营销工具，因为使用邮寄目录可以告知客户他们可能还不知道的产品，目录以邮寄的方式送达客户手中（或报纸插页与报纸一起送达），告知客户相关信息。与此相反，网站只有当客户主动地访问时，才能传递营销信息。

使用多种营销渠道接触到相同的一组客户细分，对零售商来说是一种有效的营销策略。图 3-1 展示了零售商整合两种营销渠道的两个范例（还有许多其他的整合可能）。

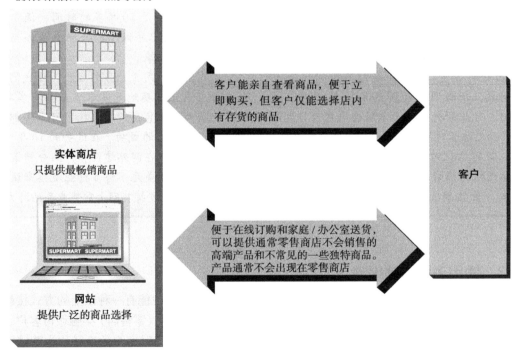

图 3-1　整合市场渠道：两个零售商的例子

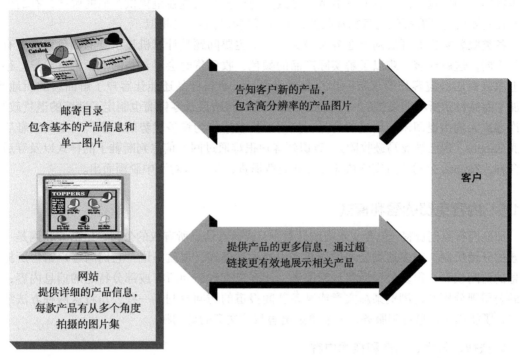

图 3-1 （续）

3.1.4 增加个人接触

许多服装销售商已经适应了采用网上产品目录的销售模式，这些网上商店展示了休闲和商务服装的照片，服装按风格分类，有详细的描述介绍价格、尺寸、颜色和剪裁细节。服装销售商这样做是希望客户能详细了解服装的信息，并在网上下订单。1999 年，Lands'End 网站率先实施了网上购物销售助理的想法，这成为其网站 Lands'End Live 的一大功能特点。在网上购物的客户如遇到问题，能以键盘敲入文字的方式与客户服务代表交谈，或点击网页上的按钮与客户服务代表通话。除了回答客户所提出的问题，客户服务代表还能通过将相关网页传递到用户的浏览器上而提出建议。

今天，很多网站都提供在线交谈功能，网站访问者可通过点击网页上的按钮来发起与客户服务人员的交谈。一些网站当访问者在某个网页停留的时间超出了一定的时间，网站就会自动激活客服交谈窗口。客服交谈窗口是模拟客户在实体零售商店购物时，销售人员给他们提供服务的方法。

除了文本聊天，一些网上零售商还使用视频与具有内置网络摄像头计算机的客户进行沟通。一些网上商店还提供让两个购物者使用不同的计算机一起浏览网站的功能。

很多网上服装零售商提供个性化购物和虚拟模特等功能。**个性化购物**（personal shopper）是一个智能代理程序，可以学习顾客的喜好并给出建议。**虚拟模特**（virtual model）是基于客户所给出的身高、体重等测量数据的描述所构建的图像，客户可以让虚拟模特试穿自己所挑选的衣服。网上零售商发现使用虚拟模特的客户所下订单的金额要远远高于其他订单的金额。

加拿大一家名为 My Virtual Model 的公司开发出了网站的虚拟模特功能，并将此技术卖给了很多网上服装零售商。使用这类服务［通常称为**虚拟试衣间**（virtual fitting room）］的网站，销售额的增加和退货的减少非常显著，导致其他许多公司现在也提供类似的服务，有的公司甚至在实体店为顾客提供全身扫描服务，使虚拟模特与客户更相似。

各类服装零售商开展网上业务所遇到的一个主要问题是计算机显示器的颜色设置上有很大的不同，这就让客户难以了解实际产品的颜色，收到货时会感觉与网上颜色有差异。很多网上服装商店会应客户要求寄一小片布料的样品，布料样品还能让客户了解面料的质地感，增加了商品目录所不能提供的一个好处。大多数的网站目录零售商也制定了慷慨的退货政策，允许客户无理由退回未使用过的商品。使用退货政策作为竞争优势的一家公司是网上鞋店零售商 Zappos（现已被亚马逊收购）。意识到客户很难通过网上信息判断鞋子的样式以及穿后是否合脚，Zappos 公司通过实施快速交货和免费退货，从竞争对手中脱颖而出。

3.1.5　内容免费的盈利模式

那些拥有原创资料（包含文本或统计数字）或拥有信息所有权的公司，坚信互联网是一个高效的分销机制。很多这类公司使用数字内容盈利模式，也就是说，它们向客户销售所拥有信息的访问权利。很多公司销售订阅服务，让客户有权访问所有或部分特定的信息内容；其他的公司则分别销售浏览某篇文章或某条新闻报道的访问权利。一些公司将这两种方法结合起来，既能提供信息订阅服务，又能单独出售某篇文章的访问权。

1. 法律、学术、商务和技术内容

很多数字内容提供商只专门提供法律、学术理论研究、商务或技术方面的素材。然而，现在所有类型的内容都可以在网上获得。设想一下，假如你是一名工程师，需要核实自己的一个想法是否已经被别人申请了专利，或者你是一名内科医生，正在检查一张处方里面的药品之间是否存在配伍禁忌，都可以在网上找到能够满足你需求的数字内容提供者。例如，LexisNexis 公司为律师和法官提供广泛的各种信息服务，包括法庭案例、公共记录和法律书籍资料等。在过去，律师事务所要访问这类信息，就必须订阅并安装昂贵的专用计算机系统。网站为 LexisNexis 公司的客户提供了更加灵活的信息订阅方式。

许多学术和专业组织，如美国心理学协会和计算机协会，出售协会制作的印刷版的期刊以及这些期刊的在线订阅和部分数字内容的访问权限。学术出版是一项非常难以盈利的商务业务，因为潜在订阅客户的基数太小了。即使备受推崇的学术期刊也可能未达到 2000 个订阅用户，其中大部分是大学图书馆。为了收支平衡，学术期刊每年必须向每个订阅者收取数百甚至上千美元。采用电子出版方式，消除了纸张、印刷和递送的高昂成本，使研究成果的传播成本更低而且传播更及时。一些学术出版商正在尝试新的盈利模式，包括让作者支付一定的费用，让读者免费在网上阅读他们的研究成果。一些学术信息整合服务商，如 ProQuest 和 EBSCO 等信息服务商，购买学术期刊、报纸和其他出版物的发行权利，然后将这些内容打包以订阅付费方式销售给学校、图书馆、公司和非营利机构。

并不是所有的技术内容都是与商业相关的，Web 为技术开发者提供了一种方式来接触到零售客户。例如，喜欢做剪贴簿、针织、缝纫以及其他手工艺活动的人士可以在网上购买并下载图案、字体、图片库，甚至可以下载开展这些业余爱好所使用机器设备（模切、缝纫、编织或绗缝）的数字控制文件。

2. 电子书

另外一种数字内容的网上销售方式称为电子书。如 Audible 和 Books-on-Tape 公司（两家公司现在都被亚马逊并购）多年来销售数字音频版的书籍，开始是采用盒式磁带，然后是 CD 光盘，再后来就是各种类型的数字文件。今天，电子图书（既可以阅读，又可以听）是一种专用设备，如亚马逊公司的 Kindle 产品。电子书还可以通过网上商店，诸如苹果公司的 iTunes 和 Google 公司的 Play，以数字内容的形式同数字音乐、视频产品一起销售。为方便阅读，也可以将电子书下载到智能手机、平板设备和个人计算机上，使用适当的阅读软件来浏览。

最初几年，电子书销量增长迅速。如亚马逊公司在 2011 年宣布，其电子书销量超过了纸质书。然而，有迹象表明电子书的销售增长放缓。据估计，2015 年美国电子书销售额占全国图书销售总额的 23%，这一比例在最近几年中，将稳定在 25% 左右。在美国以外，廉价的电子书将来可能会通过手机上的应用程序广泛分发，这种方式目前在印度很流行。许多行业专家注意到，电子书能很好地满足人们的一些需求（如常见的休闲娱乐性阅读），但不太适合于学术性图书（如参考书籍），因此，纸质书和电子书将会共存很多年。

电子书比纸质印刷书更加灵活的一个有趣例子是亚马逊公司的 Kindle Singles 系列产品，用于发布 5000～30 000 字之间的原创作品，通常售价为 1～3 美元。此外，短篇小说构成了各种印刷杂志的主要内容，但现在许多杂志减少了所刊登小说的篇幅，有的杂志甚至已关门停业。这将导致新秀小说作家数量的减少，他们中的许多人通过写短篇小说来锻炼提升写作技能，随后再开始创作长篇小说。亚马逊公司的 Kindle Singles 系列产品为小说创作提供了一个全新的网上分销渠道。

3. 在线音乐

唱片业很难接受音乐的网上发行，因为音频文件是数字产品，一旦购买后很容易多次复制。在这段迷茫期，音频文件在成千上万的用户之间非法共享。从 2006 年左右开始，通过跟踪网上音乐销售，唱片公司开始找到捕获大部分数字音乐市场的方法，停止了对数字音频文件销售的抵制。

最大的网上音乐商店包括亚马逊公司的 MP3、苹果公司的 iTunes，以及谷歌公司的 Play。这些音乐网站都实施一首歌曲一美元的销售策略，同时专辑的销售使用不同的定价，通常价格在 5 到 12 美元之间。其他公司，如 Pandora、Spotify 和 Rhapsody 提供订阅套餐服务，通过按月收费将音乐以数字文件方式传输到用户的设备，而未采用销售每首歌曲或数字专辑的盈利模式。为了向潜在客户推广它们的服务项目，一些公司提供广告支持的、内容有限的免费订阅服务。

早期网上音乐市场的发展非常困难，因为没有一家商店能够以数字格式单独提供所有的音乐曲目，许多商家都在努力推广自己的音乐文件格式。艺术家和唱片公司有时只向一家网上商店提供自己的音乐作品；有的艺术家或唱片公司则根本拒绝将自己的音乐作品在网上销售；网上音乐商店则通过推广它们自己的音乐文件格式，试图鼓励消费者排他地专门使用某一家商店的数字音乐。一些网上音乐销售商要求购买者下载并安装专用软件，称为**数字版权管理软件**（digital rights management，DRM），该软件将限制每个音频文件的复制次数。

在 2007 年，亚马逊的 MP3 商店是第一家主要的网上音乐零售商，提供每首歌曲的单独销售，这些歌曲由几个主要的唱片公司提供，使用的是无 DRM 限制的 MP3 格式。从那时开始，其他主要的音乐零售商都跟随亚马逊的领导，采用无 DRM 限制的数字格式存储音乐作品，这是一种兼容的文件存储格式。由于非法复制，导致音乐产业经受多年的销售下跌这一痛苦历程，终于在 2013 年，音乐产品的销售额 14 年来首次增长。2014 年，全球录制音乐的销售总额达 150 亿美元，仍然大大低于 1999 年巅峰时期的 380 亿美元。音乐数字产品和实体产品（CD、黑胶唱片）所占销售额的比例大致相同，演出的特许权和网上订阅服务贡献了很小的份额，如图 3-2 所示。

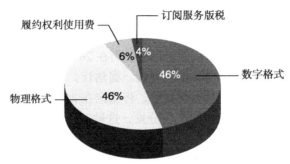

图 3-2　2014 年全球录制音乐的市场份额

注：由于四舍五入的原因，数据总计不一定为 100%。
资料来源：International Federation of the Phonographic Industry, http://www.ifpi.org/global-statistics.php.

4. 网上视频

数字视频可以在网上销售或租赁，要么作为一个文件下载，要么是一个流媒体的视频。DRM 软件能够控制下载视频被复制的次数，限制视频可安装的设备，并限定视频可以在多长的时间范围内观看。网上销售的视频内容包括以前上映过的电影、电视节目和专门为网上市场制作的视频节目。在过去，视频的销售主要被三个问题所限制：一是视频文件的尺寸太大了（这使得文件下载时间很长，数据流量不均匀）；二是网上视频的销售可能会损害视频的整体销售情况；三是技术的壁垒，阻碍了所下载的视频文件在多种设备上播放。网上视频销售公司一直在努力克服这些问题，并已成功解决了这三个主要问题。

第一，视频文件仍然是在互联网上经常传输的尺寸最大的文件，很多公司在不断地试验能改善大文件传递速度和视频流的技术。在第 8 章中将介绍这些传递的技术，这些技术由诸如 Akamai、亚马逊和谷歌等公司首创。

第二，制作视频的公司正在尝试更多的方法，学习如何将网上分销融入企业的整体盈利策略中。按照传统，电影由好莱坞主要的制片厂［包括 20 世纪福克斯（20th Century Fox）、派拉蒙公司（Paramount）、索尼、沃尔特·迪士尼（Walt Disney）、华纳兄弟（Warner Brothers）和环球公司（Universal）］发行，以一个事先设计好的顺序放映的模式进入不同的市场。电影首先被分发到电影院，影院为电影的首次公开上映支付较高的价钱。在电影院放映完后，影片随后被卖给航空公司在航班飞行时放映，还有付费有线电视频道如 HBO 或斯塔茨（Starz）。接下来，授权制作该影片的 DVD 光盘，制作好的光盘可在零售音像店购买或租借。最后，影片被卖给广播电视台和主要的有线电视频道。这一系列的发行授权模式被设计出来，让影片的制作者在产品生命周期的每一阶段都能获取最高的利润。多年来制片公司以这样的方式发行电影，非常惧怕网上分销商从传统销售渠道的任一环节盗取影片进行销售。这些制片公司如今正在尝试使用新的分销策略。一些媒体制作公司同时进行网络上的电影发行与 DVD 版的发行。由于采用订阅或按次收取电影观看费进行数字内容销售的公司数量不断增加，媒体制作公司越来越倾向于把电影产品授权给网站，在网上发布，因为它们知道这可以带来销售收入。

第三，视频传输技术正变得越来越透明。例如，HTML 5.0 版本允许用户使用标准的 Web 浏览器传递视频，不需要安装插件或外部软件。Web 浏览器在电脑以外设备（如智能手机、平板电脑和电视机）上的可用性，减少了人们对在多种设备上进行视频传输技术壁垒的担心。

亚马逊在其网站上销售观看电影和电视节目数字内容的使用权。Netflix 公司提供电视节目、电影和原创内容的网上订阅服务，用户可单独订阅，也可将订阅纳入 DVD 租赁套餐中。Crackle 网站是索尼公司在 2007 年推出的在线视频提供商，通过收取广告费来赞助电视节目、电影和原创内容，正如传统的电视网络几十年来所使用的经营方式。苹果公司的 iTunes 网上商店所提供的服务，除了提供很多免费的视频供用户下载，还提供视频产品的租看或购买。美国三个主要的电视广播网络公司（ABC、FOX 和 NBC）成立了一个合资公司来运营 Hulu 网站，该网站提供受欢迎的电视节目和电影的视频剪辑。Hulu 网站上所提供的很多内容免费（使用广告支持的盈利模式），同时还使用包月订阅的方式提供优质的内容服务。美国其他主要的电视广播网络公司 CBS 运营着 TV.com 网站，在 CBS 自己所拥有的视频内容中进行挑选，挑选出在网站上可使用广告支持的盈利模式免费播放的内容。

付费有线电视频道供应商如 HBO 和 Showtime，对通过其本地有线电视公司付费收看的客户，提供网上内容的访问服务。到 2015 年，HBO 向没有通过当地有线电视公司订阅的客户，单独提供了网上订阅服务。

谷歌公司的 YouTube 已成为网上免费视频的主要来源。这些视频通常用于播放电影、电视节目、现场表演等的预告片和其他促销剪辑，在网上购票，可通过网络、有线电视或在剧院观看。一些艺人，例如喜剧演员 Louis CK，除了使用网上视频作为促销手段之外，还向粉丝销售自己的表演视频。

3.1.6 盈利模式要素：广告

取代收费模式或基于内容的订阅盈利模式，很多网上公司在其网站上播放广告。它们所收取的广告费用于支撑网站的运营，支付网站内容信息的开发或购买。一些网站完全依赖于广告盈利模式，另外的一些网站使用广告盈利模式提供部分收入。在本节，将介绍广告盈利模式如何整合到网上企业基于数字内容提供业务的各种盈利模式中。

1. 广告支持的盈利模式

美国电视广播网络公司经常使用**广告支持的盈利模式**（advertising-supported revenue model）。广播电视公司给观众提供免费观看的电视节目，节目中伴随着广告信息。广告收入足够支撑公司的运营、制作或节目购买。从 20 世纪 90 年代中期开始，互联网广告一直在稳步增长。正如本书第 4 章中介绍的，网上广告现在已成为企业广告策略中的重要组成部分，被各种类型的网上业务所使用。伴随着网上广告的增长，越来越多的网站使用网络广告作为利润来源，要么独立使用网络广告盈利模式，要么与其他盈利模式结合在一起使用。

企业将网络广告收入作为网站唯一的利润来源，将面临两个主要的挑战。首先，一直以来人们对如何衡量网站访问者浏览广告的情况并进行收费缺乏共识，虽然网络广告已经历了 20 多年的发展。由于网站可以采取多种测量方式，诸如访问者数量、独立访问者数量、点击率，以及其他能衡量顾客行为的属性，网络广告商一直在努力建立广告收费的标准。除了网站人数或页面访问量，网站黏性是一个吸引广告商的关键因素。**网站黏性**（stickiness）是指一个网站留住网站访问者的能力，人们在一个**黏着的**（sticky）即富有吸引力的网站上停留的时间越长，就能接触到越多的广告。

其次，只有极少数的网站有足够多的大量访问者能与大众媒体如广播、电视进行竞争。虽然少数网站已成功地吸引了大量的普通网民（各大广告商一直以来想接触到的客户群体），但网站上大部分成功的广告仍针对特定的目标群体。营销人员所使用的对客户进行细分的一组特性称为**人口统计信息**（demographic information），包括客户住址、年龄、性别、收入水平、工作类型、业余爱好、宗教信仰。一个网站是否能吸引到特殊的客户群体非常难以判断，除非网站能收集到访问者的人口统计信息，但网民通常都不愿意提供，因为涉及个人隐私。

针对第二个挑战的一种解决方案已经被越来越多的专业信息网站所发现。这些网站成功地使用广告支持的盈利模式，因为它们吸引了某些广告商想触及的特殊受众。这些网站不需要向网站访问者收集人口统计信息，因为任何被吸引到网站上进行浏览的人都具有特殊的兴趣爱好，这使得他们成为某些广告商的珍贵目标。在大多数情况下，广告商会支付足够高的费用来支持网站的运营，在某些实例中，广告收入足以让网站的利润相当可观。

网站使用广告支持的盈利模式吸引具有特殊兴趣的访问者的两个成功案例是《**赫芬顿邮报**》（*The Huffington Post*）和美国新闻聚合网站 Drudge Report，这两个网站都是吸引对政治感兴趣的人群（无论是自由党还是保守党）。广告商如果希望广告针对具有某类特定政治兴趣的人群，就愿意在这类网站上支付足够高额的广告费，使这些网站成为能盈利的企业。在线新闻网站其覆盖面如果集中在特定城镇或大都市，也能成功地使用广告支持的盈利模式。想要接触到某个地区潜在消费者的公司会发现这样的网站对目标市场的开拓非常有用，因为这类网站能吸引到特定地理区域的访问者。

博闻网（HowStuffWorks）正如其（英文）名字所言：事情是如何运作的，网站中的每一个页面都吸引着具有较高兴趣的访问者。例如，一个访问者寻找微波炉工作原理的相关解释信息，对销售微波炉的广告主而言，是一个良好的潜在客户目标。HowStuffWorks 不需要获取访问者的具体信息，仅凭访问者正在查看微波炉信息的事实就足以有充分的理由向在这些网页上刊登微波炉广告的广告主收取较高的广告费。HowstuffWorks 网站上有一系列这样的页面，能吸引到一批兴趣高度集中的访问者。因此，该网站对各种各样的公司而言是一个有吸引力的，进行网络广告活动的可选择的网站，因为该网站针对各种具体的产品都有一系列范围广泛的页面集合，这将吸引到各种各样的消费者，这些消费者中的每个人都会对一种或多种产品有浓厚的兴趣。

实施广告支持盈利模式的三种策略分别是普遍兴趣策略、特殊兴趣策略、特殊兴趣聚合策略，具体如图 3-3 所示。

一些公司通过门户网站的运营已经成功地实施了如图 3-3 所示的普遍兴趣策略。**门户**（portal）或**网站门户**（Web portal），是人们用来进入互联网的入口网站（单词"门户"的意思是出入口）。一个门户网站几乎总是包含一个 Web 目录或搜索引擎，但它同样也包括一些其他的功能可以帮助访问者在网站上找到他们正在寻找的内容，这使得网站更加有用。大部分的门户网站所包含的功能包括购物目录、照片存储服务、免费电子邮箱、消息传递工具、文件存储服务、游戏以及日程安排工具。

雅虎（Yahoo!）是领先的 Web 门户网站之一，也是第一个提供 Web 目录的网站。**Web 目录**（Web directory）是网页的超链接目录。由于雅虎门户搜索引擎将访问者的搜索结果呈现在一个单独的页面上，因此能在每个结果页面上放置被用户输入的搜索词所触发的广告。例如，当雅虎的搜索引擎监测到一个访问者输入了检索词"新车交易"，就可将福特汽车的广告放在搜索结果页面的顶部。福特公司愿意为此广告支付更高的广告费，因为它直接面对的是对新车感兴趣的访问者。除了雅虎，使用普遍兴趣策略的门户网站还包括谷歌和 Bing。较小的一般兴趣门户网站，如 Web 目录网站 refdesk.com，就比大的门户网站较难吸引到广告商。

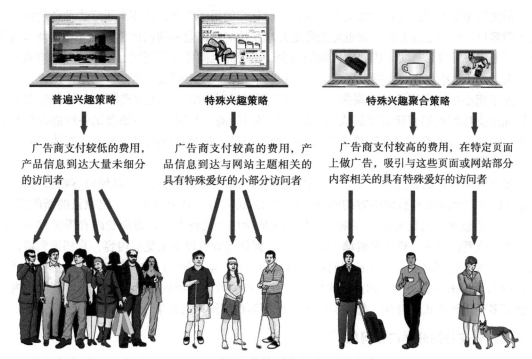

图 3-3　广告支持盈利模式的三种策略

然而，并非所有的门户网站都使用普遍兴趣策略。一些门户网站的设计旨在帮助访问者找到一个特定的知识领域里的信息。技术门户网站 C-NET 就是这类网站的一个例子。C-NET 采用的是特殊兴趣聚合策略，整个网站致力于技术产品，网站上包含了许多具体的技术及相关产品的评论，广告商愿意支付更高的广告费，让它们的广告出现在与它们的产品相关的技术论坛的附近，或出现在评价产品的网页上。

旅游门户网站，如 Kayak 也成功实施了广告支持的网上业务。Kayak 网站允许访问者指定旅行日期和目的地，然后搜索多个网站来找到最优惠的机票、租车和酒店客房。它搜索旅游产品直接提供者的网站，如航空公司、酒店和汽车租赁公司，它也同样搜索将这些旅游产品进行整合打包并降低价格出售的网站。Kayak 为其网站上的访问者带来了价值，免除了他们为找到最实惠的旅游产品而访问多个网站的麻烦，并且它还有针对性地出售广告空间，让旅游公司能刊登广告接触到近期内有旅游计划的旅行者。

2. 广告支持的报刊

很多报纸和杂志将印刷出版的全部或部分内容发布在网站上，它们通过卖广告足以支付将印刷内容转换为数字格式以及网站运营所需要的费用。有些出版商，如当地消费市场报和其他一些非主流的新闻报纸，一直以来都是完全依赖于广告收入，在各零售场所和报摊免费发放。许多这样的传统出版商很难将业务简单地搬到网上，因为难以获得足够的广告收入来支撑运营所需的全部费用。

许多小城镇的周报一直使用纯广告支持的盈利模式，而很多没有周报的城镇现在都朝着这个方向努力。然而大部分的报纸、杂志，除了有广告收入外，还依赖于用户的订阅收入和报摊的销售收入，这些出版商要让它们的网上业务产生足够的收入，还要经历一段比较艰难的时期。

虽然网站给出版商及其刊物提供了被公众所认知的更多机会，并带来了广告业务所需要的更多的客户，但网上业务的开展也可能带走并减少传统印刷业务的销售额。正如零售商和批发商的网上销售导致了其实体店面销售额的减少，出版商也同样在经历网上业务开展所带来的销售损失。由于这些销售收入损失很难衡量，新闻报刊和其他出版商对这些损失非常焦虑。

除了担心传统印刷业务的损失，大部分的新闻报刊和出版商还发现网站上的广告收入并不能完全支撑网站运营所需要的成本支出。很多出版商在其网站上不断尝试各种能带来利润的方法。从长远来看，完全依赖于广告支持的盈利模式是否对新闻报刊有效，媒体行业分析家对此问题也未能达成共识。

报刊所采用的混合盈利模式，是对其所提供的一部分内容免费，但其他内容收费的方式。报纸（以及其他提供有价值内容的网站）允许网站访问者每月免费浏览一定数量的新闻报道，如果用户还想继续浏览更多内容则需支付一定的费用。这种方法，即免费内容提供到一定程度就开始收费的方式，称为**付费墙**（pay wall），即访问者可以浏览免费内容，直到撞到墙，然后必须付费通过那堵墙，就可看到网站上的其他内容。本书第 11 章中将介绍建立付费墙所需要的技术。越来越多的报刊和内容提供网站尝试各种收入来源的组合，将广告、订阅、内容收费等多种盈利模式组合在一起，这样的尝试活动在可预见的未来，还将继续持续下去。

3. 广告支持的分类广告网站

过去，新闻报刊从它们的分类广告页面销售中获得了非常显著的收入。本章已经介绍过，定向广告比一般广告能收取更高的广告费。新闻报纸的分类广告是定向广告的最早雏形。每个广告都被划分到一个特定的类别中，只有对此类别广告感兴趣的读者，才会去看该分类的信息。例如，一个正在寻找公寓出租的人，将会去看住房分类广告。在线分类广告业务的快速发展已经从新闻报刊手上抢走了大量的收入，取代了报刊作为分类广告主要运营商的历史地位。如 Craigslist 这样的网站上有大量免费的分类广告，这些广告原来都曾是当地报纸稳定重要的分类广告收入来源。Craigslist 和其他类似网站的大部分广告业务是免费的，仅对网站上很小部分的广告收取费用（Craigslist 对招聘类广告收费，在纽约市的租房广告业务中收取交易佣金，等等）。

最成功的定向分类广告类型是互联网上的招聘网站。如 CareerBuilder.com 这样的公司发布国际性招聘业务广告。这些网站为广告客户提供了可接触到的目标市场。当一个访问者指定一个感兴趣的工作，例如，在达拉斯做工程师，返回的结果页面会包含一个有针对性的广告，广告商愿意为此广告支付更多的费用，因为广告直接面对明确的市场细分。其他的招聘广告网站，如 The Ladders 既对用人单位收取广告费，又向求职者收取访问这些广告的费用。招聘广告网站如 Monster.com 也针对特定类型的求职者，其在网站上发布一些某类求职者感兴趣话题的短文章，这些文章增加了网站的黏度，也同样吸引着不急于找工作的人群，这是一个很好的策略，因为不急于找工作的人群往往是备受雇主追捧的最佳候选人。

另外一种网上分类广告业务是二手汽车网站。多年来二手车经销商通过印刷报纸发行广告，现在开始运营 AutoTrader.com 网站。类似的网站还接收想要卖掉汽车、摩托车、游艇的个人或公司支付的广告费。

4. 广告订阅混合的盈利模式

广告订阅混合的盈利模式（advertising-subscription mixed revenue model），多年来被传统的报纸杂志出版商所采用，订阅者支付了内容的订阅费，但同样要接受一定程度的广告。使用广告订阅混合盈利模式的网站，订阅用户通常受广告的打扰要比完全采用广告盈利模式的网站少很多。企业对这种混合盈利模式已有各种不同程度的成功运用，一些企业纷纷转战采用此模式，它们试图找到最好的方式来产生网上业务收入。

全球最广为流传的两份报纸，《**纽约时报**》（*The New York Times*）和《**华尔街日报**》（*The Wall Street Journal*），自从它们开始发行网上出版物，都采用了广告订阅混合的盈利模式。《华尔街日报》的混合模式更偏重于订阅模式，该网站允许没有订阅的访问者查阅分类广告和纸质报刊上所刊登的一些文章，但绝大部分的内容只提供给订阅者，订阅者缴纳年费后，获得该网站的数字内容访问权。已经订阅了印刷版的访问者可以使用折扣价订阅在线版。正如本章稍后将要介绍的，《纽约时报》的盈利模式已经经历了很多改变，但其网站上的大部分实质性内容的访问是不需要付费的，与《华尔街日报》相比，《纽约时报》更多地依赖于广告支持的盈利模式。

许多使用广告订阅混合的盈利模式的报纸和杂志，将其纸质版的内容大部分放到了网上，但它们中的一些如《华尔街日报》，严格控制免费内容的总量。表 3-1 展示了很多报纸和杂志所使用的盈利模式。

表 3-1 报纸和杂志的网络版所使用的盈利模式

广告支持	广告订阅混合支持	
大部分的内容对所有访问者免费	主要内容对所有访问者免费	大部分内容只提供给付费订阅者
The Boston Globe	*BusinessWeek*	*The Economist*
Cleveland Plain Dealer	*Chronicle of Higher Education*	*Foreign Affairs*
Financial Times	*Forbes*	*Harvard Business Review*
Newsweek	*Inc. Magazine*	*National Geographic*
InStyle	*The Los Angeles Times*	*Nature*
PC Magazine	*The New York Times*	*Scientific American*
San Francisco Chronicle	*The Washington Post*	*Sports Illustrated*
Smithsonian		*Technology Review*
Time		*The Times*
		The Wall Street Journal

体育迷访问 ESPN 网站获取与体育相关的各类信息。凭借其有线电视业务的品牌效应，ESPN 成为互联网上访问量最大的体育网站之一。ESPN 网站通过销售广告获取收入，可以在网站上提供大量的免费信息，但铁杆球迷还可以订阅网站专门制作的"内幕服务"，获取更多的体坛资讯。这样，ESPN 使用了一个包括广告和订阅的混合盈利模式，但它仅从"内幕服务"订阅者中收取订阅费，订阅者仅占网站访问者的很小一部分。

消费者联盟，是《消费者报告》杂志月刊的出版商，该杂志对产品进行评价和评级，并且经营着一家名为 ConsumerReports.org 的网站，该网站完全依赖于订阅服务（也就是说，它是一个纯粹的订阅支持的网站）。消费者联盟是一个非营利性组织，所制定的政策之一就是不接受广告，因为这样做，将可能对其研究结果带来影响。这样，网站的运营由订阅费和少量的慈善捐款所支撑。网站提供一些免费信息用于吸引用户订阅，并履行组织的使命——鼓励对产品安全进行改进。

3.1.7 交易费用盈利模式

交易费用盈利模式（fee-for-transaction revenue model）是指企业提供服务，服务费用根据所处理的交易数量或规模来确定。基于交易费用的服务，包括股票交易和网上银行，这类业务适合于在网上很好地运营。公司可以在一定程度上，提供给访问者所需要的交易信息，公司可以提供许多个性化的服务，而这些服务以前都需要人工来做。如果顾客愿意上网输入交易信息，这些网站可提供选项并执行交易，所需交易费用要比传统交易服务提供商的费用少很多。去除这些传统的服务提供商是**去中介化**（disintermediation）的一个例子，其从价值链中去除诸如业务员这样的中介；在价值链上加入诸如交易费用网站等新的中介称为**再中介化**（reintermediation）。

1. 股票经纪公司：两轮去中介化

网上股票经纪公司使用交易费用盈利模式。它们按所执行的每一笔交易向顾客收取交易佣金。以前，股票经纪人除了向顾客提供交易履行服务，还会向客户提供投资建议和具体的买卖推荐。他们并不会对所提建议收费，但他们对为顾客操作的交易收取很高的佣金。在美国，这些交易佣金的费率，由政府部门确定，对每个股票经纪公司都相同。这样，因为不能在价格上竞争，经纪公司最好的竞争方式就是比谁能给客户提供更多更好的投资建议。

20世纪70年代早期，美国政府解除了对证券买卖业务的管制，于是出现了很多折扣经纪公司。这些折扣经纪公司区别于传统经纪公司的地方在于：不提供任何投资建议，并且只收取客户很低的交易佣金。折扣经纪公司不聘请客户经理（传统经纪公司聘请客户经理），因为折扣经纪公司不需要提供相同水平的个性化服务，吸引客户的是较低的交易佣金。传统经纪公司向其所有客户都提供证券研究服务，但其客户很多不需要这样的服务，或认为这样的服务价值不大。这类客户非常高兴将自己的证券业务转向折扣经纪公司，因为它们能提供又快又便宜的交易履行服务。随着这种转变的发生，证券经纪顾问就从产业价值链中去中介化了。

第二轮去中介化发生在20世纪90年代，新的网上经纪公司从折扣经纪公司手中抢走了业务，正如早期折扣经纪公司从传统经纪公司手中抢走业务一样。互联网使得诸如E*Trade Financial这样的公司可以跟传统经纪公司与折扣经纪公司同时展开竞争，它们在网站上提供投资建议或以电子邮件方式发送业务通讯。投资建议类似于传统经纪公司所提供的服务，但却没有传统经纪公司提供此类服务所导致的大量成本（诸如证券经纪人的工资、开销、打印成本和邮寄纸制业务通讯所带来的成本）。网上证券经纪公司还可以通过让客户在网页表单中输入数据来快速执行交易，用这样的方式来与折扣经纪公司竞争。

传统经纪公司发现它们将市场拱手让给了折扣经纪公司和网上经纪公司。为了应对这种冲击，折扣经纪公司和少数存活下来的传统经纪公司都建立了股票交易和信息服务网站，试图从网上经纪公司手中收回一些失去的市场。经历了两轮的去中介化和2008年的金融危机，今天存活下来的经纪公司在网上开展大部分的证券业务。

2. 保险经纪公司

其他销售代理及经纪公司都将其经营业务的主要部分搬到了网上。虽然保险公司没有积极开展网上保险业务销售，但从互联网的早期开始，一些中介机构一直都在网上帮各家保险公司卖保险。Quotesmith成立于1984年，当初只是向独立的保险经纪人提供保单报价服务，1996 年开始通过互联网直接面向公众提供保单报价服务。Quotesmith 在网上对客户提出的保单直接报价并接受保险业务，就将其当初所服务的独立保险机构去中介化了。虽然 Quotesmith 网站已经不再运营了，但类似的网站仍在网上直接面向消费者提供来自多个保险公司的报价。

大众汽车保险服务公司（General Automobile Insurance Services）利用其网站接触到车辆保险购买者，这类客户达不到在其他公司购买保险的标准，很难购买到车辆保险。通过给潜在客户（这些顾客由于信用问题或交通违章被其他保险公司拒绝提供保险服务）提供舒适轻松的环境，大众成功地获取了保险市场中的这个特定细分市场。今天，大部分主要的保险公司都在其网站上提供信息或销售例外保单。

3. 活动门票

在网上销售赛事门票前，要买音乐会、演出或体育比赛的门票很麻烦，一些场馆自己销售门票，其他的则通过票务代理销售门票。顾客很难找到门票销售代理或根本不可能通过电话进行订票，互联网为活动组织方提供了向世界各地几乎任何地方的客户销售门票的能力。传统票务代理公司如 Ticketmaster 是最早开始网上门票销售业务的，从所销售的每张门票中赚取手续费。

除了原有门票的销售，网站也为二级市场的门票处理创造了机会。诸如 StubHub 等网站运作的目的就是成为连接这个二级市场买卖双方的中介。这些网站通过为他人转售门票赚取手续费，它们也同样可以从举办方购买大量门票再以高价进行转售。票务中介和门票转售者通过创建一个集中的市场降低了票务双方的交易成本，这个集中市场很容易识别，并加快了买卖双方之间的价格协商。

很多艺人，正如本章中所介绍的，正在运作自己的网站来自我宣传，有的时候，也在网上出售自己的音乐或表演视频。其中一些艺人正在尝试直接通过网络向消费者销售他们的现场表演票。这将使票务代理商从行业价值链中去中介化，同时会降低票价或让艺人得到更多的票房收入。

4. 网上银行与金融服务

金融服务不涉及有形实体产品，非常适宜在网上提供。网上银行业务的发展很慢，因为大多数客户对将金融交易放到网上进行有安全和可靠性方面的疑虑。然而，今天，网上金融服务的总体信任水平已经提高，约 84% 的美国家庭使用网上银行服务。到 2018 年，这一数字预计将达到 89%（许多金融服务专家认为这一数字已接近饱和）。在本书第 11 章，将介绍网上支付的处理方式和其他的金融交易在网上的处理流程。

大部分的银行通过在网站上提供一些原来在实体店提供的服务而开展网上银行业务。这些银行经营网上业务时，网站上一般从提供账户余额查询功能和报表开始，然后逐渐增加账单支付、资金转账、贷款申请等服务。一些公司一开始就创建完全崭新的，不隶属于任何现有银行的网上银行。银行受益于为它们的客户提供网上服务，因为相比于银行员工与客户面对面交流提供服务，网上服务的成本低很多。

虽然网上银行能让客户以电子方式支付账单，但很多顾客仍然选择通过邮寄方式接收自己的账单。那些选择在网上接收账单的客户必须经常访问不同网站去查看各网站上不同的账单。**对账单显示功能**（bill presentment）服务提供一个电子版的清单或对账单（诸如信用卡消费对账单、移动电话服务费清单），包括所有纸质打印文档中的信息。由于网上银行增加了账单显示服务功能，能让客户通过互联网查看所有账单（并且只需轻轻点击鼠标就可在网上逐一支付），网上银行发现越来越多的顾客愿意通过互联网处理自己的银行业务。

越来越多的网上银行开始提供另外一个重要的功能——账户整合功能（account aggregation），即将客户的银行账户、投资账户、贷款账户和其他财务账户信息从多个网站整合起来，并集中到银行网站上的一个位置统一显示。一家银行的优质客户很多都会拥有其他金融机构的信用卡、贷款、投资和经纪账户。将所有这些财务信息集中起来放到一起让客户查看，对这些客户来说非常有价值。

5. 旅游

过去，旅行社从它所出售的机票、所预订的旅馆、汽车租赁或度假预订中赚取可观的佣金。这些佣金由交通运输公司或住宿提供商支付给旅行社，这样，传统旅行社业务的盈利模式是交易费用模式，与股票经纪公司的盈利模式类似。

当商业用户使用互联网后，出现了很多在网上开展业务的在线旅行社。但传统的旅行社却不太在意，并不急于利用这种新方法开展业务，它们认为网站无法替代自己所提供的个性化服务，而正是这种服务才是为客户带来价值的关键。

最近几年来，大部分的航空公司和汽车租赁公司降低了支付给旅行社的佣金金额，在某些情况下，甚至一分钱也不支付。多数邮轮公司和酒店仍然支付交易佣金，很多酒店都向旅行社销售大量的客房，旅行社将其打包到旅游产品中再销售给游客。一些航空公司还向旅行社出售舱位。在线旅游网站比传统旅行社规模更大，能接触到更多的客户，就能购买更多的酒店客房和航班座位。

在线旅游网站逐渐发展出多种赚钱的方式。它们收取各类交易佣金，购买并销售宾馆房间和航班座位，但大部分的在线旅游网站，包括 Travelocity（Sabre 公司的网站）和微软公司的 Expedia，都在其网站上经营广告业务，采用与收取广告费相结合的盈利模式。2001 年，美国主要的五家航空公司共同出资组建了 Orbitz 网站，成为互联网上访问人数最多的旅游网站之一。在线旅游网站将对很多旅行社去中介化，通过在网上的快速扩张，它们能够与酒店和航空公司协商拿到很优惠的价格，并再次进行转销。凭借其经营规模和较低的交易费用，在航空公司不断减少机票销售佣金的情况下，它们仍然能够继续经营并获取利润。这些因素结合在一起加快了传统旅行社的倒闭。

一些小型的旅行社存活了下来，这些旅行社专注于预订豪华游轮度假。邮轮公司仍将旅行社视为销售战略中的一个重要组成部分，并继续向旅行社支付交易佣金。在网站上很容易找到打折的游轮度假套餐，如 VacationsToGo.com，提供游轮度假产品详细信息的网站，都在旅游行业中这个小的细分市场获得了成功。

其他小的旅行社都成功地实施了再中介化的策略，专注于特殊的旅游群体。这些旅行社识别出具有特殊需求的一群旅游者，为他们专门推出按其需求所设计的旅行产品。例如，冲浪度假近年来开始流行，以前只是无业男青年的嗜好，现在已成为大众喜爱的运动。今天的冲浪爱好者通常都具有雄厚的财务实力，且喜欢到具有异国情调的海滩冲浪。WaveHunters.com 等网站就实施再中介化策略，专注于这个特定的细分市场。同样专注于不同寻常或具异国情调旅游目的地的旅行社，如 Antarctica 等旅行社也成为成功的中介商，这类旅行社有独特的专业技能、专业知识，或当地有联系人能帮助它们实施客户需求路线定制。这些旅行社的网站也使用广告构成在线业务盈利模式的一部分。

6. 汽车销售

传统的汽车经销商从制造商处购买汽车，再销售给顾客。经销商需要修建汽车展厅，雇用销售人员帮助客户了解汽车性能，办理贷款，并签订购买合同。经销商除了收取服务费、延长保修时间的服务费以及其他附加服务费以外，还可以在每辆车的销售价格上加价来赚取利润。在美国，大部分州都制定了法律禁止汽车制造商直接向消费者销售汽车，这就给汽车经销商的去中介化提供了部分保护。几乎所有的汽车经销商在销售汽车的时候都允许砍价，这样销售人员的工作还包括尽量以尽可能高的价格把车卖给顾客。很多人不喜欢购买汽车时的砍价，尤其当他们花费了很多时间了解了汽车的特性、办理贷款，已选好车型，不需要销售人员提供更多帮助的时候。

类似 Edmunds.com 的一些公司，给汽车购买者提供信息服务。它们对汽车品牌和型号提供独立的信息来源、评价和推荐服务，这些公司都能提供给顾客某一款选定的车型（型号、颜色、其他选项）的报价。然后公司去找具有此类车型并愿意以公司所报价格销售的当地经销商。另一种处理方式是公司在购买者所住地去寻找区域经销商，愿意销售购买者所指定的车型（包括制造商、型号、配置和颜色），售价略高于经销商的成本。公司将购买者介绍给经销商后，客户去购车时就无须再同销售人员砍价了。公司向参与的经销商收取一点此项服务的佣金。这样做的效果就是，这些公司将汽车销售人员去中介化了。在一定程度上，销售人员无法再向消费者提供价值，这些公司降低了销售过程中的交易成本。汽车销售人员被去中介，网站变为交易活动中的新中介，这就是一个再中介化的例子。一些汽车销售网站也在网站上经营广告，像在线旅游中介一样，也是采用交易费和广告支持的混合盈利模式。

7. 房地产及按揭贷款

其他通过收取交易佣金开展业务的企业也纷纷建立网站招揽生意，包括房地产经纪公司和抵押贷款经纪公司。大部分房地产经纪公司都有强大的网上资讯，包括它们手上要出售或出租房地产的相关信息，同时附上经纪人的个人联系方式及办公室联系信息，很多房地产经纪人也同样运营着自己的网站。全国房地产经纪人协会（the National Association of Realtors）主办了 Realtor.com 网站，网站上详细列出协会企业成员所要销售房屋的详细情况及照片，虽然很少有房地产交易能完全在网上完成，但这些网站却扮演了将购买者和销售者连接到一起的重要角色。2008 年的金融危机大大减少了抵押贷款经纪公司的数量，它们中的一些继续在网上做生意。

房地产交易的复杂性和庞大的交易金额，使得网上业务活动很难完全取代房地产经纪人和抵押贷款经纪人的工作。因此，这类业务具备很高的抵抗网络技术所带来的去中介化的能力。互联网等通信技术对房地产和抵押贷款所带来的行业变革影响要小很多。

3.1.8 服务费用盈利模式

互联网上提供各种收费服务的公司越来越多，这些服务既非证券经纪服务也不是按交易规模和交易数量进行收费的服务，而是按服务本身所提供的价值来收费。如下服务可采用**服务费用盈利模式**（fee-for-service revenue model）：游戏，娱乐，理财，会计师、律师和医生所提供的专业服务。

1. 网上游戏

计算机游戏和视频游戏是一个巨大的产业，全球产业规模达 660 亿美元。很多游戏网站过去主要依靠广告盈利模式，现在越来越多的网站，包括优秀的顶级游戏网站，在它们的产品中提供收费游戏，玩家必须付费，付费后下载安装软件到计算机上，或支付订阅费后进入网站的游戏空间玩游戏。几乎所有游戏网站的盈利模式中都包括广告盈利方式，但越来越多的网站依赖于"鱼钩和支付"策略。在这个方法中，游戏网站通过免费让玩家玩到一定级别，来吸引（钩住）新的游戏玩家。然后游戏提供更高级别的玩法，通过收取一点费用，提供给玩家一些线索或工具，来让玩家玩得更好。网络游戏业务中增长最快的部分之一，是开发和销售可在智能手机和平板电脑等移动设备上玩游戏的应用程序。

2. 专业服务

美国各州的法律禁止专业人员（如医生、律师、会计师和工程师）在网上开展业务。由于多数专业人员的执照由所在州签发，各州法律就能禁止他们在网上为其他州的患者或客户提供专业服务。如果一旦在网上为其他州的客户提供了服务，专业人员可能被客户所在州以无执照经营的罪名起诉。各州对服务范围的规定很含糊，很难对专业人员通过网络提供服务的实际位置提供准确判断。这样的不确定情况在不断增加，因为各州的法律都是在互联网出现之前确定的。

虽然一些医疗机构、律师事务所和其他专业服务机构允许客户进行网上预约，并且一部分专业人士已经在网上开展了专业咨询，但大部分从业人员不愿意在网上进行任何的商务活动。很多专业人士主要考虑的问题，是要保护患者和网上客户的个人隐私。

法律在线（Law on the Web）网站为英国居民提供各种法律咨询服务。美国的注册会计师指南（CPA Directory）网站列出了在美国获得会计师资格证的人员，还有很多法律网站，通常由当地的律师协会运营，直接向网站访问者推荐其所在地的律师。著名的马丁—哈贝尔律师目录（Martindale-Hubbell）也提供了网络版，建立了 Martindale.com 网站。

虽然大量的网站提供常见的健康信息，医生和其他医疗保健专业人员却一直不愿意针对特定的患者，在网上给出具体的诊疗意见。医疗会诊中，如医生不能直接对患者进行各项身体检查，将很难确诊疾病，这是在网络上提供医疗服务的最大障碍。但一部分医生已开始在网上向建立了持续的、稳固关系的患者提供医疗咨询服务。

一些网站已经面向患者提供网上心理健康服务。大多数网站将患者与持有患者所辖地行医执照的临床医生连接在一起，这样临床医生所提供的网上会诊符合国家专业执业法律。网上会诊通过使用文本交流或视频交谈进行，创办者注意到诸如抑郁症或焦虑症这样的疾病，在网上给出治疗方案会比较容易，因为患者无须离开家去看医生。

3.1.9 大部分免费，一部分收费

《连线》杂志的主编克里斯·安德森在2004年提出，生产和销售数字产品的经济学与生产和销售实体产品的经济学本质上截然不同，在其所著书中（列在本章中的延伸阅读部分），他解释道，实体产品从生产标准化所带来的规模经济中受益匪浅。由于每件商品的生产都需要原材料和劳动力，相同原材料的使用让大的生产商可以用较低的价格大量购买原材料，通过培训工人有效率地做特定的生产任务来降低劳动力成本。由于实体产品中的大部分成本是在每个产品的制造过程中产生的（与原型设计相反），盈利的关键就是降低生产成本。

数字产品的生产截然不同。它们往往需要大量的前期投入成本，一旦前期成本投入后，再多生产一个产品的额外成本非常低，即产品的边际成本很低。例如，一个软件程序的开发

可能需要花费成千上万美元，需要按小时计算并支付程序开发人员设计、编码与测试的高昂费用。但一旦软件开发出来，每生产一个额外产品（尤其当这些产品以数字形式在网上分销时）的成本非常低，即使对产品做微小的调整以更好地适应不同类型客户的需求，花费也不高。因此，决定数字产品盈利能力的因素与决定实物产品盈利能力的因素完全不同。

安德森的研究所得出的结论是，一个数字产品可以对大部分用户免费，向少数客户提供一个增强的、专门设计的产品，或以其他方式实施差异化的产品来收取费用。如果公司向少数客户收取的费用足够支付数字产品的开发费用并能产生利润，那么就能复制很多产品副本，而免费副本的发放能够吸引到更多的原意付费使用增强版产品的客户。

例如，雅虎网站提供免费的邮件服务，这就吸引了访问者经常访问雅虎的网站，网站人气的增加，使网站能在提供电子邮件的服务页面上销售更多的广告位。但有一些电子邮件用户想要增强版本的电子邮件服务，也许他们希望其收发电子邮件的页面上没有广告，或者希望能通过电子邮件附件发送大尺寸的文件，或希望他们的邮箱有更大的存储空间，能存放更多的邮件信息。雅虎网站提供可满足这些特性需求的收费版的高级邮件系统。对公司来说，提供这类服务所需的成本较低，却能带来可观的利润。

本章的前半部分对此收入模式用另一个示例进行了说明。订阅音乐服务网站（如Pandora、Internet Radio、Spotify和Rhapsody）提供免费但内容有限的、带广告的产品版本，用于向潜在客户介绍它们的服务。

在现实世界中，这种样品免费的策略以完全相反的方式被实施。公司销售实体产品通常使用免费和出售产品的混合方式。例如，面包店可能会在店内一个地方放置一些饼干让顾客免费品尝，面包店希望顾客能喜欢免费品尝到的饼干的口味，购买饼干或其他烘烤好的糕点，它们赠送少量的实物产品，以提高同一产品的整体销售额。这与数字产品的销售策略刚好相反；也就是说，数字产品的生产商需送出大量数字产品来吸引少数客户购买相对昂贵的产品版本。

3.2 战略的改变：盈利模式的变迁

许多公司学会了如何在网络上成功开展业务后，它们已经历过公司盈利模式的转变。由于越来越多的个人和公司使用互联网来购买产品和服务，互联网的使用带来用户消费行为的改变，公司经常会感到必须改变收入模式，以满足使用互联网的这些新客户不断变化的用户需求。一些公司创建了电子商务网站，通常需要经过多年的培育成长，才能盈利。这种情况很常见，CNN和ESPN都花费了超过10年的时间才开始盈利，两家企业都在电视上创建了新的业务。很多互联网公司发现，不能盈利的企业成长阶段持续时间过长，超出了预期，迫于竞争压力，要么改变收入模式，要么放弃网上业务。

本节介绍5家不同的公司为应对网络世界所发生的变化，在网络世界中所经历的盈利模式的转变。在第二次电子商务浪潮中，这5家公司和其他公司都需更好地应对挑战，并进一步调整其盈利模式。

3.2.1 订阅模式到广告支持模式

微软创立了杂志网站Slate.com，一个迎合高层次消费者需求的新闻和时事网站。由于

Slate 网站有经验丰富的作家、编辑以及其他工作人员，很多人都看好这个网站的发展，相信其会获得成功。微软也坚信这个网站具有较高的客户价值。在当时，大部分的在线杂志都使用广告支持的收入模式，Slate 在经历了一段时间的免费推广后，开始向用户收取每年的订阅费。

虽然 Slate 吸引了广泛的读者群，并获得了读者对其精辟的报道和出色写作的一致好评，但仍然不能吸引足够数量的付费订阅客户。在其经营的顶峰时期，Slate 有 2.7 万名订阅客户，产生的收入为 50 万美元，远远不能满足网站的内容创建与网站维护所需支出的成本。Slate 目前采用的运营模式是广告支持的盈利模式，由于 Slate 是微软公司的子公司，目前并没有该网站盈利金额的报道。微软维持着 Slate 网站的运营，作为其门户网站 Bing 的一个构成部分，对微软而言，网上杂志的出版是为了提高其门户网站的客户黏度。

3.2.2　广告支持到广告订阅的混合模式

另外一个高端的网上杂志 Salon.com，同样获得了读者对其新颖内容的喝彩。其盈利模式的改变刚好与微软的 Slate 杂志盈利模式的转换相反。经历了几年的广告支持收入模式的运营，Salon.com 开始提供其网站的一个可选择的订阅版本，称为 Salon 升级版，杂志上没有广告，杂志内容能下载到用户的计算机上，供用户离线时阅读。

订阅版本的出现，是由于公司不能再从投资人手中募集到更多的资金来维持其继续运营所需，订阅版本多年来经历了若干改变，现在还提供更多数字内容，诸如可下载的音乐、电子书和有声读物。

网站的升级版本，现在称为 Salon Core，包括各种印刷杂志数字内容的订阅、体育内容和音乐内容的访问，以及额外能享受到的与网站作家及编辑进行交流的优先权。

3.2.3　广告支持到服务费支持的模式

Xdrive 科技公司在 1999 年创办了最初采用广告盈利模式的网站。Xdriver 为客户提供免费的网上磁盘存储空间。作为交换，用户在每个页面上都会看到广告，而且要提供个人信息并允许 Xdrive 向他们发送电子邮件广告。Xdrive 所提供的服务对一些互联网用户非常有吸引力，这类用户往往有大量的文件需要存储，如 MP3 音乐文件，并需要在不同地点使用不同的计算机来访问这些文件。

在免费提供磁盘存储空间服务两年后，Xdrive 发现仅凭广告收入已不能负担所提供服务需要的成本。2005 年公司被美国在线 AOL 所收购，转向付费订阅收入模式（美国在线 AOL 的注册用户可以享受免费的小空间存储服务），并开始向企业用户和个人用户销售这种文件存储服务。近年来，随着磁盘驱动硬件成本的不断下降，Xdrive 不断将其每月收取的服务费往下调。最终 AOL 在 2009 年停止提供这项服务业务。

今天仍然在成功运营网上存储业务的公司，诸如 Carbonite 或 Dropbox，通常都基于存储空间的使用量来向客户收取服务费用。一些公司采用的则是"大多数免费，少部分收费"的盈利模式。亚马逊和谷歌都给消费者提供数据存储服务，存储容量在某个范围以内是免费的，超出的额外存储空间需要按月缴费或按年度付费。

3.2.4　广告模式向订阅收费模式转变

Northern Light 是一家创建于 1997 年 8 月的搜索引擎公司，其所提供的服务不只限于互联网上的搜索，还提供自己所拥有的期刊文章数据库的搜索，以及所获取的其他出版公司复制权的出版物数据库搜索。当用户输入关键字进行搜索时，Northern Light 搜索引擎所返回的结果页面中既有到其他网站内容的链接，也有自己数据库中相关文章的摘要。用户既可以点击链接访问其他网站，也可以付费查看数据库里的内容。

这样，Northern Light 公司所采用的收入模式是一种混合模式，既有多数搜索引擎网站所采用的广告支持盈利模式，又有信息访问收费模式。不同之处在于，Northern Light 公司的收入模式是用户可以只对一篇或两篇文章付费（每篇文章一般收 1~5 美元），不是每年支付大笔费用无限制访问数据库内容的年订阅收费模式。当然，Northern Light 公司也向企业、学校和图书馆提供缴纳年费访问数据库信息的服务。

2002 年 1 月，Northern Light 公司发现靠出售搜索引擎查询结果页面上的位置所获取的广告收入难以继续支撑这项服务的提供，于是停止向公众提供搜索引擎服务并转向主要依靠付费订阅新的盈利模式。Northern Light 公司的新模式从支付年订阅费的个人用户和大的企业或社团用户中获取收入。今天，它的主要产品包括商业新闻、搜索工具——搜索生命科学会议论文集、SinglePoint 工具——一个在企业数据库上运行的搜索引擎，以及 MI Analyst Text Analytics——一种用于商业应用研究的文本语义提取工具。

3.2.5 盈利模式的多次转变

《大英百科全书》具有 240 多年的出版历史，已经在研究和教育领域成为最受尊重的品牌之一。《大英百科全书》起源于计算机出现之前的常见问题列表（FAQ），1768 年一群学者将自己研究过程中所做的笔记汇集起来，将这些研究过程中的发现和感受以系列文章的形式发表。

公司经历了一系列盈利模式的转换，才建立起今天的网上业务策略。1994 年，《大英百科全书》第一次开展网上业务，最初建立了两个网站。一个是"大英百科全书互联网指南"（The Britannica Internet Guide），这是一个免费的导航网站，帮助人们对各类网站上的信息进行分类并评级，它富有特色的书面评论由《大英百科全书》的编辑所写，这些编辑也负责选择网站所发表的书评内容并建立索引。另外一个网站是"大英百科全书在线"（Encyclopedia Britannica Online），网站上包括了所有大英百科全书印刷版的数字内容和图片，只有交纳了订阅费或购买了《大英百科全书》光盘的客户才能访问网站内容。《大英百科全书》希望利用免费的网站"大英百科全书互联网指南"来为付费网站"大英百科全书在线"吸引客户。

1999 年，由于订阅销售很不理想，《大英百科全书》转向客户免费的广告支持盈利模式。依靠网站的流量，新的盈利模式非常成功。新网站 Britannica.com 免费向所有公众开放的第一天就吸引了超过 1500 万的访问者，迫使大英百科全书将网站关闭了两周以升级服务器。在 Britannica.com 上可检索印刷版的内容，还可访问《韦氏大词典》（Merriam-Webster's Collegiate Dictionary）和《大英年鉴》（Britannica Book of the Year）。网站最成功之处在于将"大英百科全书互联网指南"的网站评价服务与印刷版的内容整合起来。《大英百科全书》还在店铺出售光盘版的百科全书以及其他教育或科学类的数字光盘以增加收入。

不幸的是，广告销售收入并未达到公司预期。经过两年的广告盈利模式的尝试，大英百科全书转向了混合盈利模式，并一直沿用至今。在混合盈利模式中，允许用户免费访问百科全书文章的摘要和《韦氏大词典》，想要看全文则需交纳每年 70 美元的订阅费，目前估计有大约 500 000 名订阅者。2012 年，该公司印刷了最后一版纸质刊物，结束了 244 年的连续出版。

《大英百科全书》从传统的印刷出版商转向网上的信息销售商，再转向广告支持的网站，现在又变成广告订阅收费的混合模式，在短短的几年时间内进行了三种主要盈利模式的转换。《大英百科全书》的主要价值是其声誉，以及编辑、投稿人和顾问的专业知识。在探索了三种不同的盈利模式后，公司认为发挥其声誉和专业知识的最佳方式是广告收费订阅的混合盈利模式，公司的大部分收入来源于客户的付费订阅。大英百科还在其网站上通过销售图书、CD、DVD 以及教育类的软件来产生收益。

《纽约时报》在 20 世纪 90 年代中期网站开始运营以来，同样经历了多种盈利模式的转换。最初，网站采用纯广告支持的盈利模式，网站上可获取印刷版及报纸上的大部分内容（用户可付费访问存储在 archives 时报档案馆中的很早以前发表的老文章）。网站一直以来对其优质的填字游戏以及国际象棋专栏收取订阅费。

2005 年，《纽约时报》决定限制订阅用户访问其最令人满意的精彩报道的次数，并开始对用户收取访问新闻专栏中相关内容的费用。客户付费后还可以玩填字游戏或访问档案馆中的旧文章。所有被限制访问次数的内容在印刷版上都有，这个项目带来了大约 22.7 万名订阅者，每人每年的订阅费是 44.95 美元，总收入约为 1000 万美元。

到 2007 年，《纽约时报》确信它可以赚取更多的广告费，就将原来需要付费订阅才能看的页面内容变为免费浏览，因此又折回到原来的广告支持的盈利模式，仅对填字游戏和检索档案馆中的老文章收取费用。通过这样的调整，网站的流量将近翻了一番，每月达 3000 万的独立访问者。然而，2008 年的经济衰退使广告收入减少，公司开始考虑其他的替代方式。

2011 年，由于对广告模式所带来收入的失望，公司实施了一个更加复杂的计划，给报纸一定的灵活性，由编辑决定哪些内容放到网上（也就是说，它要覆盖的范围更加广泛），这比早先一直使用了 4 年的基于广告的盈利模式带来更多的收入。在新的计划中，网站访问者可以一个月免费看 20 篇文章，当一个访问者企图看第 21 篇文章时，网站会提供给客户一些订阅项目（目前每月的定价在 15 美元到 35 美元之间），提供给用户无限制次数的网站访问和通过移动电话的各种级别的访问。这种类型的壁垒，通过用户的特定使用级别而设置，这种现象被称为付费墙，订阅了印刷版的用户能无限制地访问网站。

2012 年，在首次推出付费墙一年后，该报纸宣布已经获得了超过 45 万名订阅者，并且成功实施该战略的一个显而易见的证明，就是将非订阅者可免费阅读的文章数量减少到每月 10 篇。《纽约时报》希望这种混合的盈利模式能提供一个可以接受的平衡，即编辑期望尽可能多的人可以阅读报纸和公司需要获取足够的收入来支撑报纸的运营发行之间的平衡。这些公司所经历的盈利模式的转变，毫无疑问地受到整个行业的密切关注。

3.3 网上业务盈利策略问题

本章前面已经介绍了目前企业在互联网上开展业务时所使用的盈利模式。在本小节，将讨论当企业实施这些盈利模式时会遇到的问题，同时还将介绍企业是如何应对这些问题的。

3.3.1 渠道冲突和互斥

已经建立了销售网点和分销网络的公司通常担心开展网上业务会影响销售网点和分销网络的销售。例如，李维斯公司（Levi Strauss & Company）通过百货店和其他零售店铺销售李维斯牛仔裤和其他服装产品。公司在 1998 年中期开始通过自己的网站向消费者销售牛仔裤，由于大多数经销李维斯产品很多年的百货公司和零售店铺抱怨网站与它们竞争，影响到了它们的生意，在 2000 年 1 月，李维斯公司只好宣布停止在公司的网站上销售服装产品。这样的**渠道冲突**（channel conflict）随时都可能发生，这种问题也被称为**自相蚕食**（cannibalization），因为网站的销售侵蚀了公司其他渠道的销售。最近几年来，李维斯网站恢复了直接面向消费者的产品销售，但网页上提供到实体店铺位置的链接，如果客户想要亲自试穿后购买，网站帮助客户找到离自己最近的店铺。李维斯公司和销售其产品的零售店都一致认可，网站上的销售额是无关紧要的。随着时间的推移，很多李维斯的零售商都建立了自己的网上商店，它们不再将李维斯网站视为很大的威胁。

美泰克（Maytag），一家家电制造商，面临与李维斯公司同样的处境。美泰克公司曾建立了一个网站允许客户直接从公司订货，直销网站运营了不到两年，结果收到特许分销商和经销商的大量抱怨，美泰克公司决定通过网上店铺设计，在网站上加入自己的业务伙伴。现在，客户在网站上搜索某个产品的相关信息后，客户可点击"去哪里购买"链接，直接进入离自己最近的美泰克零售商的网上店铺。

李维斯和美泰克两家公司都面临渠道冲突和与零售分销合作伙伴互斥的问题。这两家公司零售商的销售额要远远超出公司网站上的销售额，为了避免激怒零售商（零售商也在销售竞争对手的产品），李维斯和美泰克两家公司都认为最好的方式是与零售商合作。当一家公司所建立的销售渠道与公司网站上的销售形成竞争时，这家公司将面临类似的问题。

Eddie Bauer 公司，一家经营服装和户外装备的零售商，在开展网上产品销售业务前，通过向客户邮寄目录和位于各大商场中的零售铺面进行销售。公司认为允许客户将其在网上购买的不想要的商品拿到实体店铺退货，将使公司的网上销售更加具有吸引力。但是实体店铺的经理们所关心的问题是，办理退货手续将占用售货员很多时间，还增加了店铺的库存量。在零售店铺的运营管理中，降低人工成本和库存成本对店铺盈利至关重要。公司邮寄目录部的业务经理也担心网站销售将取代邮寄目录销售。

Eddie Bauer 公司对各岗位经理的薪酬和奖金的激励措施进行调整后，终于说服了所有经理都支持网上销售业务的开展。零售店经理每处理一笔网上退货都会得到库存和人力成本的补偿，如果邮寄目录客户从网站上购买商品，邮寄目录部经理也将得到一定的补偿。通过将三种分销渠道协调起来，客户能获得更多接触公司产品的途径，从而提高了公司总的销售额，这种应对方法被称为**渠道合作**（channel cooperation）。

3.3.2 战略联盟

在本书第 1 章中已经介绍了，当两个或多个企业联合起来，长期合作从事一项活动，就称这些企业建立了一个战略联盟。当企业建立战略联盟后，就会以第 1 章所讲的网络组织结构的方式运作。企业建立战略联盟的目的多种多样，越来越多的企业为开展网上销售组成了战略联盟。例如，李维斯公司所创建的与其零售商之间的业务关系，即在李维斯的网站上为零售商开设网上店铺销售李维斯公司的产品，就是企业间销售战略联盟的一个例子。

亚马逊公司与很多实体企业塑造了一系列的战略联盟，以销售服装（包括塔吉特）、音乐 CD（包括 CDnow）和其他产品。如第 1 章中所介绍的，亚马逊同折扣零售商塔吉特合作，在一个专为塔吉特设计，带有塔吉特商标的网站上销售塔吉特的商品。亚马逊还与许多小公司建立战略联盟，将它们的产品放到亚马逊的网站上进行销售。

3.3.3 奢侈品策略

一些商品的网上销售非常困难。特别是昂贵奢侈品和高档时装的销售，客户通常希望能亲自挑选或触摸。很多奢侈品品牌商一直犹豫是否提供网上销售，因为害怕客户疏远了销售它们产品的高档实体店。例如，服装制造商礼来公司（Lilly Pulitzer）在2000年建立了公司网站，但直到2008年都没有在网站上销售服装（担心对品牌的奢华声誉造成损失，因此限制产品的销售网点）。

一些高档品牌通过限制网上产品销售的种类来克服这一障碍。例如，奢侈品品牌香奈儿（Chanel）在2010年推出了其零售网站，但不在网上提供公司的所有产品。美国著名服装品牌Calvin Klein（CK）也采取了类似的做法。香奈儿在其网站上销售香水和护肤品，但不销售香奈儿品牌的时装。Calvin Klein不在网上销售其专卖店里的高级定制系列产品，只在其网站上销售休闲系列的产品。

在很大程度上，奢侈品零售商对网上销售采取限制策略，出于对产品特性的考虑，即考虑到自己产品部分或全部的特性，就是需要客户亲自挑选而不适合于在网上销售。一个已经克服了此障碍因素的行业就是零售珠宝业。经过多年网上销售额的缓慢增长，近年来，网上珠宝的销售额增长很快。诸如蓝色尼罗河（Blue Nile）和Ice.com网上珠宝商店的运营都非常成功，甚至传统的珠宝零售商如Costco都在网上销售价值5万美元的钻石戒指。被公众普遍接受的独立第三方对钻石以及其他贵重珍宝饰品的鉴定证书帮助这些商店克服了实施电子商务的阻力，除此之外，另一个重要因素就是商店广泛宣传的无理由退货政策。

3.3.4 库存积压品的销售策略

在客户需求快速变化的服装市场，零售商总是必须应对库存积压的问题，库存积压是由于商品的销售没有预期好。很多零售商通过品牌连锁折扣店Outlet来处理积压库存。美国的老牌零售商Lands' End发现通过网站处理积压库存的效果太好了，于是公司关闭了在Outlet中的很多实体店铺。其他很多零售商的网站上都有到商店库存处理页面的单独链接，或是某一季节结束后的商品清仓销售。

网上处理库存积压品商店的销售效果相当不错，因为比起实体店，网上商店能接触到更多的购买者，而且能根据销售情况对商品种类和价格经常进行调整，而印刷好的积压库存目录就不容易进行变动。库存积压及清货页面的设计已经成为服装零售商网站上的一个标准的功能元素，如Overstock.com网站，完全致力于销售从其他零售商处购买的库存商品。

3.4 企业网上商业形象的有效建立

企业在现实世界中总是通过建商店、工厂、仓库和办公大楼来建立企业形象。一个组织的**形象**（presence）是它传递给利益相关者的公众形象。一个企业的**利益相关者**（stakeholder）包括它的客户、供应商、雇员、股票持有人、邻居和公众。大多数公司往往不会过多地考虑企业形象，直到公司成长并具有了一个显著的规模。直到那时，企业才能做到不需要只是为了存活下来而不遗余力地努力。在互联网上，企业形象非常重要。一个网站的客户和其他利益相关者都是通过网页来了解公司，创建一个让人印象深刻的商业形象对于在互联网上刚成立的小公司而言是至关重要的。

确定网上形象的目标

当一家企业在现实世界中开展经营活动时，管理人员非常关注具体的目标。这些目标通常同企业形象关联不大。新建立的公司通常要找到一个让客户容易到达的经营场所，有足够的楼面空间和具备开展销售活动所需的功能要求。一家新创建公司需要权衡仓库存货空间和员工工作场所以及获取这些场所所需的成本。企业在现实世界中寻找经营场所的主要目标就是满足企业的实体形象展示所需，很少会将企业在网上的形象设计即空间设计作为考虑的一个要求。

企业的实体经营地点还必须满足其他很多的业务需求，导致企业经常用完资源，甚至没有足够的资源来建立良好的企业形象。在互联网上，企业和其他组织则有充分的余地来进行网站的设计，网站设计的主要目标是建立一个有特色、与众不同的形象。一个好的网站设计能够通过图片的创作使用非常有效地提高企业形象，需要建立网上展示的企业应确定网站所提供的功能，并确定这些功能中哪些是最重要的。一个有效的网站能营造出一个富有吸引力的企业网上形象，来满足企业或组织的目标。这些目标以及可帮助完成这些目标的网站设计策略，整理并显示在表 3-2 中。

表 3-2 企业互联网展示的目标和策略

目标	策略
吸引网民访问网站	在营销电子邮件中包含网站（或指定的特殊页面）的链接
使网站有足够的吸引力，访问者可以较长时间地停留在网站上并访问相关页面	产品评论、特性比较、使用产品或服务的建议
确保访问者能通过网站链接获取信息	明确标识的链接标签，点击这些链接后能获得提示信息
创建与组织期望一致的企业形象	使用在其他媒体广告中所建立起来的品牌的元素，如商标、特色、宣传口号或醒目的广告用语
与访问者建立信任关系	确保网站上所传递信息的有效性和客观性
增强访问者对组织所形成的积极主动印象	展示公司所获得的证书、客户回馈计划、对组织及其产品或服务的外部评论及文章
鼓励访问者下次再访问网站	网站上显示的信息为组织的当前信息，网站定期更新其产品和服务信息

1. 确保网上形象与品牌形象一致

不同的企业，即使是同一行业中的不同企业，也会确定不同的网上形象目标。例如，可口可乐公司和百事可乐公司都在饮料行业建立了强大的品牌形象，但两家公司的网上形象却截然不同。两家公司都经常更新网页，但可口可乐公司的页面上总会有一个值得信赖的企业标识，如可口可乐的瓶子。而百事可乐所采取的方式则是，百事可乐公司的网页上总是充满了到各种活动的链接和相关产品的促销信息。

这些网页传递了每家公司所希望展示给公众的形象。每种形象展示都与这些公司的营销努力相一致。可口可乐传统上被认为是一个值得信赖的经典饮料品牌，百事则是深受年轻一代喜爱的新贵产品形象。

大多数汽车制造商的网站都传递给用户一致的品牌形象。这些网站上通常都有到每款车型详细信息介绍的链接、经销商所在位置的信息页面、公司信息以及系统的购物工具，如每款车型的外形结构与配置的页面。

2. 非营利组织

汽车制造商通过在它们的网站上提供给客户有用的信息来增强企业形象，建立网站的主要目的是进行产品的促销，让客户与销售它们汽车的经销商接触。对其他组织来说，网站展示的关键目标是增强企业的形象。非营利组织就是这样做的杰出例子，它们将网站作为与各个地理位置分散的捐赠者之间沟通的核心资源。

对很多非营利组织来说，网站的主要目标是信息的传播。网络让这些团体能将信息的发布与筹款整合在一处。网站访问者如果希望为某个项目捐款，通常只需点击一两次鼠标就可进入提供给会员捐款的页面，或使用信用卡进行捐款的页面。网页也为人们提供了双向联系的渠道，这些人投身于非营利组织的项目，但不直接为非营利组织工作。例如，很多非营利组织依靠志愿者并通过与其他组织的配合来实现组织目标。

这种将信息发布和双向沟通渠道整合在一起的功能，是任何一个电子商务网站获取成功的关键因素。例如，美国公民联盟（American Civil Liberties Union，ACLU）是一个非营利组织，其网站提供了很多有助于沟通的设置。ACLU 的网站主页提供给访问者了解组织、捐款的机会，或让访问者加入感兴趣的项目。ACLU 的主页上有在每一个重大问题上，美国公民联盟所采取立场的链接。网站的建立对 ACLU 特别有价值，因为组织服务于很多不同的支持者，并非所有的人都赞同美国公民联盟，或赞同美国公民联盟在每一个重大问题上所采取的立场。如果 ACLU 要为其支持者印刷出版他们感兴趣的时事通讯，由于时事通讯中所包含的信息都相同，一些支持者赞同的信息，可能就冒犯了另外一些支持者，网站能让访问者选择他们感兴趣的话题，并且只看到这些话题。

非营利组织使用网站与现有的利益相关者接触，识别出为他们提供服务的新机会。政党也期望通过网络公布本党对大众所关心问题的看法，利用网络招募党员，为党员提供信息，并对希望了解本党的访问者提供相应链接。美国主要的政党都有自己的网站，每年各种公共职位的候选人也都会建立自己的网站。另外，不隶属于任何一个政党的政治组织，如无党派的政治响应中心（Nonpartisan Center for Responsive Politics）等无党派政治组织也通过网页展示来实现相同的目标。

3.5　网站的可用性

研究表明，很少有企业目前能在网上展示中实现网站的所有目标。即使能成功实现多数上述目标的网站也不能为网站访问者提供足够的互动接触的机会。

本节将介绍网站是如何不同于公司与其客户、供应商和雇员之间的传统沟通方式的，还将讲述公司如何通过扩大网站受众让网站易于使用，如何确保网站能增强访问者对网站的信任，甚至让访问者对网站背后的组织产生忠诚感。

3.5.1　如何让网站与众不同

经过多年的试验、错误和研究，企业逐步认识到开展网上业务与在现实世界中做生意有很大的不同。20 世纪 90 年代中期，当企业刚开始建网站时，网站通常都很简单，往往只有企业的基本信息。当时很少有企业进行市场调查来了解潜在的访问者期望从网站中了解什么内容，更别说如何调整企业的组织结构来服务于网站。例如，在早期的企业网站上，很少有企业在网站上加上电子邮件的链接，而提供了电子邮件链接的企业，所负责的部门又往往没有足够的人手来回答访问者在电子邮件中提出的问题，因此很多网站访问者所发出的电子邮件石沉大海，从来都没有得到回复。

不了解网站与现有其他媒体之间的区别，是导致许多企业未能实现网上展示目标的一个重要原因。为了学习了解与此话题相关的更多内容，可以通过 Web 链接阅读雅各布·尼尔森（Jakob Nielsen）的经典文章《企业网站的失败》(*Failure of Corporate Websites*)，该文章发表于 1998 年，准确描述了随后几年很多网站的失败原因。在 2009 年重新审视这个问题时[《看信息构架的 10 大误区》(*Top 10 Information Architecture Mistakes*)]，尼尔森发现居然仍有数量惊人的很多网站都包含相同的网站结构和导航缺陷，导致妨碍了网站访问者找到相关信息。

大部分的网站设计目标是在网络媒体中创建一个组织的形象，包括链接到一个完全标准的组织信息集。该网站应该能让访问者方便地访问组织的历史、企业目标陈述或使命陈述、企业所提供产品或服务的信息、财务信息、与组织的沟通方式。网站取得成功的不同程度主要取决于提供这类信息的方式。信息展示是重要的，但认识到互联网是交互式媒体同样重要。网站甚至让大企业具备了双向沟通的能力，能与它们的客户进行有意义的交流。不能有效利用互联网这种双向沟通能力的公司，将失去客户并输给具备双向沟通能力的竞争对手。

3.5.2 满足网站访问者的需要

网上业务获得成功的公司意识到，网站的每个访问者都是潜在的客户或合作伙伴。为企业制作网页进行网上形象展示时，需重点关注网站访问者的特征差异。人们很少会偶然访问一个网站，而总是因为某种理由来访问网站。

1. 网站访问者的不同动机

网站设计人员试图创建一个对每个人都有用的网站时，面临相当多的挑战，因为网站上每个访问者的到来都有不同的原因，这些原因可能是：

- 希望了解公司所提供的产品或服务。
- 购买公司所提供的产品或服务。
- 了解已购买产品的保修、服务或维修政策。
- 了解公司或组织的概要信息。
- 了解公司的财务信息以便进行投资或信用担保的决策。
- 了解公司或组织的管理人员。
- 找到组织中某个成员或部门的联系信息。
- 当查询相关产品、服务的信息时，点击搜索引擎返回的结果链接来到网上。

创建一个能满足访问者如此广泛需求动机的网站，实在是一大挑战。网站访问者不但具有不同的需求，访问网站时还有不同的体验水平、不同的期望水平。除了上述所提到的网站访问者的特征差异，技术问题也不断出现。网站访问者通过各种通信信道上网，不同的信道有不同的带宽和数据传输速度，访问者还可能使用运行在不同设备上（包括计算机、平板设备、智能手机、电视机甚至游戏机）的不同浏览器上网。即使使用的是相同浏览器，也可能运行不同版本，或用不同的方式对浏览器进行了设置。浏览器上所外接的程序和插件软件，又增加了访问者可变特性的另一个维度。在建设网站时，考虑并解决影响访问者特性的上述诸多因素将能把访问者转换为顾客。

2. 让网站易于访问

让网站适应广泛的各类访问者需求（甚至包括满足残疾访问者的需求）的最佳途径之一，

是提升进入网站界面的灵活性。例如，一些网站的网页只提供纯文字版本。正如威斯康星大学 Trace Center 的研究人员发现，视力有障碍的访问者使用专门的浏览器软件来访问网站内容，只提供纯文字版本对这些访问者而言是一个特别重要的功能。互联网用户中大约 15% 的人具有某种残疾，在 W3C 无障碍网页倡议（W3C Web Accessibility Initiative）网站上，有很多关于这类问题的有用链接。

如果网站采用了图形，就应当让访问者能够选择浏览小图形的版本，以便在带宽比较低的网络连接中能在合理的时间内下载网页。如果网站上有音频流或视频剪辑，就应当能让访问者选择一个连接类型，以便流媒体能按连接带宽进行调整。

好的网站设计能提供给访问者按个人需求选择信息属性的能力，如信息的详细程度、信息的聚集形式、浏览格式和下载格式。很多网上商店根据产品线提供信息，让访问者可以选择产品信息的详细程度。每个产品线拥有一个页面，页面上是产品线中每种产品的简单描述和图片，产品图片使用图形超链接方式，点击某个产品图片，则会打开关于此产品详细说明的页面。

使用 Adobe 公司的 Flash 工具在网页上创建动画图形元素的方式，多年来一直存在争议［关于此问题，可以浏览雅各布·尼尔森的评论文章《基于 Web 的朝不保夕的应用程序》（*Ephemeral Web-Based Applications*）］。虽然很多网站设计者都喜欢 Flash，将其作为一种创意设计工具，但许多的电子商务网站不愿意使用 Flash，因为它提供给客户的是非标准的用户界面接口。使用 Flash 构建的网页（或页面中大部分用 Flash 构建）不能转换为 HTML 代码，不能提供与 HTML 相同的导航工具，也没有 HTML 中所提供的视觉提示功能。Flash 文件尺寸都很大，需要较长的下载时间；还有另外一个问题，Flash 不能在 iPhone 和 iPad 上运行。这增加了人们对在网站设计中应用 Flash 的担心，如果用户使用智能手机或平板设备上网将无法浏览 Flash 制作的网页。

由于 HTML5（在本书第 2 章已经介绍过，HTML5 标记语言本身就具备多媒体直接连接的能力）已被广泛应用，很多专家预计 Flash 的应用将会显著减少。同时，一些网站在其主页上给用户提供了选择 Flash 页面还是非 Flash 页面的选项。

一些特殊的客户要完成一些特定任务，适合采用动画页面。如 Lee 品牌牛仔裤网站 FitFinder 就由一系列的 Flash 动画页面构成，可有效帮助客户找到大小合适和所喜欢风格的牛仔裤。Lee 品牌牛仔裤 FitFinder 网站的 Flash 动画如图 3-4 所示。

网站通过提供到不同格式的链接，为访问者提供多种信息格式。比如在财务信息页面上，有 HTML 文件格式、Adobe PDF 文件格式和 Excel 电子报表文件格式的链接。每种不同文件格式中的财务信息内容都一样，但访问者可以选择最适合他们需要的信息格式。访问者如果希望寻找一个具体的财务

图 3-4　Lee 牌牛仔裤 FitFinder 网站的 Flash 动画

数据，通常会选择 HTML 文件格式，此时信息以网页形式呈现在访问者的浏览器上，其他访问者也许想要打印整个年度的财务报告，将选择 PDF 文件格式，既可以用浏览器查看，又可以下载后打印。访问者如果想要对财务数据进行分析，将以 Excel 电子报表格式下载文件，使用电子表格软件对这些数据进行计算分析。

如果企业想成功地传递出公司一体化的形象并为潜在客户提供所需信息，在构建网页时需要满足如表 3-3 所示的可访问目标。

表 3-3 商务网站的可访问性目标

商务网站需要
● 提供易于访问的组织信息
● 允许访问者选择以不同访问方式和不同的信息详尽程度访问网站
● 为访问者提供与组织之间有意义的、双向（交互式）的沟通链接
● 保持访问者对网站的关注，并鼓励重复访问
● 提供关于产品、服务及使用方法的易于获取的信息

3.5.3 信任和忠诚

当公司刚开始在网上进行销售时，很多公司都认为客户会依靠丰富的信息来寻找最优的价格，不会考虑购物体验的其他因素。对有些产品，这也许是对的，但大多数产品都离不开服务。当顾客在购买一件商品时，他们也在购买服务。销售者可以培养顾客的信任并将其发展为对企业的忠诚度，以此在同顾客的关系中创造价值。商业研究发现，客户忠诚度提高 5%（用回头客的比例进行度量），能使利润增长 25%～80%。

即使是日用商品，服务也是差异化的重要因素，客户将愿意为此而支付额外费用。这些服务包括送货、处理订单、帮助挑选商品和售后服务等。由于这些服务大部分在潜在客户购买商品之前无法进行评估，顾客必须相信销售者能够提供令人满意的服务。

当一个顾客从一个销售者处获得了良好的服务体验，顾客就会开始相信销售者。当顾客同该销售者有了多次很好的体验后，客户就会忠诚于该销售者。因此，不断重复的服务满意可以构建客户忠诚，能让客户不再寻求其他低价的销售者。

许多在网上开展经营的公司投入巨资来吸引顾客。如果网站不能提供令客户信任并忠诚于公司的服务水平，公司就无法收回在前期为吸引顾客而进行的投入，更别说盈利了。

客户服务是许多电子商务网站所面临的问题。最近的调查表明，顾客对大多数零售电子商务网站服务水平的评价，结果为一般甚至很差。许多网站的一个共同致命的弱点是公司的客服中心与网站之间缺乏集成。结果，当顾客打进电话投诉网上购物所遇到的问题时，客户服务代表无法查阅网上交易的信息，不能帮助客户解决问题。

即使在今天，电子商务网站回应网站上电子邮件的工作仍然令人失望。多家大公司对询问商品信息、订单状态或售后服务的电子邮件回复缓慢，还有很多公司既不确认收到电子邮件，也不回复邮件中所提的问题。

3.5.4 可用性测试

越来越多的公司认识到可用性测试的重要性。然而，很多公司并没有对其网站进行可用性测试。正如其名称所示，**可用性测试**（usability testing）就是网站的所有者对一个网站进行的测试和评估，确保网站对访问者易用。随着可用性测试的广泛应用，会有更多的网站实现本章前述目标。

很多电子商务网站让潜在顾客很失望，他们离开网站的时候不会购买任何东西。即使是最好的电子商务网站也会因网站设计的混乱或难以使用而失去很多顾客。对网站可用性稍加改进就会提高客户满意度和销售额。例如，一些公司的网站上没有联系电话信息，这些公司认为，这样就无须建立呼叫中心并雇用员工，将节约公司运营成本。但是，如果顾客不能联系到你，他们将不会继续同你做生意。对大多数顾客而言，当他们需要时，却不能与公司联系，不能使用他们喜欢的沟通方式与公司进行交流，这些顾客最终将放弃这家公司。

已经进行了可用性测试的公司，如伊士曼·柯达（Eastman Kodak）、T.Rowe Price 和美泰克公司（Maytag），发现通过关注用户组，并观察不同客户的网站访问方式，公司可获得满足访问者需求的大量经验。行业分析家一致认同进行可用性测试所需成本与设计一个网站或对网站进行彻底检查所需的成本比较起来实在是太低了，可用性测试所需成本应直接包含在网站设计总成本中。进行网站可用性测试的两个先行者是本·施奈德曼（Ben Shneiderman）和雅各布·尼尔森（Jakob Nielsen），施奈德曼博士在马里兰大学创建了人—计算机交互实验室（Computer Interaction Lab），出版了许多关于人机界面设计的书。尼尔森博士及其同事在尼尔森—诺曼（Nielsen Norman Group）网站上发表的文章，有很多有关如何进行可用性测试和使用测试结果来改进网站设计和操作的资料，来帮助大家提高网站的设计和运作。

由于可用性测试一点也不贵，很多公司定期在网站上进行可用性测试。虽然用户的行为随着时间的推移是相当稳定的，但是网站几乎处于持续不断的发展和变化中。很多时候，这些变化会以意想不到的方式影响网站的结构和导航。一个常规的可用性测试计划将帮助组织发现这些问题，并在这些问题导致用户访问网站受挫、给公司销售带来损失前，解决这些问题。

3.5.5　以客户为中心的网站设计

电子商务网站成功运营的一个重要因素是，网站要满足潜在客户的需求。在本章前边所述的电子商务网站构建目标列表中，核心是满足所有网站访问者（包括客户、潜在客户、投资人、慈善组织的潜在募捐者、业务合作伙伴、供应商、潜在雇员和一般公众）的需求。在网站设计时，将客户需求放在核心位置的方法称为**客户中心**（customer-centric）的网站设计。以客户为中心的网站设计方法形成了一些准则，网页设计师可以在这些准则的指导下，设计出满足顾客具体需要的网站，而非满足所有网站访问者的需求。以客户为中心的网站设计准则包括以下内容：

- 网站设计围绕访问者设计导航链接，而非围绕公司的组织结构设计导航。
- 让访问者能快速存取信息。
- 在产品和服务的描述中使用简明的描述性语言，而非夸大其词的营销用语。
- 避免使用访问者不明白的行业用语和专业术语。
- 所建立的网站，即使访问者使用最早的浏览器软件，运行在早期出厂的计算机上，使用最低网速带宽上网连接，也都能访问，这意味着需要创建多个版本的网页。
- 整个网站所使用的设计特征和颜色要一致。
- 避免网页设计元素看起来像横幅广告（客户会忽略任何看起来像广告的东西）。
- 确保导航链接都被清楚地标示出，或可与其他网页设计元素区分开，让用户容易辨别。
- 使用一系列各种尺寸的显示器测试文字的可视性，避免文本在一个小屏幕显示器上的字体小得无法看清，在大屏幕显示器上字体边缘又会呈锯齿状。
- 检查色彩组合，确保不影响色盲访问者的观赏效果。

为移动设备用户所设计的网站，还应该遵循一些额外的准则。这些准则有助于使用小屏幕设备（与笔记本电脑或台式计算机相比）和移动设备上网的访问者，这类用户比其他网络用户更缺少耐心。这些附加准则包括：
- 文字应该非常简洁，移动设备的屏幕上没有空间来显示多余的废话。
- 导航条必须清晰、直观、易见。
- 网站可用功能的集合应限于移动的环境中，站点访问者使用的那些功能（页面包括到更完整的、非移动版本网站的链接）。
- 为移动用户创建一个专门的网站是必不可少的，因为移动用户的需求与其他用户的需求非常不一样。
- 对网站进行可用性测试，让网站的潜在用户能浏览网站的多个版本。
- 为移动设备用户提供一个选项，以便他们能轻松切换到完整的网站。

日瓦格营销咨询公司（Zhivago Marketing Partners）的网络营销咨询专家克里斯汀·日瓦格（Kristin Zhivago）针对电子商务网站如何满足网上客户的要求提出了很多建议。她鼓励网站设计者关注客户的购买流程，而不是公司的远景和组织结构。例如，她建议公司应当检查网站所提供的信息量以及这些信息对顾客的用处。如果网站没有提供访问者所希望了解的信息，访问者是不会变成顾客的。

创建网站时根据上述准则进行设计，可以给予访问者高效、有效和难忘的网站访问体验。可用性是创建有效网站的重要因素。

3.6 使用互联网与客户联系

企业建立网站的一个重要因素是同客户或潜在客户建立联系。本节将介绍网站如何帮助企业识别和接触客户。

网络沟通的本质

大多数企业都非常熟悉两种常用的识别和接触客户的方法：个人联系和大众媒体。这两种方法通常被称为**沟通模式**（communication mode），因为每种方法都涉及人们彼此交换信息（即沟通）的特有方式（或模式）。在**个人联系**（personal contact）模式下，企业员工自行寻找潜在顾客，检查是否符合一定标准，然后进行接触。这种以个人接触的方式来识别和接触客户的方法有时也被称为**探测法**（prospecting）。在**大众媒体**（mass media）方法中，企业准备好关于产品和服务的广告和促销资料，然后通过电视、电台、报纸、杂志、高速公路上的广告牌或邮寄目录等方式将信息传递给潜在客户。

有些专家则把媒体划分成广播媒体和可定址媒体。**可定址媒体**（addressable media）是针对已知地址的一系列广告活动，包括直接邮寄、电话和电子邮件等。由于这种方法的使用者很少，很少有用户在其广告策略中实际使用地址信息，所以本书将可定址媒体归入大众媒体的范畴。许多企业使用大众媒体和个人联系相结合的方式，来识别并接触客户。例如，保诚公司（Prudential）用大众媒体来创建和维系大众对其保险产品的了解和公司声望，而销售人员则使用探测方法来识别潜在客户。一旦某人成为顾客，公司则采用个人接触和邮件相结合的方式来保持这种联系。

互联网是一种具有独特性质的媒体，在一系列的媒体选择中，处于中间位置。互联网不是一个大众媒体，即使现在许多人都在使用互联网，并且很多公司都将公司网站视为广告牌或公告牌。互联网也不属于个人联系的工具，虽然它通过电子邮件和新闻组，提供了个人与个人之间的接触便利。杰夫·贝佐斯，亚马逊公司的创始人，认为互联网是将信息送到他称为"困难的中间市场"的理想工具。相对于大众媒体，中间市场的规模太小，不适合采用，但如果使用个人联系方式，中间市场又太大了。网络作为一种客户接触媒体，它正好处于大众媒体覆盖的大市场和个人联系的销售与促销技术所覆盖的高度集中的小市场之间，如图3-5所示。

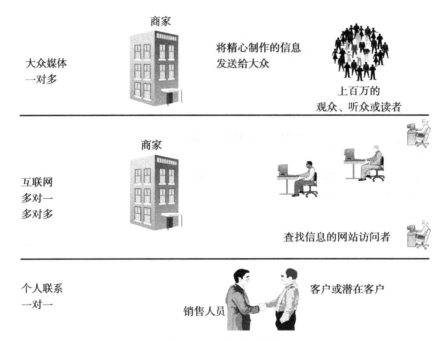

图 3-5　商务沟通模式

为了帮助读者更好地了解图3-5所示的三种方法之间的差异，我们来讨论一个案例。此案例的背景是你听说了一本新书，希望在购买之前了解它的更多情况。我们来考虑当使用不同媒介收集信息时，信息的获取过程是如何变化的。

- **大众媒体**

图书出版商的一般性促销信息可能已经送达你的手上，这些信息让你对特定图书品牌的相关质量有了印象。图书出版商的品牌也会影响你对这本图书的印象。你可能在电视、电台和印刷出版物上看到这本书的广告，可能听过电台对这本书作者的采访，也可能在《纽约时报书评》(*The New York Times Book Review*)或《书目》(*Booklist*)等报刊上看到过对这本书的评价。请注意，在大多数这些过程中，你只是被动的信息接收者。这种沟通渠道称为"大众媒体"，出现在图3-5的上面部分。在这种模式中，沟通是由一个广告者送达到多个潜在客户，因此称为**一对多的沟通模式**（one-to-many communication model）。大众媒体推广过程中的标志性特征是卖方是主动的，买方是被动的。

- **个人联系**

低价商品通常不会采用这种方法，因为销售人员的成本相对来说太高了。在图书这个案例中，当地书店的店主和员工经常投入大量的时间和资源同客户建立一种密切的关系。虽然每本书的销售都是小价值的交易过程，但从长期看，经常光顾当地书店的人会购买大量图书。这样，图书销售商在个人联系方面的投入是能够得到回报的。在本案例中，你可能会逛当地书店，并与一个知识渊博的图书销售人员搭讪。在个人联系模式中，你可能已经同图书销售人员建立了关系。图书销售人员也许会告诉你他阅读了这本书的感想、对这位作者出版的其他图书的感想，或者本书的相关评价等。这些是以双向交流的形式，通过相互交换意见来进行的。这种交流通常会是多次的聊天，可能会涉及天气、当地体育活动或政治等话题，未必直接与交易有关。这些以及其他形式的交流是建立客户信任和维系信任的一部分，而信任是开展商务活动中维系个人联系模式的重要基础。这种是**一对一的沟通模式**（one-to-one communication model），如图3-5中的下部分所示，被标识为"个人联系"。在个人联系模式中，信息收集活动的最重要的特征就是在现有的信任关系框架内的相互间的广泛交流。购买者和销售者（或销售者的代表）都积极参与到这种信息交流中。

- 互联网

要在网上了解图书信息，可以在网上查询这本书被引用的情况、作者介绍、该书所涉及主题的相关信息。你可能会确定很多提供这类信息的网站，这些网站包括图书出版商网站、网上销售图书公司的网站、独立的书评网站或针对该书作者或流派的讨论组。《纽约时报书评》和《书目》，两者都属于进行图书推广的大众媒体，都创建了网站。有的图书评论网站，不提供印刷版的图书，如网站图书浏览 BookBrowse，也在互联网上开展同样的业务。大多数网上图书销售商都会在网站上为读者提供针对某一本图书发表评论的可被搜索引擎查找的空间，读者可以在此空间发表评论和意见。如果某本书的作者很有名，图书销售商甚至会为该作者的书迷创建一个独立的交流网站，如果图书内容涉及名人、著名事件或某个历史时期，你会发现在专门针对这些著名主题制作的专题网站上，也会有关于这本图书的书评。你可以按照自己的意愿浏览任意多的网上资源，自己决定想要了解信息的详略程度。你在搜索网站时，还会遇到图书出版商发布的一些广告。如果不想看这些广告，只需点击浏览器上的"Back"按钮，就像用遥控器调换电视频道那么简单。互联网为你提供了多种沟通渠道。图3-5所示的只是用网络搜索产品信息时，一种沟通的模式，在图中标注为"互联网"的模式，是一种**多对一的沟通模式**（many-to-one communication model）。互联网为一对一的沟通模式（类似个人联系模式）提供了灵活性，通过使用个人联系模式，你同销售人员建立了沟通，或者与其他潜在购买者建立了**多对多的沟通**（many-to-many communication）。在互联网上搜索产品信息的特点是，买方积极主动参与到信息搜索中，并能控制搜索时间的长短、搜索内容的深度和范围。

本章小结

在本章中，介绍了企业网上盈利的六种主要方法，包括网上目录、信息服务、广告支持、广告订阅混合、交易费和服务费用模式。本章详细介绍了这些盈利模式的工作原理和所适合的企业，有些企业随着对客户需求的深入了解以及经营环境的变化而改变盈利模式。

企业有时会面临企业内部或者同传统经销商之间的渠道冲突和互斥带来的挑战。根据本书第1章中组织的网络模型所介绍的内容，开展电子商务的企业有时会同其他企业建立战略联盟来获得网上运营所需要的技能。

通过了解互联网与其他媒体的区别，并设

计出能充分利用互联网特性的网站，企业能够为访问者创建有效的网上展示并传递价值。每一个组织都需要提前考虑：网站的访问者有多种不同的期望；对产品有不同的先验知识；上网的熟练程度有差异；而且上网时，使用一系列不同的互联网连接技术。组织了解这些因素对网站访问者浏览网站及获取信息所带来的影响，能帮助组织设计出更好、更有用的网站。在开发网站测试版时，让用户积极参与是一个很好的办法。

企业必须了解网上沟通的本性，以便能利用它来识别和接触尽可能多的目标客户。使用多对一的沟通模式能够使网站有效地接触到潜在客户。

关键术语

账户整合（account aggregation）：这是网上银行提供的一种服务，即将客户的银行账户、投资账户、贷款账户和其他财务账户信息从多个网站整合起来并集中在银行网站上显示。

可定地址媒体（addressable media）：指将广告直送到已知地址的收件人，包括直邮、电话和电子邮件等。

广告订阅混合盈利模式（advertising-subscription mixed revenue model）：订阅者付一笔费用并接受一定程度广告的盈利模式。

广告支持盈利模式（advertising-supported revenue model）：网站提供带广告的免费内容，向广告主或传达广告信息的公司收取费用的盈利模式。

账单显示（bill presentment）：网站提供客户查看发票或账单的服务。

自相蚕食（cannibalization）：传统店铺销售受网上销售的侵蚀而产生的损失。

目录模式（catalog model）：商家向潜在购买者邮寄商品目录，靠自己的品牌吸引购买的商业模式。购买者可以通过邮寄或拨打商家付费电话来下订单。

渠道冲突（channel conflict）：公司在一个渠道内的销售同另一个渠道的销售相冲突的问题，例如公司网站上的销售会干扰现有的店铺销售。

渠道合作（channel cooperation）：网上销售、目录销售和实体门店销售等多个渠道销售的协调战略。

沟通模式（communication mode）：识别和送达顾客的方法。

以客户为中心（customer-centric）：指在网站设计时将客户放在核心的方法。

人口统计资料（demographic information）：营销人员对访问者进行分类的特征，如地址、年龄、性别、收入水平、职业、爱好和信仰。

数字内容盈利模式（digital content revenue model）：一种收入模式，企业销售给客户以订阅方式浏览其所拥有的信息。

数字内容版权管理（digital rights management，DRM）：一种能限制数字音频文件拷贝次数的软件。

去中介化（disintermediation）：从价值链上去除中介。

服务费盈利模式（fee-for-service revenue model）：按服务本身的价值收费的盈利模式。

交易费盈利模式（fee-for-transaction revenue model）：企业按照所处理交易的数量或规模来收费的盈利模式。

邮购（mail-order model）：目录模式的同义词。

多对多沟通（many-to-many communication）：多个实体和多个实体的沟通模式。

多对一的沟通模式（many-to-one communication model）：多个实体与单个实体的沟通模式。

营销渠道（marketing channel）：企业用于接触其客户的每个不同途径。

大众媒体（mass media）：通过广播、报刊、路牌广告或邮寄等方式将促销信息传递给潜在消费者的方式。

一对多的沟通模式（one-to-many communication model）：一个实体与多个实体

进行沟通的模式。

一对一的沟通模式（one-to-one communication model）：一个实体与另一个实体进行沟通的模式。

付费墙（pay wall）：一种数字控制机制，限制用户访问网站的次数，超过访问次数就需要付费以后才能继续使用。

个人联系方式（personal contact）：通过寻找潜在客户、确定符合一定标准后再接触的方式来识别和接触客户。

个性化购物（personal shopper）：学习客户的偏好并提供相应建议的智能代理程序。

门户网站（portal）：是人们上网的起点网站，用户可以在上面进行搜索、导航或其他网络活动。

形象（presence）：企业传递给利益相关体的公众形象。

探测法（prospecting）：个性化接触销售中，销售人员识别潜在客户的方法。

再中介化（reintermediation）：在价值链上加入新中介。

利益相关者（stakeholder）：企业商业活动中涉及的不同实体，一般包括顾客、供应商、员工、股东、周边社区及普通公众。

黏性（stickiness）：网站吸引访问者在网站驻留以及重复访问的能力。

黏的（sticky）：有黏度。

可用性测试（usability testing）：对公司网站是否易于访问所进行的测试和评价。

虚拟试衣间（virtual fitting room）：网上试衣间。

虚拟模特（virtual model）：根据客户身材建立的图像模特，主要用于服装服饰的网上销售。

Web 目录盈利模式（Web catalog revenue model）：网上销售商品和服务的盈利模式，商家建立品牌形象，并据此向潜在购买者邮寄商品目录来销售商品，购买者通过邮寄或拨打商家付费电话来下订单。

Web 目录（Web directory）：组织成多层结构目录的网页链接列表。

门户网站（Web portal）：与门户同义，是一个用户可自定义个性化的网站，用户可以通过该网站进行搜索、导航和其他基于 Web 的活动。

复习题

1. 在本章介绍了谷歌公司的 Photos 服务的开发过程。简要描述开发团队所做的对服务设计产生影响的两件事情。
2. 为什么许多大型折扣零售商在电子商务发展的初期，网上销售业务发展缓慢？
3. 什么是营销渠道？
4. 说出两个网上服装零售商可以用来帮助客户找到样式、颜色以及服装尺寸大小合适的服装的网站功能。
5. 什么是学术信息整合服务？
6. 网上音乐服务如何能向部分客户免费提供音乐？
7. 数字版权管理软件的功能是什么？
8. 说出一种使视频内容能在网上广泛分销的技术。
9. 网站"黏性"的含义是什么？
10. 为什么网站访问者的人口统计信息是该网站上广告定价方案的一个因素？
11. 什么是门户网站？
12. 什么是 Web 目录？
13. 什么是付费墙？
14. 说出两个可以提供网上分类广告的网站。
15. 什么是账单显示服务？
16. 什么是账户整合服务？
17. 简要描述网上信息服务在购买二手车的交易过程中所发挥的作用。
18. 什么是"鱼钩和支付"策略？一些游戏网站是如何使用这一策略的？
19. 什么是战略联盟？
20. 说出公司网上形象建立过程中应包含的要素。
21. 说出能影响网站可用性的两个因素。
22. 什么是可定址媒体？

练习题

1. 用大约 100 个字，概述零售商可能希望使用多个营销渠道的原因。
2. 用一两个段落，解释说明为什么网上零售商会向其客户与潜在客户邮寄产品印刷目录。
3. 用一个段落解释说明网上零售商是如何使用其退货策略来获取竞争优势的。
4. 用大约 100 个字，解释说明网上分销如何有益于学术期刊的出版商。
5. 用大约 100 个字，归纳出赞成与反对购买电子版小说取代纸质版的论据。
6. 用大约 200 个字，概述网上分销在电视节目的制作与发行业务中所引起的变化。
7. 简要解释什么是有针对性的广告，并用一两个段落，描述说明什么类型的网站可以使用具有针对性的广告。
8. 用大约 100 个字，概要说明一份本地报纸决定是否提供网络版时所需要考虑的因素。
9. 用一两个段落，定义并区分"去中介"和"再中介"这两个术语。
10. 用一两个段落，概述一个人在考虑是否在网上银行（即没有实体办公室的银行）办理业务时，所关心的问题。
11. 用大约 100 个字，概述能让一家小型、专业的旅行社成功开展网上业务的策略。
12. 用大约 100 个字，描述当专业人士，如律师或医生在网上提供服务时会出现的问题。
13. 许多企业向潜在客户提供免费的产品样品或服务，以诱导他们成为客户。用两三个段落，来描述如何在网上实施此策略。请务必注意，在网络环境和现实世界中，公司有利可图所需提供的样品量是不同的。
14. 用大约 100 个字，定义"渠道冲突"，并描述一家通过实体店和网络销售电子产品的公司，如何处理这个问题。
15. 一般来说，定制奢侈品在实体店销售比在网上更好，因为每个产品的独特性更易于客户亲自评估。用大约 100 个字，解释为什么昂贵的首饰，特别是钻石首饰，在网上销售良好，这明显与人们通常的偏好相矛盾。
16. 访问两个在网上销售会员卡的艺术博物馆的网站，查看每个网站所提供的会员资格的有关信息。撰写一份 200 字的报告，描述在每个网站上，访问者购买会员卡的过程。评价每个网站是如何描述其会员所具有的特权的，以及鼓励访问者购买会员卡的成效。请考虑购卡的便利程度，网站是否清楚地说明了会员所享有的特权，以及该网站是否为购买会员卡提出了令人信服的理由。
17. 用大约 100 个字，描述以客户为中心的网站设计方法中的要素。

案例

案例 3-1 Progressive 保险公司

20 世纪 80 年代，Progressive 是一家小型汽车保险公司，将大部分保险单出售给驾驶记录不佳、无法符合其他保险公司所售保单标准评级的人士。Progressive 公司对这些保单收取较高的保费，保险业称这类保单为不合标准的保单。通常，其他保险公司会将达不到标准评级、不能投保的客户转介到 Progressive 公司。较高的收费、较低的销售成本、较小的销售压力，这样的组合使 Progressive 公司在这个业务上获得了很好的利润。最终，其他保险公司注意到 Progressive 公司所取得的成功，开始提供它们自己的不达标的保单。

为了应对日益激烈的竞争，Progressive 公司改善了索赔服务，成为首家每年全天候提供 24 小时服务的保险公司。20 世纪 90 年代，Progressive 公司针对所有类型的司机，逐渐开发出了全系列的汽车保险产品，并专注于在标准市场和次级市场都提供最低的价格。虽然

Progressive 公司的广告提及其服务质量，但它始终强调低廉的服务价格。

Progressive 公司是第一家建网站（1995 年）的汽车保险公司，也是第一家在网上销售保单（1997 年）的保险公司。了解到大多数潜在客户会在购买保险前，访问多家保险公司的网站以找到最好的保险费率，该公司从 2002 年开始在其网站上显示竞争对手的费率，让潜在客户能够在不离开 Progressive 公司网站的情况下，比较价格。网站展示所有的费率，即使针对一个具体的保险契约，当 Progressive 公司的保险费率高于竞争对手时，也会显示出来。

Progressive 公司的管理表达了一种信念，即人们更愿意从诚实的、能提供最好价格的公司购买保险。2008 年，Progressive 公司推出了一个女性代言人，"FIo"，体现了开放、诚实和对低价格的热爱。FIo 出现在宣传公司的电视和广播广告中，并在公司的网站上突出显示。实际上，这个代言人经常出现在电视广告小插曲中，宣传网站的价格比较功能，兜售产品。

问题

1. 很多管理者不愿意提及竞争对手，更不要说向潜在客户提供竞争对手的报价。用大约 200 个字，概述 Progressive 公司在网上显示竞争对手报价的原因，并分析这样做的成本和收益。

2. 在本章，讲述了企业网上形象的展示必须与企业的理念、行为准则和特性保持一致。用大约 100 个字，解释说明 Progressive 公司是如何实现这一目标的或为何尚未完成。

3. 访问 Progressive 公司的网站，并假设你是一位潜在客户，需要为打算购买的二手车购买保险。评估网站的可用性，并撰写一份大约 100 字的报告，描述你的上网体验。请务必提及具体的网站功能，无论是有用的还是感觉没有帮助的，并对网站有效性的总体印象给出一个评价。

请注意：老师可能会要求学生以小组的形式来完成这个案例，并要求每个小组在全班进行正式陈述。

案例 3-2　国际贸易研究协会

国际贸易研究协会（ASIB）是由世界各地研究、分析和推广跨国贸易活动的研究人员、教授和企业家组成的。协会理事长马里奥·迪波内特（Mario Diponetti）现在聘请你帮助他规划协会未来的网上盈利战略。

国际贸易研究协会有 3000 多名会员，位于世界上各个国家，但大约一半的会员在美国。每位会员每年要交纳 100 美元的会费，这样协会每年的收入有 30 多万美元。协会每年要赞助举办两次会议，每个月还要出版一份业务通讯月报和两本杂志。会议每年能产生大约 50 000 美元的收入；也就是说，会务费和展览收入超出了会议举办所需的成本。50 000 美元用于支付协会的总体运营成本。

协会出版的两本杂志之一——《国际商务年鉴》，是一本学术性刊物，读者对象是国际贸易的研究人员。所有会员都将免费得到这本杂志，另外还有 300 个订阅用户，订阅费每年 500 美元（每年总订阅费是 15 万美元）。订户多数是大学图书馆，这本杂志以季刊出版，每年 4 期。

另一本杂志是面向企业主管创办的《今日国贸》，月刊出版，杂志中的文章和报告针对国际贸易的当前发展趋势和特征。所有会员都免费得到这本杂志，另外还有 1000 名订阅用户，订阅费是每年 50 美元（每年总的订阅费是 5 万美元）。

每年两本杂志总的订阅收入是 20 万美元。《今日国贸》每年的广告收入大约为 6 万美元。国际贸易研究协会用 26 万美元的总收入来支付两本杂志的印刷出版费和邮寄费用。每期杂志的出版成本包括校对、编辑、排版，大约需 2000 美元。印刷和邮寄成本近年来增长很快，平均每本杂志 3 美元（有些会员地处遥远，邮寄成本远高于其他会员）。每年，协会出版 16 期刊物（4 期学术杂志和 12 期企业杂志），需要向会员和订户邮寄 61 200 本刊物（13 200 本学术杂志和 48 000 本贸易杂志），总成本是

215 600（=16×2000+61 200×3）美元。这样，国际贸易研究协会目前每年可以从出版业务上获得净利 44 400（=260 000-215 600）美元，可以用来支持协会的其他活动。

国际贸易研究协会 3 年前投入 30 000 美元建立了网站，由协会的一名员工用一半的工作时间来管理网站。她工资和福利的一半，加上网站其他经常性的开支，如软件许可证、网站的计算机升级费等，每年共计 40 000 美元。马里奥向你介绍，协会最成功的最大程度降低成本的活动，是去年决定以电子邮件的方式向会员及订阅者提供月报。有一半的会员选择以电子邮件方式接受月报，每份月报的印刷费和邮寄费约 50 美分，而制作和发送电子邮件版的月报占用员工的工作时间折合工资只有 50 美元。这样，协会每月就可节省 700 美元（50%×3000×0.5 美元的邮寄节约费用，减去发送电子邮件所需的 50 美元），即每年可节省 8400 美元。协会的网站上也同时刊登月报，以方便错过电子邮件版的会员。这项成功促使马里奥思考降低杂志发行成本的方法。他希望确保在新的盈利模式下，协会能从期刊获得尽可能多的收入。

本章介绍过的 EBSCO 公司，提出帮助马里奥处理电子版的《国际贸易年报》学术期刊的发行。EBSCO 公司在杂志出版后，把所有文章转换为 PDF 文档（Adobe 公司的便携文档格式）和 HTML 文档，对文章建立索引后，放入 EBSCO 的数据库中。很多大学和研究机构的图书馆都订阅 EBSCO 的数据库。EBSCO 公司的业务代表向马里奥介绍说，大多数图书馆会继续订阅印刷版的杂志，但大约 30% 的图书馆将不再订阅印刷杂志，改为访问 EBSCO 的数据库获取杂志。马里奥电话咨询在其他协会任杂志主编的一些朋友，以他们的经验来看这个比例是正确的。EBSCO 公司每年支付国际贸易研究协会 1 万美元获得杂志的使用权，此外每个订阅 EBSCO 公司数据库包括国际贸易研究协会杂志的图书馆每年再支付 50 美元。EBSCO 公司的代表估计大约会有 1000 家图书馆订阅。

马里奥起草了另外一个能取代与 EBSCO 签订合同的备选方案。在备选方案中，国际贸易研究协会自己扫描文章生成 PDF 文档并放到国际贸易研究协会网站上供用户订阅。马里奥估计将每期杂志转换成 PDF 文档并挂在网站上需要花费 1000 美元。他还估计管理订阅者账户和密码每月需要支付 500 美元（员工工作时间和相关成本）。马里奥认为如果通过谷歌学术网站进行文章摘要的发布，将提高组织的知名度并带来额外的订阅收入。请注意，马里奥打算为每篇文章提供摘要，而不是提供整篇文章。

EBSCO 对购买面向企业的《今日国贸》杂志的使用权没有兴趣，马里奥正在评估把这个杂志的部分或全部内容放在国际贸易研究协会网站上的方法。他考虑向企业管理人员打折销售只能通过互联网获取《今日国贸》杂志的电子版，他还思考将印刷版上的部分精华文章放到网站上，并且在文章的每一页都打上"提供完整订阅"的广告。他甚至考虑把精华文章的前半部分放到网上，吸引读者付费订阅全部内容。

目前一些在全球销售产品的企业在《今日国贸》杂志上做广告。如果国际贸易研究协会在网站上刊登内容（如《今日国贸》期刊上的文章），这些企业表示有兴趣在这些页面上刊登横幅广告。马里奥估计横幅广告的收入每月为 3000～9000 美元，但他担心将《今日国贸》的精华内容放在网站上将导致一些企业管理人员不再订阅印刷版的杂志。

问题

1. 仔细研究并列出协会在谷歌学术期刊上刊登文章摘要有哪些要求。给马里奥准备 100 字左右的备忘录，在文中列出哪些步骤是必不可少的，以确保通过谷歌学术期刊网站进行文章摘要的发布。

2. 马里奥和国际贸易研究协会决定在网站上提供期刊的电子版时，将面临渠道冲突的问题；然而，两个期刊所面临的问题有些不一样，因为每份期刊销售针对的目标受众不同。用大约 100 字，讨论这两个期刊的渠道冲突问题。请务必注意这两份期刊所存在的差异。

3. 为马里奥准备一份全面的报告，在报告中列出并分析协会网站可能采用的盈利模式。你应该对两本期刊分别进行讨论。一定要包括在一个或多个可能的盈利模式中提供付费墙所能发挥的作用。你的报告应该为提交给 ASIB 执行董事会的报告提供基础，并尽可能地包括具体的建议。

请注意：老师可能会要求学生以小组的形式来完成这个案例，并要求每个小组在全班进行正式陈述。

延伸阅读

Abrams, D. 2014. "Print Continues to Outsell Digital," *Publishing Perspectives*, October 15. http://publishingperspectives.com/2014/10/print-continues-outsell-digital-first-half-2014/

Anderson, C. 2008. *The Long Tail Revised and Updated Edition: Why the Future of Business is Selling Less of More*. New York: Hyperion.

Anderson, C. 2009. *Free: The Future of a Radical Price*. New York: Hyperion.

Bagchi, S. 2015. "E-books Help Personalize the Experience of Reading," *The Times of India*, May 3. http://timesofindia.indiatimes.com/tech/tech-news/E-books-help-personalize-the-experience-of-reading/articleshow/47136052.cms

Bedford, A. 2015. "Don't Prioritize Efficiency Over Expectations," *Nielsen Norman Group*, May 10. http://www.nngroup.com/articles/efficiency-vs-expectations/

Bustillo, M. 2011. "Wal-Mart Shakes Up its Online Business," *The Wall Street Journal*, August 13, B1.

Carlson, E. 2015. "Move Over Netflix, Amazon: Sony's Crackle Is Ramping Up," *Fortune*, April 29. http://fortune.com/2015/04/29/crackle-streaming-stars/

Carrns, A. 2014. "A Start-Up Offers Online Therapy for Anxiety and More," *The New York Times*, October 25, B5.

Christensen, C. and M. Overdorf. 2000. "Meeting the Challenge of Disruptive Change," *Harvard Business Review*, 78(2), March–April, 66–75.

Conditt, J. 2015. "Google Photos Offers Unlimited Storage for Mobile and Web," *Engadget*, May 28. http://www.engadget.com/2015/05/28/google-photos/

Crawford, W. 2004. "Keeping the Faith: Playing Fair with Your Visitors," *EContent*, 27(4), September, 42–43.

Davis, D. 2015. "Walmart Invests Heavily in E-commerce," *Internet Retailer*, May 19. https://www.internetretailer.com/2015/05/19/wal-mart-invests-e-commerce-q1-web-sales-grow-17

Demery, P. 2011. "Training, Technology, and Teamwork Help E-retailers Derive More Sales and Profits from Live Chat," *Internet Retailer*, November, 14–16.

The Economist. 2010. "Charging for Content: Media's Two Tribes," 396(8689), July 3–9, 63.

Enright, A. 2011. "Classy Examples: Luxury Brands Show How to Sell High-ticket Items Online and Build Trust," *Internet Retailer*, May 31. http://www.internetretailer.com/2011/05/31/classy-examples

Greenstein, S. and M. Devereux. 2006. *The Crisis at Encyclopaedia Britannica. Kellogg School of Management Case 5–306-504*. Evanston, IL: Northwestern University.

Gupta, S. and C. Mela. 2009. "What Is a Free Customer Worth?" *Harvard Business Review*, 86(11), 102–109.

Johnston, S. 2012. "Newspaper Paywalls Accelerating," *EByline*, July 30. http://ebyline.biz/2012/07/newspaper-paywalls-accelerating/

Jones, P. 2015. "Long Live the eBook: It's a Champion of the Printed Word," *The Guardian*, January 7. http://www.theguardian.com/commentisfree/2015/jan/07/ebook-printed-word-reader-e-reader

Kemp, T. 2000. "Wal-Mart No Web Mart," *Internet Week*, October 9, 1–2.

Kessler, S. 2012. "New York Times Paywall Gets Bigger, Halves Number of Free Online Articles," *Mashable*, March 20. http://mashable.com/2012/03/20/new-york-times-paywall-free-articles/

Kosner, A. 2013. "Blogger Andrew Sullivan and Filmmaker Larry Clark Monetize Themselves with Tinypass," *Forbes*, January 3. http://www.forbes.com/sites/anthonykosner/2013/01/03/blogger-andrew-sullivan-and-filmmaker-larry-clark-monetize-themselves-with-tinypass/

Leski, M. 2011. "Reading: From Paper to Pixels," *IEEE Security & Privacy*, 9(4), July–August, 76–79.

Lynch, J. 2015. "Why Crackle Wants You (and the Industry) to See It as a Mainstream TV Network," *Adweek*, April 9. http://www.adweek.com/news/television/why-streaming-service-crackle-ditched-newfronts-upfronts-163951

McIntyre, D. 2015. "Amazon Tops Walmart in Brand Survey," *24/7 Wall Street*, May 31. http://247wallst.com/retail/2015/05/31/amazon-tops-walmart-in-brand-survey/

Medical Economics. 2009. "Website to Offer Online Visits Nationwide," August 7, 18.

Miller, C. and J. Bosman. 2011. "E-books Outsell Print Books at Amazon," *The New York Times*, May 19. http://www.nytimes.com/2011/05/20/technology/20amazon.html

Morphy, E. 2012. "Pandora's Popularity—Too Much of a Good Thing?" *E-Commerce Times*, March 8. http://www.ecommercetimes.com/story/Pandoras-Popularity---Too-Much-of-a-Good-Thing-74595.html

Moynihan, T. 2015. "Google Photos Is Your New Essential Picture App," *Wired*, May 29. http://www.wired.com/2015/05/google-photos-new-essential-picture-app/

Newton, C. 2015. "How Google Solved Our Photo Backup Nightmare," *The Verge*, May 29. http://www.theverge.com/a/sundars-google/google-photos-google-io-2015

Nielsen, J. 1999. *Designing Websites with Authority: Secrets of an Information Architect*. Indianapolis, IN: New Riders.

Nielsen, J. 2001. "Usability Metrics," *Nielsen Norman Group*, January 21. http://www.nngroup.com/articles/usability-metrics/

Nielsen, J. 2011. "E-commerce Usability," *Nielsen Norman Group*, October 24. http://www.nngroup.com/articles/e-commerce-usability/

Nielsen Norman Group. 2011. *Non-profit and Charity Website Usability: 116 Design Guidelines*. Fremont, CA: Nielsen Norman Group.

Nyak, M. 2013. "FACTBOX: A Look at the $66 Billion Video Games Industry," *Reuters*, June 10. http://in.reuters.com/article/2013/06/10/gameshow-e-idINDEE9590DW20130610

Ojala, M. 2013. "The Big Three: Still Relevant? *Online Searcher*, 37(4), July/August, 67–69.

Osterwalder, A., Y. Pigneur, and C. Tucci. 2005. "Clarifying Business Models: Origins, Present, and Future of the Concept," *Communications of the Association for Information Systems*, 16, 1–25.

Oswald, E. 2012. "Wikipedia Kills Off Encyclopaedia Britannica, at Least in Print," *ExtremeTech*, March 14. http://www.extremetech.com/internet/122505-wikipedia-kills-of-encyclopaedia-britannica-at-least-in-print

Owen, L. 2012. "Newspaper Association of America Shows New Trends in Paywalls," *Paid Content*, August 1. http://paidcontent.org/2012/08/01/newspaper-association-of-america-shows-new-trends-in-paywalls/

Pérez-Peña, R. 2007. "Times to End Charges on Web Site," *The New York Times*, September 18. http://www.nytimes.com/2007/09/18/business/media/18times.html

Peters, J. 2011. "Times' Online Pay Model Was Years in the Making," *The New York Times*, March 20. http://www.nytimes.com/2011/03/21/business/media/21times.html

Pfanner, E. 2013. "Music Industry Sales Rise, and Digital Revenue Gets the Credit," *The New York Times*, February 27, B3.

Rawsthorn, A. 2013. "What Constitutes Good and Bad Web Design?" *The New York Times*, January 6. http://www.nytimes.com/2013/01/07/arts/design/what-constitutes-good-and-bad-web-design.html

Rayport, J. and J. Sviokla. 1995. "Exploiting the Virtual Value Chain," *Harvard Business Review*, 73(6), November–December, 75–85.

Rosenberger, R. 2013. "Why Don't People Want to Read E-books on Tablets?" *Slate*, August 15. http://www.slate.com/blogs/future_tense/2013/08/15/ebook_sales_decline_do_people_not_want_to_read_books_on_tablets.html

Rueter, T. 2011. "Home Depot Enables Online Shoppers to Pick Up Purchases Inside Stores," *Internet Retailer*, September 2. http://www.internetretailer.com/2011/09/02/home-depot-enables-online-shoppers-pick-items-stores

Sanderfoot, A. and C. Jenkins. 2001. "Content Sites Pursue Fee-Based Model," *Folio: The Magazine for Magazine Management*, 30(6), 15–16.

Schade, A. 2014. "Ecommerce User Experience Trends: Three Design Trends to Follow and Three to Avoid," *Nielsen Norman Group*, January 26. http://www.nngroup.com/articles/e-commerce-usability/

Schwartz, E. 1997. *Webonomics*. New York: Broadway Books.

Schwartz, E. 1999. *Digital Darwinism*. New York: Broadway Books.

Sharma, R. 2015. "Technology Will Help Target Boost Sales, But It Won't Solve Walmart's Problems," *TheStreet*, May 22. http://www.thestreet.com/story/13160495/1/technology-will-help-target-boost-sales-but-it-wont-solve-walmarts-problems.html

Shneiderman, B. 1997. *Designing the User Interface: Strategies for Effective Human-Computer Interaction*. Reading, MA: Addison-Wesley.

Sisario, B. 2015. "Global Online Music Sales Slightly Surpass CDs and LPs," *The New York Times*, April 15, B4.

Sklar, J. 2012. *Principles of Web Design*, Fifth Edition. Boston, MA: Course Technology.

Stambor, Z. 2011. "Customer Service: Video and Chat Help E-retailers Get Personal With Customers," *Internet Retailer*, June 30. http://www.internetretailer.com/2011/06/30/customer-service

Steel, E. 2007. "Job-Search Sites Face a Nimble Threat; Online Boards Become Specialized, Challenging Web-Print Partnerships," *The Wall Street Journal*, October 9, B10.

Stross, R. 2011. "The Therapist Will See You Now, Via the Web," *The New York Times*, July 9. http://www.nytimes.com/2011/07/10/technology/bringing-therapists-to-patients-via-the-web.html

Their, D. 2012. "Comedian Louis CK Is the King of Direct-to-Consumer Sales," *Forbes*, June 28. http://www.forbes.com/sites/davidthier/2012/06/28/comedian-louis-ck-is-the-king-of-direct-to-consumer-sales/

Tian, X. and B. Martin. 2011. "Impacting Forces on eBook Business Models Development," *Publishing Research Quarterly*, 27(3), 230–246.

Tognazzi, B. 2009. "How to Achieve Painless Registration," *AskTOG*, November–December. http://www.asktog.com/columns/081Registration.html

Tuttle, B. 2015. "Walmart Testing a Free Shipping Option to Compete with Amazon Prime," *Money*, May 14. http://time.com/money/3858616/walmart-free-shipping-amazon/

Weiss, T. 2000. "Walmart.com Back Online After Four-Week Overhaul," *Computerworld*, 34(45), November 6, 24.

Williams, T. 2005. "NYTimes.com to Offer Subscription Service," *The New York Times*, May 17, C5.

Zimmerman, A. 2000. "Wal-Mart Launches Web Site for a Third Time, This Time Emphasizing Speed and Ease," *The Wall Street Journal*, October 31, B12.

第4章 网络营销

学习目标

- 企业如何应用产品核心与顾客核心的营销战略?
- 与不同细分市场沟通的策略。
- 通过客户关系生命周期来识别客户特性。
- 网上广告是如何发展壮大的?
- 电子邮件营销策略。
- 技术支持的客户关系管理。
- 如何在互联网上创建和维护品牌?
- 企业如何使用社交媒体开展病毒式营销活动?
- 搜索引擎排名方法与域名选择策略。

引言

以往,居家用品营销广告中经常使用的范例,是通过幽默的方式来展示一位父亲的刻板形象,笨手笨脚地做家务或照顾孩子。在这类广告所呈现的故事情节中,可怜的爸爸必须争取在妈妈回家前做完所有的事情,爸爸挣扎着努力完成洗衣服、做晚饭、照顾孩子等一系列家务活动,而那些尚未来得及做完家务的证据物品(从脏盘子到脏尿布等所有东西)也需要在妈妈返回家前隐藏好。

当居家用品的购买决定主要由女性做出时,这种类型的广告可能是有效的。但是近年来,男士在这类用品的购买决策中发挥了更大的作用。因此,相关企业已经开始为产品营销信息确定新的受众,并逐渐改变广告的故事背景,不再对男士做家务恶作剧,来笑话他们笨手笨脚。

2012年,Kimberly-Clark公司为其Huggies品牌的尿布制作播放了一个电视广告,该广告由于将男士演绎为没有能力照顾他们幼小的孩子而声名狼藉。为了应对网上大规模爆发的暴风骤雨般的批评，该公司立即更换了广告，并对其网上品牌信息论坛开展了全面审查。现在，公司定期与很多社交媒体开展名为"爸爸关注"的论坛合作，并与其他许多生产消费用品的公司一起参加一年一度的"爸爸2.0峰会"。这个会议由联合利华的多芬男士（Dove Men + Care）品牌香皂和洗发产品赞助，由 XY Media 公司负责主办。XY Media 是一家咨询公司，为企业如何吸引父亲们的关注提供咨询服务。

在本章中，将介绍企业在客户与员工可能永远都不会见面的情况下，如何使用广告和营销与客户建立长期关系。

4.1 网络营销战略

本章将讲授公司如何在营销战略中使用网站宣传产品和服务、推广品牌并提高公司声誉。现在，越来越多的企业将客户分组，并针对不同的客户组进行目标营销。当公司使用互联网时，目标客户群可以划分为更小的组，有时甚至一个客户组只包括一个客户。对网络用户行为的最新研究甚至建议，网站应该针对在不同时间段访问网站、具有不同需求的访问者做出不同的响应。本章还将讲述公司出售其网站上的广告位获利的方法。

很多公司使用**营销组合**（marketing mix）这个术语来描述为达到公司目标，销售和推广产品与服务所使用方法的组合。当公司决定所使用的方法后，这种特定的营销组合称为**营销战略**（marketing strategy）。在本书第 3 章中曾讲过，公司——即使是在同一行业内的公司，都应该在市场上创建其独一无二的品牌特性。公司的营销战略是一个重要的工具，将公司的品牌和广告信息传递给当前客户与潜在客户。公司的网上形象是其营销战略中的一个构成要素。

4.1.1 营销中的 4P

营销的本质问题被归纳为 4 个 P，即产品、价格、促销和渠道。**产品**（product）是公司所销售的实体产品或服务。质量、设计、功能、特性甚至包装等诸要素构成了产品。产品的这些内在特性非常重要，但客户对产品的感知——称为产品的**品牌**（brand），同产品的实际特性一样重要。

营销组合中的**价格**（price）要素是客户购买产品所支付的总金额。近年来，营销专家提出企业应该从一个更广的视角来看待价格因素，即客户获取产品所支付的所有财务成本（包括交易成本）。顾客从产品中所获取的收益减去总成本得到客户从交易中所获得的**客户价值**（customer value）。本书后面章节会讲述企业如何利用互联网通过网上拍卖、逆向拍卖和团购策略等方式进行有创意的定价与价格谈判。这些基于互联网所带来的机遇正在帮助公司找到新的方法来提高客户价值。

促销（promotion）包括传播产品信息的所有手段。促销需要企业针对广告、公共关系、人员推销、产品的整体推广做出决策。互联网上，各种与客户、潜在客户沟通的新手段比比皆是。本章将讲述组织如何通过使用自己的网站、电子邮件策略、社会媒体等沟通工具来促销产品和服务。

多年来，营销经理一直梦想能够将顾客所想要的商品精确地在其需要时立即交付。**渠道**（place），也称为**分销**（distribution），是指将产品与服务供应到各地，以满足各地客户的需求。自从商务活动出现后，如何在最佳时间将正确的产品在正确的地点进行销售这一难题一直都困扰着公司。虽然互联网不能完全解决这些物流与分销的难题，但它确实能带来很多帮助。例如，数字产品（诸如信息、新闻、软件、音乐、视频与电子图书）能通过互联网及时交付。很多公司销售需要送货的商品，发现互联网比早先的信息技术能帮助它们更好地跟踪和控制货物运输。图 4-1 刻画了 4P 市场营销的组成部分，并显示了各元素对整体营销战略的贡献。

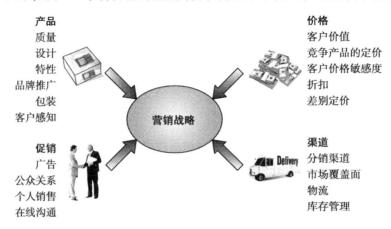

图 4-1　4P 营销对市场营销战略的贡献

4.1.2　产品为核心的营销战略

很多公司的管理人员根据公司所销售的产品和服务来开展业务。这种**基于产品的营销策略**（product-based marketing strategy）来考虑业务开展的想法很合理，毕竟公司花费了大量精力、时间和资金来设计与开发这些产品和服务。如果你让管理人员说明其公司正在销售什么，他们通常会给你一份罗列出所销售商品或提供服务的详细清单。当客户愿意根据产品目录购买商品，或按产品目录来考虑自己的需求，这种基于产品的组织就很有效。大部分网上办公用品供应商认为其客户是根据产品类别来考虑需求的。例如 Office Depot 和 Staples 两家公司在设计网站时都将产品类别（如纸张、打印墨水和墨粉、打印机）作为网站结构的主要组织方式。西尔斯，美国著名的百货公司，早期采用目录营销，随后很多年，在开展网上销售前，通过建立实体店面来销售产品，也使用产品为核心的结构来组织其网站。大部分公司以往根据产品类别印制产品册，这样的思路被沿用到这些公司网站的设计上。

很多目录零售商开展网上业务时，是从企业内部视角来组织其网站，即根据公司安排产品上到商店货架的过程，或印刷成目录页的产品组织方式来设计网站结构。如果顾客到网站上是为了寻找一款特定的产品，这样的方法很有效。但如果顾客上网是为了寻找满足其特定需求的商品，如重新装修装饰一个房间或寻找毕业礼物，可能发现这种网站用处不大。

营销顾问经常建议零售商从企业外部视角来设计他们的网站，将自己想象为客户，并创造能满足客户需求的网上体验。这就需要网站能够提供多种购物方式供客户选择。下一节将讲述公司如何实现这种基于企业外部视角或基于客户的网站设计方法。

4.1.3　客户为核心的营销战略

在本书第 3 章中，已讲过网站可以创造一个环境，帮助买卖双方间实现使用多种方式进行沟通和交流。网站的沟通结构比传统大众媒体（如广播或印刷广告）的单向沟通要复杂很多。例如，当一家公司在网上开展业务时，所建设的网站应该能够非常灵活地满足大部分客户的不同需求。公司应将网站建设为满足各类型客户不同需求的工具，而非企业产品大全。例如，一个网上花店网站允许客户亲自安排所需要购买鲜花的搭配要求，包括指定特定的鲜花或颜色（满足顾客对特定产品的具体需求），此外，网站也为特定场合（生日、周年纪念日、母亲节等）搭配包扎好花束，有相关需求的顾客可以通过单独的购物通道购买。类似地，玩具网站向用户提供选项，以便他们可以选择价格范围、玩具类型、玩具接受者的年龄范围等。网站适应不同类型客户不同需求的设计方法被称为**客户核心营销策略**（customer-based marketing strategy）。

实施客户核心营销策略的第一步是识别具有相同**人口统计特征**（demographic）的客户群。创建一个网站为客户提供服务，并以不同的方式满足不同客户群的需求，这种做法将让每个客户群感到网站更加易于使用并且有用。但具体实施起来很困难，因为大部分管理者，很自然地将企业网站视为组织活动的模仿，他们从组织内部的角度来审视网站内容及功能。例如，早期的大学网站，通常围绕学校的内部组织机构（如系、学院和项目）来组织信息，从组织内部视角来考虑网站的实施。今天，大多数大学网站主页上都有指向针对不同利益相关者（如在校学生、将来的学生、学生家长、赞助人和教师等）所关心内容的链接。

4.2 同各细分市场沟通

识别潜在的客户群仅仅是向这些客户开展销售的第一步。在任何营销策略中，与识别客户群同等重要的另一个要素，是选择何种传播媒体来传递营销信息。

传播媒介的选择，也就是公司选择在什么地方开展营销与进行广告宣传，对网上企业来说是至关重要的，因为这些企业没有实体店面。网上企业接触潜在客户的唯一方式就是其在媒体与网站上所传递的形象，网上企业所面临的挑战，尤其对新成立的网上企业，是在没有实体店铺的情况下如何让客户相信自己。

4.2.1 信任、服务复杂性与媒体选择

正如本书第3章中所介绍的，互联网所提供的沟通模式位于大众传媒与个人面对面接触之间，但其所能接触到的客户群体却很广泛。通过网站与潜在顾客进行沟通，既拥有个人面对面接触的很多优势，又比通过大众媒体将新学校传播给众多客户群所需的成本低。图4-2所示是三种信息传播方式基于产品（或服务）的复杂性、信任程度这两个维度所进行的比较。

虽然大众媒体的信任程度最低，但很多公司还是继续使用大众媒体开展营销并获得成功，因为大众媒体广告能传播到广大受众。例如，制作并播放电视广告可能需要几百万美元，但数百万人可以看到这个广告，因此，人均广告成本非常低，这对很多公司具有吸引力。

多年来在电视和收音机广告的密集轰炸下，很多人已培养了抵御大众媒体广告的能力。观众对广告中声嘶力竭的"新产品"的宣传基本没有反应。过分夸大言词的滥用使很多人不相信或者干脆忽视大众媒体所传递的信息。尝试在互联网上重现大众媒体广告会因同样的原因而失败，很多人根本不会注意没有包含自己感兴趣信息的产品广告。

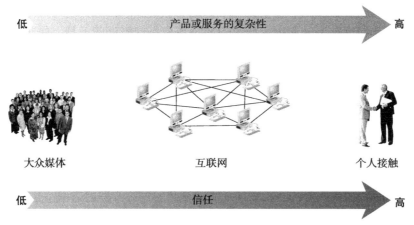

图 4-2　三种沟通模式中的信任程度

大众媒体广告活动的成功通常依赖于媒体受众的被动性体验。看电视或听广播时，人们处于被动易接收信息的思维状态。这样，广告主可以在大众媒体广告中放入一些受众人群在主动思维状态下不会信服的信息。受众人群之所以会接受这些信息主要因为自己处于不加思索的被动思维状态。网络上的情况刚好相反，网民敲打键盘点击鼠标浏览网页，处于主动思维状态，网民主动评价所看到的广告信息，对相同广告内容的接受程度要比处于被动思维状态时低。这一规则的例外是娱乐视频节目在网上的分销。提供电视节目或视频剪辑的娱乐网站可以成功地将大众媒体广告整合到视频中，因为视频的观看者与电视观看者都处于相同的头脑不质疑的被动状态。

产品和服务本身所具有的复杂性是选择媒体的一个重要因素。功能简单的产品使用大众媒体促销效果很好。由于大众媒体广告价格较高，绝大多数企业使用它来传递的信息内容都较短（也有例外，如电视购物节目）。功能复杂的产品和服务最好采用面对面个人接触的营销方式，在产品促销演示过程中，潜在客户可以咨询并了解详细的产品信息。

网络占据了大众媒体与个性化服务之间一个很大的中间地带，它可以用来传递短小但重点突出的消息，以促进信息的传播，但它也可以用来传递更长和更复杂的消息，甚至可以使用网络在类似于个性化联系销售的对话框中让潜在客户参与进来。更为重要的是，一个设计合理的网站能够提供选择功能，让用户自行选择与企业间的不同互动程度。企业能在网站上制作大众媒体类的简短信息，感兴趣的用户通过点击链接就能获取更详细的资讯。如果用户还需了解更多介绍，网站通过网上聊天工具等提供给客户与服务代表一对一沟通的机会（比如在线聊天）。因此，网站能实现大众媒体和个人接触的诸多特点，且具备两种营销渠道之间的所有功能。

公司能利用互联网获取面对面接触的好处，同时避免面对面接触所固有的高成本问题。方法之一是使用互联网所提供的一些新的通信工具，例如，人们可以把自己的想法发布在互联网上，并邀请其他人来添加评论。很多人已经使用这种类型的网站，称为网络日志（Web log）或博客（blog），这种方式为个人政治、宗教和其他强烈信念的表达提供了一个出口。今天，很多公司把博客用作沟通工具。例如，零售商使用博客对它们的网上商店进行个性化宣传，为顾客提供了即使暂时不想购物，也要访问网站的一个理由。

在本书第 1 章中介绍了基于社交网络的电子商务。在本章中，将介绍企业如何使用营销故事的讲述技巧，将品牌故事与企业发布在所有媒体渠道中用于与客户、潜在客户沟通的一系列消息联系起来。社交媒体可以帮助企业创建一系列关于新产品、促销甚至广告活动的主题讨论。**社交媒体**（social media）是一个通用术语，包括 Facebook 或 Instagram **社交网站**，以及推特（Twitter）等在线沟通平台。社交网站让用户彼此间交流想法，相互间分享新闻和最新信息。在本书第 6 章中将介绍社交媒体，以及很多人在社交媒体中所使用的移动设备。

博客和社交媒体给企业提供了进行双向网上沟通的方式，这种方式更接近于高信任度的个人接触的沟通方式，而非低信任度的大众媒体的沟通方式。互联网让企业获得这些好处的同时，还避免了传统个人接触技术所需要的高昂成本。

4.2.2　市场细分

企业为应对广告效果降低的问题，不得不设法识别市场中的特殊需求，针对不同需求制作不同广告并投放到这类较小规模的市场。这样的业务活动，称为**市场细分**（market segmentation），即将潜在客户群划分成不同的细分市场。**细分市场**（segment）往往根据顾客的年龄、性别、婚姻状况、收入水平和地理位置等统计特征来确定。例如，19 至 25 岁的未婚男子可能就是一个细分市场。

20 世纪 90 年代初期，企业开始为特定的广告和促销策略来识别越来越小的细分市场。这种将很小的细分市场作为目标市场的行为称为**微观营销**（micromarketing）。然而，传统大众媒体广告所具有的每个受众低成本的规模经济效应在细分市场营销中不复存在，采用大众媒体营销方式针对很小的细分市场时，成本会很高，这就妨碍了微观营销策略的成功实施。微观营销相对于大众媒体广告来说是一个改进，但其采用的基本方法是相同的，因此无法避免这种方法带来的弱点。

营销人员传统上常使用三种类型的变量来识别细分市场。第一个细分变量是位置，公司按客户的居住或工作地点对其分类，即**地理细分**（geographic segmentation），然后针对每个地区的客户制定不同的营销策略组合。公司可以按国家、州（或省）、城市甚至社区对客户进行细分。此外，公司还可以为城市居民制定一种营销策略，为郊区居民制定第二种营销策略，为农村居民制定第三种营销策略。

另一种方法是使用年龄、性别、家庭人口数、收入、受教育程度、宗教信仰或种族等信息对客户进行细分，即**人口细分**（demographic segmentation）。营销人员经常使用人口变量进行市场细分，因为研究表明客户对产品的需求和使用同人口变量间存在很强的依赖关系。人口细分方法也被应用于网站上。例如，有的网站面向女性或特定年龄的人群（如青少年），这些人群是影像制品和新潮服饰的主要消费者。营销人员还经常组合使用人口细分和地理细分策略，例如，航空公司能针对威斯康星州和密歇根州中等收入的家庭推出冬季佛罗里达旅游的广告。

心理细分（psychographic segmentation）是根据社会阶层、个性或生活方式等变量对客户的细分。例如，汽车厂商会面向喜欢社交、需求成就感高的客户投放跑车广告。近年来，由于营销人员尝试识别不同生活方式的特征并设计广告接触特定生活方式的人群，心理细分方法被越来越广泛地使用。

公司在电视上打广告时会根据观众类型选择投放广告的电视节目频道。这些观众可能代表了一个或几个细分市场，细分市场可以按地理、人口、心理或这三种类型的组合进行细分。表 4-1 所示是公司选择电视媒体的一些例子。

表 4-1 适合不同受众的电视节目广告信息

电视节目类型	广告类型
儿童卡通	儿童玩具与游戏
日间剧场	家居用品、洗涤用品、宠物食品
午夜脱口秀	零食、非处方的睡眠药物
高尔夫竞标赛	高尔夫装备、投资服务、人寿保险
棒球、足球比赛	零食、啤酒、汽车
纪录片节目	图书、光盘、教育录像带

儿童电视节目适合播放儿童用品广告。日间剧场的观众是白天待在家里的人,适合投放居家用品与洗涤用品广告,这类人群比其他人更喜欢饲养宠物,也更适合投放宠物食品广告。午夜脱口秀节目中的广告主要针对失眠人群,广告主认为这类人群更易接受零食广告,他们可以边看脱口秀节目边吃零食,或针对困扰他们的睡眠问题投放非处方的安眠药广告。

体育节目中的广告可以面向两种完全不同的细分市场。高尔夫竞标赛或网球比赛的观众一般属于高收入人群,棒球或足球比赛的观众一般属于中等收入人群。因此,高尔夫与网球比赛转播时可投放投资、保险产品、高档汽车的广告,这些观众往往自己也参加这种运动,因此还可以播放这些运动所需设备的广告。棒球或足球比赛转播时很少投放运动装备的广告,因为观众很少会亲自参与运动。

纪录片节目(如历史频道或探索频道)中经常播放图书、读书俱乐部、光盘和其他教育录像带的广告,这些商品适合喜爱这类节目的有知识、热爱艺术的观众。

公司不仅要为细分市场选择合适的广告媒体,还要为目标市场创造与产品和服务相适应的销售环境。实体商店的店内设计和商品陈列都是针对特定的细分市场来设计的。走进一家购物中心,你会发现色彩、展示、灯光、背景音乐甚至售货员的着装都随目标客户群的不同而有显著差别。例如,针对少女服装店的风格完全不同于面向高收入成熟女性的高档、风格保守的服装店。

4.2.3 互联网上的市场细分

网站为企业提供了一个展示不同店铺风格的机会。例如,访问 Juicy Couture 或 Talbots 的主页,你将会发现这两个网站的页面都设计得很漂亮、很实用,但所面对的细分市场完全不同。Juicy Couture 网站面向注重时尚的年轻人,网站采用了多种字体、醒目的图片,鲜艳亮丽的产品图片传递其品牌的内涵,网站强调的是大胆张扬的时尚表达,即让朋友们羡慕。相反,Talbot 网站所呈现的是低调、保守的风格,面向讲究实际的成年人。

实体零售商受到展示空间的限制,不得不选择其店面设计主要针对哪一类细分市场。但也有例外,如音像店会单辟一个古典音乐间(播放与店铺其他区域不同的背景音乐),大百货商店每个区位的灯光使用和产品陈设风格可以不同,但小店只能选择针对主要客户的一种店面风格。互联网上,网上商店为不同的细分市场提供了不同的虚拟空间。例如,**威瑞森电信公司(Verizon)**的网站主页提供了针对常驻居民、企业客户以及无线用户的链接。企业客户页面进一步细分选项,提供链接到各独立页面,包括小企业、中型企业、公共机构和政府部门等。很多网上零售商针对目标市场做到了极致,允许客户创建自己的店铺。

4.2.4 提供客户网上选择

戴尔公司首屈一指的 Premier 账户管理是客户核心市场细分策略的高水平应用。戴尔为账户中的每位客户单独建立了属于他们自己的戴尔网站,以事先谈判协商好的价格和条款为客户提供定制的产品页面。戴尔甚至允许其企业客户中的员工,在其所属公司的 Premier 主页上创建专属于自己使用的个人页面。这种针对每个具体的客户需求,高级别地定制产品和服务的方法称为**一对一营销**(one-to-one marketing)。互联网为营销人员提供了类似 20 世纪四五十年代盛行的上门推销的高度个性化互动的客户接触渠道。

4.3 超越市场细分:客户行为与关系强度

在上面的章节中,讲述了公司如何针对具有共同特征的客户群,细分市场开展目标营销,以及一对一营销如何给公司提供了机会,针对每个客户创造出独一无二的互联网体验。接下来,超越了市场细分,甚至超越了一对一的营销,就是公司如何利用互联网在不同时间以不同方式针对不同客户开展目标营销。

4.3.1 客户行为细分

在现实世界中,企业能根据客户需求为其创造不同的体验。例如,一家公司决定其使命是向饥饿的顾客销售准备好的餐食。一名假设的潜在顾客在不同时间将以不同的方式解决饥饿问题:早上饿了又赶着上班,顾客可能会开车前往快餐店或在地铁站匆匆买一杯速溶咖啡;午餐可能订一份三明治送到办公室,招待客户则会去一家好的饭馆;晚上可能与朋友在餐馆聚餐,也可能从邻近的中餐馆叫一份外卖或者订一份比萨。

这里的关键是同一个人因为场合不同而要求不同的产品与服务。一般情况下,根据客户的行为创造不同的体验称为**客户行为细分**(behavioral segmentation)。由于客户行为细分往往基于特定的时间和场合,因此也称为**场合细分**(occasion segmentation)。

通常情况下,在现实环境中运营的企业只能满足一种或有限几种客户不同的行为需求。例如,上面提到的中餐馆可以提供就餐服务与外卖服务,但不能提供顾客驾车通过窗口点餐与取餐的快餐式服务,也不能提供早晨的速溶咖啡售货亭。很少有餐馆能够提供从快餐食品到满汉全席的所有饮食服务。在互联网世界中,企业能够很容易地设计一个网站来满足不同行为模式客户的需求,因此,网站设计者可以在一个网站上使用吸引不同行为细分市场的所有设计元素。

营销研究人员正在研究客户偏好不同商品、服务与网站功能组合的原因,以及客户与网站的互动模式对这种偏好的影响。研究结果发现,客户期望网站能够提供一系列的互动模式。请记住,一个特定的客户会在不同的时间重复访问某个网站,并且每次访问的需求可能是不一样的,因此客户每次访问时可能会寻求不同的网站互动模式来满足自己的需要。按照每一个客户或每一类客户使用网站的行为模式来定制客户访问体验称为**基于使用习惯的市场细分**(usage-based market segmentation)。研究人员已经识别出网上行为的常见模式,并对这些模式进行了分类。今天营销人员所使用的一组类别包括浏览者、采购者和购物者。

1. 浏览者

有些网站的访问者只是浏览一下页面,要吸引这类潜在客户,网站应提供他们感兴趣的东西。网站上应该有词语能够唤起访问者的记忆，使他们想起在网站上要购买的商品。

这些关键词通常称为**触发词**（trigger words），因为它提示访问者在网站停留下来，了解网站所提供的产品与服务。网站介绍与使用指南对这类访问者非常有用，此外网站还应该提供与产品或服务相关的其他内容。例如，一家销售野营装备的网站应该提供一些受欢迎的宿营地的介绍、照片和在线地图。浏览者会被这些内容所吸引，在网站上停留较长时间，并对公司留下好印象，这样就有可能在网站上购买或将网站链接加入到收藏夹日后再来。

2. 采购者

采购者是准备立即购买的网站访问者。网站提供给采购者最好的设计就是一个到购买交易功能的直接链接。很多网站在主页上提供一个文本框，以便访问者能直接输入印刷目录中的商品编号，这样就可以将此商品放入网站上的购物车并直接转到购物车页面。**购物车**（shopping cart）是对网站上负责跟踪客户所选定的商品并自动处理结算的功能所给出的术语。

在购物车页面上，应该提供让访问者返回网站购物区的链接，但网站设计的首要目标是让采购者尽快找到购物车，即使采购者是第一次访问该网站。购物车软件应该让客户把商品放入购物车后，再要求客户在网站上创建账户并登录，为了避免给客户采购造成障碍，网站应该在交易的最后过程才让客户登录账户，有关购物车设计的详细内容可参看本书第9章。

也许最方便的购物车体验就是亚马逊网站（Amazon.com）提供的一次点击购物功能，客户只需点击一次鼠标就能完成商品的购买，使用一次点击购物功能，客户在90分钟内采购的商品都会被放入同一个购物车中，并合并成一个出货单。亚马逊拥有一次点击购物功能的专利。

3. 购物者

一些客户访问网站是因为他们知道网站上有自己需要的商品并准备购买，这类访问者有购买的动机，但想在决策前了解更多的信息。针对这类访问者，网站应该提供比价工具，以及商品评价、商品性能列表等功能。Crutchfield和Best Buy等家电网站提供了很多有用的功能，包括允许客户指定商品信息的详细程度、按品牌或价格排序、逐一对两种商品进行比较等功能。

请注意，同一个人一天之内可能会先后以浏览者、购物者或采购者的身份访问网站。人们每次访问的行为类别可能都不相同，即使是访问同一个网站。

4. 替代模式

虽然很多公司都使用这三种类别对访问者进行分类，但其他研究者仍然在探索另外的分类模式。很多网站访问者的行为尚未完全研究清楚。著名管理咨询公司麦肯锡（McKinsey）进行了一项研究，对5万活跃的互联网用户的上网行为进行了仔细分析，识别出6类不同的互联网用户组，表4-2展示了基于行为细分研究的网站访问者类别。

其他的研究也识别出类似的客户群和特征。不同行业或具有不同业务的企业，识别出的客户群具有不同的特点，使用不同的名字对它们网站上的访问者分组并命名。网上企业所面临的挑战是识别出不同的访问群体，并针对每一群体制定出不同的盈利策略。例如，有些客户群（如简单主义者和讨价还价者）已经准备购物，将对网站上看到的特定商品或网站提供的特殊服务产生兴趣，其他客户群（如网上冲浪者、循规蹈矩者、运动娱乐者）则应该是特定类型广告信息的良好目标。随着对网上访问者行为研究的深入，企业已经能够越来越好地鉴别出访问者到达网站所处的不同模式，并将其引导到适合其访问模式的网站上的不同区域。例如，某美容产品网站可以跟踪口红的销售记录，了解所销售口红大致可使用多长时间，刚好在顾客即将用完、需要寻找替换产品的时候，发送电子邮件进行促销。同样地，网上保健品销售商知道每位顾客购买的每瓶药丸可以持续服用多长时间，能设计销售方案并进行促销宣传吸引客户，在恰当的时间促成交易。

表 4-2 基于行为细分研究的网站访问者类别

类别	上网目的	吸引这些访问者的网站特性
简单主义者（simplifier）	喜欢便捷	提供网上交易更简便、更快速、更高效的工具或特殊服务功能
网上冲浪者（surfer）	使用互联网来查找信息，探索新的想法	网站应该提供各种各样有吸引力的内容，精心设计网页并且不断更新网站内容
讨价还价者（bargainer）	寻找物美价廉的商品	网站提供拍卖、折扣、优惠券和打折促销
寻求联系者（connector）	和别人保持联系	网站提供聊天室、讨论区、社交网络功能、电子贺卡、电子邮件服务
循规蹈矩者（routiner）	在一个地方获取信息	网站提供新闻报道、财务资讯，以及用户熟悉、稳定的网站界面
运动娱乐者（sportster）	在一个地方获取信息	网站提供运动、娱乐信息，以及用户熟悉、稳定的网站界面

资料来源：Forsyth, J., T. McGuire, J. Lavoie. 2000. *All Visitors Are Not Created Equal.* Boston: McKinsey & Co. and MediaMetrix.

4.3.2 客户关系强度与生命周期细分

营销的目标之一是在公司和客户之间建立紧密的关系。一对一营销和基于用户使用习惯细分进行营销的价值，就在于它们能够增强企业与客户之间的关系。良好的客户体验可以帮助客户对公司及其产品和服务产生强烈的忠诚度。

研究人员识别出随时间推移，在客户关系的演变过程中客户忠诚度的几个阶段，即知晓、了解、熟悉、承诺和分离。承诺阶段可以持续很长时间，事实上，每个营销人员都希望客户永远处于这个阶段。然而，很多客户会失去与商家的联系，进入称为分离的最后阶段。

图 4-3 所示为其中的一个经典模型——客户忠诚五阶段模型。

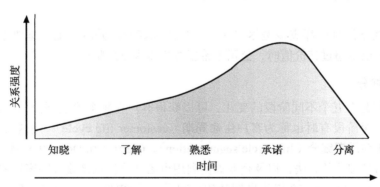

图 4-3 客户忠诚五阶段模型

这个模型显示，随着客户忠诚在前四个阶段的移动（知晓、了解、熟悉、承诺），客户关系不断加强。并非所有的客户都会经历全部五个阶段，有些人会停留在一个阶段并维持这种关系或就在此绝交。处于某个阶段的一部分顾客可能会用上网等在线方式同公司接触，而同样阶段的另一些顾客则可能通过线下同公司接触。公司应当努力做到在生命周期的某个具体阶段，为客户提供一致的体验。也就是说，客户无论是线上还是线下接触公司，所体验到的都是相同水平和质量的服务。客户线上或线下与公司的接触位置一般称为**接触**

点（touchpoint）。在所有接触点都提供同等水平和质量的服务称为**接触点一致**（touchpoint consistency）。

如图 4-3 所示，客户从一个阶段转向另一个阶段时关系性质并没有突然发生改变。在每个阶段，随着客户进入该阶段，客户关系的强度水平在逐渐变化。五个阶段的特点如下。

- **知晓**

在客户忠诚的知晓阶段，客户知道公司的名称或一种产品。他们知道公司或其产品的存在，但尚未与公司有任何的接触。针对某一品牌或公司名称进行广告宣传，是公司让潜在客户达到这种关系层次的常用方法。

- **了解**

在了解阶段，潜在客户会对公司及其产品情况知晓更多。潜在客户会访问公司网站了解更多信息，双方经常通过电话或电子邮件进行沟通。在这个阶段，双方会有大量信息交换。

- **熟悉**

客户已经同公司交易过多次，知道该公司有关退货、信贷的政策和定价的灵活性，这时客户就进入了与公司关系的熟悉阶段。在这个阶段，客户从竞争对手那里采购的可能性依然很大。

- **承诺**

在与公司多次接触并感觉非常满意之后，一些客户对公司品牌或产品逐步形成了非常高的忠诚度或强烈的偏好。到达承诺阶段的客户通常会向别人讲述自己与公司之间的满意接触。为吸引客户从熟悉阶段步入承诺阶段，公司有时会针对这类客户在价格或条款上做出让步，通常，这种密切关系所带来的价值要大于公司让步的损失。

- **分离**

随着时间的推移，促成客户关系所带来价值的条件可能会发生变化，客户可能会对服务水平的变化（无论是公司实际提供的服务，还是客户感知的服务）或产品的质量非常失望，公司也会对客户关系进行评估，可能觉得维护客户忠诚的成本太高，于是关系开始疏远，双方进入分离阶段。

任何营销战略的目标都应该是尽快使客户进入承诺阶段并尽可能长地维系在这个阶段。只有当客户服务成本超过其价值时，公司才希望客户步入分离阶段。

生命周期细分

分析客户行为在五个不同阶段的变化，可以获得客户在每个阶段同公司及其产品接触方式的信息。这五个阶段有时也称为**客户生命周期**（customer life cycle），用这五个阶段对客户进行细分称为**生命周期细分**（life-cycle segmentation）。Clartias 和 Donnelley Marketing 两家公司一直在研究市场细分的方法，以及企业如何利用市场细分信息来改善同客户的关系。

Claritas 公司在 20 世纪 70 年代早期就建立起了名为 PRIZM 的细分市场营销数据库，这是最早的细分营销数据库之一。Claritas 公司创建这个数据库主要基于"人以群分"的思想，即品味与偏好相同的人倾向于聚在一起，PRIZM 通过社区来识别同一社区居民的人口统计特征。Claritas 公司还开发了很多其他营销数据库产品，给营销人员提供特定人口统计特征、收入水平、心理特征的数据库。Donnelley Marketing 公司也提供类似的产品，如购买者行为指标（buyer behavior indicator）和家庭财富模型（affluence model）数据库。Claritas 和 Donnelley Marketing 两家公司都扩展了研究范围，从传统直销到帮助企业开展网上销售。在本章的延伸阅读部分，读者可通过公司的链接了解这两家公司更多的信息及相关产品。

4.3.3 客户获取：漏斗模型

为了增加销售、扩大市场份额，营销经理需要有一个良好的判断力，了解公司如何争取并维系客户。他们经常评估不同的营销策略，以选择最佳的吸引和维系客户的方式。**客户获取漏斗模型**（the funnel model of customer acquisition）是用于了解某种营销策略整体性质的概念工具，它也同样提供了评估具体某个营销策略的清晰框架。

漏斗模型与本章前述的客户生命周期模型非常类似，但漏斗模型更为形象，在展示两个或多个营销策略的有效性时效果更好。用漏斗来比喻营销策略的运作非常贴切，因为基本上所有营销策略最初面对的都是大量有希望成为客户的人群，随着逐步转变成潜在客户、客户、忠诚客户，人数会越来越少。图 4-4 所示为一个漏斗模型的例子。

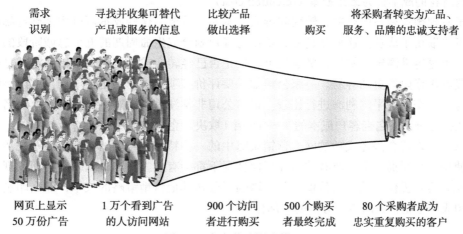

图 4-4 客户获取漏斗模型

在这个漏斗模型例子中，显示了潜在客户转变为忠诚客户所经历的步骤，回头客显示在图的右边。图的顶部解释说明了每一阶段承诺水平的不断提高。使用市场调查和历史资料作为指南，营销经理可以确定营销计划实施后客户数量变化的有效性数据，从而衡量营销计划的成效。漏斗右侧的底部越宽，说明营销策略越好，即潜在客户到忠诚客户的转换率越高。在选择不同营销策略时，可以用漏斗模型分别绘制出不同策略的预计效果，帮助决策者确定营销计划，还可以将漏斗模型的结果同营销活动的成本进行比较。漏斗模型的这两种使用方法都可以有效帮助营销经理制定、评估、选择营销策略。

4.3.4 客户获取、转换和维系成本

采取不同盈利模式的网上企业争取到新访问者后，所获得的收益差别很大。例如，采用广告支持盈利模式的网站致力于吸引尽可能多的访问者，并努力让客户在网站上停留的时间尽可能地长。这样一来，网站可以展示更多的广告信息，并将广告信息送达更多的访问者，这样才能赚到广告费。对于通过商品目录进行销售的网站、收取服务费用的网站，或采用订阅支持盈利模式的网站来说，吸引访问者只是将这些访问者转变为客户的第一步。一般来说，网站吸引一位访问者所花的全部费用称为客户**获取成本**（acquisition cost）。

网上企业要实施的第二步是将初次访问者变成客户，称为**转换**（conversion）。对广告支持网站来说，当访问者在网站上注册或者在某些情况下，注册访问者多次访问网站时，通常就可以认为访问者已转变为客户。对采用其他盈利模式的网站来说，当访问者在网站上购买

了商品和服务，或订阅了网站的内容，访问者才转变成客户。网站为吸引一位访问者购买、签约成为订阅用户，或在广告支持的网站上注册所花的全部费用称为**转换成本**（conversion cost）。很多管理者对转换成本采用累积式定义，即转换成本包含获取成本。

对很多网上企业来说，转变成本远高于平均每次交易（或首次交易平均值）所获取的利润。在这样的情况下，网上企业就要吸引客户回来访问网站，并再次购买（或者续订订阅服务或浏览更多广告）。首次采购之后又返回到网站一次或多次的客户称为**保留住的客户**（retained customer）。不同的企业使用不同的方法衡量客户是否属于保留住的客户：有些企业认为只要客户再一次返回网站并购买，就是保留住的客户。另一些企业则认为随后购买一定数量的，或在一定时间里回头采购一定次数的客户才是保留住的客户。网站吸引客户回头并再次采购所花的成本称为**维系成本**（retention cost）。

公司发现衡量客户的获取、转变和维系成本非常重要，这些成本可以用来确定哪些广告和促销策略取得了成功。这种测量方式要比将客户划分成生命周期的五个忠诚阶段的方法精确得多，也更容易测定。例如，确定某个客户是否已经转变或者留住，要比确定其是否进入熟悉阶段或承诺阶段更加容易。一家公司如果要评价某项促销活动是否成功，可以测量转换成本并与首次交易的平均利润进行比较。很多公司非常注重维系客户，因为获取一名新客户的成本往往是维系一名老客户成本的 3～15 倍（取决于企业的类型）。

本章后续内容会讲述成功的网上营销策略中的一些特殊技巧。请注意，这些技巧只有彼此配合使用才行得通，不是所有技巧在任何情况下都会有效。例如，如果零售商发现商品印刷目录能为客户提供可认知的价值，并且增强了公司其他营销策略的效果，那么印刷商品目录也将构成网上销售策略不可分割的一部分。

4.4 网上广告

广告就是信息的传递，即沟通。沟通可以是公司同现有客户、潜在客户甚至公司想重新得到的流失客户之间的沟通。有效的广告活动是企业能向不同的受众传递不同的广告词，然而无论如何，每个广告句都应该被连接到共同的主题，或成为营销故事的一个要素。

在上一节中所介绍的客户忠诚五阶段模型，可以帮助我们确定向不同受众所传递的信息内容。知晓阶段的广告信息就是为了告知，即广告词就是描述新产品的性能或介绍老产品的新用途，描述对产品特殊的改进等；了解阶段的广告信息需要说明产品或服务的细节，并鼓励受众进行尝试；熟悉阶段的广告信息应该是诱导性的，说服消费者购买某款产品或要求销售人员打电话；针对承诺阶段客户的广告应当是提醒性的。这些广告应该增强客户对品牌的好感，提醒客户购买产品或服务。公司一般不会针对分离阶段的客户发布广告。

大多数企业在启动电子商务以前，就已经制订并实施了广告方案，网上广告应该与现有广告活动相一致。例如，在印刷广告上加上公司网站的域名。陈列式广告是第一种在网络上广泛使用的广告形式，除此之外，如今使用的网上广告形式还包括弹出式广告、弹底式广告、插页式广告、多媒体广告和视频广告。

4.4.1 陈列式广告

在网站上打广告第一种普遍使用的方法是在网页上放置陈列式广告。**陈列式广告**（display

ad）也称**横幅广告**（banner ad），是在网页上的一小块矩形区域，显示静止或动态图形，并包含一个到广告商网站的超链接。陈列式广告是一种多用途的广告工具，其生动的图片可以帮助提高用户关注与产品知名度，用户点击广告后又可进入广告商的网站来进一步了解产品。因此，陈列式广告既能提供信息，又能起到劝诱客户的作用。

早期的陈列式广告使用的图片都很简单，可随网页一起下载并保留在页面上，直到用户进入另外的页面或关闭浏览器。今天，各种各样的技术，包括 Shockwave、Java 或 Flash，用来制作包含音频和视频内容的引人注目的广告。这些广告通常轮流播放，这样，在使用浏览器每次加载网页时，广告内容都会改变。

虽然网站上可以创建任何尺寸的陈列式广告，但广告商在电子商务发展的初期就认定，规范标准的广告尺寸是个好主意。多数网站自愿同意采用的标准陈列式广告的尺寸被称为**互动营销单元广告格式**［interactive marketing unit(IMU)ad format］。**互动广告管理局**（Interactive Advertising Bureau, IAB）是一家专门推进互联网广告应用，鼓励开展有效互联网广告活动的非营利组织。互动广告管理局为 IMU 制定了自愿执行的标准。

随着互联网的发展，网络广告设计者的创造力也在提高。他们使用的 IMU 广告形式越来越多，包括弹出式广告、按钮广告和充满整个页面边框的广告。到 2003 年，网络广告设计人员使用了 15 种不同的 IMU 广告规格，互动广告管理局建议自己的会员尽量只使用 4 种标准的规格，被称为**通用广告组件**（universal ad package, UAP）。组件包括：页首横幅广告（leaderboard ad），是一种设计为跨越一个网页的顶部或底部的横幅广告；擎天柱广告（skyscraper ad），是被设计为放置在网页一侧的横幅广告，当用户滚动鼠标上下查看页面时，擎天柱广告会一直保持让用户可见；两种尺寸的长方形广告。这四种广告版式及其规格如图 4-5 所示。

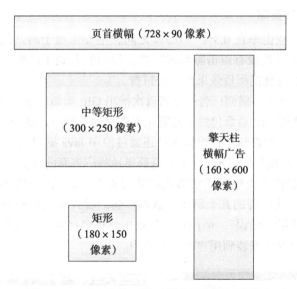

图 4-5　互动广告管理局通用广告组件标准格式

资料来源：Interactive Advertising Bureau, http://www.iab.net/guidelines/508676/508767/UAP。

很多广告设计者使用这四种标准的广告格式，因为绝大多数网站都能够顺利正确地将使用这些格式的广告显示出来。如果需要了解陈列式广告的更多信息，包括互动广告管理局 IAB 最新批准的广告范例尺寸，读者可登录互动广告管理局的网站。

大多数为网上客户提供服务的广告公司都能制作陈列式广告，网站设计公司也承担陈列式广告的制作业务。依据广告的复杂性不同，一般陈列式广告的收费为 50～8000 美元。

1. 陈列式广告的投放

企业在其他网站上投放陈列式广告有三种方式。第一种方式是使用广告交换网站（ad exchange network），负责协调广告的共享，也就是让某个网站显示一家公司的广告，同时这家公司的网站也显示其他会员的交换广告。通常，广告交换网站会要求每一个会员在其网站上放置两个广告，作为交换，该会员的广告将出现在某一个会员的网站上。交换网站靠将额外的广告空间卖给其他企业来盈利。这些交换网站在网上业务开展的早期很受欢迎，因为陈列式广告是免费的，但是，通常很难找到一组彼此没有竞争关系同时又能组成陈列式广告交换网站的企业。这个缺点使很多企业不得不放弃使用广告交换网站。

第二种方式是企业寻找其细分市场目标客户群会访问的网站，并在这些网站上付费投放陈列式广告。这种方式比较费时费力。所寻找到的小网站通常没有成文的广告价格表，大网站的收费标准又很高，对大客户可以给予折扣，但小客户通常需按标准费用支付。为了以最低的成本高效地投放网上广告，绝大多数公司可以聘请一家广告代理商负责砍价并帮助进行广告投放。一家提供全面服务的广告代理商可以帮助客户设计、制作广告并寻找到合适的投放网站。广告代理商通常能够拿到很低的广告价格，因为它可以整合多个客户的广告预算，一次购买大量广告空间。

第三种广告投放方式是使用陈列式广告网站。陈列式广告网站（display advertising network）在广告主和投放广告的网站之间扮演了中介的角色。大的网站，诸如 DoubleClick（谷歌公司的子公司），提供许多与综合广告代理商相同的服务。

2. 陈列式广告的新策略

目前陈列式广告的点击率在 0.3%～0.5% 之间，主要依赖于网站的内容。最近的一些研究显示，网站的访问者虽然没有点击陈列式广告，但他们看到了广告，并被其所影响。然而广告主不愿为没有产生可直接衡量效果的广告付费。

为了应对下滑的点击率，横幅广告设计者首次推出 GIF 动画，希望动画元素的使用比固定图形更吸引网民。当使用 GIF 动画仍然不能阻止点击率的下滑时，设计人员又创建了具有多媒体效果的广告，例如广告电影短片，设计人员还通过使用 Java 编程语言开发程序来增加互动，使广告能以一些动作响应用户的点击（而非只是简单地将广告商的网页加载到浏览器中）。

一些设计人员还制作了类似对话框形式的陈列式广告，试图骗取客户点击浏览。图 4-6 所示就是这种类型陈列式广告的几个例子。这些广告的设计诱使用户点击对话框中的一个按钮来修正网页上所出现的"错误"，但用户实际点击就将链接到广告商的网站或开始启动一个安装程序，将一个应用程序安装到用户的计算机中。

图 4-6　伪装的陈列式广告

4.4.2 侵入式广告

陈列式广告效果的持续下降迫使广告商探索网上广告的其他形式。其中之一就是弹出式广告。弹出式广告（pop-up ad）是用户打开或关闭一个网页时，出现的一个广告窗口。广告所出现的这个窗口没有常规浏览器的控制工具，唯一关闭广告的办法就是点击可能出现在窗口中任何位置的小型关闭按钮或链接，通常都难以找到。很多用户对弹出式广告非常恼火。弹出式广告一个更讨厌的变种是在用户离开网站或关闭浏览器时打开多个弹出式广告，如果用户反应慢的话，有时会弹出很多广告窗口甚至导致计算机系统崩溃，发生死机。一些弹出式广告在弹出广告后，紧跟着一个命令恢复原浏览器窗口，这样就将广告窗口放置在用户打开的浏览器之后，等用户关闭浏览器，就会看到广告。

尽管用户反对弹出式广告及其各种变形，但还是有越来越多的网站用它来向用户强迫性地发送较大尺寸的广告图片，有些用户的反应就是使用**广告屏蔽软件**（ad-blocking software）来阻挡横幅广告和弹出式广告。很多浏览器都可以对配置选项进行设置，更改选项后就不会显示弹出式广告，但是这样做后，有些网站的导航功能所用类似弹出式广告所采用的投放技术，如弹出信息窗口，也就不能在浏览器中显示出来了。一些研究发现，弹出式广告不仅会惹恼用户，而且会使用户对公司所宣传的产品留下坏印象。尽管如此，许多广告主还是认为弹出式广告能有效吸引客户并且仍然固执地坚持使用。

另一种恼人的广告形式是**插页式广告**（interstitial ad）。当用户点击链接打开网页时，出现的不是用户想打开的页面，而是插页式广告的窗口（插页这个词的含义就是放在两个其他的东西之间）。多数插页式广告会自动关闭，接着在原浏览器窗口中显示用户想打开的页面。也有些插页式广告会要求用户点击按钮关闭。由于这类广告打开的是一个全尺寸的浏览器窗口，插页式广告为广告主提供了比弹出式广告更大的显示空间，这类广告几乎覆盖了用户所看到的整个页面，许多用户觉得插页式广告比弹出式广告还讨厌，不仅广告页面大，还强行干扰了用户的浏览。

4.4.3 多媒体广告与视频广告

多媒体广告（rich media ad）这种广告生成"浮"在原有网页上的图像，而非单独打开另一个窗口显示图像。这类广告都含有动画，通常包括音频和视频元素。最早的一个多媒体广告，是一个小人走进已显示的页面，打开一幅电影海报，然后将海报粘贴到网页上，覆盖页面的部分内容（所覆盖的内容用户可能已看过），大约 10 秒钟后，小人走出网页，海报消失。海报在网页上消失之前，用户点击它就会进入这部电影的宣传网站。

有一种多媒体广告用于在网站上传递视频。这些**视频广告**（video ad）可以独立播放，也可以放到网站访问者选择观看的视频内容中。例如，一家提供电视节目或视频新闻的网站，在每段视频剪辑开始之前都会播放一段视频广告，在这种情况下，这类广告被称为**视频贴片广告**（pre-roll video ad）。访问者点开自己所选、感兴趣的一段视频，在节目内容开始播放前，必须观看全部或部分广告。为了有效，视频广告的播放时长应该足够传递广告要旨，但也不能太长，否则会让访问者失去兴趣。今天，大部分视频广告的播放时长为 10～30 秒。

正如本书第 3 章中所介绍的，越来越多的人上网收看电视节目和其他视频娱乐节目，在这个渠道投放广告已变得更加重要。今天，人们使用计算机或移动设备上网的时间超过了看电视的时间。图 4-7 所示为美国人在各种媒体上所花费的时间。

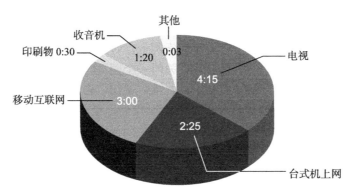

图 4-7　2016 年美国人平均每天在各类媒体上所花时间（小时 / 天）

资料来源：Reports by eMarketer and ZenithOptimedia.

4.4.4　文本广告

文本广告看似简单，但非常有效。**文本广告**（text ad）不使用任何图形元素，是一个简短的促销信息，通常放置在网页的顶部或右侧。谷歌公司是互联网上第一家成功使用文本广告的公司。谷歌搜索将文本广告放置在搜索结果页面上。当用户访问谷歌网站并用它来搜索信息时，谷歌搜索返回的与用户查询相关的链接结果页面上，还包含有与用户查询产品或服务相关的短文本广告。谷歌公司发现这种文本广告没有横幅广告那么张扬，并且效果非常好，因为这类广告所接触到的受众是真正对广告内容感兴趣（体现在搜索查询中，他们所输入的关键字），希望了解更多信息，对广告所提供产品和服务信息感兴趣的人。

文本广告如此不显眼，当谷歌公司第一次在网页上放置文本广告时受到了批评，行业观察家认为网站访问者也许不能从搜索结果中分辨出哪些是付费广告。为了应对这种批评，谷歌和大多数其他探索使用文本广告的网站，现在都清晰地在网页上注明哪些内容是付费广告，防止用户混淆。文本广告的采用是帮助谷歌公司成为互联网上领先的搜索网站的创新之一。文本广告给谷歌公司提供了一个有效的盈利方式，并且为用户提供了一个非常有用的搜索体验。

很多提供信息的网站用另一种方式提供文本广告，将一些文本广告写成报道形式，显示为超链接，并链接到广告主的网站上。这种类型的广告称为**内嵌文本广告**（inline text ad）。报纸、杂志和其他网站可以使用这种广告技术，让用户更多地了解某个话题。例如，一家报纸的网站上可能有一篇关于当地银行的报道，在报道中所提及的银行可以超链接的形式出现，用户点击后链接到该银行所提供服务的广告页面。报纸可以收取银行在报道中放置链接的广告费。

另一种信息网站使用文本广告的形式，是将文本广告放到事件报道中，单独作为一段，这些段落通常用类似"赞助商链接"这样的标识，这样可以让浏览者明白他们看到的是一个广告链接。在针对某个特定行业的网络杂志和一般的信息发布网站中，这种内嵌文本广告的使用非常普遍。在这些网站上，内嵌的文本广告很少被网站访问者所讨厌，而被视为手边易于使用的资源，引导对文章中所提到或涉及的产品和服务感兴趣的读者，到相关企业网站了解更多的产品和服务信息。

4.4.5　移动设备广告

近年来，使用智能手机和平板等移动设备上网的人数急剧增长，运行在这些设备上的应用程序，称为**移动应用**（mobile App），是术语移动软件应用（mobile software application）的缩写。移动应用能执行各种功能，诸如日历、联系人管理、网页浏览、电子邮件和娱乐。很多移动设备提供给用户到特定网站或一组网站的连接，本书第 6 章将介绍与移动应用销售有关的内容。

一些移动应用的销售商在它们的盈利模式中也包括广告元素。这些应用包括**移动广告**（mobile ad），显示来自广告主的广告信息（而非移动应用销售商的广告）。例如，《纽约时报》的移动应用在移动设备显示屏的底部有一个小条区域显示广告。一些能提高生产率的软件和游戏软件中也会包含广告，广告占据了屏幕的一部分，或以一个独立的窗口显示，点击后才能使用工具软件或开始玩游戏。移动设备上广告空间的销售类似网站上陈列式广告的销售。

移动广告是网上推广增长最快的类型之一。移动设备和应用程序 App 的快速增长推动了这一转变，专家预计随着世界上越来越多的人使用移动设备访问互联网，这种增长趋势将持续下去。

4.4.6 网站赞助

有些网站允许广告主赞助全部或部分网站。这些**网站赞助**（site sponsorship）给广告主一个机会，以一种比在网站上放置横幅广告和弹出式广告更巧妙的方式，来促销他们的产品、服务和品牌（虽然有时网站赞助也会附带一些陈列式广告或弹出式广告）。

购买网站赞助权的公司，其出发点类似于体育运动的赞助商或电视节目的赞助商。也就是说，它们期望将公司或产品的名称同某项运动或某些信息关联起来，并且认为某项运动或某些信息的质量会延续到公司的产品、服务或品牌上。一般来说，赞助主要是为了创建品牌形象和获得声誉，而不是取得立竿见影的销售成绩。网站赞助可以是排他性的，即不允许其他公司再来赞助网站，也可以是共享的，也就是其他公司能够成为网站的共同赞助方。一般来说，排他性的网站赞助比共享性的网站赞助成本更高。

在某些情况下，赞助商有权为网站提供内容或者将广告信息编入网站的内容之中，这种做法如果不加小心的话，会引发道德问题。网站应该明确指出哪些内容是广告，哪些内容是赞助商所提供的。不幸的是，很多网站并不明确标识赞助商所提供的内容。这会使网站访问者无法分清编辑内容和广告内容。例如，提供医疗信息的网站，应该特别注意将网站记者和编辑提供的信息与医疗设备制造商提供的信息严格区分开。

4.4.7 网上广告成本和效果

随着越来越多的公司依赖网站给潜在消费者留下友好形象，如何测量网站有效性的话题变得越来越重要。大众媒体的效果通过估计受众人群的大小、发行量或地址数来进行衡量。当一家公司购买大众媒体广告，是按照所估计受众的每千人次多少美元的标准来进行支付的。这种定价指标称为**每千人成本**（cost per thousand，CPM，"M"来自罗马数字的"千"）。

衡量网站的受众非常复杂，因为网站是交互性的，一个网站的访问者对广告商的价值依赖于网站能从客户处收集到多少信息（诸如姓名、地址、电子邮箱、电话号码和其他人口统计数据）。因为每个访问者自愿选择是否提供这些信息，所以并非每个访问者的价值都相等。互联网广告商已经开发出一些衡量网站活跃程度的特定标准，但还没有被普遍采用，这已成为目前争论相当多的一个研究领域。用于替代网上广告衡量指标 CPM 的一种方式为**每次点击费用**（CPC），其中网站监测点击广告并对每次点击付费的访问者的数量，而不是每次在网页上投放广告时访问者的数量。然而，与其他（非在线）广告模式中所使用的 CPM 测量相比，评估 CPC 很困难。因此，在所有渠道投放广告的广告商，一般不使用 CPC。

当访问者在网站上请求访问一个网页时，一次**访问**（visit）发生。在一个指定的时间段内，访问者浏览来自同一网站的更多页面也仍归入到这次访问中，时间段的长短由网站的管理者根据网站的类型决定。一个提供股票行情的网站，会使用较短的时间段，因为访问者会下载网页，查看每只股票的价格，15 分钟后又再次加载页面，查看在那一时刻的股票价格。博物馆网站会希望访问者在一次访问中，能在一段较长的时间里访问多个网页，使用一个较长的访问时间窗口。对某个访问者来说第一次加载某个网站的页面被称为**试用访问**（trial visit），随后页面的加载被称为**重复访问**（repeat visit）。访问者每下载一个页面被视为一个**页面访问**（page view），如果网页上放置有一个广告，这个页面的下载称为一个**广告访问**（ad view）。

一些网页上放置了横幅广告的页面，只要访问者的浏览器窗口是打开的，广告就会持续不断地加载。每次横幅广告的加载称为一个**印象**（impression）。如果访问者点击横幅广告打开广告主的页面，这个动作被称为一次**点击**（click）或称为**点击来源**（click-through）。陈列式广告的收费通常基于 CPM 的计费标准，这里的"千"是 1000 个印象。广告费率变化较大，主要取决于网站能获取访问者的人口统计数据的详细程度，还有网站吸引什么类型的访问者。表 4-3 显示了陈列式广告和其他网上广告的 CPM 费率与传统媒体广告 CPM 费率的对比。

表 4-3 不同媒体广告的 CPM 费率

媒体	描述	受众规模	每千人成本（CPM，美元）
网络电视	30 秒商业广告	1000 万～5000 万	10～50
地方电视台	30 秒商业广告	5 万～200 万	3～25
有线电视	30 秒商业广告	10 万～50 万	8～25
电台	60 秒商业广告	5 万～200 万	2～8
主要的地铁报纸	整版广告	10 万～60 万	5～40
全国杂志的区域版	整版广告	5 万～90 万	40～100
地方性杂志	整版广告	0.3 万～8 万	100～140
直邮优惠券	使用信纸大小的信封邮寄	1 万～20 万	15～20
广告牌	高速公路广告牌	10 万～300 万	1～8
互联网	陈列式广告	1 万～5000 万	1～15
互联网	多媒体广告/视频广告	1 万～5000 万	2～50
互联网	文本广告	1 万～5000 万	1～500
定向电子邮件	一对一邮寄	1 万～1000 万	5～15
移动广告	嵌入应用程序	1 万～500 万	1～5

大部分的收费标准在每千印象 1 美元到 50 美元之间。排他性网站赞助费更高，有时达到每千印象 100 美元。与内容相关的文本广告，如果投放的网站其人口统计特征非常适合这个特别的、有针对性的文本广告，广告费率可达到每千印象 200 美元。

在互联网发展的历史过程中，广告费率一直都在发生变化。随着在线广告市场的不断增长，广告费率在缓慢增长，在 20 世纪 90 年代后期达到高峰，每千印象从 5 美元到 100 美元。从那以后，收费标准逐渐下滑到目前的水平。

公司将广告业务放到互联网上最困难的工作之一就是衡量网上广告的成本和收益。很多公司都在制定新的指标来评估它们的广告所产生的结果。例如，这些公司衡量通过点击广告访问网站并首次购物的新客户人数，代替基于广告展示数量（CPM）或点击率（CPC）的衡量标准。这样，公司就可以计算在互联网上获取一个顾客的广告成本，并与通过传统渠道获取一个客户的成本进行比较。

大多数的营销分析家都认同，网络广告如果瞄准了合适的对象，将比传统广告更有效。网络广告所接触到的网站访问者正在寻找与广告所传递信息相关的特定产品，所以广告的效果要远远好于普通受众。因此，市场细分是网上广告成功的关键因素。下节将讲述有效利用市场细分的一个有用的营销工具——电子邮件营销。

4.5 电子邮件营销

社会学家和文化人类学家宣布电子邮件是20世纪发明的人类相互间沟通的最重要的工具之一。由于广告是沟通的一个步骤，显而易见电子邮件在任何公司的营销策略中都是一个非常重要的组成要素。许多公司喜欢用电子邮件向客户、潜在客户发送关于新产品特性的信息，或现有产品的促销信息。但是，行业分析家已经严厉批评了一些公司给客户和潜在客户发送电子邮件进行营销的做法，一些公司在发送大量的电子邮件后，甚至面临法律诉讼。

4.5.1 未经许可的商业电子邮件

垃圾邮件（spam），被称为**未经许可的商业电子邮件**（unsolicited commercial e-mail，UCE），或称**群发邮件**（bulk mail），是电子垃圾邮件，邮件内容包括募捐、广告或电子邮件连环信件。最初的垃圾邮件的英文术语"spam"，来自英国喜剧剧团 Monty Python 的一首歌曲，针对 Hormel's 公司的罐头肉类产品 SPAM："Spam, spam spam spam, spam spam spam spam, lovely spam, wonderful spam……"正如歌词所示，垃圾邮件是一种令人厌烦的无意义文字信息的重复，最终淹没了任何尝试沟通的努力。

除了浪费人们的时间和计算机的磁盘空间，垃圾邮件还将大量消耗互联网的带宽。大量含有信息的垃圾邮件会让收件人感到被攻击冒犯。一些雇主担心雇员会起诉他们，担心雇员工作时收到被冒犯的电子邮件而发怒，导致一个充满敌意的工作环境，这可以成为雇员指控在公司工作受到骚扰的理由。行业分析家估计每年垃圾邮件的直接处理成本为200亿美元，还使员工的生产力受到损失。在本书第7章中，将围绕垃圾邮件的合法性问题展开讨论，在第8章中将阐述与垃圾邮件有关的技术问题和抵御它的一些策略。

发送电子邮件给明确表示需要这些电子邮件信息的网站访问者，则是另一种完全不同的情况。电子邮件营销策略中的关键要素是，在发送任何包括营销资讯和促销广告的电子邮件给客户之前，获取客户的同意。获得客户同意后，公司可以避免被指控从事垃圾邮件的发送活动，下节将对许可电子邮件进行介绍。

4.5.2 许可营销

很多企业发现采用自动回复电子邮件进行沟通有助于与客户之间保持有效的对话。如果公司有客户的电子邮件地址，向一位顾客发送一封电子邮件的成本不过1美分。购买许可电子邮件地址的额外费用在几美分到1美元之间。另一个要考虑的因素是转换率，一种广告的**转换率**（the conversion rate）是指响应广告或促销的人数占收到广告总人数的比例。在许可电子邮件营销中，转换率的范围为10%～30%。这比陈列式广告目前0.5%的点击率高很多，而且陈列式广告的点击率还在不断下滑。

发送电子邮件给要求获取关于某一特定主题或特定产品信息的人，也被称为**选择电子邮件**（opt-in e-mail），是被称为**许可营销**（permission marketing）的营销策略中的一个构成部分。时间对每个人来说都变得越来越珍贵，人们不再愿意花时间倾听并评价不感兴趣的产品或服务的广告，促销活动也失去了吸引力。Constant Contact 和 Yesmail 两家公司提供基于许可的电子邮件及相关服务。

这样，只针对表示有兴趣接收某种产品或服务促销信息的人们发送特定信息的营销策略，将比通过大众媒体发送一般促销信息的营销策略成功很多。诸如 Return Path 等公司提供选择电子邮件服务。这些服务为广告主提供电子邮件地址，费率依赖于促销产品的类型及售价而变化，从最低 1 美元到最高商品售价的 25%～30%。

4.5.3　合并内容与广告

许多公司发现让客户接收电子邮件营销的一个成功策略是将有用内容与广告信息合并起来，向特定市场细分群体发送他们感兴趣的文章和新闻故事，是有效提高电子邮件营销接受率的好办法。

包含大量文章或大附件（诸如图片、音频、视频文件）的电子邮件会很快占满接收者的收件箱，因此很多广告主传送广告内容采用在电子邮件中加入超链接的方法，超链接将客户引导到广告内容所存放的公司网站，一旦顾客浏览网站上的页面，就有可能留住客户并引导其购买商品。在电子邮件内容里放入超链接，而不是直接嵌入发送内容，对需要浏览器插件才能播放的内容（如大量的音频、视频文件）尤为重要。可以在网页上提供所需插件软件的下载链接地址。

所有营销策略中都要考虑的一个重要因素是不同媒体间的协同。如果一家公司使用电子邮件来促销产品或服务，应当确保在同一时段正在进行的其他营销活动，如新闻发布会、印刷媒体广告、广播媒体广告都在传递与电子邮件营销一致的信息。

4.5.4　外包电子邮件处理业务

很多公司发现同意接收电子邮件营销的客户数量上升很快，处理电子邮件地址列表以及大量邮件的发送工作很快使公司信息系统部门的员工疲惫不堪。有些公司专门提供电子邮件管理服务，很多中小企业将它们的电子邮件处理业务外包给邮件处理服务提供商。

本章延伸阅读部分所提供的网站链接，包含有一些提供电子邮件处理与管理服务的公司链接。这些公司对电子邮件营销活动的收费标准是，每封有效地址邮件 1～5 美分。很多提供此类服务的公司还会帮助客户购买电子邮件地址列表。

4.6　技术支持的客户关系管理

互联网的本质就是双向沟通特性以及可追踪的连接技术，这就使企业能收集到更多关于客户消费行为和偏好的信息，比使用微观营销方法时多得多。现在，当客户和潜在客户收集信息并做出购买决定时，企业能够了解到购买决策过程中所发生的所有活动。网站收集到的访问者信息（浏览了哪些页面、每个页面停留的时间、页面浏览的顺序以及类似的数据）称为**点击流**（clickstream）。

在互联网上进行促销与开展销售时，技术支持的关系管理非常重要。**技术支持的关系管理**（technology-enabled relationship management）就是企业获取客户消费行为、偏好、需要、购买方式等详细信息，并利用这些信息来制定价格、协商合同条款、量身制定促销活动、增加产品的功能，以及以其他方式个性化与客户的整个关系。

公司可以使用技术支持的关系管理观念来帮助管理与供应商、雇员和其他利益相关者之间的关系，现在很多公司也使用这种理念来管理客户关系。这样，技术支持的关系管理通常也被称为**客户关系管理**（customer relationship management，CRM）、**技术支持的客户关系管理**（technology-enabled customer relationship management），或**电子客户关系管理**（electronic customer relationship management，eCRM）。表 4-4 列出了七个维度的客户互动体验，显示了技术支持的客户关系管理在每个维度上如何不同于传统的卖家与买家之间的互动。

表 4-4　技术支持的关系管理和传统的客户关系

维度	技术支持的客户关系管理	传统的客户关系
广告	按具体客户查询要求提供信息	向所有客户推出统一信息
定位	识别和响应具体客户的行为和偏好	市场细分
促销与折扣	针对每个客户定制	对所有客户都一样
分销渠道	直销或通过中介，由客户选择	商家选定的中介
产品或服务定价	与每个客户协商	商家确定，对所有客户都一样
新产品特性	按客户需求确定	生产商基于研发来确定
客户关系的衡量	客户维系，个人客户关系总价值	市场份额，利润

CRM 作为价值来源

哈佛商学院的研究人员杰弗里·雷波特（Jeffrey Rayport）和约翰·斯维奥克拉（John Sviokla）对当今企业在现实世界和虚拟世界（即网上信息世界）开展生意的方式进行了观察。雷波特和斯维奥克拉区分了现实世界中的商业活动（或称市场、集市）与信息世界中的商业活动，他们使用术语**市场空间**（marketplace）来描述。在信息世界的市场空间中，数字产品和服务能通过电子通信信道，如互联网进行传递。

在本书第 1 章中，讲述了价值链模型，详细说明了企业用来创造价值的主要活动与支持活动。价值链模型在现实世界和市场空间中的商业活动都是有效的。但是，市场空间中的价值创造需要不同的业务过程。通过理解市场空间中不同的价值创造，企业可以有效识别出在现实世界和信息世界两个市场中的价值机会。

多年来，企业将信息看作是价值链的支持活动，但从来未考虑过信息本身就是一个价值来源。在市场空间中，企业能利用信息给客户创造新的价值，今天，很多电子商务网站提供客户便捷查看网上订单历史记录的功能，基于客户以前的购买信息向他们推荐商品，显示客户当前可能会感兴趣产品的信息。

成功的网络营销方法都包括使潜在客户能轻松查找信息、自定义所需信息的深度和类型，这样的营销方式将激励顾客购买。企业应该跟踪并研究其网站访问者的行为，然后使用这些信息在市场空间中提供按客户需求量身定制的能增加附加价值的数字产品和服务。在互联网上开展业务，使用技术支持的关系管理工具来改善与客户联系的公司比那些使用在现实世界中有用的广告和促销策略，但在市场空间中效果不显著的公司更成功。

在互联网发展早期，很多公司尝试建立全面的 CRM 系统，希望可以捕获每一位客户的每一点信息。但很多这样做的系统失败了，因为它们太过复杂，要求公司员工花费很多时间来录入数据。最近几年，越来越多的公司成功实施 CRM 系统，不再像原先那样雄心勃勃全面实施。通过限制数据收集，只收集对销售人员和客户有用的关键事实，这些系统提供了很有价值的信息，同时又没有增加销售和行政人员数据录入工作的负担。很多公司自动收集数据的工作也做得越来越好，这同样增加了 CRM 系统实施成功的可能性。

今天的 CRM 系统使用的信息来自公司网站上客户互动信息的收集，并与其他收集到的客户互动信息合并在一起，比如公司客户服务部门接到的电话。正如本章前部分所讲述的，发生在客户和公司任意部门间的接触被称为客户接触点。一个好的 CRM 系统将能够从每一个客户接触点收集信息，并能与从其他来源获取的有关行业的发展趋势、整体经济状况和可能会影响公司产品或服务需求的客户一般偏好水平变化的市场研究信息进行整合。

在一个 CRM 系统中，客户信息的多个来源、他们的偏好、他们的行为被输入到一个庞大的数据库中，称为**数据仓库**（data warehouse）。定期地，分析师采用先进的软件工具查询数据仓库，进行数据挖掘和统计建模。**数据挖掘**（data mining），也被称为**分析处理**（analytical processing），是对已存储信息进行细查，查找数据中人们尚未知晓或尚未有所察觉的数据模式的一种技术。在 CRM 中，分析师在数据仓库中应用数据挖掘技术，可能发现顾客经常在同一时间购买两种特定的商品。无论客户何时浏览那个产品页面，都可以看到将两个产品捆绑在一起低价销售的信息，这样做公司可以同时增加两种商品的销售。**统计建模**（statistical modeling）是一种技术，用来测试并验证 CRM 分析师建立的客户和销售数据之间关系的推测。例如，一个统计模型能被用来检验提供免费送货所增加的销售利润是否足以覆盖提供免费送货所需要的成本。图 4-8 所示为一个典型的 CRM 系统中的诸要素。在本书第 9 章中，将更多地介绍公司在实施 CRM 过程中所采用的软件工具和技术。

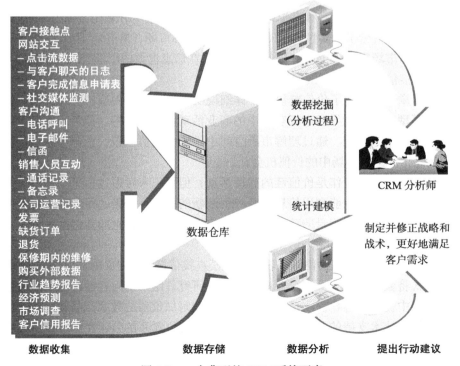

图 4-8　一个典型的 CRM 系统要素

4.7 互联网上品牌的创建和维护

一个知名的、受人尊重的品牌能给潜在客户带来质量、价值及其他值得拥有特性的强有力声明。知名品牌易于进行广告和促销，因为每种产品都能从品牌声望中受益。企业多年来一直致力于在现实市场中发展和培育自己的品牌。诸如宝洁的 Ivory 香皂、迪士尼娱乐、美泰克电器和福特汽车等消费品牌都是经过多年的巨资投入才培育出来的。但值得信赖的大品牌所带来的价值，远远超出创建这些品牌的投入。

4.7.1 品牌的要素

广告公司 Young&Rubicam 的研究者认为，品牌的要素是差异化、相关性和感知价值。产品的差异化是创建一个产品或服务品牌所必须满足的第一个条件，这也是品牌的第一个要素。公司必须将自己的产品同市场上的其他产品明显地区分开，这就使得诸如盐、钉子、胶合板等日用商品的品牌培育非常困难，但并非不能做到。

创建这类日用商品品牌的经典案例是宝洁公司（Procter&Gamble）在 100 多年前推出的 Ivory 品牌。宝洁公司在生产流程的试验中偶然造出一款气体比例较高的香皂，一个工人发现这种香皂能漂浮在水面上，于是公司决定在销售这款香皂时，在包装和广告中强调香皂的漂浮特征，于是就诞生了 Ivory 品牌。直到今天，在宝洁公司的网站上仍然在强调 Ivory 香皂的这个差异化特性，并针对 Ivory 香皂在 Facebook 上建立了独立的页面。

品牌的第二个要素是相关性，它是指产品为潜在客户提供效用的程度。消费者只有在日常生活中看到品牌的存在，品牌才有意义。很多人都知道蒂凡尼公司建立了一个高度差异化的珠宝和礼品的商品线，但只有很少的人会去购买和使用这些商品。

品牌的第三个要素是感知价值，这是创建一个有价值品牌的关键要素。即使企业产品同市场上的其他产品存在差异，潜在客户也看到别人在使用这种产品，但如果他们感觉不到产品的价值，就不会去购买这种产品。一些大型快餐连锁店有很好的品牌，但这却为它们带来适得其反的作用。人们知道这些品牌，却避免在这类餐厅就餐，因为这些餐厅品牌带来的负面联想，如食品的整体质量低、菜单上食物的脂肪含量都较高。表 4-5 对品牌的要素进行了总结。

表 4-5 品牌的要素

要素	对顾客的意义
差异化	这种产品或服务与竞争者所提供的产品或服务相比，最大的不同在哪里
相关性	这种产品或服务适合我的生活吗
感知价值	这个产品或服务好吗

如果一个品牌同其他竞争品牌存在差异，具备相关性并能激发潜在客户的价值感知，顾客就会购买产品并感受到这种产品所提供的价值。只有产品达到购买者认同和接受的程度，品牌才算真正创建起来了。

不幸的是，如果取得成功的环境发生变化，品牌就会失去价值。一个最显著的例子就是数字设备公司（Digital Equipment Corporation，DEC），多年来，DEC 一直是领先的中型计算机的制造厂商，但当计算机市场转向个人计算机时，DEC 所创建的品牌声誉并没有转移到其生产的个人计算机上，消费者在 DEC 的个人计算机上未能感受到多年来 DEC 中型机采购者所感知到的产品价值和差异。网上企业一定要注意品牌的这个特点，因为互联网还在不断发展中，而且变化迅速。

4.7.2 品牌感性与品牌理性的对比

公司一直以来在创建和维系品牌的广告和促销活动中采用感性诉求。品牌专家特德·莱昂哈特（Ted Leonhardt）和比尔·浮士德（Bill Faust）将品牌形容为"顾客和公司之间的感性捷径"，这种感性诉求在电视、电台、路牌广告和印刷媒体上都有效，因为这类广告的受众处于被动接收信息的状态。然而，通过网站传递感性诉求非常困难，因为网络是一种主动的信息传播介质，控制程度很大部分掌握在客户手中。很多互联网用户在搜索信息、购买机票、预订酒店、查询天气预报等网上活动中都处于主动接收信息的状态，这些用户都比较忙碌，遇到情感诉求的广告信息，他们会迅速点击鼠标远离。

营销人员正在尝试在网站上创建和维系品牌，采用**理性的品牌创建**（rational branding）方法，理性品牌的创建方法是为网上用户提供某种帮助以换取他们对广告的关注。理性品牌的创建方法依赖于用户对网站所提供具体帮助的认知吸引力，而非广泛的情感诉求。例如，电子邮件服务给用户提供了一个有价值的服务——一个电子邮件账户和存储信息的空间，作为交换，用户在使用这种电子邮件服务时，每个页面上都会出现广告。

4.7.3 联盟营销策略

这种凭借杠杆作用的营销方法只针对已经建立好的网站，特别是对主导一个特定市场的企业有用。随着互联网的成熟，对新进入的公司来说，要想识别出尚未提供服务的细分市场并获得主导地位，将越来越困难。很多新建立的、低预算经费的网站所采用的产生收入的方法是联盟营销。**联盟营销**（affiliate marketing）策略是指，一家企业的网站——联盟公司，提供关于某一产品的描述、评价、评级等信息，用户点击商品后将链接到提供该产品销售的另一家公司的网站上。对每一位通过联盟网站的链接进入销售商网站的访问者，卖家将给联盟网站支付佣金。通过交换推荐，联盟网站也可以获取销售网站的品牌声誉。

联盟营销策略节省了库存处理费用、产品的广告费和促销费，以及交易的处理费用。事实上，联盟公司没有任何资金风险。亚马逊是最早成功采用联盟营销策略的网站。大多数亚马逊公司的联盟网站都专注于一个特定的问题、爱好，或其他人们感兴趣的话题。联盟网站挑选与网站访问者兴趣相关的书籍以及其他物品，并在网页上放置图书及相关物品销售网站的链接。图书、音乐、视频等商品具有适合这种共享促销活动的天然特性，但其他商品的销售商家也同样使用联盟营销策略吸引新的客户到它们的网站上。

4.7.4 联盟佣金

联盟佣金的收取可以基于几种方式。在**每次点击付费模式**（pay-per-click model）中，当联盟网站的每个访问者每次点击链接，通过浏览器加载销售商家的页面时，联盟网站就获得佣金。这类似于点击陈列式广告的收费模式，并且每千次点击支付的费率与为陈列式广告支付的费率相似。

在**每次转换付费模式**（pay-per-conversion model）中，只有当网站访问者转变为一名达到一定条件的潜在客户及有资格的潜在客户，或购买商品成为客户时，联盟网站才能收到佣金。例如，信用卡发卡银行在转换付费模式中使用有资格潜在客户来衡量转换是否成功。银行需要决定支付佣金的最好策略——在访问者成为具备良好信用风险的客户后才支付佣金，还是只要通过信用卡审核，并收到银行邮寄的信用卡（完成销售），就支付佣金？采用这种模式的公司通常是按交易额的一定比例而不是按固定金额向联盟网站支付佣金。有些网站采用这两种模式的混合形式向联盟网站付费。销售完成后，销售佣金一般为销售金额的5%~20%，具体取决于产品类型、产品品牌的实力、产品的盈利能力以及订单的平均采购数量。

如果希望了解联盟营销方案的更多内容，可以访问为其他网站提供联盟方案的中介网站。**联盟营销活动中介**（affiliate program broker）是功能类似于票据交换所或市场的网站，网站运行联盟软件，并希望成为联盟中的一个结点。这些中介公司通常都提供软件、管理咨询和经纪服务来实施联盟计划。Rakuten Affiliate Marketing 和 Commission Junction 是两家受欢迎的联盟中介商，其他的联盟中介公司则将联盟方案连同营销服务一起提供给企业。

4.7.5 公益营销

互联网上一个更有趣的营销策略是**公益营销**（cause marketing），这是一个惠及慈善组织的联盟营销方案（被称为"公益"的原因）。在公益营销中，联盟网站的建立是为了帮助慈善组织。当访问者在联盟网站的页面上点击链接，进入产品页面，赞助公司就对慈善组织进行捐款。在访问者点击捐赠链接之后，所加载的页面上会含有赞助公司的广告。很多企业发现这种类型广告的点击率比典型的陈列式广告的点击率要高很多。

4.7.6 病毒营销策略和社会媒体

传统的市场营销策略的发展，一直以来都以公司能与潜在客户沟通为假设，或直接沟通，或通过中介机构代表公司行事，如分销商、零售商或独立的销售组织。互联网扩展了人们可用的沟通渠道的类型，包括客户对客户的沟通，另外的营销方法——病毒营销，在互联网上也非常流行。**病毒营销**（viral marketing）依赖于现有顾客把自己所喜欢的产品和服务告诉其他人——公司的潜在客户。这种策略很像联盟营销，通过网站传播公司的口碑。病毒营销方法是通过个人客户的口碑来完成同样的任务。顾客数量的增长方式很像病毒的繁殖，这种方法因此而得名。

蓝山艺术（BlueMountainArts），一家电子贺卡公司，在广告上的投入很少，但公司增长很快。电子贺卡是在电子邮件信息中包含了一个到贺卡网站的超链接。当人们在电子邮件中收到蓝山艺术的电子贺卡，点击电子邮件中的超链接，就在其浏览器中打开了蓝山艺术网站的主页。一旦进入蓝山艺术的网站，人们就可能搜寻自己喜欢的贺卡并发送给其他朋友，随后收到贺卡的朋友又会登录贺卡网站，将他们的问候发送给他们的朋友。贺卡网站的每个新访问者都可能传播"病毒"，在此案例中即为蓝山艺术的贺卡。网站利用病毒式营销策略，在较短时间内快速建立起庞大的客户群。

今天，许多病毒性营销活动涉及使用诸如Facebook等社交媒体网站和诸如Twitter等社会传播媒体。在这种社会环境中懂得何时开展促销活动的一个关键因素，是人们不使用社交媒体购物，而使用社交媒体开展社交活动。这就意味着，使用社交媒体开展营销活动最好的做法是采用间接方法，即公司通过鼓励使用他们的产品的社区成员在社区中谈论该产品如何令人满意，来进行病毒营销活动，而不是在社区中发布"有东西要卖"的公告。在社区中，让社区成员以积极的方式讨论一个产品是开展促销活动所追求的目标，而非只是简单地在社区中发表促销咨询。直接的广告传播，无论是类似Facebook或Google+网站上的广告张贴，还是类似Twitter上的沟通，通常容易被社区所忽略。

一些公司会犯这样的错误——在社交媒体环境中张贴大量的广告信息，这常常会适得其反。因为活跃在社交媒体中的人，多数都有大量的朋友，诸如 Facebook 等网站都开发了周期性地过滤掉广告信息的功能。如果在网站上张贴广告过于频繁，在很多人看到它们之前，所粘贴的广告就被过滤掉了。在这样的环境中开展病毒式营销的关键，是发布信息活动要足够频繁，在社区中处于活跃状态，但又不至于过度频繁而被社交网站过滤掉。

在 Facebook 中，标签是链接别人的一种方法。如果你的公司有一个 Facebook 页面，你可以在该页面上发布信息，你的任何一个 Facebook 上的朋友都会看到它。如果在你发布的信息中含有另一家公司（或个人）的 Facebook 页面名称，你可以将该名称添加为标签，这将使你发布的信息也会出现在他们的 Facebook 页面上。他们的每个朋友也将看到你发布的信息，即使这些人或公司不是你 Facebook 页面上的朋友。这样可以扩大你发布信息的覆盖范围，启动信息的病毒传播。图 4-9 展示了通过社会化媒体进行病毒营销的本质。

1. 艾米莉发布了信息，包括标签 Fuzzter，她最喜欢的靴子品牌。

2. 艾米莉的朋友都看到了她发布的关于 Fuzzter 品牌靴子的信息，其中一些人还将此信息在他们的 Facebook 中分享。

3. 艾米莉朋友的朋友现在都知道了 Fuzzter 品牌的靴子。

图 4-9　借助社会媒体的病毒营销

与你的社交媒体网站关联的人数是组织评估其病毒营销活动成效所采用的一个很好的度量标准，在社交媒体网站上，某家公司讨论活动的追随者被称为**爱好者**（fan）。

如果使用绝对数字，这些指标可能很难调查获取，然而通过改变监测的度量指标，可以轻而易举地获得衡量某一特定方法是否成功的测量标准。例如，至尊比萨通过 Facebook/Twitter 的联合行动分发优惠券，掀起了一个促销的浪潮。他们整合的相关个人的人数［有时也统称**爱好者基数**（fan base）］在 10 天的时间内，增加了几乎 60%。根据此数据，公司认为这次促销活动获得了巨大成功。使用多个社交媒体（如本例中至尊比萨所做的那样）是实施病毒式营销活动的很好策略，原因是不同的顾客会喜欢不同的社交媒体网站及技术。

4.8 搜索引擎排名与域名

潜在客户以各种不同方式找到公司网站。有的访问者是朋友推荐过来的，有些是联盟营销网站推荐来的，有些是看到公司在印刷媒体或电视上发布的广告中的域名，还有人是输入了类似公司 URL 的域名后，无意中来到网站上的，但是，绝大多数访问者是通过搜索引擎或目录网站被引导到网站的。

4.8.1 搜索引擎与网络目录

搜索引擎（search engine）是一个帮助人们搜索网上信息的网站。搜索引擎包括三个主要部分。第一部分称为**网络蜘蛛**（spider）、**网络爬虫**（crawler）或**网络机器人**（robot，简写为 bot），是一个软件程序，可以自动频繁地在互联网上进行搜索找到相应内容的页面。当网络蜘蛛找到搜索引擎访问者可能感兴趣的内容时，它就收集该网页的 URL 地址和网页上所存储的信息，包括网页的标题、页面文字内容的关键词以及该网站上其他网页的信息。除了在网页上所显示的文本信息，网站设计者还可能在页面中加入一些网站访问者看不到的关键词，但对网络蜘蛛是易于查找的，这些关键词插入在被称为"元标记"的 HTML 标记中，这里元标记被用来指出描述 Web 页内容的关键词本身并不属于页面内容的一部分。

网络蜘蛛所发现的所有信息都将返回给搜索引擎的第二部分存储起来。搜索引擎的存储部分被称为它的**索引**（index）或**数据库**（database），索引检查此页面信息是否已经被存储过，如果已被存储过，将对已存储信息与新获取的信息进行对比，决定是否更新页面。索引的作用是快速搜索已存储的海量信息。

搜索引擎的第三部分是搜索工具。当搜索引擎网站的访问者输入搜索词时，**搜索工具**（search utility）就在索引里查找与搜索词相匹配的网页。搜索工具是一个软件程序创建一个 URL 地址链接列表的网页，这些 URL 地址即为搜索引擎在其索引中找到与网站访问者所录入搜索字词相匹配的网页的 URL 地址。访问者在结果页面上点击链接访问相关网站。在本书的后面章节中将介绍搜索引擎相关技术的更多内容。

一些搜索引擎网站还提供 URL 的多层分类表，用来对所搜索得到的网页 URL 地址进行组织。虽然这些网站从技术的角度被称为 Web 目录，但绝大多数人还是把它们称为搜索引擎。这类网站中最有名的就是 Yahoo!，既有网络目录，又有搜索引擎。他们给使用搜索引擎的用户提供了选择权，是按 URL 类别进行查找，还是搜索 URL 本身。这种将网络目录与搜索引擎结合在一起的技术对网上信息搜索非常有用。Nielsen，是一家进行网络受众测量和分析咨询的公司，定期发布最受欢迎的搜索引擎排名。搜索引擎和网络目录网站经常出现在这些名单里。

营销人员希望当潜在用户在搜索引擎输入与他们的产品或服务相关的搜索词时，他们公司网站的 URL 地址将确保出现在结果列表的前 10 位。针对一个特定的搜索词，搜索引擎考虑各种因素的权重后，来决定网址在搜索结果页面中出现的顺序，称为**搜索引擎排名**（search engine ranking）。例如，如果输入搜索词"auto"，某个网站出现在返回结果链接列表的顶部附近，则称该网站的"auto"搜索引擎排名较高。结合科学和艺术，让某个特定的 URL 位于搜索引擎结果的顶部，称为**搜索引擎定位**（search engine positioning）、**搜索引擎优化**（search engine optimization）或**搜索引擎放置**（search engine placement）。对于访问者主要靠搜索引擎吸引的网站来说，具有一个较高的搜索排名，让网站的 URL 位于搜索引擎返回链接列表的顶部附近是非常重要的。

4.8.2 付费搜索引擎的内涵和排名

今天，很多搜索引擎网站都提供放置广告在搜索结果页面良好位置的服务，但需要付费。这些搜索引擎网站为企业提供**付费投放**（paid placement），即选择购买一组特定的搜索术语，用户输入这些术语时，公司广告就将出现在结果页面的顶部。付费投放也称为**赞助**（sponsorship）或**搜索关键词赞助**（search term sponsorship），然而，赞助投放广告同本章前面所讲的网站赞助是两个不同的概念。付费投放的费率千差万别，取决于搜索用词对潜在赞助商的重要性。例如，搜索关键词"汽车租赁"就要比另一搜索关键词"摩擦球轴承"贵很多，因为汽车租赁广告的潜在受众要比对某一个专门的工业产品，如球轴承感兴趣的人多。

公司的另外一个选择是在特定关键词搜索结果页面的顶部投放陈列式广告。例如，雪佛兰可能会在包括查询单词"新"和"汽车"的所有搜索结果页面的顶部购买陈列式广告。很多搜索引擎网站都以这样的方式销售陈列式广告。对于一些很好的搜索术语，越来越多的搜索引擎网站都只向同意购买付费投放和陈列式广告套餐交易的公司，销售相关关键词的搜索结果页面上的广告空间。

搜索引擎排名是一个非常复杂的问题，以至于出现很多只向企业提供排名策略的专门咨询公司。有很多专门论述搜索引擎排位的著作，每年还会就此专题举办多次大型研讨会。

图 4-10 所示为 2006 ~ 2017 年美国网上广告的销售金额。

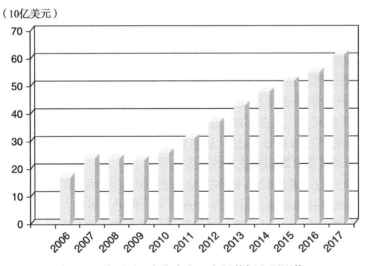

图 4-10 美国网上广告支出，实际数据和预测值

资料来源：Reports by ClickZ, eMarketer, Forrester Research, Nielsen, and Internet Retailer.

一般而言，在线广告的增长速度远远超过任何其他类型的广告以及正常情况下的广告支出。因此，网上广告成为所有广告中所占比例较大的部分。图 4-11 所示为美国网上广告与其他类型广告的对比。在世界上的其他地方，网上广告同样在快速扩张，但美国之外的其他国家，网上广告只占所有广告量的较小比例。

销售搜索引擎排名与广告投放等业务是非常复杂的，因为很多搜索引擎网站并不直接向广告商提供这种服务。它们使用**搜索引擎排名经纪公司**（search engine placement broker），经纪公司从多家搜索引擎网站购买排位权，然后打包组合，再销售给广告商。LookSmart 是一家很大的搜索引擎排名经纪公司。增加此项业务复杂度的另一个因素，是近年来所掀起的兼并和收购的浪潮。例如，在 2003 年，雅虎购买了搜索引擎排名经纪公司 Overture。最流行的搜索引擎网站谷歌，没有找搜索引擎排名经纪公司，它是靠自己的 Google AdWords 程序来直销这项服务的。

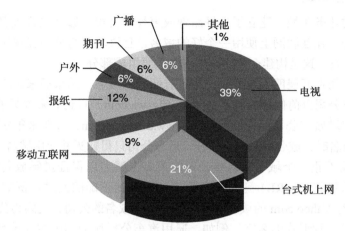

图 4-11　2016 年全球广告支出估计

资料来源：Reports by eMarketer, Nielsen, and ZenithOptimedia.

及时跟上这项业务快速变化的一个办法就是查看丹尼·沙利文（Danny Sullivan）的两个相关网站，即 Search Engine Land 和 Marketing Land。这两个网站上有极好的信息资源。虽然这两个网站上的大部分内容需付费订阅，但网站上仍然有很多免费的资料和说明，能帮助人们了解搜索引擎、广告位置经纪商、网络营销，以及一般的搜索引擎优化的相关知识。

提供内容的网站也可以参加付费排名。谷歌的 AdSense 程序专门提供在网站上所投放广告与网站提供的内容相匹配的服务。其他公司也提供类似的广告经纪服务，但谷歌是这个市场的领导者。广告经纪网站从内容网站购买广告投放位置，经纪网站再将这些广告位置出售给感兴趣的广告主。这种将广告放置到内容相关页面的技术称为**情境广告**（contextual advertising）。

当然，这个方法也有它的缺陷。2003 年《纽约邮报》（*New York Post*）连载了一部恐怖谋杀小说，受害人被碎尸，杀人凶手藏在一个手提箱里。当这个故事在《纽约邮报》的网站上连载时，在刊登故事的页面上出现了箱包的付费排名广告。提供广告代理服务网站的软件发现了故事中的"手提箱"一词，并错误认为故事所刊登的页面是一个投放箱包广告的完美地方。今天，广告经纪公司使用更复杂的软件和人工检查，以防止类似错误的发生。然而，有些行业分析家认为内容网站上的上下文广告的投放，不会像搜索引擎结果页面上的付费广告投放那么成功，他们认为，搜索引擎结果网页所面对的访问者往往正在寻找一些特定的内容，已经开始进入一个采购过程；访问者进入内容网站往往只是了解学习一般性的内容，因此，搜索引擎结果页面上的广告将总是比内容网站页面上的广告更加有效。

付费投放广告的另一种变形，就是使用搜索引擎结果页面，页面结果来自针对一个特定地理区域的产品或服务的搜索。这种技术，称为**本地化广告**（localized advertising），搜索结果页面上放置与当地相关的产品或服务广告。本地化广告是本地搜索服务的结果。在 2004 年，谷歌推出了本地搜索服务，让用户通过邮政编码或本地地址进行搜索。目前所有其他主要的搜索引擎和 Web 目录网站都在谷歌的带动下，提供某种形式的本地化搜索服务，无论本地搜索是作为它们的主要搜索页面的一部分，还是作为一个独立的服务。本地广告市场规模估计超过 300 亿美元并正在全球范围内增长，特别是移动设备成为这类广告的主要目标。本书第

6 章将介绍本地化和移动商务的相关内容。

4.8.3 网站命名问题

在一个特定的业务领域，建立了良好品牌或声誉的公司，通常也希望它们网站的域名能反映出该品牌声誉。在互联网上使用一个好的域名，且该域名与公司在现实物理世界中所建立的品牌形象相一致，这是构建企业网站的一个重要组成部分。

有两家航空公司在开展网上业务时使用了有问题的域名，结果后来都不得不购买更合适的域名。西南航空公司以前使用的域名是 www.iflyswa.com，直到后来购买了 www.southwest.com 的域名。德尔塔航空公司原来的域名是 www.delta-air.com，多年来很多客户一直抱怨根本记不住在录入域名时，域名中需加上横杆，后来公司只得购买并使用域名 www.delta.com。

公司往往购买不止一个域名，有些公司购买多个域名以保证拼错域名的访问者也能被重定向（通过拼写错误的 URL）到预定的站点，访问到正确的网站。例如，雅虎的域名为 Yahoo!.com，还拥有 Yahoo.com 的域名。有些拥有多个域名的公司，是因为公司本身就有很多不同的产品名称或多种形式的名字。例如，通用汽车公司所使用的主要域名是 GM.com，但公司还拥有 GeneralMotors.com，Chevrolet.com，Chevy.com，GMC.com 等很多其他的域名。

1. 域名买卖及租赁

1998 年，从事海报艺术设计的 Artuframe 公司在网上开展业务。凭借优质的产品和有吸引力的网站设计，公司网上业务开展得很好，但公司对自己的网上域名 www.artuframe.com 不太满意。公司总裁希望寻找一个更合适的域名，他在网上发现一家高科技航空技术公司的域名是 www.art.com，这家网站每月都有 15 万的访问者来寻找艺术方面的内容，Artuframe 公司决定购买这个域名。这家航空技术公司同意以 45 万美元把这个域名出售，Artuframe 公司购买域名后，立即将网站域名更换为 www.Art.com，在实施域名变更的当天，网站访问流量就上升了 30%。

这家公司不仅改变了域名，还与雅虎公司签署了联合营销的协议，雅虎公司将 Art.com 公司的广告放置在与艺术相关的搜索结果页面上。Art.com 还同那些销售艺术品的公司和非营利性的艺术组织建立了联盟营销策略。不过，Art.com 最终并没能在互联网上成功建立起赚钱的业务，2001 年年中它对资产进行了清算，域名立即被经营业绩不错的 Allwall.com 买走，交易价格没有公开。Allwall.com 立即更换了域名，Art.com 域名重新启动，当月访问量上升了 100%。

域名市场一直以来都很活跃，包含主题词的域名（尤其是那些加以渲染，能引起人们强烈好奇、兴趣的主题词）通常都会带来很高的价格。很多域名的销售细节都保密，近来被媒体所报道的一些以高价格成交的域名如表 4-6 所示。

表 4-6 交易价超过 500 万美元的域名

域名	价格（万美元）	域名	价格（万美元）	域名	价格（万美元）
Insurance.com	3560	Hotels.com	1100	Beer.com	700
VacationRentals.com	3500	Fund.com	1000	iCloud.com	600
PrivateJet.com	3000	Porn.com	950	Israel.com	590
Internet.com	1800	Porno.com	890	Casino.com	550
360.com	1700	FB.com	850	Slots.com	550
Insure.com	1600	Business.com	750	AsSeenOnTV.com	510
Sex.com	1400	Diamond.com	750	Toys.com	510

在大多数领域，具有很高价值的顶级域名都是 .com，名为 engineering.org 的域名在拍卖会上出售给美国机械工程师学会，一家非营利组织，成交价不到 20 万美元。

一些公司和个人投资购买非常有价值的域名，一些域名拥有者决定保留域名的所有权，在一个固定的时间段内租赁域名的使用权给某家公司，而非通过拍卖将这些域名销售给出价最高者。通常，这些域名出租人通过 URL 中介进行域名的出租。

2. 域名注册和域名登记

网上合法业务中，有一类公司被称为**域名经纪公司**（URL broker），专门销售、租赁或拍卖它们认为其他公司会感兴趣的域名。销售好域名（简短并易记的域名）的公司有 BuyDomains.com 和 Sedo。

公司还可以从域名注册商处获得目前从未发布或从未使用过的域名。互联网域名和地址分配中心（The Internet Corporation for Assigned Names and Numbers，ICANN，本书第 2 章中介绍过）的网站上有域名注册机构的名单。很多域名注册机构在自己的网站上提供域名搜索工具，用户可使用这些工具搜寻符合自己要求的可用域名。域名注册机构所提供的另一项服务是域名寄存。**域名寄存**（domain name parking）也称为**域名托管**（domain name hosting），允许域名的购买者维持一个简单的网站（往往只有一个页面）来保证域名处于使用状态，此项服务的收费通常远低于建立一个网站的费用。

前车之鉴

坚果在线

1929 年，索尔·布雷弗曼（Sol Braverman）开始在新泽西州纽瓦克的马尔伯里（Mulberry）街上的一个摊位出售坚果和干果。家族企业逐渐成长为纽瓦克坚果公司（Newark Nut Company），2003 年，索尔的孙子杰弗瑞（Jeffrey）加入了公司，并带来了开展网上业务的想法。他购买了域名 NutsOnline.com，并发现在网上销售坚果确实是一个很好的业务。虽然网上业务的开展很成功，但杰弗瑞认为更好的域名可能有助于业务更上一层楼。

2009 年，他找到了域名 Nuts.com 的所有者，他认为这个域名比原来的域名好。更重要的是，他不想让此域名落入竞争对手手中。经过与域名所有者两年的谈判，杰弗瑞支付了几十万美元终于购得此域名。对于年收入在 2000 万美元的公司来说，购买域名的价钱是一笔巨大的支出，但杰弗瑞乐观地认为，新域名将为公司网站带来更多的流量，流量转化为购物量，几年后购买域名所支付的钱就可以赚回来。

杰弗瑞与聘请的网络顾问一起工作，公司在每个 NutsOnline 页面上设置重定向，将访问者带到新网站完全相同的网页上，同时遵循谷歌公司发布的网站管理员指南。新网站于 2012 年 1 月 6 日推出，结果却让公司很震惊。在新网站推出的头两周，网站流量直线下降了 70%，而非原来预计的增长。三个月后，网站流量仍然下降了 50%，每天给公司带来的成本需要 100 多份订单才能弥补。

公司咨询其他专家，获知当网站更改为新的域名时，通常会经历网络流量的小幅下降，但降幅一般不超过 5%。经过进一步的调查研究，公司得知，谷歌公司的搜索引擎没有关于 Nuts.com 的卖家信用评论，而客户多年来的信用评价都是针对 NutsOnline.

com。此后，公司将信用评价进行转换花了几个月的时间。

一位专家指出，Nuts.com在过去10年中一直是一个无内容的网站，这使得域名的切换犹如搬家到被遗弃的建筑物中。该公司可以通过在域名转换前几个月将一些内容（可以是原网站的缩减版）放在Nuts.com上，来尽量减少网站流量的下降。此外，Nuts.com网站上的大量流量是英国用户使用搜索引擎后带来的（英国有本杂志的名称与Nuts相似），公司需要改变地理位置定位，将Nuts.com网站与美国用户的搜索相关联。这使得当美国用户在谷歌搜索引擎中敲入"nuts"或相近的词，如"almonds"（杏仁）或"walnuts"（核桃），结果页面中更有可能显示Nuts.com。在进行以上整改后的一个月内，网站的流量恢复正常，公司正在努力使新域名物有所值。

本章小结

本章讲述了公司如何使用营销策略原理和4P营销来实现网上产品销售和服务的目标。除了传统的促销策略，公司现在使用多个网上接触点与客户联系，包括诸如Facebook和Twitter的社交媒体，来让公司所发布的消息扩散出去。一些公司采取以产品为核心的营销策略，有些则采取客户核心的营销策略。网站让公司能够整合这些策略，允许顾客自行选择自己所喜欢的方法。越来越多的商家使用对它们客户的特定购买习惯的知识，来为用户定制网上购物时的个性化体验。

如同在现实世界一样，在网上也可以采取地理、人口统计、心理信息进行市场细分。企业可借助网站的强大功能，根据客户行为和生命周期进行市场细分。即使同样一个客户，在不同的时候访问同一家公司的网站也会表现出不同的行为。这些增加的细分功能促进了一对一的网上营销，使企业能与客户建立比大多数非网络途径更密切的关系强度。

本章讲述了公司如何创建并投放各种类型的网上广告，包括陈列式广告、弹出式广告、弹底式广告、文本广告、插页式广告、多媒体广告以及视频广告，在网上销售产品与服务。许可营销和选择性电子邮件提供了另外一种网上推广方案，可与网页广告一起或单独使用。上下文相关的文字广告是一个快速增长的网络广告形式，用户认为上下文广告比其他类型的网上广告对用户的侵扰程度较低。通过特定应用程序在网站上投放移动广告是目前增长最快的网上广告细分市场之一。

很多公司正在使用互联网以一种新的、有趣的方式来管理客户关系。通过了解网上沟通的特性，公司可以识别和接触到尽可能多的合格的目标客户。技术支持的客户关系管理能够为网上企业带来比传统的市场细分和微观营销更好的回报。

网上企业可使用理性方式来创建品牌，以替代曾在大众媒体广告中非常成功的感性方式。有些网上企业通过关联营销以及与品牌所有者之间的合作努力来共享和传递品牌效益，另外一些企业利用网上社交媒体的病毒式营销策略，提高品牌认知，增加客户群规模。

成功的搜索引擎定位和域名选择对企业吸引网上新客户非常关键。本章最重要的讨论主题是，公司需要将所使用的各种网络营销工具整合成一个有凝聚力、以客户为中心的整体营销策略。

关键术语

获取成本（acquisition cost）：网站吸引访问者所花的总成本。

广告访问（ad view）：网站访问者看到有广告的页面。

广告屏蔽软件（ad-blocking software）：可以阻挡横幅广告和弹出广告的程序。

广告交换网络（ad exchange network）：一个协调广告共享的网络，以便其他网站运行一个公司的广告，而该公司的网站运行其他交换成员的广告。

联盟营销（affiliate marketing）：是指一家企业（即关联企业）的网站上有另一家企业的网站所售产品的描述、评价、评级和其他信息及后者链接的广告方式。如果沿关联网站链接进入销售商网站的访问者进行购物，关联网站将得到一定的交易佣金。

联盟营销活动经纪（affiliate program broker）：是指开展关联营销活动的网站和希望成为关联网站的公司之间的电子集市。

分析处理（analytical processing）：一种检查存储信息并查找数据中尚未知晓或不确定模式的技术，也称为数据挖掘。

GIF 动画（animated GIF）：希望引人注意的一种动态网页广告图形。

行为细分（behavioral segmentation）：根据客户的行为创造不同的体验。

博客（blog/Web log）：人们发表想法并请他人发表意见的网站平台。

品牌（brand）：客户对产品的感知。

群发邮件（bulk mail）：带有商业噱头、广告的电子邮件或连锁信。

公益营销（cause marketing）：支持一家慈善机构的关联营销活动。

点击（click）：也称点阅广告。

点击流（clickstream）：网站收集到的访问者信息。

点击率（click-through）：广告访问者点击横幅广告来打开广告主的页面的动作。

情境广告（contextual advertising）：将广告放置到内容相关页面的技术。

转化（conversion）：将初次访问者转变成消费者的过程。

转换成本（conversion cost）：吸引网站访问者购买、订阅或（在广告性网站上）注册所花的平均成本。

转换率（conversion rate）：响应广告者占收到广告者的比率。

每次点击费用（cost per click, CPC）：一种定价指标，其中网站会监控点击广告的访问者数量，对用户每次点击收取企业的广告费，而不是按网页上每次广告的展示来收费。

每千人成本（cost per thousand, CPM）：将广告送达千人目标群体所付的成本。

网络爬虫（crawler）：网络蜘蛛的同义词。

基于客户的营销策略（customer-based marketing strategy）：一种网站设计方法，可以满足不同类型客户的不同需求。

客户生命周期（customer life cycle）：客户忠诚的五个阶段。

客户关系管理（customer relationship management, CRM）：技术支持的关系管理的同义词，指企业获得详细客户信息并进行应用。

客户价值（customer value）：客户从产品中得到的收益减去总成本的结果。

数据挖掘（data mining）：寻找数据中隐含的内在规律。

数据仓库（data warehouse）：在 CRM 系统中，包含有关客户信息及偏好和行为的数据库。

人口统计／客户群体（demographic）：一组具有共同特征的客户。

人口细分（demographic segmentation）：依据年龄、性别、家庭人口、收入、教育程度、信仰或种族等信息对客户进行细分的方法。

陈列式广告／横幅广告（display ad /banner ad）：网页上的一个小矩形，显示固定或移动图形，并包含指向广告商网站的超链接。

广告展示网（display advertising network）：

广告商和播放广告网站之间的经纪商。

分销（distribution）：需要在许多不同地点提供产品或服务。

域名托管（domain name hosting）：允许域名购买者建立一个简单的网站来保证域名处于使用状态的服务。

域名寄存（domain name parking）：域名挂靠的同义词。

电子客户关系管理（electronic customer relationship management, eCRM）：技术支持的客户关系管理的同义词，是指企业获得详细客户信息并进行应用。

爱好者（fan）：在社交媒体网站上关注公司讨论活动的人。

爱好者基础（fan base）：爱好者的集合。

营销4P（four Ps of marketing）：营销的核心要素，分别是产品、价格、促销和渠道。

客户获取漏斗模型（funnel model of customer acquisition）：评估特定营销战略要素的方法。

地理细分（geographic segmentation）：按客户的居住地或办公地对客户分类的方法。

印象（impression）：页面上横幅广告的每次下载。

索引（index）：由网络蜘蛛、网络爬虫或网络机器人找到的所有网页的列表。

内嵌文字广告（inline text ad）：由文章或故事中的文字组成的文字广告，以超链接显示并指向广告客户的网站。

互动营销单元广告格式［interactive marketing unit（IMU）ad format］：大部分网站自愿采用的横幅广告规格标准。

插页式广告（interstitial ad）：在用户想打开的页面之外新出现的侵入式广告。

横幅广告（leaderboard ad）：横跨一个网页顶部或底部的横幅广告。

生命周期细分（life-cycle segmentation）：基于客户生命周期的五个阶段对客户进行细分。

本地广告（localized advertising）：在搜索引擎结果页面放置本地区产品或服务的在线广告。

市场细分（market segmentation）：指广告商将目标市场中潜在的顾客划分成不同的细分市场。

营销组合（marketing mix）：公司为达到销售产品与服务的目标而采用手段的组合。

营销策略（marketing strategy）：为销售产品与服务而制定的特定营销组合。

市场空间（marketspace）：不是在现实环境而是在虚拟环境中存在的市场。

微观营销（micromarketing）：将很小的细分市场作为目标市场的行为。

移动广告（mobile ad）：使用移动应用程序所展示的广告消息。

移动应用程序（mobile App）：在智能手机和平板电脑等无线设备上运行的程序。

场合细分（occasion segmentation）：基于特定的场合（时间或地点）来进行的客户行为细分方法。

一对一营销（one-to-one marketing）：针对每个客户完全定制产品与服务的方法。

许可电子邮件（opt-in e-mail）：向那些询问过某个专题或特定产品信息的人发送电子邮件。

页面访问（page view）：访问者下载的每个页面。

付费放置（paid placement）：指企业购买特定关键词搜索结果的前位。

每次点击付费模式（pay-per-click model）：只要访问者点击进入卖家公司网站，卖家就要向关联网站付费的盈利模式。

转换收费模式（pay-per-conversion model）：只有访问者转变成客户时公司才会向关联网站付费的盈利模式。

许可营销（permission marketing）：只向明确表示过愿意接收某种产品或服务之促销信息的顾客发送特定信息的营销策略。

渠道（place）：将产品或服务供应到各地。

弹出式广告（pop-up ad）：当用户打开或关闭一个窗口时出现在独立窗口上的广告。

前置视频广告（pre-roll video ad）：在网站上提供视频所使用的一种多媒体广告形式。

价格（price）：客户购买产品所支付的金额。

产品（product）：公司所销售的实体产品或服务。

基于产品的营销策略（product-based marketing strategy）：一种合乎常理的营销方式（公司花费大量精力、时间和金钱来设计和创建这些产品或服务）。

促销（promotion）：传播产品信息的所有手段。

心理细分（psychographic segmentation）：用社会阶层、个性或生活方式等变量对客户细分的方式。

理性品牌创建（rational branding）：为网上用户提供某种帮助以换取他们对广告关注的一种策略。

矩形广告（rectangle ad）：形状是矩形的横幅广告。

重复访问（repeat visit）：网站访问者对某个网站页面的再访问。

保留住的客户（retained customer）：在首次购买后再次回到网站的客户。

挽留成本（retention cost）：吸引客户回到网站并再次购买的成本。

多媒体广告（rich media ad）：在原页面（非新打开窗口）上浮动的图形活动的广告形式，也称为活动式广告。

机器爬虫/网络爬虫（robot/bot）：一种自动搜索Web以查找人们可能感兴趣的网页的程序。

搜索引擎（search engine）：基于关键词匹配原则寻找页面的网络软件。

搜索引擎优化（search engine optimization，或称搜索引擎定位 search engine positioning）：让特定公司的网站地址在搜索引擎排序中靠前的技巧和合理组合。

搜索引擎放置经纪（search engine placement broker）：拥有多个搜索引擎的进入和放置权利并将这些组合资源出售给广告客户的公司。

搜索引擎排名（search engine ranking）：指搜索引擎考虑各种因素后确定某个关键词搜索结果显示的次序。

搜索关键词赞助（search term sponsorship）：购买搜索引擎提供的一组搜索词的排位服务，也称为赞助放置或付费放置。

搜索工具（search utility）：搜索引擎中查询匹配搜索词的页面的工具。

细分市场（segment）：也称市场细分，即根据潜在顾客的人口特征将其划分成不同的子集。

购物车（shopping cart）：负责跟踪客户选定的商品并自动处理结算的网站功能。

赞助网站（site sponsorship）：广告商通过赞助网站的部分或全部来促销自己的产品、服务或品牌的方式。网站赞助比横幅广告或弹出广告更易被访问者接受。

擎天柱广告（skyscraper ad）：即将广告放在页面一侧，不论用户如何拖动卷滚条都能一直看到。

社交媒体（social media）：允许参与者交换想法并相互告知新闻和最新信息的网站。

垃圾邮件（spam）：指垃圾电子邮件。

网络蜘蛛（spider）：是搜索引擎的第一部分，可自动、频繁地搜索WWW以找到相应的页面并更新自己的网站信息数据库。

统计建模（statistical modeling）：一种验证CRM分析师关于客户和销售数据之间关系推测的技术。

技术支持的客户关系管理（technology-enabled customer relationship management）：技术支持的关系管理的同义词。

技术支持关系管理（technology-enabled relationship management）：指企业获取消费者行为、偏好、需要和购买模式等详细信息，使用这些信息来确定价格和谈判策略，改进促销活动，改善产品特性并定制同顾客的互动。

文本广告（text ad）：不使用任何图形元素的简短促销信息。

接触点一致（touch point consistency）：在所有接触点（不论是面对面、电话还是网上）为顾客提供同样水平和质量的服务。

接触点（touchpoint）：在线与离线的客户联系点。

尝试访问（trial visit）：指访问者首次下载某个网站的页面。

触发词（trigger word）：用于勾起消费者的记忆、唤起他想在网站买商品的关键文字。

通用广告套餐（universal ad package，

UAP）：四种最常见的标准 Web 广告格式。

未经请求的商业电子邮件（unsolicited commercial e-mail, UCE）：带有商业噱头、广告的电子邮件，也称为垃圾邮件或群发邮件。

域名经纪公司（URL broker）：专门从事销售或拍卖其他公司感兴趣的域名的公司。

基于使用的市场细分（usage-based market segmentation）：按照客户使用网站的行为模式来定制访问体验。

视频广告（video ad）：视频广告可以是独立的，也可以集成到网站访问者选择观看的视频中。

病毒式营销（viral marketing）：靠现有顾客把自己所喜欢的产品或服务告诉他人（潜在顾客）的营销方式。

访问（visit）：指访问者向网站请求获取一个页面。

复习题

1. 简要解释为什么同一行业中两家不同的公司，会决定使用不同的营销策略。
2. 说出公司营销组合中的四个要素。
3. 什么是营销 4P？
4. 交易成本如何决定客户价值？
5. 网上促销的三个要素是什么？
6. 什么是产品为核心的营销策略？
7. 企业外部观点如何能帮助公司开发客户核心的网上销售策略？
8. 为什么大众媒体广告对许多公司具有吸引力？
9. 为什么大众媒体广告在很多网络背景应用下无效？
10. 什么类型的宣传媒体最适合高复杂度的产品或服务？
11. 许多网上零售商在其网站上使用博客。简要描述网上零售商使用博客的目的。
12. 简要定义心理市场细分，并说明它与人口市场细分的区别。
13. 简要描述一类基于用户使用的市场细分，并对这类细分取个名。
14. 简要描述一类基于行为的细分，并对这类细分取个名。
15. 为什么接触点一致性是公司与客户关系的重要特性？
16. 概述在客户生命周期中处于了解阶段的企业网站访问者的主要特性。
17. 简要定义转换成本，并解释为什么公司需要估算转换成本。
18. 为什么大多数网上零售商的客户获取成本高于客户保留成本？
19. 为什么大多数网上广告商都遵守互动广告管理局制定的广告显示标准？
20. 什么是广告交换网，它与展示广告网有什么不同？
21. 什么是插页式广告？
22. 什么是片头视频广告，在什么具体情况下可以有效地使用？
23. 说明什么是网上文本广告，并简要描述相对于陈列式广告，文本广告所具有的优势。
24. 简要说明为什么移动广告的增长速度如此之快。
25. 什么是网站赞助？
26. 网上广告所使用的术语中，"印象"与"点击"之间的区别是什么？
27. 什么是许可营销的基本思想？
28. 简要定义并区分感性品牌塑造和理性品牌塑造。
29. 简要定义术语"病毒营销"。
30. 简要定义什么是搜索引擎定位，并解释公司为何使用它。
31. 什么是域名寄存？

练习题

1. 许多组织发现在网站设计中很难应用客户核心的营销策略。用大约 100 字，解释为什么这成为一个挑战，并列出组织可以做哪些事情来克服所面临的困难。
2. 营销的四个 P 中，有一个是价格。用大约 100 字，说明价格中除了顾客支付产品所花金钱外的其他要素。在所给出的答案中，请一定考虑客户价值的概念。
3. 用大约 100 字，列出公司可以通过互联网改善产品分销物流的方式。
4. 用大约 200 字，比较产品核心的营销策略和客户核心营销策略的使用。内容包括每个策略优缺点的讨论，并至少包含网上业务使用每个策略的一个示例。
5. 假设你是 Perfect Seasons 的营销总监，公司产品为一位知名的、具有极高声望的大厨所设计的一系列新炊具。用大约 200 字，说明你将如何使用该厨师的声誉来实施并完成此系列新产品品牌的差异化。
6. 一种基于客户核心营销策略的方法依赖于识别出按人口统计信息对客户的分类。寻找一个在网站设计中融入了客户核心营销策略的网上零售商。用大约 100 字，对网站总体情况进行介绍，并概述该网站如何为不同人口统计类别的客户提供差异化的导航路径。
7. 访问 Harry and David Gourmet Gifts 礼品网站，了解该公司如何对每件产品以及每月的俱乐部服务实施场景细分。撰写一份报告，描述该网站上的使用场景细分的两个清晰示例。还要识别出该网站上两个使用产品细分的示例，并说明公司如何设计网站，将客户引导到最适合他们的细分路径。报告内容大约 200 字。
8. 用两三个段落，解释为什么大众媒体广告在网上（观众要么使用计算机，要么使用移动设备）的效果不如人们通过电视收看广告好。
9. 用大约 100 字，解释说明一个产品的复杂程度如何影响了公司选择用来传播该产品信息的沟通模式。
10. 用大约 200 字，比较说明使用社交媒体公司的沟通信任水平与使用大众媒体和个人面对面沟通所获得的信任水平。
11. 用大约 100 字，简要描述微观营销并解释说明它与大众媒体广告共同的缺点是什么。
12. 假设你是 TopSpin 公司的顾问，该公司是一家网球设备制造商，通过互联网直接向客户销售其产品。TopSpin 公司正在考虑使用 YouTube 的视频来推广产品。一些销售人员建议，这些视频内容应该包括公司产品的详细评论和顶级网球运动员的认可与宣传。其他营销人员建议，视频还应该包括教学技巧以及这些网球设备在著名度假村中被使用的内容。撰写一份 200 字左右的报告，评估销售人员和营销人员所提出的这两种替代方案。
13. 高尔夫球设备制造商经常在高尔夫球赛的电视节目中打广告，而足球设备制造商很少在足球比赛电视节目中打广告。用一两个段落，解释这两个业务的广告策略为什么不同。
14. 用大约 100 字，说明网上企业可以从数据挖掘或数据分析处理活动中学到什么。
15. 你受聘于 HGTV 公司，主要工作是销售其网站上的广告空间。写一份约 200 字的备忘录，描述在网上打广告的优势，这份备忘录可供公司的销售团队向潜在广告客户推荐将广告放置在公司网站主页时使用。公司还有一个基于许可的电子邮件营销系统，你可以将其作为广告套餐中的一部分，打包销售给广告主。请一定记住，备忘录中要包括电子邮件营销系统的好处。

请注意：你的老师可能会要求以小组的形式，完成这项作业，并可能会要求在备忘录的基础上准备一个正式的营销报告，在课堂上进行陈述。
16. 马蒂男爵经营着一家名为 Cannonball 的网上商店，商店主要销售零件、成套工具包、书籍及配件给古董火车模型爱好者，爱好者们使用这些资料及零部件来修复古董火车模型。很多火车模型爱好者和收藏家都创建了自己的网站，并通过网站分享火车模型的照片和其他信息。马蒂对于创建一个联盟营销方案非常感兴趣，这个方案将允许爱好者们在其网站上放置 Cannonball 网店的链接，结果有访问者点击这些链接来到 Cannonball 的网站上并购买商品，访问者来自的网站将获取销售佣金的奖励。用大约 200 字为马蒂准备一份备忘录，列出她在建立联盟网络时，评估联盟项目经纪商以及其他问题应采取的步骤。在备忘录的分析中，要考虑马蒂业务的特点。

17. 假设你是《每日速递》（Midland Daily Courier）报纸新的营销经理，该报纸每周出版，主要发布当地新闻、当地高中体育比赛的结果、当地商业和政治问题的专题报道。报纸上还会发表由当地园艺专家、上门维修服务人员、手工艺品制作者所撰写的定期专栏。像许多小周刊的处境一样，在过去10年里，《每日速递》的用户群在逐渐萎缩。《每日速递》已经建立了一个网站，网站上发布纸质印刷版中所有的新闻内容。你的工作是与出版商和编辑部的工作人员一起，重振用户对纸质印刷版的兴趣，制订营销计划增加直接订阅印刷版的用户数，或让《每日速递》的潜在用户对其价值产生更高的认知和兴趣。撰写一份使用博客和社交媒体工具开展病毒式营销的计划（400字左右），通过该计划的实施，使人们对《每日速递》产生浓厚的兴趣。请具体说明针对每个专栏，你将使用什么营销工具。

案例

案例 4-1　Mothshop 公司

乔治·道斯格林，一个诗人和小说家，在格鲁吉亚长大。在那里，在夏天温暖芳香的夜晚，乔治与朋友们会开心地聚在一个幽静的走廊里彼此讲故事直到深夜。飞蛾经常通过走廊上的一个洞飞进来，似乎也想来听故事，小伙伴开始戏称自己为飞蛾。1997年乔治搬到纽约市后，他非常想念那些温馨的夜晚，与小伙伴在一起嬉戏玩耍，分享友谊，乔治决定把讲故事的传统延续到新家周边的咖啡馆和会所。这样，一个非营利的讲故事组织"飞蛾"俱乐部诞生了。

飞蛾以其推出的"飞蛾广播时段"而闻名，这是一个每周一次的现场直播节目，在国家公共广播电台播出。这个节目，激发了听众对故事中所涉及的艺术和手工艺的浓厚兴趣。虽然"飞蛾"组织大部分的活动都是纯娱乐性的讲故事，但 2010 年，"飞蛾"组织的高级总监凯特·特勒（Kate Tellers）开始与法国的 Publicis Group 合作，这是一家在全球开展广告和营销活动的公司，该公司能帮助企业客户学习如何更好地与客户建立联系。

特勒首先针对 Publicis Group 的客户开发了一系列的研讨会，这些企业正在寻找一种有效的方式向顾客讲述它们企业的故事，接着，特勒将这些专题研讨会放到了"飞蛾公司培训"名下，并提供给各类企业。这些研讨会包括技术性的"讲故事"工具，要注意故事情节波澜起伏并增强主题，同时还要为企业营销人员提供针对具体信息重要性和真实性的评价。在飞蛾看来，任何一个故事成功的关键要素是能够给听众传达出故事所隐含的深刻经验教训。

飞蛾公司与许多大公司开展了广泛合作，包括卡夫食品（Kraft）、谷歌（Google）、L.L.Bean 户外用品公司、麦当劳（McDonalds）和欧甘娜化妆品（Organic）等。其企业培训计划包括"推进新概念"，致力于"完美无缺的音调"，开发"品牌故事"，构建"公司/项目认同"等要素，将飞蛾的讲好故事的准则（包括"发展弧线"和"建立利益关系"）融入改进公司营销和沟通工作的技术中。

在网络营销的世界里，一家公司与客户沟通的窗口有限。公司的客户和潜在客户必须在博客帖子、推特、YouTube 视频网站和其他社交媒体中看到共同的话题。这些话题必须与其在网站中的展示、电子邮件策略和品牌化方法所有可用的沟通渠道和实体场所（如果公司有的话）协调一致。飞蛾公司的培训项目帮助公司创作可以在每个渠道中以各种各样的形式来讲的故事。

问题

1. 许多的网上沟通方式，如电子邮件、推特上的信息以及网页里的内容，都要求简短精练的写作。用两三个段落，讨论为什么讲故事可以激发在网上传递公司情况或产品品牌形象的简洁写作。
2. 选择一个你熟悉的产品，用大约200字，列出你将放入故事中的与产品相关的要素（如品牌、产品特性、产品使用收益以及与竞争产品的比较），并推荐你将用来向潜在客户传递故事的网上沟通媒介（网页、电子邮件、社交网络等）。
3. 故事讲述是许多网络游戏的重要组成部分。用大约100字，将网络游戏中故事叙述所发挥的作用与其在产品营销和推广中可能发挥的作用进行比较。

请注意：老师可能会要求学生以小组的形式来完成这个案例，并要求每个小组在全班进行正式陈述。

案例 4-2 蒙大拿州山地自行车俱乐部

杰瑞·辛格尔顿18年前成立了蒙大拿州山地自行车俱乐部。俱乐部在蒙大拿州的4个地点开展为期1周的山地自行车远征活动。大多数新客户是从老客户那里听说这家俱乐部和它的行程安排的。俱乐部的很多客户每年都会来参加山地自行车远征活动，在任何远征活动中大约80%的车友都是回头客。

杰瑞对这么高的回头率非常满意，但他担忧俱乐部错过巨大的潜在市场。杰瑞不愿意在广告上大笔投入，大约10年前，他曾支付8万美元让一家平面广告公司在户外活动杂志和体育杂志上发表广告，但吸引的客户数还弥补不了广告费。5年前一位营销顾问告诉杰瑞广告所投放的媒体并不恰当，这些杂志没有接触到真正的山地自行车运动爱好者，而他们才是俱乐部真正的目标市场。毕竟，偶尔骑一下山地车的人是不太可能参与为期1周的远征活动的。

杰瑞关注的另一问题是90%以上的客户都来自邻近的州。杰瑞一直认为俱乐部的市场规模还不够大，没有涉及加州地区热衷山地自行车运动的人。他曾经同营销顾问讨论过购买邮购地址目录来发促销信的可能性，但信件的印刷和邮寄成本太高。购买邮购地址目录的成本是每个地址0.1美元，但每封信的印刷和邮寄费用是4美元。邮购地址目录有6万个地址，营销顾问估计转换率为1%～3%。最好的情况下，这些信件将带来1800个新客户，俱乐部从每个参加1周远程活动的客户那里只能获利100美元。这样，转换成本大约是246 000（=60 000×4.10）美元，而利润只有180 000（=1800×100）美元。营销顾问认为这是一种投资，因为俱乐部有很高的客户保留率，新客户第二年或第三年带来的盈利会超过第一年的一次性邮寄成本投入。但是杰瑞不同意营销顾问的这种看法。

9年前，蒙大拿州山地自行车俱乐部建立了网站，上面有公司介绍和旅行线路信息。但杰瑞认为在网站上没有必要提供远征活动的报名预订功能。他曾经考虑过销售有蒙大拿州山地自行车俱乐部徽标的帽子和夹克，但是这个想法从来都没有付诸实施。其实俱乐部在中西部地区的山地自行车爱好者中很有知名度。

蒙大拿州山地自行车俱乐部的网站上提供了电子邮件地址，访问者可以发送电子邮件询问远征活动的详细信息。罗宾·戴维斯是俱乐部远征活动的一名领队，也是个业余摄影爱好者，在多年的旅程中拍摄了很多照片。去年，她把这些照片数字化后放到网站上。结果，1个月内网站收到大量的询问电子邮件。很多邮件询问俱乐部远征活动的行程，但有数量惊人的邮件询问是否能得到这些照片的使用权，或询问俱乐部是否有更多的类似照片出售。杰瑞不太清楚这些照片如此受欢迎的原因，毕竟，他只是在经营山地自行车探险业务。

问题
1. 回顾图4-3所示的客户忠诚的五个层次，准备一份200字的报告阐述蒙大拿州山地自行车俱乐部的客户都属于哪个层次，估计各层次客户的比例。利用本案例叙述中的逻辑和所提供的证据来阐述你如此划分的理由。

2. 准备一份大约 200 字的报告，为蒙大拿州山地自行车俱乐部制订一个电子邮件营销方案，在你的建议中，参考俱乐部早期印刷邮寄广告的情况，同时还要考虑许可电子邮件营销的要求和潜力。

3. 用大约 300 字，阐述蒙大拿州山地自行车俱乐部如何使用基于社交媒体的病毒式营销策略来争取新客户，同时巩固与现有客户的关系。在你的答案中，一定要讨论俱乐部网站及其 Facebook 页面上应包括哪些要素来支持病毒营销策略。

4. 准备一份 500 字的报告，为蒙大拿州山地自行车俱乐部制定联盟营销策略，阐述俱乐部应该把什么类型的网站作为关联营销伙伴，并列举至少五个具体的网站作为候选。

请注意：老师可能会要求学生以小组的形式来完成这个案例，并要求每个小组在全班进行正式陈述。

延伸阅读

Alford, E. 2015. "StubHub Saves Its Rankings While Opening Up Personalization Possibilities," *Search Engine Watch*, July 8. http://searchenginewatch.com/sew/news/2416725/stubhub-saves-its-rankings-while-opening-up-personalization-possibilities

Bayer, J. and E. Servan-Schreiber. 2011. "Gaining Competitive Advantage Through the Analysis of Customers' Social Networks," *Direct, Data and Digital Marketing Practice*, 13(2), October, 106–118.

Beatty, S. and W. Hill. 2013. "A Segmentation of Adolescent Online Users and Shoppers," *Journal of Services Marketing*, 27(5), 347–360.

Beck, K. 2011. "Pizza Chain Goes Extreme on Facebook," *CRM Magazine*, 15(6), June, 38–39.

Bruton, C. and G. Schneider. 2003. "Multiple Channels for Online Branding," *Academy of Marketing Studies Journal*, 7(1) 109–114.

Buchanan, L. 2013. "Both Simple and True: The Secrets of Effective Storytelling," *Inc*. October. http://www.inc.com/magazine/201310/leigh-buchanan/the-moth-storytelling-secrets.html

Canhoto, A., M. Clark, and P. Fennemore. 2013. "Emerging Segmentation Practices in the Age of the Social Customer," *Journal of Strategic Marketing*, 21(5), 413–428.

Chan, Y. 2009. "Effects Beyond Click-through: Incidental Exposure to Web Advertising." *Journal of Marketing Communications*, 15(4), September, 227–246.

Chaney, P. 2015. "Multi-channel Marketing: An Introductory Guide," *Web Marketing Today*, July 13. http://webmarketingtoday.com/articles/Multi-channel-Marketing-An-Introductory-Guide/

Chen, Y., S. Fay, and Q. Wang. 2011. "The Role of Marketing in Social Media: How Online Consumer Reviews Evolve," *Journal of Interactive Marketing*, 25(2), 85–94.

De Vivo, M. 2015. "Five Ways to Reduce Touchpoints on the Social Media Conversion Funnel," *Search Engine Watch*, June 11. http://searchenginewatch.com/sew/how-to/2412370/5-ways-to-reduce-touchpoints-on-the-social-media-conversion-funnel

Dean, S. 2015. "It's 2015: You'd Think We'd Have Figured Out How to Measure Web Traffic by Now," *FiveThirtyEight*, July 7. http://fivethirtyeight.com/features/why-we-still-cant-agree-on-web-metrics/

Dillon, K. 2013. "Selling Narrative: A Storytelling Radio Show Teaches Corporate America," *Fortune*, September 16, 18.

Dover, D. 2011. *Search Engine Optimization Secrets*. Indianapolis, IN: Wiley.

eMarketer. 2014. "Advertisers Will Spend Nearly $600 Billion Worldwide in 2015," December 10. http://www.emarketer.com/Article/Advertisers-Will-Spend-Nearly-600-Billion-Worldwide-2015/1011691

eMarketer. 2015. "U.S. Adults Spend 5.5 Hours With Video Content Each Day," April 16. http://www.emarketer.com/Article/

US-Adults-Spend-55-Hours-with-Video-Content-Each-Day/1012362

Gardner, E. 1999. "Art.com," *Internet World*, March 15, 13. http://www.iw.com/print/1999/03/15/

Godin, S. 2005. *All Marketers Are Liars: The Power of Telling Authentic Stories in a Low-Trust World*. New York: Portfolio.

Godin, S. and D. Peppers. 1999. *Permission Marketing: Turning Strangers into Friends, and Friends into Customers*. New York: Simon & Schuster.

Hanlon, P. and J. Hawkins. 2008. "Expand Your Brand Community Online," *Advertising Age*, January 7, 14–15.

Hansen, C. 2013. "Let's Use Data Not Just to Target Ads, but to Make Ads Better," *Ad Age Digital*, October 2. http://adage.com/article/digitalnext/data-target-ads-make-ads/244484/

Harvard Business Review. 2003. "How to Measure the Profitability of Your Customers," 81(6), June, 74.

Hayes, D. 2013. "Big Data vs. Better Data: Marketing Beyond Hunting and Gathering," *ClickZ*, October 9. http://www.clickz.com/clickz/column/2299386/big-data-vs-better-data-marketing-beyond-hunting-gathering

Heffernan, V. 2011. "Google's War on Nonsense," *The New York Times*, June 26. http://opinionator.blogs.nytimes.com/2011/06/26/googles-war-on-nonsense/

Hinz, O., B. Skiera, C. Barrot, and J. Becker. 2011. "Seeding Strategies for Viral Marketing: An Empirical Comparison," *Journal of Marketing*, 75 (6), November, 55–71.

Hjort, K., B. Lantz, D. Ericsson, and J. Gattorna. 2013. "Customer Segmentation Based on Buying and Returning Behavior," *International Journal of Physical Distribution & Logistics Management*, 43(10), 852–865.

Jenkins, S. 2015. "Recognizing Millennial Men's Adaptability for Brands," *eMarketer*, July 10. http://www.emarketer.com/Article/Recognizing-Millennial-Mens-Adaptability-Key-Brands/1012705

Jones, K. 2008. *Search Engine Optimization: Your Visual Blueprint for Effective Internet Marketing*. Indianapolis, IN: Wiley.

Jothi, P., M. Neelamalar, and R. Prasad. 2011. "Analysis of Social Networking Sites: A Study on Effective Communication Strategy in Developing Brand Communication," *Journal of Media and Communication Studies*, 3(7), July, 234–242.

Kaplan, A. and M. Haenlein. 2011. "The Early Bird Catches the News: Nine Things You Should Know About Micro-blogging," *Business Horizons*, 54(2), March–April, 105–113.

Kaye, K. 2013. "Is Online Advertising Getting Too Complex?" *Ad Age Dataworks*, November 1. http://adage.com/article/datadriven-marketing/online-advertising-complex/245070/

Kennedy, A. and K. Hauksson. 2012. *Global Search Engine Marketing*. Indianapolis, IN: Que.

Kiley, D. and B. Helm. 2009. "The Great Trust Offensive," *BusinessWeek*, September 28, 38–42.

Klapdor, S. 2013. *Effectiveness of Online Marketing Campaigns: An Investigation into Online Multichannel and Search Engine Advertising*. Dordrecht: Springer Gabler.

Kunz, M., B. Hackworth, P. Osborne, and J. High. 2011. "Fans, Friends, and Followers: Social Media in the Retailers' Marketing Mix," *Journal of Applied Business and Economics*, 12(3), 61–68.

Lambert, J. 2013. *Digital Storytelling: Capturing Lives, Creating Community*. London: Routledge.

Lee, K. and C. Seda. 2009. *Search Engine Advertising: Buying Your Way to the Top to Increase Sales*. Indianapolis, IN: New Riders.

Leonhardt, T. and B. Faust. 2001. "Brand Power: Using Design and Strategy to Create the Future," *Design Management Journal*, 12(1), Winter, 10–13.

Lunden, I. 2014. "Internet Ad Spend to Reach $121 Billion in 2014." *TechCrunch*, April 7. http://techcrunch.com/2014/04/07/internet-ad-spend-to-reach-121b-in-2014-23-of-537b-total-ad-spend-ad-tech-gives-display-a-boost-over-search/

Lunden, I. 2015. "2015 Ad Spend Rises to $187 Billion, Digital Inches Closer to One-Third of It," *TechCrunch*, January 20. http://techcrunch.com/2015/01/20/2015-ad-spend-rises-to-187b-digital-inches-closer-to-one-third-of-it/

Mandese, J. 2015. "Supply of Time Spent With Media Expands, Continues to Fragment: Digital Boosts Share," *Media Daily News*, June 1. http://www.mediapost.com/publications/article/250969/supply-of-time-spent-with-media-expands-continues.html

Marckini, F. 2001. *Search Engine Positioning*. San Antonio, TX: Republic of Texas Press.

Mark, T., K. Lemon, M. Vandenbosch, J. Bulla, and A. Maruotti. 2013. "Capturing the Evolution of Customer-firm Relationships: How Customers Become More (or Less) Valuable Over Time." *Journal of Retailing*, 89(3), 231–245.

McKay, L. 2009. "Microsites to Serve Microsegments," *CRM Magazine*, 13(8), August, 21–22.

Mount, I. 2012. "A Web Retailer Buys the Perfect Domain Name, Then Comes a Letdown," *The New York Times*, April 26, B6.

Neff, J. 2012. "After Dad-fueled Poop Storm, Huggies Alters Campaign," *Advertising Age*, March 8. http://adage.com/article/adages/dad-fueled-poop-storm-huggies-alters-campaign/233203/

Payne, A. and P. Frow. 2005. "A Strategic Framework for Customer Relationship Management," *Journal of Marketing*, 69(4), October, 167–176.

Ralphs, M. 2011. "Built In or Bolt On: Why Social Currency Is Essential to Social Media Marketing," *Direct, Data and Digital Marketing Practice*, 12(3), January, 211–215.

Rayport, J. and J. Sviokla. 1994. "Managing in the Marketspace," *Harvard Business Review*, 72(6), November–December, 141–150.

Rayport, J. and J. Sviokla. 1995. "Exploiting the Virtual Value Chain," *Harvard Business Review*, 73(6), November–December, 75–85.

Schneider, G. and C. Bruton. 2003. "Communication Modalities for Commercial Speech on the Internet," *Journal of Organizational Culture, Communication, & Conflict*, 7(2), 89–94.

Schwarz, E. 2010. "Snapshots From the Digital Media Marketsphere," *Technology Review: Business Impact*, October, 20–22.

Simonite, T. 2010. "Why Can't Internet Ads Be Sold Like TV Commercials?" *Technology Review: Business Impact*, October, 26–27.

Steinmetz, K. 2015. "The Dad 2.0 Summit: Making the Case for a New Kind of Manhood," *Time*, February 21. http://time.com/3717511/dad-summit-manhood/

Tedeschi, B. 2005. "Blogging While Browsing, But Not Buying," *The New York Times*, July 4. http://www.nytimes.com/2005/07/04/technology/04ecom.html

Tribby, M. 2013. "These Shoes Ain't Just Made for Walkin': The Cause Marketing Biz Model," *The Huffington Post*, October 3. http://www.huffingtonpost.com/maryellen-tribby/these-shoes-aint-just-mad_b_4030377.html

Willkey, M. 2015. "Big Loyalty, Small Price," *Internet Retailer*, May 1. https://www.internetretailer.com/2015/05/01/big-loyalty-small-price

Wong, V. 2012. "Want to Raise Online Display CPMs? Pull in Small Advertisers," *Ad Age Digital*, May 23. http://adage.com/article/digitalnext/raise-online-ad-inventory-prices-small-advertisers/234878/

Yu, J. 2015. "They Psychology of Search: Five Ways to Optimize for User Demand," *Search Engine Watch*, July 14. http://searchenginewatch.com/sew/opinion/2417534/the-psychology-of-search-5-ways-to-optimize-for-user-demand

Zaroban, S. 2015. "Email 'Batch and Blast' Is a Thing of the Past," *Internet Retailer*, July, 42.

第 5 章

企业间电子商务活动：提高效率，降低成本

|学习目标|

- 企业利用互联网改善采购、物流和其他业务活动。
- 互联网如何促进了外包以及离岸外包业务战略的实施？
- 电子数据交换（EDI）及其工作原理。
- 供应链管理及企业利用互联网技术改进供应链管理的方法。
- 使 B2B 交易更便捷、高效的各类网上行业市场是如何运作的？

|引　言|

在工业革命期间所发展起来的第一代大型企业，曾经努力寻找降低成本和提高运营效率的方法。这些大企业最初进行的主要尝试，是寻找制造产品更快捷、便宜的方法。接着，采购、物流，以及针对所有这些业务运营的数据分析，变得越来越重要。尽管国家之间存在着技术和文化的差异，但随着世界上越来越多的国家建设了越来越可靠的交通系统和政府基础设施，公司感到与外国供应商签订制造和服务业合同越来越轻松。

过去，欠发达国家由于基础设施（水、电、公路）的匮乏，限制了商业活动的类型。但互联网的出现改变了这样的状况。

加利福尼亚州的高中生莱拉·乔安娜在 16 岁时获得了奖学金，她决定使用这笔奖学金到加纳生活一年，她在当地教英语并进行文学创作。她被当地学生对学习的渴望以及他们的天赋深深打动。返回美国后，乔安娜在哈佛大学完成学业并获得了学位，然后开始从事国际合作发展工作。2008 年，在思考能为这些贫困农村地区的年轻人做点什么时，乔安娜意识到互联网能提供一条帮助这些年轻人摆

脱贫困的途径。乔安娜创建了一家名为 Samasource 的非营利组织，推动将这些潜在的劳动者和大量高科技公司需要人工完成的工作结合在一起。

Samasource 机构与需要完成一些特定业务活动的大公司进行接触，这些业务包括数据录入、根据录音整理数据、创建字幕图像、数据库中的错误信息检查、文本翻译等。Samasource 将大公司中的这类特定的业务承接下来，并将工作细分为更小的任务，以便世界上任何地方的工作人员只要能接入互联网都能完成。

Samasource 对其在非洲、南亚和海地等贫困地区建立的工作中心配备了计算机和网络连接，与谷歌、微软和沃尔玛等公司合作，帮助 6500 多名非洲、亚洲和海地的工人及其家人脱离了贫困。虽然这些工人都没有很高的工作技能，但如果把需要完成的具体任务分解，他们都能完成专门分配给他们的、经过详细说明和明确要求的工作。这些工人大部分都没有固定工作，即使有工作，每天所能获得的工资也都不到 2 美元。有了 Samasource 所提供的服务，在很多时候，他们每小时的工资可达 2 美元。2013 年，Samasource 在其国际模式的基础上，开始对美国的低收入工人开展就业培训工作。这些工人中，许多人既没有智能手机，也不能通过家里的计算机访问互联网。

Samasource 和诸如 CrowdFlower、DDD 等类似组织，帮助世界各地的企业高效率、低成本地完成任务，同时帮助不发达国家的员工逐渐培养知识和技能，这有助于当地发展起各种产业。这些企业也能给发达国家低收入的工人类似的机会。企业欢迎各地开展技能培训，能为企业发展提供训练有素的劳动者。互联网有助于将工作和工人聚集在一起，为世界各地需要帮助的人们提供了很大的益处。

5.1 采购、物流和业务支持流程

本章将讲述公司使用电子商务改进业务流程，包括采购和物流等主要活动以及所有与之相关的支持活动（包括财务、行政管理、人力资源和技术开发）。你可以参考图 1-5，回顾一下价值链模型中的主要活动和支持活动。虽然乍一看，这些业务活动并不像网站设计或开展广告宣传活动那么富有挑战性，但在企业的采购、物流和支持活动中，成本的降低和业务流程的改进，对企业潜在收益的影响是非常大的。

5.1.1 外包与离岸外包

采购、物流以及支持活动的一个重要特点就是灵活性。今年对企业有效的采购或物流策略也许明年就不起作用了。幸运的是，企业正在从工业革命时期就使用的层次结构的组织形式，逐渐发展到目前所采用的更加灵活的新型网络组织结构。在很多情况下，采用网络组织结构的企业能使用互联网通信技术和网页制作技术开展业务活动，降低交易成本。例如，将企业中一些特定的商务活动交给其他组织完成，即**外包**（outsourcing）。总部设在美国的 Paychex 公司和 TriNet 公司，为成千上万将人力资源管理业务活动外包出去的公司提供服务，服务内容包括工资核算、人力资源、健康保险以及其他员工福利项目的设计。

当外包的商务活动由其他国家的公司承接完成，通常称为**离岸外包**（offshoring）。外包、离岸外包这种业务方式已经存在几十年了，但过去的外包方式，通常是制造活动的外包。例如，苹果公司或摩托罗拉公司把在美国设计好的移动电话的制造和组装工作离岸外包到亚洲的发展中国家。互联网让企业能将许多非制造活动也外包出去。今天,许多公司在世界各地成本较低的地区履行诸如采购、研发、记账和信息管理等职能。这种类型的离岸外包通常称为**业务流程离岸外包**(business process offshoring)。离岸外包通过非营利组织作为中介,利用商业活动帮助那些生活在世界上不发达地区的人们,对他们进行培训或进行其他具有公益性质的外包,也称为**具有深远影响的外包**(impact sourcing)或**智力外包**(smart sourcing)。这类外包活动可以在那些尚未建设好基础设施,不能承接制造活动的国家进行。

5.1.2 采购活动

采购活动包括寻找、评价供应商,选择指定的产品、下订单,以及解决收货后所出现的各种问题。这些问题可能包括交货延迟、商品数与订单不吻合、商品品项不正确,以及商品质量有缺陷。通过监控采购交易过程中的所有相关要素,采购经理在保证产品质量、提高品质、降低成本方面发挥着重要作用。在第1章中已经介绍了企业如何使用行业价值链来组织战略业务单元活动。行业价值链中,位于某个具体战略业务单位前的部分通常称为**供应链**(supply chain)。一家企业中针对某一特定产品或服务的供应链,包括了价值链中每一个业务前驱所承担的所有活动:设计、生产、促销、销售、递送,以及对该产品或服务的各个组成部分的支持。举例来说,一家汽车制造企业的供应链由每个独立的零部件供应商所完成的活动构成,包括发动机制造商、钢铁加工厂、玻璃制造商、电源线束装配厂以及其他上千家制造商。

传统上,大部分企业中的采购部门负责以尽可能低的价格购买到所需要的零部件。通常,在采购部门工作的员工先审核供应商资质,确定合格的供应商,然后要求供应商准备投标书。在标书中,供应商需详细说明他们将以何种价格提供什么样的产品。采购部门的工作人员通常选择报价最低,但所提供零部件质量仍然满足标准的供应商。这样的投标过程导致了采购过程中有大量的供应商激烈竞争,这样的采购过程过分关注了每个零部件的成本,以至于忽略了整个供应链的总成本,甚至忽略了采购方处理大量的供应商报价信息所需要的费用。正如本书第1章中所介绍的,很多管理人员将此职能称为"采购"(procurement),而非"购买"(purchasing),是因为前者具有更广泛的职责范围。采购通常包括所有的购买活动,还要再加上对购买活动所有要素的监督控制,它同样还包括管理和拓展与主要供应商的业务关系。

另外一个用来描述采购活动的术语是供应管理。在大多数企业内部,采购部门的员工必须具备高水平的相关产品知识,以便能够识别和评估合适的供应商。采购活动的一个重要组成部分,就是专门针对供应商的识别问题。判断确认供应商所具有的相关资质的业务活动,称为**供应**(sourcing)。在第1章中,曾经介绍了在采购活动中使用互联网技术的电子采购。类似地,在寻求货源的供应活动中使用互联网技术被称为**电子供应**(e-sourcing)。专业的采购网站对企业负责采购的专业人士特别有帮助,企业采购流程通常比消费者的购买流程要复杂很多,图5-1所示为一个典型的企业采购业务流程所包括的步骤。

正如图5-1所示,企业的采购流程包括很多步骤,而且整个过程中需要许多人彼此协调完成不同的工作。在大企业中,专门有采购部门主管采购活动,采购部有上百名员工负责采购企业所需的原材料、待转售的商品、办公用品以及公司需要购买的其他所有物品。公司每年用于购买货物与服务的总金额称为**开支**(spend)。大企业的开支可能高达数十亿美元。在这些企业中,对开支进行有效管理非常重要,已成为提高公司整体盈利能力的一个关键因素。

大的跨国制造企业每年的采购开支达 500 亿美元，且需要处理几百万份采购订单。通过在采购、物流以及支持性业务流程中使用互联网技术，这些企业每年节约下来的资金可达数十亿美元。

美国供应管理协会（The Institute for Supply Management，ISM）是采购专业人员的主要组织。ISM 举办会议、出版月刊《供应管理内参》(*Inside Supply Management*)，并在其网站上发布很多有用信息。月刊上发表的很多文章都在探讨互联网技术在采购和物流中的实施，想学习供应链管理的全日制在校学生可以免费申请加入 ISM。

5.1.3 直接物料与间接物料的采购对比

企业对直接物料与间接物料的采购区别对待。**直接物料**（direct material）是在制造过程中成为产品组成部分的物料。例如，钢铁制造厂所购入的铁矿石就是直接物料。对任何制造企业而言，直接物料的采购都是非常重要的，因为其成本通常在产成品成本中占很大比例。大型制造企业，诸如汽车制造商，实施两种类型的直接物料采购。第一种类型称为**补货采购**（replenishment purchasing）或**合同采购**（contract purchasing），企业将其所需要的

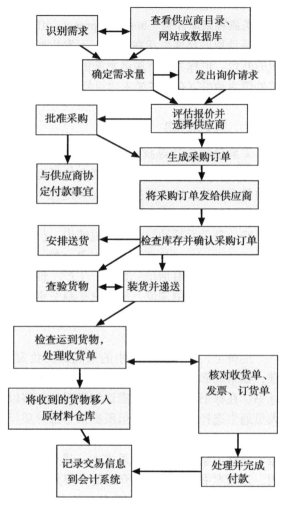

图 5-1 典型的企业采购流程的步骤

大多数物料通过与供应商谈判，签订长期供货合同。例如，一家汽车制造商预测一年中将生产多少辆汽车，然后与两三家钢厂签订合同，采购生产汽车所需要的钢材。由于事先通过谈判签订了合同，汽车制造商的采购得到了保障，能够以较优惠的价格和较好的交货条款购买到钢材。当然，实际需要与预测值不可能完全相符，如果实际需求大于预测值，汽车制造商必须购买超出当年生产所需的额外的钢材。汽车制造商这时的采购在一个组织松散的市场中进行，这个市场有钢铁厂、钢铁仓储公司、投机商（专门买卖钢铁期货合约），以及按合同采购有过剩钢铁的企业（实际需求量低于预测量），这样的市场称为**现货市场**（spot market）。第二种类型称为**现货采购**（spot purchasing），公司采购的所有其他物料称为**间接物料**（indirect material），包括工厂所需的供应品，诸如砂纸、扳手等手工工具，以及制造设备的备换零件。

大型企业通常让两个不同的部门分别负责直接物料的采购与间接物料的采购。多数企业的间接物料采购部门还负责非制造物资和服务的采购，如办公用品、计算机硬件及软件，以及差旅机票和酒店预订服务。许多生产常规工业用品和应用于各种行业的标准工业机床的企业建立了网站以方便企业型的客户采购。一些客户经常性地进行间接物料的采购，其中大部

分都是日用商品，对于这些标准物品的采购，企业通常以价格为主要的采购标准。这些间接物料的采购通常称为**维护、维修和运营**（maintenance, repair, and operating, MRO）供应。采购专业人员通常不加区分地使用"间接物料"和"MRO 供应"这两个术语。对大多数企业来说，由总部的采购部门控制 MRO 的支出非常困难，因为多数的 MRO 采购都是频繁的小额采购。采购部门控制 MRO 支出的一种方式是发放**采购卡**（purchasing card, p-card）。采购卡类似于信用卡，既可以授权给各个经理自行决定多次小额采购，又可以让采购部门跟踪所有的购买信息。

通过使用网站处理订货，供应商能够节约印刷和邮寄商品目录的费用，以及处理电话订货的人工成本，同时还能保证价格及数量信息的随时更新，而这是使用印刷目录不可能做到的。一些行业分析家估计通过网站处理 MRO 订货，成本大约是通过电话处理相同订货成本的十分之一。

全球两家最大的 MRO 的供应商是 McMaster-Carr 公司和 W.W.Grainger（格兰杰）公司。格兰杰公司网站上销售的商品超过 90 万种。

各种各样的组织都需要购买办公设备和办公用品，这个市场最大的企业 Office Depot 公司和 Staples 公司都建立了很好的网站，帮助企业客户的采购部门尽可能简便地购买这些日常用品。Digi-Key 公司和 Newark.com 公司是卓越的网上电子零部件产品的销售商。

5.1.4　物流活动

一直以来，物流的传统目标是在正确的时间，将正确数量的、正确的物品送到正确的地点。对于一家企业的销售和采购来说，物流是一个非常重要的支持活动。企业需要确保销售给客户的产品能准时送到，并且从供应商购买的制造产品所需的原材料能在需要的时候及时送达。另外，从原材料的存储仓库到生产车间再到成品仓库，整个生产过程中的物料管理也是物流管理活动中的一项非常重要的内容。

物流活动包括管理进入企业的原材料和办公用品的运输，以及将制造好的产成品运出企业，与服务一起交付给客户。因此，收货、仓储、库存控制、车辆调度与管理、产成品分销等都属于物流活动。互联网和 WWW 技术提供了越来越多的机会使企业能更好地管理这些物流活动，同时降低了交易成本，并通过信息的传递实现了物流活动相关企业之间的不间断连接。具有互联网功能的自动化仓库的运营，每年能为企业节约数百万美元的费用。诸如 Schneider National、Ryder Supply Chain 以及 J.B.Hunt 这样的主要运输企业现在都希望它们的客户不仅仅将它们视为货运公司，而且是信息管理公司。

举例来说，Schneider 公司的货物运输跟踪系统能让用户使用计算机通过浏览器查询到实时的运输信息。这套系统可以显示给用户哪一辆货车正在运送货物，货物已到达什么地方，以及何时将到达目的地。J.B.Hunt 公司经营着超过 10 万辆卡车、拖车和集装箱，通过网站的构建提供给了用户跟踪自己货物的功能。由于客户可以跟踪自己货物的运输，J.B.Hunt 公司只需要很少的客户服务代表。同时，J.B.Hunt 公司发现由客户监控他们货物的运输，要比公司自己来做效率高很多，可以帮助 J.B.Hunt 公司每周节约 12 000 美元的劳动力成本以及运输过程中的货物损失成本。当运输及货运公司参与一个企业型客户的全部或很大一部分物料搬运活动业务时，就称之为**第三方物流服务提供商**（third-party logistics provider, 3PL）。例如，Ryder 公司同惠而浦公司签订了多年的长期合同，负责惠而浦公司所有运进企业内的原材料的物流设计、管理和运营活动，被看成是惠而浦公司的第三方物流服务提供商。

联邦快递公司（FedEx）和联合包裹公司（UPS）都通过网页为用户提供了网上货物跟踪功能。自己经营运输车队的公司也使用全球卫星定位技术（GPS）来跟踪运输过程中的车辆。利用车辆中安装的传感器，可以跟踪车辆行驶过程中的速度、阻风门位置、空气悬架系统的设置和燃料消耗，现在可以将这些传感器通过移动互联网接入企业运营总部，来实时地管理每辆车。很多这样的货物运输公司也开始进入第三方物流服务业，希望能利用投资建立起来的信息跟踪系统创造更多的额外利润。

卡车司机自身也从互联网技术的进步中受益，特别是通过越来越多的移动设备接入互联网。不久之前，长途卡车司机还在依赖地图和收听收音机播放的路况信息，来避免交通堵塞、天气状况所引发的车流减速，以及高速公路上的修建活动。今天，各种智能手机和平板设备中所安装的 App 可以警告卡车司机所有上述风险以及更多的资讯。为卡车司机开发的 App 所能提供的信息，包括车辆行驶中持续存在的危险（过口低的立交桥、紧急转弯、禁止商业车辆通过的道路）以及当前所面临的危害（交通拥挤、道路修建、时速限制）。有移动设备的卡车司机不仅能获得关于这些风险的最新信息，还能得到便宜的燃油价格或美味餐食等信息。

物流管理是一个展示电子商务如何在技术发展浪潮中进步的领域。全球卫星定位系统与具有互联网连接功能的便携式计算机的整合是能反映电子商务第二次浪潮的极好例子。上述组合中，再增加智能手机技术就成为电子商务第三次浪潮的范例。

5.1.5 业务过程的支持活动

支持活动包括财务、行政管理、人力资源运作、技术开发等支持一家企业运营的所有的业务活动。财务和行政管理的业务流程包括应付账款、处理收到的客户付款、资金支出计划、资金预算计划，以便有足够的资金来支付企业到期的债务。企业计算机基础设施的建设和数据库管理也属于行政管理活动。人力资源运作包括如下活动：招聘、培训、员工评价、福利管理，以及遵守政府相关规定的文档记录管理等。技术开发包括建立网络，让研发人员能通过网络建立虚拟协作工作组、分享研究成果、网上发表研究论文，以及提供与企业外部研发服务机构的联系等。表 5-1 对这类支持活动进行了归纳。

表 5-1 支持活动的类别

财务和行政	人力资源	技术开发
向供应商付款	招聘员工	建立和维护虚拟合作研究工作组
处理客户付款	培训员工	发表研究成果
资金支出计划	福利项目管理	网上发布研究报告
预算	遵守政府规定，进行文档管理	提供研究人员与企业外部研发服务机构的联系
业务规划		
管理计算机基础设施		

人力资源管理、工资发放、养老福利方案等服务都是中小企业通常寻求外包的人力资源服务内容。这些业务流程需遵守许多详细的规则和条例，往往需要专业人士来解读。很多公司都在网上提供种类繁多的人力资源管理。例如 CheckPointHR 这样的公司，在网上提供全面人力资源服务；其他如 Advantage Payroll 的公司，专门从事薪酬处理业务，也通过网站提供在线服务。这些业务流程外包服务提供商在通过密码保护的加密网站上，为它们的客户提供人力资源服务或进行薪酬处理业务，企业客户的员工可以访问此网站，了解公司的相关福利政策，寻找常见问题的解答，甚至可以进行复杂的福利方案的比较和计算。大公司都将这类

外包出去的职能集成到自己的企业内部网系统中。

一个常见的支持多种主要业务活动的辅助活动是培训。在很多公司，由人力资源部门负责培训。其他的公司可能将培训权力下放，由多个行政部门各自负责专门的培训。例如，保险公司在销售培训中花费大量的资源。在大多数的保险公司中，销售和营销部门负责培训工作，将培训资料放在公司的内部网上，保险公司就完成了将培训资料分发给各地的销售办事处的工作，然后公司总部的销售部就可以协调这些培训资料的使用。

瑞典电信业巨头爱立信建立了一个面向在职员工、退休员工、员工家属，以及业务合作伙伴公司的员工的外部网，爱立信公司分布在世界各地的员工数超过 11 万人。这个外部网包括一个专门设计的功能，使在职员工、退休员工以及其他公司的受助人可以及时有效地跟踪了解自己的医疗及退休计划等福利。这个外部网的另外一个设计目的是促进知识的管理。**知识管理**（knowledge management）是专门针对一个公司的产品信息、业务流程等信息所策划的信息收集、分类以及传播。这类信息是公司内部的员工长期积累起来的个人智慧，通常较难收集和提炼。本书第 9 章将介绍更多有关知识管理的内容以及促进知识管理所使用的软件工具。

爱立信公司的管理层希望这个知识网络能够激发员工的新思路、帮助解决问题，并且在整个公司国际性的组织内部改善业务流程。系统的设计者认识到他们所面临的巨大挑战是，如何将在外部网中所收集到的信息用于指导那些能从相关信息中受益的项目或产品的开发活动中去。关于知识管理的常见内容读者可登录网站 KMWorld 查看更多信息。在第 9 章中将介绍公司可用于构建知识管理系统的常用软件。

5.1.6 电子政务

虽然政府部门并不向顾客销售产品或提供服务，但需要向公民、企业以及其他组织提供服务，履行许多重要职能。很多这样的职能活动可以通过使用网上技术来获得提高。政府部门也会进行类似企业的业务活动，如雇用员工、采购办公用品、发放工资及各类福利。公民可以从政府网站下载空白的税务报表、护照申请表和其他文件。政府部门还依据法律征收各种税费，并且可以使用互联网使这一过程更有效率（在本书第 7 章将介绍政府如何利用网站管理税法）。政府及其机构使用互联网技术来履行这些职能，通常称为**电子政务**（e-government）。

美国政府的财务管理局（FMS）负责收缴数万亿美元的税费、营业许可费以及其他的各种费用。FMS 还需要支付数万亿美元的社会保障福利、退伍军人福利、退税以及其他支出。财务管理局建立了 Pay.gov 网站来处理大部分的这类财务活动。各个联邦政府机构的网站上都提供到 Pay. gov 的链接，以便网站访问者能使用信用卡、借记卡以及其他各种形式的电子转账和电子现金向这些政府机构纳税。美国政府的公共债务局（The U.S. Government's Bureau of Public Debt）也建立了自己的 TreasuryDirect 网站，方便个人在网站上购买储蓄国债，以及金融机构购买国库券、债券和票据。

其他国家的政府也使用电子政务来减少行政管理成本，并为利益相关者提供更好的服务。在英国，就业与退休保障部（Department for Work and Pensions）的网站上发布有关失业、养老和社会保障福利的信息。一些小的国家也建立政府门户网站，比如新加坡政府在线（Singapore Government Online）网站，为公民提供信息，并且为公民提供了与政府沟通的网上渠道。

美国各州政府也建立网站为企业、市民提供服务，并与市民相互沟通。加利福尼亚州政府建立了一站式门户网站 CA.GOV，提供电子政务活动，该网站最近的一个版本如图 5-2 所示。

图 5-2　加利福尼亚州政府的门户网站

这个门户网站能让人们访问加州政府的各个机构，处理相关事务。网站访问者可以通过网站办理各种各样州政府管辖的事务，从驾驶执照检审到预约一个野外宿营地。加州政府让人们通过一个网站就可以办理几乎所有与州政府相关的事务。针对企业，网站提供了加州所有的商业法律法规全文信息，以及与州政府各机构开展商务活动的指南。

大多数美国其他的州政府都建立了类似的网站（并且在其他国家、省或地区一级的政府也建立了类似的网站）。州政府通过利用 Web 技术能向当地居民提供更高效的服务，同时降低服务的成本。州政府和类似地区政府所提供的最常见服务有：获取本州法律法规的全文信息，各类执照检审，新经济区的招商引资信息、招聘信息、该州的旅游景点推广信息，各种税务表单及填表指南，以及为企业准备的商务活动指南。

许多地方政府都建立了网站为当地居民提供各种信息。大城市的网站，例如明尼阿波利斯和新奥尔良的政府网站上还提供了市议会的会议记录、当地法律法规、企业营业执照和税务管理功能，以及吸引外来新居民的宣传信息和吸引企业的投资招商信息。小一些的城市、镇和村庄也都使用网站来与当地居民沟通（如俄亥俄州切维厄特市的网站就是这样一个例子）。这些当地政府的网站已被事实证明是在发生自然灾害之后政府与居民之间普遍采用的有效的沟通工具。

5.1.7　采购中的网络经济组织模型：供应网

在本书第 1 章中已讲述了三种不同的经济组织形式：市场、等级制和网络式。采购、物流和支持活动的一个越来越明显的发展趋势是从原来层级制的组织形式向网络结构的组织形式变迁。传统的采购模型是一个等级制结构的企业与多个具有类似组织结构形式的供应商之间针对采购条款进行商务谈判，供应商之间相互竞争。在网络型的组织结构中，越来越多企业的采购部门使用各种新手段、新方法与供应商进行谈判，甚至具备形成战略联盟的可能性。例如，一个采购企业可能与一个供应商形成战略联盟来一起开发新的技术，降低产品的总体成本，技术的具体实施可能由第三家企业完成，而由第四家企业进行研究指导。

前面的章节中介绍了企业如何将各类支持活动外包给其他公司完成。这些外包活动和离岸外包的安排也是企业向网络型组织结构转变的例子。设想有这样的一家企业，它让一家公司负责帮其进行薪酬发放，让另一家公司管理其员工的福利方案，让第三家公司负责帮助其处理文件录入计算机中的存储管理。负责文件计算机存储管理的第三家公司可能还为第二家负责员工福利计划的公司提供薪酬服务外包。第四家公司可能为其他三家公司提供网上文件备份存储服务。当然，负责提供薪酬外包服务的公司和负责提供员工福利计划的公司可能会结成营销合作伙伴关系来向一个特定的细分市场销售两家公司的服务。

一些针对某个产业价值链中企业之间的相互作用进行研究的学者，开始使用**供应网**（supply web）这个术语来代替"供应链"，因为很多行业价值链不再由一系列的公司按单一的链状构成，而是由战略联盟或合同外包所导致的很多平行的企业价值链相互连接形成复杂网络结构。

高度专业化的公司现在能够在互联网上生存下来，并能通过网站提供非常有效率的商贸服务。网站使企业从层级型的组织结构向网络型的组织结构的迁移成为可能。这些具有网络组织结构的企业比具有层次结构的企业更加灵活，而且能对经济环境的变化做出更快反应。如对网络组织结构感兴趣，在加州大学伯克利分校的校园网站上有很多有关网络型经济组织结构的讨论文章。企业与企业之间开展交易所使用的 Web 技术起源于电子数据交换，是企业之间信息传递的一种层次化结构的方法。

5.2 电子数据交换

在本书第 1 章中已经介绍了电子数据交换（EDI）是在两个不同的企业之间使用某种标准的数据格式进行的计算机到计算机之间数据的传递。相互传递信息的两家企业是贸易合作伙伴。以特定的标准格式进行数据交换的企业称为 **EDI 兼容**（EDI compatible）的企业。企业间相互交换的商业信息通常是交易数据，同时也包括其他与交易有关的信息，如报价信息和订单状态查询。在 B2B 业务中的交易数据包括了传统上记录在纸质文件中的信息。诸如发票、采购订单、报价单、货运提单、收货报告等数据占到美国贸易伙伴间信息交换的 75% 以上。EDI 是电子商务被广泛采用的第一种形式，大约 20 年前，在还没有电子商务这个术语时，就已经开始使用 EDI 了，它一直是 B2B 的重要组成部分，每年在全球处理大约 4 万亿笔交易。

理解电子数据交换 EDI 非常重要，因为大多数的 B2B 电子商务基于 EDI，或由 EDI 发展而来，而且 EDI 是网上 B2B 交易中最常用的技术。今天企业间基于 EDI 交易的总金额大约等于企业采用基于其他技术开展 B2B 电子商务交易的总和。本节对 EDI 的发展历史进行了简要介绍，并解释了其工作原理，同时也说明了为何 EDI 要比手工处理堆积如山的交易文件更好。

5.2.1 早期业务信息交换

在 19 世纪末和 20 世纪初所出现的大型商业机构，催生了建立正式业务交易记录的需求。到了 20 世纪 50 年代，企业开始使用计算机记录企业内部的业务信息，但不同企业之间的信息仍然需要通过纸质文件进行传递（订货单、发票、提货单、支票、汇款通知单等），因为一家企业的计算机不能与另外一家企业的计算机相互之间进行信息传递。这就需要生成这些纸质单据（人工填写或将计算机中的信息打印机出来），然后将这些单据邮寄给对方企业，接收到单据的企业又再次将这些信息输入它自己的计算机系统中，整个过程费时、效率低下、成本高、工作重复而且不可靠。到了 20 世纪 60 年代，具有大量业务数据需要相互交换的企业将信息存储在打孔卡片或磁带上，相互寄送卡片或磁带。20 世纪六七十年代，数据交换技术不断得到改善，使用电话线就可以实现企业之间相互传递大量信息。

虽然贸易合作伙伴之间的信息传递协议提高了信息传输的效率并且降低了出错率，但这仍然不是最理想的解决方案。因为一家公司的数据传输程序通常在另一家企业的计算机系统上就不工作了，参与信息交换的每一家企业都必须花费相当多的钱来开发共同的信息交换程序。只有大企业才能承担这样的投资。小企业或业务量较小的企业都无法承担，也就不能参与到企业间的信息交换。

1968 年，一些货运及船务公司携手合作来解决它们所共同面对的文案工作的沉重负担。它们创建了标准的信息集，包含货运公司常见的提货单、货运发票、载货清单以及其他的纸质单据。承运商将发货信息转换为一个计算机文件，然后可以将这个文件直接传递到采用相同标准的任何一家货运公司的计算机中，取代了将信息打印到纸上再进行传递的方式。收到计算机文件的货运公司可以将文件中以标准格式存放的数据直接导入自己的计算机系统，无须手工二次录入。当数据不需要打印出来、无须再次录入时，信息传递过程中所发生的错误就非常显著地减少了，这些都为企业节约了成本，即使对小规模的承运商和货运公司也是如此。

虽然这种针对特定行业的数据交换标准非常有用，但所带来的好处仅限于这些特定行业中采用所制定标准的成员。对很多企业来说，可能既向某个行业中的公司购买商品，又向另一行业中的公司购买服务。例如，一家机械制造企业向钢铁厂购买原料，向涂料经销商购买油漆，与电气装配商签订工程承包合同，还要与集装箱制造商打交道。因此企业要全面提高经济效率，就需要建立起所有行业的标准。

5.2.2 广泛 EDI 标准的出现

美国国家标准协会（The American National Standards Institute，ANSI）是成立于 1918 年的美国国家标准的协调组织。ANSI 不制定标准，只是为国家标准的制定设立一套工作程序，并指定执行这些工作程序的委员会。1979 年，ANSI 特许成立了一个新的委员会去制定统一的 EDI 标准。这个委员会被称为公认标准委员会 X12（Accredited Standards Committee X12，ASC X12）。ASC X12 委员会及其下属子委员会由来自于好几百家企业的信息系统的专业人士组成。协调 ASC X12 委员会活动的行政机构是**数据交换标准协会**（Data Interchange Standards Association，DISA）。ASC X12 委员会目前设定的标准已有数百个**报文集**（transaction set），报文集是某个特定行业的数据交换格式的名称。

ASC X12 所制定的标准很快被美国各大公司所采纳，但其他国家的公司仍然在继续使用各自国家的标准。20 世纪 80 年代中期，联合国欧洲经济委员会邀请北美和欧洲的 EDI 专家以美国企业所成功使用的 ASC X12 标准为基础，共同设计了一组通用的 EDI 标准。1987 年，联合国发布了**行政管理、商业和运输的 EDI 标准**（EDI for Administration, Commerce, and Transport，EDIFACT，或 UN/EDIFACT）。DISA 和 UN/EDIFACT 工作组从 2000 年开始，就多次尝试开发一个唯一通用的国际标准，然而这些尝试从来都没有成功。直到今天，这两个标准都仍在继续使用。在全球做生意的企业必须要么让它们的 EDI 软件都能使用两个标准，要么使用一个软件能在两个标准之间来回转换，将信息传入它们的 EDI 软件。表 5-2 列出了一些比较常用的报文集，从这些纸质文件中可以看出报文集的设计遵循了 ASC X12 和 UN/EDIFACT 版本报文集中的识别码。

表 5-2 常用的 EDI 报文集

交易描述	报文集识别码	
	ASC X12	UN/EDIFACT
订货业务		
采购订单	850	ORDERS
采购订单确认	855	ORDRSP
采购订单变更	860	ORDCHG
询价单	840	REQOTE
回应询价单	843	QUOTES
运输业务		
发货通知单 / 卸货清单（预先发货通知）	856	DESADV
提货单（装运信息）	858	IFTMCS
收货通知	861	RECADV
销售和付款业务		
商品发票	810	INVOIC
运输发票	859	IFTFCC
付款订单 / 汇款通知单	820	REMADV

5.2.3 EDI 的工作原理

虽然 EDI 的基本思想很简单，但即使是在相当简单的业务状况下，EDI 的实施也非常复杂。例如，一家企业需要更换一台金属切割机床，本节将描述使用书面纸质文件系统所涉及的步骤，然后说明如何将这些步骤转换为 EDI。在此案例中，假设卖家使用自己的运输车辆而不是依赖运输公司来运送所销售出去的机床。

1. 基于纸质文件的采购过程

在此案例中的采购者和供应商在其内部的业务流程中都没有使用任何集成的软件，这样，每个信息处理步骤都将产生一个书面纸质文件传递到负责处理下一步骤的部门。在购买者和供应商之间的信息传递也是通过纸质书面文件，这些文件通过邮寄、快递或传真进行传递。图 5-3 所示为基于纸质书面文件形式的采购过程中的信息流。

当车间的生产经理决定更换一台金属切割机床时，以下过程就开始了：

（1）生产经理填写采购请求单并交给采购部门。在采购请求单中详细说明了切割金属所要求的机床规格。

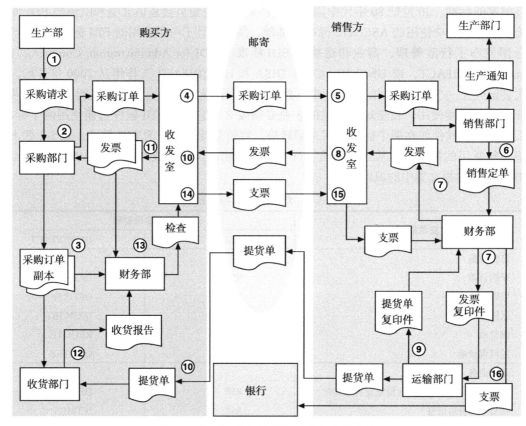

图 5-3 基于纸质文件采购过程中的信息流

（2）采购部门与供应商接洽，就价格问题以及交货条款进行谈判。当采购部门选择好供应商后，就填写采购订单并交到公司内部的收发室。

（3）采购部门也将采购订单的副本交到收货部门，以便收货部门提前做好在预定的时间接收货物的计划和安排；采购部门同时还将采购订单的另一份副本送到财务部，通知财务部准备该订单所需要的资金。

（4）公司收发室将采购部门交来的采购订单通过邮寄或速递发送给相关供应商。

（5）供应商的收发室收到采购订单后，就交到公司的销售部门。

（6）供应商的销售部门填写销售单并送达公司的财务部，然后将一份生产通知单提交制造部门。生产通知单中详细说明了客户所定机床的规格及具体要求，并授权生产部门开始生产。当机床生产好后，生产部门通知财务部并将机床交给运输部门。

（7）财务部将发票原件送到收发室，并将发票的复印件交给运输部。

（8）收发室通过邮寄或速递将发票寄送给购买方。

（9）供应商的运输部根据收到的发票复印件填写发货清单，并将机床连同发货清单一起送给购买方。

（10）买方公司的收发室收到发票的同时，买方的收货部门也收到了供应商送来的机床及收货清单。

（11）买方收发室将发票的复印件交给采购部门，以便让采购部门知道已收到订购的机床，并将发票原件送到公司财务部。

（12）购买方的收货部门核对送货清单以及采购订单，验收所收到的机床。如果机床外观良好且符合送货清单和采购订单中的具体说明，收货部门就填写一份收货报告连同机床一起送达生产车间。

（13）财务部会计逐项仔细核对采购订单、收货单以及发票原件。如果所有信息都相匹配，会计将签发支票，并将支票送到收发室。

（14）购买方的收发室将支票通过邮寄或快递寄送给供应商。

（15）供应商收发室将收到的支票送到公司财务部。

（16）财务部会计对照发票复印件、送货清单和销售订单。如果所有细节都符合，财务部就到所开户银行将支票入账，并将收到的款项登记到账目表。

2. EDI 的采购过程

图 5-4 所示是上述案例的 EDI 采购过程中的信息流。通过 EDI 网络实现的数据交换代替了原来的邮寄服务，并且购买方和供应商企业内部基于纸质文档的信息流也被运行 EDI 转换软件的计算机将数据转换后直接在计算机间相互传递。

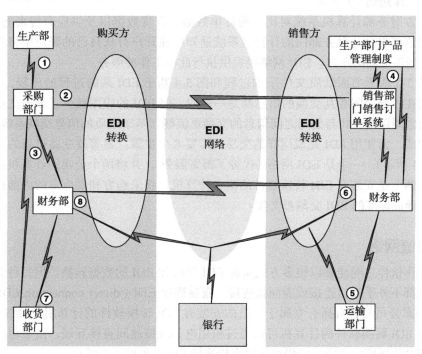

图 5-4　EDI 采购过程中的信息流

在 EDI 采购过程中，当生产经理决定更换一台金属切割机床时，以下过程就开始了：

（1）生产经理向公司采购部门发送电子采购请求单，在电子文档中详细说明切割金属机床的具体要求。

（2）采购部门通过电话、电子邮件或公司网站与供应商进行接洽并就价格和运输条款进行谈判。选择好供应商后，采购部门发出信息，公司的 EDI 转换软件将电子信息转换成标准格式的采购订单报文集，并通过 EDI 网络发送给供应商，供应商的安装有 EDI 软件的计算机收到经过路由传来的报文集格式的信息后，将报文集转换为标准格式并发送给销售部门。就在同一时刻，信息自动进入供应商生产部门的生产管理系统（制造部门根据所提供的机床的具体要求开始进行生产）和供应商的财务部会计系统。

（3）采购部门也向购买方的收货部门发出电子信息（以便收货部门能按预期的时间安排好收货），同时向购买方的财务部门发送已确认的购买价格的详细信息。

（4）机床生产好后，制造部门通知财务部并将机床交给运输部门。

（5）供应商的运输部门发出电子信息给其财务部门，告知机床已上载准备好即将发货，同时还将准备发货的电子信息传递给安装有 EDI 转换软件的计算机。安装 EDI 转换软件的计算机将收到的信息转换为标准的 856 业务报文集（提前运输通知），并通过 EDI 网络将报文发给买方。

（6）供应商的财务部向安装有 EDI 翻译软件的计算机发送信息，信息被转换为标准的发票业务报文集并通过 EDI 网络送到购买方的安装有 EDI 软件的计算机中。计算机将发票转换为购买方的计算机系统使用的数据格式，购买方的财务部立即获得了发票数据。

（7）机床运到后，买方收货部门对照计算机系统中的发票信息验收机床。如果机床外观良好且符合买方系统中的规格说明，收货部门就向财务部发送信息，确认机床已签收，然后收货部门将机床送到生产车间。

（8）买方财务部计算机系统对比采购订单数据、收货数据以及供应商传来的发票数据，如果所有细节都吻合，财务部门的计算机系统通知所在开户行从自己的账户中将发票中的款项金额划拨到供应商的账户。EDI 网络能提供执行此项工作的服务。

通过图 5-3 基于书面纸质文件采购过程和图 5-4 基于 EDI 采购过程的比较，可以看出，这两种方式在各部门间相互交换的信息都是一样的，但 EDI 的应用减少了纸质文档，使公司内部各部门之间以及公司与公司之间信息的交换更流畅。基于纸质的信息交换系统由 16 个单独的步骤构成，而使用 EDI 完成同样的交易只需要 8 个步骤。显著改变此过程的三个关键要素（如图 5-4 所示），一个是 EDI 网络（代替了邮寄服务），并将两个公司的计算机系统连接在一起，另外两个是安装有 EDI 转换软件的两台计算机，将采购方和供应商的内部计算机系统中的数据翻译成标准的 EDI 交易报文集。

5.2.4 增值网络

贸易合作伙伴之间能够以很多方式实施 EDI 网络和 EDI 的数据转换。但每种方式所使用的基本手段都不外乎直接连接或者间接连接。**直接连接 EDI**（direct connection EDI），要求网络中的每一家公司都各自拥有专属于自己的安装有 EDI 转换软件的计算机（如图 5-4 所示）。这些安装有 EDI 转换软件的计算机可以通过租用电话线彼此间直接互联。由于租用专线价格太高，只有少数规模很大的公司仍在使用直接连接 EDI，如图 5-5 所示。

除了贸易伙伴之间的直接连接，公司还可以使用增值网所提供的 EDI 服务与贸易伙伴间接连接。正如本书第 1 章中所介绍的，增值网（VAN）是由一家公司提供通信设备、软件，以及数据接收、存储所需要的技能，并将包含 EDI 交易报文集的电子信息进行转发。为了使用增值网所提供的服务，公司必须安装与增值网兼容的 EDI 翻译软件。通常，增值网的提供商负责提供该翻译软件，成为其经营协议中的一部分。

为了将一个 EDI 的交易报文集发送给贸易伙伴，增值网的用户通过使用专用电话线或拨号电话线连接到 VAN，然后将 EDI 格式的信息转发到 VAN。VAN 将收到的消息记录到计算机中，然后投递到贸易合作伙伴在 VAN 计算机中的邮箱。贸易合作伙伴通过电话线拨号上网连接到 VAN，从自己的邮箱中取回 EDI 格式的信息。这种方法被称为**间接连接的 EDI** (indirect connection EDI)，因为贸易合作伙伴间通过 VAN 传递信息，而不是彼此之间的计算机互连。图 5-6 说明了使用 VAN 的间接连接 EDI。

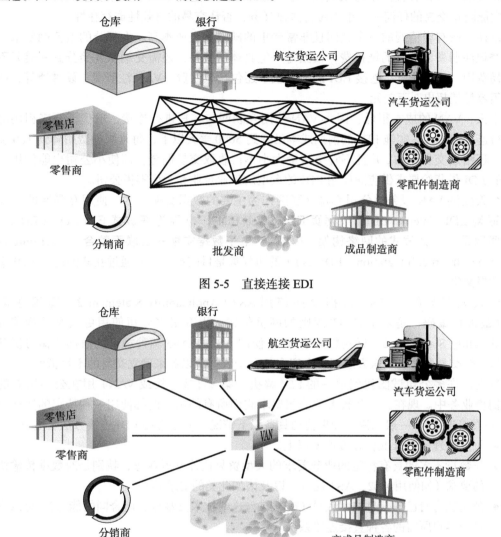

图 5-5　直接连接 EDI

图 5-6　通过 VAN 的间接连接 EDI

提供 VAN 服务的公司包括 CovalentWorks、Kleinschmidt 和 Promethean Software Services。使用 VAN 的好处如下：

（1）用户只需要安装唯一的一种 VAN 的数据交流协议，无须安装其贸易合作伙伴各自使用的所有的数据交换协议。

（2）VAN 能为企业提供贸易伙伴间使用不同业务报文集的翻译工作（例如，VAN 将 ASC X12 格式的报文集翻译为 UN/EDIFACT 格式的报文集）。

（3）VAN 能自动对交换信息进行相容性检查，确保交易集满足指定的 EDI 格式。

（4）VAN 将信息活动记录在一个审核日志中。VAN 的这个审核日志是一个独立的交易记录，可以有效地帮助解决贸易合作伙伴之间的纠纷。

由于 EDI 处理的是商业合同，经常涉及大额的资金，具有一个独立的审计日志，有助于建立系统的不可抵赖性。**不可抵赖性**（nonrepudiation）是确定一个实际发生的具体交易的能力。它能阻止交易的任何一方拒不履行法律义务，否认交易的有效性或存在性。

以往，所有增值网的一个共同且非常严重的缺点就是成本高。大部分的增值网要求企业交纳登记注册费、每月的维护费，根据每一笔具体的交易，还需交纳从几美分到一美元不等的交易费用。实施非直接连接 EDI 的前期成本还包括软件费、VAN 注册费、硬件费等，所需费用很容易就超出 2 万美元。

今天，VAN 的成本很低，因为 VAN 使用互联网与客户进行连接，取代了原来租用电话线进行连接的方式。实施 EDI 的前期成本已降到 5000 美元以下，每月服务费用降到 100 美元以下，还赠送交易津贴，并且不管交易量大小不再收取交易佣金。即使小公司也能使用间接连接的 EDI 供货给要求供应商使用 EDI 的大型的工业企业和大型零售公司。

今天提供 VAN 服务的公司都将互联网作为主要的数据交换技术。使用互联网的 EDI 称为**互联网 EDI**（Internet EDI）或**网页 EDI**（Web EDI），也称为**开放式 EDI**（open EDI），因为互联网是一个开放式的网络构架。EDIINT **电子数据交换—互联网整合**（Electronic Data Interchange-Internet Integration，EDI-INT）的协议集是目前最常用的通过互联网进行 EDI 事务交换的报文集。

今天大多数的 EDIINT 数据交换使用 AS2（Applicability Statement 2，**适用性声明 2**）规范进行编码，是基于 HTTP 规则的网页传输，也有很多公司使用更安全的规范 AS3（Applicability Statement 3，**适用性声明 3**）。使用 AS2 和 AS3 两种规范的数据传输协议都会针对每一个交易向信息发送方返回一个安全的电子收据，以此来确立交易的不可抵赖。

过去，许多公司试图找到单一的 EDI 解决方案（直接连接或 VAN）用在公司所有的采购或销售业务中。现在，一些较大的公司要求它们所有的供应商都使用一种特定的连接方式（通常是直接连接）。一般来说，如果公司具备以下情况，采用直接 EDI 连接方法会更好：

- 每月处理的 EDI 文件在 500 份以上。
- 与数量不多的具有特定的业务要求的大型贸易伙伴开展业务，特别是对数据传输协议的要求（如使用 AS2、AS3 规范，以及诸如此类的要求等）。
- 公司拥有自己的信息技术人员（或具有与这些技术员签订雇用合同的能力），可以维护每个客户所需的各种直接连接系统。

反之，公司使用 VAN 的 EDI 解决方案更好的情况为：

- 每月处理的 EDI 文件在 500 份以下。
- 与大量规模较小的贸易伙伴开展业务。
- 公司没有熟悉 EDI 技术的信息技术人员（或拥有与这些员工签约的能力）。

公司会计系统与特定 EDI 技术相结合的能力也是一个重要的考虑因素。一些系统具有直接连接 EDI 的嵌入式程序，而其他系统则专为 VAN 的 EDI 操作而设计。

5.2.5　EDI 支付

很多 EDI 交易报文集为贸易伙伴的开户银行提供指令。这些交易报文集是可转让的票据，也就是说它们是支票的电子等价物。所有的银行都具备电子资金转账的能力（ETF），也就是资金从一家银行的账户转移到另一家银行的账户中。在本书第 1 章中已介绍了 ETF。在 ETF 中所涉及的银行账户可以是客户账户或银行代表买卖双方所开设的账户。当 ETF 涉及两家银行之间的电子资金转账时，就要通过执行**自动票据交换所**（automated clearing house，ACH）系统来完成资金的转账，ACH 是银行用来管理彼此之间账户的一项服务。在美国，银行可以使用美国联邦储备银行（U.S. Federal Reserve Banks）运营管理的 ACH 或者是几家银行联合运营甚至一家公司独立运作的私营清算所。在第 11 章中将介绍银行如何通过 ACH 完成支付的流程。

5.3 使用互联网技术的供应链管理

本章前面的内容介绍了行业价值链中位于某个特定的战略业务单元前的部分称为供应链。很多公司为了产品的制造或销售通过建立战略联盟、伙伴关系，签订长期合同来与供应链中的其他公司建立业务关系。这类关系可以非常复杂，如需要供应商帮助其客户开发新产品、指定产品所应具有的功能和特点、完善产品技术规范、识别出产品需改善的地方。在很多情况下，企业能够通过与少数供应商建立密切的业务关系来降低成本，而不是每次需要采购原材料或其他物资时，都要与大量的供应商进行谈判。当公司在一个特定的产品供应链中涉及整合多个参与者的供应管理和物流活动，管理这些整合活动的工作称为**供应链管理**（supply chain management）。供应链管理的最终目标是在供应链的末端获得高质量或低成本的产品。

5.3.1 供应链中的价值创造

近年来，企业已经意识到在与供应商谈判时更加积极主动，将有助于企业降低成本并提高产品的质量。通过吸引供应商参与合作、建立长期的关系，企业发现能与供应商协同工作来找出新的方法，向客户提供更快、更便宜、更好的服务。通过协调与供应链中各参与者之间的关系，参与到供应链管理的企业能够超越各自企业的层次形组织结构的限制，在供应链各成员间建立起一种新型的网络组织形式。

使用技术来提高公司的运营效率有时被称为**供应链生存竞争**（supply chain competition），它可以帮助公司实施 JIT 零库存和精益生产等管理技术。公司使用准时制库存管理，来安排制造过程中零部件的交货时间，即使用时才交货，以此减少所购零部件的库存量。通过将库存减少到尽可能接近于零的程度，企业降低了存储、追踪、保险和库存管理的成本。精益生产方法侧重于在整个制造过程中消除浪费和不必要的过程。这两种管理技术都需要随时获取来自供应商的需求、生产计划和库存可用性的信息，这些信息是实时更新的，通过技术支持的供应链管理系统可以非常有效地提供这类信息。

供应链管理最初是作为一种降低成本的方法，关注供应链中非常具体的内容，尝试找出改进流程效率的机会。今天，供应链管理被用于以福利的方式向位于价值链末端的最终消费者增加价值。这就需要比供应链管理初期所提出的那些普遍常见的观点，更多地从功能的整体性，全面地来看待整个供应链的管理。

从事供应链管理的企业与少数很有能力的供应商建立长期的合作关系。这些供应商称为**一级供应商**（tier one supplier），一级供应商再与向它们提供零部件和原材料的更多的供应商建立长期的合作关系。这些**二级供应商**（tier-two supplier）管理着与下一个层级的供应商的关系，称为**三级供应商**（tier-three supplier），向它们提供零部件与原材料。构建这些关系的关键要素是合作伙伴之间的信任。在供应链的参与者中构建长期的关系称为**供应链联盟**（supply alliances）。在供应链成员之间信息共享水平不高成为影响供应链联盟形成的主要障碍。很多企业不习惯于公开其详细运营信息，它们认为信息披露将把自己置于市场竞争中的劣势地位，对企业不利。

例如，戴尔电脑通过与其供应商共享信息来降低供应链成本。在戴尔从客户处收到一份订单的那一刻，它的一级供应商也就获得了该信息，供应商能基于戴尔公司确切的需求趋势来更好地安排生产。比如，磁盘驱动器的供应商当看到客户订单中计算机的硬盘配置从一种规格转变到另外一种容量更大的规格时，就能立即调整它的生产计划。这就让供应商避免了多生产小容量的硬盘，降低了供应商的成本（硬盘滞销的成本），同时也降低了整个供应链的成本（供应商没有必要向戴尔就硬盘规格的改变收取更多的费用来弥补多生产但未售出的硬盘滞销成本）。

为了换取更紧密的稳定的长期关系，采购者每年都期待在供应链的每一个阶段，供应商将产品的价格降低，并提升质量。但是这需要所有供应链成员分享信息，一起工作来创造价值。理想情况下，供应链中的成员间的协调创造了足够多的价值，每一层级的供应商都能获得成本减少、供应链运营更有效率所带来的好处。供应链管理在过去的十年中已经获得了快速发展的新动力，并被主要的采购组织如APICS **供应链理事会**（Supply Chain Council）所支持，APICS最初被称为美国生产和库存控制协会。通过合作，供应链成员能向最终消费者提供更有价值的产品或服务，并能降低成本。

协调供应链活动的一个关键因素是所有供应链成员都采用一致的生产策略。**生产策略**（production strategy）是公司在产品创造活动中获取竞争优势的方式，两个最常见的策略分别是高效的加工策略（企业试图尽可能快地或尽可能低成本地制造产品）和市场响应灵活性策略（公司试图生产随市场需求变化的特定产品）。换句话说，一些公司将自己构建为高效的生产商，而另一些公司则将自己建设为灵活的制造商。不幸的是，让一家企业成为高效的、低成本的生产商要做的事情恰恰会阻碍公司灵活应对市场不断变化。举例来说，高效的制造商投资昂贵的设备生产出大量低成本的商品。这种投资的驱动因素是压低生产成本，却让制造商难以灵活应对市场发生的变化。在专有设备上的大量投资阻碍了企业对生产车间的重新布局。在某种产品要求灵活的供应链中，即使只有一个供应链成员是高效而非灵活的生产者，供应链中的其他公司也都会受到牵连。这个高效的制造商成了整个供应链管理中的瓶颈，供应链中其他成员的努力都成为泡影。供应链上下游之间的清晰的沟通，能让供应链中的每个成员都清楚地知道最终消费者的需求是什么，这样每个参与企业都将制定出战略来满足这种需求。

清晰的沟通以及成员对沟通的快速响应是供应链管理成功的关键要素。技术，尤其是互联网技术和网页技术，都是增强沟通的有效工具。有史以来第一次，企业能有效地管理自己内部业务流程的细节以及所处供应链中其他成员业务流程的细节。利用互联网的软件能帮助供应链中的所有成员回顾过去的业绩表现，监控当前的运行情况，预测某种产品何时开始生产、生产多少。当一家公司利用技术快速响应市场需求变化和供应商状况变化时，我们就说这家公司具有**适应性供应链**（adaptive supply chain），可以提高效率，降低成本，增加利润。表5-3列出了在供应链管理中使用互联网技术的优势。正如人们所看到的，在供应链管理中使用互联网技术的唯一缺点是技术成本。对于大多数公司而言，实施后所获得的优势创造出的价值大大超出了技术实施和维护的成本。

表 5-3 在供应链管理中使用互联网技术的优势

供应链中的贸易伙伴能够	供应链中的贸易伙伴能够
• 共享客户需求信息的变化	• 减少交易处理的成本
• 迅速收到产品设计变化和调整的通知	• 减少交易数据录入时发生的错误
• 更有效地提供产品说明和图纸	• 分享产品缺陷率以及缺陷类型的信息
• 提高交易处理的速度	• 更好地协调与物流合作伙伴和成员彼此间的货运量

5.3.2 提高供应链的效率和协作

很多公司正在使用互联网和网页技术来管理供应链以提高整个供应链的效率和协作。这些公司找到了提升业务速度、减少成本、协调设计工作、增加制造灵活性的方法，这样公司就能应对最终消费者需求数量的变化或需求特性的变化。

例如，波音公司，世界上最大的商务飞机制造厂商，所面临的一个艰巨任务就是保持生产的计划性。每架飞机的生产需要对超过 100 万个独立的零部件进行组装，每架飞机都是定制配置，以满足各航空公司购买飞机的具体规格要求。这些需要装配的零部件必须按计划完成生产和运送，否则生产过程就会停下来。

使用 EDI 和互联网连接，波音公司与供应商协同工作，这样供应商就能在完全正确的时间提供完全正确的零部件。甚至在一架飞机开始生产以前，波音公司就通过加密的互联网连接将零部件的技术规格和图纸提供给供应商。随着飞机制造工作的进展，波音公司继续让供应链中的每一位成员都能不断获知工作进度中完成的里程碑事件以及必要的计划变更信息，客户现在只需要等待 10 个月或更少的时间就能得到自己所订购的新飞机，而不是原来所需的 36 个月。正如波音和越来越多的其他精密制造企业所做的，用互联网技术将产品的设计、开发、建造、测试和改进整合在一起，称为**协作商务**（collaborative commerce）。

虽然戴尔公司以使用网页来向个人和企业销售客户自己定制的计算机而出名，但它也采用了技术支持的供应链管理来为客户提供想要的计算机。戴尔的一级供应商访问加密的网站获知戴尔公司最近的销售预测，以及其他诸如生产计划改变、次品率、保修声明等信息。此外，网站还让供应商了解戴尔的顾客及购买产品的信息。所有的这些信息帮助一级供应商以优于其他任何方式的方法计划生产。在戴尔的供应链中信息是双向共享的：戴尔要求一级供应商提供当前所生产产品的缺陷率以及生产问题的信息。其结果是，供应链中的所有成员一起工作来降低库存、提高质量，并向最终消费者提供更高的价值。在戴尔和一级供应商之间的协作改进，将戴尔的库存量从原来需持有 3 周销售的库存降低到了现在只需满足两个小时销售的库存量。戴尔公司最终的目标是实现库存水平以分钟来度量。通过所获取的客户信息量的增加，戴尔能显著地减少自己所必须持有的库存量。戴尔同时还将客户信息分享给供应链中的其他成员。这种协同工作要求高度的信任。为了增强供应链成员之间的信任并培养团体的归属感，戴尔公司将其网站上的公告栏变成一个开放的论坛，其供应商成员能在那里分享它们与戴尔或其相互之间开展交易的经验。

对于波音公司、戴尔公司以及其他公司来说，在管理供应链中互联网和网页技术的使用显著地提高了业务处理的速度，降低了成本，增加了灵活性。所有这些优势结合在一起建立了一个协同的产品生产和服务的供应链，能更好地满足终端消费者的需求。

5.3.3 物料跟踪技术

跟踪物料从一家公司移动到另一家公司以及物料在一家公司内部的移动，一直以来都很复杂，面临着挑战。多年来，公司一直借助于光学扫描仪和条形码来对物料的移动进行跟踪。在很多行业，条形码和 EDI 技术的整合非常流行。图 5-7 显示了在汽车行业具有代表性的一张条形码运输标签。条形码中的每个元素都对应着 ASC X12 中的事务处理报文集 856 中的预先发货通知。如果仔细查看图中的数字，会发现 856 业务报文集中的 5 个元素都是以条形码（包括零件编号、运输数量、采购订单编号、序列号以及产品装箱清单编号）表示。

这些条形码的使用，能让公司收到产品时通过扫描条码来跟踪物料从仓库到生产线的移动。企业使用条形码中的信息

图 5-7 使用 EDI 业务报文集 856 预发货通知条形码的运输标签

以及来自其 EDI 系统中的信息来管理库存流并预测物料在横跨整个供应链中的需求。

大的网上零售商如亚马逊、塔吉特、科尔士（Kohl's），都有自己的订单履行中心，顾客在网上下订单后，订单上的货品由中心发出。跟踪系统，也被称为**实时定位系统**（real-time location systems，RTLS），在这些订单履行中心使用条形码来监控存货的变化，并确保商品尽快发货。

在电子商务发展的第二次浪潮中，公司将新技术整合到基于互联网的物料跟踪系统中。现在所使用的最有前景的技术是**无线射频识别装置**（radio frequency identification device，RFID），这是一种小型芯片，使用无线电信号传输来跟踪库存变化。RFID 技术的出现已有很多年了，但直到最近，才要求每个 RFID 芯片都有自己的电力供给（通常是电池）。

自带电源的 RFID 称为**有源 RFID**（active RFID）。与使用条形码相比，RFID 中的数据能被快速读取并具有很高的准确性。扫描条形码后才能看到存储在条形码中的数据，RFID 标签可以放置在商品表面的任何地方或放置在大多数商品内，即使被包装材料所覆盖、有污垢或被塑料带捆扎住也能将标签中所存储的数据读出。条形码扫描仪必须放置在与条形码相隔几英寸的地方。大多数的 RFID 阅读器能读取 6 英尺范围内的数据。

RFID 技术的一个重要进展是无源 RFID 标签，制造成本很低廉，并且芯片尺寸很小。**无源 RFID**（passive RFID）标签不需要电力供给。它从附近的发射器接收无线电信号，从信号功率中获取很少的能量，利用获取的能量发送信号返回给发射器。发回的信号中有贴上 RFID 标签商品的库存信息。无源 RFID 标签小到足以放置在信用卡的表面或缝在服装里。图 5-8 所示为一个典型的无源 RFID 标签。

2003 年，沃尔玛开始在其商品上试验使用 RFID 标签进行商品的库存跟踪和控制。沃尔玛发起了一项计划，让所有的供应商在其运到零售商的商品上都安装 RFID 标签。沃尔玛希望其供应商在三年

图 5-8 无源 RFID 标签

的时间内完成这项任务，让所有购入的库存商品都贴有 RFID 标签，让沃尔玛能更好地管理其库存，减少缺货的发生。**缺货**（stockout）发生时，零售商失去销售，因为当顾客想要购买商品时，零售商的货架上没有客户想要的特定的商品。沃尔玛的很多供应商发现 RFID 标签、阅读器以及管理库存标签的计算机系统相当昂贵。这些供应商向沃尔玛施压要求放慢其计划的实施。沃尔玛的回应是鼓励其供应商使用 RFID 标签，但集中精力在沃尔玛公司内部开发试点项目，来测试基于 RFID 的库存管理系统。另一些零售商，如塔吉特，集中资源在产品分类的 RFID 标签（RFID 芯片放置在一类产品的包装箱中，而不是每件产品都带一个标签）。

很多行业观察家得出的结论是，在美国零售业中，每件产品上都普遍使用 RFID 标签将开始于 2017 年，到那时，梅西百货、American Apparel、科尔士、迪拉德百货（Dillard's）和塔吉特都将在其所有零售店投放具有全面阅读功能的 RFID 标签。虽然一个无源 RFID 标签的成本目前在 7 到 15 美分之间（取决于订购数量），但即便这样低的成本也仍然让运输大量低价商品的企业望而却步。RFID 标签的成本预计将持续下降，而且越来越多的公司发现 RFID 可以应用于日益广泛的领域。RFID 阅读器的成本在不断降低，同时读取能力在不断提高。一些固定的 RFID 读取器可以在同一时刻扫描直径 50 英尺内的所有物品（也就是数以千计的带有 RFID 标签的物品可以立即被读取），小型手持式 RFID 读取器可用于扫描金属货架和容器中的液体（金属和液体可能会干扰 RFID 信号）。如果想要了解 RFID 技术的最新发展，可访问《RFID 杂志》（*RFID Journal*）的网站。表 5-4 总结了条形码、无源 RFID 和有源 RFID 的关键技术特性。

表 5-4　条形码、无源 RFID 和有源 RFID 的关键技术特性

特性	条形码	无源 RFID	有源 RFID
技术	光学（激光）	射频信号	射频信号
电源要求	无需	无需	需要电池
是否必须清晰可见	是	否	否
干扰源	污垢、油脂、撕裂的标签	金属及液体	金属及液体
标签阅读率	一次一个	同时几百个	同时几百个
最大读取范围	2～24 英寸	20～40 英尺	100～300 英尺
标签的生命期	2～5 年	10 年	3～8 年
一个标签的成本	一美分的十几分之一	7～15 美分	15～100 美元
一个阅读器的成本	80～300 美元	500～8000 美元	1000～1500 美元

5.3.4　在供应链中创建最终消费者导向

供应链管理的一个主要目标就是帮助供应链中的每一家公司关注于如何满足处于供应链末端消费者的需求。处于较长供应链行业中的企业，过去往往发现很难维持这种以客户为中心的工作，有时这也被称为**最终消费者导向**（ultimate consumer orientation）。很多公司专注于努力满足供应链中下一个成员的需要。这种短视的做法让企业丧失了在供应链后续步骤中增加价值的机会。

一家开拓性地使用互联网技术超越其价值链中的下一个步骤的公司是米其林北美公司。米其林是一家在轮胎行业中具有备受尊崇品牌和商业声誉的公司。然而，当消费者需要更换汽车轮胎时，大多数人依赖于当地轮胎经销商所提出的具体建议。米其林花费了大量的资金面向最终消费者直接做广告。这类广告的目的是保持米其林的强大品牌，并使消费者确信米其林轮胎的价值。但是如果消费者到当地的轮胎经销商处换轮胎，经销商推荐的是另外品牌的轮胎，广告投放和品牌建设的努力将付之东流。

米其林于 1995 年积极主动地开展了网上业务，称为 BIB NET（以该公司著名的吉祥物米其林宝宝的名字"必比登"命名）。发起网上业务的目的是向消费者销售更多的米其林轮胎，但针对的却是米其林轮胎的经销商，而非最终的消费者。BIB NET 是一个外联网，允许轮胎经销商通过使用简单易用的浏览器来访问网页，了解米其林产品的库存状态、促销信息、轮胎规格。在 BIB NET 网站开通前，经销商需要打电话给米其林公司来获知产品信息，有时接电话的业务员工作繁忙，这些电话就会被搁置。一个正在与顾客谈话的经销商希望立即获得信息，不能容忍电话被搁置。通过赋予经销商随时直接获取米其林产品信息的权利，米其林节约了资金（维护一个网站要比回答成千上万的电话便宜多了），并为经销商提供了更好的服务。使用了 BIB NET 的经销商是不太可能向其顾客推荐米其林竞争对手的轮胎的。

5.3.5 建立与维系供应链中的信任

在供应链联盟形成的过程中，大多数企业必须面对的主要问题是建立信任。持续的沟通和信息的共享是信任建立过程中的关键要素。由于互联网和网页提供了卓越的沟通方式和信息共享方式，它们提供了建立企业间相互信任的新途径。大多数的专业采购人员同一家厂商的信任是经过多年的业务往来建立起来的。在很多行业，供应商派销售代表定期走访购买方，供应商也积极参与行业贸易展示会和研讨会。供应商多向购买方提供与供应商代表互动的机会，可以帮助自身建立客户信任。

供应商发现网页给它们提供了一个保持与客户联系的更容易且成本更低的方式。虽然大多数的购买方仍然能定期见到销售代表，但电子邮件和网页却向他们提供了几乎能即时联系销售代表和其他供应商人员的机会。通过提供全面及时的综合信息，供应商能够以自己交付产品的能力，以及提供购买方所需要的个性化服务的能力让购买方建立起信任。

很多供应链管理研究人员正在研究新的方法来收集有关供应商的绩效信息，并将这些信息汇报给供应链上的合作伙伴。这种信息的监测和相关报告可以帮助企业更快地建立起信任。这类监测和报告正在纳入下一节所描述的网上企业市场和商业网络中。

5.4 网上企业市场和商业网络

20 世纪 90 年代后期，很多以所在行业为中心的门户网站开通，并为该行业中的企业提供了进行交易和拍卖的空间市场，同一行业中的企业之间能彼此联系并处理业务往来。门户网站创建的想法是为处于一个行业中的企业提供一个连接互联网的入口。由于这些门户网站都是垂直整合，也就是说，每一个门户网站只为一个行业提供服务，这些网站也被称为**垂直门户网站**（vertical portal）。在本节将介绍 B2B 电子市场从 1997 年到现在是如何被构想出来，并发展、运营成为电子商务这个领域中成熟的部分的。

5.4.1 独立的行业市场

最早建立的垂直门户网站专注于某个特定行业的贸易往来。这些垂直门户网站以各种各样突出其集团性质的不同取名而闻名，包括**行业市场**（industry marketplace）（关注于一个单一的市场)、**第三方交易中心**（independent exchange，不是由一个行业中的某家公司所建立），或**公共市场**（public marketplace，面向刚进入某个行业的新买家或卖家）。这些门户网站也被统称为**独立的行业市场**（independent industry marketplace）。

Ventro 公司在 1997 年年初建立了第一个行业电子市场 Chemdex 网站，主要面向散装的大宗化学品交易。为了能充分利用在贸易交换技术研发上的巨额投资，Ventro 公司在推出 Chemdex 网站后，又在一系列行业（包括专业医疗用品行业、食品服务业等）开展网上 B2B 交易。其他很多公司跟随着 Ventro 的脚步，建立了各种网上市场，开展 B2B 业务。到 2000 年中期，大约有针对各行各业的 2200 多家独立的交易中心，但绝大多数都不盈利，今天只剩下不到 100 家网上行业市场仍然在运营。例如，Ventro 公司关闭了它在电子商务快速发展的早期所建立的几十家网上交易市场。事实证明，在任何特定行业，只有不超过两家独立的网上市场能够存活下来。一些关闭了网上行业交易市场的业内先驱，包括 Ventro 公司，建立起新的业务，成功销售它们所开发的建立网上市场所需的软件和技术。今天，领先的软件产品供应商，诸如 IBM 公司、微软、甲骨文 Oracle、德国 SAP 公司都提供能够用于构建 B2B 网上市场的软件产品。到 2010 年，各种形式的 B2B 市场逐渐取代了独立的第三方网上市场，成为企业间电子商务的主要运营模式。

阿里巴巴（Alibaba.com），基于中国的 B2B 商业市场，在一般工业类市场中取得了巨大成功，为中国和其他发展中国家的供应商提供了与世界各地的买家轻松做生意的机会。而 Ariba，最初提供用于构建企业运维用品 MRO 网上目录的软件工具，现已发展成为一家提供软件解决方案的公司（现在由软件公司 SAP 拥有），也是一家面向供应商的 Ariba 网络公司，为全球数以千计的大买家和供应商提供自动化订购、发票、付款和产品目录服务。2012 年，亚马逊公司推出了 AmazonSupply，原本属于工业产品市场，现在纳入**亚马逊商业市场**（Amazon business marketplace）所提供的服务中。

下文将介绍四种 B2B 网上市场模式。

前车之鉴

MetalSite

虽然在过去 20 年有很多小型的钢铁厂成立（称为小钢厂），但世界钢铁产量的绝大部分仍然由大型钢铁厂所贡献。在这些钢铁企业中，只有大批量生产钢铁才能有效益。由于设备的重新配置成本非常高，一家为了生产某种型号的钢材（如冷轧薄板）而建立的钢厂，如要调整生产另外一种类型的钢材，如钢筋，需要花费大量的时间和资金。为了把转产成本降至最低，钢铁厂按需求预测的结果大量生产钢材，而不是按实际订单需要进行生产。由于产品生产数量是根据需求预测而不是实际需要制定，钢铁厂往往总是有一些类型的钢材生产过剩。

伯利恒钢铁公司，是一家年营业额为 40 亿美元，雇员数 14 000 人的钢铁生产企业。过去解决生产过剩的常用办法是将多余的产品信息发传真给潜在的购买者，购买者会对他们感兴趣的产品出价，随后伯利恒钢铁公司与购买者就产品的价格及递送条款进行谈判。

1998 年，MetalSite 是第一家在网上开展金属交易的网站之一，这些交易中心给类似伯利恒钢铁公司这样的企业提供了处理多余产品到一个更大市场的有效途径。到 2000 年中期，有超过 200 家网上金属交易中心。这些交易中心都实施再中介化的策略，也就是它们都进入钢铁行业的供应链中，提供以前供应链中所没有的增值服务。然而，大多数的行业分析家都认为在钢铁行业中只需要一两家网上交易中心就足够了。到 2001 年，很多网上金属交易中心都倒闭了。MetalSite 网站成长得非常迅速，在获得了 3500 多万美元的投资后，在 2001 年的中期 MetalSite 与 24 000 名注册用户签订了合同，每月钢铁的交易额大约为 3000 万美元。但是，每笔交易所收取的 1% 到 2% 的交易佣金仍然不够维持网站运营所需要的成本。伴随着美国经济的下滑，钢铁交易业务量不断下降，而来自竞争对手的降低交易佣金的压力又快速增加。主要的客户，钢铁公司还在商讨联合建立自己的交易中心。在勉强经营了 3 年，又找不到新的投资者的绝望情况下，MetalSite 网站于 2001 年 8 月倒闭。

MetalSite 所进入的行业市场规模不足以支撑多家公司的存活，而它又不能坚持到最后。从 MetalSite 网站所获得的教训是一个再中介的战略必须在供应链中增加显著的价值，并且公司必须有战略来构建一个重要的壁垒，阻止竞争对手进入。MetalSite 无法做到两者中的任何一个，所以失败了。很多其他的 B2B 交易网站处于类似竞争状况的，也同样失败了。

5.4.2 专属店铺和客户门户

各行各业中的老牌公司看到了新企业所建立的交易中心，这些公司开始担心这些独立的运营商将在供应链中控制它们的业务，这些业务是老牌公司花费数年时间才建立起来的。面向很多规模相对较小的客户进行销售的大企业，可以在商品价格、质量、交货条款等商务谈判中发挥巨大的作用。这些销售商害怕这些行业市场将削弱它们所具有的议价能力。

很多大型的销售商已经在网站开发上投入巨额资金，它们相信这将比任何的行业市场更能满足其客户的需求。例如，Cisco 和 Dell 公司都在各自公司的销售网站上为其主要客户提供了专属店铺。专属店铺（private store）的入口需要输入密码，在专属店铺的页面上针对可供选择的有限产品设有降价谈判的功能，这些产品通常是客户已经同意以一定的最低限度数量购买的产品。其他公司，诸如 Grainger，在公司的销售网站上为顾客提供增值服务。这些客户门户网站（customer portal）提供专属店铺和诸如部分产品型号的交叉推荐、产品使用说明书、安全信息等服务，如果这些产品销售商从事行业网上交易市场，这些服务功能可直接使用，无须再次开发。

5.4.3 专属企业市场

同样地，从规模相对较小的供应商进行采购的大公司，在采购谈判中可以发挥出与专有店铺相媲美的能力。这些大公司的采购部使用采购软件（在本书第 9 章将介绍电子商务软件的所有类型），这些软件通常被称为**电子采购软件**（e-procurement software），给公司提供通过网页界面管理采购的职能。这些电子采购软件能自动执行如图 5-1 所示的企业采购业务流程中很多的授权工作以及其他工作步骤。

虽然电子采购软件最初的设计是为了帮助管理 MRO 的采购过程，但今天它还包括其他的市场功能，其中有询价请求的张贴区域，可以进行拍卖，而且集成了支持直接物料采购的功能。大公司的电子采购软件需要花费数百万美元的软件使用费、安装费以及客户化定制费用,然而,越来越多的软件企业开始为小公司提供电子采购软件。

使用电子采购软件的公司通常要求它们的供应商进行投标。例如,一个办公用品供应商将给一家公司提供所出售商品的价目明细表,这家公司将此价格与其他供应商的报价相比较。被选中的供应商将为公司提供产品描述信息以及价格,这些信息将被插入公司的采购软件中。这就能让公司所授权的员工通过网页浏览到协商好的价格,并订购办公用品。

当行业市场向公司开放后,这些大公司不愿放弃它们在电子采购软件研发上的投入,或让电子采购软件与行业市场中的软件协同工作,尤其是在行业市场的早期,在市场上有很多公司开发的网上交易市场。这些大公司利用它们在供应链中的影响力强迫供应商按照它们所提的条件与它们做生意,而不是在行业市场中与供应商谈判。

当网上市场软件变得越来越可靠,很多这样的大公司从诸如 Ventro、e-Steel 这样的公司购买软件和技术咨询服务,这些公司放弃了它们的网上行业的业务,将它们所开发的软件和技术提供给这些想开发专有市场的公司。一个**专属企业市场**(private company marketplace)能提供拍卖、报价信息要求,同时还能给那些想自己运营交易市场的企业提供其他功能(多数功能与电子采购软件中的功能相似)。今天,许多专属企业市场扩宽了服务功能,包括允许供应链参与者管理多项业务,包括制造、一级和二级供应商管理、配送中心、运输、订单、发票和付款。这些拓宽了服务功能的专属企业市场被称为专属行业网或专属交易所。

5.4.4 行业联盟主办的市场

一些公司在其所在的行业供应链中虽然处于相对较强的谈判位置,但却没有足够强大的力量来迫使供应商通过公司的专属市场来与它们做生意。这些公司开始结成联盟来主办网上交易市场。**行业联盟主办的市场**(industry consortia-sponsored marketplace)是由一个特定行业中几家大型采购商所形成的市场。

图 5-9 归纳了今天存在于 B2B 电子商务中 5 种常见的电子市场的特点。图中的信息来自多篇文献,图的结构来自 Warren Raisch,一名网上市场咨询顾问,参见其所著的《电子市场》一书。

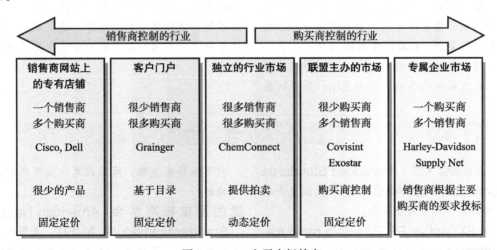

图 5-9 B2B 电子市场特点

资料来源:Raisch, W. 2001. *The eMarketplace, p. 225.*

虽然图中所示为 5 个截然不同的 B2B 电子市场类别，但它们之间的界线并不总是清晰的。例如，戴尔公司的网上专卖店，也时不时销售其他公司的产品，这让它的网上商店更像是一个客户门户而不是一个专属店铺。随着 B2B 行业市场的成熟，某种类型的电子市场占主导地位将是不可能的。大多数的 B2B 行业专家相信具备这 5 个常用分类特点的各种各样的电子交易市场将在一段时间内继续存在。

本章小结

本章介绍了公司如何使用互联网技术以各种不同的方式优化采购、物流和支持活动的业务流程，以及实施外包和离岸外包的策略。公司、政府机构和其他组织正在使用互联网技术将组织的计划、控制活动的范围延伸至其组织的法律定义之外，包含了其他组织。这种新兴的组织网络模型在本书第 1 章中已做过介绍，在本章中用于描述组织间的沟通和协调方式的发展。

今天，无论是大企业还是小企业，各种规模的企业都使用互联网技术来购买原材料、服务，以及设备维护、维修和企业运营用品。同样，越来越多的企业也使用互联网技术来管理物流和运输业务，包括内部和外部服务提供商，如第三方物流供应商。企业服务，如福利发放和工资管理以及政府服务也越来越多地在网上提供。

EDI，B2B 电子商务的雏形，最早是货运公司为了减轻重复处理的交易文书工作所带来的负担而开发的。EDI 的使用在几乎所有大企业中蔓延，导致规模较小的企业也在寻求经济实惠、负担得起的方式来参与 EDI。互联网提供了廉价的通信通道，而这正是多年来 EDI 所缺乏的，这让小的企业也能参与到基于互联网的 EDI 应用中。

互联网和万维网所提供的沟通能力的增强，成为在各行各业中采用供应链管理技术的一个重要推动力量，包括供应链竞争、准时制库存管理和精益生产。供应链管理可以通过使用在线技术来实施和增强，这有助于建立一致的生产策略或使特定的供应链更具适应性。

越来越多的公司利用互联网建立与供应链联盟伙伴的连接，实现全面的协同商务目标，为其价值链上所生成产品与服务的终极消费者创造更多的价值。库存跟踪技术（如 RFID）与互联网技术的集成越来越多，这是企业实施降低成本运营所致，这类使用预计将继续扩大。

在 20 世纪 90 年代中期所出现的行业电子市场让位给了几种不同类型的 B2B 电子商务模式的发展，包括专属店铺、客户门户、专属市场以及行业联盟主办的电子市场。专属市场的扩张版本以专属行业网络和专属交易所的形式出现。

关键术语

公认标准委员会 X12（Accredited Standards Committee X12, ASC X12）：美国负责制定 EDI 统一标准的委员会。

有源 RFID（active RFID, active radio frequency identification device）：能自己为自己供电的 RFID。

适应性供应链（adaptive supply chain）：一种可以提高效率，降低成本和提高利润的供应链。

美国国家标准学会（American National Standards Institute, ANSI）：美国负责制定机械、电子和其他技术行业国家标准的协调组织。

适用性声明 2（Applicability Statement 2,

AS2）：基于 Web 页面传输的 HTTP 规则的规范。

适用性声明 3（Applicability Statement 3, AS3）：比 AS2 更安全的版本。

自动清算所（automated clearing house, ACH）：由银行或美联储这样的政府机构所建的系统，专门用来处理小额资金的海量电子资金转账。

业务流程离岸外包（business process offshoring）：将非制造业务活动承包给国际供应商。

协同商务（collaborative commerce）：使用互联网技术将产品的设计、开发、构建、测试和产品改进整合在一起。

合同采购（contract purchasing）：直接物料的采购对任何生产企业都非常重要，企业多数原料的采购都会签订长期合同，也称补货采购。

客户门户（customer portal）：为满足消费者需要而设计的公司网站，提供的服务有网上店铺、零件编码表、产品使用指南和安全信息指南等。

数据交换标准协会（Data Interchange Standards Association, DISA）：一个致力于开发跨行业电子商务信息交换标准（如 EDI 和 XML）的非营利组织。

直接连接 EDI（direct connection EDI）：每个企业的 EDI 转换机通过调制解调器及拨号电话或专线直接相连的 EDI 形式。

直接物料（direct material）：指在生产过程中进入产成品的物料。

EDI 兼容（EDI compatible）：指企业之间以特定标准形式来交换数据。

行政管理、商业和运输的 EDI 标准（EDI for Administration, Commerce, and Transport, EDIFACT，或 UN/EDIFACT）：1987 年联合国公布支持国际 EDI 的标准交易集。

EDIINT 电子数据交换—互联网集成（Electronic Data Interchange-Internet Integration, EDI-INT）：一组用于通过 Internet 交换数据（EDI，XML 和其他格式）的协议。

电子政务（e-government）：政府或政府代理机构用电子商务来处理类似商业活动的方式。

电子采购软件（e-procurement software）：帮助企业通过 WWW 界面管理采购工作的软件。

电子采购（e-sourcing）：企业应用互联网完成寻找供应所需原料或服务的供应商等活动。

有影响力的采购（impact sourcing）：一种离岸外包，目的是使世界上欠发达地区的人员培训或慈善活动受益，也称为智慧采购。

独立交换（independent exchange）：不是本行业的买家或卖家所控制的垂直门户。

独立的行业市场（independent industry marketplace）：专注某个特定行业的垂直门户。

间接连接 EDI（indirect connection EDI）：贸易伙伴都通过增值网来传输和接收 EDI 报文的 EDI 形式。

行业联盟主办的市场（industry consortia-sponsored marketplace）：由某个行业多家大采购者联合建立的电子集市。

行业市场（industry marketplace）：专注于一个行业的垂直门户。

互联网 EDI（internet EDI）：互联网上的 EDI。

即时库存管理（just-in-time inventory management）：企业使用此方法来管理库存时，通过安排所购买零件的交付时间，使其非常接近于在制造过程中使用它们的时间来减少库存数量。

知识管理（knowledge management）：专门收集、分类和发布有关企业、产品和业务流程的信息。

维护、维修和运营（maintenance repair, and operating, MRO）：为各行业提供通用的工业品和标准机械工具的支持。

不可抵赖（nonrepudiation）：证实一笔交易确实已经发生，防止交易各方反悔或否定交易的有效性。

离岸（offshoring）：外包由国外企业完成。

开放的 EDI（open EDI）：在互联网上而不是

专线上运行的 EDI。

外包（outsourcing）：委托另一家公司为信息系统项目提供设计、实施和运营等。

无源 RFID（passive RFID）：一种小型设备，可从附近的发射器接收无线电信号，并从该信号中提取少量电能。它使用它提取的电能将信号发送回发射机。该信号包括了张贴 RFID 标签物品的相关信息。

专属企业市场（private company marketplace）：希望自营电子集市的公司所开办的电子集市，可以实现拍卖、询价及其他职能。

专属行业网（private industrial network）：许多专属市场功能的扩展，允许供应链上的上下游企业管理多种功能，包括生产安排、与一级和二级供应商以及配送中心的运输协调、下订单、开发票和付款。

专属店铺（private store）：由口令保护的网站内区域，根据谈判结果及产品功能的选择给客户报价。

专属交易所（private trading exchange）：许多专属企业市场的功能扩展，允许供应链上的上下游企业管理多种功能，包括制造、与一级和二级供应商以及配送中心的运输协调、下订单、开发票和付款。

生产策略（production strategy）：公司在产品创造活动中获得竞争优势的方式。

公共市场（public marketplace）：向行业所有新买家和卖家开放的垂直门户。

采购卡（P 卡）（purchasing card, p-card）：既可以授权各个经理自行决定多次小额采购，又让采购部跟踪所有购买信息的一种支付卡。

无线射频识别装置（radio frequency identification device, RFID）：能够收发无线信号的芯片，可用来跟踪在价值链上移动的存货。

实时定位系统（real-time location system, RTLS）：使用条形码技术跟踪监控库存移动，并确保货物尽快装运的系统。

补货采购（replenishment purchasing）：企业多数直接物料按长期合同进行的采购，也称为合同采购。

智慧采购（smart sourcing）：在世界欠发达地区开展的离岸外包培训或慈善活动，也称为有影响力的采购。

花费（spend）：公司每年用于购买产品与服务的总金额。

现货市场（spot market）：某行业松散管理的市场。

现货采购（spot purchasing）：在现货市场上完成的直接物料采购。

缺货（stockout）：在客户到零售店想要购买某个产品时，零售商的货架上由于没有该商品而遭受的销售损失。

供应链联盟（supply alliances）：供应链成员之间形成的长期合作关系。

供应链（supply chain）：某个战略业务单位上游的行业价值链，包括为此战略业务单位提供产品或服务的供应商、运输公司及中介组成的网络。

供应链竞争（supply chain competition）：利用技术提高公司运营效率。

供应链管理（supply chain management）：企业同供应商及价值链上的其他成员主动合作来改进产品和流程。

供应网（supply web）：包含众多通过网络彼此连接的成员的行业价值链。

一级供应商（tier-one supplier）：同企业直接交易，有长期合作关系的大供应商。

二级供应商（tier-two supplier）：向一级供应商供应零配件和原材料的供应商。

三级供应商（tier-three supplier）：向二级供应商供应零配件和原材料的供应商。

交易集（transaction set）：使用 EDI 进行特定业务数据交换所用的格式。

最终消费者导向（ultimate consumer orientation）：关注行业价值链终端的消费者的需求。

垂直门户网站（vertical portal/vortal）：专注单个行业的网络信息垂直整合平台。

网页 EDI（Web EDI）：互联网上的 EDI。

复习题

1. 外包与离岸外包之间的区别是什么？
2. 什么是业务流程外包？
3. 什么是具有深远影响的采购？
4. 什么活动被包括在采购功能中被称为"sourcing"？
5. 简要概述直接物料与间接物料的区别。
6. 给企业采购中的"花费"术语一个简单的定义。
7. 什么是现货采购？
8. 什么是 MRO 用品？
9. 什么是采购卡？
10. 什么是第三方物流提供商？
11. 针对业务支持活动，举三个例子。
12. 什么是知识管理？
13. 举例说明政府部门或机构如何利用 Web 技术更有效地运作，更好地服务于市民。
14. 什么是供应网？
15. 请简要描述那些希望使用 EDI 既和美国又和其他国家开展国际交易的公司所面临的主要问题。
16. 简要说明直接连接 EDI 与间接连接 EDI 的区别。
17. 什么是开放式 EDI？
18. 什么是供应链联盟？
19. 什么是产品策略？
20. 简要说明公司如何从适应性供应链中获益。
21. 协同商务与 EDI 之间的不同点是什么？
22. 简要说明无源 RFID 与有源 RFID 的区别。
23. 什么是专属行业网络（也被称为专属交易所）？

练习题

1. 利用图书馆或你最喜欢的搜索引擎，分析一个中等规模的制造企业希望使用采购卡进行 MRO 采购的成本。用两三个段落概述你的发现。
2. 假设你现在是一名刚开始工作的韦斯特里奇采购部的实习生，韦斯特里奇是一家为制造装配线生产电子控制系统的企业。你对电子设备的有关知识了解得不多，但你的上司给你的任务是鉴别销售与个人电脑连接的示波器的供应商。使用 ThomasNet 网站确定提供这种产品的至少三家供应商。针对每一家供应商，查明它是否提供产品在网站上的销售，销售价格是否公开，是否具有详细的产品规格说明。用大约 150 字写一份报告，总结你对每个供应商在网上销售示波器的调查研究。
注意：你的老师会要求你准备一份正式的陈述。
3. 你在 Cobalt Milling 公司工作，这是一家为金属加工行业生产钢制管件及切削工具的制造商。Susan 是公司采购部经理，她希望你考虑如何通过互联网 EDI 提升与供应商之间的关系。从 Web 链接所提供的列表中选择适合小型制造企业的两家 EDI 服务提供商，并且测试其网站，用大约 100 字给苏珊写一份备忘录，解释你所选择的供应商适合 Cobalt Milling 公司的理由。
4. 许多制定标准的组织给商业企业提供会员制。你在 Grace Henry 手下工作，担任 Flex-Electric（一家规模中等，为电子医疗设备和实验室仪器生产零部件的企业）的首席信息官。Flex-Electric 公司使用 EDI 来处理与供应商（采购）和客户（销售）之间的业务。公司正在积极探索如何使用 RFID 标签来跟踪库存。Grace 要求你尽可能多地了解国际供应链标准制定组织 GS1，并用大约 300 字为 Grace 准备一份备忘录，概述这个组织的宗旨，找出它所开展的活动中对 Flex-Electric 公司有用的内容。
5. 在一个具体的供应链中的企业，能通过合作消除供应链中的成本。在很多情况下，所节约的成本最终并没能在供应链成员中共享。使用互联网上或图书馆中的资源进行研究，找出实施供应链管理后，所节约成本没能平均分配的行业。用两三个段落，说明在该行业中为什么供应链的一些参与者比其他的参与者能够从整个供应链减少的成本中获取更多的好处。

6. 一些商业和政治领袖认为，离岸外包是危险的，因为外包将发达国家的工作转移到了发展中国家。另外一些商业和政治领袖则认为虽然外包在短期内取代了一部分工人的工作，但长期来说，每一个人都能从发达国家所发展的经济体系中获益，通过新产业的创建、新产品的开发、新产品市场的培育以及企业提供的新服务，每个人都能从中受益。使用图书馆或网上资源，就美国公司离岸外包客户数据库的维护（检查数据的错误、删除重复的数据等诸如此类的工作）业务，提出两个支持的论据和两个反对的论据。

案例

案例 5-1　沃尔玛公司的收缩

2015年，世界上最大的零售商沃尔玛宣布季度销售数据时指出，随着开支的上涨，利润增长的希望越来越小。在讨论较高的开支费用时，公司在新闻稿中三次提到了"收缩"，在与金融分析师的电话会议中提到了13次"收缩"。

公司将其大幅增加的支出主要归结于商店盗窃。有这样的一个案例，一队盗贼将一辆装满电子产品的购物车推出后门，将购物车推上等待的车中。为了应对在零售业中这类常见的不幸问题，公司宣布为员工重新启动一个培训计划，帮助员工识别现场盗窃者以及犯罪同伙，同时在商店的高价值商品区以及易窃取物品区增加员工。公司还计划在商店出口处检查客户的付款收据。

除了这些措施外，该公司还报告说，收缩的很大一部分是由于管理整个公司分销网络及其商店的库存流量所遇到的困难。当仓库和商店库房存货过剩时，可能难以确定哪些物品应该放到商店的货架上打折销售。近年来，沃尔玛公司增加了杂货和食品的销售，这类商品比其他商品的库存管理更困难，货物更容易损坏，如果无法监控商品的保质期将带来高额成本。为了应对商店库房的库存管理问题，公司已经向这些工作区域增加了员工。

沃尔玛公司在美国的供应链由100多个分销中心组成，公司通过其6000多辆卡车，向5000多家实体店和山姆会员店送货。管理整个流程是一项庞大的工程，极富挑战性，公司已经尝试使用新技术、创造新方法来应对这些挑战。

问题

1. 使用搜索引擎和图书馆获取相关资料，了解RFID技术及其在沃尔玛公司供应链中的潜在用途。用200多字，概述沃尔玛公司在零售店使用RFID技术可能获得的优势。在准备答案时，请一定考虑零售店库房的实际运作环境状况，包括金属货架。
2. 用大约100字来讨论沃尔玛公司卡车运输队可以应用哪些技术来更好地管理其运营。
3. 用大约100字来讨论沃尔玛公司在其所有零售店中使用RFID技术来追踪管理每一件物品所能获得的优势，而不是每箱产品上贴一个RFID标签，或者仅仅追踪每家商店按大类划分商品的库存。

案例 5-2　美国标准金属成型公司（SMSS）

美国标准金属成型公司（SMSS）为使用大型金属成型机械设备的公司提供维修和维护服务，这些机械设备使用折叠、弯曲、折皱以及其他方式将铝、铜、钢、钛等金属塑造成所需的形状，是精密制造过程的一部分。这些机械设备必须定期予以维护调整，数百个零部件经过长期磨损后会突然发生故障。SMSS 公司与绝大多数主要使用金属成型设备的企业签订了服务合同。公司所提供的一个标准服务合同，就是公司的技术人员定期走访客户的工作场所，对设备进行预防性的检修工作，服务合同中还包括每年一定次数的设备紧急修复服务。SMSS 公司也会为没有签订服务合同的公司派遣技术人员去进行设备维修，根据修理过程中所使用的材料和技术人员的维修时间来收取费用。

SMSS 公司的技术人员所提供的服务按小时收费，如在常规工作时间以外，按加班时间每小时再额外收取费用，诸如周末和节假日。SMSS 公司的技术人员都加入了国际联合机械师这一工会组织（United Machinists International，IMU），该工会组织为其会员即技术人员的薪酬水平和工作条件与雇用公司进行谈判。SMSS 公司从每名技术人员每周的薪水中扣除工会会费，并将总的会费每周交到 IMU 工会的地区办事处。工会目前的合同规定，SMSS 公司技术人员享受的医疗和牙科保险计划由联合医疗保险公司承保。虽然 SMSS 公司承担了大部分的保险费用，但技术人员也需要支付一部分保险费用。这部分保险费用从他们的工资中每周代扣。

假设你是 SMSS 公司实施在线技术的主管，你的上司是公司的首席信息官嘉莉·刘。嘉莉要求你协助她规划出一个新的自动化信息系统。该系统可以使用 EDI 和电子资金转账 EFT 来生成 SMSS 公司技术人员的工资册并处理相关的事务性工作。对系统如何运作，她进行了以下说明：

（1）技术人员将使用平板设备来记录工作时间，每天输入每项工作的开始时间和结束时间（技术人员目前已经在使用手持设备来查找他们所检修机械设备的线路图和机械图，并通过手持设备接受公司分配的工作任务）。工作时间信息将从技术人员的平板设备传输到 SMSS 公司的工资管理部。

（2）工资管理部将汇总技术人员上报的工作时间信息并发送到项目主管的计算机中。每个项目主管将对每位技术人员的工作时间、加班时间、节假日/周末的工作时间进行审核确认。每天项目主管对工作的认可信息将返回到工资管理部的计算机系统中。

（3）工资管理部每周对技术人员的工作时间进行汇总并为每一位员工计算出工资总额、扣款额和净工资。扣款包括法律规定必须缴纳的联邦政府和州政府规定的税费、需缴纳的医疗保险费，以及加入 IMU 工会，按照入会协议规定所缴纳的会费。

（4）工资管理部向会计部发送工资信息的电子汇总表，包括扣款信息在内，会计部将依据工资信息编制纳税申报表，并进入 SMSS 的会计系统进行相关项目的记账工作，登记工资额及应缴纳的相关税费。

（5）工资管理部将向 SMSS 公司的开户银行发出电子授权并进行相应的电子资金转账：将每个技术人员的实发工资金额转账到技术人员的银行账户，将代扣的每一项纳税金额转入政府机构的相应账户，将总的医疗保险费转入保险公司的账户，将工会会费转入 IMU 协会的账户。大多数这些账户的开户银行都与 SMSS 公司的开户银行不同。

（6）工资管理部将向联合医疗保险公司和国际联合机械师协会的地区办事处发送电子通知，告知他们每周转账的资金总额。

（7）工资管理部门将每一位技术人员的工作时间汇总后，将汇总数据以及薪酬总额，包括加班费和节假日/周末工作的工资，发送到 SMSS 公司的工会代表的计算机中。工会代表也是 SMSS 公司的一名技术人员，由公司内部的技术人员推选，监督工会合同条款的执行，处理技术人员与 SMSS 公司管理层之间所出现的任何不满。

问题

1. 针对上述提出的工资管理 EDI 与 EFT 系统，画出一个示意图（可以参照图 5-4）。
2. 技术人员所使用的平板设备和今天大多数的平板设备一样，都内置相机。用大约 100 个字，说明技术人员如何使用平板设备中的内置相机更好或更有效地开展工作。
3. 列出你认为在新系统的设计或执行过程中将会出现的问题或有争议的事项，并进行简要说明。
4. 就该系统中你认为 SMSS 公司应该聘请外部公司来实施的功能，提出理论依据和合理化的建议。

请注意：任课老师将要求学员分组来完成案例，并要求每个小组在课堂上正式陈述自己的成果。

延伸阅读

Adesnik, C. 2013. "Internet-Powered Jobs Transform Impoverished Youth into Lifelong Workers," *The Huffington Post*, July 30. http://www.huffingtonpost.com/charu-adesnik/cisco-internet-powered-jobs-tra_b_3676395.html

Benton, E. 2010. "Leila Janah, Founder of Samasource," *Fast Company*, March 23. http://www.fastcompany.com/article/leila-janah-samasource

Bornstein, D. 2011. "Workers of the World, Employed," *The New York Times*, November 3. http://opinionator.blogs.nytimes.com/2011/11/03/workers-of-the-world-employed/

Bovel, D. and M. Joseph. 2000. "From Supply Chain to Value Net," *Journal of Business Strategy*, 21(4), July–August, 24–28.

Bunyaratavej, K., J. Doh, E. Hahn, A. Lewing, and S. Massini. 2011. "Conceptual Issues in Services Offshoring Research: A Multidisciplinary Review," *Group & Organization Management*, 36(1), February, 70–102.

Chakravarty, V. 2013. "Managing a Supply Chain's Web of Risk," *Strategy & Leadership*, 41(2), 39–45.

Chang, H., Y.-C. Tsai, and C.-H. Hsu. 2013. " E-procurement and Supply Chain Performance," *Supply Chain Management: An International Journal*, 18(1), 34–51.

Clark, P. 2001. "MetalSite Kills Exchange, Seeks Funding," *B to B*, 86(13), June 25, 3.

Cleary, M. 2001. "Metal Meltdown Doesn't Deter New Ventures," *Interactive Week*, 8(27), July 9, 29.

Dobbs, J. 1999. *Competition's New Battleground: The Integrated Value Chain*. Cambridge, MA: Cambridge Technology Partners.

Drickhamer, D. 2003. "EDI Is Dead! Long Live EDI!" *Industry Week/IW*, 252(4), April, 31–35.

Duvall, M. 2007. " Wal-Mart Changes Its Faltering RFID Strategy to Lure More Suppliers, But Insists It's Not Turning Back," *Baseline*, October, 43–55.

Fisher, M. 1997. "What Is the Right Supply Chain for Your Product?" *Harvard Business Review*, 75(2), March–April, 105–116.

Friedman, T. 2006. *The World Is Flat: A Brief History of the Twenty-first Century*. New York: Farrar, Straus and Giroux.

Fries, J., A. Turri, D. Bello, and R. Smith. 2010. "Factors That Influence the Implementation of Collaborative RFID Programs," *Journal of Business & Industrial Marketing*, 25(8), 590–595.

Hempel, J. 2015. "The Woman Finding Tech Jobs for the World's Poorest People," *Wired*, July 28. http://www.wired.com/2015/07/leila-janah-samagroup/

Howland, D. 2015. "Wal-Mart Working on Reducing 'Shrink' as Theft Hits Earnings," *Retail Dive*, August 19. http://www.retaildive.com/news/wal-mart-working-on-reducing-shrink-as-theft-hits-earnings/404229/

Karpinski, R. 2002. " Wal-Mart Mandates Secure, Internet-Based EDI for Suppliers," *InternetWeek*, September 12.

Kenney, M., S. Massini, and T. Murtha. 2009. "Offshoring Administrative and Technical Work: New Fields for Understanding the Global Enterprise," *Journal of International Business Studies*, 40, 887–900.

Lewin, A. and H. Volberda. 2011. "Co-evolution of Global Sourcing: The Need to Understand the Underlying Mechanisms of Firm Decisions to Offshore," *International Business Review*,

20(3), June, 241–251.
Lynch, B. 2015. "Direct or VAN Based EDI, Which Is Best for Your Company?" *MSDynamicsWorld*, August 13. http://msdynamicsworld.com/story/how-do-you-communicate-direct-or-van-based-edi-which-best-your-company
Malone, M. 2012. "Did Walmart Love RFID to Death?" *Smartplanet.com,* February 14. http://www.smartplanet.com/blog/pure-genius/did-wal-mart-love-rfid-to-death/7459
Massini, S., N. Perm-Ajchariyawong, and A. Lewin. 2010. "The Role of Corporate-wide Offshoring Strategy in Directing Organizational Attention to Offshoring Drivers, Risks, and Performance," *Industry and Innovation*, 17(4), 337–371.
Napolitano, M. 2013. "RFID Settles In," *Logistics Management*, 52(4), 39–43.
Noormohammadi, M. 2011. "Samasource Provides Jobs for Poor Via the Internet," *Voice of America*, December 10. http://www.voanews.com/english/news/Samasource-Provides-Jobs-for-Poor-Via-the-Internet-135376738.html
Nowicki, A. 2014. "Google Shopping for Suppliers Shuts Down," *Modern Distribution Management*, July 8. http://www.mdm.com/blogs/20-distribution-operations/post/32192-google-shopping-for-suppliers-shuts-down
O'Connor, C. 2015. "Amazon Launches Amazon Business Marketplace, Will Close Amazon Supply," *Forbes*, April 28. http://www.forbes.com/sites/clareoconnor/2015/04/28/amazon-launches-amazon-business-marketplace-will-close-amazonsupply/
Preston, B. 2013. "Move Over, CB Radio: Trucker Apps Are Helping to Haul the Load," *The New York Times*, August 16. http://www.nytimes.com/2013/08/18/automobiles/move-over-cb-radio-trucker-apps-are-helping-to-haul-the-load.html
Purchasing. 2001. "MetalSite Shuts Operations While Seeking New Owner," July 5, 32.
Purchasing. 2004. "Easing into E-procurement with Indirect Spend," February 19, 35–36.
Raisch, W. 2001. *The eMarketplace: Strategies for Success in B2B Ecommerce*. New York: McGraw-Hill.
Robson, A. 2015. "Exposing the Top Five Myths of RFID Technology in Retail," *RetailWeek*, August 19. http://www.retail-week.com/technology/technology-blog/rfid-blog-exposing-the-top-five-myths-of-rfid-technology-in-retail/5078222.article
Rosenblum, P. 2014. "How Walmart Could Solve Its Inventory Problem and Improve Earnings," *Forbes*, May 22. http://www.forbes.com/sites/paularosenblum/2014/05/22/walmart-could-solve-its-inventory-problem-and-improve-earnings/
Rueter, T. 2011. "Faster Fulfillment," *Internet Retailer*, May 17. http://www.internetretailer.com/2011/05/17/faster-fulfillment
Stock, K. and S. Pettypiece. 2015. "Wal-Mart Is Getting Hit Hard by Thieves," *BloombergBusiness*, August 18. http://www.bloomberg.com/news/articles/2015-08-18/wal-mart-is-getting-hit-hard-by-thieves
Stockdale, R. and C. Standing. 2002. "A Framework for the Selection of Electronic Marketplaces: A Content Analysis Approach," *Internet Research: Electronic Networking Applications and Policy*, 12(3), 221–234.
Swedberg, C. 2015. "Target Announces Nationwide RFID Rollout," *RFID Journal*, May 20. http://www.rfidjournal.com/articles/view?13060
Taylor, D. and A. Terhune. 2001. *Doing E-Business: Strategies for Thriving in an Electronic Marketplace*. New York: John Wiley & Sons.
Ufelder, S. 2004. "B2B Survivors: Why Did Some Online Exchanges Survive While Many Others Failed?" *Computerworld*, February 2, 27–29.
Ustundag, A. 2013. *The Value of RFID: Benefits vs. Costs*. London: Springer.
Vandermey, A. 2013. "Forty under 40: Leila Janah," *Fortune*, September 19. http://money.cnn.com/gallery/magazines/fortune/2013/09/19/40-under-40-ones-to-watch.fortune/7.html
Wadhwa, V. 2015. "You Can Leave the Office, But There's No Getting Away from Work," *The Washington Post*, August 10. http://www.washingtonpost.com/news/innovations/wp/2015/08/10/you-can-leave-the-office-but-theres-no-getting-away-from-work/
Waugh, R. and S. Elliff. 1998. "Using the Internet to Achieve Purchasing Improvements at General Electric," *Hospital Material Management Quarterly*, 20(2), November, 81–83.

Yang, M.-H., H.-Y. Chao, S.-C. Liu, and H.-L. Chen. 2014. "Exploring the Determinants and Effects of Relationships in Collaborative Commerce," *Asia Pacific Management Review*, 19(3), 215–238.

Yao, Y., M. Dresner, and J. Palmer. 2009. "Private Network EDI vs. Internet Electronic Markets: A Direct Comparison of Fulfillment Performance," *Management Science*, 55(5), May, 843–852.

Zang, Y. and L Wu. 2010. "Application of RFID and RTLS Technology in Supply Chain Enterprise," *Proceedings of the 2010 Sixth International Wireless Communications Networking and Mobile Computing Conference*, September 23–25, 1–4.

第6章 社交网络、移动商务和网上拍卖

学习目标

- 社交网络是如何从虚拟社区发展而来的?
- 社交网站如何获取收入?
- 企业如何在网上商务活动中使用社交网络工具?
- 目前网上商务使用的移动技术有哪些?
- 网上拍卖及与拍卖相关的业务。

引言

如今,许多公司正在使用社交媒体和移动商务等技术,以新的方式与客户、潜在客户和其他利益相关者相互沟通与交流。一直以来,全球咖啡零售商星巴克非常熟练地使用这些新技术,并被业界广泛认为2008年经济衰退后,依靠此优势获得了财务业绩的好成果。

积极参与社交媒体网站,诸如Facebook和Twitter,连同在这些社交媒体上购买大量广告是绝大多数公司在实现社交媒体成功的过程中所采用的方法。然而,星巴克公司使用了不同的策略来获得成功。星巴克公司没有在社交媒体上发布大量信息,造成信息泛滥,而是通过社交媒体监督客户的互动交流,然后利用收集到的信息改进产品和服务,制定保护客户和吸引新客户的策略。

星巴克公司将社交媒体视为咖啡店的延伸,在实体店中,顾客与咖啡师之间、顾客与顾客之间建立了联系,并在这些店里享受星巴克的产品。公司使用社交媒体为顾客提供一个平台,让他们彼此谈论最喜欢的星巴克产品,而不是将社交媒体作为与顾客直接沟通的渠道。

星巴克公司还将移动技术集成到客户体验中,通过提供移动设备应用程序以及接受来自移动设备的付款,让客户管理其在忠诚度计划中所获得的收益。

虽然大多数公司将社交媒体和移动技术视为另一种广告渠道，但星巴克公司采取了一种不同寻常的方式：扩大与单独顾客的联系。通过作为社交媒体观察者而不是积极的参与者所获得的洞察力，星巴克巩固了这些联系，帮助公司在网上消费者参与的世界里胜过大多数的消费品牌。

6.1 从虚拟社区到社交网络

本书在第 3 章和第 4 章中，介绍了公司如何使用网页创建企业在网上的形象、与客户联系，并向客户销售产品和服务。在第 5 章，介绍了公司如何使用网站购买商品以及如何更有效地与供应商协同工作。在所有上述 3 个章节中，关注的是公司如何使用网页来改善其已经开展了多年的商务活动，主要针对采购和销售活动。在本章，将介绍公司如何使用 Web 技术来开展以前非常困难或不可能做的事情，但通过在线连接就成为平常的事情。网页技术使人们可以不受所处地域限制而形成网上社区。具有共同爱好的个人和公司可以在网上相聚，讨论问题，分享信息，激发创意，并培养彼此有益的关系。

正如在本书前几章中所介绍的，互联网降低了价值链中上下游企业间的交易成本，为人们提供了基于互联网有效的沟通方式。结合互联网降低交易成本的潜力和促进人们之间相互沟通的新角色，企业通过提供促进人们之间沟通的服务，培育出网上赚钱的新方法。

本节从简要介绍网上社区发展的历史开始，概要说明了现在的公司如何通过使用社交网络来提升网站访问者与企业之间的关系。

6.1.1 虚拟社区

虚拟社区（virtual community）是个人和企业聚集在一起交流的地方，在现实世界中并没有一个实际存在的具体的地点。1993 年霍华德·莱茵戈德在其所著名为《虚拟社区》的书中，描述了虚拟社区的特征，这本书是举世公认的关于虚拟社区的权威图书。虚拟社区在互联网被人们广泛使用前就已出现。**电子公告栏系统**（bulletin board system，BBS）是允许用户使用调制解调器（通过电话线以拨号方式连接）接入的计算机，用户可以在该计算机中的公共空间或电子公告栏中阅读和发布消息。BBS 电子公告栏上经常会开展与特定主题或某一地理区域相关的特定话题的讨论。大部分 BBS 是免费的，但也有一些 BBS 按月收取会员费。其他形式的社区讨论服务紧随其后，由诸如 Compuserv，Prodigy 和 Genie 这样的商业机构提供。这些公司所提供的网上社区服务，通过按月收取使用费和销售广告两种方式来获取利润。Usenet 新闻组是早期虚拟社区的另外一种形式，这种社区形式于 1979 年首次出现于杜克大学。Usenet 是一系列相互连接的计算机，专门用于存储与特定主题相关的信息。**Usenet 新闻组**（Usenet newsgroup）是位于这些计算机中的信息发布区。

在虚拟社区中，人们相互之间的社会交往活动很可观。许多社会学家相信，人们在网上进行沟通和建立关系的活动类似于现实中，人们在社区中的活动。本节以下内容将描述这些早期的虚拟社区如何发展成为人们今天用于建立和维持在线关系的网站。

6.1.2 早期的 Web 社区

第一批出现的 Web 社区中有一个名为 WELL 的社区。WELL 是"全球电子链接"（whole

earth'lectronic link）的英文缩写，早于 Web 网页的出现。它出现于 1985 年，是针对《地球评论》杂志所发表一系列文章的作者和读者之间的论坛交流对话。WELL 的会员按月支付参加讨论和会议的费用。WELL 成为很多研究者的家，这些研究者同很多知名的作家和艺术家一起创建了互联网和 Web。1999 年，Salon.com 公司购买了 WELL，并继续使用每月收取订阅服务费的方式运营该网站。

20 世纪 90 年代中期，虚拟社区以 Web 聊天室和专门针对特定主题或一般信息交换网站的形式出现。随着互联网可用的带宽增加，照片和视频剪辑成为社区讨论中常见的补充形式。1995 年，贝弗利山庄使用互联网技术，建立了一个虚拟社区网站，这个虚拟社区的一大特点是有两台网络摄像头对着好莱坞的街道，这个虚拟社区网站上还设置了到其他娱乐类网站的链接。网站会员能获得网站中的免费空间，创建属于他们自己的网页。网络摄像头并没能带来太多的访问量，但免费空间的提供却吸引了很多的用户。随着网站的发展，网站改名为 GeoCities，并通过销售网站会员网页上的广告位，以及每次打开网站会员的页面时都会弹出的广告而获取利润。GeoCities 网站发展得很快，且于 1999 年被雅虎公司以 50 亿美元收购。雅虎公司继续采用 GeoCities 网站原有的广告投放方式，但由于未能将用户成功引导到虚拟社区中，于 2009 年关闭了该网站。1995～2001 年，诸如 Tripod 和 Theglobe 等公司，也运营类似的广告支持的虚拟社区，为会员提供免费的网页空间——聊天室和讨论区。这些虚拟社区在电子商务第二次浪潮中，演变成 20 世纪 90 年代后期出现的社交网络网站，下节将对此进行介绍。

6.1.3 社交网络的出现

虚拟社区在互联网发展的早期为少数经常上网的人，提供了重要服务。随着互联网和 Web 技术的发展，很多虚拟社区的创建者发现，人们对把社区建设成人们网上交流新体验的地方的热情开始减退。在电子商务的第二次浪潮中，网上沟通的一种新现象出现了。使用互联网时间不太长的人们发现一个事实，即相互之间的一个共同纽带就是他们正在使用的互联网。他们发现相互间具有各种各样的共同兴趣，诸如园艺、某种疾病的医疗问题、养育孩子等，这些形成了网上互动的基础。

后来形成的互联网社区，互联网本身已不再是社区关注的焦点，互联网只是一个使社区成员之间能相互沟通的工具。成员之间在网上社区内的互动现在称为**社交网络**（social networking）。这些为促进人们相互之间交流所设计的网站称为社交网站。大多数的**社交网站**（social networking site）允许成员创建并在网站上发布个人简历，建立与自己共享一个链接（或几个链接）的用户列表、管理列表，查看其他用户所建立的类似的列表。在本节，将介绍社交网站的发展历程。

最早出现的社交网站之一——六度（Six Degree）创建于 1997 年。六度网站的创建是基于这样的理念，世界上任何两个陌生人之间只需不到六个人就能彼此相识，由于网站不能产生足够的利润支撑运营，于 2000 年关闭。随后几年更成功的社交网站出现了。Friendster 网站由乔纳森·艾布拉姆斯于 2002 年创立。Friendster 是第一个包括了今天所有社交网站大部分功能的网站，该网站快速成长后，所具有的会员人数超出了网站处理他们网上活动所需要的技术能力，并且公司的管理团队无法就来自美国本土新社交网站，诸如 MySpace、Tribe.net 和 Facebook 所带来的竞争在战略上达成一致。随着 Friendster 的衰落，MySpace 成为美国领先的社交网站。

2006 年，马克·扎克伯格以 20 万美元购买了域名 Facebook.com，将他与哈佛几个朋友开发的虚拟社区网站进行了扩张，并签订了一系列重要的广告投放交易，包括与微软签订了为期三年的广告合约。到 2008 年，Facebook 网站已经超越 MySpace 成为世界领先的社交网站，到 2014 年，该公司的用户总数超过 10 亿，年收入超过 60 亿美元。

Facebook 公司于 2012 年首次公开募股，将公司市场价值设定在 1040 亿美元。今天，Facebook 是北美、欧洲、澳大利亚和非洲部分地区人们普遍使用的社交网站，也是世界上其他许多地方的重要社交网站。2011 年，谷歌公司推出 Google+ 与 Facebook 竞争，尽管 Google+ 已经吸引了大量经常访问网站的用户，但在世界各地，它仍然远远落后于 Facebook。2013 年，Google+ 为其会员推出了群聊和照片服务。2014～2015 年，这两项服务都从 Google+ 中剥离出来，成为单独的产品，一些行业观察家认为 Google+ 采取这一举动，是因为尽管他们提供了各功能集成的社交网络服务，但仍然无力超越 Facebook 等竞争对手。

在亚洲，使用当地语言的社交网站诸如日本的 GREE 和 mixi 网站，以及中国的人人网都在 Friendster 出现后的一到两年内推出，使 Friendster 网站逐渐丧失了在这些国家获得成功的机会。在中国，腾讯公司在 1999 年创建了与六度竞争的 QQ，2009 年，推出了两个明确针对国内中文社交市场的新网站（微信和微博），重整旗鼓，再一次进入社交领域。今天，使用当地语言开发的社交网站在中国、俄罗斯和日本占据了主要市场地位。在伊朗，一个名叫 Cloob 的波斯语社交网络是当地最重要的社交网站，由伊朗政府赞助，来阻止美国的 Facebook 和 Twitter 等网站。

Orkut（由谷歌公司的一名员工于 2004 年开发并命名）网站，在美国从来就没有真正流行过，但在 2008 年到 2010 年，在巴西和印度两个国家却成了顶尖的社交网站。在那以后，Facebook 在这些国家取代了 Orkut 网站，成为顶尖的社交网站。

LinkedIn，一个致力于促进企业之间业务联系的网站，成立于 2003 年，网站允许用户创建值得信赖的企业业务联系人列表。然后，用户邀请其他人加入网站上的多种关系中，可以帮助他们找工作、寻找员工或开发商业机会。LinkedIn 网站目前在北美、欧洲和南非，已成为面向企业的主要商业社交网站。

其他社交网站也获得了不同程度的成功。例如，YouTube 网站（现已被谷歌收购）通过在社交网站上加入视频内容而流行开来，并成为年轻的互联网用户最欢迎的网站之一。Twitter 向用户提供了发送短消息的方式，用户可以向其他已经在 Twitter 网站上注册并愿意接收信息的用户发送短信息。图 6-1 展示了一些比较成功的社交网站成立的时间。

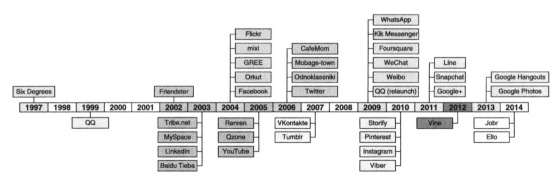

图 6-1 社交网站

这些社交网站背后的普遍理念是，人们需要通过社交网站中的成员邀请加入，被邀请加入的人能对社区增加价值。很多社交网站提供一个目录，列出成员所在地点、对什么感兴趣以及个人素养，然而，该目录并不透露成员的姓名或联系方式等信息。一个成员可以主动提出与其他任何成员进行沟通，但直到被联系人同意（通常是通过审阅发件人的目录信息后），相互间的通信联系才会发生。除了通过社区目录的搜索，会员还可以通过社区中的朋友与新的联系人建立关系（也许就从邀请他们加入社区的朋友开始）。通过逐渐建立起的一系列关系，成员可以在社区中发展起人际网络，这已被证实非常具有价值。

一些社交网络侧重于关注人们的具体兴趣或社交功能。例如，社交网站 Flickr、Instagram 和 Pinterest 使用照片和图片作为社交组织主题，而 Vine 网站最主要的特点在于 6 秒的剪辑视频。CafeMom 网站吸引有幼儿的父母。Snapchat 网站允许用户发送短时间内到期的文本和带注释的照片及视频到网站上。Jobr 是一个基于移动设备的应用程序，帮助用户找工作。Tumbler、Twitter 和 WhatsApp 网站给用户提供发送短消息的工具（本章后续内容将介绍）。Ello 网站于 2014 年推出，是 Facebook 的一个替代网站，且没有广告。

当我们步入电子商务的第三次浪潮，社交网站继续发展壮大，遍布世界各地。除了前面提到的中国和日本的网站，使用当地语言成功创建的社交网站还有德国的 Xing、以色列的 Viber、荷兰的 Hyves、俄罗斯的 Vkontakte 和 Odnoklassniki，以及西班牙的 Tuenti。

1. 网络日志（博客）、微博和参与式新闻

正如本书第 4 章中所介绍的，网络日志或称为博客，是个人针对时事发表评论或就某个具体问题发表自己观点的网站。很多博客网站邀请网站访问者添加评论，该博客的所有者可能会也可能不会对这些评论进行修改。因此针对某个话题，人们能够持续展开讨论，对该话题感兴趣的人都会发表自己的观点。由于博客网站促进了对某个特定主题感兴趣的人们之间的互动，它也是社交网站的一种形式。诸如 Twitter 这样的网站也被称为**微博**（microblog），作为一种随意的、不正式的博客网站，用户录入的信息（也称为 Tweets）长度限制在 140 个字符以内。

大部分早期的博客网站主要关注的是与技术相关的话题，或针对某个人们有强烈愿望需要表达观点的话题（例如，政治问题或宗教问题）。2004 年美国总统选举，博客网站第一次成为政治网络工具。在此之前的选举中，候选人都建立了自己的网站，其政治团队会给支持者和政治捐款者发送电子邮件，但在 2004 年的选举中，这些活动以新的方式进行了整合。个人单独建立网站，或与现有的政治组织合作一起建立网站，为对某一个候选人或某一议题感兴趣的人们提供一个相互沟通交流的地方。人们能在这些网站上讨论问题、制订计划、安排需要亲自参加的会议，这也称为**聚会**（meetup）。今天，社交媒体被用于开展各种政治和慈善筹款以及交流活动。

在看到博客、微博等社交媒体成功地变为政治网络工具后，很多零售商开始使用这些网络工具作为一种吸引网站潜在消费者的方式，这些人目前还未打算从网站购买商品，但对网站提供的商品和服务比较感兴趣。市场营销人员和供应链管理者也看到了利用社交网络加强企业与企业之间业务联系所带来的好处。很多公司将博客和微博作为网上所提供服务的一部分，为客户提供一个论坛，来交流与了解企业所提供的服务以及与产品相关的使用说明或技术指标。

美国有线新闻网 CNN 是全球第一家在电视新闻节目中，报道来自博客和微博中消息的新闻组织。其他的广播电台和报刊现在也将博客和社交媒体整合到其网站、广播和出版刊物

中。小城镇所发行的报纸，内容往往是当地居民读者对社区问题的观点以及社区中所发生的事件。各种不同发行量的报刊宁愿开一个博客，来获取读者提供的信息，并用微博和社交媒体将读者和报刊绑定，而非雇用记者撰写只能吸引到一小部分读者群体的事件或议题。通过邀请读者提供信息和发表意见，报社发现它们能够接触到青年读者，这些青年读者在其成长过程中没有读过印刷版的报纸。这种让读者参与网上新闻写作的趋势被称为**参与式新闻**（participatory journalism）。

博客的运营，除了成为现有业务活动的一部分（如政治竞选、慈善组织、大学、零售业务或报纸），如果可以通过收费或广告来获得运营所需的资金支持，博客本身也可以成为一项独立的业务。杰克·多布金在博客网站Gothamist上撰写有关纽约这座城市的文章。他的博客主要关注纽约人的夜生活情况，而非报纸上常见的有关纽约餐饮以及娱乐活动的报道。该网站获得的广告收入已经足够支撑多布金和另一位共同创办人Jen Chung的生活费用。现在，随着公司的发展，网站有了专职的工作人员，分别负责博客、编辑和广告销售工作，公司已将此业务扩展到了四个国家的九座城市中。迈克尔·阿灵顿于2005年开始针对网上创业写博客。他决定把自己所具备的研究及撰写报告的才能用于创建自己的事业，而不是替商业杂志写专栏，这就是今天还在运营的TechCrunch网站，一家成功依靠广告费用支撑运营的网站。

2. 位置感知的移动社交网络

在本章的后半部分，将介绍使用移动设备接入互联网的全球增长。可移动的互联网接入为社交媒体提供了许多加入用户所在具体位置的可能性，特别是随着时间的推移，用户位置会发生改变。很多移动设备（在用户的许可下）可以将用户所在位置传输到网站，网站就可使用该位置信息来向用户提供定制化的广告或其他服务。这些服务称为**位置感知服务**（location-aware service）。

2015年，大约35%的社交媒体用户在他们所发的帖子上标注了位置信息，82%的移动设备用户使用移动设备来获取方位或其他地理位置信息。虽然Foursquare是领先的基于位置的社交网站，其设计理念为使移动设备易于与特定位置的资源进行交互，但许多社交媒体用户使用Facebook或Google+账户来获取这类服务。

6.1.4 社交网络的商业应用

社交媒体的商业应用还在不断发展，对于公司是否应该尝试社交网络工具，人们有很多意见。很多公司被批评将它们与客户间通过社交媒体的互动变成了不加掩饰的广告节目。虽然公司可以使用社交媒体开展许多传统的广告和促销活动（品牌塑造、建立客户信任和企业声誉、宣传新产品或服务等），但大多数专家认为企业对社交媒体的管理应该不同于广告工作。通过有效的管理，企业可以与社交媒体签约，来获取更多的有关客户和潜在客户的信息。

正如本章中所介绍的，星巴克不会使用社交媒体来传播有关其产品的信息或建立品牌。相反，星巴克使用社交媒体向客户学习，找到吸引客户对公司品牌、产品和服务感兴趣的新方法。星巴克对社交媒体的使用有意避免过度参与到社交媒体的宣传活动中，而是关注于倾听客户之间的讨论，并从这些讨论中学习。

运动鞋制造商Brooks Running明确表示避免使用社交媒体来直接销售产品。由于其主要客户是社区中活跃的体育运动爱好者，对健康和健身感兴趣，因此Brooks加入到专注于这些兴趣的社交媒体中。通过展示公司的关注点如何与客户的利益相一致，Brooks间接提升了品牌形象。通过协助健康和健身社交媒体的讨论，公司为其客户所在的网上社区做出贡献，并被誉为是好的同伴，从而增强了客户对公司信任的感知。

美国著名食品公司金宝汤（Campbell）在开拓有价值的社交网络方面也非常成功。在刚开始使用社交媒体的一段时间里，公司关注产品和使用其产品的食谱，随后，公司发现讨论区中针对能为家人做什么汤的讨论，使网络用户很感兴趣，很多人通过社交媒体积极参与，并开始关注公司。

通过使用社交媒体参与到行业或产品的运行环境中，公司可以采取与客户（或供应商）不同于传统贸易过程中仅限于买卖双方关系的角色，以更广泛的方式开展互动。

表6-1列出了公司参与四种类型的社交媒体，能获益的一些方法。对于每种类型的社交媒体，表6-1说明了企业如何将信息传递给客户（类似于传统广告和促销策略），当然也可以从客户那里接收信息，并通过倾听客户间的交流来进行学习。

表6-1 社交媒体业务战略

	向客户传达信息	从客户处接收信息	促进和监督客户之间的沟通
社交网站	购买广告，发布优惠和促销活动，发布有关产品/服务的信息	收集信息，汇总客户发布的信息并进行分析	利用客户发布的信息，收集整理出大量共享的知识，并用它来建立客户忠诚度
博客	发布即将推出产品的信息更新，提供现有产品的服务信息	鼓励客户提供新的想法和对现有产品/服务的预定	监控和汇总客户对产品/服务的讨论并进行整体品牌分析
微博	回答关于产品/服务的问题，以及对客户具体问题的反馈	积极征求客户对当前产品/服务的意见和改进想法以及新产品/服务的设想	仔细观察客户信息，并总结分析以确定客户感知及想法的新趋势
位置感知移动社交网络	发布有关新零售网点的信息、特定地点的特定促销活动	鼓励客户针对具体位置提供小技巧及意见	将地理位置分散的客户彼此连接，并收集不同地点客户的体验和感知差异的信息

1. 社交购物网站

将买家和卖家汇聚在一个社交网络上，来促进零售销售的做法被称为**社交购物**（social shopping）。社交购物网站的先驱之一是Craigslist，这是一家在1995年由WELL成员克雷格·纽马克基于旧金山地区居民的信息资源创建的社交网站。该社区已发展壮大，现已涵盖美国和其他一些国家的大部分主要城市，该网站的运营宗旨是非营利性，网站上发布的所有帖子只要不是求助广告，都是免费的。

Etsy网站为希望销售手工制作物品的人们提供了一个网上市场。在这个网站上，汇集了对各类手工艺品感兴趣的买家和卖家。在运营过程中，网站上人们相互之间的交流实在太多，社区意识太强烈了，致使Etsy网站又建立了一个名为we love Etsy（我们爱Etsy）的独立网站，建立这样的一个独立网站是为了给Etsy网站上的买家和卖家提供一个相互沟通、共享信息的地方。这个独立网站的存在是一个很好的例子，它展示了公司客户之间的互动与公司与客户之间的互动同样重要（或更重要）。

将社交媒体元素（如微博和照片发布）与购物活动相结合的其他网站包括Wanelo和Polyvore。Poshmark网站是一个专注于女装和时尚配饰的社交购物网站。网站会员会将他们拥有的但想要出售物品的照片张贴出来，其他会员出价购买。价格协商通过成员之间的私人沟通完成，但是同样使用该网站的社交网络。Poshmark网站已经针对手机用户优化了其网站上的所有操作，因此社交网络成员使用智能手机或平板电脑设备时，效果最好。

2. 基于理念的社交网络

社交网站基于人们之间的关系形成虚拟社区。其他网站基于人们想法之间的关系创建社区。这些更抽象的社区被称为**理念虚拟社区**（idea-based virtual community），参加这些社区的人们形成**基于理念的人际网络**（idea-based networking）。Delicious 网站称自己为"社会网页标签管理者"。个人可以在该网站上创建网页并在网页上放置标签，使用一个字的标签来描述这个页面在社区网站上的哪个栏目中。标签组合基于所有社区成员关于某个想法建立知识共享的观念。在网站上最活跃的标签名称有设计、参考文献、工具、音乐、新闻、如何做，以及摄影。

3. 虚拟学习网络

你可能已经使用过一种形式的社交网络，即**虚拟学习网络**（virtual learning network）。现在许多学院和大学提供使用远程学习平台的课程，例如提供给学生和老师互动交流的网上黑板（blackboard）。这些远程学习平台，包括诸如公告栏、聊天室以及绘图板等，提供学生与老师之间以及学生相互之间交流的工具，这些工具所提供的交流方式，与在实际课堂中的互动交流是类似的。

虽然在线课程**慕课**（massive open online course，MOOC）的理念可以追溯到 2008 年，但直到 2012 年，由于斯坦福大学的人员组建了 Coursera 和 Udacity 网站，并开发了大量慕课，在线课程才广为人知。慕课通常是免费提供的，每个课程可以吸引成千上万的学生。在 2013 年，佐治亚理工学院与 Udacity 网站合作，宣布提供第一个完全基于慕课的硕士学位方案，学费只是正常学费的很少一部分。

虽然许多学校正在推出慕课或正以某种方式将它们作为课程体系的一部分，但一些学者质疑这种教育形式的价值。大多数慕课的完成率都很低（在很多情况下，只有不到 2% 的参与者实际学完了课程）。慕课的捍卫者指出，他们可以用非常低的学生人均成本将教育覆盖到世界上几乎任何一个地方。随着对慕课效果所进行的更广泛研究，我们将能更好地了解慕课在未来如何以更有意义的方式对教育做出贡献。

4. 开源软件

一些开源软件致力于开发虚拟学习社区，包括**慕式**（Moodle）和 uPortal（由非营利的开源软件开发组织 Jasig 所维护）。**开源软件**（open source software）是由程序开发人员组成的网上社区所开发出来的软件，软件的使用下载无须支付任何费用。其他的程序人员可以使用这个软件进行工作，并完善它。这些程序人员可以将他们改进的软件版本提交社区。

开源软件是早期使用我们现在称之为社交网络的虚拟社区获得成功的案例。每个社交网络专门用于创建、改进和维护特定的软件应用程序。本书将在第 8 章和第 9 章中更多地介绍开源软件，因为许多开源软件被用于构建互联网，开发网站和实施电子商务活动。

6.1.5 社交网站的盈利模式

20 世纪 90 年代后期，虚拟社区靠销售广告来产生收入。搜索引擎网站和网页目录也靠销售广告来获取收入。从 1998 年开始，在这些网站中出现了一个收购兼并的高峰。新出现的网站仍然只使用广告收入这一种盈利模式，却提供了包括虚拟社区、搜索引擎、Web 目录，以及提供信息、娱乐服务网站所具有的所有功能。这些门户网站，正如本书第 3 章中所介绍的，之所以这样命名，是因为它们的目标是成为每一个用户出入网络的大门。正如本书第 3 章中所介绍的，网站访问者数量越多，就能收取越多的网站广告费。基于 2015 年 8 月访问网站的用户数量，表 6-2 列出了世界上最受欢迎的网站。

表 6-2　全球人气最高的网站

网站名	网站名
谷歌	亚马逊
脸书	维基百科
YouTube	腾讯 QQ
百度	Twitter
雅虎	谷歌印度

1. 广告支撑的社交网站

网民在门户网站上停留的时间大多数情况下要比在其他类型的网站上停留时间长，这对广告商具有很大的吸引力。其他类型的社交网站也可以吸引大量的网络用户在网站上逗留较长的时间。本节介绍了社交网站所具有的特性是如何吸引广告业务的。

具有独特吸引力的小型社交网站，也能够吸引到足够多的访问者并获得较多的广告收入，特别是相对于运行这类小型网站所需要的成本。例如，在 2007 年一位名叫伊利中川的软件开发者将一个笑嘻嘻的肥猫照片放到网站上，并为图片配了一个幽默的标题"我能吃一个芝士汉堡吗"。在接下来的几周，他在网站上发布了更多猫的照片以及有趣的标题，并开通了博客，让人们可以对图片发表评论。在短短的几个月内，网站每天的访问量超过 10 万人次，具有这种流量的网站，每天一个广告的收费在 100 美元到 600 美元之间。中川花时间不断对网站进行改良，让网站能吸引更多网民上传自己拍摄的照片和有趣的标题。在我可以吃个芝士汉堡（I can has Cheezburger）网站产生了可观的收入后，中川决定以 200 万美元的价格将网站卖给 Ben Huh。Huh 现在经营着该网站，将其作为超过 50 个类似网站所构建的运营网络的一部分，所有的网站每个月的访问量有 800 万，年收入超过 100 万美元，雇用了约 40 名员工。

全球领先的网站拥有非常高的访客流量，通常每月记录的独立访问者达 2 亿多。广告商愿意支付广告费，在这么多的网站访问者眼前放置广告的意愿非常强烈。表 6-3 显示了世界范围内全球社交网络上近期和预计的广告费。

表 6-3　全球社交网络上的广告费　　　　　　　　　　（单位：百万美元）

	2013	2014	2015	2016	2017
北美	4940	7710	10 100	12 670	15 150
亚太	3250	5180	7400	9660	11 910
西欧	2340	3680	4740	5820	6850
拉丁美洲	350	540	680	850	1000
中欧和东欧	410	520	610	700	790
中东和非洲	70	110	160	220	280
全球总计	11 360	17 740	23 680	29 920	35 980

2. 混合盈利模式和服务收费的社交网站

虽然大多数社交网站使用广告费来支撑公司的运营，但也有一些社交网站对所提供的服务收费。例如，雅虎门户网站对其所提供的大部分服务免费（由广告费支撑），但它也对所提供的一些网络社交功能收费，比如它推出的 All-Star 全明星游戏。雅虎门户还对其所提供的其他类型的服务收费，如对用户收费的优质电子邮件服务，该服务中的一项内容就是用户将拥有更多的存储空间来保存邮件和邮件附件，所收取的这些服务费用将支撑网站提供的社交功能所需要的资金。

一些广告支持的社交网站跟随着雅虎的策略，该策略称为通过眼球赚钱或者称为访客获利。**货币化**（monetizing）是指将现有的免费获取信息或服务的网站常规访问者，转换为付费订阅用户或服务购买者。收取访问者费用的网站总是担心访客强烈反对。它们永远不能确定现有游客将有多少人愿意为原本以免费形式提供的服务付费。大多数网站不会通过收费来获得访客的货币化。例如，领先的社交网站 Facebook 和 Twitter 仅靠销售广告获利，而不收取用户任何费用。社交网站可以向广告商和市场研究人员出售它们收集到的有关其网站成员的信息，以识别用户的网上行为和产品或服务购买之间的联系。

其他使用混合收入盈利模式的社交网站是金融信息网站 The Motley Fool 和 TheStreet. com。这些网站提供投资建议、股票报价和财务规划建议。其中，一些信息免费提供给用户；另外一些信息不需要付费，但需要用户提供个人信息后才能获取；更多的信息需要用户同意支付一定的费用后，才能得到。

3. 以收费为基础的社交网络

社交网站中最早尝试通过提供具体服务来实施货币化的网站，是谷歌公司的谷歌问答（Google Answers）。谷歌问答给人们提供了一个问问题的地方，然后由专家（称为谷歌解答员）回答并收费。谷歌公司通过测试来确定哪些社区成员有资格成为谷歌解答员。谷歌公司从 2002 年至 2006 年都在运营该项服务（在一段时间内发布的问题以及专家给出的解答，都可以在网站上看到）。雅虎公司的 Yahoo!Answers 网站和亚马逊公司的 Askville 网站也提供类似的服务，允许志愿者回答问题，但不为解答人员提供挣钱的机会。提供这类服务确实能为网站带来广告收入。Askville 网站上有关于亚马逊网站上所销售产品和服务的许多问题和回答，这样 Askville 网站成为亚马逊公司额外的客户帮助资源。

在谷歌公司停止问答业务后，曾经担任过谷歌解答员的很多人聚在一起，在网站 Uclue 上开始提供类似的服务。解答员可以获得提问者支付给网站的 75% 的费用。支持付费给解答员的人认为，付费答案的质量比免费网站上的更高，并且提问者所提出的问题往往更严肃，且能更清晰地表达。这两种方法都是虚拟社区让人们相互交流来产生收益的例子。

4. 小额贷款网站

社交网站最有趣的用途之一是充当开展小额贷款活动网站的清算所。**小额贷款**（microlending）是将非常少量的钱贷款给那些准备开始经营或正在经营着的小企业的做法，尤其是在发展中国家。当 2006 年穆罕默德·尤努斯和格莱珉银行因在孟加拉国所开展的小额信贷项目而获得了诺贝尔和平奖，小额贷款业务也就更加出名了。

有效实施小额贷款的一个关键要素是借款人在一个社交圈中。借款人相互之间提供担保支持，形成一种压力确保贷款能由本组中的每个成员所偿还。Kiva 网站和 Microplacee 网站就是这类社交网站的例子，在网站上汇集众多中小投资者，借钱给世界各地需要贷款资金来开展一项业务或继续经营原有业务的小企业和个人。

Kiva 网站与小额信贷机构进行合作，这些机构都非常了解它们这个领域在全球的业务构成。这些机构选择具有良好信用风险的本地人士，并帮助他们将贷款申请在 Kiva 网站上发布。贷款人通过 Kiva 网站审查贷款申请，如果同意，将对贷款所申请金额的一部分（或全部）提供资金支持。贷款金额通常从几百美元到几千美元，预计还款时间较短，从几个月到一年不等。

早期对小微贷款的兴趣主要集中在高度发达国家的贷方和欠发达国家的借款人，因为对富人来说很少的钱，对在艰苦经济环境中开展业务的人来说可能就是很多的钱。这种小微贷款模式在全球范围内依然存在，富裕国家的创业公司也在使用这种模式。例如，2014年启动了一个针对美国密歇根州小微企业的小额贷款计划。该项目是密歇根州经济发展社团（MEDC）与亨廷顿银行（Huntington Bank）所建立的合作伙伴关系，旨在帮助密歇根州的新创企业和现有家庭企业的扩张。亨廷顿银行承诺提供2500万美元，MEDC提供2.25亿美元，为最多有5名员工的企业提供500至50 000美元的贷款。

5. 众筹网站

除了找到一个能为商业理念提供资金的贷方，企业家也可以将企业的部分所有权出售给投资者。准确提供这类商业机会的社交网站称为**众筹**（crowdfunding），包括Kickstarter和IndieGOGo网站。这些网站允许企业和个人将股权出售给世界各地的投资者。绝大多数新创企业的创始人首先使用个人储蓄和信用卡借款为新企业提供资金。随着业务的发展，他们可能会向朋友和家人筹集资金。然而，很少有人能够承担大规模投资新业务的风险。众筹解决了这个问题，它依赖于大量的人，每个人投入少量的钱，而不是少数几个人投入大量的资金。因此，众筹减少了投资者的个人风险，但仍然可以为新企业提供大量的总股本资金。

众筹目前最常见的形式称为**回报众筹**（reward-based crowdfunding），投资者在公司使用投资基金的时候提前支付产品（或服务）的费用。在这种类型的众筹中，投资者基本上是企业所提供商品的客户，企业给投资人一个非常高的折扣来预付产品。

艺术家和慈善组织也会针对特定项目使用众筹。资助者通过社交媒体或众筹网站了解该项目，并捐款来帮助个人或组织完成项目。这些募捐通常金额都较小，一般在25美元以下，资助者得到的回报是知道他们为有价值的项目做出了贡献，有时还会收到感谢信。

6. 企业内部社交网络

越来越多的大型组织建立了内部网站，为员工提供相互之间交流的机会。网站上也为员工提供重要信息。如本书第2章中所介绍的，这些网站运行在企业内部网上。组织通过使用网站节约了大量的成本，网站取代了纸质的备忘录、内部通讯简报以及其他文件。企业内部社交网站通过网页向人们提供了更容易使用的员工手册、内部通讯简报以及员工福利信息。

企业内部社交网站可以成为身处不同地理区域，空间间隔较远的员工之间培育工作关系的良好途径。许多服务公司在其内部社交网络上提供了一个讨论区域，允许服务型技术人员在网站上发布问题，由公司在任何地方工作的经验丰富的技术人员回答。一些公司在Facebook等网站上创建个人网页，并将其用作企业内部社交网络工具。这样可以节省公司内部创建社交网站的费用。

许多公司通过让在外出差旅行、与客户或供应商会面，还有远程办公的员工通过移动设备接入社交网络，来扩大企业内部社交网络的覆盖面。在下一节中，将介绍公司如何将移动技术与社交网络结合起来，创造新的网上商业机会。

6.2 移动商务

今天的手机不仅仅用于拨打语音电话。它们可用来发送和接收短信，通过互联网进行通信，并获得卫星地理定位服务。

今天，几乎所有在售的手机都提供**短信息服务**（short messaging service，SMS），它允许手机用户相互之间发送文本短信息。使用 SMS，通常称为**发短信**（texting），短信成为人们在许多国家进行通信的常用方式（通常发送短信比语音呼叫更便宜），但在美国用得不多。

1999 年第一次出现了能上网的手机，但手机较小的屏幕让用户使用 Web 浏览器很困难。今天的大屏幕手机，拥有高分辨率，是网上购物的理想设备，并引领了电子商务的第三次浪潮。美国的两家开发商在 2008 年达成了一致，让手机成为浏览网页更有效的设备。首先，高速移动电话网络的可用性大大增加。其次，制造商开始提供各种各样支持 Web 浏览器的智能手机，手机屏幕足够大，更适合用户上网，手机上安装了操作系统，能运行应用软件。在本节，将介绍利用技术与移动设备的融合来开展网上业务，称为移动商务（mobile commerce）或 M-商务（m-commerce），这种商务活动每天都在世界各地进行着。

6.2.1 移动电话

能上网的电话首先在日本和东南亚的部分地区面市，这些国家在美国之前好几年就提供了高容量的移动电话网络。NTT DoCoMo 是日本最大的电话公司，在 2000 年率先推出基于 i-mode 服务的移动电子商务。从销售在手机上运行的游戏软件以及其他应用软件开始，NTT DoCoMo 公司一直都是全球移动商务的领导者，包括移动购物和移动支付。

在美国，支持移动商务活动的智能手机以及高容量移动电话网络直到 2008 年才出现。这些智能手机，诸如苹果公司的 iPhone 以及使用 Android 操作系统的手机，第一次为美国重要的移动商务打开了大门。

6.2.2 平板设备

2010 年，苹果公司推出了 iPad 产品，一种比笔记本电脑小、比智能手机尺寸大的平板设备。**平板设备**（tablet device）可以通过本地无线网络或当地手机运营商提供的服务，连接到互联网上。大多数平板设备都使用这两种接入方式，并且能在两种接入方式之间自动切换。不到一年的时间，许多其他的制造厂商都推出了平板设备与 iPad 竞争。到 2012 年，其中一些制造商开始生产平板与智能手机的混合产品，具有高分辨率屏幕的超大型智能手机，被称为**平板手机**（即"手机"英文单词 phone 和"平板电脑"英文单词 tablet 的组合）。

这些平板电脑设备在全世界迅速普及。2015 年，平板电脑设备的销售数量历史上第一次超过个人电脑（包括笔记本电脑和台式机）的销售数量。图 6-2 显示了全球平板设备目前销售数量和未来的预期增长。

苹果公司的 iPad 平板设备上所使用的操作系统是公司拥有专利的 iOS 操作系统。其他大多数平板设备制造厂商（三星和摩托罗拉是两大领先企业）使用的是 Android 操作系统。亚马逊公司推出的电子书的一些产品型号，如 Kindle Fire，已经具备了平板设备的所有功能。

Android 操作系统是一个开源软件项目，由谷歌公司提供资助，该软件项目长期以来，一直致力于增加移动网络流量（谷歌的大部分收入来自广告，更多的网络流量将导致更高的网上广告费率并带来更多的广告客户）。图 6-3 展示了今天所使用的智能手机、平板设备以及两者结合的平板手机设备的几款产品。

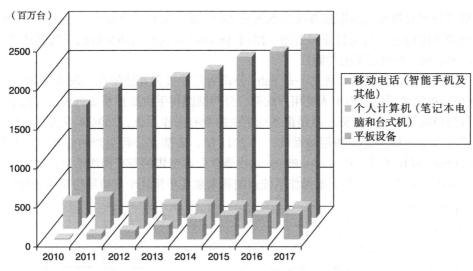

图 6-2　全球个人电脑、平板设备和手机销量数量

资料来源：Research reports and projections by Gartner, NPD Display Search, and BGR.

图 6-3　各种移动设备

　　一些智能手机和具有互联网功能的手机使用**无线应用协议**（wireless application protocol，WAP）显示网页。WAP 协议允许使用 HTML 格式的网页显示在小屏幕的设备（如手机）上。随着手机变得越来越大，以及平板电脑（和平板手机）的引入，使用 WAP 协议成为可选择性的。普通网页也可以在这些分辨率更高的较大屏幕上有效显示。

　　苹果公司推出的 iPhone 手机是第一个使用了触摸屏控件的设备之一，可以在一个小型手持设备上轻松查看和浏览普通网页。现在几乎所有型号的智能手机都使用触摸屏控制，虽然还有部分手机带物理键盘。

6.2.3　移动设备操作系统

　　苹果、黑莓手机各自使用自己专有的操作系统。过去，其他手机制造商（包括 HTC、摩托罗拉和三星）都开发了它们自己的手机操作系统和常见的应用软件功能，如日历、联系人和电子邮件，这些手机制造商现在则使用第三方提供的标准的操作系统。目前，最常见的第三方操作系统是谷歌公司推出的安卓（Android）操作系统和微软公司推出的 Windows Phone。

世界上最流行和发展最快的第三方操作系统是 Android。安卓操作系统是一个开源软件，智能手机制造商使用它无须支付任何费用。使用 Android 系统的大部分智能手机制造商，会在软件界面中添加一些自定义的功能。

能上网手机的首款操作系统之一是 Palm 公司为其手机和其他便携式设备开发的；然而，当 Palm 公司推出的手机变得不太受用户欢迎，公司试图将手机操作系统出售给其他手机制造商后，该公司就停业了。塞班，原是诺基亚手机的专有操作系统，2008 年成为开源软件。由于几乎没有其他手机制造商使用该系统，到 2011 年，诺基亚公司生产的智能手机开始使用 Windows Phone 操作系统。Windows Phone 是由微软公司销售的专有操作系统。

图 6-4 显示了领先的智能手机操作系统近期和未来几年预计全球市场份额的变化情况。

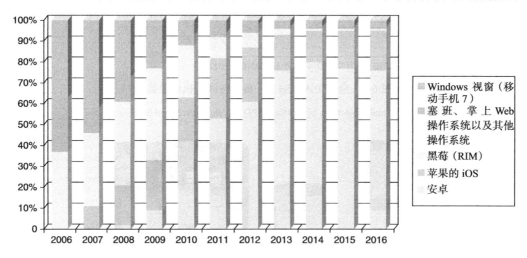

图 6-4　全球智能手机操作系统市场份额百分比的实际值与预估值

资料来源：Adapted from various reports by Gartner, IDC, Nielsen, and The NPG Group.

一旦制造商为它所开发的手机选择了操作系统，购买了手机的用户就不能轻易变换操作系统。与计算机不同，手机操作系统被集成到电信运营商所使用的软件中，以使手机能在其通信网络上运作。大多数运营商对用户自己修改操作系统的情况，即使手机在保修期内，都不提供保修（无论以何种方式修改了操作系统）。修改 iPhone 操作系统的行为被称为**越狱**（jailbreaking）。修改 Android 手机操作系统被称为获取手机的**根权限**（rooting the phone）。

6.2.4　手机应用程序

过去，每个手机制造商都各自使用专属自己的操作系统。今天，大多数手机使用常见的操作系统（诸如安卓和 iOS）。之所以发生这种改变，是因为应用软件的开发和销售方式发生了变化。在过去，美国移动电话公司通过控制在手机上运行的应用软件来获取运营收入。移动电话公司向软件开发人员授予应用程序开发许可证，并且对每个应用程序按月向开发人员收取许可费。当 AT&T 公司同意成为苹果公司 iPhone 手机的独家运营商（也就是说，iPhone 手机将只能在 AT&T 公司的通信网络上运行，这项约定将持续到 2011 年），并同意苹果公司直接销售该款手机的应用程序时，苹果公司将这种盈利策略进行了调整并发挥得淋漓尽致。

苹果公司针对 iPhone 手机的应用程序网上商店（Apple App Store）与 iPhone 手机产品在同一时间面向消费者推出，并立即取得了成功，网上商店里有可用于该款手机的各种各样的应用软件，随后又增加了针对苹果公司的 iPad 平板设备的应用软件。使用安卓手机、平板手机和其他平板设备的用户可以在 Google Play 网上商店购买应用程序，Google Play 为该平台提供软件。苹果和谷歌公司都允许独立的个体软件开发人员编写应用程序，并通过两家公司的网上商店来销售这些软件（基于收入分成协议）。这些开发人员发现，他们可以通过开发手机应用 App 获得数千甚至数百万美元的收入。Zynga 是一家开发手机游戏的公司，每年通过销售手机游戏应用程序，能获得超过 10 亿美元的收入。其他公司，诸如 Mutual Mobile 公司，针对想将 App 应用到自己企业中的公司提供软件设计和开发服务。

许多应用程序所做的无非就是提供通往某个公司网站的快速网关。很多网上购物商店为用户提供了免费的应用程序，让用户使用智能手机购物更有效，在手机的小屏幕上也能获得最佳的购物体验。其他应用程序是收费的。游戏、拼图、提高效率的工具（如联系人管理、日历和任务管理工具），以及咨询工作一般都属于销售收费这一类。虽然手机应用程序的销售价格相差很大，但绝大多数应用程序的销售价格在 1 美元到 5 美元之间。一些报纸和新闻媒体网站提供使用手机应用程序免费访问网站内容的功能（尤其是针对印刷版的订阅客户）；其他的一些媒体如《纽约时报》，给订阅者提供了通过手机应用程序来浏览订阅内容的功能。

一些移动应用程序销售商在其盈利模式中增加了广告成分。与通过销售获取收益的应用程序不同，收广告费的移动应用程序在其界面中显示广告商提供的广告信息。一种常见的广告显示方式是在应用程序屏幕的底部显示一小条广告信息。一些应用程序在其显示屏幕中滚动显示广告内容，或者通过点击应用程序以一个独立的页面显示广告。移动应用程序中广告空间的销售类似于网站上横幅广告的销售（如本书第 4 章中所介绍的）。

金融行业越来越多使用移动设备。银行服务与股票交易的便利性对许多消费者来说是非常有吸引力的。其实，基本的 App 应用程序很容易创建，商贸协会可以向参会者提供应用程序，内容包括会议地图和会议方案议程。

越来越多的医院和诊所提供应用程序，使医生能够获得治疗患者所需的详细信息。例如，心血管科的医生可以使用智能手机在家查看患者的心电图（EKG）检查结果，节约了时间以及通常情况下为急诊患者的诊断而匆匆赶往医院的行程。其他医院以同样具有创意的方式使用智能手机。例如，糖尿病患者可以通过他们的手机了解他们所吃的食物，注射胰岛素，查看血糖数据，了解自己的体力状况。医生治疗这些患者时，可以使用患者的智能手机获取这些数据，更好地帮助患者控制糖尿病。

几乎所有的移动设备都具有全球卫星定位（GPS）服务功能，这意味着，将手机用户所处的位置与周边的零售商店以及提供服务的商家联系起来的应用程序，将创造出用户位置与商业环境相结合的移动商务机会。例如，一些应用程序可以根据用户的当前位置将用户引导到特定的业务地点（如餐厅、电影院或汽车修理厂）。

6.2.5　移动支付 App

日本的 NTT DoCoMo 公司从 2004 年开始销售一款称为移动钱包（日语为 osaifu-ketai）的手机，该款手机具有和信用卡一样的功能。虽然 DoCoMo 手机上的各个单独的应用程序影响力有限（例如，有一款应用程序可以让人们在日本使用自动售货机购买商品，然后用手机付款），但将这些应用程序整合在一起所形成的综合效应能产生显著的业务量。在零售业具有使用现金传统的其他国家，看到了使用手机进行支付这类移动应用程序的重要性。在这些国家持有信用卡的人很少，使用移动电话进行支付所带来的便利非常具有吸引力。

在美国，信用卡的使用非常普遍，用手机付款一直没能引起人们的关注和兴趣。然而，到了 2011 年，一些美国公司开始提供允许使用智能手机作为支付设备的零售商店技术。美国运通卡、维萨卡和万事达卡都给零售商提供了手机阅读器。在增加了向任何拥有电子邮箱的美国成年人发送现金的功能后，谷歌公司针对使用安卓操作系统手机推出的谷歌钱包在 2013 年被人们广泛地使用。在 2015 年，星巴克将其大部分的近期销售增长归功于客户使用移动 App 下订单并进行支付，避免了在实体店繁忙时段的排队等待（星巴克还追踪了其应用程序中对客户的反馈积分）。本书将在第 11 章中介绍更多的关于移动支付系统这一快速变化的领域。

在下一节中，将介绍网上业务的开拓者将具有悠久历史的商业行为——拍卖，搬到网上所创造的商业新机会。

6.3 网上拍卖

在很多方面，拍卖活动非常适合在网上进行。一个拍卖网站可以向参加拍卖的双方即购买方和销售方都收取费用，而且能通过销售拍卖网站页面上的广告位获取广告费。对特定交易物品感兴趣的人形成一个细分市场，广告商为接触到这样的细分市场愿意多付费。因此，在拍卖网站上做广告的效果等同于在搜索引擎网站具有客户针对性的结果页面投放广告所获得的效果，这对广告商很有吸引力。拍卖网站所具有的创收组合能力，使得网上拍卖在项目实施的早期，就能相对容易地产生利润。

互联网的一个优势在于能将地理上分散的，但又具有某种共同爱好的人聚集在一起。网上拍卖可以利用这种优势，或者针对具有某种特定爱好的人建立网站，或者提供一个通用的拍卖网站，分栏目来迎合人们各个具体的特定的爱好。

网上拍卖也创建了一个意料之中的社交网络。由于对同一款产品（或产品类别）感兴趣的买家和卖家几乎都聚集在拍卖网站上，一个高度感兴趣参与者的关键群体会自然形成。因此，本章前半部分关于社交网络的知识几乎都适用于网上拍卖业务。在对网上拍卖进行更多的介绍前，先介绍一些基本的拍卖术语和原理。

6.3.1 拍卖的基本知识

最早有文字记载的拍卖是在公元前 500 年的巴比伦。罗马士兵通过拍卖把他们从战败的敌人手中掠夺的财产变现。公元 193 年，罗马禁卫军在杀掉皇帝佩蒂纳后，拍卖掉了整个罗马帝国。到 17 世纪，拍卖活动在英国已经非常普遍，人们在酒馆、客栈定期举行艺术品和家具的拍卖活动。英国人也将拍卖活动带到了后来独立为美国的美洲殖民地。这些殖民地所进行的拍卖活动用于出售农用设备、动物、烟草，非常不幸的是，还包括人，即奴隶。

在拍卖活动中，卖家提供一个物品或多个物品进行销售，但并不给出销售价格。潜在的买家会被告知物品的相关信息，或获得实地查看拍卖物品的机会；然后买家出价**竞标**（bid），也就是他们愿意为该物品所支付的价格。潜在的买家，或称投标人，每个人都会对该物品进行估值，即愿意购买该物品所支付的金额，称为**个人估值**（private valuation）。整个拍卖过程由**拍卖师**（auctioneer）管理。在一些拍卖会中，卖家或拍卖行会为了卖家的利益雇人参加投标。这些人被称为**抬价投标人**（shill bidder）。抬价投标人人为地抬高拍卖商品的价格，一些拍卖活动使用特定的拍卖规则禁止这种行为。

6.3.2 英式拍卖

拍卖有许多不同类型。大多数人所出席参加的或通过电视观看的拍卖活动只是一种类型的拍卖活动，即**英式拍卖**（English auction）。在英式拍卖中，投标者当众宣布对拍卖物品的出价，在持续的报价过程中，人们的出价一个比一个高，直到没有更高的报价出现。在此时刻，拍卖师宣布物品卖给出价最高的竞标人，商品的售价即为竞标人最后给出的价格。这种类型的拍卖也被称为**价格递增拍卖**（ascending-price auction）。英式拍卖有时也称为**公开拍卖**（open auction）或**公开喊价拍卖**（open-outcry auction），因为出价是公开宣布的；其他类型的拍卖如使用公开出价的方式，也被称为公开拍卖。

在某些情况下，英式拍卖会设有一个最低的投标价，或称为保留价。**最低投标价**（minimum bid）是拍卖开始时的价格。如果所有竞投者的出价达不到此价格，该物品会从拍卖活动中拿走，不再在该次拍卖活动进行销售。在一些拍卖活动中，并不公布最低投标价，但卖家可以设定一个自己可接受的最低价格，即所谓的**保留价格**（reserve price），或者干脆称为**底价**（reserve）。如果竞标价没有超过底价，该物品将从拍卖活动中撤出，不再出售。

如果参与拍卖的物品有很多数量，允许投标人指定想要购买物品数量的英式拍卖称为**美式拍卖**（Yankee auction）。美式拍卖竞标结束的时候，出价最高的竞标者获得自己投标所要求的数量。在满足最高竞标者的需求量后，剩余数量的物品分配给出价第二高的投标人，重复这样的过程直到所有的物品被分发完。尽管所有竞标成功的投标人都能获得自己所指定数量（除了以最低价竞标成功的人，数量不一定能够得到满足外）的竞标物品，但大家都只需按最低中标者所报的价格付款。

为了更好地了解美式拍卖，参考下面这个例子。一个买方有相同的 9 件物品需要拍卖销售。当竞标者停止增加出价时，中标者有以下几位：出价最高的投标人，出价 85 美元，所需数量 5 件；出价第二高的投标人，出价 83 美元，所需数量 3 件；出价第三高的投标人，出价 81 美元，所需数量 4 件。所有这三个成功的投标者都以 81 美元的价格来支付每个物品，但出价最高者获得 5 件物品，出价第二高的投标人获得 3 件，出价第三高的投标人获得剩下的最后 1 件物品。

无论对卖家还是买家，英式拍卖都存在缺点。因为竞标成功者只需要出价比最近的最高出价多一点就行，竞标成功者往往不会以自己所估计的最高价值进行投标，这就阻碍了卖家获得最大可能的价格。投标人的风险，是陷入刺激的竞争出价过程，导致出价远远超出个人估值。这种心理现象，被称为"**赢家的诅咒**"（winner's curse），在威廉·泰勒和其他行为经济学家所著的文献中被广泛证实。

6.3.3 荷兰式拍卖

荷兰式拍卖是公开拍卖的另外一种形式，竞标过程以一个比较高的价格开始，然后逐渐下降，直到某个投标人愿意接受这一价格。由于拍卖过程中价格逐渐下降，荷兰式拍卖也称为**价格递减拍卖**（descending-price auction）。荷兰的农民合作社使用这种类型的拍卖出售易腐的产品，如农作物和鲜花，这也是该拍卖称为荷兰式拍卖的原因。在大多数的荷兰式拍卖中，卖方提供很多数量的同样物品进行销售。荷兰式拍卖常见的一种实施方式，是使用一个时钟，每发出一个嘀嗒者，价格就下降一次。当第一个投标人叫"停"时，时钟停止工作，投标人成为中标人。中标人以时钟停止时的价格购买拍卖物品的全部或一部分数量。如果还剩下一些物品，时钟被重新启动，拍卖继续进行。荷兰式拍卖通常来说对卖家更好，因为对标的物估值最高的投标人由于害怕物品被另外的投标人所得到，不会一直等价格下降，低于自己的估值太多。荷兰式拍卖尤其适合快速处理大量的日用品。

2004年，谷歌公司在其股票的首次公开发行中，使用荷兰式拍卖向投资者出售公司股票。金融界认为谷歌公司首次公开募股使用荷兰式拍卖具有高度的创新性，并且非常成功，谷歌公司的股票卖出了当时所可能获得的最高价。在一个类似的金融交易中，在线广告技术公司 LookSmart 使用荷兰式拍卖回购公司的部分股票。通常，一个公司必须支付较高的价格在公开市场上回购公司股票。LookSmart 公司公布了股票价格的范围，让股票持有人投标指定在该股票价格范围内他们愿意出售的股票数量。当拍卖活动结束时，Looksmart 公司刚好以其指定的最低价格回购到公司想拥有的股票份额，这表明在其股票的回购过程中，荷兰式拍卖的效果非常出色。

6.3.4 第一价格密封拍卖

在**密封投标拍卖**（sealed-bid auction）中，投标人各自单独提交标书，并且通常禁止投标人相互之间共享信息。在第一价格密封拍卖中，出价最高者获胜。如果有多个物品被拍卖，出价第二高的投标人以其所出的价格购买到剩余的物品。

6.3.5 第二价格密封拍卖

第二价格密封拍卖（second-price sealed-bid auction）与第一价格密封拍卖是一样的，但出价最高的投标人以出价第二高的投标人所报的价格中标。乍一看，人们可能会问，为什么卖家会同意使用这样的拍卖方式，它以更低的价格把拍卖物品出售给了中标人。威廉·维克瑞凭借其对这类拍卖特性的研究，获得了1996年的诺贝尔经济学奖。威廉得出的结论是，这种类型的拍卖能使卖家获得更高的回报，第二价格密封拍卖鼓励所有投标人按照自己的估值金额投标，减少了投标人相互之间串通的倾向。由于保护了中标人不会以自己误判的高价中标，所有参与拍卖的投标人的出价都会比使用第一价格密封拍卖的出价高一些。第二价格密封拍卖通常也被称为**维克瑞拍卖**（Vickrey auction）。

6.3.6 公开喊价双向拍卖

芝加哥期权交易所（The Chicago Board Options Exchange）使用**公开喊价双向拍卖**（open-outcry double auction）对商品期货和股票期权进行交易。买方和卖方的报价由交易员站在交易所场内的一个小区域内（即所谓的交易池中）喊出。每一种商品或股票期权都有自己的场内交易池。当20或30个交易员大声报价时，交易池中的拍卖行为变得非常疯狂。双向拍卖，无论是密封拍卖还是公开叫价，只对那些已知质量的物品拍卖效果才好，诸如有价证券或分好等级的农产品，这些拍卖物品通常都需要定期进行大批量的交易。这些物品拍卖，通常在出价前，投标人都不需要检查物品的质量。

6.3.7 双向拍卖（密封报价）

在一个**双向拍卖**（double auction）中，买家和卖家各自向拍卖师提交价格与数量相结合的报价。拍卖师用卖方提供的报价（从最低价开始，然后价格逐渐往上）与买家提供的报价

（从最高价开始，然后价格逐渐向下）相匹配，直到卖家提供的所有供出售的物品都被销售给买家。双向拍卖可以使用密封投标拍卖或公开喊价任意一种形式来实施。纽约证券交易所使用密封投标的双向拍卖进行股票和证券的交易，拍卖师也称为专家，管理着在这个市场上发行的某一特定的股票或债券。专家所在公司必须使用自有的资金，在必要的时候能保持一个稳定的市场，以保证其所管理的股票、证券的安全。虽然专家制度已被人们使用了一个多世纪，但批评人士指责专家可以利用自己的专业知识，花投资人的钱来使自己获得丰厚的收益。2007年，纽约证券交易所新增加使用了一个电子交易系统，自动匹配买方和卖方所提供买卖股票或证券的价格以及数量。今天这个自动化交易系统已经不再需要专家参与，就能处理纽约证券交易所的大部分交易业务。

6.3.8 逆向拍卖（卖方出价）

在**逆向拍卖**（reverse auction，也称为**卖家出价的拍卖**，seller-bid auction）中，多个卖家向代表唯一买家的一名拍卖师出价，对买家希望购买的一定数量的某个物品出价。在投标的过程中，出价持续下降，直到没有卖家愿意出更低的价为止。逆向拍卖也会时不时针对消费者进行，但绝大多数逆向拍卖所涉及的卖方与买方都是企业型客户。在企业的逆向拍卖中，买方扮演拍卖师的角色，并在拍卖前，对参与拍卖的卖方进行筛选。本章后面将详细介绍逆向拍卖具体实施的做法。

本节所描述的七种类型的拍卖形式是今天的商业活动中最常使用的拍卖方式。表6-4对这七种主要的拍卖类型总结了各自的主要特性。

表 6-4　七种主要拍卖类型的关键特征

拍卖类型	主要特性
英式拍卖	从一个低价开始竞标，出价不断增加直到没有投标者愿意再出更高的价格为止
荷兰式拍卖	从一个高价开始竞标，竞标出价自动降低直到有投标人愿意接受此价格为止
第一价格密封拍卖	密封的竞标过程，出价最高者以其所出的最高价获得所需物品
第二价格密封拍卖	密封的竞标过程，出价最高者以第二高的出价获得所需物品
公开喊价双向拍卖	买方和卖方同时递交价格和数量，拍卖师将卖方所提供的报价（由最低价到最高价）与买方提供的报价（由最高价到最低价）进行匹配。买卖双方根据从其他投标者中获得的知识，可以对出价进行修改
双向拍卖（密封报价）	买方和卖方同时递交价格和数量，拍卖师（专家）将卖家的报价（由最低价到最高价）与买方的报价（由最高价到最低价）相匹配。买卖双方不能修改自己的报价
逆向拍卖（卖方出价）	多个销售者向代表唯一买方的拍卖师出价。竞标物品是买方想购买的指定数量的某一物品。在拍卖过程中，价格逐渐下降，直到没有卖方愿意出更低的价格为止

6.4　网上拍卖及相关业务

每年都有数以百万计的人在消费者拍卖网站上购买或出售各种类型的商品。虽然网上拍卖业务伴随着其业务量的增长正在发生日新月异的变化，但目前的拍卖网站还是可以分成三种主要类型，分别是：普通消费品拍卖网站、特殊消费品拍卖网站以及企业之间的拍卖网站。一些业内分析人士认为，前两种类型的消费品拍卖网站都可以视为企业与消费者之间的电子商务，其他业内分析人士则认为，普通消费品拍卖更合适的一个电子商务术语是消费者之间的电子商务，或者是**消费者对企业**（consumer-to-business）的电子商务（因为在普通消费品的拍卖网站上，投标人可以是商家)。这个论点是基于这样的观点：许多卖家在一般消费者拍卖中是普通人（而不是企业），他们使用拍卖来销售个人物品。无论网上拍卖被视为企业对消费者，还是消费者对消费者，或者消费者对企业的拍卖，拍卖交易中最大的业务量发生在一般消费者拍卖网站上。

6.4.1 普通消费品拍卖

当今最成功的日用消费品拍卖网站是 eBay。卖家和买家都必须先在 eBay 的网站上进行注册，并同意遵守网站规定的进行拍卖业务活动的要求。卖家向 eBay 网站支付拍卖物品的列表费即上架费，最终拍卖成功后，向网站支付销售金额一定比例的佣金。买方无须向 eBay 网站支付任何费用。除了支付基本的服务费用外，卖家还可以选择各种增强型的付费服务项目以及额外的服务项目，包括在网站上以黑体字显示拍卖物品列表，拍卖物品放到网站向买家推荐的拍卖物品目录中。

为解决买方所担心的卖方可靠性的问题，eBay 网站建立了一个评价系统。买家完成交易后，可以提交关于卖家的评级信息。这些评级信息被转换成图形符号如皇冠或钻石，这些图形符号连同卖家的昵称或别名一起，每次出现在卖家参与的拍卖活动中。虽然这个评价系统还不完善，但 eBay 网站上的很多顾客还是觉得这种方式为他们提供了一定程度的保护，使他们免受没有道德的卖家的欺骗。eBay 网站还使用买方对卖家的评级来限制卖家（如三个星期的扣缴资金），或者如果评级不足，禁止他们在 eBay 网站上销售物品。反之亦然，卖家对买家进行评价，为卖家提供保护，免受没有道德买家的欺骗。

尽管 eBay 网站没有披露任何关于买方和卖方欺诈行为的统计数据，但大多数行业观察家都认为卖家比买家面临更大的潜在损失。卖方所面临的最大的风险是买家使用偷来的信用卡号进行支付，或竞标成功后，买家却一直不联系卖家完成交易的缔结。买方的风险包括卖方不交付拍卖物品或交付给买方的物品不是拍卖中所描述的物品。本章后面的内容将讲述买卖双方如何保护自己的利益。

在 eBay 网站上最常使用的拍卖方式是用计算机实现的英式拍卖。eBay 网站上的英式拍卖允许卖方设定一个保留价格。在 eBay 网站的英式拍卖中，会列出所有的竞标者，但直到拍卖结束，都不会透露他们的出价。这是对英式拍卖的一个微小改动，但因为 eBay 网上总是显示不断被更新的更高的出价，监视着拍卖过程的投标人能够看到竞标格局所发生的变化。在 eBay 网站上的英式拍卖和现实中英式拍卖的最主要区别在于：直到拍卖结束，投标人看不到详细的竞价过程的历史信息（在什么时刻，哪个投标人给出了多少金额的出价）。

eBay 网站上的英式拍卖也允许卖家指明某个特定的拍卖要私下进行。在 eBay 的私下拍卖中，网站永远都不披露投标人的身份以及他们所出的价。在拍卖结束后，eBay 只会通知卖方和出价最高的投标人。eBay 网站上还提供另外一种类型的拍卖，即以拍卖价格递增的形式为具有很多数量的同一物品设计的拍卖，eBay 称为荷兰式拍卖。然而，这类拍卖实际上是英式拍卖的一种变形，即美式拍卖。

eBay 所提供的这两种类型的拍卖，无论使用那一种，投标人如果希望赢得拍卖，都必须时时监控出价活动。eBay 网站上的所有拍卖都设有一个**最小加价幅度**（minimum bid increment），即后一个出价的金额数必须高于前一个出价金额，通常是出价金额的 3%。为了让投标人在拍卖活动中能更轻松地出价，eBay 网站允许投标人委托代理服务器出价。在一个**委托代理出价**（proxy bid）方式中，投标人指定一个最高出价。如果最高出价超过了目前网站上该拍卖品的出价，eBay 拍卖网站会自动进入该拍卖给出比目前出价高出一个最小加价幅度的报价。当有新的投标人加入某个拍卖进行报价，eBay 网站的软件将继续为所有设置了代理服务的投标者出一个更高一点的报价。虽然设计此项功能的目的是减少投标人在投标过程中的精力付出，但如果很多投标人针对某个物品的拍卖设定了拍卖代理，那么出价会快速地上升到委托出价的上限。目前，拍卖过程中出价的快速上涨经常出现在某个物品的拍卖快要结束的时候，通常是投标人提高拍卖代理的最高出价所引发的。

为了吸引能经常提供拍卖物品或者是持续提供大量拍卖物品的卖家，eBay 网站在其拍卖网站上提供了一个称为 eBay 商店的平台。卖家可以以非常低的成本，在易趣网站上建立一个店铺，向顾客展示其所出售的物品以及参与拍卖的物品。网上店铺可以帮助卖家通过销售与他们所提供的拍卖物品相关的商品来获取额外的利润。

6.4.2　普通消费品拍卖：锁定效应

eBay 网站到目前所获得的成功，归功于它是第一个面向所有人的消费品拍卖网站，不只迎合特定消费者的需求，此外还因为 eBay 网站广泛地进行宣传。eBay 网站的成功，激发了众多实力强大、资金充足、具有影响力的公司参与到网上拍卖业务的竞争中，其中包括雅虎和亚马逊公司。这两家公司分别在 2006 年和 2007 年放弃各自拍卖业务之前消耗了大量的资金尝试把 eBay 从拍卖获得的成功中拉下来，但均以失败告终。eBay 网站的挑战者发现，网络市场的经济结构不利于新的进入者。随着买家和卖家数量的增加，市场变得更有效率（向买方和卖方提供更公平的价格），新的拍卖参加者倾向于光顾已建立好的市场。因此，现有的拍卖网站，如 eBay，对于客户而言，比新的拍卖网站更具价值。经济学家称之为**锁定效应**（lock-in effect）。

关于锁定效应，一个有点讽刺意味的例子是日本的普通消费品拍卖市场。在这个市场上，雅虎是第一家在日本提供网上拍卖的大公司，这与美国的情况不一样。在当时，也就是 1999 年年初，雅虎在日本开展的拍卖业务没有向卖家收取任何费用。当 eBay 公司 5 个月后进入日本市场时，仍然采取与在美国相同的向卖家收取费用的方式，但发现很少有人对其提供的服务感兴趣。即使后来，雅虎网站也开始对其在日本提供的拍卖业务收取费用，锁定效应仍然保护了雅虎公司的拍卖业务在日本强有力的领导地位。今天，在日本的网上拍卖市场业务中，雅虎公司占有超过 90% 的市场份额，而 eBay 公司的市场份额不到 5%。

> **前车之鉴**
>
> **拍卖世界**
>
> 普通消费品拍卖市场最著名的早期进入者是拍卖世界（Auction Universe）网站。时代镜报（Times Mirror），也就是洛杉矶时报（Los Angeles Times）的母公司，于 1997 年成立了拍卖世界网站，然后于 1998 年把它卖给了与自己具有合作伙伴关系的 Classified Ventures 公司，该公司是由八家大型报业公司（也包括时代镜报自己）组成的合资公司。这八家报业公司所关心的问题是，互联网上的分类广告对它们所经营报纸上刊登的分类广告业务构成了威胁，而分类广告业务是经营报纸最赚钱的业务之一。这些报业公司利用分类业务与风险投资

公司开展合作,逐渐建立了自己的分类广告网站,诸如 Apartments.com、Cars.com 和 NewHomeNetwork.com。这些网站通过收取广告投放费、销售其网页上的广告位,或两者都做来获取收益。分类广告业务的风险投资公司认为,拍卖世界将成为分类广告业务在互联网上重要和有益的组成部分。

拍卖世界于 2000 年 8 月关闭了,但分类业务风险投资公司建立的分类广告网站仍在继续运营。分类风险投资公司在 2014 年解散了,Gannett(原始合伙人之一)以 18 亿美元收购了其他合作伙伴手中的股份。Gannett 继续经营着大部分的网站。

拍卖世界模仿 eBay 网站的运营,向买家和卖家提供类似的拍卖业务和服务。一些行业评论家认为,拍卖世界网站的界面比 eBay 网站的界面更直观,网站上搜索引擎的功能也更好,然而该网站仍然无法对 eBay 网站的主导地位形成持续性的挑战。即使有各大企业的赞助以及 1000 万美元的广告宣传,拍卖世界仍然无法压制 eBay 网站从锁定效应中获得的优势,也就是 eBay 网站建立起来的开展拍卖业务所需要的大量的买方和卖方。

6.4.3 特殊消费品拍卖

为避免在一般消费品拍卖市场上与已经发展得很完善的竞争对手 eBay 公司开展竞争,许多公司决定开发特殊消费品拍卖市场,也就是识别出人们的特殊兴趣,创建专门的拍卖网站来满足这些细分市场的需求。

JustBeads.com 网站就是特殊消费品拍卖网站的代表,它满足了地理上分散的买家和卖家的兴趣需求,让他们能分享所共同具有的兴趣爱好。其他的特殊消费品拍卖网站包括 Cigarbid.com 和 Winebid 网站。这些网站通过识别出一类具有某种强烈兴趣爱好的细分市场的人群来抢占先机,这类人群具有比较高的可支配收入,并且令他们感兴趣的商品也较易确认。雪茄和葡萄酒满足这些要求。这些专门的消费品拍卖网站占据了有利可图的一个小众市场,这使得他们能够成功地与大型的消费品拍卖网站如 eBay 网站共存。

6.4.4 消费者逆向拍卖

在过去,很多公司建立了网站,允许访问者在网站上留言来说明他们所希望购买的物品或者服务。然后网站将访问者的要求发送给加盟的零售商,零售商通过电子邮件与需要购买物品的顾客进行联系并出价。这种类型的商品报价通常被称为**逆向出价**(reverse bid)。买方可以接受最低的报价或最符合自己需求的报价。所有这类拍卖网站都因为没能成功获得足够多的愿意使用这种销售模式的商家关闭了。

很多人都认为 Priceline.com 是一个卖方出价的拍卖网站。Piceline.com 让网站访问者对飞机机票、汽车租赁、酒店房间,以及其他的服务,报出一个他们愿意支付的价格。如果价格足够高,有商家愿意接受,就会达成交易。然而,实际上 Priceline.com 网站是利用它与航空公司、汽车租赁公司、酒店达成的许多交易,采购相关产品所形成的库存,来完成与用户的交易。

6.4.5 团购网站

另外一种通过互联网实现的拍卖业务是**团购网站**(group purchasing site),或称为**组团购物网站**(group shopping site)。在这些网站上,卖家为每种物品公布一个暂定价格。希望购买该物品的个体购物者在网站投标（也就是这些投标人同意购买一个单位的该物品，但不指定价格），网站运营商统计愿意购买物品的用户数，然后与销售商进行谈判以获得一个更低的价格。已公布的物品价格将随着愿意购买的投标人数量的增加而降低，并且只有当投标人数增加时，价格才会下降。因此，团购网站通过聚集起一定数量足够的买家来鼓励卖家提供一定数量的价格折扣，这样的效果与通过逆向拍卖网站实现的效果类似。

团购网站上畅销的商品都是品牌商品。这些商品已经在消费者中建立了良好的品牌声誉。这就增强了购买者参与投标的信心，能够以一个很好的价格买到高质量的商品，而不是以一个较低的价格买到低质量的商品。团购网站上的理想商品还具有较高的价值—体积比，并且不容易腐烂。

Mercata 和 LetsBuyIt.com 这两家公司运营团购网站已经好几年了，但都由于不能找到销售良好商品的稳定货源而关门歇业。它们发现，适合团购的产品，如计算机、消费类电子产品、小家电等产品的经销商很少愿意与团购网站开展合作。这些经销商没有看到将商品降价后提供给团购网站销售所能带来的优势，相反这种行为将蚕食现有营销渠道的销售份额，经销商担心，提供商品给组团购物网站将冒犯传统的分销商。

2008 年，安德鲁·梅森和埃里克·莱夫科夫斯基决定以另外一种形式来尝试团购业务。他们在芝加哥推出了一个名为 Groupon（"团购优惠券"的英文缩写）的网站。该网站每天在芝加哥市提供一种商品的团购优惠券（称为 groupon）。团购优惠券要求一定数量的人注册报名参加团购，如果人数没有达到下限，将不会提供商品给任何人。举例来说，一家餐厅价值 50 美元的晚餐兑换券在网站上可能以 30 美元的价格出售。消费者以 30 美元享受到了价值 50 美元的晚餐。团购网站将获得消费者所付团购券（30 美元）一半的钱，另一半的钱支付给餐厅。标价 50 美元的晚餐，虽然餐厅只收到了顾客支付的 15 美元，但获得了给新顾客留下印象的机会，以及消费者再次光顾所带来的生意。此外，餐厅参加团购活动没有任何前期现金支出，但如果打广告的话，则需要提前支付现金。

团购券的促销通过诸如 Facebook 和 Twitter 这样的社交网站与消费者建立联系，发布当天优惠商品的信息。Groupon 网站目前的客户群主要是女性，因此其团购业务主要针对健康、美容以及健身。LivingSocial 网站和 Gilt 网站提供类似的服务。行业分析家预计，这些团购网站的持续成功将带来诸如 eBay 和谷歌等大公司的竞争。

6.4.6 企业间拍卖

与针对消费者的网上拍卖不同，企业之间网上拍卖的演变发展以满足企业现有业务的需要为目标，许多制造企业需要定期处置一些不能用的库存积压品。尽管企业在采购和生产管理上已经尽了最大的努力，但偶尔也会购买到比实际需求更多的原材料。很多时候，不可预见的产品需求的变化也将导致制造商承受过剩的产成品或闲置的零部件。

根据企业规模的大小，企业通常使用以下两种方法来处理多余的库存。大公司有时不得不请能找到买家的清偿专家来处理这些多余的库存物品。规模较小的公司往往将它们用不了的多余库存物品出售给**资产变现经纪商**（liquidation broker），经纪商再为这些库存物品寻找买家。网上拍卖是这些库存清理活动的自然延伸，延伸到了一个新的、更加有效的库存处理渠道——互联网。

在三种新出现的企业之间的网上拍卖模式中，有两种是从传统处理剩余库存的方法直接派生出来的。在大公司模式中，企业创建自己的拍卖网站来销售过剩的库存物品。在小公司模式中，第三方网络拍卖网站取代了资产变现经纪人，并由若干较小的卖家拍卖网站列出过剩库存。第三方的网上拍卖模式类似于面向消费者的网上拍卖。在这个模式中，一个新的商业实体进入这个缺乏效率的市场，创建了一个网站，使得相互之间从来没有商业生意往来的买卖双方都可以参加拍卖。这种模式的另外一种实现方式，是举办一个网上拍卖会来取代现有的销售渠道。

在第二种企业对企业的拍卖模式中，规模较小的公司通过一个独立的第三方拍卖网站来出售自己的过时库存。很多时候，这些过时库存的网上拍卖，是由库存清理经纪商来处理的。这些经纪商为了适应商业环境的变化，通过实施电子商务来保护自己的原有业务。其中一个例子就是 Goindustry Dove 竞价网站，由罗斯·多芬公司创建，该公司是一家传统的具有多年历史的存货清理经纪商。2015 年，中国政府设立的一批管理不良贷款的银行开始通过网上拍卖出售获得贷款的抵押物。自 2012 年以来，淘宝网站（阿里巴巴的拍卖门户网站）也一直在使用网上拍卖来处理中国法院系统所查处没收的资产。

许多医院和其他组织都使用第三方的企业网上拍卖来填补临时人员雇用缺口。医疗保健工作者，如护士，在大多数医院的医疗环境中都履行着相似的工作。例如，在不同的医院中，重症监护病房的护士所履行的职责几乎是完全相同的。各州法规对护士的执业资格，有基本相同的知识水平、技能和能力要求。护理人员和雇主都将护理职能视为一种商品，因为在很多工作环境中这些职能相似，且由具备相同资质的人来完成。因此，护士可以很容易地为各家医院工作，并不需要针对某家医院而接受长时间的培训或学习特殊的护理步骤。

在过去，护理机构负责协调护士的工作安排——在某个时段，某家医院上班，或者满足人手不够的医院或医疗服务机构的工作需求，护理机构对每次工作调整安排收取中介费用。今天，医疗服务机构自己管理轮班拍卖网站，护士竞标适合自己的轮班，由计算机软件来管理竞标。这种供给和需求的有效匹配过程，能高效满足医疗服务机构的人员需求，护士可以选择适合自己的工作时间和地点，而且省去了代理费用。

6.4.7 企业间的逆向拍卖

在第 5 章中，我们已经介绍了企业如何创建各种类型的网上市场来开展企业之间的（B2B）的交易活动。很多这样的网上交易市场都具有拍卖和逆向拍卖的功能。玻璃和建材的生产商欧文斯·科宁公司使用逆向拍卖购买的物品范围包括化学物品（直接材料）、传送机（固定资产），以及管道配件（间接物料）。欧文斯·科宁公司甚至举行了一个逆向拍卖来购买瓶装水，通过邀请供应商参加投标，将这些物品的成本平均减少了 10%。由于欧文斯·科宁公司每年购买价值达数十亿美元的物料、固定资产以及间接物料，节约成本的潜力是非常显著的。无论是美国海军还是联邦政府的总务管理署每年都使用逆向拍卖来获得价值高达数十亿美元的设备及办公用品。其他使用逆向拍卖的公司包括安捷伦、Bechtel、波音、Raytheon 以及索尼。

然而，并不是所有的企业都热衷于使用逆向拍卖。一些采购主管指出，逆向拍卖导致供应商只关注产品在价格上的竞争，这可能导致供应商对产品质量的偷工减料以及错过预定的交货日期。其他人则认为逆向拍卖对企业已经建立了质量标准的非战略性的物料，即日用商品非常有用。那些仔细考虑过逆向拍卖，并最终决定不采用这种方式的公司包括思科公司、Cubic 公司、IBM 公司和索拉透平公司（Solar Turbines）。

逆向拍卖的支持方与反对方，双方都阐明了令人信服的观点，企业是否适宜开展逆向拍卖，视公司的具体情况而定。例如，在一些行业的供应链管理中，需要采购方与供应商建立信任关系，并与供应商构建长期的战略合作关系，这时，逆向拍卖对采购方就不具有吸引力。事实上，在采购管理方面近 30 年的理论与实践总的趋势，一直以建立买卖双方之间的信任关系为基础，这种思想可以使企业多年来在供应链管理中避免诱惑，不畏艰难地走下去。使用逆向拍卖来取代与供应商之间的信任关系，投标活动将使供应商深陷供应商相互之间以及供应商与采购方彼此之间的激烈竞争中，许多采购管理人员认为这是供应链管理的倒退。

在一些行业中，供应商比采购商规模更大，影响力更广。在这些行业中，供应商根本不会同意参加逆向拍卖。如果重要的供应商都拒绝参加，就不可能开展逆向拍卖。如果所处的行业中，供应商相互之间的竞争程度非常高，那么，逆向拍卖可以成为一种有效的途径，来引导和管理原来市场中就存在的供应商彼此之间的竞价行为。表 6-5 列出了供应链中哪些情况下适合逆向拍卖，哪些情况不宜使用逆向拍卖，该结果来自 Dima Ghawi 以及本书作者所进行的相关研究。

表 6-5　供应链特性与逆向拍卖

适合逆向拍卖的供应链特性	不适合逆向拍卖的供应链特性
● 供应商之间的竞争非常激烈	● 产品极为复杂，或者需要定期改变产品的设计
● 产品的功能特性能清楚地说明	● 产品能实施客户定制
● 供应商愿意减少在产品上赚到的边际收益	● 长期的战略合作关系对采购方和供应商非常重要
● 供应商愿意参加逆向拍卖	● 转换成本高

6.5　拍卖相关服务

eBay 和其他拍卖网站的业务增长激励了很多创业者来提供与拍卖相关的各式各样的商务活动。所提供的服务包括拍卖履约保证服务、拍卖目录和信息服务、拍卖软件（针对买卖双方）以及**拍卖委托服务**（auction consignment service），本节将对这些服务进行介绍。

6.5.1　拍卖中介服务

投标人在网上拍卖中普遍关心的一个问题是卖方的可靠性。调查表明，在所有参与网上拍卖的买家中，多达 11% 的人要么没有收到竞拍成功所购买的物品，要么发现所收到的物品与卖家在网站上的描述非常不符。这些买家中大约一半的人无法获得问题的满意解决。当购买高价值物品时，买家可以使用拍卖中介服务来保护他们的利益。

拍卖中介服务（escrow service）由一个独立的团体提供，买方先将购物款付给它，直到买方收到了所购买的物品，并认为物品与卖方在网站上的描述相吻合，购物款才由第三方中介支付给卖方。一些服务中介还提供这样的服务内容，接收卖方寄来的物品并代买家履行物品的检查职能。在这种情况下，卖方赋予中介服务机构对物品进行检查的权利。通常情况下，第三方服务机构提供此类服务的是艺术品鉴定师、古董鉴定师等具有判断物品质量资质的人，他们通常能比买家对物品的质量做出更好的判断。拍卖中介所提供服务的收费标准一般在物品成本价的 1% 到 10% 的范围内，有最低收费限制。通常情况下，最低收费一般在 5 美元到 50 美元之间。最低收费标准的规定使人们进行小额交易时，觉得中介服务费太贵，不划算而放弃使用。Escrow.com 是领先的提供网络拍卖中介服务的机构之一。一些中介服务公司还向买家出售拍卖保险，通过这样的方式来保护买家避免拍卖到的物品未递送以及质量上存在风险。已经发生过中介结构涉及欺诈的案件，特别是在高价值物品的拍卖中。商业服务监督局（The Better Business Bureau）建议消费者在决定是否使用某个中介服务所提供的服务前，先了解该中介是否具有营业执照并具有担保。消费者可以通过联系拍卖中介公司所在州的相关授权机构来获得这些信息。商业服务监督局建议消费者避免使用境外履约服务公司所提供的服务。

在小额的拍卖（最低中介服务费对这类拍卖来说实在是太贵了）活动中，机警的投标人通过其他方式来保护自己。其中一种方式就是检查卖方在拍卖网站上的记录，看看相关的评价信息。此外，一些网站也会提供具有欺诈行为的拍卖卖家名单——哪些卖家没有将拍卖成功的物品交付给客户，哪些卖家过去还以其他的方式欺骗过买家。这些网站所提供的列表信息是免费的（通常由那些被欺骗过的投标人创建），所以这些名单有时也会包含不可靠的信息，这些名单通常是一会儿开放，一会儿关闭，但用户可以使用搜索引擎找到当前公布此类列表名单的网站。

6.5.2 拍卖目录和信息服务

一些公司在互联网上提供的另一项服务是拍卖目录。eCommerceBytes 是一个拍卖信息发布网站，发表关于网上拍卖行业发展的文章。它为新的拍卖参与者提供操作指南，为更有经验的买方和卖方提供有用的建议与技巧，连同网上拍卖站点目录一起提供。

Price Watch 是一个以目录形式列出计算机硬件、软件和消费类电子产品当前售价的网站。这种价格显示是一种零售定价服务，旨在帮助购物者找到最优惠价格的新的电子消费类物品，网上拍卖的参与者发现价格显示功能可以帮助他们制定投标策略。

6.5.3 拍卖软件

拍卖中的买家和卖家都可以购买拍卖软件来帮助自己管理网上拍卖业务。卖方往往在同一时候，进行着多项拍卖。诸如 AuctionHawk 和 Vendio 等公司，为买卖双方提供拍卖管理软件和服务。对卖方而言，这些公司提供的软件和服务可以帮助卖家完成或自动完成以下任务：图片存取、广告、网页设计、制作大量重复的拍卖列表、客户反馈跟踪和管理、报表跟踪、电子邮件管理。使用这些工具，卖家可以为其网页创建有吸引力的布局设计，并管理数百次的拍卖活动。

对于买方来说，许多公司都出售拍卖狙击软件。**拍卖狙击软件**（sniping software）一直观察着拍卖的进展，直到拍卖即将结束的最后一两秒钟才出价。在拍卖即将结束的时候，通过狙击软件给出一个足够高的出价，以赢得拍卖（除非该出价超过购买狙击软件的用户所设定的限制范围，否则拍卖不成功）。在最后一秒钟出价以赢得拍卖的行为被称为**拍卖狙击**（snipe）。由于拍卖狙击软件将软件内部时钟与拍卖网站的时钟设置为同步，并且软件执行出价过程具有计算机的精确度，所以拍卖软件几乎总是胜过人工手动在网站上进行的出价。第一个拍卖狙击软件称为 Cricket Jr.（名叫小蟋蟀），是大卫·埃克尔斯在 1997 年所开发的软件。他通过自己创建的拍卖狙击软件网站 CricketSniper 来销售这款软件。其他一些拍卖狙击软件销售商纷纷进入这个市场，每一个都声称自己的软件出价性能高于其他的拍卖狙击软件。一些拍卖网站上也提供拍卖狙击服务，也就是说在其拍卖网站上运行拍卖狙击软件，用户在该网站上输入给狙击软件的指令。提供拍卖狙击软件的公司，一些采用软件订阅的盈利模式；

其他的则使用混合盈利模式，也就是这些公司提供一些免费的拍卖狙击功能，通过广告费支撑免费服务的提供，但如果用户需要使用更多的功能，则需要付费。

本章小结

在本章中，介绍了企业如何利用互联网和移动技术来开展以前从来没有做过的业务，比如创建社交网络，使用移动技术和设备进行销售并提高企业的运营效率，经营拍卖网站，开展与网上拍卖相关的业务。

网络所具有的力量，就是能将地理上分散的个人和组织汇集在一起，让大家分享彼此之间的共同爱好，导致虚拟社区和社交网络的产生和发展。一些企业利用社交网络功能创建网上社区，通过网上社区与它们的客户和供应商建立连接并进行沟通，向客户学习，观察客户与他人的互动。参与到客户活动环境中，从这些交互中获得的知识可用于改进产品和服务，设计出新产品，或识别出未满足的客户需求。社交网络自身已经开始能产生足够的收入来弥补其成本支出，利用广告、销售网站用户的人口统计和在线行为数据，以及某些情况下收取费用等方式来产生利润。

越来越多的企业使用具有高带宽上网的智能手机和平板设备，来开发移动电子商务所带来的商业机会。伴随着我们进入电子商务的第三次浪潮，人们使用社交网络媒体来进行个人之间以及个人与企业之间的互动。一些公司正在使用企业内部的社交网站和移动 App 来开展员工之间的沟通，并对跨越组织各职能部门的工作进行协调。

本章还介绍了七大拍卖类型的主要特点，并介绍了企业如何通过网上拍卖来向客户销售商品，以及从供应商处采购物料。尽管一些专业网站开展的网上拍卖业务取得了显著的成效，但至少在美国，eBay 网站在消费品拍卖业务中占据了主导地位。B2B 拍卖给企业带来了一种新的、有效的方式来处理多余的库存，B2B 逆向拍卖在某些情况下，也是企业一个有效的采购工具。许多企业给参与网上拍卖的网络用户提供了配套的拍卖服务。这些企业所提供的服务业务包括契约履行服务、拍卖目录和信息服务、为买卖双方所提供的拍卖管理软件，以及委托拍卖网站。

关键术语

应用程序（App）：用户使用移动电话运行的应用软件。

升序价格拍卖（ascending-price auction）：出价人的出价不断升高，直到没人出价为止，也称为英式拍卖。

拍卖委托服务（auction consignment service）：有些个人或小企业希望进行网上拍卖，但不具备拍卖技能或没有时间，于是就有一些公司提供相关服务，接手商品并进行网上拍卖，收到货款后扣下一定佣金并将余款付给委托人。

拍卖师（auctioneer）：负责主持某项拍卖的人。
投标人（bidder）：拍卖中的潜在买家，出价的人。
出价（bid）：对拍卖品提出明确价格。
电子公告栏系统（留言板）（bulletin board system, BBS）：允许用户通过调制解调器连接的计算机在网上的公共区域中读取和发布消息。

消费者对企业（consumer-to-business）：在一般消费品拍卖中出现的电子商务行业术语，一般消费品拍卖的投标人也可能是企业。

众筹网站（crowdfunding site）：也称为众包

网站，一种社交网站，允许用户筹集资金或寻求其他用户的贡献。

价格递减拍卖（descending-price auction）：是开放式拍卖的一种形式，出价由高开始不断降到有人接受为止，也称荷兰式拍卖。

双向拍卖（double auction）：买家和卖家向拍卖员同时递交价格和数量来出价的拍卖方式，拍卖员把卖家的要约（从最低价开始上升）和买家的要约（从最高价开始下降）进行匹配，直到要约提出的所有出售数量都卖给了买家。

荷兰式拍卖（dutch auction）：是开放式拍卖的一种形式，其出价从高价开始，一直降到有出价人接受这个价格为止。

英式拍卖（English auction）：出价人不断叫出高价，直到没人出价为止。

契约服务（escrow service）：由第三方负责保管拍卖交易中买家的应付款，在买家收到商品并确认符合要求后再付款给卖家。

第一价格密封拍卖（first-price sealed-bid auction）：出价人各自递交自己的保密出价，出价最高的出价人获胜。

团购网站（组团购物网站）[group purchasing site（group shopping site）]：当多个消费者集体购买某个商品时，网站出面同卖家协商以求降低售价。

基于理念的社交媒体（idea-based social media）：一个基于用户想法间的联系创建的网站社区。

基于理念的社会人际关系网（idea-based social networking）：用户基于想法间的联系参与网上社区的行为。

越狱（jailbreaking）：修改苹果公司iPhone的操作系统。

清算经纪商（liquidation broker）：公司为多余库存寻找买家的代理机构。

位置感知服务（location-aware service）：基于用户移动设备位置信息发送的定制服务或广告。

锁定效应（lock-in effect）：已存在的公司比新创业的网站对消费者更具有价值。

大规模开放在线课程/慕课（massive open online course, MOOC）：通常以无成本或非常低的成本提供的在线课程，可吸引数十万学生。

聚会（meetup）：通过某个博客而互相熟悉的人网上之间的集会。

微博（microblog）：一个像Twitter这样的网站，一种非常不正式的博客网站，其条目（消息或推文）的长度限制为140个字符。

小额贷款（microlending）：向开办或经营小企业的人提供极少量资金的做法，尤其是在发展中国家。

最低出价（minimum bid）：英式拍卖中拍卖开始时的价格。

最小加价幅度（minimum bid increment）：下一个出价必须高于前一个出价的增量。

移动电子商务（M-商务）（mobile commerce/m-commerce）：利用无线连接设备访问互联网上的资源，如股票信息、方向指南、天气预报、航班信息等。

手机钱包（mobile wallet）：一种作为信用卡使用的手机。

货币化（monetizing）：把在网站上寻找免费信息与服务的访问者转变为付费购买服务的订阅者的过程。

公开拍卖（公开喊价拍卖）[open auction（open-outcry auction）]：一种公开竞标报价的拍卖形式（如英式拍卖）。

公开喊价双向拍卖（open-outcry double auction）：公开宣布购买和出售要约的双重拍卖，通常在交易所场地或交易场地环境中进行，以便定期交易大量已知质量的物品，如证券或分级农产品。

开源软件（open source software）：由某个程序员团体开发，供他人免费下载和使用。

参与式新闻（participatory journalism）：邀请读者参与在线报纸报道的行为。

平板手机（phablet）：一个具有高分辨率大屏幕尺寸的智能手机。

个人估值（private valuation）：出价者愿意为拍卖品支付的价格。

竞价代理（proxy bid）：在电子商务拍卖中出价人事先设定好的最高出价。

底价（保留价）[reserve price（reserve）]：在拍卖中卖家可以接受的拍卖品最低价格。

逆向拍卖（卖方出价的拍卖）[reverse auction（seller-bid auction）]：卖家对想销售的商品或服务出价的拍卖形式。

逆向竞标（reverse bid）：拍卖时买家描述自己感兴趣的服务，然后收到商家的出价。

回报众筹（reward-based crowdfunding）：一种众筹模式，投资者提前支付产品（或服务）的费用给公司，公司使用投资者的资金来制造产品或提供服务。

获取根权限（rooting）：修改 Android 智能手机的操作系统。

密封拍卖（sealed-bid auction）：出价人各自独立地递交出价，不允许相互协商。

第二价格密封拍卖（second-price sealed-bid auction）：出价人各自独立递交出价的拍卖形式，出价最高的出价人按照出价第二高的出价人所出的价格来购买拍卖品。

抬价投标人（雇托）(shill bidder)：有些拍卖中，由卖家或拍卖员雇用的人会朝着有利于卖家的方向出价，这些人会人为地提高某件拍卖品的价格，但某些特殊拍卖可能会不让他们参加。

短消息服务（short messaging service, SMS）：向手机和其他无线设备传输短文本信息所用的协议。

狙击（snipe）：指在线拍卖最后一秒出价而赢得拍卖。

狙击软件（sniping software）：一直监视拍卖过程，直到拍卖结束前一秒再出一个刚好高一点的价格来赢得拍卖的软件。

社会网络（social networking）：仅为沟通目的而建的虚拟社区，不关注特定人群、组织或者兴趣。

社交网站（social networking site）：个人和企业用来进行社交互动的网站。

社交购物（social shopping）：将买家和卖家聚集在社交关系网中以促进零售销售的做法。

平板设备（tablet device）：一种小型计算设备，具有无线连接，比手机大，但比大多数笔记本电脑小。

短信（texting）：用户通过移动电话网络或互联网向对方发送短文本的做法。

推特（tweets）：从一个 Twitter 用户发送给另一个用户的短消息。

新闻组（usenet newsgroup）：Usenet 计算机上的消息发布区域，感兴趣的人（主要来自教育和研究社区）可以讨论相关主题。

维克瑞拍卖（Vickrey auction）：密封递价次高价拍卖的同义词，威廉·维克瑞因对这类拍卖的研究而获得了 1996 年的诺贝尔经济学奖，因此以他的名字命名。

虚拟社区（virtual community）：具有共同兴趣的人的电子聚集地。

虚拟学习网（virtual learning network）：用于远程学习的虚拟社区。

赢家诅咒（winner's curse）：出价人受拍卖气氛影响而超出预估价格出价的心理现象。

无线应用协议（wireless application protocol, WAP）：让 HTML 格式的网页在小屏幕的设备（如 PDA 和手机）上显示的协议。

洋基拍卖（yankee auction）：指拍卖品有较多数量，允许出价人指定购买量的英式拍卖。

复习题

1. 什么是虚拟社区？
2. 电子公告栏系统和新闻论坛在 20 世纪 70 年代和 80 年代是如何为互联网用户提供了早期的社交网络机会的？
3. 为什么社交网站 Six Degrees 会失败？
4. 说出在 2006 年 Facebook 成立前，三个虚拟社区网站或促进社交网络的网站名称。
5. 什么是聚会（meetup）？

6. 网络报纸和杂志的读者帮忙撰写新闻的做法术语称为什么？
7. 什么是社交购物？
8. 什么是慕课？
9. 通过网站访问者获利是什么意思？
10. 小额贷款网站开展什么业务？
11. 什么是众筹？
12. 公司如何在内部使用社交网络？这是否意味着限制公司员工对社交网络的访问？
13. 什么是平板手机？
14. 人们常说的越狱或根智能手机意味着什么？
15. 什么是在线拍卖中的虚假投标人？
16. 什么是英式拍卖？
17. 什么是荷兰式拍卖？
18. 设计维克瑞拍卖旨在完成什么目标？
19. 什么是逆向拍卖？什么时候最有可能将逆向拍卖应用于企业与企业的商务活动中？
20. 什么是代理出价？
21. 网上清算经纪人提供什么服务？
22. 提供拍卖代理服务的主要目的是什么？

练习题

1. 借鉴本书第1章中所介绍的文化差异知识，撰写一两个段落，解释为什么居住在一个国家的人们可能更喜欢创建自己的社交网站，而不是使用其他国家的公司所创建的社交网站。
2. 用大约100字，描述当越来越多的互联网用户可以使用宽带上网时，虚拟社区网站所发生的具体变化。在你给出的答案中，请务必解释为什么会发生这些变化。
3. 一些公司使用避免直接打广告或宣传品牌的社交网络策略。用大约100字，列出实施此策略的优点和缺点。
4. 在本章及以前的章节中，讲解了互联网技术促进开源软件的发展。用大约100字，说明虚拟社区的开发人员如何使用社交网络工具来完成软件的开发和分销任务。
5. 用一个段落，解释诸如Gothamist或Tech-Crunch这类的博客网站是如何产生收入的。
6. 许多网站提供允许志愿者回答其他网站访问者发布问题的服务。Uclue网站提供类似的服务，并允许研究人员就他们所提供的答案收取一定的费用（网站也拿走一定比例的费用）。用大约100字，解释为什么人们会愿意使用一个付费的网站，如Uclue，而不是使用免费的网站。
7. 用大约100字，说明博客和微博之间的差异。在所给出的答案中，请一定要讨论在什么时候公司更喜欢在社交网络的尝试中使用微博而不是博客。
8. 用一两个段落，概述为什么目前所销售的大部分手机都使用通用操作系统，而不是手机制造厂商开发的操作系统。
9. 用大约100字，概述手机的GPS功能能够用于为社交网络的用户提供好处的至少三种方式。
10. 用大约100字，描述可以使用智能手机的GPS功能的两到三个社交网络应用程序App。
11. 用大约100字，解释锁定效应是如何在一般的消费品拍卖中运作的。
12. 用大约100字，给术语保留价格下个定义，并说明保留价格的使用如何影响了拍卖的进展以及结果。
13. 用大约200字，解释拍卖狙击软件的工作原理，以及为什么一些拍卖参与者觉得使用该软件对其他竞投人来说是不公平的。
14. 假设你在包装机械系统制造商的采购部门工作。你所在公司购买的零件必须符合准确的规格，零件通常不可互换；也就是说，你所在公司的设计工程师必须与公司的供应商紧密合作，为特定的系统设计特定的零部件。你的采购总监对使用网上逆向拍卖来购买这些部件比较感兴趣。用大约200字，列出你赞成或反对的论据，并给出一个具体的建议。

案例

案例 6-1　乐高头脑风暴

自 1947 年以来，乐高塑料块已成为世界上最受人们喜爱的玩具之一。乐高封装套件能让孩子们搭建出自己设计的作品，或者让孩子们按照产品使用说明书来搭建飞机、汽车、卡车模型，以及电影和电视节目中的人物形象和机器人模型。乐高公司积极尝试利用社交网络，以多种方式与顾客保持联系。1998 年，乐高公司推出了头脑风暴 Mindstorms 产品，这是一款可以编程的计算机化的模块产品，包括传感器和发动机。Mindstorms 这款产品被设计为搭建可编程机器人的基本构件。

Mindstorms 虽然只是一款玩具产品，但也是一套性能强大且功能齐全的机器人制作工具，可以让人们，无论是年轻人还是老年人，无须具备工程领域的高深知识以及计算机编程能力，都可以来建造机器人。在目前的版本中，Mindstorms 产品包括了可编程模块、多个伺服马达、一个颜色传感器、一个触摸传感器、一个红外线信号塔以及数百个构建块，可以用来搭建十多种不同的机器人。Mindstorms 产品附带有印刷的纸质说明书和程序设计来帮助人们搭建这些基本款的机器人，所提供的可编程芯片可以通过个人计算机或移动设备（平板电脑、平板手机或智能手机）来进行编程和控制，让人们通过代码编写，搭建出更多种类的机器人。通过添加额外的乐高组件，还可以构建复杂度更高、可编程的大型机器人。

乐高公司的这款 Mindstorms 产品，在社交网站中几乎没有直接的产品广告或促销信息，但公司投入大量资源来维护和发展其用户网络。例如，乐高公司组织现场活动和比赛，成员们可以展示自己的技能并相互学习。成员们组成了一个精英团体，新成员的加入只能通过称为 Mindstorms 社区合作伙伴的团队来邀请，团队成员在一起验证机器人系统的新想法，测试软件和硬件组成要素。

问题

1. 作为玩具制造商，乐高必须始终关注顾客需求，即对孩子和他们父母的需求始终保持敏感，这就要求公司密切关注客户不断变化的偏好和流行趋势。访问乐高公司的 Mindstorms 网站，并识别出具体的社交网络功能。基于本章所介绍的内容，用大约 200 字撰写一份报告，描述社交网络当前的发展情况，以便乐高公司了解社交网络的发展并做出决定是继续使用，还是撤销或修改你所识别出的社交网络功能。在你的报告中，请至少识别出两个特定的社交网络功能。

2. 乐高公司提供了一套完整的说明书，用于构建基本款的机器人。用大约 200 字，说明这个产品的新用户如何使用乐高公司提供的社交网络功能来学习复杂机器人的搭建并编写程序。

3. 在本章中，介绍了报纸、杂志，以及电台、电视台如何使用参与式新闻来让读者创作新闻报道和小说。用大约 200 字，概述 Mindstorms 产品的社区成员能为乐高公司创造价值的至少五种具体方式。

请注意：任课老师将要求学员们分组来完成案例，并要求每个小组在课堂上正式陈述所完成的报告。

案例 6-2　贝蒂的珍宝

贝蒂·施莱佛开了一家名为贝蒂珍宝的小商店，出售自己所收藏的精美瓷器和陶瓷制的小雕像摆件。贝蒂珍宝店摆满了贝蒂从遗产拍卖处理和地区性的拍卖活动中所购买的物品，同时店里还出售当地工匠所制作的手工制品，包括贺卡、毛绒玩具动物、小陶器以及手工编织的毛衣。小店位于印第安纳州的梅塔莫纳（Metamora）小镇，这里是美国中西部非常受欢迎的周末外出旅游目的地。小镇具有悠久的历史和旖旎的田园风光，离芝加哥、辛辛那提、哥伦布市、底特律、印第安纳波利斯、路易斯维尔和圣路易斯等七大城市的车程距离在一天以内。

这家小商店在周末，以及春季和夏季的旅游高峰时节，生意非常繁忙。进入初秋，来小镇的游客开始明显减少，而到了冬季，小镇上几乎变得空无一人。几年前，旅游淡季的时候，贝蒂开始在 eBay 网站上拍卖物品来拓展新的业务渠道。在网站上开展的拍卖给旅游淡季也带来了生意，加快了库存商品的销售，而且贝蒂发现，她能比以前销售更丰富的、产品范围更广的精选物品。在过去，当她在遗产销售和拍卖会上看到不寻常的物品时，会担心购买后，放到自己的小店里能否很快卖掉。现在，贝蒂知道，任何在店铺中卖不出去的物品，都可以放在网上很容易地被拍卖掉。参与网上拍卖的另外一个意想不到的好处是，贝蒂与经常购买雕像摆件的买主以及美国其他地区经营收藏品店铺的人通过在 eBay 上的交易建立了联系。

贝蒂参与网上拍卖所积累的经验，促使她考虑扩大网上业务的份额。她从其他店主那里听到，eBay 可以让人们在其网站上创建自己的网上商店，亚马逊也提供了类似的服务，在网站的常规产品页面中列出卖家所出售的物品。贝蒂同样对创建一个自己的销售商店有兴趣，商店内将有畅销的雕像摆件的照片和描述信息，以及制作这些物品有关的信息。

贝蒂正在考虑在自己的网店上放置不再制作的雕像摆件（这使得它们更具有收藏价值）目录，以及购买收藏品小雕像的指南，这样可以帮助那些将贝蒂所销售的物品添加到自己的收藏夹中的顾客以及拍卖投标人做出更明智的决策。贝蒂认为，这样的网站可以吸引大批雕像摆件的爱好者。她希望找到方法来引流 eBay 网站的访问者参加自己所出售物品的拍卖，以及访问所打算建立的网店。假设贝蒂聘请你担任顾问，来帮助她实现想法，并为她的网上业务活动制定发展策略。

问题

1. 在网上和图书馆中收集有关亚马逊市场和 eBay 网站店铺的信息。基于你的研究，比较贝蒂使用哪个网站开展网上销售会更好。对比分析需要包括相关的事实，如运营每个商店的具体费用以及每个商店所能带来的好处。用大约 200 字，给贝蒂写一份报告，在报告中总结你的建议以及相应的支撑证据。

2. 利用本章中所介绍的内容，概述贝蒂可以用来在亚马逊市场或 eBay 网站上开店铺增加雕像摆件销售的常见社交网络策略。

3. 这些信息将有助于你给贝蒂一份推荐方案，选择一种将为其网上业务的拓展带来最佳途径的方案。使用相关的事实来支持你的建议，包括采用每种方式所需的具体的经营成本支出，以及贝蒂所能获得的具体收益。

4. 列出一个贝蒂可以通过诸如 Facebook 社交网站等实施的推广策略，可以直接将客户访问流量带到她自己的网站，以方便她在 eBay 网站上进行拍卖以及在亚马逊上销售商品。针对策略构成中的每个元素，解释说明它将如何帮助贝蒂实现目标。用大约 500 字总结提交给贝蒂的利用社交网络实施推广策略的报告。

请注意：任课老师将要求学员分组来完成案例，并要求每个小组在课堂上正式陈述所完成的报告。

延伸阅读

Albanesius, C. 2015. "Good Luck, Microsoft: Android, iOS on 96.8 Percent of Smartphones," *PC Magazine*, August 20. http://www.pcmag.com/article2/0,2817,2489815,00.asp

Barnes, N., A. Lescault, and S. Wright. 2013. *2013 Fortune 500 Are Bullish on Social Media*. Dartmouth, MA: University of Massachusetts-Dartmouth Center for Marketing Research.

http://www.umassd.edu/cmr/socialmediaresearch/2013fortune500/
Belson, K., R. Hof, and B. Elgin. 2001. "How Yahoo! Japan Beat eBay at Its Own Game," *Business Week*, June 4, 58.
Bersin, J. 2013. "The MOOC Marketplace Takes Off," *Forbes*, November 30. http://www.forbes.com/sites/joshbersin/2013/11/30/the-mooc-marketplace-takes-off/
Boyd, D. and N. Ellison. (2007). "Social Network Sites: Definition, History, and Scholarship," *Journal of Computer-Mediated Communication*, 13(1). http://jcmc.indiana.edu/vol13/issue1/boyd.ellison.html
Breckenridge, M. 2008. "Old Meets New at Etsy," *Akron Beacon Journal*, March 6, D1.
Brown, J., L. Davison, and J. Hagel. 2010. *The Power of Pull*. New York: Basic Books.
Cassady, R. 1967. *Auctions and Auctioneering*. Berkeley, CA: University of California Press.
Chafkin, M. 2007. "How to Kill a Great Idea!" *Inc. Magazine*, June 1. http://www.inc.com/magazine/20070601/features-how-to-kill-a-great-idea.html
Chang, A. 2003. "Hospitals Auction Nursing Shifts Online," *The Boston Globe*, December 28, A28.
Chen, K. and K. Qiu Haixu. 2004. "Chinese E-Commerce Sites Allow Small Firms to Reach Wider Base," *The Wall Street Journal*, February 25, A12.
Chua, A. and S. Banerjee. 2013. "Customer Knowledge Management Via Social Media: The Case of Starbucks," *Journal of Knowledge Management*, 17(2), 237–249.
Cohen, A. 2001. "The Sniper King," *On Magazine*, May.
Colvin, J. 2013. "Questions for Starbucks' Chief Bean Counter," *Fortune*, December 9, 78–82.
Credit Union Management. 2007. "Focus on Microlending: Kiva Is People Helping People," May 12.
Denning, S. 2015. "Five Reasons Why Google+ Died," *Forbes*, April 17. http://www.forbes.com/sites/stevedenning/2015/04/17/five-reasons-why-google-died/
The Economist. 2015. "Alpine Android: Cyanogen Plots to Unseat Google's Platform," August 8, 54.
The Economist. 2015. "The Everything Creditor: Bad Loans for Sale in Online Auctions," June 6, 36.
Elliott, S. 2013. "Campbell Bets on the Wisdom of a Child," *The New York Times*, September 10, B5.
eMarketer. 2015. "Social Network Ad Spending to Hit $23.68 Billion Worldwide in 2015," April 15. http://www.emarketer.com/Article/Social-Network-Ad-Spending-Hit-2368-Billion-Worldwide-2015/1012357
Enge, E. 2015. "Hard Numbers for Public Posting Activity on Google Plus," *Stone Temple Consulting*, April 14. https://www.stonetemple.com/real-numbers-for-the-activity-on-google-plus/
Euchner, J. 2012. "The Evolution of Innovation," *Research-Technology Management*, September–October, 18–23.
Ferraro, N. 2008. "Lending & Philanthropy 2.0," *InformationWeek*, February 4, 40.
Flandez, R. 2008. "Building an Online Community of Loyal and Vocal Users," *The Wall Street Journal*, March 6, B5.
Ghawi, D. and G. Schneider. 2004. "New Approaches to Online Procurement," *Proceedings of the Academy of Information and Management Sciences*, 8(2), October, 25–28.
Gilbert, J. and A. Kerwin. 1999. "Newspapers Carve Slice of Auction Pie," *Advertising Age*, 70(26), June 21, 32–34.
Hagel, J. and J. Brown. 2012. "Why Most Online Communities Are Failures," *CNNMoney*, January 18. http://management.fortune.cnn.com/2012/01/18/why-most-online-communities-are-failures/
Hagel, J. and J. Brown, 2013. "What Every Company Can Learn from Lego," *CNNMoney*, August 6, 2013. http://management.fortune.cnn.com/2013/08/06/lego/
Hanlon, P. and J. Hawkins. 2008. "Expand Your Brand Community Online," *Advertising Age*, January 7, 14–15.
Harger, J. 2015. "Micro-loans for Small Businesses Get $5M Pledge from Huntington Bank," *MLive*, July 28. http://www.mlive.com/business/west-michigan/index.ssf/2015/07/micro-

loans_for_small_business.html
Hayes, M. 2012. "The Pros and Cons of Selling on Amazon and eBay," *Shopify*, August 10. http://www.shopify.com/blog/6399562-the-pros-and-cons-of-selling-on-amazon-and-ebay
Heffernan, V. 2011. "The Old Internet Neighborhoods," *The New York Times*, July 10. http://opinionator.blogs.nytimes.com/2011/07/10/remembrance-of-message-boards-past/
Herrman, J. 2013. "Campbell's Go Soup Drives Advocacy Through Social Millennial Influencers," *Social Media Link*, November 1. http://www.socialmedialink.com/success/4
Holmes, R. 2013. "Big Global Social Networks Are Closing in on Facebook," *HootSource*, May 22. http://blog.hootsuite.com/global-networks-on-facebook/
IDC. 2015. "Android and iOS Squeeze the Competition," February 24. http://www.idc.com/getdoc.jsp?containerId=prUS25450615
Kennedy, J. 1998. "Radio Daze," *Technology Review*, 101(6), November–December, 68–71.
Lashinsky, A. 2013. "Jogging in Stride with Warren Buffet: Brooks Running CEO Jim Weber," *Fortune*, December 9, 50.
Lawler, R. 2014. "Tinder-For-Jobs App Jobr Raises $2 Million In Seed Funding," *TechCrunch*, July 17. http://techcrunch.com/2014/07/17/jobr-2m/
Lewin, T. 2013. "Universities Abroad Join Partnerships on the Web," *The New York Times*, February 21, A18.
MacMillan, D., P. Burrows, and S. Ante. 2009. "The App Economy," *Business Week*, November 2, 44–49.
Miller, C. 2011. "Another Try By Google to Take on Facebook," *The New York Times*, June 28. http://www.nytimes.com/2011/06/29/technology/29google.html
Miller, K. 2007. "An eBay for the Arts and Crafts Set," *Business Week*, July 23, 70.
Morris, L. 2013. "MOOCs: Emerging Technologies and Quality," *Innovative Higher Education*, 38(4), 251–252.
Moth, D. 2013. "How Starbucks Uses Pinterest, Facebook, Twitter, and Google+," *Econsultancy*, March 6. http://econsultancy.com/us/blog/62281-how-starbucks-uses-pinterest-facebook-twitter-and-google
Murph, D. 2013. "Updated Google Wallet App for Android Delivers Easier Mobile Payments," *Engadget*, September 17. http://www.engadget.com/2013/09/17/updated-google-wallet-app-android-easier-mobile-payments/
Newton, C. 2015. "How Google Solved Our Photo Backup Nightmare," *The Verge*, May 29. http://www.theverge.com/a/sundars-google/google-photos-google-io-2015
Olenick, D. 2015. "Apple iOS and Google Android Smartphone Market Share Flattening," *Forbes*, May 27. http://www.forbes.com/sites/dougolenick/2015/05/27/apple-ios-and-google-android-smartphone-market-share-flattening-idc/
Olenski, S. 2013. "Social Media Usage Up 800% for U.S. Online Adults in Just Eight Years," *Forbes*, September 6. http://www.forbes.com/sites/steveolenski/2013/09/06/social-media-usage-up-800-for-us-online-adults-in-just-8-years/
Okazaki, S. and M. Yague. 2012. "Responses to an Adver-gaming Campaign on a Mobile Social Networking Site: An Initial Research Report," *Computers in Human Behavior*, 28(1), January, 78–86.
Pappano, L. 2012. "The Year of the MOOC," *The New York Times*, November 4, ED26.
Pearson, B. 2015. "Mobile Order & Pay: The Ultimate Brand Experience (Just Ask Starbucks)," *Business2Community*, August 25. http://www.business2community.com/branding/mobile-order-pay-ultimate-brand-experience-just-ask-starbucks-01310285
Petrecca, L. and B. Snyder. 1998. "Auction Universe Puts in $10 Mil Bid for Customers," *Advertising Age*, 43(8), October 26, 8.
Pierce, D. 2015. "Google+ as We Knew It Is Dead, But Google Is Still a Social Network," *Wired*, March 2. http://www.wired.com/2015/03/google-knew-dead-google-still-social-network/
Prochnow, D. 2010. "Creating Mobile Apps With a Point and a Click," *Popular Science*, January 22. http://www.popsci.com/diy/article/2010-01/point-and-click-apps
Purchasing. 2001. "What Top Supply Execs Say About Auctions," 130(12), June 21, S2–S3.
Quan, J. 1999. "Risky Business," *Rolling Stone*, March 4, 91–92.

Rheingold, H. 1993. *The Virtual Community: Homesteading on the Electronic Frontier*. New York: HarperCollins.
Rheingold, H. 2002. *Smart Mobs*. Cambridge, MA: Basic.
Robins, W. 2000. "Auctions.com Now a Dot-Goner," *Editor & Publisher*, August 28, 6.
Seligson, H. 2015. "Making Room (on the Internet) for Daddy," *The New York Times*, May 3, ST10.
Siegal, J. 2013. "Tablet Shipments Speed Ahead, Threaten to Lap the PC," *BGR*, October 21. http://bgr.com/2013/10/21/tablet-growth-2013-pc-shipments-decline/
Stambor, Z. 2015. "Retailers Can't Ignore Social Media's 70% of Active Daily Users," *Internet Retailer*, August 20. https://www.internetretailer.com/2015/08/20/why-retailers-cant-ignore-social-media
Tabuchi, H. 2011. "Facebook Wins Relatively Few Friends in Japan," *The New York Times*, January 10, B1.
Takahashi, T. 2010. "MySpace or Mixi? Japanese Engagement with Social Networking Sites in the Global Age," *New Media & Society*, 12(3), 453–475.
Taub, E. 2013. "The Path to Happy Employment, Contact by Contact on LinkedIn," *The New York Times*, December 5, B10.
Team, T. 2015. "Digital Payments and Ultra-Premium Coffee Drive Revenue Growth For Starbucks," *Forbes*, July 29. http://www.forbes.com/sites/greatspeculations/2015/07/29/digital-payments-ultra-premium-coffee-drive-revenue-growth-for-starbucks-in-q3/
Thaler, W. 1994. *The Winner's Curse: Paradoxes and Anomalies of Economic Life*. Princeton, NJ: Princeton University Press.
Tugend, A. 2009. "Losing Out After Winning an Online Auction," *The New York Times*, October 24. http://www.nytimes.com/2009/10/24/technology/24shortcuts.html
Vickrey, W. 1961. "Counterspeculation, Auctions, and Competitive Sealed Tenders," *Journal of Finance*, 16(1), March, 8–37.
Waldrop, M. 2013. "Massive Open Online Courses, aka MOOCs, Transform Higher Education and Science," *Scientific American*, March 13. http://www.scientificamerican.com/article.cfm?id=massive-open-online-courses-transform-higher-education-and-science
Wagner, M. 2009. "Smartphone App: What the Doctor Ordered." *InformationWeek*, Manhasset, NY.
Wireless Federation. 2009. "NTT DoCoMo's Credit Payment Subscriptions Reach 10 Million Mark," August 26. http://wirelessfederation.com/news/17894-ntt-docomos-credit-payment-subscriptions-reach-10mn-mark/
Young, J. 2013. *Beyond the MOOC Hype: A Guide to Higher Education's High-Tech Disruption*. Washington, DC: Chronicle of Higher Education Press.
Zhivago, K. 2012. "Are Your Customers Using Social Media to Warn Others to Stay Away?" *Revenue Journal*, June 17. http://www.revenuejournal.com/blog/are-your-customers-using-social-media-warn-others-stay-away
Zickuhr, K. 2013. *Location-Based Services*. Washington, DC: Pew Research Center's Internet & American Life Project.
Zimmerman, E. 2007. "Investing in the Women of Ghana," *FSB: Fortune Small Business*, 17(4), May, 101–102.
Zwilling, M. 2013. "The Old Ways of Social Media Marketing Are Broken," *Forbes*, November 29. http://www.forbes.com/sites/martinzwilling/2013/11/29/the-old-ways-of-social-media-marketing-are-broken/

第 7 章

电子商务的环境：法律、伦理和税务问题

学习目标

- 法律环境如何影响电子商务活动？
- 电子商务合同的构成要素有哪些？
- 著作权、专利和商标法何时规范电子商务公司使用知识产权？
- 互联网如何为网络犯罪、恐怖活动与战争打开了方便之门？
- 开展电子商务的公司碰到了哪些伦理问题？
- 有哪些方法可以解决公司收集和使用客户数据的意图与客户隐私权之间的矛盾？
- 如何对电子商务活动进行征税？

引言

苹果公司的 App Store 为 iPhone 和 iPad 用户购买苹果智能手机和平板电脑的 App 提供了一种简单方便的方式，每年为苹果公司带来超过 100 亿美元的收入。许多 App 本身会包含进行进一步购买的选项。例如，具有更多功能的高级版本的免费 App 可以允许用户从 App 内部对其升级。再如，游戏 App 允许用户从 App 内购买提示或附加功能。苹果公司的 App Store 提供了许多免费游戏，并依靠此类 App 内购买为游戏开发者创造收入。

为了使这些 App 内购买更加方便，苹果公司决定允许用户在购买应用程序后的 15 分钟内进行无需密码的交易。然而不幸的是，这种便利让儿童在父母为自己购买了一个 App 后无限制地购买附加内容。在一个案例中，一个小女孩在 15 分钟的窗口期内花费了 2600 美元为她新的 App——宠物旅馆（Tap Pet Hotel），购买了附加内容。

在收到大量投诉后，苹果公司于 2013 年同意退还这些以及类似的费用。美国联邦贸易委员会（U.S. Federal Trade Commission，FTC）也已经开始调查。2014 年，苹果公司同意拿出 3250 万美元赔偿 37 000 多位提出索赔要求的客户，以达成和解。作为和解的一部分，苹果公司同意让客户更清楚地了解 15 分钟的购买授权条款，并让这些客户明确选择接受或拒绝购买期限。

2015 年，FTC 开始对苹果公司进行另一项调查，这次是调查苹果公司对通过 App Store 购买的 App 处理任何商业交易都会收取 30% 额外费用的潜在反竞争性质。对于声田（Spotify）和 Rdio 等在线音乐提供商而言，这一额外收费将降低它们与苹果公司自带的 iTunes 音乐服务相比的竞争力。例如，Spotify 在自己的网站上以每月 10 美元的价格售卖它的音乐服务，但是那些通过苹果公司的 App Store 下载 Spotify App 进行注册的用户每个月需要收取 13 美元的费用。FTC 的调查仍在进行，这一调查最终可能促使美国司法部门展开自查。

在网络上开展业务的公司通常会在不知不觉中暴露出当今商业环境所带来的责任。这一环境包括法律问题和伦理问题，可能与企业所熟悉的不同。正如你将在本章中所学到的，苹果公司绝不是唯一一家与法律法规相冲突的网络公司。随着公司在网上开展业务，它们会发现与熟悉的现实领域相比，在网上做生意会更快地受到不熟悉的法律和不同的伦理框架的约束。

7.1 电子商务的法律环境

电子商务公司必须遵守所有公司都要遵守的法律法规。否则，任何公司都将面临相同的处罚，包括罚款、赔偿、法院强制清算，甚至是高管和股东的牢狱之灾。

电子商务公司在试图遵守法律的同时，也会面临着另外两个复杂的因素。首先，网络扩展了公司的传统边界范围。第 1 章提到，使用网络的公司可以达到国际化层次，会比传统的、只在特定的现实区域经营的实体公司更快地受到更多法律的约束。其次，网络提高了商业交流的速度和效率。第 3 章和第 4 章介绍过，相比于传统商家，客户经常与在线商家有着更多的互动，关系也更为复杂。此外，互联网为有着高度交互程度的客户之间建立了一个客户网络。第 5 章介绍了企业如何使用在线交流方式来促进复杂的战略联盟以及提供网络关系。这些沟通和信息共享渠道还会将一个组织的运营情况披露给其他实体。第 6 章介绍了电子商务企业如何使用社交网络来创建并维护与客户之间的关系。违反法律或伦理标准的电子商务企业可能会面临几乎立即意识到企业活动的大量客户、供应商和其他利益相关者的迅速而强烈的反应。

使用互联网技术还可以通过创建新法律问题的方式改变业务结构。例如，出租车公司在过去几十年来通过购买汽车、雇用司机，然后向客户提供这些汽车和司机来开展业务。如今，来福车（Lyft）和优步（Uber）等公司作为司机/车主和乘客的搭车经纪人，也在从事类似的业务，但面临着一个不明确的法律环境。经纪人或者司机/车主是否受到各种汽车租赁法律法规的约束，这一问题在世界上许多地方仍未得到解决。

本节将介绍有关边界、管辖权和网站内容的问题以及这些因素如何影响公司进行电子商务的能力，还将介绍当网络被应用于犯罪、恐怖主义甚至战争时所引发的法律和伦理问题。

7.1.1 边界和管辖权

现实世界的领土边界在传统商业中有着十分重要的作用：它们非常清晰地标志着文化的

范围和适用法律的范围。法律法规、语言、货币和文化习俗都会因国而异。在现实世界中，地理边界几乎总是与法律和文化边界相一致。某个地区所能接受的行为和所能采用的法律的界限都是受这个地区的主流文化的影响。一个社会的文化、法律和伦理标准之间的关系如图7-1所示，该图展示了文化对法律的直接影响以及通过伦理标准所产生的间接影响，该图还表明了法律和伦理标准的相互影响。

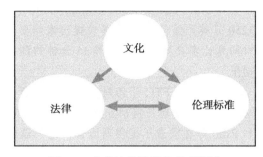

图 7-1　文化决定法律和伦理标准

文化的地理界限是合乎逻辑的，历史上大多数时期里，落后的交通方式和各民族之间的冲突使人们无法长途跋涉去了解其他文化。然而，这些年来这两方面的限制都有所改变，现在人们可以容易地进行跨国旅行。以欧盟（European Union，EU）为例，它允许成员国公民在欧盟内自由旅行；大多数欧盟国家现在使用统一的货币（欧元）代替成员国以前各自的货币。法学家用权力、影响、合法性和通告四个要素来界定地理边界和法律边界间的关系。

1. 权力

权力（power）是对现实空间及居住在这个空间中的人和物的一种控制形式，是界定国家地位的特征。政府能够执法时，法律才有效。有效的执法需要拥有对居民的实际控制权并在必要的时候对违反法律的人实施制裁。政府控制个人或公司的能力叫作**管辖权**（jurisdiction）。

在现实世界中，那些没有居住在某个地区或者在该地区没有财产的人，不受该区域法律的管辖。例如，美国不能对在日本做生意以及在美国没有资产的日本公民实施它的版权法。然而将货物带到美国售卖的日本公民必须遵守相应的美国法律。类似地，向美国出售商品的日本网站也要遵守相关的美国法律。

政府所宣称的权力的水平受限于其地理边界内所接受的文化。理想情况下，地理边界、文化群体和法律结构都是一致的，当不一致时，则会爆发内部冲突甚至内战。

2. 影响

现实世界中的法律基于地理位置上的邻近和人行为的**影响**（effect）之间的关系。个人或公司的行为对身边的人和物的影响比对遥远的人和物的影响大很多。政府所提供的商标保护就是一个很好的案例。例如，意大利政府可以为位于罗马的"小胡子之家"（Casa di Baffi）餐厅提供和实施商标保护，这对罗马的另一家同名餐厅的影响最大，对罗马邻近地区同名餐厅的影响次之，对意大利其他地区同名餐厅的影响更小。也就是说，影响会随着地理距离的增加而减弱。如果有人打算在美国堪萨斯市开一家名为小胡子之家的餐厅，罗马的那家餐厅因堪萨斯市的同名餐厅而受到的负面影响非常小，因为它们的距离太远，两家餐厅共同的潜在客户几乎没有。商标侵权的影响将由意大利法律所控制，因为这种侵权的影响范围十分有限。

法律的这种特点是由当地文化对各种影响是接受还是抵制所决定的。例如，美国的一些社区要求房屋的建筑用地面积不小于5英亩⊖。又如，美国的另一些社区禁止各种户外广告。这些社区的当地文化使得这些限制得以被接受。

⊖　1 英亩 =4046.856 4224 平方米。

一旦企业开始进行电子商务，会发现传统的基于影响的衡量方式以及为此制定的法律并不适用。例如，法国法律禁止售卖纳粹纪念品，这项法律的影响仅仅限于法国人，而且他们认为这是合理的。美国则没有类似的禁令，因为美国文化对一般纪念品的价值和纳粹主义的负面文化记忆有着不同的权衡。美国的在线拍卖网站举办纳粹纪念品拍卖活动时，这些网站是符合美国法律的。然而，由于互联网的国际性，这些拍卖是面向全世界的，包括法国的公民。换句话来说，法国也能感受到美国文化和法律的影响，法国政府要求雅虎拍卖（Yahoo! Auctions）停止这些拍卖活动，雅虎公司争辩说这是符合美国法律的，但是法国政府坚持认为雅虎拍卖的影响延伸到法国，因此违反了法国的法律。为了避免在管辖权问题上的漫长官司，雅虎公司决定不再进行类似的拍卖。

3. 合法性

大多数人都一致认为立法和执法的合法权力源自那些受这些法律约束的人的授权。1970年，联合国通过了一项肯定政府合法性的决议。这项决议明确指出，一定地理边界内的人和行为的合法权最终来源于居住在该区域内的人，因此**合法性**（legitimacy）是指那些受法律约束的人应该在制定它们时发挥作用的观点。

有些文化允许政府拥有高度的自治权和不容置疑的权威。其他文化，如北欧国家的斯堪的纳维亚文化（Scandinavian）对政府的权力有着严格的控制。

各国政府的权力和自治权因国家而异。当电子商务企业要将业务扩展到其他国家时，就必须做好应对各种各样的监管规定和执法水平的准备。这对于在线运营的小型企业来说十分困难。

4. 通告

地理边界是宣告一个法律或文化体系的结束和另一个法律或文化体系的开始的一种方便有效的方式。当人们跨越地理边界时，就提供了一组规则被另一组规则所替代的**通告**（notice）。通告是对规则变化的一种表示。只有当人们被告知法律或文化规范的存在时，他们才能够遵守并理解它们的公平性。在现实世界中，地理边界提供了这种通告。大多数国家的法律体系都包含一种叫作"**推定通告**"（constructive notice）的概念，即人们在跨越国家边界时，即使他们没有标志或边界警卫的声明明确告知法律和规范已经改变，他们也应该意识到需要遵守新的法律和文化规范。因此，即使在一个新的不熟悉的司法管辖区，不知道某个法律是不能作为辩护理由而受到支持的。

这一概念给电子商务企业带来了特别的问题，因为它们可能不知道有外国客户正在访问它们的网站。因此，通告，甚至是推定通告这一概念不能很好地转化到电子商务中。图7-2用四个要素总结了地理边界和法律边界之间的关系。

图7-2 地理边界导致法律边界

7.1.2 互联网上的管辖权

在互联网上定义、建立和宣称管辖权比在现实世界中困难很多，主要是因为传统的地理边界不再存在。例如，一个从事电子商务的瑞典公司可以有一个全英文网站，其 URL 也以 .com 结尾，因此没有向客户表明它是一家瑞典公司。该网站的服务器可能位于加拿大，网站的维护人员可能在澳大利亚的家中工作。如果一个墨西哥人从这家瑞典公司购买了一件商品，但对收到的商品并不满意，他可能想要对销售商提起诉讼。然而以地理边界为基础的法律和司法系统并不能帮助该墨西哥公民决定在何处提起诉讼。互联网没有提供像现实世界中国界线一样明显的标志。因此，现实世界中权力、影响、合法性和通告这四个发挥作用的因素并不能很好地转化到电子商务的虚拟世界中。

想要对网上业务进行执法的政府必须建立对这些行为的管辖权。**合同**（contract）是两个或两个以上的法律实体（个人或公司）之间为彼此交换价值（产品、服务或金钱）而立下的承诺。如果合同的任何一方不遵守合同的条款，另一方可以起诉其**违约**（breach of contract）。从事商业活动的个人和公司也应谨慎行事，不能从事明令禁止的行为（如非法侵入、诽谤或职业渎职）。**侵权**（tort）行为是指一个法律实体故意或过失行为（违约除外）而对其他法律实体造成损害。要想基于合同或侵权法来维护他们的权利，个人或公司就必须向对该案件有管辖权的法院提起诉讼。如果法院对属物和人都有管辖权，其就具有**充分管辖权**（sufficient jurisdiction）来审理该案件。

1. 属物管辖权

属物管辖权（subject-matter jurisdiction）是法院决定特殊类型争端的权力。例如，在美国，美国联邦法院对受联邦法律管辖的事项（如破产、版权、专利和联邦税事项）有属物管辖权，州法院对受州法律管辖的事项（如职业执照和州税务事项）拥有属物管辖权。如果合同双方都在同一州，该州的法院就对该合同引发的纠纷拥有属物管辖权。决定法院是否有属物管辖权的规定很明确也容易应用，因此很少出现关于属物管辖权的争论。

2. 属人管辖权

属人管辖权（personal jurisdiction）一般是由合同当事人的居住地所决定的。如果被告是法院所在州的居民，则法院对该案件有属人管辖权。在这种情况下，确定属人管辖权是十分明确的。然而州外人士或公司也可以通过书面申请或者在州内采取一定的行动以自愿服从该州法院的属人管辖权。

人们自愿接受管辖的最常用的一种方式就是签署一份合同，其中包括**法院选择条款**（forum selection clause），即声明该合同将按该州的法律执行。对于在合同条款中出现的任何执行问题，该州对签署合同的各方拥有属人管辖权。图 7-3 展示了一个典型的在网站上使用的法院选择条款。

> These terms of use shall be governed by and construed in accordance with the laws of the State of Washington, without regard to its conflict of laws rules. Any legal action arising out of this Agreement shall be litigated and enforced under the laws of the State of Washington. In addition, you agree to submit to the jurisdiction of the courts of the State of Washington, and that any legal action pursued by you shall be within the exclusive jurisdiction of the courts of King County in the State of Washington.

图 7-3　一份典型的法院选择条款

美国各州都有法律能授予本州法院的属人管辖权。这些法律被称为**长臂法**（long-arm statue），其具体内容各州有所差异，但是一般都对在该州做生意或有侵权行为的州外居民设立属人管辖权。例如，假如一家位于亚利桑那州的公司向一位加利福尼亚州的客户收取她并没有订购的东西的费用，该公司在加利福尼亚州的侵权行为可能会触发加州的长臂法，该法会赋予法院对该案件的属人管辖权。

当公司开展跨州或跨境电子商务时，应该注意管辖权问题。在大多数州中，这些法律在企业经营中的应用仍在不断发展。然而，一个公司在一个州进行的商业活动越多，法院就越有可能利用其长臂法对该公司行使属人管辖权。

在处理侵权行为时，确定属人管辖权的一般规则也有例外。企业可以通过售卖对买方造成损害的商品从而形成侵权行为。侵权行为可能是**过失侵权行为**（negligent tort），即卖方无意识地提供了有害商品，也可能是**故意侵权行为**（intentional tort），即卖方明知或不顾后果地对买方造成伤害。最常见的商业故意侵权行为包括诽谤、虚假陈述、欺诈和窃取商业秘密。相比于违约案件，在侵权行为案件中，法院更倾向于引用各自州的长臂法。如果案件涉及故意侵权或刑事行为，法院将更会主张管辖权。

3. 国际商务中的管辖权

国际商务中出现的管辖权问题甚至比管理美国境内跨州属人管辖权的规则更加复杂。跨越国境行使管辖权要由争端所涉及国家之间的条约来管制。美国与其他国家签署的一些条约对可能发生的争端规定了具体的管辖权。然而，在大多数情况下，美国法院会按照类似于法院处理内部案件时解释长臂法的方式来确定国外公司和个人的属人管辖权。如果非美国公司和个人在美国开展业务或发生侵权行为，就可以在美国法院起诉他们。类似地，如果外国法院能确定对此案件的管辖权，它们对美国公司或个人执行的判决也能通过美国法院来执行。

法院收到其他国家的执法请求时，有时会遵守**司法礼让**（judicial comity）原则，这意味着他们出于礼节性或友好的礼貌而自愿执行其他国家的法律或判决。然而，大多数法院不愿意充当国际争端的辩论场所。此外，法院是被设计用来处理权衡证据和判断是非对错的。国际争端经常需要使用外交手段以及权衡成本和收益，法院不是设计用来评估成本收益的，也不能参与谈判和外交。因此，法院（尤其是美国法院）更愿意让政府的行政部门（主要是国务院）去参与国际条约谈判并解决国际纠纷。

许多大型公司开展电子商务时会面临跨国经营的难题。例如，曾经在中国投资超过 2.8 亿美元的 eBay 公司，在与阿里巴巴旗下的淘宝网消费者拍卖部门进行激烈的竞争后，还是于 2006 年关闭了在华业务。有些人将 eBay 公司的失败归因于中国文化倾向于支持本土的在线服务。⊖

管辖权问题不仅复杂，而且变化十分迅速，任何打算与其他国家的客户和供应商进行电子商务的企业都应该向精通国际管辖权问题的律师进行咨询。对于那些想要初步了解如管辖权等法律话题的非律师人士，网上也有很多有用的资源。哈佛大学法学院伯克曼互联网和社会研究中心（Berkman Center for Internet & Society）的网站上有许多最新的与互联网相关的法

⊖ eBay 公司曾经收购易趣网（eachnet.com）试图进入中国 C2C 市场，其在与淘宝网的 C2C 竞争中之所以败北，是因为 eBay 公司向开店铺者收费，而淘宝网采用的是免费开店铺模式，是免费的商务模式打败了收费的商务模式。因此，将 eBay 公司的失败简单归因于中国文化倾向于支持本土的在线服务以及其他原因是完全不正确的。——译者注

律问题的链接。《伯克利科技法律杂志》（*Berkeley Technology Law Journal*）上也有一些分析这些主题的文章。

7.1.3　法律冲突

在美国，商业要遵守联邦法律、州法律和地方法律。有时这些法律对同一问题的处理存在差异，律师称这种情况为**法律冲突**（conflict of laws）。由于电子商务覆盖的市场十分广泛，会跨越许多地区和州，因此它们一般会以美国联邦法律为准绳，但有时这会导致同州和地方法律的冲突。

一类面临严重法律冲突的电子商务就是在线葡萄酒销售行业。自从1933年美国国家废除禁酒令以来，美国所有州和大多数地方政府都对各种酒精饮料的销售颁布了无数的法律进行严格管理。这些法律对于各种类型酒精饮料的销售时间、销售地点、消费人群和消费场所都进行了规定。

美国宪法的商业条款禁止各州立法干涉州际贸易。然而，各州确实有权管理与公民健康和福利有关的事项。根据这项权利，多数州立法要求酒精饮料必须通过由生产商、批发商和零售商组成的监管体系进行销售。有些州允许生产商（如酿酒商）直接向公众销售，但仅限于在该州内部。当在线葡萄酒商店想要跨州销售时，就会与这些法律形成冲突。有些州允许在线销售，另一些州允许在线销售的前提是在线商店先将葡萄酒交付给客户当地特许零售商，还有些州禁止所有非本州在线商店的葡萄酒销售。这种情况导致了典型的法律冲突。

各州和各地方法律为了保护本州居民的健康与福利而规范了酒精饮料的销售，然而这些法律也赋予了州内生产商胜于州外生产商的优势（在一些州，州内生产商可以不通过零售商涨价而直接销售；在另一些州，州外生产商根本无法竞争）。当一个州的法律赋予州内企业胜于州外企业的优势时，州际自由贸易就受到阻碍，法院通常会对违背美国宪法商业条款的这些情况进行裁决。

这些年来，在线葡萄酒行业一直努力寻找与各州协调以解决这些问题的方法，但收效不大。最后葡萄酒酿酒商以违背美国宪法的商业条款为由提起诉讼。2005年，美国最高法院以5票对4票否决了密歇根州和纽约州的禁止州外葡萄酒酿酒商直接向消费者销售葡萄酒的法律。尽管最高法院的判决禁止各州制定歧视州外销售商的法律，但每个州仍然可以执法来限制所有的葡萄酒直销，同时可以明确规定葡萄酒只能在州内范围进行配送。你可以访问"自由的葡萄"（Free the Grapes）这一葡萄酒行业协会网站，该网站追踪了该领域在线法律的发展状况，你会了解更多关于葡萄酒行业法律挑战的最新态势。

7.1.4　电子商务的合同及其履行

任何合同都涉及三个基本要素：要约、承诺和对价。当一方接受另一方的要约时，合同就成立了。**要约**（offer）是向另一方做出的带有特定条款的承诺，如愿意购买或销售某个商品或服务的声明。只要还没有接受付款、提供服务或接受其他对价，要约就可以被撤销。**承诺**（acceptance）是愿意接受要约及其全部规定条款的一种表达。**对价**（consideration）是进行有价（如金钱、财产或未来服务）交换。当一方接受基于有价商品或服务交换的要约时，就产生了合同。当双方或多方虽然没有书面签署合同也按照合同约定行动时就产生了**约定合同**（implied contract）。

1. 创建合同：要约和承诺

人们每天甚至每时每刻都会接触合同。各方之间的各种协议或交换无论多简单都是一种合同。例如，消费者每次在超市购物时所经历的以下步骤就符合构成一份有效合同的各项要件：

（1）商店将商品明码标价后放在货架上，向客户发出要约邀请。

（2）客户通过表明愿意以既定价格购买商品而做出要约，如消费者可能会把商品带到收银台，向收银员表达要付款的要约。

（3）商店在收银台接受了客户的付款要约，并用自己的商品交换其付款。此时商店和客户都获得了对价。

合同是传统商务实践中的一个关键要素，其在互联网上也同样重要。当事人在交换电子邮件、进行电子数据交换或在网上填写表格时，要约和承诺就产生了。这些网络通信可以与传统的达成合同的方法相结合，如交换纸质文件、传真、电话或当面做出的口头协议。例如，要在电子商务交易中形成有效的合同，可以通过以下步骤实现：

（1）该网站通过在商品信息页面对某一商品明码标价，向客户发出要约邀请。

（2）客户以某种方式，比如点击商品页面上的"加入购物车"按钮，表达出有按照指定价格购买该商品的意愿，发出要约。

（3）该网站接受客户的要约，并在购物车结账页面上用自己的产品换取客户的信用卡付款。此时，该网站获得了对价，而客户的对价在收到（或下载完）产品时才能获得。

如上所述，无论是当面交易还是在线交易，构成消费者消费合同的基本要素是相同的。只是在这两个环境下要约和承诺的形式有所不同，要约、承诺和履行合同的本质都是一样的。

当卖方在网站上宣传待售商品时，该卖方不是在进行要约，而是邀请潜在买方提出要约。如果网络广告被视为是形成合同的合法要约，那么卖方可能很容易承担超出其能力以外的、交付更多产品的责任。图7-4归纳了在线交易合同产生的过程。

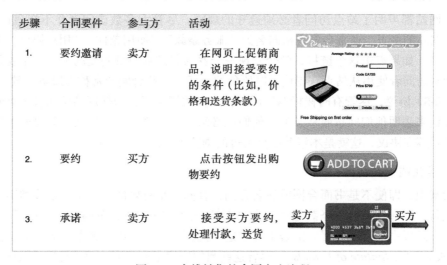

图7-4 在线销售的合同产生流程

只有当买方提交订单做出要约时，卖方才可以接受该要约并创建合同。如果卖方库存中没有买方所订购的商品，则卖方可以选择直接拒绝买方的订单，或者向买方提出减少交易数量的反要约。买方可以选择是否接受卖方的反要约。

在大多数情况下，对要约做出合法承诺十分容易。在履行合同时，法院倾向于将要约和承诺视为特定情境下发生的行为。如果在这种情境下采取此行为是合理的，法院将会将这些行为解释为要约和承诺。例如，法院认为在某些情境中，邮寄支票、运货、握手、点头、从货架上取下物品或打开包裹这些不同的行为都是具有法律约束力的对要约的承诺。康奈尔法学院（Cornell Law School）的网站上有很多与合同法相关的优秀资源（尤其是与美国商业情境有关的法律资源），如《美国统一商法典》(*The Uniform Commercial Code*，UCC）全文。

2. 点击承诺和浏览承诺

目前销售的大多数软件（无论是以光盘的形式还是从互联网上下载）都包含一份用户在安装该软件之前必须接受的合同。这些合同被称为**最终用户许可协议**（end-user license agreements，EULA），经常会作为软件安装过程中的一个环节以对话框的形式出现。当用户点击"同意"按钮，就视为签署该合同。

多年前，当大多数软件以收缩塑料膜包装盒包装的形式出售时，EULA被包含在包装盒中，同时附有声明，提示买方只要撕下盒子的收缩塑料膜就视为接受了最终用户许可协议。这种行为被称为**拆封承诺**（shrink-wrap acceptance）。如今网站用户可以通过点击网站上的按钮［称为**点击承诺**（click-wrap acceptance）］或简单地使用网站［称为**浏览承诺**（Web-wrap acceptance 或 browser-wrap acceptance）］来同意该站点的 EULA 或其他条款和条件。

虽然很多研究员和法律分析人士一直对点击承诺和浏览承诺持批评态度，但美国法院还是对用户通过点击承诺或浏览承诺的形式接受 EULA 条款予以认可。类似判决的案件在美国之外很少见。尽管在英格兰出现过一个支持拆封承诺的判例（Beta Computers 诉 Adobe Systems），但即使对用户进行了合理的通告，多数欧洲法院也不会强制执行根据《欧盟不公平条款指令》（Unfair Contract Terms European Union Directive）和许多欧洲国家的消费者保护法律被认为滥用的或可疑的合同条款。

3. 服务条款协议

许多网站都声明了站点访问者必须遵守的规则，尽管大多数访问者并不知道这些规则。如果查看网站的主页，通常会发现指向名为"服务条款""使用条件""用户协议"或类似的页面的链接。如果点击这个链接，就会发现一个罗列着详细规章制度的页面，主要是限定网站所有者对访问者使用从站点获得信息时所负的责任。这些合同通常称为**服务条款**（terms of service，ToS）协议，尽管有时候标题不同。在大多数情况下，即使网站访问者没有阅读文本或点击按钮来表明他们同意服从条款，他们也必须遵守这些协议。访问者只要简单地使用了网站就必须遵守协议，这就是本章前面介绍过的浏览承诺的一个例子。

4. 创建在线书面合同

一般来说，即使不是书面合同或签名合同，合同也是有效的。但是，某些类别的合同不可强制执行，除非这些合同条款是由双方书面签订的。1677年，英国议会颁布了一项法律，规定合同必须以书面形式签署。沿袭了英国这一先例，如今美国各州都有类似的法律，称为《**反欺诈法**》(*The Statute of Frauds*)。尽管这些州的法律略有不同，但是每项反欺诈法都规定价值超过 500 美元的商品销售合同以及在一年内不能完成的合同必须签订书面文件。幸运的是，对于开展电子商务的公司和个人来说，并没有规定书面形式必须是纸笔形式。

大多数法院会认为**书面形式**（writing）是合同条款被简化后成为的某种有形形式。在19世纪早期，法院认为电报传输是一种书面形式。后来法院认为说话的磁带录音、磁盘上的计算机文件和传真都是书面形式。因此，对于电子商务合同的当事人来说满足书面形式这一要求是相当容易的。法院在确定签名的构成时也同样宽容。**签名**（signature）是为验证书面形式而执行或采用的符号，法院认为电报、电传、传真和西联汇款（Western Union）邮件上的名字都是签名，甚至在信头打印或印刷的名字也可以作为签名。未来法院很有可能认为电子文件中包含的符号和代码也能构成签名。目前大多数国家都有法律明确规定合同上的数字签名具有法律效力。

多数情况下，开展国际电子商务的公司不需要担心签名的书面形式要求。管理国际商品销售的主要条约——《**联合国国际货物销售合同公约**》（The United Nations Convention on Contracts for the International Sale of Goods，CISG）第 11 条规定，要产生具有法律约束力的承诺并不一定要求书面形式或者签名。访问**佩斯大学法学院的 CISG 数据库**（The Pace University Law School CISG Database）网站，可以获得更多关于 CISG 和国际商法的信息。

5. 网络上的默示担保和免责声明

大多数从事电子商务的公司在满足创建可执行的、具有法律约束力的在线合同要求时没有太大问题。然而，值得注意的一个领域是担保问题。任何销售商品的合同都包含默示担保。**默示担保**（implied warranty）是指卖方即使没有做出明确声明，也需要履行的承诺。法律规定了在任何销售或服务的合同中必须包含这些交易的基本要素。例如，卖方被默示担保其所出售的商品适合该商品的正常用途。如果卖方知道买方特定的需求信息，则接受买方的要约就会产生额外的适用性的默示担保，即商品符合买方的特定用途。卖方还可以通过提供附加保证条款的详细描述以创建明确的担保。卖方也有可能在宣传册或其他广告材料的一般性声明中，对产品性能或特殊用途无意地做出了明确担保。

卖方可以通过免责声明来避免一些默示担保。**免责声明**（warranty disclaimer）是指卖方将不承诺部分或全部默示担保。任何免责声明都必须以显著的书面形式呈现，这就意味着免责声明必须在书面协议的正文中能够很容易地被注意到。在网页上，卖方可以通过将免责声明的字体放大、加粗或利用对比色来满足这一要求。为了保证免责声明的法律效力，其内容必须明确陈述并让买方在网站上很容易看到。图 7-5 展示了某网站的免责声明样本的一部分。为了区别于页面上的其他文本，该免责声明是用大写字母打印的，这有助于满足免责声明容易被注意到的要求。

Disclaimers

WE DO NOT PROMISE THAT THIS WEB SITE OR ANY CONTENT, ELEMENT, OR FEATURE OF THIS SITE WILL BE ERROR-FREE OR UNINTERRUPTED, OR THAT ANY DEFECTS WILL BE CORRECTED, OR THAT YOUR USE OF THE SITE WILL PROVIDE SPECIFIC RESULTS. THE SITE AND ITS CONTENT ARE DELIVERED ON AN "AS-IS" BASIS. INFORMATION PROVIDED ON THE SITE IS SUBJECT TO CHANGE WITHOUT NOTICE. WE CANNOT ENSURE THAT ANY PROGRAMS, FILES OR OTHER DATA YOU DOWNLOAD FROM THE SITE WILL BE FREE OF VIRUSES OR DESTRUCTIVE FEATURES.

WE DISCLAIM ALL WARRANTIES, EXPRESS OR IMPLIED, INCLUDING ANY WARRANTIES OF ACCURACY, NON-INFRINGEMENT, MERCHANTABILITY AND FITNESS FOR A PARTICULAR PURPOSE. WE DISCLAIM ANY AND ALL LIABILITY FOR THE ACTS, OMISSIONS AND CONDUCT OF ANY THIRD PARTIES IN CONNECTION WITH OR RELATED TO YOUR USE OF THE SITE AND/OR ANY OF OUR SERVICES. YOU ASSUME TOTAL RESPONSIBILITY FOR YOUR USE OF THE SITE AND ANY LINKED SITES. YOUR SOLE REMEDY AGAINST US FOR DISSATISFACTION WITH THIS SITE OR ANY CONTENT CONTAINED ON THE SITE IS TO STOP USING THE SITE OR THE CONTENT. THIS LIMITATION OF RELIEF IS A PART OF THE BARGAIN BETWEEN THE PARTIES.

The above disclaimers apply to any damages, liability or injuries caused by any failure of performance, error, omission, interruption, defect of any kind, delay of operation or function, computer virus, communication failure, theft or destruction of or unauthorized access to, alteration of, or use, whether for breach of contract, tort, negligence or any other cause of action.

图 7-5　一个网站的免责声明

6. 签订合同的权力

本节前面介绍过，合同是在接受要约作为对价时形成的。如果承诺是冒名顶替者或无权代替公司签署合同的人做出的，就会出现麻烦。在电子商务中，承诺的在线性使得身份伪造者很容易冒名顶替。

幸运的是，互联网技术虽然让伪造身份变得十分容易，但也提供了避免被伪造身份欺骗的方法。第10章将介绍公司和个人在在线交易中如何使用数字签名以验证电子商务交易中的身份。如果合同金额很大，当事人应该要求对方使用数字签名以避免出现身份造假问题。一般而言，法院不会要求身份被伪造的人或公司履行合同条款，但是如果是由于个人或公司的过失导致了身份被伪造，法院就可能会追究过失方对合同条款的责任。例如，如果一家公司不注意保护密码，让冒名顶替者进入公司系统并接受了要约，法院就可能判定该公司有责任履行合同条款。

在电子商务中判断某人是否有权代表公司签订在线合同是比伪造身份更重要的问题。这一问题被称作**授权承诺**（authority to bind），当公司的一名员工接受了合同，但公司随后声称该员工无权代表公司时，通常会出现这一问题。对现实世界中的大型交易，公司会审查有对方注册状态的公共信息，或要求对方提供公司授权员工签订合同的证书或决议的副本。在线交易的当事方可以采用这些方法，但是这些方法费时且不方便。第10章将介绍一些诸如认证中心的数字签名和数字证书之类较好的电子解决方法。

7.2 电子商务企业知识产权的使用与保护

电子商务企业在使用知识产权时必须十分谨慎。**知识产权**（intellectual property）是对人类思想所有产物的统称，这些产物可以是有形的也可以是无形的。知识产权的权利包括政府通过授予版权和专利，或通过注册商标和服务标识对个人或企业提供的保护。根据个人居住地不同，个人拥有不同的**公开权**（right of publicity），这是一种可以控制他人对个人姓名、形象、肖像或身份识别等方面的商业使用的有限权利。这项权利存在于美国大多数州，但受到美国宪法，特别是《宪法第一修正案》（First Amendment to the United States Constitution）有关规定的限制。电子商务企业必须小心谨慎，避免欺诈交易行为、虚假广告宣传、诽谤或诋毁产品以及在网站或域名中使用未经授权的内容而侵犯知识产权。电子商务网站的网页内容可能会引发许多法律问题，最常见的问题是使用了受他人版权、专利、商标和服务标识保护的知识产权。

7.2.1 版权问题

版权（copyright）是政府对文学或艺术作品作者或创作者的保护，是在版权法规定的时限内赋予作者或创作者唯一行使印刷、出版或出售作品的权利。版权保护的创作覆盖艺术或知识表现的几乎所有形式，包括书籍、音乐、美术、记录（音频和视频）、建筑设计、舞蹈作品、产品包装和计算机软件。在美国，对1977年以后的作品保护期为作者终生直到去世后70年，对公司和非营利组织的作品保护期为出版后95年或者创作后120年（以较早者为准）。

思想本身不受版权保护，只有为表达思想而创作的特定表现作品才能够得到版权保护。如果这种思想不能同形式相分离，就不能受版权保护。例如，数学计算就不能申请版权保护。

只有当事实的集合以某种方式整理、整合或选择，使作品达到原创的水平，才能申请版权保护。例如，Yahoo! 的 Web 目录是 URL 链接的集合，这些链接早在 Yahoo！选择和将其整理成目录之前就已经存在。然而，对将这些链接进行选择并整理成目录就可以申请对该目录的版权保护，大多数版权律师尚存争议。

在过去，美国（以及许多其他国家）的版权法要求对受版权保护的作品进行注册。按照美国现行的版权法，1989 年以后创作的作品，即使没有"版权""版权保护"或版权符号©，也会自动受到版权保护，除非创作者特别申明放弃版权。

大多数美国网页都自动受到版权条款的保护，因为它们是以创造原创作品的形式对文字、图形和 HTML 标签的元素进行排列（此外，很多网页都已在美国版权局注册）。由于 Web 的工作方式，这会产生一个潜在的问题。正如第 2 章所介绍的，当 Web 客户端请求一个页面时，Web 服务器会向客户端发送一个 HTML 文件。因此，该 HTML 文件的副本（以及呈现页面所需的任何图形或其他文件）驻留在 Web 客户端计算机上。大多数法律专家都认为这种复制是对版权保护网页可允许的使用。

美国的版权法可以豁免某些受版权保护作品的侵权行为，称作"**合理使用**"（fair use）。版权的合理使用包括以特定的受限方式复制作品用于批评、评论、新闻报道、教学、学术或研究。合理使用的法律定义十分广泛且很难解释。图 7-6 展示了美国规定合理使用行为的法律文本。

```
Title 17, Chapter 1, § 107 of the United States Code
Limitations on exclusive rights: Fair use

Notwithstanding the provisions of sections 106 and 106A, the fair use of a copyrighted
work, including such use by reproduction in copies or phonorecords or by any other
means specified by that section, for purposes such as criticism, comment, news
reporting, teaching (including multiple copies for classroom use), scholarship, or
research, is not an infringement of copyright. In determining whether the use made of a
work in any particular case is a fair use the factors to be considered shall include

(1) the purpose and character of the use, including whether such use is of a
    commercial nature or is for nonprofit educational purposes;
(2) the nature of the copyrighted work;
(3) the amount and substantiality of the portion used in relation to the copyrighted
    work as a whole; and
(4) the effect of the use upon the potential market for or value of the copyrighted work.

The fact that a work is unpublished shall not itself bar a finding of fair use if such finding
is made upon consideration of all the above factors.
```

图 7-6 美国法律对合理使用的规定

从图 7-6 可以看出，法院在确定特定的使用是否符合合理使用时，会考虑四个具体的因素。第一个因素赋予了非营利性教育使用比商业使用更优先具有合理使用的资格；第二个因素允许法院考虑对绘画和录音采用不同的判定标准；第三个因素通常允许作品的一小部分合理使用，而对整部作品（或作品的大部分）的使用则不是合理使用；第四个因素是大多数合理使用案件的决定性因素，允许法院考虑该使用对版权保护作品价值所造成损害的程度。得克萨斯大学版权速成课程（The University of Texas Copyright Crash Course）和斯坦福大学版权与合理使用（The Stanford Copyright & Fair Use）网站提供了大量有助于判定合理使用的资源。如果你在学校作业中合理使用版权保护的作品，你就应该提供原作的引文以避免被指控剽窃。

版权法总是包含像合理使用豁免之类的要素，使得其难以应用。因为互联网允许迅速传输各种作品的精确数字副本，所以它使得这一情况变得更糟糕。在数字音乐领域，最初的 Napster 网站为数百万人提供了一个交易网络，让他们交换从 CD 上拷贝下来并压缩成

MPEG3 格式（通常被称为 MP3）的音乐文件。这构成了大规模的版权侵权，一批唱片公司起诉 Napster 网站助长了个人侵权行为。

Napster 网站辩称，它只是提供了用于侵犯版权的"机器"，就像电子公司制造和销售可能用于非法复制录像带的录像机一样，但其本身并没有侵犯任何版权。美国地方法院和联邦上诉法院都认为，尽管 Napster 网站没有直接侵犯任何音乐唱片公司的版权，但它应该承担版权侵权连带责任。如果一个主体有能力监督侵权行为并且可以从侵权活动中获得经济利益，就应当承担**版权侵权连带责任**（vicarious copyright infringement）。尽管 Napster 网站本身没有传输任何副本，但由于它缺乏网站监管并间接从侵权活动中获利（通过在其网站上销售广告），所以它应当承担版权侵权连带责任。法院判决关闭 Napster 网站，在支付了 2600 万美元的侵权赔偿金之后，Napster 公司申请了破产。如今百思买公司收购并运营了 Napster 网站，向订阅用户提供合法的音乐。

随着诸如苹果公司的 iPod 之类的便携音乐设备的普及，对 MP3（及相似格式）音乐的需求也在不断增加。如今在线音乐销售公司对于下载音乐文件都有不同的规则和限制，有些网站允许在一台便携放音设备装载一次，有些网站允许装载有限次，还有些网站允许无限次，但要求安装副本的设备属下载人所有。

在音乐 CD 上复制文件并将这些文件存储在便携式音乐设备、智能手机或计算机上已经是非常普遍的做法，这引发了一些有趣的法律问题。正如本章前面所介绍的，这种复制行为在美国受版权法合理使用条款的约束。与复制音乐曲目有关的合理使用条款并不明确，也很难解释。一些律师会辩称，按照合理使用条款，个人有权复制 CD 曲目以备份，然而其他律师却并不赞同。某人为便携放音设备复制一份，为计算机复制第二份，为备份在 CD 上复制第三份，这种行为不太可能受到合理使用条款的保护，但一些律师认为这三次复制都应该受到保护。

当以数字形式购买音乐（如 MP3 文件，或通过苹果 iTunes 商店购买）时，通常在销售时就对复制和分享进行了特别的限制。即便是自用，在对购买的任何数字音乐商品进行复制之前，也都必须阅读并理解有关的限制条款。

7.2.2 专利问题

专利（patent）是政府授予个人制造、使用和销售一项发明的专有权利。在美国，发明专利保护发明者的权利长达 20 年。发明者也可以为一项发明的外观设计申请专利，而不是对发明本身。在这种情况下，专利权对设计的保护期是 14 年。只有当一项发明真实、新颖、实用且与现有技术显著不同时，才能获得专利。在 20 世纪 80 年代初，公司开始获得符合美国专利法条款的软件程序的专利。然而，大多数开发软件用于网站及相关交易处理的公司并没有发现专利法非常有用。申请专利花费不小，而且可能需要数年时间。大多数网络相关软件的开发人员认为，在获得专利保护之前软件的技术可能已经过时，因此它们更依赖于版权保护。

有一种专利引起了电子商务公司的兴趣。1998 年美国一家上诉法院判定"做生意的方法"可以获得专利。**业务流程专利**（business process patent）是指对开展特定业务活动工作流程给予专利保护，这引起了很多争议。除了在第 4 章介绍过的亚马逊"一键点击购物"方法的专利外，还有很多其他电子商务企业也申请到了业务流程专利，如 Priceline.com 的"买方出价"（name your own price）价格投标系统、About.com 公司的多网站信息汇集方法和 Cybergold 公司向浏览网站者付费的方法，都已获业务流程专利。

目前公司保护自己这种专利权利的能力尚不明确。许多法律专家和商业研究人员认为，业务流程专利的授予会导致受让人不公平的垄断权，是专利法的不适当延伸。1999 年亚马逊公司起诉巴诺书店（Barnes & Noble）在其网站上使用类似"一键点击购物"的业务流程，该案于 2002 年庭外和解，但和解条款并没有公布。

业务流程专利案件的处罚额度可能会很高。例如，2007 年一位联邦法官命令 eBay 公司向 MercExchange 公司支付大约 3000 万美元的罚金。MercExchange 是一家购买专利并实施的公司，曾起诉 eBay 公司对其"立即买"（Buy It Now）的固定价格销售选项的使用侵犯了自己的专利权，并声称其对在在线拍卖中提供固定价格选项的业务流程拥有多项专利。在获得赔偿金后，MercExchange 公司继续就此案提起诉讼，希望赢得禁止 eBay 公司使用该功能的禁令。2008 年，eBay 公司同意从 MercExchange 公司购买三项专利，最终结束了这场诉讼，具体花费没有对外公开。

业务流程专利仅仅在美国比较普遍，大多数其他国家的知识产权法并不许可业务流程专利。业务流程专利的适当性是引发法律学者和电子商务经理之间激烈争论的问题。一些业务主管和律师认为，如果业务流程专利的期限比其他专利要短，那么它们可能是合适的。关于这一观点是有先例的，因为美国现行法律就对外观设计专利规定了较短的保护期。有限期限的业务流程专利可能是这一政策的合理延伸。2014 年，美国最高法院在爱丽丝公司（Alice Corp.）起诉 CLS 国际银行的案件中裁定，爱丽丝公司的业务流程专利（涉及使用计算机确认交易完成并授权支付）是几百年来普遍使用的基本金融业务概念。美国最高法院的结论是，增加一个计算机程序，也不足以达到授权专利的创新要求。然而，这项裁决并没有使所有的业务流程专利无效，但是它确实阐明了业务流程需要的不仅仅是基于技术的既有业务实践的实现。

大多数公司使用它们的专利来保护它们在业务中使用的知识产权。但是，个人或公司可以向原发明者购买专利，然后通过起诉未经许可使用专利的其他人，实施专利授予的权利。这些人被称为**专利主张实体**（patent assertion entities，PAE）或**专利流氓**（patent trolls），因为他们通常会购买那些他们认为正在被侵权的专利，然后威胁要起诉侵权人，以期获得现金和解。许多这些行为都是基于业务流程专利的。例如，Eolas 公司认为其持有的专利保护了将交互式内容嵌入网页的概念，微软公司因为侵权这些专利，向专利持有人 Eolas 公司支付了超过 1 亿美元的侵权费。然而，最终 Eolas 公司的这些专利被裁定为无效。一些政府已经出台了限制专利流氓权力的法律，但迄今为止结果喜忧参半。

7.2.3 商标问题

商标（trademark）是公司在其生产的商品使用的，由文字、图形或者其组合构成的，具有显著特征、便于识别商品来源的专用标记。**服务商标**（service mark）类似于商标，但它用于标识企业所提供的服务。在美国，商标和服务商标可以在州政府、联邦政府或在两者同时注册。**商号**（trade name）是企业用来标识自己的名称（或该名称的一部分）。除非商号与产品（或服务）名称相同，否则商号不受商标法保护，但是它们受到习惯法保护。**习惯法**（common law）作为英美法系的一部分，是基于法院多年来积累的判决史所确立的。英美法的另一组成部分是**成文法**（statutory law 或 statutes），是立法机构依据法定程序制定和颁布的表现为条文形式的规范性法律文件。

注册商标的持有人经常在开发和推广商标上投入大量资金，网站设计者必须非常小心，如果没有商标持有人的明确许可，不得使用任何商标名、标志或者其他标识符。例如，一个公司的网站上有总裁的照片，总裁又碰巧拿了一听百事可乐，这就可能会被指控侵犯了百事公司的商标权。百事公司可能会提出，在该网站上出现百事的注册商标产品，会让浏览者误认为该公司或其总裁得到了百事公司的认可。

7.2.4 域名和知识产权问题

关于知识产权和互联网域名，已经引起了相当大的争议。**域名抢注**（cybersquatting）是指利用他人或其他公司的商标注册域名，希望其所有者支付巨额资金来赎回域名的行为。此外，成功的域名抢注者可以吸引许多网站访问者，并因此收取高广告费。注册像 Wine.com 这样的通用名称，希望它有一天会变得有价值，这不是域名抢注，而是完全合法的猜测。

还有一个与之相关的问题叫作**域名变体**（name changing 或 typosquatting），它是指有人故意用一些著名域名的错误拼写来注册域名。这种域名变体有时诱导某些在输入 URL 时拼错域名的消费者进入。例如，一个人可能会容易将 LLBean.com 拼成 LLBaen.com，结果进入一个诈骗网站。

自 1999 年以来，美国《反域名抢注消费者保护法》（Anticybersquatting Consumer Protection Act）禁止他人将某公司的商标名称注册成域名。该法规定每个商标的损害赔偿金最高为 10 万美元。如果发现未经授权的域名注册行为是"故意的"，则赔偿金额可能高达 30 万美元。

当某人注册了一个现有商标或者公司名称的域名时，产生的争议由**世界知识产权组织**（The World Intellectual Property Organization，WIPO）来裁决。WIPO 自 1999 年开始根据《统一域名争议解决政策》（Uniform Domain Name Dispute Resolution Policy，UDRP）来解决域名纠纷。国际管辖权问题使各国法院的执法变得既烦琐又无效。作为一个国际组织，WIPO 可以跨越国界，提供在全球电子商务环境中有效的裁决。

当企业的商标是常用词时，就容易引起纠纷。如果某人获得的域名包含这个常用词，则该商标的所有者必须向 WIPO 寻求调节。在 90% 以上的案例中，WIPO 的规则有利于商标所有者，但也并非胜券在握。

例如，当三个域名抢注者试图以 1000 万美元的价格出售域名 barrydiller.com 时，这件事成了头条新闻。时任美国网络公司（USA Networks）首席执行官的巴里·迪勒（Barry Diller），赢得了 WIPO 的支持，判令 INTERNTCO Corp. 将域名转让给他（巴里·迪勒诉 INTERNTCO Corp. 案）。这一裁决确立了名人姓名作为服务商标的习惯法。在该案中，WIPO 陪审团发现域名抢注者没有合法权利或相关利益，并且他们注册该名字的目的是用于欺诈。

在另一个例子中，多年来一直以"斯汀"（Sting）为艺名进行音乐表演的戈登·萨默（Gordon Sumner）向 WIPO 提起诉讼，因为乔治亚州的一名男子抢注了 www.sting.com 域名，并向萨默索要 2.5 万美元的域名购买费。然而，在这一案中，WIPO 认为"sting"是一个常用词，除了作为音乐家的标识符以外，还有多种含义。因此 WIPO 拒绝将域名判给萨默。在 WIPO 做出判决后，萨姆纳以未公开的金额购买了该域名，现在他的官方网站是 www.sting.com。

许多批评人士认为，WIPO 在执行统一域名争议解决政策时并不公平，许多判决并不一致。不服 WIPO 判决的人还面临一个问题，即无法向唯一的权威机构申诉纠正。取而代之的是，在 WIPO 听证会中败诉的一方必须找到对争端具有管辖权的法院，并在那里提起诉讼以推翻 WIPO 的裁决。由于没有一家中央权威机构保存 WIPO 的所有裁决和上诉档案，商标和域名持有人或者任何一方的律师都很难预料统一域名争议解决政策在他们的案件中将如何解释。

域名滥用的另一个例子是域名窃取，非域名所有者更改域名所有权时就产生了**域名窃取**（name stealing）。当公共域名注册商在数据库里的域名所有者信息和企业地址等信息被改变时，就发生了**域名所有权更改**（domain name ownership change）。一旦域名所有权发生变化，域名窃取者就可以操纵网站，在上面涂鸦，或者将客户引到其他网站——可能是销售竞争性产品的网站。域名窃取的主要目的就是骚扰网站所有者，因为所有权改变可以在发现后很快恢复过来。尽管如此，域名窃取也能够切断企业的网上业务长达数天之久。

7.2.5 在线知识产权的保护

有几种方法可以用来对在线数字产品的知识产权进行保护，然而它们只能提供一定程度的保护。一种技术是使用**数字水印**（digital watermark），在数字图像或音频文件中隐蔽嵌入的数字代码或数字流。数字水印可以通过加密（第 10 章将介绍更多关于加密的知识）来保护它的内容，或只是简单地隐藏在图像或声音文件的字节里。Verance 是一家提供数字音频水印系统以保护在线音频文件的公司，它的系统可以识别、认证和保护知识产权，还允许公司监控、识别和控制对其数字音频或视频的使用。Verance 公司还生产了一些可以在电话交谈、视听记录和证词被修改时提醒用户的产品。

Blue Spike 公司提供了一种可以进行版权认证和复制控制的数字水印系统，**复制控制**（copy control）是一种对数字作品复制数量进行限制的电子机制。Digimarc 是另一家提供数字水印知识产权保护软件的公司，其产品可以在线跟踪嵌入数字水印进行保护的作品。此外，Digimarc 公司的数字水印可以将浏览者与商业网站和数据库连接起来，还可以控制软件和回放设备，也可以包含有版权信息和到作品创作者的链接，这就使作品著作权不可被否认，从而促进了作品的在线销售和授权。

7.2.6 诽谤

诽谤（defamation）是一种损害他人或公司声誉的虚假陈述。如果这种陈述损害的是产品或服务而不是人的声誉，则称之为**产品诋毁**（product disparagement）。在一些国家，即使是对产品进行真实和诚实的比较也可能会被认为是产品诋毁。因为正当评论和诽谤之间的区别很难确定，所以商业网站在对他人或产品做出负面评价之前应该考虑其所处管辖区域内的特定法律（并考虑向律师咨询）。

网站设计者应该尤其要小心避免因为以一种不友好的方式改变他人的照片或形象而带来的潜在诽谤责任。在大多数情况下，此人必须证明诽谤给自身带来了实际的伤害。然而，大多数州的法律都承认一种称为**本质诽谤**（per se defamation）的法律行为，法院认为某些类型的陈述是如此负面以至于可以推定其所带来的伤害。例如，法院把可能对某人的业务、贸易、职业或职务造成损害的不准确陈述认定为诽谤，而投诉方不需要证明其所受伤害就可以取得赔偿。因此，决定在线发布关于竞争对手的陈述之前，应该仔细审查是否有诽谤因素。

美国的法律中有一个重要的例外，即对公众人物（如政治家或著名演员）的评论。法律允许对其进行讽刺或尽情地表达个人意见，而不判作诽谤。然而，其他国家没有提供相同的法律保护，所以拥有国际受众的网站运营商就需谨慎行事。

此外，需要记住的是诽谤或诋毁言论必须是虚假陈述，这保护了发布关于商品和服务的真实的负面评价的网站。例如，如果一个人读了一本书后觉得内容很糟糕，他可以在亚马逊网站放心地发表认为此书缺乏文学价值的评论。这种个人意见的陈述是真实的，既不算是诽谤也不算是诋毁。最后，在美国的许多州，对个人的名字、照片或其他个人身份元素的使用会侵犯个人公开权。在承认这一权利的司法管辖区开展业务的公司必须十分谨慎，获得个人许可后才可以在网站上使用其姓名、照片、肖像或身份特征。

7.2.7 商业欺诈

网站设计者可以轻松地编辑图形、音频和视频，这就使他们可以做很多有创意的、充满趣味的事情。对现有图片、声音和视频的剪辑操作十分有趣，但是如果被编辑的对象是商标，则这些操作就会构成对商标持有人权利的侵犯。虚构的角色可以注册商标或以其他方式保护。许多网页未经授权就擅自使用卡通人物形象或名人的扫描照片，当然这些图像通常已做某种程度的修改。如果一个网站让变形的米老鼠变声说话，就可能被迪士尼公司的法律团队起诉。

包含其他网站链接的网站必须小心，不要暗示与其他网站有赞助关系，除非这种关系确实存在。例如，一个 Web 设计工作室的网页上可能包含了指向显示良好设计原则的公司 Web 站点的链接。如果这些公司网站不是由该设计工作室创建的，那么该设计工作室必须非常小心地陈述这个事实。否则，访问者很容易误认为这些链接指向的网站都是该工作室的作品。

一般而言，商标保护能禁止其他公司使用相同或相似的名称、标志或其他识别特征，以免造成商标持有人的产品或服务的潜在客户产生混淆。例如，一家信用卡公司的商标"Visa"被另一家公司用来标识其合成纤维，这是可以接受的，因为这两种产品明显不同，而且信用卡或合成纤维的消费者很少会因为名称相同而混淆。然而，如果商标有被淡化的风险，那么著名商标会保护它在所有产品上的使用。各州的法律认为**商标淡化**（trademark dilution）是指因为其他用途而降低了商标的独特性。例如，Hyatt、Trivial Pursuit、Tiffany 等商标名称以及可口可乐瓶子的形状都受到法律的保护。因此，一家声称其出售的海鲜礼品是"Tiffany of the Sea"的网站，会因为商标淡化损害著名珠宝商蒂芙尼（Tiffany）的形象而遭到后者的起诉。

7.2.8 广告监管

美国的广告主要由**联邦贸易委员会**（The Federal Trade Commission，FTC）监管。FTC 发布规定并调查对虚假广告的指控，它的网站上发布了许多对企业和消费者有用的信息。根据美国法律，任何有可能误导大量消费者的广告宣传都是违法的。FTC 除了进行自己的调查外，还会接受美国商业改进局（Better Business Bureau）等组织提交的调查。FTC 的政策包含广告中允许出现的内容，同时还覆盖以下特定领域：

- 诱售广告。
- 消费者出租和租赁。
- 背书和证明。
- 家电能耗说明。
- 担保与保证。

- 价格。

美国的其他联邦机构也有权监管在线广告，包括食品与药物管理局（FDA）、烟酒枪械管理局（BATF）和交通部（DOT）。FDA监管食品和药品信息的发布，如任何准备为药品做广告的网站都要遵守FDA的药品标签和广告规定。BATF和FDA共同对酒精饮料和烟草产品广告进行监管并执法。联邦法律要求这些产品的每个广告都有非常详细的说明，许多州也有规范酒精饮料和烟草产品广告的法律。各州和联邦法律对关于枪械广告与销售的管理更为严格，任何打算销售这些产品的网站在发布此类产品的广告前，都应该咨询熟悉相关法律的律师。DOT和FTC共同监管其管辖范围内的公交公司、货运公司和航空公司等公司的广告。

7.3 网络犯罪、恐怖活动与战争

互联网为地理上相隔甚远的人提供了沟通和相互了解的通道，也创造了新的商业机会，带来了很多积极影响。不幸的是，它也被用于负面目的，有些人把互联网当作犯罪、进行恐怖活动甚至发动战争的工具。

7.3.1 网络犯罪：管辖权问题

网络犯罪是现实世界中出现多年的犯罪活动的在线版本，它包括盗窃、跟踪、传播色情信息和赌博。网上还出现了其他新的犯罪类型，如控制一台计算机对其他计算机发动攻击等。

执法机构难以应对多种类型的网络犯罪。第一个障碍就是管辖权问题。本章前面介绍过，在互联网上很难确定管辖权。如果是盗窃知识产权（比如计算机软件或计算机文件），则管辖权问题会变得更加复杂。在美国司法部的**计算机犯罪和知识产权处**（The Computer Crime & Intellectual Property Section）网站上可以了解更多关于网络犯罪问题的信息。

对于执法者来说，跨国起诉诈骗犯一直是个难题。诈骗本就依赖于管辖权问题来给犯罪调查过程制造麻烦，而互联网给欺诈骗局带来了新花样。多年来，"预付费诈骗"（advance fee fraud）一直花样繁多，而电子邮件的出现更让犯罪分子能够以低廉的成本诱骗大量受害者。在预付费骗局中，犯罪分子往往声称可与受害者分享一大笔收益，但前提是需要受害者能够预先提供一定额度的保证金。一旦拿到保证金，犯罪分子就会消失得无影无踪。在一些网络骗局中，犯罪分子要求受害者提供身份信息（银行账号、社会安全号码、信用卡号等），并利用这些信息窃取预付费。在线预付费骗局的受害者往往是那些没有多少技术经验的用户或轻易信任陌生人的人。

由于管辖权问题，禁止色情内容传播的法律很难执行。大多数情况下，合法的成人内容和非法的色情内容之间的区别是主观判断的，往往难以区分。美国最高法院裁定，州和地方法院可以根据当地社区标准来划定它们之间的界限。这又为网上销售带来了麻烦，如佐治亚州的居民下载了俄勒冈州的一个网站上出售的有问题的成人内容，那么究竟哪个社区标准适用于这项销售就成了一个难题。

类似的管辖权问题也出现在网络赌博中。许多赌博网站建在美国境外。如果一个在加利福尼亚州的人使用计算机连接到境外的赌博网站，就很难确定赌博行为在哪里发生。有些州已通过了明确禁止互联网赌博的法律，但这些州执行限制网上活动的法律的管辖权并不明确。

2008年，美国财政部和联邦储备银行联合签署了《禁止互联网博彩法》（The Unlawful

Internet Gambling Enforcement Act，UIGEA）。作为一部联邦法律，UIGEA 赋予执法者的管辖权比任何州级法律更为明晰。该法禁止博彩公司任何形式的与非法互联网博彩有关联的支付，包括信用卡支付、电子资金转账和支票等。根据 UIGEA 规定，只要赌博行为发生地、赌资接受地或下注地的州法律或联邦法规禁止互联网赌博的都属于非法互联网博彩。

该法签署后的首次大型执法行动发生在 2009 年，联邦当局当时查封了大约 2.7 万名在线扑克玩家的银行账户，涉案金额超过 3400 万美元。2011 年，美国联邦调查局以涉嫌从事违法博彩、银行诈骗和洗钱等活动的罪名逮捕了三家拥有众多参与人员的扑克牌网站的创建者。涉案人员被指控涉嫌通过欺骗和贿赂小银行来为他们支付的方式规避 UIGEA。在支付了超过 7.8 亿美元的民事诉讼费用后，涉案公司被并入其他赌博公司或申请破产，几名被告则根据认罪协议被送进了监狱。

其他国家也通过了一些类似的约束网络博彩的法律。然而，其中有一些法律受到了挑战，被网络博彩公司所在国家指责有歧视性。如果一国法律允许赌博，但又禁止外国企业提供赌博服务（通过互联网），这就会引发违反 WTO《服务贸易总协定》的争议。安提瓜和巴巴多斯政府曾分别向美国提出类似抗议，指责美国通过执行 UIGEA 进行歧视性贸易。

2011 年，伊利诺伊州和纽约州提议准许通过互联网和州外机构向本州成年民众出售彩票。作为回应，美国司法部在签署的备忘录中给出了意见，改变了长期持有的反对几乎所有形式网络赌博的立场。这一备忘录主张联邦法律并不禁止各州发行彩票（特别针对 1961 年通过的电信法），因为这些彩票并不涉及体育赛事的赌博。UIGEA（违反该法的前提是联邦或州立法律规定该项赌博非法）对此不适用，因为基本的博彩并不违法。博彩公司和社交网站对当地批准网络赌博合法化的前景充满期待，一些州的立法机关也着手起草法律，允许州政府和现有合法赌场开展非体育赛事的网络赌博。

7.3.2 新型网络犯罪

正如第 6 章所介绍，互联网让新型商业成为可能。但技术进步也有其灰暗的一面，那就是互联网也让新型的犯罪成为可能。随着这些新型犯罪的出现，执法者在将互联网普及之前制定的法律条款应用于互联网上的犯罪行为时，往往会遇到困难。

例如，许多州都有针对跟踪骚扰的法律，以制裁扰乱、骚扰或恐吓他人并的确构成威胁的犯罪分子。这些法律很多要求实际的行为，如在身后跟踪某人。互联网使跟踪者可用电子邮件或聊天室的讨论进行骚扰，因此要求实际行为的法律对网上的跟踪骚扰就没有约束效果。只有很少几个州通过了涉及网上跟踪骚扰的法律。

互联网能够放大那些在现实世界中原本可以在当地处理的行为的影响。例如，学校操场一度是校园霸凌的惯常发生地。参加霸凌的学生会受到校方处理，只有在一些极端情况下才会被交由执法机关处理。如今，年轻人可以利用科技骚扰、嘲讽、威胁甚至侮辱他人。这种行为被称为**网络霸凌**（cyberbullying），包括通过互联网进行或在网站发布一些恐吓、性议论或诬蔑性的评论等（社交网站经常被用来发布这类内容）。犯罪者也可能以受害者的身份在媒体上发布一些声明，比如照片或视频（通常是编辑过的，以丑化受害者为目的），所有这些都是为了损害受害者的名誉。由于互联网增加了这类攻击的强度和范围，它们要比现实社会中的霸凌行为更能引发执法人员的注意。

针对存在破坏性内容的社交媒体网站的诉讼一直没有成功，因为此类网站通常不对个人会员发布的内容负责。网络骚扰的受害者可以诽谤、疏忽性误述、侵犯隐私和造成情绪困扰为由向犯罪者（如果可以查明的话）提起民事诉讼。大多数司法管辖区内的刑事法规并没有跟上技术发展的步伐，许多形式的跟踪和网络霸凌很难根据这些法律进行起诉。不过，美国的一些州已经开始通过法律来解决这些网络犯罪问题。佛罗里达州于 2013 年颁布的 HB609 法案内容就涵盖了高中师生的网络霸凌。然而，2015 年，美国最高法院在"**依隆尼斯诉美国**"（Elonis v. United States）案中裁定，网上发表的言论必须是故意的且有意识的威胁才能被视为犯罪行为。这种意图可能难以证明，并且可能会使得针对网络霸凌和其他在线威胁的法律更加难以执行。

使用手机发送色情信息或照片的做法称为**性短信**（sexting），在许多司法管辖区内发送性短信是一种犯罪行为，即便是发给朋友或熟人。很多政治家、运动员和知名人士都受到了性短信的侵扰。18 周岁以下的年轻人在传送自己的裸体照片时，就可能给自己和接收方带来严重的刑事责任。在美国和其他一些国家，只要是持有（不论出于什么动机）未成年人的裸体照片就会受到被判入狱的严厉惩罚，并且要求将犯罪者登记为性犯罪者。

越来越多的公司报告说，竞争对手和其他公司试图渗透它们的计算机系统，意图窃取数据或者破坏它们的运营。较小的公司更容易成为被攻击的目标，因为它们通常没有强大的安全保障（第 10 章将详述电子商务的安全），但较大的公司也未必能幸免。2004 年，律师和计算机专家梅隆·特雷什丘克（Myron Tereshchuk）被判敲诈罪，两年来他一直威胁专利与商标服务公司 MicroPatent 要公布其客户的机密信息，勒索 1700 万美元。在调查过程中，MicroPatent 公司不仅在法律顾问和技术咨询上花费了 50 多万美元，还为此投入了大量内部资源。MicroPatent 公司的销售经理还花费大量时间说服客户，保证他们的机密信息（如他们正在申请的专利与商标的资料）没有被泄露。MicroPatent 公司的案例并不是特例。根据计算机安全研究所（Computer Security Institute, CSI）近期对 634 家企业的调查发现，平均每家公司因非法数据访问造成的损失超过 30 万美元，因信息失窃造成的损失超过 35 万美元。《信息周刊》（*InformationWeek*）与埃森哲公司的另一项调查发现，78% 的企业认为其无法应对越来越老练的攻击者。

2010 年，美国全国零售联盟（The National Retail Federation）联合 eBay 和美国联邦调查局开展了针对零售犯罪组织的打击行动，这些犯罪组织专门从实体商店进行大量盗窃并在网上销赃。近年来因为商店要求收据或识别信息（跟踪大宗退货者）的政策，商店盗窃者通过退货途径把盗窃的商品进行变现的企图受阻。但是互联网却为这类通过销售盗窃商品牟利的犯罪行为提供了新的途径。通过与零售商合作，eBay 可以利用数据跟踪技术识别对盗窃商品的拍卖行为，并提醒有权调查这些可疑行为的执法人员。

尽管很多时候互联网会造成法律执行的困难，但也有例外。随着警察使用网络的经验越来越丰富，他们发现在某些情况下网络有助于追踪犯罪分子。许多案件就是因为犯罪分子在社交网站上吹嘘自己的罪行而获得侦破的。从在社交网站张贴故意破坏行为的照片的宾州涂鸦艺术家，到上传了使用燃烧弹袭击飞机修理棚的行动录像的加州青少年，使用互联网的犯罪分子让警察易于跟踪其动向。在其他案件中，犯罪分子在其网络个人档案中留下的线索可以为警察用来佐证其他证据，如谋杀嫌疑犯在网络个人档案中描述了他最喜欢的凶器。尽管隐私监督的组织对执法人员随意浏览网络寻找线索的行为表示担忧，但网上发布的任何内容都是公开信息，应该受到详细审查。

7.3.3 网络战争与恐怖活动

许多互联网安全专家认为，我们即将进入一个能够通过互联网进行恐怖活动和战争的时代。现在相当多的网站公开支持恐怖组织，或者就是由仇恨团体和恐怖组织运营的。这样的网站有成千上万个，有的包含关于制造生化武器或其他毒素武器的详细资料，有的有帮助恐怖组织在线招募新成员的论坛，有的提供恐怖主义教学影片。

美国国土安全部和国际刑警组织（Interpol）等国际警察机构正投入大量资源监控网上的恐怖活动。从历史上看，这些机构在全球范围内的协同工作情况并不尽如人意。全球恐怖组织的威胁激发了国际刑警组织更新和扩大其计算机网络监控技能，协调全球反恐工作。

互联网提供了一个有效的沟通网络，许多人和企业都依赖于它。尽管互联网的设计初衷是在受到攻击时可以继续运行，但资金充裕的恐怖组织持续攻击，还是会减慢主要交易处理中心的运行速度。随着越来越多的商业信息通过互联网传递，这类攻击造成的潜在损失会越来越大。第 10 章将会详细介绍安全威胁和对付这些威胁的安全措施。

7.4 伦理问题

开展电子商务的公司应该遵守所有公司都要遵守的伦理标准。如果它们不这样做，它们将遭受与所有公司相同的后果：声誉受损和信任长期丧失，这可能导致业务损失。一般而言，网络上的广告或推销应该只包括真实的陈述，并且不应该呈现任何可能误导潜在客户对某个产品或服务印象的信息。当广告遗漏了重要的相关事实时，即使是真实的陈述也会产生误导。任何与其他产品的比较都应该由可验证的信息来支持。下一节将介绍伦理在制定网络商业政策（如影响访问者隐私权的政策和与儿童的网络交流政策）时所扮演的角色。

7.4.1 伦理与在线企业实践

在做决策时，在线企业发现伦理问题很重要。第 3 章讲过，网上的买家经常相互交流。公司背离伦理标准的行为会在客户之间迅速传播，从而严重影响公司的声誉。1999 年《纽约时报》（*The New York Times*）刊登了一篇报道，披露了亚马逊与出版商之间的图书促销安排。作为合作广告项目的一部分，出版商支付给亚马逊高达 1 万美元的费用，亚马逊则帮其发表书评并加入推荐图书列表上。当这条新闻曝光后，亚马逊发表声明称它并没有做错任何事情，并声明这种合作广告项目属于出版商和书店的正常关系。但网上新闻组和邮件列表上的声讨铺天盖地。两天后，甚至在大多数大众媒体还没有开始报道这件事之前，亚马逊就宣布终止该项目，并为所有购买了促销书的客户无条件退款。亚马逊并没有任何违法之处，但其行为对许多现有客户和潜在客户来说似乎是不道德的。

1999 年年初，eBay 也遇到了类似的伦理困境。几家报纸大肆报道在 eBay 拍卖网站上可以销售诸如攻击性武器和毒品之类的非法物品。当时 eBay 网站上每天陈列的商品已有 25 万种，虽然它会调查在自己的网站上拍卖的非法物品，但在物品上网拍卖之前，eBay 并没有主动筛选或过滤。

尽管 eBay 在法律上没有义务对拍卖的物品进行筛选，且筛选成本非常高，但管理层认为过滤非法物品和侵犯版权物品符合公司的长期利益，并且这个决定会让客户和大众了解公司的品质。eBay 决定从网站上删除所有武器类商品。但不是所有的用户都欢迎这一决定，因为如果处理得当，在 eBay 上销售武器是完全合法的。然而，eBay 管理层认为一个开放、诚实的电子集市的形象对 eBay 未来的成功非常重要，最终还是决定禁止武器的销售。

2009 年，许多软件开发人员抱怨苹果应用商店（在本书前面部分已经提到 Apple Apps Store）对网上销售软件的批准过程过于缓慢。苹果公司回应说，自己有责任保护其客户（拥有 iPhone 和 iPad 产品的人）免遭一些无良软件供应商的侵害，它们可能会销售一些使设备不能无法正常运行、使 iPhone 或 iPad 崩溃甚至安装恶意软件的 App。苹果公司辩称，尽管它并没有法律义务对第三方开发人员提供且在苹果应用商店网站上销售的软件进行类似测试，但自己的测试和批准程序对于保持用户对苹果产品的信心还是必要的。

当组织从网站访问者处收集电子邮件地址时，它们面临的一个重要的伦理问题是组织如何限制电子邮件地址和相关信息的使用。在网络发展初期，很少有组织向提供此类信息的访问者做出任何承诺。今天，尽管大多数网站都说明了该组织关于保护访问者信息的政策，但许多网站并没有这样做。在美国，法律并没有限制组织使用其通过网站收集的信息，它们可以将这些信息用于任何目的，包括将其出售给其他组织。缺乏可能保护网站访问者信息的政府法规，是许多个人和隐私权倡导者非常担心的问题，下一节将讨论这些问题。

7.4.2　隐私权和责任

随着互联网和 Web 成为日益重要的通信和商务工具，在线隐私问题的重要性不断显现。许多与隐私有关的法律问题仍然悬而未决，并在各种论坛上引起热烈讨论。1986 年通过的《**电子通信隐私法**》（The Electronic Communications Privacy Act of 1986）是目前管辖在线隐私的主要法律。当然，该法是在公众开始广泛使用互联网之前制定的。该法旨在更新现有的法律，以防止对音频信号传输的拦截，从而使任何类型的电子传输（如传真或数据传输）都受到同样的保护。在 1986 年，人们没有使用互联网大量传输有商业价值的数据，因此该法律的制定主要是为了处理在租用电话线上可能发生的拦截。

在美国，已经颁布了许多解决在线隐私问题的法律，但没有一个法律在宪法的挑战下幸存下来。1999 年，FTC 发布了一份关于网站尊重访问者隐私权问题的报告。该报告指出：虽然 FTC 发现有许多网站没有发布隐私政策，但是它们都在积极地开展隐私保护的行动，当时还不需要任何有关隐私的联邦法律。隐私保护团体则对联邦贸易委员会的报告非常愤怒，并呼吁立即进行立法。直接营销协会（The Direct Marketing Association，DMA）是由通过邮寄、电话、互联网和大众媒体直接向消费者宣传其产品和服务广告的企业组成的贸易协会，它已经为其成员制定了一套隐私标准。批评人士指出，DMA 过去对规范其成员行为的努力少有成效，并继续推动隐私法的实施。DMA 代表其成员游说立法者，他们通常不希望任何隐私法干扰他们的商业活动。

既然法律跟不上互联网和 Web 的发展，伦理就成为在线隐私的一个重要问题。当收集有关访问者的网页浏览习惯、产品选择和人口统计等信息时，网站可记录的个人信息的性质和程度很可能会威胁到这些访问者的隐私权。当公司失去对其客户（和其他人）收集的数据的控制权时，问题就更为突出。近年来，很多公司因为未经本人允许发布了个人敏感信息成为媒体头条报道对象，比如下面这些例子：

- 2004 年，ChoicePoint（一家从事消费者信息编纂的公司）将超过 14.5 万人的姓名、地址、社会安全号码以及信用报告出售给了冒充合法企业的窃贼。由于侵犯隐私，已经有 1000 多起欺诈案件记录在案。ChoicePoint 最终赔付了 1000 万美元罚款，并设立了一个 500 万美元的基金来补偿受害者。
- 2005 年，黑客进入 DSW 鞋店（DSW Shoe Warehouse）的客户数据库，盗取了 140 万名客户的信用卡账号、支票账号及驾照资料。
- 2009 年，黑客破坏了信用卡处理公司哈特兰支付系统（Heartland Payment Systems）的安全性，大约有 650 家银行及其他金融机构发行的超过 1.3 亿张卡号被盗取。
- 在 2013 年假日购物季中，塔吉特报告称，黑客在公司的销售点终端插入恶意软件，窃取了 4000 多万名零售客户的姓名、信用卡号、有效期和安全码等信息。2014 年，类似的攻击从家得宝公司收集了 5600 万名客户的信用卡信息。
- 2015 年，有几个重大的安全漏洞泄露了数百万人的个人信息（Anthem，CVS）和纳税申报数据（IRS）。甚至美国人事管理办公室（Office of Personnel Management）也发现了超过 2200 万求职者和现有员工的个人和背景调查信息记录被窃取。

不是所有的隐私泄漏都是由外部机构造成的。有些时候，是因为公司内部的物品失窃。比如：
- 2005 年，Ameritrade、美国银行（Bank of America）、时代华纳公司（Time Warner）称丢失了存储数十万客户或员工信息的计算机备份磁带。
- 2008 年，新泽西地平线蓝十字蓝盾公司（Horizon Blue Cross Blue Shield of New Jersey）报告称其一名员工的笔记本计算机被盗，笔记本中有 30 多万人的个人信息（包括社会安全号码）。
- 2013 年，阿纳海姆凯撒基金会医院（The Kaiser Foundation Hospital in Anaheim）的一名员工丢失了一个包含 49 000 个病历的 USB 闪存盘。

导致个人信息丢失的安全漏洞数量持续增加。2014 年，身份失窃资源中心（Identity Theft Resource Center）报告了 783 起确认事件，并预计事件上升趋势会继续下去，其指出自 2005 年开始追踪这些事件以来，共有 675 起个人记录遭到破坏的事件。

互联网也改变了对隐私的传统认识，因为它允许世界上任何地方的人在线收集大量数据，而这在几年前是不可能的。例如，房地产交易记录在美国属于公开档案，各县档案局保存了多年的交易记录，任何人到县档案局都可以查阅，不过需要几个小时翻阅厚厚的手写档案。现在很多县都在互联网上提供这些档案，研究人员不再需要长途跋涉到某个县的档案局，在互联网上就可以查阅数以千计的房地产交易记录。许多隐私专家认为，数据访问方便性的这种变化，会对房地产交易者的隐私权有重大影响。由于互联网让更广泛的人都能得到这些数据，房地产交易者的隐私性大大降低。

世界各地文化的差异导致不同国家或地区的人们对电子商务隐私的要求也不相同。例如，在欧洲，大多数人希望自己提供给商务网站的信息只能用于当时收集这些信息的目的。许多欧洲国家都有禁止公司在未经客户明确同意的情况下交换客户数据的法律。1998 年，欧盟生效了《个人数据保护指令》（Directive on the Protection of Personal Data），该指令将大多数欧洲国家现有的宪法所赋予的隐私权利编纂成了法典，并将其应用于所有互联网活动。此外，该指令还禁止公司向欧盟以外的国家出口个人数据，除非这些数据能按照该指令的精神继续得到保护。欧盟及其成员国一贯倾向由政府立法保护隐私。美国则相反，美国公司（尤其是直邮营销行业的公司）一直游说应该由公司自己而不是政府制定保护隐私的政策。开展国际业务的公司必须了解这些差异，如一家美国公司在欧盟开展业务的时候就要遵守其隐私法律。

当前美国的主要隐私争议之一是选择加入与选择退出问题。大多数在网上开展业务时收集个人信息的公司都希望能够将这些信息用于自己的任何目的。有些公司也希望能够将这些信息出售或者出租给其他公司。美国目前尚没有限制公司使用这些信息的法律。一般来说，公司可以随意销售或租赁这些信息。越来越多的美国公司确实为那些想要限制个人信息使用的客户提供了一种方式。美国公司现在最常用的政策是选择退出方式。采用**选择退出**（opt-out）方式时，收集这些信息的公司假定客户默许公司使用个人信息，除非客户明确选择拒绝许可（即选择拒绝使用个人信息）。在较少采用的**选择加入**（opt-in）方式中，收集个人信息的公司不能将个人信息用于任何其他目的（出售或租赁个人信息），除非客户明确选择允许使用（即选择并授予使用许可）。图 7-7 展示了一个选择加入的 Web 页面示例，它为网站访问者提供了一系列的选择加入选项。除非访问者选中一个或以上的复选框，否则该网站不会向访问者发出这些内容。

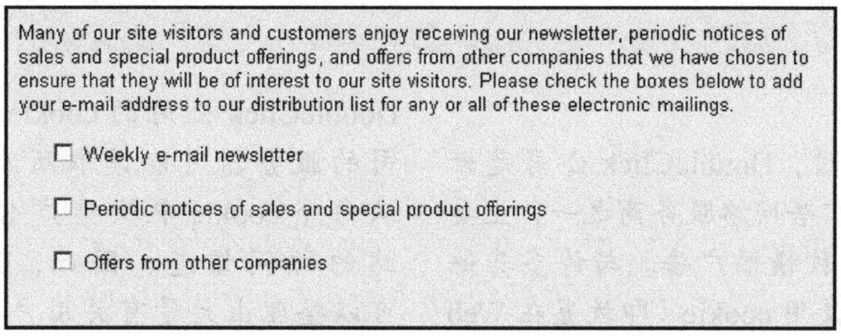

图 7-7　选择加入选项的页面示例

图 7-8 展示了一个选择退出的 Web 页面示例，除非访问者选中复选框表示明确反对，否则该网站就会向访问者发出这些内容。

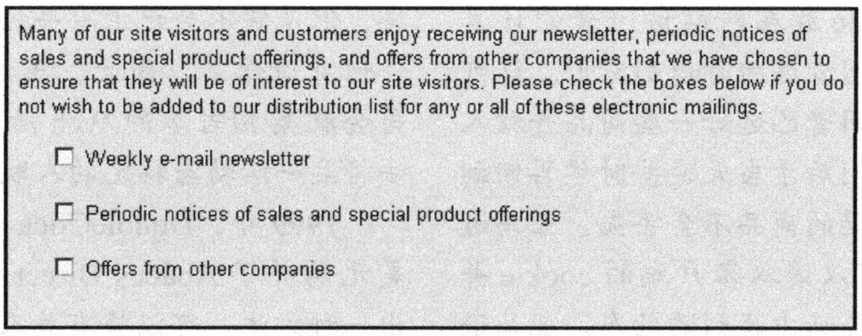

图 7-8　选择退出选择的页面示例

可以看出，网站访问者很容易误解这些文字，在选择复选框时做出错误的选择。采用选择退出方式的网站经常受到批评，因为它们要求访问者采取赞成动作（选中空的复选框）以阻止网站发送项目。另一种选择退出的方式是页面展示的复选框已全被选中，文字提示访问者"若不希望收到内容，可取消复选框的选择"。大多数隐私权倡导者认为，选择加入方法更可取，因为它为客户提供隐私保护，除非客户明确选择放弃这些权利。大多数美国公司传统上都认为，除非信息的提供者明确反对，否则他们有权使用所收集的信息。在隐私保护组织的推动下，有些公司正转而采用选择加入方式。

在监管隐私的法律要求变得更加清晰之前，隐私权倡导者敦促电子商务网站在收集和使用客户数据时慎重行事。许多公司已采用部分改编自欧盟法律的客户数据使用指导原则。一般来说，这些指导原则承认尊重客户隐私的组织责任和维护客户信任的重要性。最常用的指导原则包括：
(1) 使用收集的数据为客户提供改进的服务或其他收益。
(2) 未经客户明确许可，不得向组织以外的任何人提供客户数据。
(3) 告知客户所收集的数据，并明确说明如何使用这些数据。
(4) 赋予客户删除任何个人数据的权利。
(5) 培训员工如何确保客户数据安全。

许多组织积极推动隐私权，你可以访问这些组织的网站了解更多关于全球隐私立法和实践的最新进展，这些组织的网页链接通常出现在网站链接的"**隐私权倡导组织**"（Privacy Rights Advocacy Groups）标题下。

前车之鉴

DoubleClick

第4章介绍过，DoubleClick 公司是世界上最大的横幅广告网络服务商之一，主要负责在网站上投放横幅广告。与许多其他网站一样，公司使用 cookie（即放置在 Web 客户端计算机上的小文本文件）来识别回头客。

大多数访问者发现，cookie 带来的隐私风险是可以接受的。例如，亚马逊的 Web 服务器将其 cookie 放在网站访问者的计算机上，以便在访问者返回时识别它们。这可能很有用，如访问者已选好一些商品并放入购物车，中断访问后于当天晚些时候再回到网站时，购物车里的商品不会丢失。亚马逊的 Web 服务器可以读取客户端的 cookie 并从客户的上一个会话中找到购物车。亚马逊的 Web 服务器只能读取自己的 cookie，无法读取任何其他 Web 服务器放置在客户端计算机上的 cookie。

亚马逊场景与 DoubleClick 公司放置横幅广告时的情况有两个重要区别。首先，访问者通常不知道横幅广告来自 DoubleClick 公司（因此就不知道 DoubleClick 服务器会在客户端计算机上放置 cookie）。其次，DoubleClick 公司在数千家网站上投放广告。当访问者从一个网站移动到另一个网站时，该访问者的计算机可以收集许多 DoubleClick 公司的 cookie。DoubleClick 公司的服务器可以读取所有自己的 cookie，从每个 cookie 中收集广告及投放广告网站的访问信息。因此，DoubleClick 公司可以整理出大量有关用户网站访问行为的信息。

即使是这么多的信息收集也不会对大多数人造成麻烦。虽然 DoubleClick 公司可以使用 cookie 来跟踪特定计算机与网站的连接，但是它不会记录有关该计算机所有者的任何身份信息。因此，虽然 DoubleClick 公司会收集相当多的 Web 活动记录，但是无法将某一活动与特定的人联系起来。

1999 年，DoubleClick 公司耗资 17 亿美元购并了 Abacus Direct 公司。后者开发出一种方法，可以将有关人们网络访问行为的信息（通过 DoubleClick 公司放置的横幅广告及其服务器 cookie 进行收集）与在线下消费者数据库中收集的客户的姓名、地址和其他信息关联起来。

在线隐私保护组织立即做出激烈反应。FTC 开始对此进行调查，互联网隐私问题相关的虚拟社区也展开了激烈的讨论。最终，DoubleClick 公司放弃了将其 cookie 生成的数据与 Abacus 数据库中的身份信息进行整合的计划。尽管 DoubleClick 公司仍然是最大的横幅广告网络服务商之一，但它一直指望通过使用无法创建的组合数据库中的信息来产生额外的收入。

当 FTC 的调查在两年后结束时，DoubleClick 公司没有受到违反任何法律或法规的指控。这件事情的教训是：一家公司即使行为没有违法，违反互联网社区的伦理标准也是咎由自取。

7.4.3　与儿童交流

当网站吸引儿童访问并与这些儿童进行任何形式的交流时，就会产生一系列特殊的隐私问题。与网站互动的成年人可以阅读隐私声明，权衡向网站提供个人信息的利弊。提供个人信息（如信用卡号码、送货地址等）是开展电子商务的关键。

大多数国家的法律和伦理规范都认为儿童不能像成年人那样评价信息共享和交易的风险，因此，在现实世界中会立法禁止或限制儿童签订合同、结婚、驾驶机动车辆或进入特定场合（如酒吧、赌场、文身店、赛马场等），儿童被认为不太能够（或不能）权衡某些活动的风险。同样，许多人也担心儿童没有能力权衡隐私声明内容和提供个人信息的风险。大多数社交媒体网站都使用软件，将每个注册参与者与已知性犯罪者的数据库进行比较，并删除其发现的任何账户。尽管有这样的保障措施，但大多数专家都认为，对于孩子的在线活动，没有什么技术比父母干涉能够提供更好的保护。

大多数国家法律规定 18 岁或 21 岁以下属于未成年人。然而，那些提出或通过法律规定对儿童隐私权采取差别待遇的国家，通常将"儿童"定义为 12 岁或 13 岁以下的人。这就使问题复杂化了，因为形成了两类未成年人。

在美国，第一次规范电子商务与儿童之间互动的尝试遭遇了失败。2001 年，美国国会颁布了《儿童互联网保护法》（Children's Internet Protection Act，CIPA），要求接收联邦资金赞助的学校在其教室和图书馆的计算机上安装过滤软件（用于阻止访问成人内容网站）。2003 年，最高法院裁定 CIPA 符合宪法。1998 年，美国国会颁布了《儿童在线保护法》（Children's Online Protection Act，OPA），以保护儿童免受"对未成年人有害的内容"的侵害。这项法律立即受到质疑并在 2009 年被认定违宪，因为它不必要地限制了大量合法内容的使用，因此违反了美国《宪法第一修正案》。

美国国会在《儿童在线隐私保护法》（Children's Online Privacy Protection Act of 1998，COPPA）上取得了更大的成功，该法规定了针对儿童的电子商务网站必须遵守的数据收集限制。该法没有像 COPA 所做的那样对内容进行规范，因此在美国《宪法第一修正案》的基础上没有受到质疑。

拥有吸引年轻人网站的公司必须谨慎遵守管理其与这些年轻访客互动的法律。为儿童提供在线内容的公司通常都有特定的保障措施。例如，迪士尼公司需要父母（或教师）的电子邮件地址，并在允许 12 岁及以下的儿童登录网站前征得长辈的同意。迪士尼公司还为孩子们的活动建立了自动过滤器，当孩子在网站上创作绘画、歌曲或与他人交流时，其试图检测孩子是否透露了个人信息。其他吸引年轻受众的网站也使用类似的技术来限制对网页的无监督访问。例如，在允许访问其针对美国客户的英语网站 Sanriotown 之前，Sanrio 公司（生产 Hello Kitty 及相关产品的公司）要求客户提供出生日期。如图 7-9 所示，如果访问者知道一个孩子已经进入违反 COPPA 的网站，该网站鼓励访问者通知运营该网站的公司。

> Sanriotown.com does not collect personal information from persons under the age of 13. In order to ensure adherence to this policy, the opening page of our website asks for the date, month and year of birth of each visitor and denies further access to visitors whose birth date shows that they are under 13 years of age. If you believe that a child under 13 has gained access to the sanriotown.com site, or if you have any questions concerning sanriotown.com's privacy policy and practices, please contact us at:
>
> Sanrio Digital (HK) Ltd
> Unit 1109, Level 11, Cyberport 2
> 100 Cyberport Road
> Hong Kong
> Email: info@sanriotown.com

图 7-9　Sanrio 遵守 COPPA 的方法

资料来源：http://www.sanriotown.com/login/privacy_us.php.

2013 年，FTC 发布了一系列规范，明确了 COPPA 的现有要求，并增加了一些具体的新要求。根据新规定，针对 13 岁以下儿童并收集他们信息的商业网站和在线服务（包括移动设备 App）运营商必须遵守以下规定：

- 发布一份清晰全面的在线隐私政策，描述从网上收集的儿童个人信息的信息实践情况。
- 除了极个别例外情况，在网上收集儿童的个人信息之前，需要直接通知家长并获得可证实的父母同意。
- 给予家长是否同意运营商收集和内部使用儿童信息的选择，但禁止运营商向第三方披露该信息（除非披露是网站或服务的组成部分，在这种情况下，必须向家长声明这一点）；向家长提供孩子的个人信息，以便审查或删除信息。
- 让家长有机会阻止进一步使用或在线收集儿童的个人信息。
- 保持从儿童处收集到的信息的保密性、安全性和完整性，包括采取合理措施仅向能够维护其保密性和安全性的各方发布此类信息。

与 13 岁以下儿童在线互动的公司应该持续关注政府管理它们活动的法规，因为这些规定很可能会不时地改变。即使不关注青少年访客的公司也需要了解 COPPA 的规定。例如，Yelp 是一家收集和发表对餐馆、酒店和其他企业的用户评论的公司，该公司在 2014 年发现自己违反了 COPPA，并与 FTC 的指控达成和解。Yelp 要求用户在注册时提供出生日期，但该公司没有使用该信息来阻止 13 岁以下的用户发表评论或提供个人信息（如他们的位置）。FTC 对 Yelp 处以 45 万美元的民事罚款，并要求它删除所有从这类用户处所收集到的信息。

7.5 税收和电子商务

在互联网上开展业务的公司与其他公司一样，都要遵守同样的税制。然而，由于互联网的全球性，即使是开展很小的电子商务也要立即遵守许多州和国家的税制。传统的公司可能只在一个地方运营，并且多年来只遵守一套税法。当这些公司在多个州或国家开展业务时，它们已经有了遵守多种税法所需要的内部人员以及保存税务记录的基础设施。开展电子商务的公司从成立的第一天起就必须遵守多种税法。

在线业务可能会受到多种税收的影响，包括所得税、交易税和财产税。**所得税**（income tax）由国家、州和地方政府根据商务活动的净收入来征收。**交易税**（transaction tax）包括营业税、使用税和消费税，对公司销售或使用的产品或服务进行征收。交易税也称**流转税**

（transfer tax），因为它们是在财产或服务的所有权从一个人或一个实体转移到另一个人或实体时产生的。**财产税**（property tax）是由州或地方政府对个人财产和商业不动产所征收的税。一般来说，电子商务企业最关心的是所得税和营业税。

7.5.1 税务关联

当某家公司在一个政府所管辖的地域开展业务时，该政府就有权向这家公司征税。例如，堪萨斯州（Kansas）的一家公司要遵守堪萨斯州的税法，如果该公司在亚利桑那州（Arizona）开设了分公司，在亚利桑那州的业务就要遵守亚利桑那州的税法。纳税实体和政府之间的这种关系被称为**税务关联**（nexus），这个概念很像本章前面介绍的属人管辖权。在美国，产生税务关联的活动是由各州法律确定的，因此州与州之间各不相同。税务关联经常受到诉讼，其习惯法相当复杂。当公司在某个州只进行少量活动或合同很少时，确定是否存在税务关联是很困难的。在这种情况下，公司应该寻求专业税务顾问的帮助。

在多个国家开展业务的公司将面临国家税务关联问题。如果一个公司在某个国家开展了很多业务活动，就同这个国家建立了税务关联并有义务向该国纳税。各国确定国家税务关联的法律法规都有所不同。通过网站进行销售的公司一般不会与向客户交付货物的地方建立税务关联。公司可以接受订单并从一个州向其他州送货，只要由联邦快递公司（FedEx）或联合包裹公司（UPS）等负责送货，就不涉及税务关联问题。这类公司非常需要有国际税务经验的专业律师或会计师。

7.5.2 美国所得税

美国国税局（Internal Revenue Service，IRS）是负责管理国家税法的美国政府机构。美国税收制度的一个基本原则是，公司财富的任何可核实的增长都必须向联邦政府纳税。因此，任何建在美国的网站所产生的收入都要缴纳联邦所得税。此外，美国公司所运营的网站在美国之外产生的收入也需要缴纳联邦所得税。为了减少对外国收入的双重征税，美国税法对支付给外国的税款提供了抵免。美国大多数州都对公司收入征收所得税。如果一个公司在多个州开展活动，它就必须向所有的这些州提交纳税申报表，并根据各州的税法对其收益进行分摊。在某些州，州内个别城市、县和其他政府机构也有权对公司收入征收所得税。在多个地方开展业务的公司必须对其收益进行分摊，分别填写各个征收所得税部门的纳税申报表。美国的税务机关（包括州、县、市、镇、学区、供水区和许多其他政府机构）超过了3万家。

7.5.3 美国各州营业税

美国大多数州对销售给消费者的商品征收交易税，这通常被称为营业税。同某个州有税务关联的公司必须填写营业税申报表并把从客户处代征的营业税转缴给税务部门。如果一个公司向州外客户销售商品，除非该公司与客户所在州有税务关联，否则它不需要从这些客户处代征营业税。然而，在这种情况下，客户有义务支付使用税，其额度与向当地公司缴纳的营业税金额相同。

使用税（use tax）是某州对在本州使用但不在本州购买的财产所征收的税种。大多数州的使用税税率与营业税税率相同。除了对不在本州购买的财产征收使用税外，对不是"购买"的财产也要征收使用税。例如，大多数州都对租赁的汽车征收使用税，租赁的汽车并不是在本州购买的，但在承租人所在州使用就得向该州上缴使用税。过去，很少有消费者填报使用税申报表，也很少有州会定期征缴使用税。然而，现在越来越多的州在个人收入所得税申报表上都增加了使用税的申报要求，除所得税外还要求人们报告并缴纳当年的使用税。有些州允许纳税人申报使用税时估计大致税额，有些州则要求准确申报使用税额。

较大的企业用复杂的软件来管理营业税的上缴。在大约 7500 个美国营业税辖区（包括州、县、市和其他营业税部门）内，营业税的税率不仅不同，而且关于哪些项目应纳税的规定也各不相同。例如，纽约的营业税法规定大棉花糖应纳税（因为它们是"快餐"），而小棉花糖不需要缴税（因为它们是"食品"）。

有些购买者免征营业税，如某些慈善组织和企业购买物品转售。因此，要确定某种商品是否要缴营业税，卖方必须知道客户所在地、此地管辖机构的法律对征税的规定和税率，以及客户的应纳税情况。

美国的营业税征缴流程在很大程度上被认为具有严重的问题。甚至最高法院在一项营业税裁决（Quill 公司起诉北达科他州，1992 年）中早就指出，征缴流程混乱不堪，并鼓励国会采取行动。自从 Quill 公司的裁决以来，虽然已经提出了很多法案，但都没有成为法律。

有些州法律要求在线零售商对在本州内发生的销售额代征营业税，即使该零售商与该州并没有税务关联。越来越多的州已经提出或正在考虑制定类似法规。这些法令通常被称为**亚马逊法令**（Amazon laws），因为这些法令主要针对诸如亚马逊网站等大型网上零售商。这些法令背后的思想是，由于在线零售商未被要求征收营业税，其相对于当地的商店具有不公平的价格优势（虽然购物者被要求申报并缴纳使用税，但普遍遭到避税，而追踪避税者的成本又太高）。设计这些法律的目的是消除这种不公平优势，并征缴营业税，这也是各州平衡预算的需要。2013 年，亚马逊公司开始在大多数司法管辖区自愿征收营业税。作为其长期产品分销策略的一部分，亚马逊公司正在许多不同的州建立仓库。由于这些地点为征收营业税而建立了税务关联（亚马逊公司在州内拥有或租赁该州的仓库），亚马逊公司不再主张反对州营业税法。然而，为了保护其众多小卖家的利益，eBay 公司已经开始抗争，并主张任何营业税合规法都不应包括小商户（通常被认为是每年销售额低于 100 万美元的在线商家）。

2013 年，美国最高法院拒绝审理对这些州营业税收执法法规的合宪性提出质疑的一个案件。许多观察人士认为，这将为美国联邦立法铺平道路，以取代各州乱七八糟的法律和相互冲突的下级法院判决。

许多州已联合起来建立了《**简化销售和使用税协议**》（Streamlined Sales and Use Tax Agreement，SSUTA）。SSUTA 通过统一各州税种编码并允许每个州设定自己的税率，简化了州营业税征缴。每个州都必须采用该协议，一旦采用该协议，该州的公司就可以选择几种简单的程序之一在全美境内代征营业税。但是大多数州尚未采用该协议。美国国会定期会提出用立法来解决这一问题，但由于州政府、网上零售商、传统零售商和消费者的利益是复杂且相互冲突的，因此难以达成共识。在这一点上，很难在短期内看到通过立法解决这些问题的明确路径。

7.5.4 进口关税

世界上的所有国家都会对经由本国边境的进出口商品进行管制。在许多情况下，只有在缴纳了关税之后，商品才能进口到一个国家。**关税**（tariff，也称 custom duty 或 duty）是在产品进入该国时对其征收的税。各国有许多征收关税的理由，但是对关税以及关税在国际经济和对外贸易政策中所扮演角色的全面讨论超出了本书的范围。在线订购的商品在跨越国界时也要缴纳关税。即便是那些可以在线交付的商品（如下载的软件），也可能要缴纳关税。在收到购自外国的商品时，许多网上购物者都曾惊讶地发现还会同时收到一份来自政府的关税单。

7.5.5 欧盟增值税

美国大部分财政收入来自所得税，其他国家（尤其是欧盟各国）的财政收入则主要来自交易税。这些国家最常用的交易税就是增值税（value added tax，VAT），增值税是对产品的每个环节新增价值所征收的税种。例如，如果一家计算机键盘生产商花了20美元购买键盘组件，然后以50美元的价格出售了成品键盘，那么它增加的价值就是30美元。增值税由交易各环节的卖方缴纳，一个产品在到达最终消费者手里之前要经手五家不同的公司，这五次交易都要缴纳增值税。在大多数国家，每发生一次中间交易都要计算增值税并在发生销售的国家缴纳税款。

欧盟颁布了有关将增值税应用于数字产品销售的法律，并于2003年生效。无论在欧盟的哪个地方销售数字产品，欧盟国家的公司都必须对数字商品征收增值税。这项立法引起了向一个或多个欧盟国家的客户销售数字商品的非欧盟公司的注意。该法规定，向欧盟出售产品的非欧盟公司，如果其向欧盟提供的产品中包含了数字产品，则必须向欧盟税务机构登记，并且征收和缴纳增值税。

2015年，新的增值税规定开始生效，要求非欧盟公司按照买方所在国征收的税率缴纳增值税。欧盟目前有28⊖个国家，其中大多数国家的增值税税率不同，从17%（卢森堡）到27%（匈牙利）不等。此外，正如美国的营业税一样，许多欧盟国家对商品（如食品、药品和书籍）进行了多种分类，并以不同的税率征收增值税。对于希望在欧盟开展业务的非欧盟公司而言，这样的多种税率和类别可能带来管理上的噩梦。但是，欧盟公司却有权向欧盟各地的客户出售产品，并仅收取卖方所在国家适用的增值税税率。这促使许多非欧盟公司将数字产品出售给欧盟分销商，后者再将产品转售给欧盟客户。

本章小结

随着公司将交易和业务都转移到网上，它们可能会受到新的法律法规的约束，而且往往没有意识到这一点。一些基本的法律概念，如管辖权，在网络环境中仍然是不清楚、未明确定义的。地理边界与法律边界之间的关系主要基于权力、效果、合法性和通告。尽管这些元素已经帮助政府在现实世界中发展了管辖权的概念，但它们在互联网上以不同的形式存在，所以在现实世界中行之有效的管辖权规则在网络世界中并不完全适用。

法律问题的冲突可能会以新的、有趣的方式出现在网络中。在线合同是通过各种形式的要约和承诺来建立的。任何在线销售商品或服务的合同均包含默示担保。许多公司在其网站上以最终用户许可协议和服务协议条款的形式包含了合同或规则。

知识产权的使用和保护是电子商务企业的主要问题，它们必须小心避免侵犯商标、版权或专利，诽谤，以及违反公开权和隐私权。域名争议可以通过国际管理机制解决，这大大减少了诉讼的需求。鉴于诽谤和产品贬损的主观性，电子商务企业也必须避免暗示并不存在的

⊖ 英文书出版时，英国未脱欧。——译者注

关系，即使是真实的，也要避免对实体做出负面评价。

不幸的是，有些人利用互联网从事犯罪活动、宣传恐怖主义，甚至发动战争。执法机构发现打击许多类型的网络犯罪很困难，政府正在努力防备网络战争和恐怖活动。

电子商务企业会发现跟踪客户在线行为之类的信息很容易，对此类数据的使用导致了有关在线隐私的伦理问题。有些国家对信息收集的限制比其他国家严格。收集客户个人信息的公司可以采取选择加入方式或选择退出方式。选择加入政策能对客户隐私予以更好的保护。暴露客户和员工数据的数据泄露事件数量持续增加，导致许多公司增加了安全性和威胁测试。在与儿童沟通时，电子商务企业必须小心谨慎。大多数国家的法律要求在收集13岁以下儿童的信息之前需要得到其父母的同意。

电子商务企业要与其他公司一样遵守同样的法律和税制，但网络业务本身的性质可能会使电子商务企业更早地面对大量意想不到的法律和税制。所有电子商务企业的国际性质会使其纳税义务复杂化。由于存在很多有管辖权和征税权的政府机构，因此开展电子商务的企业必须了解与这些司法管辖区内的客户开展业务往来时面对的潜在责任。

关键术语

承诺（acceptance）：愿意接受要约及其全部规定条款的一种表达。

预付费诈骗（advance fee fraud）：犯罪者声称可与受害人分享一大笔收益，前提是受害人能够预先提供一定额度的保证金，并且一旦拿到保证金，犯罪者就消失得无影无踪。

违约（breach of contract）：合同一方未能遵守合同条款。

浏览承诺（browser-wrap acceptance 或 Web-wrap acceptance）：用户通过使用网站的行为表示同意该网站的最终用户许可协议。

业务流程专利（business process patent）：保护特定业务活动工作流程的专利。

点击承诺（click-wrap acceptance）：用户通过点击网站上的按钮来遵守网站的最终用户许可协议或其条款和条件。

习惯法（common law）：由法律史确立的英美法律部分。

法律冲突（conflict of laws）：联邦、州和地方法律以不同方式解决相同问题的情况。

对价（consideration）：进行有价值的交换（如金钱、财产或未来服务）。

推定通告（constructive notice）：公民应该知道，当离开一个区域并进入另一个区域时，他们就会受到新区域法律的约束。

合同（contract）：在两个或多个法律实体之间规定它们互相价值交换的协议。

cookie：由网站创建并存储在客户端计算机上的关于网站访问者的少量信息。

复制控制（copy control）：是一种对数字作品复制数量进行限制的电子机制。

版权（copyright）：知识产权的法律保护。

网络霸凌（cyberbullying）：在互联网上传播或在网站上发布的威胁、性或贬义的言论。

域名抢注（cybersquatting）：利用他人或其他公司商标注册域名，以期该域名的所有者支付巨额费用来赎回域名的行为。

诽谤（defamation）：一种虚假并损害个人或公司声誉的陈述。

数字水印（digital watermark）：在数字图像或音频文件中隐蔽嵌入的数字代码或数字流。

域名所有权更改（domain name ownership change）：注册商数据库中的公共域名注册商维护的所有者信息被更改，以反映新所有者的姓名和公司地址。

关税（tariff，也称 custom duty 或 duty）：产品进入该国时对其征收的税。

最终用户许可协议（end-user license agreements，EULA）：用户在安装软件之

前必须接受的合同。

合理使用（fair use）：美国法律中的一种原则，允许在某些情况下即未经版权所有者许可的情况下对受版权保护的材料的限制使用。

法院选择条款（forum selection clause）：合同中的声明，规定合同将根据特定国家的法律强制执行。

约定合同（implied contract）：双方或多方之间的合同即使没有书面签署但仍按照合同约定行动的协议。

默示担保（implied warranty）：卖方即使没有做出明确声明，但也需要履行的承诺。

所得税（income tax）：国家、州和地方政府根据商业活动产生的净收入来征收的税。

知识产权（intellectual property）：一个蕴含人类思维所有产物的通用术语，包括有形的和无形的产物。

故意侵权行为（intentional tort）：卖方明知却不顾后果地对买方造成伤害的侵权行为。

司法礼让（judicial comity）：一国法院在没有严格要求的情况下自愿执行另一国法律或法院判决。

管辖权（jurisdiction）：政府对个人或公司施加控制权的能力。

合法性（legitimacy）：是指那些受法律约束的人应该在制定它们时发挥作用的观点。

长臂法（long-arm statues）：为法院创建属人管辖权的各州法律。

域名变体（name changing 或 typosquatting）：当某人故意用著名域名拼写错误的变体注册域名时发生的问题。这些变体有时会吸引输入统一资源定位符时出现拼写错误的消费者。

域名窃取（name stealing）：当冒充网站管理员的某人将分配给该网站的域名的所有权更改为其他网站和所有者时，会发生网站名称被盗，即域名窃取。

过失侵权行为（negligent tort）：卖方无意中提供了有害产品的侵权行为。

税务关联（nexus）：纳税实体与政府税务机关之间的关联。

授权承诺（authority to bind）：个人代表公司签订合同的能力。

要约（offer）：表示愿意购买或销售产品或服务的声明，它包含足够的细节以坚定、精准、明确。

选择退出（opt-out）：一种个人信息收集政策，收集信息的公司假定客户不反对公司使用信息，除非客户明确拒绝许可。

选择加入（opt-in）：一种个人信息收集政策，收集信息的公司不会将信息用于任何其他目的（出售或出租信息），除非客户明确选择允许使用。

专利（patent）：政府授予发明人的制造、使用和出售发明的专有权利。

专利主张实体（patent assertion entity）：也称为专利流氓，个人或公司可以从原始发明人处购买专利，并随后通过起诉未经许可使用专利的其他人来强制执行专利授予的权利。

专利流氓（patent troll）：也称为专利主张实体，指从原发明人处购买专利，并随后通过起诉未经许可使用专利的其他人而强制执行专利所授予的权利的个人或公司。

本质诽谤（per se defamation）：法院认为某些类型的陈述是如此负面以至于可以推定其所带来的伤害。

属人管辖权（personal jurisdiction）：法院有权根据被告的居住地审理案件，若被告是法院所在国的居民，则法院对案件具有属人管辖权。

权力（power）：对现实空间（如国家）以及居住在该空间中的人和物体的控制形式。

产品诋毁（product disparagement）：是指损害产品或服务声誉的虚假陈述。

财产税（property tax）：州和地方政府对企业使用的个人财产和不动产征收的税。

公开权（right of publicity）：控制他人对个人姓名、形象、肖像或身份识别等方面的商业使用的有限权利。

服务商标（service mark）：用于识别公司提供的服务的独特标记、设备、座右铭或器具。

性短信（sexting）：使用手机发送色情信息或照片的非法行为。

拆封承诺（shrink-wrap acceptance）：买方从产品包装盒中取出收缩包装就意味着接受了最终用户许可协议的条件。

签名（signature）：任何为验证书面形式而执行或采用的符号。

《反欺诈法》（The Statute of Frauds）：国家法律规定，价值超过 500 美元的货物销售合同和在一年内不能完成所要求行为的合同，必须以书面形式订立。

成文法（statutory law 或 statute）：英美法的组成部分，包括由选举产生的立法机构通过的法律。

《简化销售和使用税协议》（Streamlined Sales and Use Tax Agreement，SSUTA）：美国各州之间通过统一各州税种编码使各州税法更加一致，并同时允许各州设定自己的税率来简化州营业税征缴流程的协议。

属物管辖权（subject-matter jurisdiction）：法院根据争议问题决定实体之间争议的权力。

充分管辖权（sufficient jurisdiction）：如果法院兼具属物管辖权和属人管辖权，则法院有能力审理此案。

服务条款（terms of service，ToS）：旨在限制访问者使用从网站获取的信息时网站所有者所负的责任的规则和条例。

侵权（tort）：一个法律实体对另一个法律实体造成损害的行为。

商号（trade name）：企业用于标识自身的名称（或该名称的一部分）。

商标（trademark）：公司为了识别目的而在其生产的商品上附加的独特标记、图案、座右铭或器具。

商标淡化（trademark dilution）：通过替代用途降低商标的独特品质。

交易税（transaction tax）：对公司销售或使用的产品或服务征收的营业税、使用税、消费税和关税。

流转税（transfer tax）：对公司间或公司与消费者之间的交易征收的税。

使用税（use tax）：某州对在该州使用（但不在该州购买）的财产征收的税。

版权侵权连带责任（vicarious copyright infringement）：当一家能够监督侵权活动的公司未能这样做并从侵权活动中获得经济利益时，就侵犯了组织的权利，需承担版权侵权连带责任。

免责声明（warranty disclaimer）：卖方不会承诺部分或全部默示保证的声明。

书面形式（writing）：合同条款的有形表示。

复习题

1. 简要解释边界在确定管辖权方面的作用。
2. 什么是管辖权？
3. 简要解释通告和推定通告之间的区别。
4. 违约和侵权之间有什么区别？
5. 属物管辖权和属人管辖权有什么区别？
6. 什么是长臂法规？
7. 过失侵权行为和故意侵权行为之间的区别是什么？
8. 什么是司法礼让？
9. 在什么情况下可能会发生法律冲突？
10. 合同的三个关键要素是什么？
11. 什么是约定合同？
12. 涉及合同的美国法律体系是什么？
13. 大多数美国网站如何获得用户对其最终用户许可协议（EULA）的同意？
14. 什么是默示担保？
15. 什么是免责声明以及电子商务何时使用它？
16. 什么是公开权？
17. 简要解释版权与专利之间的区别。
18. 简要解释商标、服务商标和商号之间的区别。
19. 根据美国版权法，什么是合理使用？

20. 什么是版权侵权连带责任？
21. 什么是专利流氓？
22. 习惯法和成文法有什么区别？
23. 什么是数字水印？
24. 什么是产品诋毁？
25. 什么是网络霸凌？
26. 简要解释一般与税收有关的税务关联概念。
27. 什么是使用税？

练习题

1. 用大约100字解释权力、影响和管辖权的概念之间的关系。
2. 各国政府的权力和自治权因国家而异。用大约100字解释不同文化如何允许这些变化。
3. 用大约100字解释为什么当国际交易在网上完成时，推定通告常常不太有效。
4. 过去，地理边界有助于政府有效地维护管辖权。用大约100字描述互联网如何改变了边界在确定管辖权中发挥的作用。
5. 电子商务企业可能会犯罪、违反合同或侵权。用大约200字举一个电子商务情境中具体的例子，并解释为什么你所描述的行为是犯罪、违反合同或侵权行为。
6. 用一段话概述电子商务企业可能希望在其服务声明条款中使用法院选择条款的原因。
7. 为了具有可执行性，每份合同都必须包括要约和承诺。一个典型的在线零售交易中的物品是由买方在线进行订购和支付并由卖方运送的。用两三段话描述构成要约和承诺的行为。
8. 在美国、英国以及许多其他国家，某些类型的合同必须遵守《反欺诈法》才能执行。用大约100字描述合同遵守《反欺诈法》必须包含的具体要素。回答需提供一两个示例，说明如何满足每个必需元素。
9. 假设你已经为你的智能手机下载了一个App。用一两段话描述你和App的卖家在交易完成时是如何获得对价的。
10. 法律学者和商业专家一直在争论允许公司为其业务流程申请专利的优点。一种建议方案是允许颁发业务流程专利，但要把专利的保护期限定在很短的时间内，比如两三年。用大约200字阐述支持颁发有限期限业务流程专利的逻辑和事实论据，用政策建议来总结你的论点。
11. 使用你最喜爱的Web搜索引擎获取包含"隐私声明"字样的网页列表。访问搜索结果列表中的网页，直到找到包含隐私声明文本的页面。打印页面，并和包含以下问题答案的大约200字的报告一起提交：
    a. 网站是否遵循选择加入或选择退出政策（或者隐私声明中未明确说明政策）？
    b. 隐私声明是否包含有关收集儿童信息的具体规定或条款？
    c. 隐私声明是否描述了公司倒闭或出售给其他公司时所收集的个人信息会发生什么变化？如果有的话，列出这些规定。

    用一段对隐私声明整体清晰度的评估来结束你的报告。
12. Good Grow Seed Company向家庭园丁在线销售蔬菜和花卉种子，并注意到许多客户每年在种植花园时订购相同类型的种子。该公司希望向过去购买过种子的客户发送电子邮件。这些电子邮件将使用客户过去购买过的种子种类信息，并为他们提供新品种种子的折扣。写一份约200字的备忘录说服Good Grow Seed Company的营销经理，让他相信公司应该使用选择加入声明来请求允许发送此类电子邮件。
13. 用大约100字解释如何计算和征收增值税，回答需对比增值税的使用与征收营业税和所得税的联合系统。

案例

案例 7-1　Airbnb 和 Uber

使用互联网技术改变其所在行业结构的公司可能会产生新的法律问题，尤其是在受政府监管的行业中。正如本章前面所介绍的，诸如 Lyft 和 Uber 之类的租车中介服务已经引发了有关租车业务监管的问题。不同司法管辖区的法律要求出租车和公交公司持有特定类型的执照，获取在特定地理区域内经营的许可证，投保特定类型的保险并经常保存行程记录。这些法律可能要求公司驾驶车辆的司机和车辆本身都符合特定的标准，旨在给乘客提供一定的基本能力水平和安全水平。在诸如纽约等之类的大都市，出租汽车的数量得到了精细化管理，政府监管机构指责这些新企业增加了交通堵塞，与之存在争议。而更大的问题，即关于租车中介或车辆驾驶员（或车主）是否受到了各种具体法律法规约束，在世界上许多司法管辖区内仍然没有得到解决。

Airbnb 公司在旅馆业中也遇到了类似的问题。在线房间预订服务本身并不拥有任何酒店或其他房产，当 Airbnb 试图在全球多个司法管辖区合法运营时，同样发现自己处于不明确的监管区域。在许多情况下，当地法律规定了住宿的商业条款。酒店公司遵守这些法律，并且在新地点开设房产时，经常会学习如何在遵守新法律的同时进行大量的投资。一般而言，Airbnb 房东有责任遵守当地有关住宿的法律。例如，许多司法管辖区征收住宿税，必须向租用房过夜的人征收并转缴。即使在一个国家或一个州内，这些法律和税收也有很大差异。

问题

1. 使用你最喜欢的搜索引擎、图书馆资源以及 Airbnb 网站上提供的信息，确定和评估 Airbnb 房东所面临的风险以及 Airbnb 公司提供的保护措施，用大约 300 字总结你的发现。
2. 使用你最喜爱的搜索引擎和图书馆资源，确定和评估 Airbnb 客人所面临的风险以及 Airbnb 提供的保护措施，用大约 200 字总结你的发现。
3. 使用你最喜爱的搜索引擎、图书馆资源以及 Uber 网站上提供的信息，确定并评估为使用该服务的乘客提供的保护措施，用大约 200 字总结你的发现。
4. 纽约市与 Uber 公司和其他在线租车中介进行了谈判，寻求乘客安全问题的合理解决方案。使用你最喜欢的搜索引擎和图书馆资源，找出具体问题，并用大约 100 字阐述清楚，最后借鉴其他大城市处理这些问题的方式，提出你的建议。

请注意：任课老师将要求学员们分组来完成案例，并要求每个小组在课堂上正式陈述所完成的报告。

案例 7-2　埃拉索拉斯产品企业

艾伦·卡森（Ellen Carson）是一位成功的儿童作家和插图画家，她塑造了一个名叫埃拉索拉斯（Ellasaurus）的 4 岁橘色恐龙，编写关于它的系列冒险故事。这套系列书十分畅销，她决心围绕 Ellasaurus 角色开展关联业务以获取更多的利益。因此，她最近创建了埃拉索拉斯产品企业（EPE），这是一家位于密歇根州（Michigan）弗林特市（Flint），开发和销售埃拉索拉斯玩具、毛绒动物、涂色书、睡衣和万圣节服装的公司。

有些零售商愿意销售埃拉索拉斯的系列产品，但是另外一些零售商不愿意冒险销售埃拉索拉斯公司的新产品。艾伦决定直接在网上向客户销售埃拉索拉斯公司的商品。她还将电子商务视为构建和维护客户忠诚度的最佳途径。除了产品商店之外，艾伦希望网站还具有一些虚拟社区的功能。例如，她想提供在线游戏、讨论区、互动故事以及其他可宣传 EPE 产品和她的书籍的活动。

埃拉索拉斯系列书的读者是 4 到 6 岁的儿童。Ellen 预计 EPE 产品线会吸引类似的群体。Ellen 访问了诸如 Hello Kitty 和 Nick Jr 之类吸引这类年龄群体的网站，以获得自己网站的创意。她希望网站能够吸引她的主要受众群体，还想获得网站访问者的注册信息，以便 EPE 可以发送营销电子邮件并促进其客户群之间的社交网络活动。

艾伦计划最初只在美国境内销售，几年后再面向全球销售。但该网站允许来自任何国家的访问者注册并参与虚拟社区活动。

问题

1. 艾伦将在网站上使用书籍中的一些其拥有版权的插图。她还想把图书中的故事情节加入到游戏中，让注册访问者免费玩。准备一份大约 300 字的报告，讨论网站运营中可能会涉及的至少两个知识产权问题。
2. 如今使用智能手机和平板电脑设备的孩子越来越低龄化。用大约 100 字概述可能适用于 Ellen 的移动 App 的类型。
3. 用大约 200 字描述艾伦因目标受众的年龄段而面临的伦理问题，需特别描述广告问题以及管理网站上虚拟社区元素时可能出现的问题。
4. 用大约 300 字概述网站注册 13 岁以下的访问者时必须遵守的法律，并向艾伦提出更好地遵守这些法律的建议。
5. 随着 Ellen 在几年内扩大产品的国际销售范围，将会出现什么问题？用大约 200 字讨论有关法律、伦理、隐私、文化、税收和关税等问题。

请注意：任课老师将要求学员们分组来完成案例，并要求每个小组在课堂上正式陈述所完成的报告。

延伸阅读

Abelson, R. and J. Creswell. 2015. "Data Breach at Anthem May Forecast a Trend," *The New York Times*, February 7, B1.

Alino, N. and G. Schneider, 2012. "Consumption Taxes on Digital Products in the European Union," *Journal of Legal, Ethical, and Regulatory Issues*, 16(2), 1–8.

Angwin, J. and D. Bank. 2005. "Time Warner Alerts Staff to Lost Data: Files for 600,000 Workers Vanish During Truck Ride," *The Wall Street Journal*, May 3, A3.

Apple, Inc. 2015. "App Store Rings in 2015 with New Records," Press Release, January 8. https://www.apple.com/pr/library/2015/01/08App-Store-Rings-in-2015-with-New-Records.html

Barnes, B. 2007. "Web Playgrounds of the Very Young," *The New York Times*, December 31. http://www.nytimes.com/2007/12/31/business/31virtual.html

Barry Diller v. INTERNETCO Corp. 2001. WIPO Case No. D2000–1734, March 9. http://www.wipo.int/amc/en/domains/decisions/html/2000/d2000-1734.html

Baturin, H. 2015. "The Marketplace Fairness Act: Potential Solutions to an Imperfect Law," *Georgetown Public Policy Review*, May 12. http://gppreview.com/2015/05/12/the-marketplace-fairness-act-potential-solutions-to-an-imperfect-law/

Beta Computers (Europe), Ltd. v. Adobe Systems (Europe), Ltd. 1996 SLT 604; 1996 SCLR 587.

Carver, B. 2010. "Why License Agreements Do Not Control Copy Ownership: First Sales and Essential Copies," *Berkeley Technology Law Journal*, 25, 1886–1954.

Classen, H. 2014. *A Practical Guide to Software Licensing for Licensees and Licensors*. Washington, DC: American Bar Association.

Clifford, C. 2013. "Entrepreneurs Want Patent Trolls Gone, But Current Legislation Is Sloppy," *Entrepreneur*, December 4. http://www.entrepreneur.com/article/230232

Costello, A. 2010. "Facebook Lawsuit Dismissed," *Long Island Herald*, August 11. http://www.liherald.com/stories/Facebook-lawsuit-dismissed,26966

DelBianco, S. 2015. "Chaffetz Internet Sales Tax Bill Is Too Costly and Complex," *CIO*, July 22. http://ww2.cfo.com/tax/2015/07/chaffetz-internet-sales-tax-bill-costly-complex/
Digital Millennium Copyright Act. 1998. Public Law No. 105–304, 112 Statutes 2860.
Direct Marketing. 2001. "FTC Closes DoubleClick Investigation," 63(12), April, 18.
The Economist. 2015. "Uber Handed Another Setback, This Time in Italy," May 30, 9.
The Economist. 2015. "Speak No Evil: The Justices Toss Out a Man's Conviction for Writing Violent Facebook Posts," June 6, 22.
Fairless, T. 2015. "Uber Files Complaints Against European Governments Over Bans," *The Wall Street Journal*, April 1. http://www.wsj.com/articles/uber-files-complaints-against-european-governments-over-bans-1427885946
Fidler, S. 2007. "Terrorism Fight 'in Wrong Century,'" *Financial Times*, July 10, 4.
Flegenheimer, M. 2015. "Ending Fight, for Now, City Hall Drops Plan for Uber Cap," *The New York Times*, July 23, A20.
Foege, A. 2005. "Extortion.com," *Fortune Small Business*, September 1.
Foster, A. 2002. "Computer-Crime Incidents at 2 California Colleges Tied to Investigation Into Russian Mafia," *Chronicle of Higher Education*, June 24.
Gertz, B. 2015. "Intel Assessment: Weak Response to Breaches Will Lead to More Cyber Attacks," *The Washington Free Beacon*, July 28. http://freebeacon.com/national-security/intel-assessment-obama-admin-response-to-cyber-encourages-more-attacks/
Gillette, F. and S. Kolhatkar. 2014. "Room With a Feud: Airbnb's Battle for New York," *Bloomberg BusinessWeek*, June 19, 54–58.
Granholm v. Heald, 544 U.S. 460 (2005).
Hale, K. and R. McNeal. 2011. "Technology, Politics, and E-commerce: Internet Sales Tax and Interstate Cooperation," *Government Information Quarterly*, 28(2), 262–270.
Harris, A. 2013. "PokerStars' Scheinberg to Pay $50 Million to End U.S. Probe," *Bloomberg BusinessWeek*, June 12. http://www.businessweek.com/news/2013-06-12/pokerstars-scheinberg-to-pay-50-million-to-end-u-dot-s-dot-probe-1
Hemphill, T. 2000. "DoubleClick and Consumer Online Privacy: An E-Commerce Lesson Learned," *Business & Society Review*, 105(3), Fall, 361–372.
Higgins, K. 2013. "Feds Indict Five in Massive Credit Card Data Breach Scheme," *Dark Reading*, July 25. http://www.darkreading.com/attacks-breaches/feds-indict-five-in-massive-credit-card-data-breach-scheme/d/d-id/1140189
Hulme, G. 2005. "Extortion Online," *InformationWeek*, September 13, 24–25.
Identity Theft Resource Center (ITRC). 2015. *Identity Theft Resource Center Breach Report Hits Record High in 2014*. San Diego: ITRC. http://www.idtheftcenter.org/ITRC-Surveys-Studies/2014databreaches.html
Kendall, B. 2013. "Supreme Court Won't Review N.Y. Sales-Tax Law for Online Retailers: High Court Rejects Legal Challenge by Amazon," *The Wall Street Journal*, December 2. http://online.wsj.com/news/articles/SB10001424052702303670804579233960044617496
King, R. 2009. "Lessons from the Data Breach at Heartland," *Bloomberg BusinessWeek*, July 6. http://www.bloomberg.com/bw/stories/2009-07-06/lessons-from-the-data-breach-at-heartlandbusinessweek-business-news-stock-market-and-financial-advice
Lee, J-A., C-Y Liu, and W. Li. 2013. "Searching for Internet Freedom in China: A Case Study on Google's China Experience," *Cardozo Arts & Entertainment Law Journal*, 31, 405–434.
Lee, T. 2013. "Here's Why the House Patent Bill Won't Put a Stop to Patent Trolling," *The Washington Post*, December 6. http://www.washingtonpost.com/blogs/the-switch/wp/2013/12/06/heres-why-the-house-patent-bill-wont-put-a-stop-to-patent-trolling/
Levine, G. 2011. "Chances of Winning and Losing Domain Name Disputes," *UDRPCommentaries.com*, December 20. http://www.udrpcommentaries.com/chances-of-winning-and-losing-domain-name-disputes/
Levy, S. 2011. *In the Plex: How Google Thinks, Works, and Shapes Our Lives*. New York: Simon & Schuster.
Lieber, R. 2015. "Moral of Airbnb Horror Story: Beware," *The New York Times*, August 15, B1.
Macdonald, E. 2011. "When is a Contract Formed by the Browse-wrap process?" *International Journal of Law and Information Technology*. http://ijlit.oxfordjournals.org/content/

early/2011/07/27/ijlit.ear009.short
Magid, L. 2013. "FTC Clarifies Children's Online Privacy Law (COPPA)," *Forbes*, April 25. http://www.forbes.com/sites/larrymagid/2013/04/25/ftc-clarifies-childrens-online-privacy-law-coppa/
Mangalindan, M. 2007. "EBay Is Ordered to Pay $30 Million in Patent Rift," *The Wall Street Journal*, December 13, B4.
Mazzetti, M. and D. Sanger. 2015. "U.S. Fears Data Stolen by Chinese Hacker Could Identify Spies," *The New York Times*, July 25, A1.
Minor, R. and C. Gartner. 2012. *VAT on Electronically Supplied Services to EU Consumers—A Practical Compliance Guide for Cross-Border Suppliers*. Luxembourg: Spitze.
Mitchell, K., D. Finkelhor, L. Jones, and J. Wolak. 2012. "Prevalence and Characteristics of Youth Sexting: A National Study," *Pediatrics*, 129(1), January 1, 13–20.
Morrison, K. 2014. "Yelp Pays $450,000 FTC Fine For COPPA Violation," *Ad Week*, September 22. http://www.adweek.com/socialtimes/yelp-pays-450000-ftc-fine-coppa-violation/204977
Nakashima, E. 2015. "Hacks of OPM Databases Compromised 22.1 Million People, Federal Authorities Say," *The Washington Post*, July 9. http://www.washingtonpost.com/blogs/federal-eye/wp/2015/07/09/hack-of-security-clearance-system-affected-21-5-million-people-federal-authorities-say/
The New York Times. 2013. "A Season for Sales Taxes," December 10, A30.
Nigro, D. 2005. "Supreme Court Lifts Shipping Bans," *Wine Spectator*, 30(6), July 31, 12.
Novak, J. 2014. "European VAT: Ten Things Online Sellers Need To Know About Taxes On Digital Goods And Services," *Forbes*, May 15. http://www.forbes.com/sites/janetnovack/2014/05/15/european-vat-10-things-online-sellers-need-to-know-about-taxes-on-digital-goods-and-services/
O'Connor, J. 2013. "Read Florida's New Law Targeting Online Bullying," *NPR StateImpact*, June 3. http://stateimpact.npr.org/florida/2013/06/03/read-floridas-new-law-targeting-online-bullying/
Overly, M. and M. Karlyn. 2013. *A Guide to IT Contracting: Checklists, Tools, and Techniques*. New York: CRC Press.
Pasahow, M. 2006. "Granholm v. Heald: Shifting the Boundaries of California Reciprocal Wine Shipping Law," *Berkeley Technology Law Journal*, January, 21(1), 569–584.
Perlroth, N. 2013. "Target Struck in the Cat-and-Mouse Game of Credit Theft," *The New York Times*, December 20, B1.
Preston, R. 2014. "Supreme Court Toughens Business Process Patent Test," *InformationWeek*, June 20. http://www.informationweek.com/software/enterprise-applications/supreme-court-toughens-business-process-patent-test/a/d-id/1278736
Puzzanghera, J. 2011. "Justice Department Opinion Allows States to Offer Online Gambling," *Los Angeles Times*, December 27. http://latimesblogs.latimes.com/money_co/2011/12/online-gambling-states-justice.html
Quill Corp. v. North Dakota, 504 U.S. 298 (1992).
Rader, R., C. Chien, and D. Hricik. 2013. "Make Patent Trolls Pay in Court," *The New York Times*, June 4. http://www.nytimes.com/2013/06/05/opinion/make-patent-trolls-pay-in-court.html
Roettgers, J. 2015. "Apple Music Under Investigation Over App Store 'Tax'," *Variety*, July 22. http://variety.com/2015/digital/news/apple-music-under-investigation-over-app-store-tax-1201546263/
Rustad, M. and M. V. Onufrio, 2010. "The Exportability of the Principles of Software: Lost in Translation?" *Hastings Science and Technology Law Journal*, 2(25), 25–80.
Sage, A. 2010. "Ebay, NRF to Take on Organized Retail Crime," *Reuters*, March 22. http://www.reuters.com/article/idUSTRE62L0OR20100322
Sang-Hum, C. 2013. "Computer Networks in South Korea Are Paralyzed in Cyberattacks," *The New York Times*, March 21, A5.
Sanger, D. and M. Fackler. 2015. "Tracking the Cyberattack on Sony to North Koreans," *The New York Times*, January 19, A1.
Samuelson, P. 2009. "Legally Speaking: When is a License Really a Sale?" *Communications of the ACM*, 52(3), March, 27–29.
Schmidt, M. 2015. "F.B.I. Still Lags in Countering Evolving Terrorist Threats, Report Says," *The New York Times*, March 26, A12.

Schneider, G., L. Barkacs, and C. Barkacs. 2006. "Software Errors: Recovery Rights Against Vendors," *Journal of Legal, Ethical and Regulatory Issues*, 9(2), 61–67.

Schultz, E. 2011. "Success in a Bottle: Wine Sites Finally Start to Win Over Web," *Advertising Age*, July 25. http://adage.com/article/news/wine-websites-find-success-states-open-borders/228867

Schwanhausser, M. 2008. "EBay Patent Case Settled: It Owns 'Buy It Now' After Six-Year Battle," *San Jose Mercury News*, February 29.

Seidenberg, S. 2015. "Business-method and Software Patents May Go Through the Looking Glass After Alice Decision," *ABA Journal*, February 1. http://www.abajournal.com/magazine/article/business_method_and_software_patents_may_go_through_the_looking_glass_after

Sengupta, S. 2013. "The Information-Gathering Paradox," *The New York Times*, October 26, SR4.

Sherman, M. 2011. "Sixteen, Sexting, and a Sex Offender: How Advances in Cell Phone Technology Have Led to Teenage Sex Offenders," *Boston University Journal of Science and Technology Law*, 17(1), 138–161.

Sidel, R. 2014. "Home Depot's 56 Million Card Breach Bigger Than Target's," *The Wall Street Journal*, September 18. http://www.wsj.com/articles/home-depot-breach-bigger-than-targets-1411073571

Singer, P. and A. Friedman. 2014. *Cybersecurity and Cyberware: What Everyone Needs to Know*, Oxford: Oxford University Press.

Smith, D. 2014. "Apple Settles with FTC After Kids Blow Millions on the App Store," *Readwrite*, January 15. http://readwrite.com/2014/01/15/apple-settles-ftc-after-kids-millions-parents-dollars-app-store-purchases

Smith, J. 2015. "I.R.S. Breach Exposes Data of Taxpayers," *The New York Times*, May 27, B1.

Sorkin, A. 2013. "In Tax Fight, Amazon Hands Baton to eBay," *The New York Times*, April 23. http://dealbook.nytimes.com/2013/04/22/in-tax-fight-amazon-hands-baton-to-ebay/

Stone, M. 2001. "Court Dismisses Class Action Against eBay," *BizReport*, January 19. http://www.bizreport.com/daily/2001/01/20010119-4.htm

Terhune, C. 2013. "Kaiser Permanente Reports Privacy Breach to 19,000 Patients," *The Los Angeles Times*, December 10, B1.

Thomas, K. and C. McGee. 2012. "The Only Thing We Have to Fear Is … 120 Characters," *TechTrends*, 56(1), January–February, 19–33.

United Nations. 1970. "Declaration on Principles of International Law Concerning Friendly Relations and Cooperation Among States in Accordance with the Charter of the United Nations," *General Assembly Resolution*, #2625, 35th Session.

Van Alstine, P. 2004. "Federal Common Law in an Age of Treaties," *Cornell Law Review*, 89(892), 917–927.

Van Name, M. and B. Catchings. 1998. "Practical Advice About Privacy and Customer Data," *PC Week*, 15(27), July 6, 38.

Vara, V. and L. Chao. 2006. "EBay Steps Back From Asia, Will Shutter China Site," *The Wall Street Journal*, December 19. http://online.wsj.com/article/SB116647579560853680.html

Vernor, Timothy S. v. Autodesk, Inc. 2011. No. 09–3596, Order (9th Cir. Jan 18).

Vinton, K. 2015. "CVS Investigates Credit Card Breach at its Online Photo Service," *Forbes*, July 17. http://www.forbes.com/sites/katevinton/2015/07/17/cvs-investigates-credit-card-breach-at-its-online-photo-service/

Ward, B. and J. Sipior. 2011. "The Battle Over E-commerce Sales Taxes Heats Up," *Information Systems Management*, 28(4), 321–326.

World Intellectual Property Organization. 2011. "The Uniform Domain Name Dispute Resolution Policy and WIPO," August. http://www.wipo.int/export/sites/www/amc/en/docs/wipointaudrp.pdf

Wyatt, E. 2012. "U.S. Penalizes Online Company in Sale of Personal Data," *The New York Times*, June 13, B2.

Wyatt, E. 2014. "Government and Apple Settle Children's App Purchase Inquiry," *The New York Times*, January 15. http://www.nytimes.com/2014/01/16/technology/government-and-apple-settle-childrens-app-purchase-inquiry.html?hp

Zelinsky, E. 2011. "Lobbying Congress: Amazon Laws in the Lands of Lincoln and Mt. Rushmore," *State Tax Notes*, 60, 557–581.

PART 3

第三部分

技 术

第 8 章
Web 服务器的软件和硬件

|学习目标|

- Web 服务器如何执行其基本功能？
- Web 服务器上使用什么操作系统和服务器软件？
- 如何识别和管理电子邮件？如何控制垃圾邮件问题？
- 常用互联网和网站应用程序是如何运作的？
- 电子商务企业使用什么硬件为网站提供动力？
- 云计算和内容分发网络如何为电子商务提供新的 Web 基础设施选项？

|引 言|

　　第二频道新闻（Channel 2 News）是一个为以色列第二频道的每日晚间电视新闻栏目制作新闻内容的组织。它同时也为该频道展示的其他网站和移动设备应用程序提供新闻和时事节目，二者（这些网站和应用程序）都包含了大量高分辨率照片和视频片段。相比多数 Web 页面中的文本和简单图片，在 Internet 上传输这类内容需要更为庞大的文件量。

　　与许多其他类型的业务相比，在线新闻机构的运营面临用户兴趣水平的巨大变化，以及随之而来的对互联网带宽的需求。在当地或世界范围内没有太多的事情发生时，新闻通常会有较为缓慢的更新时间。但突发事件会在世界各地集中发生，此时，第二频道的大部分观众将同时需要资讯信息。更有甚者，当一则新闻曝光时，许多第二频道的用户会反复检查更新，尤其是在网站和移动应用程序上。由于有趣的突发新闻报道经常带有许多不同的视频片段和大尺寸图片，这种效果被愈加放大。移动应用程序允许用户指定第二频道在特定新闻事件发生时发送通知，因此第二频道的 Web 服务器将会承载更大的需求。

　　当用户对这些项目的多次请求使系统超负荷运转时，他们在设备上播放视频时往往会经历延迟或暂停。当用户觉得他们需要第二频道提供更多信息时，这些延迟将不可避免地发生，所以观众们经常对系统提供的服务质量不满意。

互联网流量的这种大幅变化使得规划和实施最佳 Web 服务器配置变得困难。与花店或玩具零售商等定期经历流量高峰期的企业不同，新闻行业的高峰期在很大程度上是不可预测的。

为了解决这一问题，第二频道（Channel 2）与谷歌云计算（Google Cloud Computing）签约，将其内容存储在他们的 Web 服务器上。正如将在本章中学到的，云计算服务为互联网流量差异很大的公司提供了向服务提供商购买服务器的方法，避免了在多数时间都空闲的自有服务器上的投资。

8.1 Web 服务器基础

第 2 章介绍了 Web 服务器是设计用来提供对那些能够在访问者的计算机上解析成网页的文件进行公开访问的计算机。本章将介绍这些计算机以及用来发布网站的软件。大量访问者浏览的网站必须使用大量的 Web 服务器计算机来高效地传输网页文件。多台计算机一起运行需要同步它们的活动，并分配每台计算机必须承担的工作负载。本章也将对这些网站运行要素进行介绍。

在人们使用网络浏览器软件上网时，他们的计算机就成为覆盖全球范围的客户机/服务器架构网络中的一台客户机。这种客户机/服务器体系结构应用在局域网、广域网和万维网中。在客户机/服务器体系结构中，客户端计算机主要向服务器请求服务，如打印、信息检索和数据库访问等，而服务器负责对客户端计算机的请求进行处理。发挥服务器功能的计算机通常要比所服务的客户机具有更多的内存、更大更快的硬盘驱动器。第 2 章已经介绍，网页浏览器软件是让计算机作为网络客户端运行的软件。因此，网络浏览器也被称为网络客户端软件。

互联网将很多不同类型、运行不同操作系统软件的计算机和其他设备连接在一起。互联网所具有的这种能将运行不同操作系统的设备连接起来的能力称为**平台无关性**（platform neutrality）。由于 Web 软件是独立于平台的，因此这些计算机彼此之间很容易实现有效通信。平台无关性是互联网和万维网迅速普及、广泛接受的关键。在互联网出现之前，租用电话线相互连接的计算机要实现相互之间的通信，要么必须运行相同的操作系统软件，要么需要在每台计算机上安装专门配置的翻译软件。那时计算机要么需要运行相同的操作系统，要么需要特别配置翻译软件来实现计算机相互之间的通信。图 8-1 展示了平台无关性如何为各种客户机和服务器计算机建立多种连接。

Web 服务器计算机的主要任务是响应对 Web 客户机的请求。Web 服务器有三个主要组成部分：硬件（计算机及其零部件）、操作系统软件和 Web 服务器软件。在电子商务发展早期，Web 网站主要是一些关于站点提供的商品和服务的各个页面集合。现今，Web 网站通常能发布定制化的页面响应客户的特定需求。下一节将阐述这些 Web 网站的工作原理。

8.1.1 动态内容生成

静态页面（static page）是由储存在 Web 服务器上的一系列文件构成的内容不变的网页，而**动态页面**（dynamic page）是由软件响应用户请求而创建内容形成的网页。动态页面允许

Web 服务器针对网站浏览者的特殊查询来提供个性化页面。这些个性化页面被称为**动态内容**。动态内容能给用户带来与网站的交互体验。诸如文本、图片、表单字段、视频这样的单个网页元素，可以根据用户的输入或其他变量的变化而改变。例如，输入订单号的客户，可以接收显示订单详细信息的动态页面。大部分电子商务网站每分钟生成数千个动态网页以响应来自网站用户 Web 浏览器的请求。

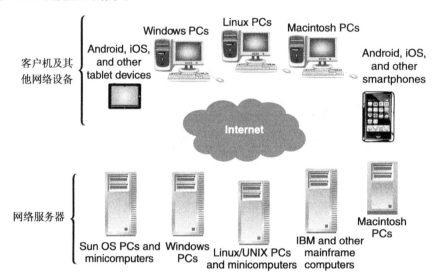

图 8-1　互联网的平台无关性

Web 站点设计人员可以使用两种基本方法整合动态内容。第一种方法被称为**客户端脚本**（client-side scripting），软件在客户端（Web 浏览器）上运行，通过改变页面的显示内容来响应用户的动作（比如鼠标点击或键盘文本输入）。在客户端脚本中，页面内容的变动是通过使用 JavaScript 或 Adobe Flash 等语言编写的脚本在浏览器内实现的。Web 浏览器从 Web 服务器中检索包含脚本代码的文件。然后，代码使用来自用户的输入（选中的复选框、填写的表单字段等），指示 Web 浏览器向 Web 服务器请求特定的页面元素，并指定如何在 Web 浏览器中显示它们。

第二种方法称为**服务器端脚本**（server-side scripting），即运行于 Web 服务器上利用从用户浏览器收集到的特定信息（包括选中的复选框、填写的表单字段等用户输入的信息）创建 Web 页面的程序。请求的内容还可以包括诸如发出请求的 Web 浏览器类型此类信息，或者甚至仅仅是时间的流逝信息。例如，如果客户登录了一家网上银行站点，几分钟之内没有输入任何文本或点击页面的任何地方，Web 服务器就会自动终止连接，并向 Web 浏览器发回含有"会话超时"提示信息的页面。在所有服务器端的动态页面生成过程中，服务器端脚本混合了 HTML 标签文本来创建动态网页。

最广泛使用的生成动态页面的软件工具包括微软公司开发的 ASP.Net（通常包括由一种诸如 C#、C++ 或者 Visual Basic 这样的标准编程语言编写的程序）、Apache 软件基金的**超文本预处理器**（hypertext preprocessor，PHP）和 Adobe 公司的 ColdFusion 产品。虽然 JavaScript 被广泛用于客户端脚本，但它也可用于生成服务器端脚本。Java 编程语言是另一种用于创建服务器端脚本的工具。AJAX（asynchronous JavaScript and XML）是一种可以用来创建交互式网站（看上去像在网页浏览器中运行的应用程序）的新型开发框架。一般情况下，如果任何页面内容发生变化，大多数动态 Web 页面必须全部重新加载。程序员通过 AJAX 创建的网页可以实现异步更新，即在完成与服务器交换少量数据的时候保持页面剩余部分继续显示在浏览器中。因为整个 Web 页面不会随着每次更改而重新加载，所以用户体验到更快的响应。Ruby on Rail、Python 和 Scala 也是较新的，用以完成与 AJAX 相同目标的 Web 开发框架。

随着这些开发框架和编程语言的发展，有时网站使用的技术也会发生转变。例如，推特公司原先使用 Ruby on Rail 生成动态页面，但在 2011 年改为了 Java，其原因是员工认为 Java 能更好地应对大用户量问题。许多网站使用不止一种编程语言或开发框架来完成特定目标。

8.1.2 服务器的多种含义

正如第 2 章中所介绍的，所有接入互联网并通过 HTTP 协议公开发布信息的计算机都称为 Web 服务器。不幸的是，信息系统专业人员以多种方式使用"服务器"这个术语，这可能会令人困惑。

服务器（server）是为网络（局域网或广域网）中其他计算机提供文件或程序的计算机。服务器计算机上负责向其他计算机提供文件或程序的软件称为**服务器软件**（server software）。有时服务器软件就是服务器计算机上操作系统的一部分，因此有些信息系统技术人员将服务器计算机上的操作系统看作服务器软件，导致"服务器"这一术语的使用产生了极大的歧义。

有些服务器通过路由器连入互联网。第 2 章介绍这些服务器上所运行的软件称为 Web 服务器软件，它主要是为互联网上其他计算机提供文件。如果服务器计算机接入了互联网并且运行着 Web 服务器软件（往往还包括网上其他客户机所需的文件），这台计算机则被称为 Web 服务器。

完成电子邮件处理和数据库管理功能的服务器计算机也会出现类似的术语问题。前面讲过处理电子邮件发送与接收任务的服务器计算机称为**电子邮件服务器**（e-mail server），管理这台服务器上电子邮件活动的软件称为电子邮件服务器软件。运行数据库管理软件的服务器计算机称为**数据库服务器**（database server）。运行公司会计和库存管理软件的计算机有时称为**交易服务器**（transaction server）。

因此，服务器这个词可用来描述支持电子商务业务的各种计算机硬件和软件。确定人们谈论的到底是哪种服务器需要根据上下文或者对问题进行清晰的界定。当听到技术人员说"今天服务器死机了"，可能是硬件故障、软件问题或者两者都出问题了。

8.1.3 客户机/服务器结构

第 2 章已经介绍过 Web 是在互联网上运行的软件，本节将介绍 Web 客户机软件和 Web 服务器软件的工作方式。当某人用 Web 浏览器访问 Web 网站时，Web 浏览器（也称为 Web 客户端）向运行该 Web 网站的公司或组织的 Web 服务器请求文件，通过互联网这一传输媒介，该请求被浏览器转成 HTTP 格式后送到服务器计算机。服务器接收到这个请求后，就搜索包含 HTML 文本和其他 Web 页面元素的文件，将搜索结果转成 HTTP 格式并通过互联网送回发出请求的客户机 Web 浏览器。

当 HTTP 格式的文件（一个文件包含 HTML 标记的文本，另一个文件包含每个独立的图形、照片或其他文件）到达客户计算机时，Web 浏览器将文件中包含的信息格式转化为客户端计算机上的 Web 页面。当客户端请求、服务器响应和客户端显示结果发生时，这个过程不断重复。有时，客户机的一个简单请求会导致数十个甚至数百个单独的服务器响应来查找和传输信息。如果 Web 页面包含很多图形和其他对象，客户端的 Web 浏览器窗口显示的速度就会很慢，因为每个元素都会要求一个独立的请求和响应。

客户机 / 服务器基本模式是两层模型，因为它只有一个客户机和一个服务器。所有通信都发生在客户端和服务器之间的互联网上。当然，信息包在互联网上的传输过程也会经过其他计算机，但是信息仅由客户端和服务器计算机在**两层客户机 / 服务器结构**（two-tier client/server architecture）中创建和读取。图 8-2 展示了两层客户机 / 服务器结构中客户机和服务器之间的通信。

图 8-2 两层客户机 / 服务器结构中的信息流

Web 客户机向 Web 服务器发出的文件请求的信息称为**请求报文**（request message）。从客户机发往服务器的典型的请求报文包括三个主要部分：

- 请求报文行。
- 可选择的请求报文头。
- 可选择的实体段。

请求报文行（request line）包括一条命令、目标资源的名称（文件名和对文件在服务器上存储路径的描述）以及协议的名称和版本号。可选择的**请求报文头**（request header）可以包含响应客户端请求时客户端将要接受的文件类型。最后，有时用可选的**实体段**（entity body）向服务器传输大量信息。

一旦服务器收到了这个请求，它就执行命令（如向客户机发回特定的页面），并通过从其硬盘（或与其连接的网络上的另一个磁盘）搜索 Web 页面文件，然后创建格式正确的**响应报文**（response message）以发回提出请求的客户机。服务器的响应包括三个在结构上与请求信息相同的部分：响应报文头行、一个或多个响应报文头以及可选的实体段。当然，各部分的功能与请求报文稍有差别。**响应报文头行**（response header line）表示服务器所使用的 HTTP 版本、响应的状态（服务器是否找到客户机需要的文件）以及对状态信息的解释。响应报文头行之后是**响应报文头**（response header field），它返回描述服务器属性的信息。实体段返回客户机所请求的 HTML 页面。

虽然两层客户机 / 服务器结构适合 Web 页面传输，但是传输动态内容和进行交易处理的 Web 网站并不仅仅是传输 Web 页面。**三层结构**（three-tier architecture）是对两层结构的扩展，允许 Web 服务器在响应 Web 客户机的请求之前进行一些额外的处理（如从数据库搜索生成动态页面所需的信息）。第三层通常是向 Web 服务器提供信息的数据库和应用软件，Web 服务器在响应客户机请求时可用这些软件的输出，而不仅仅是传送 Web 页面。

在三层架构中，数据库支持的服务的一个极佳的例子是具有搜索、更新和显示功能的目录式 Web 站点。假设客户请求显示一家在线特色食品商店所销售的珍稀水果。客户的请求被 Web 浏览器（第一层）转换成一条 HTTP 信息，通过互联网发往 Web 服务器并由 Web 服务器检查。Web 服务器（第二层）对该请求进行分析后确定该请求需要服务器的数据库提供帮助。Web 服务器向数据库管理软件（第三层）发出请求，要求搜索并返回目录上的所有珍稀水果信息。数据库信息经由数据库管理软件传送回 Web 服务器，Web 服务器将响应格式化为 HTML 文档，并通过互联网将 HTTP 信息发送回客户机。图 8-3 展示了三层结构中的信息流。信息流箭头上的数字表示信息在路径中的流动顺序。

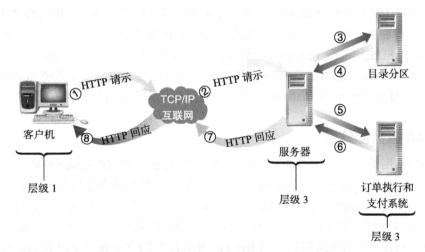

图 8-3　三层客户机 / 服务器结构中的信息流

有四五层甚至更多层的结构也包含应用软件和与之一起工作的数据库与数据库管理系统，它们被划分为独立的层级。有些网站上也有软件应用程序（第四层）生成信息输送给其他软件应用程序或数据库（位于第三层），并进一步生成信息供 Web 服务器转换成响应客户机请求的 Web 页面（第二层），最终到达发出请求的客户机（第一层）。三层以上的结构称为**多层结构**（n-tier architectures）。多层结构可用来跟踪顾客购物车里的商品，查看销售税率，跟踪顾客偏好，更新现货库存数据库，更新企业的产品目录。

8.2　Web 服务器的软件

有些 Web 服务器软件只能在一种计算机操作系统上运行，有些则能够在多种操作系统上运行。本节讲述在大多数 Web 服务器上使用的操作系统软件以及 Web 服务器软件本身，还会介绍公司在 Web 服务器或作为电子商务业务组成部分的计算机上运行的其他程序（如互联网实用程序和电子邮件软件等）。

8.2.1　Web 服务器的操作系统

操作系统的任务包括运行程序以及为程序分配内存和磁盘空间等计算机资源。操作系统软件还能为与计算机相连接的其他设备（如键盘、鼠标、监视器、触摸屏、扫描仪以及打印机等）提供输入和输出服务。对于大型系统，其操作系统也必须能跟踪登录到该系统的多个用户，并确保他们不会相互干扰。

大多数 Web 服务器软件都运行在 Microsoft Windows 服务器产品、Linux 或其他基于 UNIX 的操作系统（如 FreeBSD）上。有些公司认为，与基于 UNIX 的系统相比，Microsoft 产品更易于为公司内的信息系统人员学习和使用。其他一些公司担心 Microsoft 产品的应用软件与操作系统紧密集成带来的安全问题。基于 UNIX 的 Web 服务器应用更为广泛，很多行业专家认为，UNIX 是运行 Web 服务器更为安全可靠的操作系统。

Linux 是一种快速、高效且易于安装的开源操作系统。越来越多的公司销售的专用于 Web 服务器的计算机，默认配置了 Linux 操作系统。虽然 Linux 操作系统可以从网上免费下载，但很多公司还是从发行商那里购买它。这些商业版本附带一些很有用的软件（如安装工具），并提供支持服务。销售 Linux 操作系统及支持 Web 服务器的工具软件的 Linux 发行商主要有 Red Hat 和 SUSE Linux Enterprise。Canonical 公司销售针对 Ununtu Linux 的技术支持和服务。甲骨文（Oracle）公司销售 Web 服务器硬件和自己的 UNIX 操作系统 Solaris。在开放源代码促进会（Open Source Initiative）网站上，可了解更多有关开源软件方面的信息。

8.2.2　Web 服务器软件

本节介绍使用最广的两种 Web 服务器软件，即 Apache HTTP Server 和微软公司的互联网信息服务（Internet Information Server，IIS）。其他一些被在线企业使用的 Web 服务器软件产品有 nginx（读作"engine-x"）和 Lighttpd（读作"lighty"）。一些大型的在线企业会自己开发 Web 服务器软件，如谷歌公司就在其数百万服务器计算机上运行支持 Linux 操作系统的 Google Web Server。英国网络咨询公司 Netcraft 开展持续调查来确定 Web 网站的数目，并跟踪每个 Web 服务器软件的使用情况。图 8-4 展示了 2015 年 8 月各活跃网站所用的 Web 服务器软件。

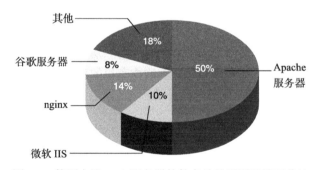

图 8-4　使用主流 Web 服务器软件产品的活跃网站百分比

资料来源：Netcraft Web Surveys for August, 2015 (http://www.netcraft.com)。

Netcraft 公司 Web 服务器软件的调查显示，Web 服务器软件的市场份额在数年的稳定之后出现了些微的变化。Apache 目前保有接近一半的市场份额。多年来，微软公司的互联网信息服务（IIS）一直占据着 15%～20% 的市场份额，但最近已跌至 10%。开源软件 nginx 的市场份额一直在稳步增长，现已占 14%。由于谷歌公司自己运营的服务器计算机实在太多，尽管只有谷歌一家公司使用它，但谷歌 Web 服务器（Google Web Server）的市场份额仍占到 8%。

8.2.3　Apache HTTP Server

1994 年，罗布·麦科尔（Rob McCool）是伊利诺伊大学的一名学生，工作于伊利诺伊大学校园内的美国超级计算应用中心（NCSA）。他是开发早期 NCSA Web 浏览器 Mosaic 的编程团队的成员。麦科尔和 NCSA 的开发同事组成了一个电子邮件讨论组，以跟踪每个人在他们的项目（即 Web 服务器软件）上都做了什么。程序员对程序的修复或改进称为软件补丁。由于许多程序员对这个 Web 服务器软件做了很多修复和改进，以至于它被称作"补丁服务器"（a patchy server）。后来名称被固定下来，该软件以"Apache Web Sever"的名字被熟知。在每一次补丁升级之后，Apache Web 服务器可以作为开源软件从网上免费获取（这些内容先前章节已经介绍）。

自 1996 年以来，Apache HTTP Server 一直是占主导地位的 Web 服务器软件，因为它免费提供，并且还得到了一大批精通技术的用户的共同支持，他们向在线讨论论坛、wiki 和博客提供技术建议。它经常被认为是有史以来最成功的开源软件。Apache 可在许多操作系统（包括 FreeBSD-UNIX、HP-UX、Linux、Microsoft Windows、SCO-UNIX 和 Solaris）上运行。许多公司向需要额外安全性的组织销售 Apache 的支持服务。然而，许多 Apache 安装都是由这些组织自己的技术人员使用可用的免费在线帮助完成的。

8.2.4 微软公司的互联网信息服务（IIS）

微软公司的互联网信息服务（IIS）与当前版本的 Microsoft Windows Server 操作系统捆绑在一起。很多公司的内部网都使用 IIS，因为它们已经采用微软公司的产品作为其标准产品。运行个人主页的小网站和一些最大的电子商务网站都在使用 IIS。IIS 本身是免费的，然而与其打包在一起的 Microsoft Windows Server 操作系统软件却价格不等，对于运行一两台服务器的小网站而言花费不超过 1000 美元，而对于运行许多服务器的大型组织就需要花费数千美元（详细内容比较复杂，Microsoft Windows Server 的定价指南有 50 页之多）。

8.3 电子邮件

虽然 Web 及其 Web 服务器与客户机之间的交互是当今电子商务中使用的最重要的技术，但是许多买家和卖家也使用电子邮件收集信息、执行交易并开展其他电子商务相关的业务。本节将介绍电子邮件和在互联网上实现电子邮件的技术。

8.3.1 电子邮件的优点

电子邮件不仅是最早的互联网应用程序之一，也是许多人最初被互联网吸引的原因之一。电子邮件可以在短短的几秒时间内把信件从一个地方传输到另一个地方。传输的信件可以是类似文字处理程序中字符的信息，也可以包含文件、图片、音频、影片、电子表格或其他文件。这些**附件**（attachment）可能是信件最重要的部分。今天，电子邮件已经成为最受欢迎的商业沟通形式，在使用量上已经远远超过了电话、传统邮件和传真。

8.3.2 电子邮件的缺点

尽管电子邮件有诸多优点，但它确实有一些缺点。与电子邮件相关的一个烦恼是商务人士现在花在回复电子邮件上的时间。研究人员发现，多数管理人员处理一封电子邮件平均花费 5 分钟。有些电子邮件可以立即删除，但有些电子邮件则需要管理人员花大量的时间找资料、检查文件或完成回复所需的其他工作。研究人员也发现，当每天收到 20 或 30 封邮件时，多数人（不包括那些把回复电子邮件作为全职工作的人）会觉得对电子邮件所耗的时间无法忍受，因为他们平均每天要花大约两小时来处理电子邮件。

电子邮件带来的第二个主要烦恼是**计算机病毒**（computer virus），更简单地称为病毒，这是把自身附在其他软件上的一种程序，当宿主软件启动后病毒程序会进行破坏活动。电子邮件附件可能是病毒或可能携带病毒。使用病毒防护软件和处理电子邮件的安全威胁是使用电子邮件的成本。第 10 章会讲述计算机病毒、其他可通过电子邮件传输的威胁与防护的详细内容。第 2 章已经讲过，电子邮件最令人沮丧且成本最高的问题就是未经请求的商业电子邮件，也被称为 UCE 或**垃圾邮件**（spam），下一节将讨论这一令人烦恼的问题。

8.3.3 垃圾邮件

图 8-5 展示了在电子邮件被广泛使用的这些年里，进入企业电子邮件服务器中的垃圾邮件占所有邮件的比例。垃圾邮件的严峻形势让人难以置信。研究人员估计在 2009 年（垃圾邮件峰值年）某 24 小时时间段内就有大约 2200 亿封垃圾邮件被发出。

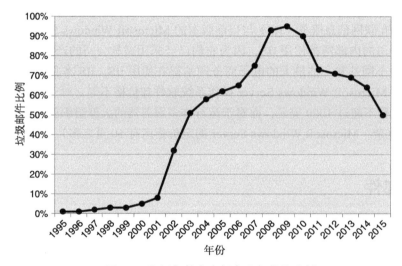

图 8-5　垃圾邮件占全部商业邮件的比例

资料来源：Symantec *Intelligence Reports*, *Spam and Phishing Reports*, and *Spam Reports*; www.symantec.com.

跟踪垃圾邮件的研究人员认为，垃圾邮件的增长已经见顶，法律措施和技术解决方案将继续减少垃圾邮件数量占总电子邮件流量的百分比，本章接下来几节将会讨论这个问题。

8.3.4 垃圾邮件问题的解决方案

只要发送电子邮件（以及垃圾邮件）的成本仍然低廉，垃圾邮件发送者所获得的利益就足以使发送垃圾邮件成为潜在的盈利事业。为了限制垃圾邮件及其可能产生的影响，出现了各种应对垃圾邮件的措施。有些措施需要通过新的立法，有些措施则需要对互联网的邮件处理系统进行技术变革，还有些措施适合现行法律和技术环境，但是需要大量的机构和企业进行合作。电子邮件个人用户也可以采用一些策略来减少垃圾邮件。在接下来的小节中，将会详细介绍这些垃圾邮件控制技术。

1. 个人用户反垃圾邮件的策略

个人限制垃圾邮件的一种策略是减少垃圾邮件发送者自动生成其电子邮件地址的可能性。许多组织通过组合每个员工的姓氏和名字来为他们创建电子邮件地址。例如，许多公司经常将员工名字的首字母与姓氏组合在一起，为所有员工生成电子邮件地址。大公司经常使用员工的全名和姓氏，因为员工可能既有叫简·史密斯（Jane Smith）的，也有叫朱迪·史密斯（Judy Smith）的。垃圾邮件发送者得到员工名单后，就可能根据员工姓名生成可能的电子邮件地址表。即使没有员工名单，垃圾邮件发送者也会简单地将字母（英文名）和常见姓组合起来构成邮件地址。发送电子邮件的成本很低，垃圾邮件发送者情愿发送成千上万封随机生成地址的电子邮件，只要其中有几个有效地址就行。采用复杂规则的电子邮件地址（如 xq7yy23@mycompany.com），个人可以减少垃圾邮件发送者随机生成其地址的机会。当然，这样的地址很难记住，损害了电子邮件作为沟通方式的便利性。

另一种应对垃圾邮件的策略是控制电子邮件地址的暴露。垃圾邮件发送者会使用软件机器人在互联网的 Web 页面、讨论板、聊天室和其他所有可能包含电子邮件地址的在线资源中搜索包含 @ 字符的字符串（每个电子邮件地址都会有 @ 字符）。垃圾邮件发送者可以向以这种方式收集的电子邮件地址发送数千条消息。即使只有一两个人回复，垃圾邮件发送者也可以获利，因为发送电子邮件的成本非常低。

有些人通过使用多个电子邮件地址来阻止垃圾邮件。他们在网站上公布一个电子邮件地址，登录网站使用第二个电子邮件地址，购物账户则用第三个电子邮件地址，等等。如果垃圾邮件发送者开始使用这些地址之一，就可以立即停用该地址，改用另一个邮件地址。许多 Web 托管服务都提供大量的（通常是 100 到 200 个）电子邮件地址作为其服务的一部分，因此该策略非常适合拥有自己网站的个人或小企业。

上述三种策略的重点都是防止垃圾邮件发送者得到电子邮件地址，还有一些策略则是采用各种邮件内容过滤技术。

2. 基本内容过滤

所有内容过滤方案都需要软件来识别收到电子邮件的内容以判断是否属于垃圾邮件。内容过滤技术的差别主要在于所检查的内容、是否寻找垃圾邮件识别点和垃圾邮件挑选规则的严格程度。多数基本内容过滤软件都是通过检查电子邮件头（发送者、接收者和主题）来判断是否是垃圾邮件。过滤软件既可以放置在个人计算机端 [**称为客户机级过滤**（client-level filtering）]，也可以放置在邮件服务器上 [**称为服务器级过滤**（server-level filtering）]。服务器级过滤可以放在某个 ISP 的邮件服务器，也可放在某个公司的邮件服务器，或者两种服务器上都放置。除了 ISP 或公司的邮件服务器过滤邮件外，很多人也在自己的计算机上安装了客户机级过滤软件。这样，即使垃圾邮件通过了一个过滤软件，也会被另一个过滤软件拦截住。

常见的基本内容过滤技术是黑名单和白名单。**黑名单垃圾邮件过滤软件**（black list spam filter）查看收到邮件的发件人是否为垃圾邮件发送者，然后将其删除或放入专门的邮箱备查。在客户机、企业服务器和 ISP 端都可以放置黑名单垃圾邮件过滤软件。诸如垃圾邮件与开放转发拦截系统（Spam and Open Relay Blacking System）此类组织都在收集黑名单并提供给 ISP 和企业邮件管理员。诸如反垃圾邮件项目组织（Spamhaus Project）此类团体一直在跟踪知名的垃圾邮件发送者，公布他们所用的邮件服务器名单。这些服务有些免费，有些收费。黑名单方法的最大问题是垃圾邮件发送者会经常变换邮件服务器，这就意味着黑名单需要不断更新才能有效，这需要很多组织携手合作，分享各自掌握的垃圾邮件发送者名单。反垃圾邮件项目组织的网站也提供了垃圾邮件发送者名单，这些个人或公司都因多次违反邮件发送规定而被 ISP 中止服务。反垃圾邮件项目组织可以向执法机构提供名单上的个人或公司的详细信息。

白名单垃圾邮件过滤软件（white list spam filter）把发送者地址和可信的邮件发送地址表（如个人邮件地址簿的地址）进行比对。白名单过滤软件一般放在客户机端，如果公司因安全原因规定邮件管理员有权访问员工个人的邮件地址簿，白名单过滤软件也可以放在企业服务器端。这种方式的主要缺点是不但阻止了垃圾邮件，而且把陌生人发来的邮件也过滤掉了。由于白名单过滤软件的**误判**（false positive）率会很高（本该接收但被拒收），因此拒收的邮件通常会转到审查信箱，不会被立即删除。

白名单和黑名单这两种方法既可用在客户机端，也可用在服务器端，但两者都有严重的缺陷。为了克服这些缺陷，这两种方法通常会搭配使用或辅之以内容过滤的其他技术，以达到可接受的拦截水平而不会有过高的误判率。

3. 问答式内容过滤

这种内容过滤技术是基于白名单履行确认手续。**问答式技术**（challenge-response）首先对邮件和白名单进行比对，如果发信人地址不在白名单上，就会自动向发送者发出邮件（即"问"），让发送者答复所提的问题（即"答"）。回复必须包含对电子邮件中提出的质询的回答。

自动询问邮件的问题往往设计得让人容易回答，但计算机很难统一回答。例如，一个好问题是给一张果盘的图片并询问盘中有几个苹果，这样就可以防止垃圾邮件发送者用计算机来自动回复（自动应答软件很难确定图中苹果数量）。垃圾邮件发送者无法处理成千上万的询问邮件，哪怕雇人也是徒劳的。大多数实现还包括针对视觉障碍用户的音频选择。如果想进一步了解这项技术，可以访问卡耐基梅隆大学的 CAPTCHA Project 网站。还可以使用变形的字母和数字（如 5BM6HW3F）作为询问问题，如图 8-6 所示。

问答式过滤系统的主要缺点是可能会被滥用。例如，某个恶作剧者向成千上万的问答式系统用户发送邮件，但在发送者地址中用的是别人的邮箱，受害者的邮箱就会遭到问答式系统自动发出

图 8-6　使用变形字母和数字询问的例子

的成千上万封询问信的狂轰滥炸。安装问答式系统的邮件服务器越多，这种手段的恶作剧的潜在危害就越大。

因为问答式系统要求用户改变他们的行为但又不能提供直接而显著的好处（如垃圾邮件会随着时间而减少），所以这些系统没有被广泛应用。

4. 高级内容过滤

检查整个电子邮件内容的高级内容过滤技术比仅检查邮件头或电子邮件发送者的 IP 地址的基本内容过滤技术要更为有效。然而，创建有效的内容过滤软件可能很有挑战性。例如，一个公司可能认为删除所有含有"sex"这个词的电子邮件是件好事，但这可能会无意间删除"Essex"（艾塞克斯镇）所有客户的电子邮件。

很多高级内容过滤软件都是在整个电子邮件内容里查找垃圾信息的识别点。当过滤软件在邮件中发现这些识别点，就提高该邮件的垃圾邮件的得分值。有些识别点的分值要比其他

识别点高。识别点可以是某个字、词组、HTML 码（如设置页面文字为白色的码，就使用户看不到邮件中的某些内容），也可以是一些文字在邮件中位置的信息。不幸的是，只要垃圾邮件过滤软件开发商找到一组有效的识别点，垃圾邮件发送者就不再使用它们。

有一种高级内容过滤软件采用应用数学方法——贝叶斯统计，以期战胜垃圾邮件发送者。**贝叶斯修正**（Bayesian revision）是一种统计学手段，用额外知识来修正先前估计的概率。**朴素贝叶斯过滤软件**（naïve Bayesian filter，目前最为常用）开始并不对信息进行分类，在用户浏览邮件并标识出垃圾邮件后，过滤软件就慢慢学会识别垃圾邮件（通过修正一个信息元在垃圾邮件中出现的概率估计）。

在查看了几十个分类邮件后，朴素贝叶斯过滤软件能成功识别出 80% 左右的垃圾邮件。在过滤软件继续工作时，用户检查它的分类，并在它出错时告诉软件。经过几百封邮件的分类（并在出错时得到用户的纠正）后，朴素贝叶斯过滤软件对垃圾邮件的识别率能提高到 95% 以上。虽然这种过滤软件效果很好并且误判率很低，但系统的"训练"很费时间。这种训练最好由用户自己完成，因为在某人眼中的垃圾信息可能对别人很重要。这种所有用户都要训练软件的需求限制了朴素贝叶斯过滤软件的应用。然而，在那些使用其他服务器级过滤技术的组织中，朴素贝叶斯过滤软件也可以被安装在收到大量电子邮件的员工计算机上。例如，POPFile 就是安装在个人客户机端且使用朴素贝叶斯过滤的开源软件。

5. 法律手段

美国一些立法机构已经通过处罚垃圾邮件发送者的法案。2004 年 1 月，美国的《控制滥发色情与营销邮件法》（Controlling the Assault of Non-Solicited Pornography and Marketing，CAN-SPAM，简称《反垃圾邮件法》），开始生效。研究人员指出，在该法生效后两个月内，垃圾邮件数量有所下降，但到了第三个月，垃圾邮件数量又回到了之前的水平。观察人士指出，垃圾邮件发送者在《反垃圾邮件法》刚生效时有所收敛，当他们发现这种威胁并未成为现实时，就继续开始"活动"。

《反垃圾邮件法》对所有以广告或促销商品/服务为主要目的的电子邮件进行了规范。该法的主要规定包括：

- 误导性地址头信息。电子邮件头和路由信息（包括原始的域名和邮件地址）必须准确无误，并且必须标识电子邮件的发送者。
- 欺骗性的邮件主题标题。电子邮件的主题栏不能使收件者对其内容和信息主题产生误解。
- 清晰而明确标明邮件性质。电子邮件必须有清晰而明确的信息表明这是广告或招揽邮件，并且允许收件者选择退订，以后不再收到发送者的商业电子邮件。
- 实际通信地址。电子邮件必须包含发送者有效的实际通信地址。
- 退订机制的强制性提供。电子邮件必须提供退回电子邮件地址或其他基于互联网的响应机制，允许收件者要求以后不再收到此类邮件。这些要求必须予以满足，因此电子邮件必须包括一个选择菜单，允许收件者退订某些类型的消息，但是菜单上的一个选项必须是停止发送任何类型的商业信息。
- 退出机制的有效性。退订请求必须在 10 个工作日内得到处理。邮件发出后至少 30 天内都允许接收者退订。一旦收到退订请求，不得帮助他人向该用户发送邮件，或允许他人以自己的名义向该用户发送邮件。

- 电子邮件地址的转让。一旦收件者提交退订请求，就禁止发送者将该电子邮件地址出售或转让给任何其他实体。

该法还禁止在交易相关的电子邮件中使用误导性电子邮件地址头信息以促进交易达成或增进客户关系。违反上述条款都将处以最高 11 000 美元的罚款。违反上述条款并有如下行为者将加重处罚：

- 从发布了禁止发送垃圾邮件声明的 Web 网站或 Web 服务上收集电子邮件地址。
- 将姓名、字母或数字进行组合或排列生成电子邮件地址，并向其发送垃圾邮件。
- 用脚本或其他自动工具来注册多个邮件账户，并用其发送商业邮件。
- 未经计算机或网络所有者许可，通过计算机或网络转发电子邮件。

成功的起诉会让被定罪的垃圾邮件发送者损失惨重。《反垃圾邮件法》进一步规定：如果商业邮件发送者实施或企图实施下列行为之一，将受到包括监禁在内的刑事处罚：

- 未经计算机所有者许可，使用他人或实体的计算机从其发送商业电子邮件或通过其发送商业电子邮件。
- 利用计算机转发多个商业电子邮件，以欺骗或误导收件者。
- 发送多个虚假邮件头信息的电子邮件。
- 使用虚假身份信息注册多个电子邮件账户或域名。
- 非法盗用多个 IP 地址来发送商业电子邮件。

《反垃圾邮件法》让美国公诉人赢得了几起对垃圾邮件发送者的诉讼案，其中有些案件所涉及的损害赔偿估计有数亿美元之多。一些臭名昭著的垃圾邮件发送者已被送进监狱。垃圾邮件发送者对这些判决不服并进行上诉，他们认为垃圾邮件是美国《宪法第一修正案》中受保护的言论，不过全都被法院驳回了。

在过去的几年，这些成功阻止了垃圾邮件泛滥的势头。然而，许多垃圾邮件发送者使用放置在没有反垃圾邮件法律（也没有采纳倾向）国家的邮件服务器。正如在第 7 章中所了解到的，对于在线运营的企业而言，管辖权问题尚不明确。即使原告在法庭上胜诉，执行法院下令的罚款或收取损害赔偿金也是困难的。垃圾邮件发送者可以轻松避过法院的禁令，因为他们可以在几分钟内将其操作从一台服务器转移到另一台服务器。许多垃圾邮件发送者都是利用"劫持"的服务器转发垃圾邮件（参见第 10 章的相关内容）。

令许多信息技术组织失望的是，美国联邦贸易委员会（FTC）拒绝设立类似"谢绝来电名单"的"谢绝邮件名单"，前者曾有效地限制了电话营销的泛滥。

立法只能部分解决垃圾邮件问题，因为起诉垃圾邮件发送者的成本不菲。要想降低起诉成本，公诉人要能很容易地识别垃圾邮件发送者（降低行动的成本），并且有很大的把握胜诉（或者胜诉有很大的社会效益）。要想轻易抓住垃圾邮件发送者，最好的办法就是对互联网基础设施中的电子邮件传输机制进行技术改造。

6. 技术手段

互联网最初的设计并不是用来支持目前它所完成的诸多任务。例如，它不是为了安全性，完成交易或处理数十亿封电子邮件而设计的。正如在第 2 章中所了解到的，电子邮件是在设计研究者彼此传送大文件的系统时得到的副产品。互联网最初的设计不包括任何确保电子邮件接收者知道电子邮件发送者身份的机制。

至少有一种反垃圾邮件的技术策略利用了互联网最初设计的弱点。支配互联网上服务器

(包括电子邮件服务器)之间通信的互联网协议被设计成一套礼仪性的规则:当互联网上的一台计算机向另一台计算机发送信息时,在继续发送其他信息之前需要获得接收到信息的确认。在通常的互联网通信中,收到确认信息所花的时间不到 1 秒钟。如果一台计算机被设置为更慢地发出确认信息,那么当初发出信息的计算机速度就会下降,因为它要不断扫描确认信息是否到达(这消耗了它的一些处理能力),而且在收到确认信息之前它不会再向那个地址发送新的信息。

为了利用互联网信息传递规则的这种特性来抵制垃圾邮件,防御公司必须开发一种方法来识别正在发送垃圾邮件的计算机。IBM 公司等一些供应商销售软件和访问持续跟踪这些计算机的巨型数据库。其他供应商销售的软件可以快速连续识别来自单一来源的多封电子邮件(如果垃圾邮件发送者向某个公司的每个人发送垃圾邮件,就会发生这种情况)。一旦识别出垃圾邮件计算机,软件就会等待发送邮件确认。它还可以发起返回攻击,将电子邮件发送回发起可疑垃圾邮件的计算机。这种方式有一个德语名称,叫**柏油坑**(teergrubing),即把发送垃圾邮件的计算机困在陷阱里,无法继续发送。虽然许多组织都采用柏油坑的策略来对付垃圾邮件,但是相当讽刺的是,有些组织担心,一旦反击恰恰又可能会违反已经颁布的惩罚垃圾邮件发送者的法律。

大多数行业观察家都认为,垃圾邮件的终极解决方案就是采纳可以对每封电子邮件的来源进行绝对验证的新电子邮件协议。2015 年,互联网工程任务组(Internet Engineering Task Force,IETF)发布了第一个标识电子邮件认证状态的消息头字段建议标准。

对于垃圾邮件问题,最有效的技术解决方案是大型互联网用户联合起来识别垃圾邮件来源并进行阻止。随着越来越多的垃圾邮件活动转移到那些对垃圾邮件管制比较松的国家,识别并阻止这些用户也就变得更加容易。最近垃圾邮件数量的大幅减少很可能是这些努力和在多个司法管辖区更有效地执法相结合的结果。

8.4 Web 网站实用程序

除了 Web 服务器软件之外,开发 Web 站点的人还使用许多实用程序或工具。有些实用程序在 Web 服务器上运行,而另一些程序在 Web 开发人员创建 Web 站点时使用的客户机计算机上运行。电子邮件是最早出现的互联网实用程序之一,现在已成为最重要的互联网实用程序之一。在前面的章节中,我们已经学习了公司如何使用电子邮件作为其电子商务战略的关键要素。本节将讲述几个实用程序及工作原理。

8.4.1 Tracert 和其他路由跟踪程序

Tracert(TRACE RouTe 的缩写)向位于互联网上两台计算机之间路径上的每一台计算机发送数据包并记录数据包往返所花的时间。它可以提供在你的计算机和远程计算机之间往返所花费的时间,还可以确定该远程计算机是否联机,指出是否有数据"拥塞"。路由跟踪程序还可计算并显示计算机之间的转发数及两台计算机之间传输信息所需的时间。图 8-7 所示为 Tracert 程序对通过考克斯电缆网从美国康涅狄格州连接到位于伦敦的 BBC 公司的 Web 服务器进行路由跟踪时所呈现出来的 Windows 界面。

从图中第一列可以看到路由包含了 18 次跳转,经过整个传输路径只耗时 1/10 秒(即 100

毫秒）。Windows Tracert 程序发送了 3 个测试包，每一个测试包的传输速度分别显示在图中第二、三、四列（单位是毫秒）。图中最后一列显示了测试包所经由的每一台计算机的 URL 或 IP 地址。

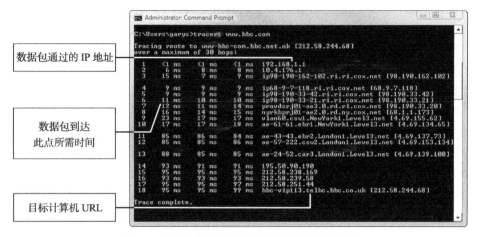

图 8-7　跟踪互联网上两台计算机之间的路径

8.4.2　Telnet 和 FTP 工具

Telnet 是一种程序，它允许用户使用一台计算机通过互联网在另一台计算机上访问文件和运行程序。这种远程登录功能对运行那些没有 Web 界面的老软件非常有用。Telnet 允许客户端计算机向在远程主机上运行的程序发出命令，允许远程故障检修或系统管理。随着越来越多的公司将信息放到 Web 页面上，通过任何 Web 浏览器都可以访问，Telnet 的使用将继续减少。

文件传输协议（file transfer protocol，FTP）是定义通过 TCP/IP 连接的计算机之间彼此传输文件所用格式的 TCP/IP 规则的一部分。虽然许多 FTP 文件传输和文件管理操作可以通过 Web 浏览器直接进行，但是现在大多数人使用诸如 FileZilla 或 CuteFTP 此类软件来执行这些任务。

8.4.3　索引和搜索实用程序

搜索引擎和索引程序是许多 Web 服务器的重要组成部分。搜索引擎或搜索工具可在特定站点或整个 Web 搜索所请求的文档。索引程序可以提供全文索引，即为在服务器上存储的所有文档生成索引。当浏览器请求 Web 站点搜索时，搜索引擎比较索引中的术语和请求者的搜索术语，寻找与请求术语相匹配的文档。更高级的搜索引擎软件（如常用的搜索引擎谷歌所使用的软件）使用了复杂的关联排序规则，比如考虑链接到目标网站的网站数量。许多 Web 服务器软件都带有索引软件。索引软件通常可以对许多不同文件格式存储的文档建立索引。

8.4.4　数据分析软件

Web 服务器可捕获访问者的信息，包括谁正在访问 Web 站点（访问者的 URL），访问者浏览 Web 站点的时间有多长，每次访问的日期和时间以及浏览了哪些页面。这些数据放在 Web **日志文件**（log file）里。正如可以想象到的，该文件增长非常快——特别是那些每天有成千上万访问者的 Web 站点。仔细分析日志文件，可以发现关于 Web 站点的访问者偏好的许多有趣的事实。要理解日志文件，就必须运行第三方 Web 日志文件分析程序。这些程序通过查询运行日志文件来对运行日志文件的信息进行汇总。它可以返回一个汇总的报告，也可以把众多的细节累积到一起，从而揭示出每天、每小时或每分钟访问网站的人数以及访问的高峰时段。常用的 Web 日志文件分析程序有 Adobe Analytics、谷歌分析（Google Analytics）和 WebTrends。

8.4.5　链接检查工具

随着时间的推移，给定页面链接的网站可以更改其 URL 甚至消失。在点击一个**死链接**（dead link）时，将显示错误消息，而不是 Web 页面。Web 站点上出现大量死链接的不良情况有时会被称为"**失效链接**"（link rot）。**链接检查软件**（link checker）可检查站点的所有页面，并报告失效的 URL。它还可以发现 Web 服务器上没有链接到任何网页的**孤立文件**（orphan file）。其他重要的站点管理功能包括脚本检查和 HTML 验证。有些站点管理工具还可以找到出错的页面和代码，列出损坏的链接，并向站点管理员发送电子邮件提供网站维护结果。诸如 Adobe 公司的 Dreamweaver 之类的 Web 站点开发与维护工具都有链接检查功能。还有一些专门的链接检查程序，如 Elsop LinkScan、LinxCop 等。

8.4.6　远程服务器管理工具

Web 站点管理员利用**远程服务器管理工具**（remote server administration）可以从任何与互联网连接的计算机控制 Web 站点。Web 站点管理员可以方便地监视服务器活动，并从任何他可能所处的地方操控服务器。LabTech 软件公司销售具有远程管理功能的软件，该软件有链接检查、HTML 验证、站点监控以及其他可用于管理 Web 站点运营的实用程序。

8.5　Web 服务器的硬件

公司会使用各种品牌和规格的计算机来支持电子商务运营。小公司可以在台式机上运行它们的 Web 站点，但大多数电子商务运营都是在专门为 Web 站点托管任务而设计的计算机上运行。企业根据 Web 站点的功能、预期站点访问量、访问者在平均访问期间查看的页面数量、页面大小（包括图形和其他页面元素）以及同时访问者的最大数量，为给定的 Web 站点选择特定的软硬件环境。有些公司提供可以在线确定服务器大小和功能的帮助，如 Intel Server Sizing Tool。

8.5.1　Web 服务器计算机

与典型的台式计算机相比，Web 服务器计算机通常具有更大的内存、更大且更快的硬盘驱动器和更快的处理器。许多 Web 服务器计算机通常都有多个处理器，但很少有台式计算机拥有多个处理器。因为 Web 服务器计算机使用速度更快和容量更大的硬件元件（如内存和硬盘驱动器），所以它们通常比工作站的台式计算机贵得多。现在一台高档台式计算机的价格为 500～1200 美元。一家公司可以花同样费用购置一个低档的 Web 服务器计算机，但大多数公司会花 2000～50 000 美元来购置一台 Web 服务器计算机。使用成千上万台服务器的大型组织会在服务器硬件上花费数百万美元。诸如戴尔、惠普和甲骨文这样的 Web 服务器硬件销售公司在其 Web 站点上配置工具，允许访问者设计自己的 Web 服务器。

虽然有些 Web 服务器计算机可以单独安放，但多数都是安装在设备机架上。这些机架通常约 6 英尺高、19 英寸宽，每个可以容纳 10～20 个中型服务器。日益流行的服务器配置是**刀片服务器**（blade server），它是在标准高度的机架式机箱内可插装多个卡式的服务器单元，是一种实现高可用和高密度的低成本服务器平台。刀片式服务器就像"刀片"一样，每一块"刀片"实际上就是一块系统主板，它们可以通过"板载"硬盘启动自己的操作系统，类似于一个个独立的服务器。可以将超过 300 个刀片式服务器安装在一个 6 英尺的机架式机箱里。根据组件不同，每个刀片式服务器的价格为 500～5000 美元。图 8-8 展示了一组安装在机架式机箱里的刀片式服务器。

图 8-8　安装在机架式机箱里的刀片式服务器

前车之鉴

eBay 的 Web 服务器

前文讲过 eBay 是最受欢迎的拍卖网站，其 Web 服务器每天要发送数以亿计的网页，既有静态 HTML 页面，也有动态生成的 Web 页面。动态页面由 eBay 的甲骨文数据库查询结果生成，该数据库保存所有正在进行或近 30 天内完成的拍卖的全部信息。每时每刻都有数百万次拍卖的进行，因此该数据库非常庞大。大型数据库与高交易量使 eBay 的服务器成为公司成败的关键，在 eBay 公司成立的头五年（1995～2000 年），其服务器至少出现 15 次故障。最糟的是在 2000 年的 5 月到 6 月期间，网站瘫痪了 4 次，其中一次故障导致网站关闭了超过一天的时间，估计导致 eBay 损失了 500 万美元，eBay 的股价在随后几天下跌了 20%。

为此，eBay 决定对 Web 服务器的配置方法进行重大调整。eBay 成立之初的许多技术人员都曾在甲骨文公司工作过，这家公司主要销售在大型服务器上运行的大型数据库。此外，eBay 的业务性质——访问者可能希望查看任意时刻某项拍卖的信息——导致管理层采用集中式结构：将一个大型数据库放在几个大型数据库服务器计算机上，并用同样的硬件平台来存放该数据库生成的网页。

在经历了 2000 年年中的那次严重的网站故障后，eBay 决定采用分散式结构。这是一个巨大的挑战，因为它意味着需要将这个大型拍卖信息数据库复制到各组 Web 服务器和数据库服务器上。然而，eBay 意识到仅仅使用几台大型服务器并不安全，一旦这些服务器出现故障，整个网站就会瘫痪。等到 eBay 转向分散式结构之后，它发现增加容量更容易。以前需要安装和配置一台承担网站 15% 的任务的大型服务器，现在是将每台只承担网站 1% 的任务的小型服务器六七个一组加入进来。服务器的日常定期维护也变得更容易。

eBay 公司的 Web 服务器问题的教训是：应当仔细选择满足网站需求的服务器结构。Web 服务器结构的选择会对电子商务网站的稳定性、可靠性以及最终的盈利性造成巨大影响。

8.5.2 Web 服务器和绿色计算

使用大量计算机，尤其是像 Web 服务器这样的强大计算机，需要相当数量的电力来运行。这些电力大部分用于服务器本身的运行，也有相当一部分用于冷却机房。大量计算机产生巨大热量。努力减少大量计算带来的环境影响称为**绿色计算**（green computing）。运行大量 Web 服务器计算机的企业正在寻求一些能够把使用大量电能产生的巨大热量所带来的影响降低到最小的有趣的方法。

2009 年，谷歌公司在芬兰的一家废弃的造纸厂开设了服务器机房。该机房位于海岸附近，下面铺设有花岗岩隧道，可以汲取海水供谷歌公司代替电力空调来驱散服务器所产生的热量。芬兰的平均低气温也从总体上减少了制冷需求。

Facebook 公司在瑞典的律勒欧市（位于北极圈以南 60 英里处）运营一个 Web 服务器机房，利用外部空气来为服务器降温。附近一条河流的大坝上的水力发电机能够为服务器的运行提供廉价的电能。

惠普公司位于科罗拉多州科林斯堡的机房则利用了来自落基山脉高海拔地区的冷空气。联邦快递与哈里斯公司也分别在各自的美国服务器安装场所使用了自然条件制冷。

所有这些努力都降低了电子商务行业对地球有限的能源资源的影响，并且能够为使用这些策略的公司节省大量的能源成本。

8.5.3 Web 服务器性能评价

Web 服务器硬件和软件组合的基准测试有助于为系统制定明智的决策。**基准测试**（benchmarking）是用来比较硬件和软件性能的一种测试方法。

影响整体服务器性能的要素包括硬件、操作系统软件、服务器软件、连接带宽、用户数量和所传输的 Web 页面类型。服务器可处理用户的数量也很重要，但这可能难以衡量，因为互联网连接的带宽和所传输的 Web 页面的大小都会影响服务器可处理用户的数量。测量服务器 Web 页面传输能力的两项重要指标是吞吐量和响应时间。**吞吐量**（throughput）是某种硬件和软件的组合在单位时间内能够处理 HTTP 请求的数目。**响应时间**（response time）是服务器处理一个请求所需的时间。

选择 Web 服务器硬件配置的一种方法是对各种配置运行测试，这对于尚未购买的设备可能是困难的。Mindcraft 公司是一家独立的测试实验室，可为用户测试软件、硬件系统和网络产品。它的网站有大量的报告和统计数字，比较应用服务器平台、操作系统和 Web 服务器软件产品的各种组合。标准性能评估组织（Standard Performance Evaluation Corporation）是一家为服务器开发基准测试的非营利性企业。

使用多个 Web 服务器的公司必须决定如何配置服务器以提供最好的服务。服务器之间以及服务器同其他硬件（如路由器和交换机）之间不同的连接方式称为**服务器结构**（server architecture）。

8.5.4 Web 服务器硬件结构

本章前面讲过，电子商务网站采用两层结构、三层结构或多层结构来划分 Web 页面服务、数据库管理和交易处理的工作。许多电子商务网站在每层内需要多台计算机。

大型电子商务企业使用数百甚至数千台 Web 服务器计算机。大量的服务器集合被称为服务器集群或**服务器农场**（server farm），因为服务器通常成行排列，就像田里的庄稼一样。**集中式结构**（centralized architecture）是设计大型网站的一种方法，即采用几台大型的高速计算机。另一种方法是采用大量性能低一些的计算机，将负载分配给它们，这被称为**分布式结构**（distributed architecture）或**分散式结构**（decentralized architecture）。图 8-9 显示了这两种不同的 Web 站点结构。

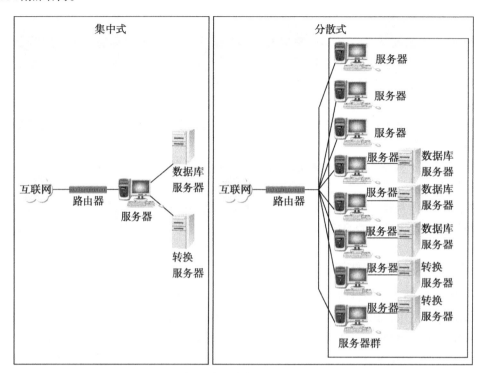

图 8-9　集中式和分散式 Web 站点结构

集中式结构需要昂贵的计算机，并且对技术问题更敏感，如果少数服务器之一无法运行，那么该站点将会失去大部分功能。分布式结构将风险分散到许多服务器上，如果一个服务器无法运行，那么站点不仅可以继续运行，而且性能也不会降低太多。分布式结构所用的小型服务器要比集中式结构所用的大型服务器便宜得多。也就是说，100 台小型服务器的总成本通常低于同样能力的一台大型服务器的成本。但是，分布式结构确实需要额外的硬件将服务器连接起来。大多数大型分布式站点还需要负载平衡系统来有效分配工作负载，这又会耗费额外的成本。

负载平衡系统

负载平衡交换器（load-balancing switch）是一种网络硬件设备，负责监测连接到它的服务器的工作负载，并将访问负载分配到此时具有最大可用能力的服务器。在简单的负载平衡系统里，来自互联网的访问通过路由器接入负载平衡交换器，后者将访问分配给此时可用能力最大的服务器。图 8-10 展示了一个简单的负载平衡系统。

在更为复杂的负载平衡系统里，经过多个路由器进入网站的访问负载会分配给一组完成特定任务的 Web 服务器。在图 8-11 所示的复杂负载平衡系统中，Web 服务器分组处理静态 HTML 页面、查询信息数据库、生成和传递动态 Web 页面和交易处理。

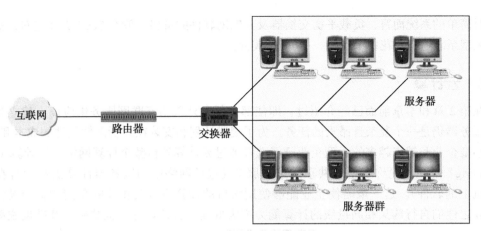

图 8-10　基本的负载平衡系统

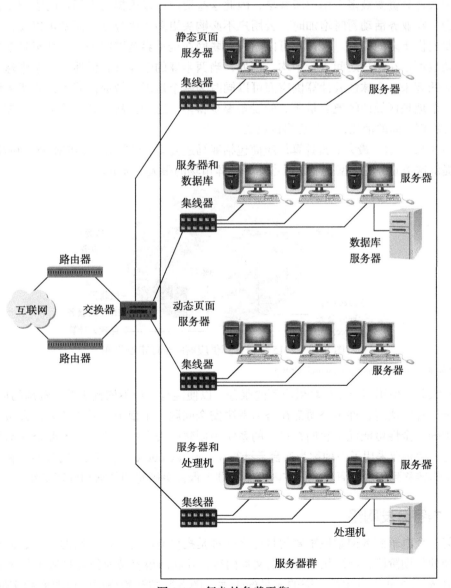

图 8-11　复杂的负载平衡

对简单的系统而言，负载平衡交换器及其辅助软件的价格一般在 2000 美元左右，更为复杂的大型系统通常要花费 15 000～40 000 美元。

8.5.5 云计算

在第 2 章和本章前面已经介绍过，即使部分任务外包给互联网服务供应商，建立和运行 Web 服务器仍是一个复杂且昂贵的任务。为了规避计划和安装在线所需软硬件的成本和精力，许多小型企业和越来越多的大型企业已经选择通过云计算外包整个计算网络。**云计算**（cloud computing）是一项允许多组织共享网络的服务（包括网络中的服务器计算机和运行在这些计算机上的软件）。这一策略使企业能够使用大量的计算机以及相关的存储和备份设施，其成本较之他们自行购买相同量级的计算能力更为低廉。云计算有时也被称为**基础设施即服务**（infrastructure as a service，IaaS）或者**平台即服务**（platform as a service，PaaS）。

由于云计算资源被多个用户所共享，因此这些资源可以根据每个用户的需求变化进行动态再分配。在业务活动暂时增加时，云用户不必购买更多的服务器，而是可以安排云提供商根据需要提供更多的资源。云计算可以通过互联网在全世界范围内进行，甚至日常的计算机使用波动也可以在用户之间进行平均。例如，当西半球的营业日趋低迷时，东半球的商业活动开始活跃起来，全球性云计算供应商可以同时为两个地理区域提供服务，其所用设备比单独处理一个地理区域的峰值容量所需的设备要少得多。这种方法还减少了电力、加热、冷却成本以及物理空间的消耗，节省更多的财力。

如图 8-12 所示，最大的云计算供应商包括亚马逊公司、微软公司、IBM 公司和谷歌公司，但许多提供这类服务的小型企业共同占据了总体市场的很大一部分。

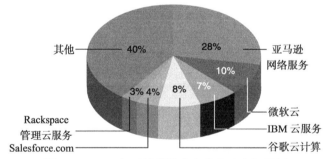

图 8-12　2015 年云计算供应商的全球市场份额

资料来源：Gartner, Synergy Research Group.

一些大公司使用多个云计算供应商的服务，以便能有一份不依赖于单一资源的可靠备份。在考虑云计算方法时，许多公司都在努力解决安全问题。小型企业通常认为，大型云计算供应商提供的安全性可能优于它们在自己的系统中创建的安全性，然而，大型企业却不这么认为。一些大型企业采用了一种称为**混合云计算**（hybrid cloud computing）的策略，将大容量和常规的工作转移到云供应商处，但在内部服务器上保留更敏感的数据和处理工作。

8.5.6 内容分发网络

任何一个电子商务网站最重要的目标之一都是提供与顾客之间持续的、可靠的连接。在 Web 发展的早期阶段，网站几乎全部是文本内容，互联网很容易为公司的 Web 服务器与顾客的 Web 浏览器之间提供沟通所需的充足的带宽。随着网站开始添加图形图像和文件（文档、报告、电子表格），互联网沟通渠道的需求激增，但是，在互联网的主干网络中使用的技术仍足以应对持续增加的通信量。

然而，大约从 2008 年开始，网络流量开始包含大量的音频和视频文件。由文本和图形组合的网页大小一般不超过 1 MB，但一首 MP3 格式记录的流行歌曲大小通常在 3 MB 到 5 MB，一段压缩的视频文件大小可以从数 MB 到数 GB 不等，而包含一部标准长度的电影的高清视频文件可以在 4GB 到 8 GB 之间。最新的估计数据显示，全世界 40% ~ 55% 的互联网流量由 YouTube 和 Netflix 网站的视频文件构成。这些视频文件的大小是平均网页下载大小的 8000 倍，由此可见图 8-13 所展示的互联网流量的快速增长并不令人意外。

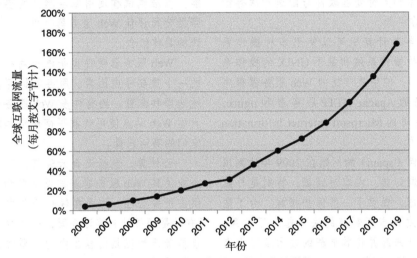

图 8-13　实际与预期的互联网流量增长

资料来源：Cisco *Visual Networking Index*, 2015; Minnesota Internet Traffic Studies, 2009.

虽然互联网的主干网络足以处理目前的网络流量，但确保所有东西都能被有效传递到每个做出请求的 Web 浏览器上仍是具有挑战性的。第 2 章曾经介绍，互联网是一个包交换网络，这意味着它将大文件分解成许多小的数据包，并通过互连的多个服务器按路线分发这些数据包。这种分解和恢复过程需要在网络中进行额外的通信，随着平均文件大小的增加而增加。如果你曾经在播放视频时遇到被动暂停，你就经历了一次由网络无法处理瞬间的全流量负载造成的传输滞后。这种传输滞后被称为**延迟**（latency），对于依赖互联网向客户传送大型音频和视频文件的企业来说可能是个问题。

为了防止客户遭遇延迟，电子商务转向了被称为**内容分发网络**（content delivery network，CDN）的公司，这些公司提供一种将大型文件内容存储在遍布互联网的多个服务器上的服务。当客户的 Web 浏览器请求一个大文件时，该请求被分发到最近的服务器，该服务器具有该文件的存储副本。主要的 CDNs，如 Akamai、Level 3、spotlight 和 Tata Communications，将它们的服务器放在大公司、互联网服务提供商、大学和其他大型组织的数据中心，这样就可以将文件定位在尽可能多的潜在用户附近。

出售或提供包含大型文件内容的大型企业需要向 CDN 公司付费才能将文件存储在世界各地的多个位置。小型企业可以通过为其提供服务的、与一个或多个大型 CDN 公司签约的互联网服务供应商购买 CDN 服务。例如，Rackspace 公司将 Akamai 公司的 CDN 服务以每 GB 10 美分的价格转卖给其客户。诸如苹果公司此类向客户提供大量媒体文件的公司，已经创建了自己的 CDN。

本章小结

Internet 的平台无关性允许 Web 使用简单的两层客户机/服务器体系结构，其中 Web 浏览器（客户机）从 Web 服务器请求文件，然后将它们呈现到要显示的 Web 页面中。为了完成诸如交易处理和动态 Web 页面生成这样更复杂的活动，电子商务会采用三层或多层（n 层）架构，将数据库和支付处理软件与配送和库存控制软件集成在一起。

Web 服务器计算机可以使用多种操作系统，包括微软操作系统和基于 UNIX 的操作系统（如 Linux）。使用最广泛的 Web 服务器程序是开放源码的 Apache HTTP 服务器和 nginx，以及微软公司的 Microsoft Internet Information Server。

垃圾邮件（spam）的问题在 2009 年达到顶峰，此后逐渐好转。内容过滤器，特别是朴素贝叶斯过滤器，提供了一些保护措施。为了惩罚垃圾邮件发送者所制定的法律起到了效果。识别垃圾邮件来源并将其屏蔽的技术策略也有助于遏制垃圾邮件激增。

Web 服务器计算机上也运行各种应用程序，如 Tracert、Telnet 和 FTP。许多 Web 管理员使用软件协助进行链接检查和远程服务器管理任务。

操作系统、连接带宽、用户容量和站点服务的页面类型都会影响 Web 服务器的整体性能。基准测试和使用基准测试的咨询公司可以帮助公司评估 Web 服务器硬件、软件和操作系统的具体组合。

Web 服务器硬件也是电子商务站点设计中的一个重要考虑因素。服务器计算机必须谨慎地选择和配置。拥有许多 Web 服务器计算机的大型 Web 站点使用负载平衡硬件和软件来管理它们的高活跃量。

云计算，包括混合云策略，可以帮助在线企业使其 Web 服务器基础设施更加灵活，并提供备份安全性。许多在线企业与内容交付网络（有时是间接地）签订合同，以减少客户在收到包括音乐和视频内容在内的大型文件时可能遇到的延迟。

关键术语

收单费（acquirer fee）：是收单银行为提供支付卡处理服务而收取的费用，通常包括月度费用和每笔交易的费用，具体由收单银行决定。

附件（attachment）：附在电子邮件中的数据文件，如文件、电子表格等。

贝叶斯修正（Bayesian revision）：用额外知识来修正先前估计的概率的统计技术。

基准测试（benchmarking）：用来比较硬件和软件性能的一种测试方法。

黑名单垃圾邮件过滤软件（black list spam filter）：用以查看收到邮件的发件人是否为垃圾邮件发送者，然后将其删除或放入专门的邮箱备查的软件。

刀片式服务器（blade server）：是指在标准高度的机架式机箱内可插装多个卡式的服务器单元，是一种实现高可用和高密度的低成本服务器平台。刀片式服务器就像"刀片"一样，每一块"刀片"实际上就是一块系统主板。

集中式结构（centralized architecture）：采用少量大型高速计算机搭建的服务器结构。

问答式技术（challenge-response）：自动向未知邮件发送者发出邮件，让发送者答复所提的问题的内容过滤安全技术。自动询问邮件的问题往往设计得让人容易回答，但计算机很难统一回答。

客户机级过滤（client-level filtering）：一种电子邮件内容过滤技术，过滤软件安装在个人用户的计算机上。

客户端脚本（client-side scripting）：在 HTML 文档中的嵌入式脚本语言。

云计算（cloud computing）：一项允许多组织共享网络的服务。

计算机病毒（computer virus）：把自身附在其他软件上的一种程序，当宿主软件启动后病毒程序会进行破坏活动。

内容分发网络（content delivery network，CDN）：一种将大型文件内容存储在遍布互联网的多个服务器上的服务，当客户的 Web 浏览器请求一个大文件时，该请求被分发到具有该文件的存储副本的最近的服务器。

数据库服务器（database server）：运行数据库管理软件的服务器。

死链接（dead link）：点击后显示一个错误信息而不是 Web 页面的网络链接。

分散式结构（decentralized architecture）：将负载分配给大批性能低一些的计算机的服务器结构。

分布式结构（distributed architecture）：分散式结构的同义词，即将负载分配给大批性能低一些的计算机的服务器结构。

动态内容（dynamic content）：指 Web 服务器针对网站浏览者的特殊询问所提供的个性化页面。

动态页面（dynamic page）：根据客户机的请求并由特定的程序来确定内容的网页。

电子邮件服务器（e-mail server）：专门处理电子邮件往来的计算机。

实体段（entity body）：客户机发出的报文，内含客户机所请求的 HTML 页面以及向服务器传输的批量信息。

误判（false positive）：本该接收但被过滤软件拒收的电子邮件。

文件传输协议（file transfer protocol，FTP）：支持用户在互联网上彼此传输文件所用的协议。

绿色计算（green computing）：以减少大量计算带来的环境影响为目标的一种产品和管理理念。

混合云计算（hybrid cloud computing）：将大容量和常规的工作转移到云供应商处，在内部服务器上保留更敏感的数据和处理工作的一种云计算策略。

超文本预处理器（hypertext preprocessor，PHP）：在服务器端编写脚本的动态页面生成技术。

基础设施即服务（infrastructure as a service，IaaS）：云计算的一种服务模式，将完善的计算机基础设施作为一种服务提交给用户。

延迟（latency）：网络无法处理瞬间的全流量负载造成的传输滞后。

链接检查程序（link checker）：一种网站管理工具，可以检查网站上所有页面，报告断开的、可能断开的或错误的链接。

失效链接（link rot）：网站上出现大量失效链接的不良情况。

负载平衡交换器（load-balancing switch）：一种网络硬件设备，负责监测服务器的负载并将访问分配到此时此刻能力最富裕的服务器上。

日志文件（log file）：文件对网站访问者访问偏好的信息收集。

朴素贝叶斯过滤软件（naïve Bayesian filter）：一种电子邮件过滤软件，其原理是依据用户对收到的邮件所进行的分类进行学习，慢慢学会识别垃圾邮件并自动过滤。

多层结构（n-tier architectures）：三层以上的高级客户机/服务器结构。

孤立文件（orphan file）：网站中没有同任何页面建立链接的文件。

平台即服务（platform as a service，PaaS）：云计算的一种服务模式，将软件研发的平台作为一种服务提交给用户。

平台无关性（platform neutrality）：互联网所具有的这种能将运行不同操作系统的设备连接起来的能力。

远程服务器管理工具（remote server administration）：网站管理员从任何接入互联网的计算机上对网站进行控制所使用的工具。

请求报文头（request header）：从客户机发向服务器的 HTTP 信息中的一部分，包含有关客户机和请求的补充信息。

请求报文行(request line):从客户机发向服务器的HTTP信息中的一部分,包括一条命令、目标资源的名称(文件名和对文件在服务器上存储路径的描述),以及协议的名称和版本号。

请求报文(request message):Web客户机向Web服务器发出的文件请求的信息。

响应报文头(response header field):在客户机/服务器传输中,返回描述服务器属性的信息。

响应报文头行(response header line):从服务器发向客户机的HTTP信息中的一部分,表示服务器所用的HTTP版本、响应的状态(如找到或没有找到信息)以及对状态信息的解释。

响应报文(response message):Web服务器对提出请求的客户机发送的回复。

响应时间(response time):服务器处理一个请求所需的时间。

服务器(server):专门用于管理磁盘、打印机或网络的计算机。

服务器结构(server architecture):服务器之间以及服务器同其他硬件(如路由器和交换机)之间不同的连接方式。

服务器农场(server farm):也称为服务器集群,是指大批电子商务网站服务器。

服务器软件(server software):服务器计算机上负责向其他计算机提供文件或程序的软件。

服务器级过滤(server-level filtering):一种电子邮件内容过滤技术,其过滤软件安装在邮件服务器上。

服务器端脚本(server-side scripting):Web服务器上运行的程序,生成页面并作为对请求的响应发给客户机的网页响应方法。

垃圾邮件(spam):未经用户许可的商业电子邮件或者群发邮件。

静态页面(static page):由储存在Web服务器上的一系列文件构成的内容不变的页面。

柏油坑(teergrubing):一种反垃圾邮件方法,一旦识别出发出垃圾邮件的计算机,收到垃圾邮件的计算机对发送者启动反击,把所有垃圾邮件发回去。

Telnet:一种让用户可以访问互联网上的远程计算机上文件或在其上面运行程序的应用软件。

三层结构(three-tier architecture):是在两层结构基础上扩展的客户机/服务器结构,增加了应用程序与相应的数据库,允许Web服务器在响应请求时提供非HTML信息。

吞吐量(throughput):某种硬件和软件的组合在单位时间内能够处理HTTP请求的数目。

Tracert:一个路径跟踪软件,它向互联网上两台计算机之间路径上的每台计算机发送数据包并计时,从而提供信息在计算机间往返所花时间、是否有数据"拥塞"、远程计算机是否联机等情况。

交易服务器(transaction server):运行公司会计和库存管理软件的计算机。

两层客户机/服务器结构(two-tier client/server architecture):仅包括一个客户机和一个服务器构成的Web客户机/服务器结构模式。

白名单垃圾邮件过滤软件(white list spam filter):把发送者地址和可信的邮件发送地址表进行比对的一种垃圾邮件过滤软件。

复习题

1. 什么是平台无关性?
2. 什么是静态Web页面?
3. 什么是动态Web页面?
4. 说出并简要定义可能用于电子商务的不同类型的服务器计算机。
5. 列举Web服务器计算机执行的主要任务。
6. 在两层客户机—服务器架构中,请求消息的功能是什么?

7. 响应报文头行内包含哪些内容？
8. 阐述 UNIX 与 Linux 之间的关系。
9. 什么是开源软件？
10. 说出商业组织对电子邮件附件的一个特别关注点。
11. 简要说明客户端级垃圾邮件过滤和服务器级垃圾邮件过滤之间的区别。
12. 白名单垃圾邮件过滤器中的误报导致了哪些问题？
13. 简要说明问答式系统减少垃圾邮件的工作原理。
14. 什么是贝叶斯修正？
15. 什么是柏油坑？
16. 简要描述路由跟踪程序可以提供的信息。
17. 举例说明可能包含在 Web 日志文件中的信息类型。
18. 什么是 Web 服务器中的孤立文件？
19. 什么是远程服务器管理？
20. 在 Web 服务器中，什么是吞吐量？
21. 什么是负载平衡交换器？
22. 什么是云计算？
23. 什么是内容分发网络？
24. 什么是延迟？

练习题

1. 用约 200 字描述 Web 服务器依据用户请求定制个性化 Web 页面时所采用的技术，回答中可包括客户端和服务器端方法的比较，并概述每种方法的优点。
2. 用约 100 字描述电子商务使用的 n 层架构的工作方式，答案中需包含在这种方式配置的计算机中执行功能的概要。
3. 使用自己喜爱的搜索引擎，找到至少两个为 Apache Web 服务器软件用户提供技术支持的公司，了解它们提供的服务内容及收费情况。浏览其网站，获得更多有关这些公司的信息，用一篇 200 字以内的报告总结你的发现。
4. 用约 200 字辨析白名单与黑名单的区别和联系，并概括二者的优缺点。
5. 用约 100 字简要说明为什么通过立法限制垃圾邮件的策略对于许多犯罪者来说是无效的。
6. 《反垃圾邮件法》禁止企业在电子邮件头中包含与交易相关的误导性信息，用约 100 字简要解释为什么法律起草者将其视作一个严重的问题。
7. 使用 W3C Link Checker 或 Elsop LinkScan Quick Check 检查你选择的网站上的链接，打印几页报告交给老师。要有耐心，这些程序需要一些时间来完成它们的工作，特别是在有大量链接的网页上。
8. 用约 100 字简要描述刀片式服务器的关键特性，并概述电子商务可能更倾向于在 Web 服务器应用程序中使用刀片式服务器的原因。
9. 大型计算装置（如服务器集群）会对环境产生重大影响。用约 100 字总结这些影响并提出一些可以减轻其影响的可行措施。
10. 用约 100 字简要概述使用分散而非集中式服务器架构进行电子商务运营的好处和成本。

案例

案例 8-1 阿什维尔城

阿什维尔城（Asheville）位于北卡罗来纳州西部，是一个拥有 25 万人口、稳定发展的繁荣大都市，年营收预算超过 1.5 亿美元。这座城市经营着一个网站，网站上有关于这个城市的信息和各种在线服务的链接。阿什维尔城也拥有一个针对公民服务请求的移动 App，在民众中非常流行。

在乔纳森·费尔德曼（Jonathan Feldman）

成为该网站的首席信息官后,他对该市的信息基础设施进行了评估,以便为员工确定优先事项。他的关注点之一是城市的灾后恢复基础设施,而在经历了卡特里娜飓风后,费尔德曼开始担忧起来。阿什维尔城确实有一个灾后恢复设施,它距离城市的主要数据中心只有两个街区。此外,在紧急情况下从主数据中心切换到备份服务器需要一天以上的时间。费尔德曼认为一旦发生紧急情况,市民需要获取有关城市服务的信息。因此他担心,城市的 Web 服务器将在很长一段时间内处于离线状态,尤其是那些支持移动 App 的服务器。

运作灾难恢复设施是昂贵的。除了复制常规数据中心的服务器、存储设备和软件之外,该设施还需要有可靠的双备份电源。此外,物理设施本身必须得到加强,以抵御飓风、强风和洪水等自然威胁。为了达到真正的效果,恢复设施应该位于离主要数据中心足够远的地方,这样影响其中一者的威胁就不会影响到另一者。依据经验,费尔德曼认为,说服市议会在可能永远不会使用的电脑设备上投入大量资金会是一项挑战。

问题

1. 使用你喜欢的搜索引擎和图书馆资源,提出一套可能使用云计算服务来运行阿什维尔城移动 App 服务器的建议。对于费尔德曼的担忧,你的解决方案有哪些利弊?请用约 200 字概述。

2. 许多公司在其整个信息技术基础设施中使用混合云方法,将高度敏感的数据和程序存储在自己的数据中心,将常规操作转移到云上。使用你喜欢的搜索引擎和图书馆资源来回顾混合云操作,并撰写你推荐给阿什维尔城信息技术基础设施(包括其 Web 服务器、移动 App 服务器和灾后恢复服务器)的混合云策略,篇幅在 200 字左右。

请注意:任课老师将要求学员们分组来完成案例,并要求每个小组在课堂上正式陈述所完成的报告。

案例 8-2 Random Walk Shoes

Random Walk Shoes 的老板艾米·劳伦斯(Amy Lawrence)请你帮忙建立公司的首个网站。艾米在大学学的是商科专业,但她很有艺术天赋,上学期间靠手工绘制运动鞋装饰图案的收入支付了学费。由于口碑传播和参加工艺品展会,其业务不断增长。到艾米毕业时,在宿舍里开始经营的企业已经小有起色了。

艾米通过参加邻近城市的工艺品展会来扩大销售。她雇用了两名大学生来帮忙,还说服了当地一些礼品店展出她的商品样品。然而,礼品店对她的产品来说并不是理想的零售渠道,因为大多数想买装饰运动鞋的人都希望选择特别的图案或者是专门为自己设计的图案,或设计独特的运动鞋。给艾米帮忙的一名学生建议她在网上销售产品。

艾米意识到网络能让 Random Walk Shoes 接触更多的受众,也能让客户选择设计—鞋的组合。于是,她开始收集信息,并对自己计划的网络活动进行评估。她用数码相机拍了几百张鞋样、装饰图案及鞋样与装饰图案组合的照片,然后雇了一名当地网站设计员为网站创建示例网页,其中包括这些照片的商品目录页面。她还拍摄了大量的视频来展示在售的运动鞋。

当网站设计员做完网站原型时,艾米和他一起计算网页(含图片)所占空间,页面平均大小为 1MB,视频的平均大小为 800MB。艾米和员工数百次访问原型网站,以测试访问者平均会浏览多少个网页,会观看多少个视频。他们发现每位访问者平均每次会访问 23 个网页,并在每次访问中观看一个视频。艾米和网站设计员还估计出网站最初两年的运行情况,包括:

- 网页(含图片)数据库需要占 1TB 空间。
- 数据库管理软件本身需要 500MB 空间。
- 购物车软件需要 300MB 空间。
- 第一个月会有 8000 位客户访问网站,网站访问量前两年会以每月 20% 的速度增长。
- 网站容纳高峰期 1000 位访问者同时访问的流量。

艾米想要在网站上添加一些与竞争网站相似的功能（在网页链接中列出在线销售定制运动鞋公司的链接列表以供访问者参考），并且为访问者提供良好的购物体验。如果网站成功，将会带来可观的收入，以便两年后可以对网站进行升级。然而，艾米不愿意花费太多，只求能建成网站并维持两年的正常运行。

问题

1. 确定艾米的 Web 服务器计算机的功能与容量（RAM、磁盘空间、处理器速度），将你的采购建议写成一页纸的备忘录给艾米，在附录里列出从供应商网站（如戴尔公司、惠普服务器或甲骨文企业服务器）上得到的资料。
2. 考虑在新的计算机上使用开源 Web 服务器软件（如 Apache Web Server）的优缺点，写一页纸的备忘录交给艾米，报告要明确提出你对艾米应该选择哪种 Web 服务器软件包的建议，并且提供理由。
3. 评估艾米是否应该考虑使用内容分发网络服务务，用约 100 字概述这样做的优缺点。

请注意：任课老师将要求学员们分组来完成案例，并要求每个小组在课堂上正式陈述所完成的报告。

延伸阅读

Akamai Technologies, Inc. 2014. *State of the Internet*. Cambridge, MA: Akamai.

Bacic, H. 2015. "Are You Using a Content Delivery Network for Your Website Yet? You Should Be," *Forbes*, March 16. http://www.forbes.com/sites/allbusiness/2015/03/16/are-you-using-a-content-delivery-network-for-your-website-yet-you-should-be/

Boyle, J. 2015. "Just How Big Will Asheville Get?" *The Citizen-Times*, January 30. http://www.citizen-times.com/story/news/local/2015/01/29/just-big-will-asheville-get/22539563/

Cisco Systems, Inc. 2015. *Cisco Visual Networking Index*. San Jose, CA: Cisco.

The Computer & Internet Lawyer. 2009. "Court Orders Spammers to Give Up $3.7 Million in US SAFE Web Case," 26(9), September, 26–27.

Forrest, C. 2015. "The State of Cloud Computing: Ten Things You Need to Know," *TechRepublic*, August 11. http://www.techrepublic.com/article/the-state-of-cloud-computing-10-things-you-need-to-know/

Fung, B. 2015. "Netflix Now Accounts for Almost 37 Percent of Our Internet Traffic," *The Washington Post*, May 28. https://www.washingtonpost.com/news/the-switch/wp/2015/05/28/netflix-now-accounts-for-almost-37-percent-of-our-internet-traffic/

Graham, P. 2003. "Better Bayesian Filtering," *Paul Graham*, January. http://www.paulgraham.com/better.html

Gross, G. 2004. "Judge Awards ISP $1 Billion in Spam Damages," *Computerworld*, December 20. http://www.computerworld.com/governmenttopics/government/legalissues/story/0,10801,98421,00.html

Howell, D. 2015. "How to Choose the Right Server for Your Business," *TechRadar Pro*, August 14. http://www.techradar.com/news/computing/servers/how-to-choose-the-right-server-for-your-business-1092468

Ibrahim, A. and I. Osman. 2012. "A Behavioral Spam Detection System," *Future Computer, Communication, Control and Automation*, 119, 77–81.

Kepes, B. 2014. "A Good Hybrid Cloud Case Study—Asheville Shows How Hybrid Should Be Done," *Forbes*, November 26. http://www.forbes.com/sites/benkepes/2014/11/26/a-good-hybrid-cloud-case-study-asheville-shows-how-hybrid-should-be-done/

Krill, P. 2015. "A Developer's Guide to the Pros and Cons of Python," *InfoWorld*, February 24. http://www.infoworld.com/article/2887974/application-development/a-developer-s-guide-to-the-pro-s-and-con-s-of-python.html

Metz, C. 2013. "The Second Coming of Java: Clinton-Era Relic Returns to Rule Web," *Wired*, September 25. http://www.wired.com/wiredenterprise/2013/09/the-second-coming-of-java/

Mlot, S. 2015. "Report: Apple Building High-Speed Content Delivery Network," *PC Magazine*, June 8. http://www.pcmag.com/article2/0,2817,2485590,00.asp

PC World, 2005. "Spam Law Test," *23*(1), January, 20–22.

Richter, F. 2014. "Netflix and YouTube Are America's Biggest Traffic Hogs," *Statistica*, November 24. http://www.statista.com/chart/1620/top-10-traffic-hogs/

Smalley, E. 2011. "2011: The Year Data Centers Turned Green," *Wired*, December 30. http://www.wired.com/wiredenterprise/2011/12/green-data-centers-of-2011/

Stone, B. 2009. "Spam Back to 94% of All E-mail," *The New York Times*, March 31. http://bits.blogs.nytimes.com/2009/03/31/spam-back-to-94-of-all-e-mail/

Synergy Research Group. 2015. "AWS Market Share Reaches Five-Year High Despite Microsoft Growth Surge," February 12. https://www.srgresearch.com/articles/aws-market-share-reaches-five-year-high-despite-microsoft-growth-surge

University of Minnesota. 2009. *Minnesota Internet Traffic Studies*. Minneapolis: University of Minnesota. http://www.dtc.umn.edu/mints/home.php

Verge, J. 2015. "Gartner: AWS Pulls Further Ahead of Others in IaaS Cloud Market," *Data Center Knowledge*, May 28. http://www.datacenterknowledge.com/archives/2015/05/28/gartner-aws-pulls-further-ahead-in-iaas-cloud-market/

Wagner, M. and T. Kemp. 2001. "What's Wrong with eBay?" *InternetWeek*, January 15, 1–2.

Waterson, D. 2015. "Back to the Server: Server-Side JavaScript On The Rise, *Mozilla Developer Network*, July 1. https://developer.mozilla.org/en-US/docs/Archive/Web/Server-Side_JavaScript/Walkthrough

Wayner, P. 2014. "Nine Cutting-edge Programming Languages Worth Learning Now," *InfoWorld*, November 3. http://www.infoworld.com/article/2840235/application-development/9-cutting-edge-programming-languages-worth-learning-next.html

Wodehouse, C. 2015. "Server-Side Scripting: Back-End Web Development Technology," *Upwork*, May 5. https://www.upwork.com/hiring/development/server-side-scripting-back-end-web-development-technology/

第9章 电子商务软件

学习目标

- 如何为电子商务运营寻找和评估 Web 主机托管服务?
- 电子商务软件有什么功能?
- 电子商务软件如何与数据库和 ERP 软件一起实现业务功能?
- 什么是企业应用集成和 Web 服务? 如何与电子商务软件一起实现业务功能?
- 小型、中型和大型企业分别使用哪种类型的电子商务软件?
- 电子商务软件如何与客户关系管理、知识管理和供应链管理软件一起实现业务功能?

引言

保持快速处理和发送订单对于电子商务很重要,但在特定产品的高需求时间内完成这一目标很困难。虽然需求难以预测,但有时可以提前做出计划,而且预测这些情况是很重要的。宠物用品零售商 Harry Barker 的电子商务经理安娜·西姆斯(Anna Sims)发现该店的产品将在 ABC 的"早安美国"节目中进行展示,她知道这可能会突然涌入一批在线订单。如果由于流量拥塞、订单得不到及时准确的满足而导致公司的网站超载,那么公司网站的宣传价值可能会很快从正向转为负向。

该公司在节目播出前采取了三个步骤来提高其订单处理能力。首先,增加一个额外的 Web 服务器,专门用于处理新增客户订单。其次,在呼叫中心雇用额外的临时工,以处理更多的客户电话和电子邮件咨询,并在其仓库高效处理大量订单。最后,制订计划,对新增订单进行批量处理,并将 30 个订单一次性发送到仓库,而不是单独发送。

当节目播出时,Harry Barker 提供了一个特殊的 URL,让客户通过 URL 链接访问为他们单独创建的网页。该网页为节目观众提供商品折扣，以吸引他们访问此页面，而不是常规的 Harry Barker 主页。这一页面所包含的节目中宣传商品的促销文字信息，预计会带来大量订单，客户需要 10 天的时间才能收到他们的商品。

该公司还跟进了电子邮件调查，并对社交媒体进行了监测，以衡量其在多大程度上满足了所有这些新客户的期望。在本章，你将学习一些像 Harry Barker 这样的网站用来实现其盈利的各种软件，包括商品目录展示、购物车和交易处理活动。

9.1 主机托管方案

第 8 章已介绍了公司如何使用自己的服务器和服务器软件开展电子商务，这种方法称为**自托管**（self-hosting）。一些公司，特别是中型和小型公司，使用第三方 Web 托管服务而不是自托管服务。第三方主机可以提供 Web 主机托管服务和执行其他电子商务功能的软件。

第 2 章已介绍了互联网服务提供商（Internet service provider，ISP）向公司和个人提供的互联网接入业务。事实上，所有的这些公司也提供网站托管服务，并且由于它们所提供的托管服务的设计初衷是帮助公司开展电子商务，因此这些托管服务商有时自称为**商务服务提供商**（commerce service provider，CSP）。这些公司经常提供 Web 服务器管理并对外租赁应用软件（如数据库、购物车、内容管理程序等），因此这些公司有时也称自己为**托管服务提供商**（managed service provider，MSP）或**应用服务提供商**（application service provider，ASP）。如今，大多数 ISP、CSP、MSP 和 ASP 都提供类似的服务，这些缩写词可以互换使用。

服务提供商向客户提供的托管服务主要包括共享主机、独立主机和主机托管。**共享主机**（shared hosting）是指客户网站所在的服务器上还同时运行其他的网站。**独立主机**（dedicated hosting），则是指服务提供商为客户提供一台 Web 服务器，但客户并不与服务提供商的其他客户分享该服务器。在共享主机和独立主机两种情形中，服务提供商拥有服务器硬件并将其租赁给客户。服务提供商负责维护 Web 服务器的硬件和软件，并通过其路由器或其他服务器硬件提供对互联网的接入。**主机托管**（co-location，也可以拼写成 collocation 或 colocation）服务是服务提供商将一物理空间租给客户，让他们安置自己的服务器硬件。客户自己安装软件并维护服务器，服务提供商只负责提供可靠的电力供应（并在发生自然灾害或其他停电情况时提供备用设备）以及互联网接入服务。

在制定 Web 服务器主机托管决策时，公司应该知道在网站访问量增加时，硬件平台和软件组合能否升级。许多主机托管服务是**可扩展的**（scalable），即它所提供的 Web 服务器硬件和软件组合能够适应因客户增加而出现的需求变动。

9.2 电子商务软件的基本功能

由于电子商务网站在规模、目标、用户群和其他因素方面千差万别，建立这些网站可以采用多种电子商务的软硬件解决方案，但是所有的电子商务软件必须具备以下功能：
- 目录展示。
- 购物车功能。
- 交易处理。

许多大型的、更为复杂的电子商务网站所使用的软件不仅具备上述基本功能，还增加了一些其他特性和功能。这些额外的软件组件包括：
- 把电子商务系统与公司现有的库存控制、订单处理和会计等信息系统集成起来的中间件。
- 企业应用集成。
- Web 服务。
- 与企业资源计划软件集成。
- 供应链管理软件。
- 客户关系管理软件。
- 内容管理软件。
- 知识管理软件。

接下来的部分讲述大多数电子商务网站所要具备的基本功能。本章后面讲述大型的、更加复杂的网站所使用的高级功能。

9.2.1 目录展示软件

目录（catalog）是把在售的商品和服务有效地组织起来的列表。零售商为了更好地组织自己的商品，可以把它们归类到不同的部门。跟在实体商店一样，网上商店可以把商品分门别类地组织成不同的逻辑门类（比如野营用炉），以便更简单地查找商品。网上商店经常使用与实体商店一致的商品部门名称。大部分实体商店的每一类商品都放在一个地方。网上商店的优势是可以把一件商品放在多个商品部门。例如，跑鞋既可以列为鞋品，也可以列为运动用品。

小型商业网站可能只有一份非常简单的静态目录。**静态目录**（static catalog）是以 HTML 语言写成的简单列表，一般出现在一个网页或者一系列相关网页上。这个简单的列表方法可以提供一个简短的描述，或者是在售的每一件商品的照片。增加商品、删除商品或者改变商品的列表需要编辑一个网页或多个网页的 HTML 代码。当商品数量超过几百项时，这也许会成为一个麻烦的过程，所以大多数电子商务企业都使用动态目录。

动态目录（dynamic catalog）是把商品的有关信息存储在数据库中，该数据库通常位于可被网站运行服务器访问的某台独立计算机上。动态目录可以展示每件商品的多张照片，详细描述并提供查找工具，以便顾客查找商品和查看现货情况。实现动态目录的软件经常被用在更加复杂的电子商务网站上，然而，许多公司也自己编写软件，把现有的产品信息数据库链接到自己的网页上。这两类目录（静态的和动态的）都位于三层网站体系结构的第三层（详见第 8 章）。

第 3 章已介绍了好的网站会为购买者提供多种商品查找方式。除了提供组织良好的目录，商品繁多的大型网站会提供**内部搜索引擎**（internal search engine），顾客输入描述性的查询关键词，如"男式衬衫"，就可以迅速地找到想要购买的相关商品的网页。

9.2.2 购物车软件

在电子商务初期，顾客通过在线填写表单来选择想要购买的商品。这需要顾客向在线订单系统中手工输入产品的描述、数量以及其他信息。这种系统在顾客同一时间订购多件商品时表现欠佳，而且容易出错。如今，购物车是处理在线销售的标准方法。第 4 章已介绍了购物车（有时也被称为购物袋或购物篮）可以跟踪顾客挑选的商品，并允许查看已经放到购物车中的商品、加入新选的商品或移除这些商品。要订购一件商品，顾客只要简单地点击商品描述旁边标有"加入购物车"或类似说明语言的按钮或链接即可。所有关于该商品的详细信息，包括价格、商品数量以及其他标识信息等都会被自动保存到购物车中。一个设计良好的购物车允许顾客在购物期间查看购物车的内容，并通过在购物过程中显示的每个页面上提供的购物车链接，随时删除不需要的商品。顾客在准备结束购物时，只需点击一个按钮就可以进入结算页面以执行本次购买交易。图 9-1 显示了某一工具销售网站上的典型的购物车页面。

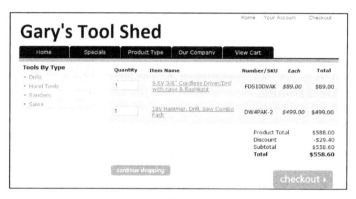

图 9-1　典型的购物车页面

点击"结算"（checkout）按钮，通常会出现要求填写账单、送货信息以及确认订单的页面。如图 9-1 所示，购物车软件记录了每种类型商品的总额。购物车还可以计算出含销售税和运费以及算上折扣后的总额。

有些购物车软件允许顾客把采购的商品放入购物车，并将其存放在虚拟商店中，几天后再回来对所购物品进行确认和付款。诸如 BigCommerce、SalesCart 和 Volusion 这样的购物车软件都有很多有用的功能。许多购物车软件需要支付一次性的使用许可费，具体数额从几百美元到几千美元不等。但是，购物车软件一般都是在订阅许可基础上销售的，费用从每月 15 美元到 300 美元不等，甚至在某些情况下，交易费用是与销售额的百分比挂钩的。

HTTP 消息是 Web 的基础，它是一个**无状态系统**（stateless system），它不保留从一个传输或会话到另一个传输或会话的信息，因此购物车软件必须存储有关特定顾客的个人信息及购买信息。购物车软件用来唯一识别某用户并存储其选择的一种方法是创建 cookie。第 7 章已介绍了 cookie 是存储在客户端计算机上的一些少量信息（第 10 章将介绍更多关于 cookie 的知识）。当顾客再次访问已签发过特定 cookie 的购物网站时，购物车软件就会读取来自顾客计算机的 cookie，并使用其中所存储的信息从销售商的服务器计算机上取回顾客的购物信息。

许多顾客不允许浏览器软件存储 cookie，所以许多网站采用另外的方法来保持上次浏览器会话中购物车的信息。诸如 ShopSite 这样的一些购物车软件包是通过分配给每位顾客一个临时性的标识编号来解决这个问题的。该编号被附加在出现在浏览器地址栏中的 URL 末端，并不会因顾客从一个网站导航到另外的网站而丢失。当顾客返回该网站时，URL 仍然包含有能够被网络服务器识别的购物车信息。一旦顾客关闭了浏览器，这个临时性编码就会被丢弃，并不再可用，即使顾客日后再次打开浏览器访问同一网站也是如此。因此，只有当顾客的浏览器持续处于打开的状态，这种方法才能发挥作用。

除上述基本功能外，价格较高的购物车软件通常还包括附加服务，如动态定价管理、促销管理、履行服务集成、产品评论管理、产品推荐触发器、被弃购物车管理、销售税计算和信用卡处理。在电子商务中，**动态定价管理**（dynamic pricing management）软件可以根据客户类别、过去的购买量、订单大小或卖方选择的其他变量来实时调整定价。**促销管理**（promotion management）软件允许销售者根据客户需求的变化、季节偏好、新产品种类或新包装尺寸的引入以及选择的任何其他变量，针对特定产品创建特价（促销）。许多在线卖家使用第三方订单履行服务来交付他们的产品。**履行服务集成**（fulfillment integration）软件可以将卖家的购物车直接连接到订单履行服务提供商的计算机，于是当销售交易完成时，购物车软件就可以自动触发发货。**产品评论管理**（product review management）软件允许客户发布产品评论，其软件特性还允许卖家编辑、删除或有效地回应这些评论。**产品推荐触发器**（product recommendation trigger）通过提供相关产品推荐，以及对包含消耗性成分的产品（比如剃须刀的刀片）提供复购建议来响应顾客的产品选择。当顾客购买了一个消耗品，产品推荐触发器还可以设置在指定的时间之后提醒顾客重复购买。例如，购买某种可食用 60 天的维生素的顾客在购买后的第 60 天，会看到一个提醒他再次购买该产品的通知。**被弃购物车管理**（abandoned cart management）软件使购物车能够保留顾客在由于某种原因终止会话时添加到购物车中的商品记录。它能够使顾客在会话中断后返回网站中断前的停留页面。在某些情况下，该软件具备当顾客离开网站但购物车内有商品时，向顾客发送提醒电子邮件的功能。通常这种友好的提醒会使顾客重新回到网站来继续完成他们的购买交易。第 7 章已介绍了销售税的计算和支付（以及向欧洲和南美国家出售商品的企业的增值税）可能是一件复杂的事情。因此一些购物车软件包含计算工具，以便在某些情况下将这些税款汇给相应的政府。第 11 章将介绍更多关于信用卡支付处理的知识；然而，一些比较昂贵的购物车软件工具要么提供信用卡支付处理，要么包含到第三方支付处理服务的链接。

前车之鉴

PDG 软件

PDG 软件是一家位于佐治亚州塔克市的公司，主要从事向那些中小型电子商务网站销售电子商务软件的业务。该公司销售的软件产品包括购物车软件、拍卖软件和一些其他的软件包。尽管它也直接向用户公司销售其部分软件产品，但其大部分销售是通过经销商进行的，这些公司使用 PDG 软件作为自己设计和建立的网站的一个组成部分，并作为一个完整的整体交付给用户。

有网络攻击者发现了 PDG 软件的一个安全漏洞，可以让入侵者进入安装在零售商网站上的 PDG 购物车软件，打开记录着顾客姓名、联系信息和信用卡号码的文件。

PDG 公司在发现入侵的当日就开发了一个补丁以便顾客用来修复软件。PDG 公司把补丁程序放在网站上供使用该软件的公司下载安装。PDG 公司和联邦调查局（FBI）立即发布公告，向用户警示该购物车软件存在的问题并敦促他们下载补丁。不幸的是，许多 PDG 购物车软件是作为完整电子商务网站的一部分卖给用户使用的，在很多情况下这些用户并不了解自己的网站上正在运行着 PDG 购物车软件。

由于找到并联系上这些使用该软件的公司需要很长时间（很多情况下需要几个月），网络入侵者就会利用这个安全漏洞收集到成千上万的信用卡号。在大多数类似情况下，黑客很难确定一个网站是否运行着有安全漏洞的软件，从而会降低遭到攻击的速度。可不幸的是，在该案例中，发现漏洞的入侵者还同时发现只要在搜索引擎上输入某个特定的关键词，就能立刻获得一份包含成千上万使用 PDG 软件的网站的列表。

大多数网站是在它们的顾客打电话来质疑自己的信用卡信息受到威胁时才发现这个问题的。从这个案例中得到的教训是：运行电子商务软件的公司网站必须要清楚用于建设和维护其网站的软件的来源，并且随时关注有关该软件安全方面的信息。

9.2.3 交易处理

顾客通过点击"结算"按钮进入虚拟收款台时就开始了**交易处理**（transaction processing）。随后，电子商务软件要进行所有必要的计算工作，比如计算总额折扣、销售税和运费等。在结算的时候，顾客的网络浏览器和商家的 Web 服务器软件都要切换到一种安全通信的状态。第 10 章将介绍更多有关网络客户端和服务器是如何建立这些安全通信状态的知识。图 9-2 所示的网站体系结构图描述了一个基本的电子商务网站所应具备的三种关键功能（目录展示、购物车和交易处理）的构成情况。

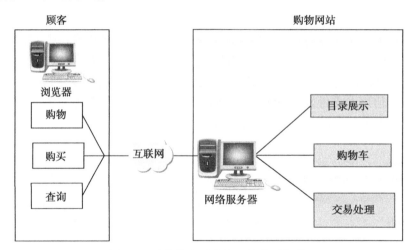

图 9-2　基本的电子商务网站体系架构

尽管一个基本的网上商店的电子商务软件能够生成报表汇总销售额和库存运输情况，但多数大中型公司还是使用财务软件包来记录销售额和存货变动。为了与财务软件有效整合，电子商务软件必须与财务软件进行数据通信，后者通常在卖方网络的其他计算机上运行。当一个商品被在线售卖时，电子商务软件必须将这些实际的交易数据传输到财务软件的销售和库存管理模块。

销售税和运费的计算也是在线销售的重要部分。销售税率和运费率会经常发生变化，因此网站管理者必须对费率持续进行监控和更新，或者使用软件来完成对这些费率的自动更新。诸如 FedEx 和 UPS 这样的物流公司会向托运人提供软件，集成到电子商务软件中，以确保后者获得最新的费率。其他一些复杂的计算还包括优惠券、特殊促销以及限时销售（比如月底之前购买往返票可以享受 5 折优惠）等。

对一些大型公司而言，把网站的交易处理集成到公司的财务以及运营控制系统中是一件非常复杂的工作。下一节讲述大型公司要求电子商务软件应具备的一些高级功能。

9.3 电子商务软件如何与其他软件协同工作

本节将介绍大型企业对电子商务网站的一些功能需求。虽然有诸如 Amazon.com 和 Buy.com 这样的例外，但是多数大型企业在运营电子商务的同时还从事一些与电子商务无关的实体商业活动。因此，把电子商务活动集成到公司的其他运营环节非常重要。数据库集成是任何一个大型公司信息系统的基本构成部分。

9.3.1 数据库

数据库（database）是以高度结构化的方式组织并存储在计算机上的一种信息集合。企业建立的有关其数据库结构的规则通常要经过仔细思考，并要考虑到公司如何开展业务（其**业务规则**），以及如何才能降低数据库中出现错误和不一致信息的可能性。

数据库管理器（database manager）或**数据库管理软件**（database management software）是一种方便用户输入、编辑、更新和从数据库中查询信息的软件。最常用的低端数据库管理器是 Microsoft Access。比较复杂的数据库管理器可以操作大型数据库，并能高速执行更多的功能，这类数据库有 IBM DB2、Microsoft SQL Server 以及 Oracle 等。对于那些拥有大型数据库并在多地运营的大公司而言，必须使自己的大部分（或全部）数据能够被各地用户访问。在不同的地理位置存储相同数据的大型信息系统称为**分布式信息系统**（distributed information system），这些系统中所用的数据库被称为**分布式数据库系统**（distributed database system）。

大多数公司使用商业数据库产品，然而越来越多的公司和其他组织正在使用由 Web 上的程序员社区开发和维护的 MySQL 数据库。类似于前面章节中曾提及的 Linux 操作系统，MySQL 也是开源软件。尽管它是由瑞士的 MySQL AB 公司开发的，但它现在隶属于甲骨文公司。甲骨文公司每年都对外销售 MySQL 的支持和维护服务。

销售大量品类繁多的商品的网上商店会使用数据库存储产品信息，如商品的规格、颜色、类型和价格等。大部分同时进行线上和线下运营的公司都使用同一个数据库来支持它们业务的全部功能。数据库设计和运行的细节非常复杂，也超出了本书的范围。通过学习数据库设计及其实现课程，你可以了解更多有关数据库的知识。

9.3.2 中间件

大型公司通常采用中间件来建立电子商务软件（公司的目录展示、购物车和交易处理软件）与财务、库存管理数据库或应用程序之间的连接。**中间件**（middleware）这一软件从电子商务软件获得关于销售和库存运输的信息，再将这些信息以一种能够被财务和库存管理软件读取的数据格式传送给这些系统。例如，财务系统的销售模块可以被设计为接受电话销售人员的输入；这些电话销售人员在电话上与顾客交谈时使用键盘将产品编号、数量和送货方式输入销售模块；中间件将从网站的购物车软件中提取有关销售的信息，并将其直接输入财务软件的销售模块中，而无须人员重新输入信息。

某些大型公司拥有足够多的 IT 员工编写它们自己的中间件。然而，大多数公司都会购买由软件供应商或咨询公司为其业务量身定制的中间件。因此，中间件的大部分成本并不是软件本身，而是定制软件所需要的费用。让公司的多个信息系统一起工作称为**协同工作能力**（interoperability），这是公司安装中间件时的一项重要目标。由于公司基本业务和现有信息系统的复杂程度不同，实施中间件的总成本可能在一万美元到几百万美元之间。主要的中间件供应商包括 Brodvision、IBM Tivoli Software 和 Informatica。

9.3.3 企业应用集成

执行一些诸如开发票、计算工资或处理从顾客那里接受的付款这样的特定功能的程序称为**应用程序**（application program）、**应用软件**（application software），或者更简化地称为**应用**（application）。**应用服务器**（application server）是指一台负责接收 Web 服务器收到的请求信息并运行应用软件来进行一些基于用户请求信息的处理活动的计算机。应用服务器软件所进行的这些处理活动是由公司所使用的业务规则确定的，这些规则称为**业务逻辑**（business logic）。一个业务规则的示例是：当客户登录时，根据数据库中的密码文件检查输入的密码。

在许多组织中，业务逻辑分布在组织的不同部分所使用的多种不同的应用程序之中。近年来，许多 IT 部门已经投入大量资源在这些分散的应用程序之间创建连接，以实现组织业务逻辑之间的互联。这些连接的创建和维护称为**企业应用集成**（enterprise application integration）。企业应用集成是由将信息从一个应用程序传输到另一个应用程序的程序完成的。例如，一个程序可以将来自几个不同部门的订单输入系统中的信息，传送到一个整合了企业所有销售活动的统一应收账户和销售系统中。各种程序中的数据格式通常互不相同，要求传输程序在传输数据之前先对其进行编辑和重新格式化。在具体实现中，许多系统使用 XML 数据源将数据从一个应用程序移动到另一个应用程序。

应用服务器通常可以分为基于页面的应用系统和基于构件的应用系统两种类型。**基于页面的应用系统**（page-based application system）返回脚本生成的页面，这些脚本包含了根据业务逻辑在网页上呈现数据的规则。常见的基于页面的应用系统包括 Adobe ColdFusion、JavaServerPages（JSP）、Microsoft Active Server Pages（ASP）和 Hypertext Preprocess（PHP）。由于基于页面的应用系统将页面呈现逻辑和业务逻辑混合，因而这些系统在遇到较高水平的复杂情况时难以修改和升级。

为了避免这一问题，大型企业通常倾向于采用**基于构件的应用系统**（component-based application system），将呈现逻辑和业务逻辑分开。每一个逻辑构件都是单独创建和维护的，这样可以使系统的构件升级和修改变得非常容易。网络上最常用的基于构件的系统有 Enterprise JavaBeans（EJBs）、Microsoft Component Object Model（COM）和对象管理组的 Common Object Request Broker Architecture（CORBA）。

9.3.4 与 ERP 系统的集成

许多 B2B 网站必须能够连接诸如企业资源规划软件这样的复杂的现有信息系统。**企业资源规划**（enterprise resource planning，ERP）软件包是集成了企业的会计、物流、制造、营销、计划、项目管理和财务功能等所有方面的业务系统。

两大主要的 ERP 供应商是甲骨文公司和 SAP 公司。在中型企业中，典型的 ERP 安装费用介于 100 万美元到 1000 万美元之间（大型企业通常花费不止 1000 万美元）。因此，已经运行这些系统的公司早已在这些系统上进行了大量投资，并要求电子商务能够与 ERP 集成起来。

图 9-3 显示了一家拥有 ERP 系统并使用 EDI 连接其贸易伙伴的公司的 B2B 网站的典型结构。

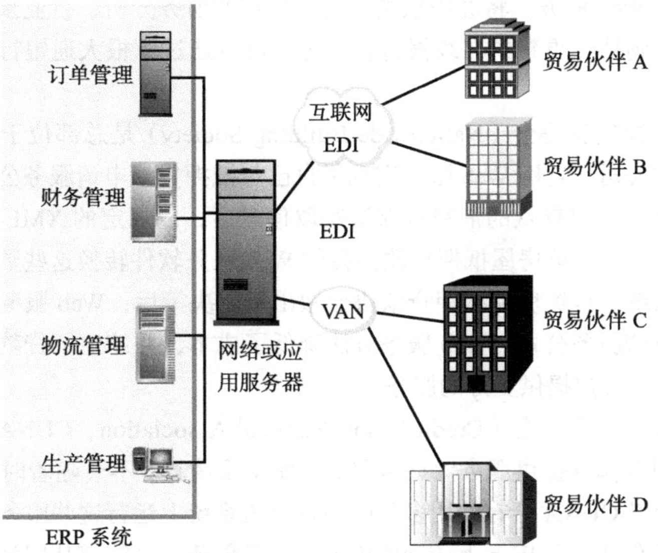

图 9-3 ERP 系统与 EDI 的集成

通常，规模较小的电子商务企业无力购买完整的 ERP 软件。不过，它们可以购买如 NetSuite 等为各种规模的企业提供 ERP 软件订阅服务的产品。这些企业使用 Web 浏览器访问供应商网站上的 ERP 软件，而不是在自己的计算机网络中安装和定制 ERP 软件。这种在线提供软件使用的方式被称为**软件即服务**（SaaS）。虽然以这种方式提供的 ERP 系统并不能针对每个业务进行完美定制，但确实允许一些个性化设置，而且许多企业认为这种软件系统运行良好。

9.3.5 Web 服务

公司正在使用互联网将一个组织的软件应用程序直接连接到其他组织的软件应用程序。W3C 组织将 Web 服务（Web service）定义为支持通过网络实现机器到机器的互操作的软件系统。换句话说，Web 服务是一套软件和技术的集合，允许计算机通过网络实现直接交互，而无须操作人员指导这些特定的交互。SaaS 产品通过 Web 浏览器提供完整的软件包，通常包括与人的交互功能。Web 服务被设计成在后台自动执行有限的、特定的功能，通常不包括与人的交互功能。

程序之间这种互联方式的通用名称是**应用程序接口**（application program interface，API）。当这种交互是通过网络来完成时，相应的技术就称为 Web API。本章后半部分将讲述 Web 服务使用的各种类型的 Web API。

1. Web 服务能做什么

公司应用 Web 服务来以多种方式改进客户服务并且降低成本。有些公司使用 Web 服务将 XML 标记的数据从一个应用程序传输到另一个应用程序，以实现企业应用程序集成。在其他应用程序中，Web 服务也可以在两个不同的公司之间提供连续的数据流。许多公司已经发现，与安装多个中间件软件程序相比，Web 服务更便宜且更容易实现。实施 Web 服务的实例如下所示。

- 摩根大通（J.P. Morgan Chase & Co.）是一家重要的投资银行，在自己的投资信息门户上就采用了 Web 服务，将经济预测、对某公司的财务分析、行业预测和金融市场状况等信息提取到持续更新的在线报告里，客户可以通过摩根大通银行的门户网站获得这些报告。
- 全英房屋抵押贷款协会（Nationwide Building Society）是总部位于英国斯温顿市的一家抵押贷款公司，它用 Web 服务实现了自己与抵押贷款申请服务公司之间的通信自动化。这些公司从想贷款的消费者那里获取信息后，以规定的 XML 格式发给全英房屋抵押贷款协会，全英房屋抵押贷款协会的 Web 服务软件转换这些数据的格式并放入其企业信息系统。全英房屋抵押贷款协会做出贷款决策后，Web 服务软件将决策转发给抵押贷款申请服务公司。Web 服务方法降低了成本，并缩短了贷款决策周转时间，既省钱，又能为客户提供更好的服务。
- 储蓄互助社全国联合会（Credit Union National Association，CUNA）互助集团向美国各地的信用合作社提供服务。许多服务（如支票清算）不会随着时间的推移发生太大的变化，所以 CUNA 会在使用多年的旧计算机系统上运行这些服务程序。CUNA 不再重新编程所有可以在 Web 上访问的内容，而是创建一个能够从旧计算机系统获取信息的 Web 服务层，并生成客户可用于获取这些服务的 Web 页面。
- MSN 财经网站从晨星公司（Morningstar, Inc.）购买股票报价和其他信息，晨星公司通过 Web 服务的方式在计算机间传递这些信息。如果你浏览 MSN 财经的股票报价页面，就会发现在接近网页底部有标题为"数据提供商"的内容，这是晨星公司对这些股票报价（以及其他一些对该网页提供 Web 服务的提供商的股票报价）的确认。

2. Web 服务如何工作

Web 服务方法的关键是程序员可以编写访问业务应用程序逻辑单元的软件，而无须了解每个单元的实现细节。Web 服务可以与其他 Web 服务结合以执行复杂的业务交易。因此，Web 服务允许不同平台上使用不同程序设计语言编写的程序彼此通信并完成交易处理和其他业务任务。

这种计算机之间通信的常用格式是 HTML，但现在大多数 Web 服务都使用 XML 实现。第 2 章已经介绍企业可以使用 XML，通过一致认可的描述性标签集来标注内容。

最早的 Web 服务只是程序员可以合并到软件应用程序中的信息源。例如，公司想将所有财务管理信息收集到一张电子报表里，就可以用 Web 服务从不同的信息源获取银行账户与贷款的资金平衡表、股票投资组合以及金融工具的当前利率等信息。因而可以使用常用的电子表格工具创建由 Web 服务提供信息自动更新的电子表格模型。

举一个更复杂的例子，即公司用采购管理软件处理采购业务，该软件使用 Web 服务获取各供应商的报价。采购员审核价格和送货条件并批准采购后，Web 服务可以直接将订单提交到供应商的电脑，并在收货前通过与发货方的计算机系统建立连接以跟踪到货情况。随着 Web 服务越来越先进，Web 服务程序不仅仅是向决策者提供信息，甚至可以自行制定决策。

3. Web 服务规范

第一种被广泛使用的 Web 服务方法是**简单对象访问协议**（simple object access protocol，SOAP），它是定义如何通过网络将标记数据从一个软件应用程序发送到另一个软件应用程序的信息传输协议。SOAP 协议要实现不同的程序能够使用格式化的 XML 或 HTML 数据流，需要用到三个规则集（也称为协议或规范）。SOAP 规范中本身就包含了通信规则。其余两个常用的规范是 Web **服务描述语言**（web services description language，WSDL）和**统一描述、发现与集成协议**（universal description，discovery and integration，UDDI）。WSDL 描述构造 Web 服务的逻辑模块特征，UDDI 类似于地址簿，负责识别 Web 服务的位置及相关的 WSDL 描述。在使用 UDDI "地址簿"查找描述特定 Web 服务的 WSDL 之后，程序员可以使用 WSDL 中包含的信息将应用程序连接到该 Web 服务（一些应用程序甚至可以使用 WSDL 描述中的信息进行自我配置）。

4. REST 和 RESTful 设计

尽管 SOAP 协议一直被广泛地用于实现 Web 服务，但是另一种更加常见的方法在 Web 服务实现中使用了更简单的结构。罗伊·菲尔丁（Roy Fielding）在 2000 年提出了一个称为"表述性状态转移"（representational state transfer，REST）的规则，描述了万维网使用网络结构来识别、定位网页以及网页上面的构成元素（图像、音频剪辑等）的方法。一些 Web 服务的设计者发现在自己所构建的应用程序中 SOAP 协议过于复杂，于是转而投向菲尔丁的 REST 思路，并开始采用 REST 架构。

建立在 REST 模型上的 Web 服务被称为使用 **RESTful 设计**（RESTful design），有时也被称为 **RESTful 应用程序**（RESTful application）。RESTful 应用程序将结构化信息从一个网点传输到另一个网点。这些结构化的信息最常见的是 XML 或 XHTML 标签数据集。Web 服务可以通过专门的地址（更像 Web 页面可以通过 URL 访问一样）被任何具有 Web 浏览器功能的计算机访问到。现在有超过半数的 Web 服务是 RESTful 应用程序。应用最广泛的是**原子发布协议**（Atom Publishing Protocol），可用于简化博客发布流程。你可以在 ProgrammableWeb 网站上找到用 RESTful 设计实现的 Web 服务的实例。

9.4 面向中小型企业的电子商务软件

本节将介绍中小型企业可用于实现电子商务网站的软件。在多数情况下，这些企业会创建一个独立于其业务活动（主要是促销和销售活动）的网站，并且不需要与企业的人力资源、采购等其他业务活动完全协同。

9.4.1 基本商务服务提供商

采用商务服务提供商（commerce service provider，CSP）的共享主机或独立主机代替自托管主机或主机托管，对公司来说意味着将人员负担转嫁给了 Web 主机。大型 Web 站点的运营成本由服务器托管的所有公司共同分摊。CSP 负责保证服务器在停电时仍能继续工作。

CSP 提供免费或低成本的电子商务软件，用于构建在 CSP 服务器上托管的电子商务网站。这类服务收费每月不到 20 美元，软件被内置在 CSP 的站点中，允许公司使用软件的 Web 界面快速创建一个网上商店。Gate.com、ProHosting.com 和 1&1 Internet 都是面向中小型企业的服务提供商。雅虎公司（Yahoo!）也提供各种电子商务服务，包括网站设计、在线支付功能、订单处理与配送以及营销方案等，这些服务都在雅虎小企业商务（Yahoo! Small Business Ecommerce）网页上有详细描述。

9.4.2 购物中心式商务服务提供商

购物中心式商务服务提供商（Mall-style CSP）为小型企业提供基本的 Web 站点、网上商店设计工具、店面模板和易于使用的界面。这类服务提供商通常收取少量月租费，而且会收取一次性的初装费（与基本商务服务提供商类似）。然而，有些服务提供商还按每笔交易收取一定百分比或固定金额的费用。Mall-style CSP 提供购物车软件或允许使用其他供应商的购物车软件的功能，还提供支付处理服务，以便网上商店可以接受信用卡付款。

在 Web 发展早期，Mall-style CSP 有很多。有些甚至以在网站上发布广告作为免费提供网站主机服务的交换。如今，Amazon Services（通过其"专业卖家"和"个人卖家"程序）和 eBay Stores 是业内仅存的两个主要的 Mall-style CSP。这些服务为个人和小型企业提供了一种无需长期投入或大量前期投资就能轻松启动电子商务（或在现有业务中增加在线销售）的方式。

9.4.3 网上小型企业经营费用估算

想开展一些网上业务的小企业，不论是选择基本商务服务提供商还是购物中心式商务服务提供商，一般预期的花费也得在 400 到 8200 美元之间。做出这一估算的前提假设是该企业销售的商品不超过 100 种，并且企业已经有计算机且能够上网。表 9-1 展示了小企业主建立这种网上商店在开业第一年的费用估算。

表 9-1 列出了网上商店运营中每一项目的平均最低和最高估算成本。选择不同的商务服务提供商和电子商务软件，会使网上商店的实际成本低一点或者相对高一些。例如，有些商务服务提供商会对服务合同签约超过一年或者更长时间的网上商店提供优惠，免收某些方面的注册费用。表 9-1 中所示的估算不包括经常性的约占销售总额 2%～4% 的结算处理费用，每笔交易可能会会平摊 0 至 50 美分。大多数新商家预估结算处理费用将占到现金销售额的 3%～6%。第 11 章将会介绍更多有关电子商务结算处理问题。

表 9-1 建立一个小型网上商店的估算成本　　　　　　（单位：美元）

运营成本	估算成本	
	低	高
创建网站费用	0	200
CSP 年度维护费用 [12 × (20~300)]	240	3600
注册域名费用	0	300
照片扫描费用	60	2000
图片编辑软件	0	800
HTML 和软件维护	100	1100
信用卡费用	0	200
第一年总费用	400	8200

对比着上面的花费，现在再来看一下网站自托管的费用。网站建设和维护费用包括设备、通信、场所和人员等费用。设备（如服务器和路由器）是一次性成本，大致在 2000 到 10 000 美元之间。基本的企业宽带接入（见第 2 章）每年成本为 480～1800 美元。服务器要放在安全并且通信方便的房间。安全、配备空调、安装灭火系统的房间每年租金在 5000 美元以上。网站自托管需要招募了解各种 Web 程序和脚本语言、电子商务软件包和数据库管理系统的信

息技术人员，可能还需要设备监控和技术维护人员。人事费用每年需 5 万～10 万美元。网站自托管第一年的运行费用总计 6 万～10 万美元。企业应当仔细对比网站自托管的费用和提供类似功能的各种主机服务商的收费。

上述成本是针对电子商务小网站而言的，大网站的成本更难估计。将网站和相关软件（如购物车、订单处理和库存控制）与企业现有系统整合的成本往往是最大的成本。第 12 章将会介绍大中型组织的网站实施与运营的成本管理。接下来的章节将介绍适合于更大规模企业的中档电子商务软件。

9.5 面向中型企业的电子商务软件

本节将介绍中型企业开展电子商务活动时使用的软件，以及完成此任务的网站开发工具和有代表性的中档电子商务软件。

9.5.1 网站开发工具

第 2 章已经介绍网页制作与网站管理工具一般用来创建小网站，但也可以用来建造中档电子商务网站。在用这些开发工具建好网站后，设计人员可以将买来的购物车和内容管理等软件的功能加入进去，最后再编写用来将网站与公司现有产品和交易处理数据库连接起来的中间件。

9.5.2 中档电子商务软件

中档电子商务软件的价格通常在 5000 美元至 20 万美元之间，年运营成本在 1000 美元至 3 万美元之间。几乎所有这类软件都提供与存储库存信息的数据库或 ERP 系统的连接。因为大多数中档电子商务软件都是为每次安装定制的，所以它们通常可以作为在不同的配置中进行组装的组件或者针对特定类型的业务设计的多个版本出售。

Intershop 公司针对某些特定类型的电子商务销售一系列中档电子商务软件包，包括 B2B、B2C、移动商务和软件服务。每个电子商务软件包都提供搜索引擎、商品目录、购物车、信用卡在线处理以及同（后台）业务系统和数据库的连接等功能。Intershop 产品均配有安装指南、商品目录和数据管理工具。B2C 和移动商务产品还提供许多内置的网上商店模版。Intershop 用户可在浏览器页面中完成网上商店的管理和编辑工作。B2B 和 B2C 产品的库存管理模块能够跟踪库存水平，查看现货商品的数量，创建库存交易报表，并在库存中加入新商品。Intershop 的电子商务软件上还捆绑有数据库管理系统，也可以访问 DB2（IBM 公司的关系数据库）或 Oracle 数据库。Intershop 电子商务软件还可以生成各种网站流量和客户活动报告。

IBM 公司开发的 WebSphere Commerce Professional 是一系列电子商务软件包。IBM WebSphere 软件组件提供了商品目录模板、安装向导以及用于建立 B2B 或 B2C 电子商务网站的目录管理工具，还能够同库存数据库与采购系统等企业现有的系统无缝连接。

定制 WebSphere 需要精通 JavaScript、Java 或 C++ 的技术人员来完成。WebSphere 组件可连接到现有的 DB2 或 Oracle 数据库，可用相同的浏览器接口来管理一家或多家商店。很多中型电子商务网站都采用 WebSphere 软件，该系统具备所有标准的电子商务功能，包括购物车、交易完成后的电子邮件通知、安全的交易支持、促销和折扣、送货跟踪、与会计系统的连接以及基于浏览器的本地或远程管理。典型的 WebSphere Commerce Professional Edition 安装价格在 5 万美元到 30 万美元之间，具体金额取决于安装的服务器数量和所购买的功能选项。

9.6 面向大型企业的电子商务软件

大型企业需要完成与中型企业同样复杂的功能，但是所需处理的交易量则大得多，还另外需要专门的软件来处理一些特定业务。本节将介绍能处理大量交易的电子商务软件以及完成特定任务的软件，如客户关系管理软件、供应链管理软件、内容管理软件和知识管理软件等。

运营大型电子商务所使用的软件有时被称为"**企业级软件**"（enterprise-class software）。信息系统中"企业"这个术语是指支持企业各分公司、各部门，包含行业或企业所有领域的系统。企业级电子商务软件包提供了对 B2B 和 B2C 商务的支持工具，另外可与许多现有系统（包括各种数据库系统、会计系统和 ERP 系统）进行连接。随着电子商务变得越来越复杂，大型企业要求网站和支持信息基础设施完成更多的任务。这些企业级系统的价格从基本系统的 20 万美元到全面定制化解决方案的 1000 万美元不等。

9.6.1 企业级电子商务软件

除了 Web 服务器系统和必要的防火墙外，运行大型网站的企业级电子商务软件通常需要几台专用计算机。支持高交易量的大型电子商务企业所用的企业级电子商务系统有 IBM 公司的 WebSphere Commerce Business Enterprise、Oracle 公司的 E-Business Suite 和 Broadvision 公司的一些产品。

企业级电子商务软件一般都提供连接和支持供应与采购活动的工具。例如，B2B 商务的大部分工作就是从贸易伙伴或业务合作伙伴处订购原料并签发相应单证（或 EDI 交易集），如采购订单。大型企业要求电子商务软件具有安全交易和订单履行、与企业库存系统进行连接以便在需要时自动发出采购订单，以及为会计或 ERP 系统生成会计凭证的功能。相比之下，面向中小型企业的电子商务软件则需要管理人员手动检查库存，并用手工方式对需要补货的商品下采购订单。

对电子商品（软件、录像、音乐等）而言，客户可从网站上直接下载。与电子商务软件连接的数据库通常包含有关商品、价格、库存、用户档案、用户购买历史等数百万行记录。顾客购买历史的信息可用于当用户再次登录商店时推荐其期望购买的商品。图 9-4 展示了企业级电子商务系统的结构。

第 5 章介绍了企业可以利用网站来整合供应链，因此企业级的电子商务网站也需要加入供应链管理软件。

第 6 章介绍了企业可以在网站上加入社交网络元素以连接客户和供应商。这种策略要及时更新有用、新鲜的内容以吸引访问者，这就需要自动管理与更新网站内容的软件。有些公司甚至开发了帮助它们管理业务中存在的知识的软件。

第 3 章和第 4 章介绍了公司可以将客户访问的数据存储在大型数据库中并进行分析，以便改善与这些客户的关系。这些跟踪客户访问网站路径的数据也称为点击流，通常包括客户所访问的页面、在每个页面上所花的时间以及访问页面的次序等。因此，大型电子商务网站通常需要客户关系管理软件。

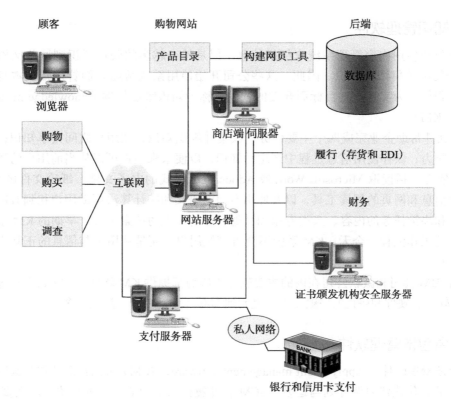

图 9-4 典型的企业级电子商务系统结构

一个企业级网站的设计通常要包括这几种类型的软件包。本章剩余部分将介绍为完成各种电子商务目标，大型企业使用的与电子商务软件一起实现业务功能的各种软件。

9.6.2 内容管理软件

内容管理软件（content management software）帮助公司控制对于开展业务至关重要的大量文本、图片和媒体文件。大部分内容管理软件都提供帮助公司管理书面报告、工作进度、分析及备忘录上信息的工具。除了存储在传统数据库中的文本与数字信息，内容管理系统也有助于存储和获取其他类型的信息，包括图像、技术图纸、地理信息、视频、音频文件等。随着社交媒体和网络作为电子商务运营（详见第 6 章）的组成部分得到日益广泛的应用，且目前各种类型的网站都将内容放在互联网上，内容管理对所有网站而言都更加重要。内容管理系统可以帮助网站组织、控制和移动信息进出网站。

在使用内容管理软件之前，企业应该先进行测试以确保企业员工能够进行简单的软件常规维护流程（如将新的产品类目和新产品添加到现有产品页面）。内容管理软件还需要支持特殊的内容创建任务，如新增促销商品。

公司往往需要以多种方式访问公司信息（如产品说明书、草图、图片或实验室测试结果），通常会使用内容管理软件来管理及访问这些信息。IBM 公司和甲骨文公司是内容管理软件的主要提供商，它们提供作为企业软件包构成组件的内容管理软件。一些规模较小的企业提供独立的内容管理软件。内容管理软件的成本通常在 5 万美元到 50 万美元之间，但定制、配置和实施的费用要高三四倍。

9.6.3 知识管理软件

大型公司使用内容管理系统来组织信息,但是越来越多的公司意识到这些文档的真正价值在于其中的集体性知识。因此,这些公司开始使用系统帮助它们管理知识本身,而不是知识的载体。为实现这一目标而开发的软件统称为**知识管理软件**(knowledge management software,KM)。

KM 软件帮助企业完成四个主要任务:收集并组织知识;在用户之间共享知识;提高用户的协作能力;保存使用信息过程中产生的知识,以便未来用户可以从当前用户的学习中获益。KM 软件包括读取 Microsoft Word 或 Adobe PDF 格式的电子文件、纸质文件的扫描件、电子邮件信息和网页的阅读工具,以及使用专门的语义和统计算法帮助用户找到有助于他们完成研究和决策任务的内容、人类专家和其他资源的强大的搜索工具。早期的 KM 系统经常影响用户的工作流程。今天,KM 系统不会再打扰用户,而是从用户与信息的正常交互中收集知识元素。

包括 IBM 公司和微软公司在内的主要软件供应商都提供 KM 软件。KM 软件实施的总成本(包括软件、硬件和咨询)一般在 1 万美元到 100 万美元之间,甚至更多。

9.6.4 供应链管理软件

供应链管理软件(supply chain management software,SCM)可以帮助公司与其所在行业供应链中的合作伙伴协调计划与运营。SCM 软件履行两个职能:计划与执行。大多数 SCM 软件公司的产品都包含这两个职能,但二者皆然不同。SCM 计划软件帮助企业利用供应链伙伴提供的信息进行需求预测,SCM 执行软件则帮助企业进行仓库管理与物流管理。目前两大 SCM 软件供应商是 JDA 公司和 Logility 公司。

常见的 SCM 软件组件包括管理需求计划、供应计划和需求履行三个模块。需求计划模块能够考查顾客的购买模式并不断生成新的需求预测。供应计划模块协调配送物流、库存水平预测、协同采购和供应分配。需求履行模块处理履行任务,包括订单管理、顾客验证、库存控制和订单履行。

SCM 软件的实施费用取决于供应链中场所(零售商店、批发仓库、配送中心和工厂)的数量。例如,有 500 家店铺的零售商实施 SCM 的计划与执行系统需要投入 100 万~500 万美元,而有三四家配送中心的批发商则只需要 30 万美元。

9.6.5 客户关系管理软件

第 4 章已介绍了客户关系管理(customer relationship management,CRM)的思想与技术。CRM 的目标是了解每个客户的具体需求,然后定制产品或服务来满足这种需求。其理念是如果一个客户的需求得到完全满足,他就愿意为其需要的商品或服务支付更多的钱。尽管各种规模的公司都可以实施 CRM 技术,但大型公司可以负担得起购买和实施能实现 CRM 自动化的软件。

CRM 软件必须从执行销售自动化、客户服务中心运营和营销活动等活动的运营软件里获取数据,还必须从公司网站、公司与现有客户及潜在客户的所有接触渠道中获取客户活动数据。CRM 软件利用这些数据帮助经理完成分析工作,如收集企业情报、制定营销战略、客户行为建模、定制产品或服务,以满足特定客户和特定类型客户需求等。

CRM 最基本的功能是利用客户信息向客户出售更多（或更有利可图）的商品或服务，更高级的 CRM 能够持续地向客户提供极具吸引力的积极的购物体验。在采购过程既漫长又复杂的行业中，CRM 对维系客户忠诚非常重要。设计和安装定制机械设备、软件产品或办公自动化系统的公司通常都会经历漫长而复杂的采购过程。CRM 软件可以帮助与采购公司的众多员工保持积极和一致的联系。

在 CRM 软件实施的早期（大约在 1996 年至 2000 年），公司经常花费数百万美元购买 CRM 系统，进行客户互动策略的彻底重组。在认识到单一的大规模 CRM 的实施并不能一举解决所有问题后，公司逐渐放弃把 CRM 软件作为全面改变顾客战略的工具，而是开始使用它解决一些更小更具体的问题。例如，有线电视公司不再期望用 CRM 系统来计算视频点播的长期利润，而是利用它来跟踪服务中断的位置，以便维修小组及时响应和修复。

电话呼叫中心的运营已经成为这些受关注的客户管理应用最广泛的目标之一。通过检查呼叫中心出现的问题，许多公司已经发现了 CRM 软件在缩短响应时间、提高准确率和效率方面的具体应用。如今大多数电子商务都使用小型、精确集中的 CRM 软件来解决特定问题。通过监测诸如被弃购物车、产品退货、产品页面浏览以及用户会话特征等指标，公司可以检查客户体验的特定元素，对网站进行更新，以提高效率和利润。

CRM 系统的实施需要整合多个数据源，这些数据源已经通过分析引擎进行了清理和聚合，这些分析引擎使用不断修改的模型来理解数据，以生成定制定价策略、营销活动、网站特价，甚至是与在线营销工作同步的目录邮件。图 9-5 概括了 CRM 系统中的元素。

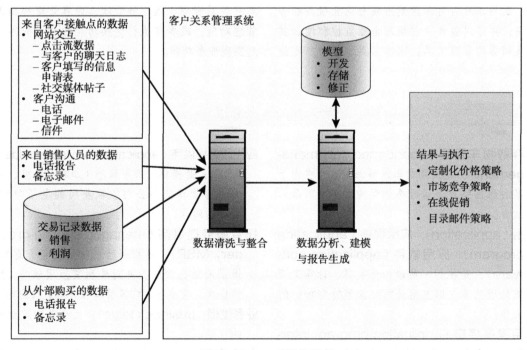

图 9-5　CRM 系统的元素

有些公司利用外部咨询顾问和公司内部的 IT 技术人员自行开发 CRM 软件，但是近年来多数公司更愿意购买 CRM 软件包。Siebel Systems 公司是首家专注于 CRM 软件的公司，目前占有最大的市场份额。2005 年甲骨文公司收购 Siebel 公司，并将其系统整合到自己的 CRM 业务里，称为 Oracle CRM On Demand。其他软件公司也推出了自己的产品，如 SAP CRM 等。

这些系统的起价约为 2 万美元（平均每个用户 1000 美元），实施大型项目可能要花费数百万美元。Salesforce.com 是一家 CRM 软件供应商，也是最早以 SaaS 形式提供任何类型软件的公司之一。Salesforce.com 已成功将 CRM SaaS 产品销售给各种公司，包括许多中小型电子商务公司。

本章小结

本章介绍了适合大型、中型、小型企业的电子商务软件及其功能。企业选择电子商务软件主要应考虑企业规模、目标和预算。公司可以自托管网站，也可以与服务提供商签订共享主机、独立主机或主机托管合同来管理网站。

另一种选择是与 CSP 签订合同，除了提供基本的网站托管服务之外，许多 CSP 还可以提供电子商务所需的其他所有服务，包括目录展示与管理、数据库、购物车、内容管理、网站分析和支付处理。较小的电子商务企业通常选择 CSP。

购物车软件可单独使用或与商业服务结合使用，并可以包含一些帮助企业监控和增加其在线销售的管理工具。这些工具包括动态定价管理、促销管理、履行服务集成、产品评论管理、产品推荐触发器、被弃购物车管理、销售税计算和信用卡处理。

电子商务软件必须与公司现有的系统和数据库协同工作，大型公司通常购买或自建中间件来支持这些软件系统之间的接口。另外，公司可以使用基于页面或基于组件的企业应用集成软件将其他系统绑定到自己的网站。公司还可以使用 Web 服务来让其信息系统跨组织边界工作。

适用于大型企业的电子商务软件通常包括客户关系管理、供应链管理、内容管理和知识管理功能，或者与执行这些功能的专用软件一起实现业务功能。

关键术语

被弃购物车管理（abandoned cart management）：是使购物车能够保留客户在由于某种原因终止会话时添加到购物车中商品的软件。

应用（application）、**应用程序**（application program）、**应用软件**（application software）：是执行一些诸如开发票、计算工资或处理从客户那里接受的付款等特定功能的程序。

应用程序接口（application program interface，API）：是应用程序之间实现互联的通用方法。

应用服务器（application server）：是互联网和企业后端服务器之间的中间层软件和硬件组合。

应用服务提供商（application service provider，ASP）：是提供对应用程序（如电子表格、人力资源管理或向公司收取费用的电子邮件）管理的网站。

托管服务提供商（managed service provider，MSP）：是指帮助企业开展电子商务、提供网站托管服务并对外租赁应用软件（如数据库、购物车、内容管理程序等）的公司。

业务逻辑（business logic）：是企业特定业务的规则。

业务规则（business rule）：是企业经营业务的方式。

目录（catalog）：是指在电子商务网站中，通常存储在数据库中的商品或服务的清单，其中可能包括照片和描述。

主机托管服务（collocation，colocation，co-location）：是指一种互联网服务，服务提供商将一物理空间租给客户，让他们安置自己的服务器硬件。

商务服务提供商（commerce service provider，CSP）：是指在其计算机上还提供商务主机服务的 Web 主机服务。

基于构件的应用系统（component-based application system）：是指将页面呈现逻辑和业务逻辑分开的业务逻辑方法。

内容管理软件（content management software）：是指公司用来控制业务中所使用的大量文本、图片和媒体文件的软件。

客户关系管理软件（customer relationship management software，CRM）：是指收集客户活动数据的软件，这些数据随后被管理者用来进行分析活动。

数据库（database）：是指搜索引擎的存储元素。

数据库管理软件（database management software）、数据库管理器（database manager）：是一种以高度结构化的方式存储信息的软件。

独立主机（dedicated hosting）：是指一种网络托管方式，托管公司提供对其所拥有和管理的特定服务器的独家使用。

分布式数据库系统（distributed database system）：是指能够在许多不同的地理位置存储相同数据的大型信息系统中的数据库。

分布式信息系统（distributed information system）：是指能够在许多不同的地理位置存储相同数据的大型信息系统。

动态目录（dynamic catalog）：是指存储数据库中产品信息的网站区域。

动态定价管理（dynamic pricing man-age-ment）：是指可以根据客户类别、过去的购买量（单位或美元）、订单大小或卖方选择的其他变量来实时调整定价的软件。

企业应用集成（enterprise application integration）：是指企业所有现有系统之间的协调，以及系统与公司网站的协调。

企业级软件（enterprise-class software）：是指大型电子商务企业所使用的商务软件。

企业资源计划（enterprise resource planning，ERP）：是指集成了企业的计划、制造、销售以及营销等所有方面的业务软件。

履行服务集成（fulfillment integration）：是指可以将卖家的购物车直接连接到订单履行服务提供商的计算机的软件，于是当销售交易完成时，购物车软件就可以自动触发发货。

内部搜索引擎（internal search engine）：是指一种软件工具，该工具允许顾客输入描述性的查询关键词，如"男士衬衫"，就可以迅速地找到包含想要购买的相关商品的网页。

协同工作能力（interoperability）：是指协调公司的信息系统，使它们彼此一起工作。

知识管理软件（knowledge management software，KM）：是指帮助公司收集和组织信息，在用户之间共享信息，增强用户协作的能力，以及保存知识供将来使用的软件。

购物中心式商务服务提供商（mall-style commerce service provider）：是指为小型企业提供互联网连接、网站创建工具，以及很少或没有混乱的横幅广告的商务服务提供商。

中间件（middleware）：是指处理电子商务软件和会计系统之间连接的软件。

基于页面的应用系统（page-based application system）：是指能够返回脚本生成页面的应用服务器软件，脚本中包含用业务逻辑表示网页上数据的规则。

产品推荐触发器（product recommendation trigger）：是指通过提供相关产品推荐，以及对包含消耗性成分的产品（比如剃须刀的刀片）提供复购建议来响应顾客的产品选择的软件。

产品评论管理（product review man-agement）：是指允许客户发布产品评论的软件。

促销管理（promotion management）：是指允许销售者针对客户需求的变化、季节偏好、新产品种类或新包装尺寸的引入以及选择的任何其他变量，针对特定产品创建特价（促销）的软件。

表述性状态转移（representational state transfer, REST）：是指描述万维网使用网络结构来识别、定位网页以及网页上面的构成元素（图像等）方法的规则。

RESTful 应用（RESTful application）：是指构建在 REST 模型上的 Web 服务。

RESTful 设计（RESTful design）：是指在构建 Web 服务时使用 REST 模型。

可扩展的（scalable）：是指系统适应不断变化的需求的能力。

自托管（self-hosting）：是指电子商务企业拥有并维护自己的服务器及其所有软件的网站托管系统。

共享主机（shared hosting）：是指托管公司在服务器上提供 Web 空间的一种网站托管服务，该服务器上还同时运行其他的网站。

简单对象访问协议（simple object access protocol, SOAP）：是指定义如何通过网络将标记数据从一个软件应用程序发送到另一个软件应用程序的信息传输协议。

软件即服务（software as a service, SaaS）：是指一种在线提供软件使用的方式。

静态目录（static catalog）：是指以 HTML 语言写成的，展示在一个网页或者一系列相关网页上的简单列表。

无状态系统（stateless system）：是指一种不保留从一个传输或会话到另一个传输或会话的信息的系统，如 Web 的超文本传输协议（HTTP）。

供应链管理软件（supply chain management software, SCM）：是指可以帮助公司与其所在行业供应链中的合作伙伴协调计划与运营的软件。

交易处理（transaction processing）：是指作为完成销售的一部分而发生的过程，比如计算总额折扣、销售税和运费以及传输支付数据（如信用卡号码）。

统一描述、发现与集成协议（universal description, discovery, and integration specification, UDDI）：是指识别 Web 服务的位置及相关 WSDL 描述的一组协议。

Web 应用程序接口（Web API）：是指通过网络来完成应用程序互连的技术。

Web 服务（Web service）：是指允许一个组织中的应用程序软件使用 SOAP、UDDI 和 WSDL 协议，通过网络与其他应用程序进行通信的软件工具的组合。

Web 服务描述语言（web services description language, WSDL）：是指描述构造 Web 服务的逻辑单元特征的规范。

复习题

1. 商务服务提供商的主要功能是什么？
2. "托管主机"与"共享主机"之间有什么区别？
3. 为什么在线零售商选择商品动态目录而非静态目录？
4. 为什么互联网的无状态性会影响购物车软件的功能？
5. 动态定价管理计划是怎样增加销售额的？
6. 概述履行集成提供商的功能。
7. 什么是产品推荐触发器？
8. 什么是被弃购物车？
9. 列出购物车软件的主要功能。
10. 为什么销售税的计算是一个复杂的问题？
11. 列出处理在线零售交易的步骤。
12. 为什么数据库管理软件是在线商业网站技术的重要组成部分？
13. 什么是中间件？
14. 什么是业务逻辑？
15. 为什么应用程序集成是经营电子商务的重要部分？

16. 典型的 ERP 系统中集成了哪些业务功能？
17. 软件即服务（SaaS）和 Web 服务有什么区别？
18. 简述一个 Web 服务示例，它可能是在线商业网站的有用部分。
19. 基本商务服务提供商（CSP）和购物中心式商务服务提供商（Mall-style CSP）的主要区别是什么？
20. 电子商务中使用的内容管理系统的关键功能是什么？
21. 列出客户关系管理（CRM）系统中可能有用的四种信息类型。
22. 用大约 100 字，总结一下使用像 eBay 商店或亚马逊的 Pro Merchant 程序这样的购物中心式商务服务提供商，而不是运营一个独立的电子商务网站的优缺点。
23. 用一两段话说明供应链管理软件的功能。
24. 写一段话解释云计算的目的。

练习题

1. 用一两段话，概述"共享主机"和"独立主机"的区别。
2. 用约 100 字概括电子商务软件包中应该包含的关键要素。
3. 为在线客户提供可能会让他们感兴趣的产品的方式是很重要的。用约 100 字解释当客户试图在公司网站上寻找特定产品时，静态目录和动态目录是如何促进或抑制客户行为的。
4. 用约 200 字解释为什么被弃购物车是在线零售商的烦恼，并描述至少两种可以减少这一问题发生的措施。
5. 用两三段话解释基于页面的应用系统和基于构件的应用系统的区别。在回答中要概述在电子商务系统设计中哪种应用系统更可取，并解释原因。
6. 用一两段话描述企业应用集成的目标，并解释为什么 XML 经常用于企业应用集成。
7. 用约 100 字来描述软件即服务（SaaS）背后的思想。回答至少要包含三个作为 SaaS 提供的电子商务软件包或组件的例子。
8. 用约 200 字概述简单对象访问协议（SOAP）和表述性状态转移（REST）原则被用于创建 Web 服务的区别。回答需要比较这两种方法各自的优缺点。
9. 电子商务软件必须对销售和发货情况进行汇总。用约 100 字解释一个小型网上商店如何完成这个任务，并将它与面向大型企业的电子商务软件完成这一任务的过程进行对比。
10. 用两三段话概述知识管理软件和内容管理软件的区别。回答至少需要描述一个可能对电子商务有用的应用程序。
11. 用两三段话解释数据库软件如何成为电子商务中客户关系管理系统的重要部分。

案例

案例 9-1　莫斯兄弟公司

自 1851 年以来，莫斯兄弟公司（Moss Bros.）一直在向伦敦最会穿衣的绅士们推销高质量的男装。摩西·莫斯（Moses Moss）在考文特花园区（Covent Garden）的一角创立了这家服装零售商和正装租赁公司，并在英格兰和爱尔兰各地经营着 130 多家门店。该公司还在英国和美国进行在线销售，总销售额超过 1.5 亿美元（其中在线销售额为 1000 万美元）。从最初不起眼的小公司开始，莫斯兄弟公司已经走过漫长的发展道路。

多年来，莫斯兄弟公司一直对客户的偏好、尺寸和过去的购买情况进行细致的记录。2013年，该公司的电子商务主管尼尔·桑塞姆（Neil Sansom）开始了一项为期18个月的计划，利用其庞大的客户记录来增加销售额，尤其是在线销售额。桑塞姆将客户数据称为"黄金记录"，并进行客户数据挖掘。从老客户开始，莫斯兄弟公司建立档案，追踪客户交易，找出促使客户购买的原因。然后据此开发了个性化的营销信息，并以电子邮件的形式发送给客户，这些电子邮件的发送时间被精心安排，以便在合适的时间吸引客户。

尽管上述项目的实施尚处于早期阶段，但公司发现，通过电子邮件促销已经使目前可以实现的基本促销目标的成功率提高了一倍。该公司对客户了解得越多，就越相信自己能够将这些促销信息转化为额外的销售额，并期望在将分析的人群扩展至所有客户之后，获得更好的营销效果。

问题

1. 画一张草图，解释你认为莫斯兄弟公司最好连通公司的各种数据源并使用它们来管理客户关系的原因，可以使用图9-5作为参考。写一份约200字的备忘录，解释信息如何在图中流动，并写出每种类型数据具体来源的详细信息。
2. 在英国，学校舞会、婚礼、古典音乐会、歌剧甚至某些赛马等娱乐活动，都需要穿正装。用约100字描述至少两个阐述莫斯兄弟使用社交媒体将电子邮件定位到目标客户以推销其正装租赁服务的例子。

请注意：任课老师将要求学员们分组来完成案例，并要求每个小组在课堂上正式陈述所完成的报告。

案例9-2 安妮特的工艺品

安妮特·杰克逊（Annette Jackson）在密苏里州中部拥有一家小工艺品商店，销售当地工匠制作的手工工艺品。她希望通过网上销售拓展店铺在该地区以外的业务。她想请你帮她估计在第一年创建和运营网上商店可能需要的花费。

她计划最初在网上商店售卖大约100种商品，每一份商品目录都包括几张商品照片。她预计在最初的几个月里，平均每天会有20笔交易，但在运营的第二年，交易量将增长50%左右。在此之后，她希望每年能有10%～20%的小幅增长。

安妮特想让你调查两家商务服务提供商，并向她报告你的调查结果。由于她销售的是本地生产的商品，因此商店将不需要第三方履行服务商。但她需要支付处理服务，如果可能的话，她希望找到提供这一服务的商务服务提供商。

选择商务服务提供商时，安妮特考虑以下信息：

- 成本——初始安装费、月服务费和交易费。
- 商务服务提供商提供的磁盘空间。
- 促销和营销机会。
- 客户沟通功能，比如自动发送订单的确认电子邮件。
- 提供购物车或其他订单输入方式。
- 提供创建新商店的店面构建向导。
- 从商务服务提供商获得关于网站访问者、网站点击率、被弃购物车统计以及类似指标的Web分析报告。
- 商务服务提供商提供的支付处理服务。

问题

1. 使用你喜欢的搜索引擎查找满足安妮特需求的商务服务提供商。分析每个商务服务提供商所提供的产品功能，收集可能对安妮特有用的信息，用一份约400字的报告总结你调查到的情况（使用上面的列表作为组织报告的指南），在报告结尾推荐一个你认定的商务服务提供商。

2. 安妮特网上商店的另一个选择是使用购物中心式商务服务提供商。你可以查看 Amazon Services（通过它的"专业卖家"和"个人卖家"程序）和 eBay 商店所提供的购物中心式商务服务提供商产品。用一份约 100 字的报告概述使用购物中心式商务服务提供商而不是回答上一个问题时所考虑的基本商务服务提供商的优点和缺点。

请注意：任课老师将要求学员们分组来完成案例，并要求每个小组在课堂上正式陈述所完成的报告。

延伸阅读

Alton, L. 2015. "Seven Ways Big Data Redefines Supply Chain Management," *Small Business Computing*, August 7. http://www.smallbusinesscomputing.com/biztools/7-ways-big-data-redefines-supply-chain-management.html

Babcock, C. 2015. "Salesforce Polishes Its CRM Interface With Lightning," *InformationWeek*, August 25. http://www.informationweek.com/cloud/software-as-a-service/salesforce-polishes-its-crm-interface-with-lightning/d/d-id/1321887

Barrett, V. 2010. "Salesforce.com: The Web's Big Upstart," *Forbes*, December 6, 1–3.

Birman, K. 2012. "CORBA: The Common Object Request Broker Architecture," 249–269. In Berman, K., ed., *Guide to Reliable Distributed Systems*. London: Springer.

Blair, G. and P. Grace. 2012. "Emergent Middleware: Tackling the Interoperability Problem," *IEEE Internet Computing*, 16(1), 78–82.

Bruno, E. 2007. "SOA, Web Services, and RESTful Systems," *Dr. Dobb's Journal*, 32(7), July, 32–37.

Bucholz, C. 2012. "One Customer Relationship Style Does Not Fit All," *CRM Buyer*, March 1. http://www.crmbuyer.com/story/74540.html

Corredor, I., J. Martinez, M. Familiar, and L. Lopez. 2012. "Knowledge-aware and Service-oriented Middleware for Deploying Pervasive Services," *Journal of Network and Computer Applications*, March, 35(2), 562–576.

Demery, P. 2012. "When It's Monday and Christmas Is Tuesday, Will You Know Where Your Web Orders Are?" *Internet Retailer*, June, 96–100.

Dusto, A. 2015. "Amping Up Tech Spending," *Internet Retailer*, August, 22–26.

eMarketer. 2015. "Social Integration Tops CRM Users' Wish Lists," August 12. http://www.emarketer.com/Article/Social-Integration-Tops-CRM-Users-Wish-Lists/1012847

Enright, A. 2014. "Moss Bros. Is Poised to Hyper-personalize Its Interactions With Consumers," *Internet Retailer*, December 30. https://www.internetretailer.com/2014/12/30/moss-bros-will-hyper-personalize-its-consumer-interactions

Ferguson, G. 2002. "Have Your Objects Call My Objects," *Harvard Business Review*, 80(6), June, 138–143.

Karande, A., V. Chunekar, and B. Meshram. 2011. "Working of Web Services Using BPEL Workflow in SOA," *Advances in Computing, Communication, and Control*, 125, 143–149.

Karpinski, R. 2008. "Web Services in Action," *Telephony*, 248(4), March 17, 6.

Kay, R. 2007. "Representational State Transfer (REST)," *Computerworld*, 41(32), August 6, 40.

Payne, A. and P. Frow. 2005. "A Strategic Framework for Customer Relationship Management," *Journal of Marketing*, 69(4), October, 167–176.

Rashid, F. 2015. "The Best Online Shopping Cart Software for 2015," *PC Magazine*, May 26. http://www.pcmag.com/article2/0,2817,2484670,00.asp

Sharma, R. and M. Sood. 2011. "A Model-driven Approach to Cloud SaaS Interoperability," *International Journal of Computer Applications*, 30(8), September, 1–8.

Sheldon, P. and A. Hoar. 2013. *The Forrester Wave™ : B2B Commerce Suites, Q4 2013*. Cambridge, MA: Forrester.

Wang, W. and W. Liu. 2011. "Study on the Integration of ERP and APS Based on CORBA Static Invocation," *IEEE International Conference on Service Operations, Logistics, and Informatics*, Beijing, July, 172–176.
Waxer, C. 2009. "Bluefly's Bug Zapper," *CIO Magazine*, December 1, 22.
Woodward, K. 2012. "Fighting the Web With the Web," *Internet Retailer*, June, 91–94.
Zhu, Y., K. Chen, X. Guo, and Y. He. 2011. "Management Information Ontology Middleware and Its Needs Guidance Technology," *Recent Advances in Computer Science and Information Engineering*, 125, 415–421.

第 10 章 电子商务安全

学习目标

- 在线交易中出现了哪些安全风险？如何应对它们？
- 如何创建安全政策？
- 如何实现 Web 客户端计算机上的安全性？
- 如何实现计算机之间通信信道的安全性？
- 如何实现 Web 服务器计算机上的安全性？
- 推动计算机、网络和互联网安全的组织有哪些？

引 言

本章将介绍，维护个人和公司在线资产安全的一个重要因素是正确使用密码保护。专家们认为，长而复杂的密码是最佳的，每一个在线活动都应该使用不同的密码，且所有密码都应定期更改。理论上来说这是可行的，但实际上，多数在网上活跃的人会在多家商店购物，使用多种社交媒体工具和多种在线服务，并且经常有多个电子邮箱和银行账户，记住几十个复杂的密码并定期更改它们并不是大多数人愿意做的事情。

出售密码管理工具的公司提供了一种解决方案。该工具可以创建并存储大量复杂程度适当的密码，每项在线活动对应一个密码，并且可以在用户需要访问网站时输入密码。此外，它可以定期自动地重新生成并重置这些密码。为了便于使用，这些工具通常可以在线访问，因此用户可以在不同地点使用任意联网设备访问他们的密码。为了维护密码管理器本身的安全性，用户只需记住一个主密码。

这是一个具有吸引力的解决方案，因此现在很多人会使用密码管理器。但是，该方法的主密码是其薄弱部分。如果用户的主密码泄露，就会暴露存储在密码管理器中的每一个密码和登录账号。提供密码管理服务的公司 LastPass 在 2015 年遭到黑客攻击，黑客能够获取用户的主密码、电子邮件地址和用户为防止忘记密码而创建的提示。幸运的是，LastPass 已经以加密的形式存储了主密码（本章将介绍这一安全过程），当它发现黑客入侵时，它重置了所有用户的主密码，并要求用户通过电子邮件验证身份，然后才能访问他们的密码。

黑客发动攻击与 LastPass 更改主密码（并通知其用户、执法机构和媒体）之间的时间间隔非常重要，因为黑客可能使用解密工具来破解密码。黑客有可能已经破译了一些主密码并在其被更改之前使用它们，取决于用户密码的长度和复杂程度。本章将概述更多关于在线安全的威胁，以及用于降低这些威胁带来的损失风险的方法。

10.1 在线安全问题概述

自互联网成为商业活动的通信工具以来，个人和企业就一直关注着网络安全问题。随着各类销售和金融交易的稳步增长，人们对安全的关注也逐年增加。如今，安全已经成为每个参与在线交易或经济活动交流的人普遍关心的问题。

正如你在第 7 章中了解到的，人们越来越关注在线企业对个人信息保密的意愿和能力。本章会介绍重要的安全问题，并针对这些问题提出一些解决方案。

10.1.1 互联计算机系统的安全问题起源

许多计算机安全技术是由美国国防部（U.S. Department of Defense）开发的，其中包括最早发布于 20 世纪 70 年代末的《可信计算机系统评估标准》（*Trusted Computer System Evaluation Criteria*，因其封面是橙色而被称为"橙皮书"）。它阐明了访问控制的规则，将涉密信息分为秘密、机密和绝密三个级别，并制定了计算机安全认证级别的标准，范围从 D（不能可信地同时处理多级涉密文档）到 A1（最可信的级别）。

企业开始使用计算机后，采用了这些军用安全措施，其中包括对计算机访问的物理控制，如有警报门、警卫、安全徽章和监视摄像机。那时，人们通过终端访问大型计算机，而且几乎没有计算机网络，这些网络也并没有延伸到其所属组织之外。因此，计算机安全可以通过管理访问终端或计算机机房的少数人的活动来实现。如今，计算机用户的数量和访问资源的手段都发生了巨大变化，且计算机正在传输如电子支付、采购订单、订单确认和大型金融交易的授权等有重要价值的信息。所有这些因素使全面的安全风险控制比以往任何时候都更加重要。

10.1.2 计算机安全和风险管理

计算机安全（computer security）就是要保护企业资产不受未经授权的访问、使用、篡改或破坏。主要有两种类型的安全：物理安全和逻辑安全。**物理安全**（physical security）是指有形的保护设备，如警铃、警卫、防火门、安全栅栏、保险箱、防爆建筑物等。使用非物理手段对资产进行保护称为**逻辑安全**（logical security）。对计算机资产带来危险的任何行动或对象都称为**安全威胁**（threat）。**安全措施**（countermeasure）是指识别、降低或消除安全威胁的一套程序。根据风险资产重要性的不同，相应的安全措施的范围和费用也有所不同。

如果保护资产免受安全威胁的成本超过所保护资产的价值，就可以认为这种威胁不可能发生（即发生概率较低），从而可以不予考虑。如在经常发生龙卷风的俄克拉荷马州，保护计算机网络免受龙卷风的威胁会很有意义；而位于缅因州的类似计算机网络就不需要采用这样的保护，因为缅因州极少会发生龙卷风。图 10-1 所示的风险管理模型描述了一个组织根据物理威胁的影响（成本）和发生概率能够采取的四种行动。在此模型中，俄克拉荷马州的龙卷风位于第二象限，而缅因州的龙卷风则在第四象限。

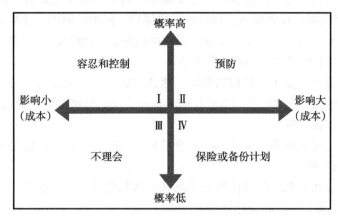

图 10-1　风险管理模型

同样的风险管理模型也适用于保护互联网和电子商务资产免受物理和电子威胁。后一种安全威胁的例子有欺诈、窃听和盗窃，这里的**窃听者**（eavesdropper）是指能听到并复制互联网上传输内容的人或设备。利用程序或技术非法侵入计算机或网络的人称为**骇客**（cracker）或**黑客**（hacker）。

骇客是利用自己的技能非法入侵计算机或网络系统的技术高手，他们通常是为了窃取信息或破坏信息、系统软件甚至硬件。最初，黑客这个词是用来描述喜欢编写复杂代码来挑战技术极限的专业程序员。尽管计算机专业人士仍然正面使用黑客这个词（他们认为黑客与骇客含义完全不同），但媒体和公众通常用这个词来描述利用自己的技能从事非法勾当的人。有些人也用**白帽黑客**（white hat hacker）和**黑帽黑客**（black hat hacker）来区分好黑客和坏黑客。

为了实施有效的安全方案，组织必须识别风险，确定如何保护受威胁资产，并计算保护这些资产的费用。本章将介绍组织如何通过识别安全威胁并确定保护资产免受威胁的方法来管理风险。

10.1.3　计算机安全的要素

计算机安全包括三个主要元素：保密性、完整性和即需性（也被称为拒绝服务）。**保密性**（secrecy）是指防止未经授权的数据泄露并确保数据源的可靠性，**完整性**（integrity）是指防止未经授权的数据修改，**即需性**（necessity）则是防止数据延迟或拒绝服务。关于完整性威胁的报道较少，公众对此也较为陌生。若一封电子邮件在送达原始目的地之前被截获且内容遭到篡改，我们就说发生了**完整性破坏**（integrity violation），即消息的完整性遭到了破坏。在这种被称作**中间人攻击**（man-in-the-middle exploit）的特殊破坏中，电子邮件内容的原始含义往往会被篡改。

即需性破坏包括阻碍或延迟数据的访问。例如，在线攻击者可以延迟包含股票买入命令的消息。如果股票价格在延迟期间上涨，发送买入命令方将损失股价上涨所带来的价值。其他破坏即需性的行为还包括诸如虚假客户自动向电子商务网站发送铺天盖地的请求这样的活动，使得真正的客户无法访问网站。

10.1.4 制定安全政策

所有考虑保护自己的电子商务资产的组织都应准备好一份安全政策。**安全政策**（security policy）是一份书面说明，具体描述哪些资产需要保护、保护的原因、保护责任人、哪些行为可接受、哪些行为不可接受等。安全政策应涉及物理安全、网络安全、访问授权、病毒保护、灾难恢复等内容，并且应该被定期审查和更新。

组织必须保护资产不受未经授权的泄露、修改或破坏。一条涉及公司保密信息的安全政策可以被简单地表述为"不要向公司外的任何人透露公司的机密信息"。大多数组织在创建安全政策时遵循四个步骤，即：

（1）确定必须保护哪些资产免受哪些安全威胁。例如，存储客户信用卡号码的公司可能会认为这些号码是必须保护的资产。

（2）确定谁需要访问系统的哪些部分或哪些具体的信息资产。其中一些用户可能位于组织外部（如供应商、客户和战略合作伙伴）。

（3）确定保护信息资产的可用或所需资源，同时保证有需求的人员能够访问。

（4）利用以上三个步骤所收集的信息，组织制定书面的安全政策。

一旦安全政策被编写完成并得到管理人员的批准，组织将为用于实现安全政策而创建或购买的软件、硬件和物理屏障提供资源。

全面的安全政策应当保护系统的保密性、完整性和可用性（即需性），并能验证用户的身份。在制定电子商务运营的安全政策时，这些安全目标应该满足表10-1所示的各项要求。这些要求为大多数电子商务运营提供了最低程度的可接受安全水平。

表 10-1 安全电子商务的要求

要求	含义
保密性	防止未经授权的人读取消息和商业计划、得到信用卡号码或获取其他保密信息
完整性	用数字信封封装信息，以便计算机能自动发现传输过程中被篡改的消息
可用性	保证消息段的传输，使消息或消息段不会毫不察觉地丢失
密钥管理	安全发布与管理安全通信所需的密钥
不可抵赖	为消息的收发者提供无法否认的端到端的证据
认证	用数字签名和证书来安全识别客户机与服务器

安全措施必须协同起来以防止未经授权的资产泄露、破坏或修改。一份好的安全政策应包含以下内容：

- 认证——谁试图访问该站点？
- 访问控制——谁被允许登录并访问该站点？
- 保密性——谁被许可查看所选信息？
- 数据完整性——谁被允许修改数据？
- 审计——谁或什么原因导致特定事件发生，何时发生？

本章将介绍这些安全政策问题如何应用于电子商务活动。本章的主题按交易处理流程（从消费者到电子商务网站的 Web 服务器）进行组织。为了确保安全，该流程的每一个逻辑环节所涉及的必须保护的资产有：客户机、消息传输的通信信道、Web 服务器（包括与服务器相连的任何其他计算机）。

10.2 客户机的安全

客户机、智能手机和平板设备需要加以保护，以防受到从互联网上下载的软件和数据的威胁。本节将概述下载的活动内容如何威胁客户机，以及客户机如何受到伪装成合法网站的服务器的威胁。本节将描述这些威胁，并阐述如何防止或减少它们。

10.2.1 cookie 和网页臭虫

正如本书前面所述，Web 客户机和服务器之间的通信是通过多个独立的传输来完成的，即客户机和服务器之间不维护连续的连接［也称**公开会话**（open session）］。前面也介绍到，cookie 是 Web 服务器放置在 Web 客户机用于识别再次访问者的小文本文件。通过保存从一组独立的服务器—客户端消息交换到另一组过程中的 Web 用户的信息，cookie 还允许 Web 服务器维护某些类型的购物车和支付处理功能，而无须创建公开会话。

Cookie 按时间和来源有两种分类方式。按存续时间划分的 cookie 又有两种：客户端关闭连接（会话）后即被删除的**会话** cookie（session cookie）和可以一直存在于客户机的**持久性** cookie（persistent cookie）。电子商务网站使用这两种 cookie。例如，会话 cookie 可能包含有关特定购物访问的信息，而**持久性** cookie 可能包含登录信息，这些信息可以帮助网站在以后的访问中识别出那些重返网站的访问者。浏览器每次跳转到商家网站的不同栏目时，商家的 Web 服务器都会要求访问者的计算机返回 Web 服务器以前在它上面所存储的 cookie。

Cookie 的另一种分类方式是按来源划分。Cookie 可以由 Web 服务器站点放置在客户机上，在这种情况下，它们被称为**第一方** cookie（first-party cookie）；它们可以由不同的网站放置在客户机上，在这种情况下，它们被称为**第三方** cookie（third-party cookie）。第三方 cookie 源自非客户当前正在访问的第三方网站，这些第三方网站通常在客户机所访问的网站上发布广告和其他内容。提供广告的第三方网站通常感兴趣的是那些已经在其他网站上看到广告的访问者对他们的广告的响应。如果第三方网站在大量网站上放置广告，那么它可以使用**持久性**第三方 cookie 来跟踪从一个站点到另一个站点的访问者。本书前面已经介绍过 DoubleClick 公司及类似的在线广告投放服务都有这种功能。

对于网站访问者来说，保护自己免受隐私信息泄露或避免被 cookie 跟踪的最彻底的办法就是完全禁止 cookie。该方法的问题在于有用的 cookie 也被一起禁用，这就要求访问者每次重新访问一个网站都需输入信息。除非将浏览器设置为允许 cookie，否则访问者无法访问某些网站的全部资源。例如，除非启用 cookie，否则学校用于提供在线课程的大多数远程学习软件在学生 Web 浏览器中无法正常工作。

Web 用户在浏览互联网时会积累大量的 cookie。大多数 Web 浏览器的设置允许用户仅拒绝第三方 cookie，或在接受前审查每个 cookie。图 10-2 展示了在 Mozilla Firefox 浏览器中管理所存储 cookie 的对话框。

你可以从 Cookie Central 网站上了解更多关于 cookie 的知识，该网站上有关于 cookie 开发的最新消息以及关于 cookie 的一些常见问题解答。本书第 9 章中介绍的大部分电子商务软件包都含有供网站管理人员分析网站流量的功能。这些服务还可以为网站提供访问者的身份以及来自哪些站点等信息。

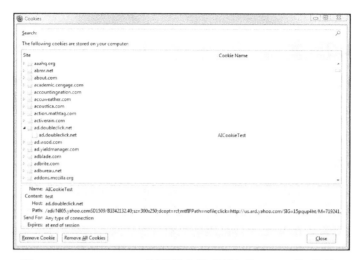

图 10-2　Mozilla Firefox 浏览器中管理所存储 cookie 的对话框

网页上会有某些广告商（从他们的第三方服务器）发出的一些小到看不见的图片。第三方网站放在别的网站页面上的微小图片被称为**网页臭虫**［web bug，也被称为网络信标（Web beacon）］。当网站访问者载入此页面时，网页臭虫也从第三方网站发来并能在访问者的计算机里放置一个 cookie。网页臭虫的唯一目的就是提供一条途径让第三方网站（访问者并不知道该网站的身份）将该网站的 cookie 放置到访问者的计算机上。互联网广告界也将网页臭虫称作"透明 GIF"或"1×1 GIF"，因为这些图片可以被创建成颜色值为"透明"的 GIF 格式并且小到只有 1×1 像素。

10.2.2　活动内容

许多网站使用动态网页来为每个用户定制内容。另一种定制内容的方法是将程序嵌入网页中，这些程序被称为**活动内容**（active content），它们在客户机加载网页时运行。活动内容程序可以显示动态图形、下载和播放音频或实现基于 Web 的电子表格程序。活动内容还可以将商品放入购物车并计算发票总额，包括营业税、处理和运输成本。活动内容将一些处理工作从服务器转移到客户机。但不幸的是，由于活动内容的要素是在客户机上运行的程序，有可能损害客户机，因此活动内容给客户机带来了安全威胁。

活动内容有 cookie、图形、Web 浏览器插件、Java applet、JavaScript、VBScript 和 ActiveX 控件等多种形式，也可以通过电子邮件附件提供。多数 Web 浏览器允许用户单独或同时禁用 Java 和 JavaScript，然而，许多网站用这些活动内容工具来提供重要的功能，这使得许多用户不愿意禁用它们。JavaScript 和 VBScript 是**脚本语言**（scripting language），它们提供在客户端执行的脚本或命令。Applet 是小型的应用程序，通常在 Web 浏览器中运行且使用 Java 编程语言编写。当浏览器加载一个带有活动内容的页面时，活动内容会在浏览器中自动触发。Applet 随页面自动下载并开始执行。**沙盒**（sandbox）是完整浏览器的一个功能子集，多数浏览器允许用户通过在沙盒中运行 Java applet 和脚本语言来限制它们的操作。当脚本语言在沙盒中运行时，活动内容工具不能全权访问客户机。例如，运行在沙盒中的 Java applet 不能执行文件输入、输出或删除操作，这可以防止侵害保密性（披露）和完整性（删除或修改）。

ActiveX 控件是一个对象，包含页面设计人员放在页面上以执行特定任务的程序和属性。与 Java 或 JavaScript 代码不同，ActiveX 控件只能在安装 Windows 操作系统的计算机上运行。ActiveX 控件的安全威胁是一旦下载，它就能像客户机上的其他程序一样执行，能访问包括操作系统代码在内的所有系统资源。一个有恶意的 ActiveX 控件能够重新格式化用户硬盘，重命名文件或删除文件，向邮件通讯簿里的所有人发送电子邮件或干脆关闭计算机。由于 ActiveX 控件可全权访问客户机，因此能破坏保密性、完整性或即需性。大多数 Web 浏览器可以通过配置实现在网站企图下载 ActiveX 控件时提出警告，使用户避免下载 ActiveX 控件。

由于活动内容模块是嵌入在网页里的，因此它能够对访问含有活动内容的页面的用户完全不可见。企图破坏客户机的骇客可将破坏性的活动内容放进表面看起来完全无害的 Web 页面中。这种传播技术称作**特洛伊木马**（Trojan horse）。特洛伊木马是隐藏在另外的程序或 Web 页面中以掩盖其真实目的的程序。特洛伊木马可巡视客户机上的保密信息，并将敏感信息传回给与它配合的 Web 服务器，侵害保密性。特洛伊木马还可改变或删除客户机上的信息，侵害完整性。**僵尸**（zombie）的危害也一样，它也是一种特洛伊木马程序，通过秘密接管一台计算机，从这台计算机上发起对其他计算机的攻击。那些运行僵尸程序的计算机有时也被称为傀儡机⊖。一旦特洛伊木马（或其他类型的病毒）接管了大量计算机（把它们都变成傀儡机），病毒植入者就可以控制这些计算机组成**僵尸网络**（botnet，"robotic network"的缩写），也被称为僵尸场（zombie farm，指网络中的计算机全部成为傀儡机），作为一个攻击整体，发送垃圾邮件或对某网站实施 DoS 攻击。

10.2.3 图形与插件

一些图形文件格式允许包含指示浏览器如何呈现图形的指令。这就意味着任何包含此类图形的 Web 页面都可能构成威胁，因为嵌入在图形中的代码可能会破坏客户机。同样，**浏览器插件**（plug-ins）是增强浏览器功能的小型程序，会使客户机面临风险。插件帮助浏览器执行有用的任务，如播放音频或视频，但插件也可以执行隐藏在媒体文件中的命令，这些隐藏的命令可能会通过删除文件等方式破坏客户机。

10.2.4 病毒、蠕虫和防病毒软件

大多数用户都知道电子邮件附件会给客户机带来安全风险。这些附件可以包含几乎任何类型的文件（文档、电子表格、数据库、图像等）。大部分程序，包括 Web 浏览器电子邮件客户端，通过自动执行所关联的程序来显示附件。例如，接收者的 Excel 程序读取附加的 Excel 工作簿并打开它，Word 程序可打开并显示 Word 文档。虽然此活动本身不会带来破坏，但当打开这些文件时，加载的文件中的 Word 和 Excel 宏病毒会对客户端设备或其内容造成损坏。

病毒是将自己附着在另一个程序上的一种软件，当主机程序被激活时会造成破坏。**蠕虫**（worm）是一种在被感染的计算机上自我复制的病毒，可以通过互联网迅速传播。**宏病毒**（macro virus）是一种被编码为称作"宏"的小程序的病毒，它被嵌入一个其格式能在程序中使用的文件，如 Microsoft Word 或 Excel，且能够运行宏。病毒、蠕虫和类似的恶意软件的历史可以追溯到 20 世纪 80 年代。表 10-2 列出了一些早期实例，并描述了其攻击的性质。

⊖ 互联网俚语所称的"肉鸡"。——译者注

表 10-2　早期的计算机病毒、蠕虫和特洛伊木马

年份	名称	类型	描述
1986	Brain	病毒	Brain 是巴基斯坦人编写的，其病毒感染 PC 机的软盘，侵占磁盘空间，使软盘无法存储数据和程序
1988	Internet Worm	蠕虫	康奈尔大学研究生小罗伯特·莫里斯（Robert Morris Jr）编写了这个实验性的自我复制、自我传播的程序，然后把它释放到互联网上。蠕虫复制的速度超过了他的预想，导致世界各地的大学、军事基地和医学研究机构的计算机崩溃
1991	Tequila	病毒	Tequila 将自己写入计算机的硬盘，在计算机开机时运行。当程序被执行时，它也会感染程序。该病毒源自瑞士，主要随互联网的文件下载传播
1992	Michelangelo	木马	Michelangelo 在 3 月 6 日（米开朗基罗生日）激活，然后这个特洛伊木马侵占被感染计算机的大部分硬盘空间
1993	SatanBug	病毒	SatanBug 感染运行文件并使其失效，主要是干扰防病毒软件使之无法发现自己
1996	Concept	病毒、蠕虫	Concept 是第一个以 Microsoft Word 中的宏语言编写的病毒，通过受感染的 Microsoft Word 文件传播。打开感染病毒的 Word 文档，病毒会将宏写入 Microsoft Word 的默认文档模板，这样就会感染这台计算机以后生成的所有 Word 新文档
1999	Melissa	病毒、蠕虫	Melissa 是一种 Microsoft Word 宏病毒，通过从一个用户向另一个用户自动发送电子邮件进行传播。一旦被激活，该病毒就用动画片《辛普森一家》(*The Simpsons*) 的台词修改用户的 Word 文档。该病毒在几个小时内就传遍世界，很多大公司都被它淹没了，比如微软公司为了阻止该病毒在公司内部传播不得不关闭自己的邮件服务器

第一个成为重大新闻的是 2000 年爆发的"ILOVEYOU"病毒［也被称作"爱虫病毒（Love Bug）"］及其变种。"ILOVEYOU"病毒是菲律宾一个 23 岁的计算机专业的学生制造的，它通过电子邮件以惊人的速度在互联网上传播，感染了每个打开附件的人的计算机，用成千上万的无用邮件阻塞了邮件系统。该病毒传播迅速，因为它破坏了 Microsoft Outlook（一个被广泛使用的电子邮件客户端软件产品），它可以自动地把自己发往 300 个存储在 Microsoft Outlook 电子邮件地址簿上的地址。除了通过电子邮件爆炸性地传播外，该病毒还造成了其他危害，如破坏存储在目标计算机上的音乐和图像文件，以及搜索用户的密码发给制造者。短短数天，该病毒就在 20 多个国家爆发，感染了 4000 万台计算机，造成了大约 90 亿美元的损失，主要是员工生产率方面的损失。

2001 年爆发了更多的病毒和蠕虫攻击事件。全年报告攻击事件 4 万多起，包括影响了数百万台计算机并且耗费数十亿美元才清除的红色代码和尼姆达病毒/蠕虫联合体。红色代码和尼姆达属于多向病毒（multivector virus），以多种方式入侵计算机系统。虽然微软公司发布了阻止红色代码蠕虫/病毒的安全补丁，但它还是于 2002 年再次在互联网上传播，这一年红色代码及其变种红色代码 2 病毒又感染了数千台新计算机。

2003 年出现了一种名为怪物病毒（Bugbear）的红色代码新版本。怪物病毒通过 Microsoft Outlook 电子邮件客户端传播。收到这种电子邮件的人即使不点击附件也会启动恶意代码——怪物病毒利用 Outlook 与 IE 浏览器连接之间的一个安全漏洞来进行自我启动。虽然微软公司发布了一个浏览器补丁，但很多用户并没有安装。怪物病毒启动后先检查计算机是否在运行防病毒软件。防病毒软件（antivirus software）检测病毒或蠕虫，把它们从客户机上删除或隔离，使它们无法运行。如果发现有防病毒软件，怪物病毒会试图摧毁它，然后在计算机上安

装一个特洛伊木马程序，以便攻击者通过互联网访问这台计算机并任意上传或下载文件。接着怪物病毒发出电子邮件，其附件会感染接收者的计算机。它不是自己生成邮件内容，而是将以前发出的电子邮件的内容重新发送到不同地址。这样就迷惑了接收者，因为电子邮件的主题看起来很正常，根本想不到邮件里有病毒。怪物病毒一旦感染很难清除，因为它给自己的文件随机命名，因此，病毒文件在每台被感染的计算机上有不同的名称。表 10-3 总结了 2000～2007 年在世界各地传播的病毒、蠕虫和特洛伊木马。

表 10-3　2000～2007 年的计算机病毒、蠕虫和特洛伊木马

年份	名称	类型	描述
2000	ILOVEYOU	病毒、蠕虫	该病毒随电子邮件的附件传送，邮件的标题是"ILOVEYOU"，一旦打开附件即感染计算机。然后，它将自身发送到在受感染计算机上找到的任何 Microsoft Outlook 通讯簿中的地址，并可以销毁存储在受感染计算机上的音乐和照片文件。当其肆虐后，它阻塞了许多大型组织中的电子邮件服务器，并减慢了整个互联网的运行速度
2001	Code Red	病毒、蠕虫、木马	Code Red 能够感染 Web 服务器和个人计算机，它会破坏网页并从 Web 服务器传给个人计算机，它可以让黑客控制 Web 服务器，在被清除之后还能够从藏身的文件里再次启动
2001	Nimda	病毒、蠕虫	Nimda 修改被感染计算机上的网页文档和某些程序，还使用各种文件名创建多个副本，并通过电子邮件、局域网、Web 服务器到 Web 客户端的连接等方式进行传播
2002	BugBear	病毒、蠕虫、木马	BugBear 通过电子邮件和局域网传播，可识别防病毒软件并试图禁用它。该病毒会记录并存储击键动作，以便后期通过安装在受感染计算机上的特洛伊木马程序进行传输，使得黑客能够访问被感染的计算机并进行文件下载和上传
2002	Klez	病毒、蠕虫	Klez 以电子邮件附件的形式传输，能覆盖文件，创建原始文件的隐藏副本，并试图禁用防病毒软件
2003	Slammer	蠕虫	Slammer 主要目的是证明蠕虫在互联网上的传输速度很快。它在开始传播的前 10 分钟内感染了 75 000 台计算机
2003	Sobig	木马	Sobig 将被感染的计算机变成垃圾邮件中继站，然后向潜在受害者发送海量垃圾邮件
2004	MyDoom	蠕虫、木马	MyDoom 将被感染的计算机变成僵尸机，参与对某公司网站的拒绝服务攻击
2004	Sasser	病毒、蠕虫	Sasser 是一个德国高中生编写的病毒，感染有特定安全漏洞的计算机，被感染的计算机运行越来越慢，最后不得不重启
2005	Zotob	蠕虫、木马	Zotob 扫描端口并感染有特定安全漏洞的计算机。一旦安装在目标计算机上，会记录按键、捕获屏幕、窃取身份验证凭证和 CD 软件密钥。Zotob 也能将被感染的计算机变成僵尸机，用于发送海量垃圾邮件或攻击其他计算机
2006	Nyxem	蠕虫、木马	Nyxem 禁用安全软件和文件共享软件，破坏 Microsoft Office 程序所创建的文件。每月 3 日发作，通过群发邮件进行传播
2006	Leap	蠕虫、病毒	Leap 也被称为"Oompa-Loompa"，感染在 Macintosh OS-X 操作系统上运行的程序。通过即时通信工具 iChat 传播，但只能在特定的网络上扩散
2007	Storm	蠕虫、木马	Storm 把受感染计算机组成僵尸网络，借此发送垃圾邮件，以包含虚假新闻片段的电子邮件的形式传播，声称附件是新闻影片

从 2008 年开始，一种名为飞客（conficker）的类似病毒出现并广泛传播。飞客被认为已经感染了近 1500 万台计算机并且仍然是一个问题，因为它可以在被移除后重新安装。持续性

感染的规模引起了极大的关注，互联网服务提供商、计算机安全公司和在线企业建立了工作组以监控该病毒。工作组活跃了一年多，直到全世界受感染的计算机数量大幅度减少。

2010 年，Stuxnet 引入了一种新的利用特洛伊木马蠕虫的联合攻击方式。这是一种首次针对工业设备而设计的特洛伊木马，通过计算机操作系统（在本例中是 Microsoft Windows）传播。本例中的特定目标是德国工业巨头西门子公司生产的控制设备。这些系统被广泛应用于许多不同的工业环境，但 2010 年的攻击目标似乎是针对控制伊朗浓缩铀业务的系统。

2011 年，Zeus 和 SpyEye 两种已有的特洛伊木马蠕虫病毒，被结合到一起创造出了一系列针对存储在计算机上的银行账户信息的新变种。这些新的变种将其文件隐藏在常规 Windows 资源管理器无法搜寻到的位置，并隐藏其注册表项，使得它们很难被检测到。这些病毒能够截获网络浏览器中输入的信用卡或网上银行数据，并将其传输给犯罪分子。

Cryptolocker 是一种攻击运行了 Windows 操作系统的计算机的特洛伊木马程序，于 2013 年年底开始广泛传播。作为**勒索软件**（ransomware），特洛伊木马对受害者计算机上的文件进行加密，并要求受害者购买解密密钥，这对互联网用户来说是另一种威胁。尽管 Cryptolocker 是多向的，可以通过同一网络上的 Web 页面或其他设备进入个人计算机，但它一般通过电子邮件附件安装。2014 年，一些计算机安全公司和防病毒软件供应商在它们的网站上发布了免费的 Cryptolocker 解密密钥，但在此之前，肇事者们已经得到了 300 多万美元的赎金。此外，一旦发布了解密密钥，就会出现名为 Cryptowall 的更高级的变体，需要开发新的解密密钥。

Regin 是一种木马蠕虫组合，据说是在 2011 年或 2012 年由间谍机构开发的。自从 2014 年不少受害者访问了欺骗性网页后，它开始广泛传播。防病毒软件很难将其删除，因为它会不断下载和安装病毒的多个版本。Regin 的目的是长时间停留在受害者的计算机上，向犯罪者报告用户活动、登录账号和密码。

2015 年，一种名为 TeslaCrypt 的 Cryptolocker 变种开始流行。TeslaCrypt 在受害者计算机上寻找计算机游戏软件并对这些文件进行加密，要求受害者为解锁游戏的密钥支付赎金。在其广泛传播的几个月内，思科的 Talos 集团发布了一款针对 TeslaCrypt 的解密工具，受害者可以免费下载。表 10-4 总结了 2008 年至 2015 年间的恶意软件活动。

表 10-4　2008 ~ 2015 年的计算机病毒、蠕虫和特洛伊木马

年份	名称	类型	描述
2008	Conficker	蠕虫、木马	Conficker 可以在被移除后重新自我安装并存在于超过 700 万台计算机上，可以对任何网站发起大量的垃圾邮件攻击或破坏性的拒绝服务攻击
2009	Clampi	蠕虫、木马	Clampi 休眠了数年之后于 2009 年爆发，获取了超过 4000 家金融机构网站的用户名和密码。犯罪分子可以利用这些信息进行购物，或从受害者账户中转移资金
2009	URLzone	蠕虫、木马	当受害者登录金融机构网站时，URLzone 监视用户活动并劫持会话，然后把受害者账户上的资金转移给犯罪同伙，同伙取出钱后进行购物，并把所购物品运送到犯罪分子使用的国外地址
2010	Stuxnet	蠕虫、木马	Stuxnet 通过 Microsoft Windows 传播，但目标是西门子开发的工业软件和设备。这是首次被设计用来攻击这种系统的蠕虫病毒，专家认为该蠕虫病毒的目的是破坏伊朗的浓缩铀系统
2010	VBManie	病毒、木马	VBManie 通过带有"here you have"主题的电子邮件进行传播，邮件声称所带附件是"我向你提到过的文档"
2011	Antispyware	病毒、木马	Antispyware 伪装成防病毒程序，禁止已经安装在受害者计算机上的防病毒软件。Antispyware 还阻止互联网访问，让防病毒程序无法获得升级和修复

(续)

年份	名称	类型	描述
2011	ZeuS/SpyEye 变种	蠕虫、木马	ZeuS 和 SpyEye 这两种特洛伊木马合并在一起创造出一系列新的变种，用来攻击存储于计算机上的移动银行信息
2013	Cryptolocker	蠕虫、木马	Cryptolocker 对被攻击的计算机上的文件进行加密，并要求受害者支付解锁文件所需密钥的赎金
2014	Regin	蠕虫、木马	通过访问安装了 Regin 的欺骗性网页发生感染，Regin 反过来安装自身的其他版本，使检测变得困难。它监视用户操作，以长期监视目标计算机为目的
2015	TeslaCrypt	蠕虫、木马	Cryptolocker 的一种变体，用于识别安装在受攻击计算机上的游戏软件，加密游戏文件，并要求支付解密密钥的赎金

Symantec 和 McAfee 等多家公司一直在追踪病毒并销售防病毒软件。你可以通过网页链接（Symantec Security Response 和 McAfee Virsus Information）来查看数千种病毒的描述信息。防病毒软件只有在防病毒数据文件保持最新状态时才能有效，这些数据文件包含用于在客户机上检测病毒的病毒识别信息。由于新病毒经常出现，用户必须保持警惕并定期更新防病毒数据文件，以发现并消灭新病毒。有些网络电子邮件系统（如 Gmail 和 Yahoo!Mail）在下载电子邮件之前会使用防病毒软件自动扫描附件。这时防病毒软件由网站运行，不需要用户更新。

前车之鉴

微软公司的 Internet Information Server

第 8 章介绍过互联网信息服务器（Internet Information Server，IIS）是微软公司的 Web 服务器软件。微软公司为 IIS 提供了适用于电子商务网站管理的 Windows 服务器操作系统的版本。

2001 年 8 月，微软公司面临美国很多制造商曾经历过的召回缺陷产品的尴尬处境。微软公司总裁当时位于新闻发布会现场，而一位政府官员向新闻记者宣布微软公司的一款产品有严重缺陷。美国联邦调查局的国家信息技术基础设施保护中心（National Infrastructure Protection Center）主任警告说，数周内在互联网上第三次爆发的红色代码蠕虫已经威胁到互联网的持续运行。

红色代码蠕虫利用了 Microsoft IIS Web 服务器软件的一个安全缺陷。在它首次出现时，微软公司立即在自己的网站上提供了一个补丁程序。微软公司还声明 Web 服务器用户只要及时更新微软发布的补丁就可以免受这个蠕虫的攻击。

许多微软公司的用户被这些言论激怒，指出微软公司在 2001 年上半年就发布了 40 多个补丁，前几年每年都发布 100 多个补丁。IIS 用户抱怨说不断更新软件根本不可能，要求微软公司在第一次安装时就提供更加安全的软件。

许多 IIS 用户开始考虑转向其他 Web 服务器软件。加德纳公司（Gartner, Inc.）是一家大型的 IT 咨询公司，它建议客户安装关键任务的 Web 服务器时谨慎考虑使用 IIS。许多行业观察家和软件工程师认为微软公司为自己的成功所害，它们创造了一个非常普及的复杂软件，要保证这么复杂的软件没有缺陷非常困难，而这种普及又使其成为一个很有吸引力的攻击目标——一个蠕虫病毒就可以击毁网上许多服务器。除了这两个因素之外，许多 IIS 服务器没有安装所有的更新软件，这就使 IIS 成为蠕虫制造者不会放过的靶子。

微软公司一直在努力赢得大企业IT部门的信任。该公司努力塑造其操作系统可靠并可信的声誉。例如，微软公司在2008年推出其第7版IIS时，就宣称改变了以往的架构，这样用户就可以只安装自己需要的功能模块，从而减少软件的受攻击面。

红色代码蠕虫对微软公司Web服务器软件的攻击使这些提升声誉的努力付之东流。自那次攻击以来，IIS又有很多安全漏洞暴露出来，微软公司也发布了相应的补丁。媒体报道指出这些不可避免的补丁已经成为公司长久的公关问题。你可以通过本书的网络链接来访问微软公司的安全与保障中心（Microsoft Safety & Security Center）网站，了解微软公司在面对定期而频繁的攻击时是如何解决软件安全问题的。

10.2.5 数字证书

控制活动内容威胁的方法之一是使用数字证书。**数字证书**（digital certificate）是一种电子邮件附件或一种嵌入在网页上用来验证邮件发送者或网站的身份和内容的程序。数字证书还包含向网页或电子邮件发送加密通信的方法。如果下载的程序内有数字证书，就可识别出软件出版商（以确认软件出版商的身份同证书相符）并确认证书是否有效。数字证书是一种**签名代码**（signed code）。签名代码的用途与驾驶执照或护照上照片的用途相同，用来验证持有人是否为证书指定的人或组织。证书提供了一定程度的保证，即软件是真实的并且是由特定公司创建的，但并不意味着所下载程序的有用性或质量。证书背后的思想是：如果你信任某软件开发商，那么签名的软件是可以被信任的，因为证书能证明它确实来自该开发商。

数字证书可用于进行在线交易，发送加密电子邮件和进行电子资金转账。购物者可以借助数字证书验证网站的真实身份，网站也可以借助数字证书验证购物者的真实身份。当请求验证交易中涉及的每一方的身份时，Web浏览器会自动且不可见地在后台交换数字证书。

数字证书是由**认证中心**（certification authority，CA）签发给组织或个人的。CA要求申请数字证书的实体提供相应的身份证明。如果符合条件，认证中心就会签发一个证书。认证中心以公开加密密钥（本章后面章节会介绍更多关于加密的知识）的方式签发证书。收到发布者所附带证书的人可以用公开加密密钥打开证书。数字证书包含六项主要内容：

- 证书所有者的身份信息，如姓名、组织、地址等。
- 证书所有者的公开加密密钥。
- 证书的有效期。
- 证书编号。
- 证书发行机构的名称。
- 证书发行机构的数字签名。

密钥（key）是一串数字，通常是一个很大的二进制数字，它和特定的加密算法一起使用就可把想保护的字符串"锁"起来，让别人无法看到其内容。加密密钥越长，保护效果越好。实际上，认证中心就是保证提交证书的个人或组织与其所声明的身份相符。

各认证中心对身份识别的要求都不一样。某家认证中心可能要求个人申请者提供驾驶执照，而另一家认证中心则可能要求提供公证书或指纹。认证中心通常会公布对身份识别证件的要求，这样就让从各认证中心收到证书的网络用户或网站了解到该认证中心的验证手续的严格程度。认证中心数量不多，这是因为只有自身被信任的认证中心签发的证书才会被认可，而只有几家公司在努力塑造成为数字证书销售商所需的声望。两家领先的认证中心是 Thawte 和 Symantec Enterprise（该机构在 2010 年以 12.8 亿美元收购了 Verisign 认证中心的业务），但是像 Comodo、DigiCert、Entrust Datacard 和 GeoTrust 等公司也提供认证中心业务。

在有新闻报道称黑客能够从认证中心获得伪造的数字证书后，人们越来越担心，在颁发证书之前，认证中心对证书申请人进行的验证可能不充分。这些问题使得一批认证中心制定了一套更严格的认证流程，并在 2008 年采用了更严格的标准，采取措施保证了申请认证程序的一致性。遵循这些扩展认证程序的认证中心获准签发一种新型的证书，称为**安全套接层扩展认证**（Secure Sockets Layer-Extended Validation，SSL-EV）数字证书。签发一份 SSL-EV 证书之前，认证中心必须查证企业的注册名称、注册号、注册地址和实际营业地址以确认企业是合法存在的。认证中心还必须查证企业对域名的使用权以及企业确实授权了申请 SSL-EV 证书。

数字证书的年费大约在 100 美元到超过 1000 美元不等，具体数额取决于所包含的性能（比如加密强度、是否指定 SSL-EV 等）以及是单独购买还是与同一企业所属其他网站一起购买等。数字证书过一段时间（通常是 1 年）就会失效。这一内置的限制能够提供保障，因为证书持有者必须定期提交证明进行重新评估。证书过期或被认证中心撤销都会失效。如果认证中心确定一个网站违反了其同意遵守的条款，将会拒绝向该网站签发新的证书，并且撤销其现有的证书。

通过查看浏览器的地址窗口，你可以知道正在访问的网站是否拥有 SSL-EV 证书。在 Chrome 和 Firefox 浏览器中，网站的认证企业名称会以绿色文本出现在地址窗口中 URL 的左侧，并显示一个锁定符号。而在 IE 浏览器中，地址窗口的背景色会变成绿色，认证的企业名称和锁定符号一起出现在 URL 的右侧。

2015 年，网络安全与反病毒公司卡巴斯基（Kaspersky）成为黑客的受害者，黑客利用窃取的数字证书在卡巴斯基服务器上安装恶意软件。数字证书归中国台湾大型电子产品制造商富士康（Foxconn）所有。要完成对卡巴斯基的攻击，黑客必须首先攻击富士康以获得数字证书。他们在卡巴斯基服务器上安装的恶意软件是一场涉及多个漏洞的大型攻击的一部分，在被发现之前，它已经感染了卡巴斯基内部网络中的许多服务器。

获取和维护数字证书是一个复杂的过程，网站管理员可能需要花费很多时间才能完成。此外，由于数字证书会过期，所以必须在更新的时候重复这个过程。2014 年，一个包括电子前线基金会（Electronic Frontier Foundation）、摩斯拉（Mozilla）、思科（Cisco）、阿卡迈（Akamai）、IdenTrust 以及密歇根大学（University of Michigan）的研究人员在内的团体成立了，其最初致力于公开提供免费数字证书。这个名为互联网安全研究组（Internet Security Research group，ISRG）的小组希望将 HTTPS（而不是网络上原始的、不安全的 HTTP 协议）作为处理 Web 浏览器和 Web 服务器之间信息流的标准方式来进行安全通信。为此，该组织坚信，数字证书应该免费提供并且易于获得。他们从 2015 年开始这项工作，并开发自动化的客户端软件来促进这一过程。你可以在 Let's Encrypt 网站上了解更多信息。

10.2.6 信息隐蔽

信息隐蔽（steganography）是指在另一个信息块中隐藏信息（如命令）的过程，此信息的目的可能是恶意的。通常，计算机文件中都有冗余的或能为其他信息所替代的无关信息。这些其他的信息一般驻留在后台，不借助合适的解码软件无法看到。信息隐蔽提供将加密的文件隐藏在另一个文件中的保护方式，普通观察者看不到后者中含有的重要信息。在这个两步处理中，加密文件可以防止被读取，信息隐蔽使信息不可见。

很多安全分析家认为恐怖组织"基地"组织（Al Qaeda）在谋划"9·11"事件时就采用信息隐蔽技术将攻击指令和其他信息藏在其同伙发布在网站上的图片中。采用信息隐蔽技术隐藏起来的信息很难被发现。并且由于网络上有数以百万计的图片，政府和安全专家非常担心全球恐怖组织会采用这种技术。你可以在 Information Hiding：Steganography & Digital Watermarking 网站上了解更多有关信息隐蔽的知识。

10.2.7 客户端设备的物理安全

过去，物理安全是完成诸如工资或结算等重要职能的大型机所需注意的主要问题，然而，网络（包括内部网和互联网）的出现让用户通过客户机也能控制重要的业务职能，因此对客户机物理安全的关注也越来越多。现在所用的许多物理安全措施依然是计算机出现早期应用的那些，但也出现了一些有趣的新技术。

现在已出现 PC 机用的指纹识别设备，价格不到 100 美元，比传统的密码保护效果更好。此外，还可以使用更精确的生物识别安全设备，当然价格也更高。**生物识别安全设备**（biometric security device）是应用生物构造特征识别身份的设备，如识别签名形状与着力点的书写板，识别视网膜上血管模式或虹膜颜色的视网膜扫描仪，识别手掌形状（不只是一个手指的指纹）与手背静脉模式的手掌扫描仪等。

10.2.8 移动设备的客户端安全

越来越多的人使用诸如智能手机和平板电脑这样的移动设备访问互联网，对这类设备安全方面的关注日渐增多。与移动客户端设备相关的安全问题可能很简单，比如物理安全的威胁可能是丢失了手机或平板电脑，但也可能非常复杂，比如遭受特洛伊木马、病毒或分享你的个人信息的 App 的攻击。

要保障移动设备的安全，第一步是设置访问密码。这可以防止或最起码能延迟窃贼获得用户存储在移动设备上的隐私信息。

几乎所有的移动设备都装有能让机主在机器被盗窃后进行远程擦除的软件。**远程擦除**（remote wipe）可以清除存储在设备上的个人信息，比如电子邮件、短信、通讯录、照片、视频以及任何类型的文档。如果移动设备上没有远程擦除软件，可以通过安装 App 来实现该功能。多数企业电子邮件服务器能通过安装在员工移动设备上的电子邮件同步软件实现远程擦除。

带有恶意软件的网站可以像感染客户端计算机一样轻而易举地感染移动设备。携带病毒和特洛伊木马的短信和电子邮件也可以感染智能手机和平板设备。因此，越来越多的用户在自己的移动设备上安装防病毒软件。

那些本身带有恶意软件或从移动设备上收集信息传送给犯罪分子的 App 称为**流氓 App**（rogue App）。App 在获得授权销售之前要经过苹果公司 App 商店的测试，以便清除流氓 App。安卓市场（Android market）并不像苹果公司 App 商店那样广泛地筛选流氓 App。不过，所有的安卓 App 在访问设备上存储的任何特殊信息前都必须请求用户的许可。在用户安装之前，App 将会请求这些许可。为了免遭安卓流氓 App 的侵扰，专家建议移动设备用户在考虑安装任何 App 之前都先仔细阅读相关评论，并且不要急于安装几乎没有评论的新 App。专家也建议尽量避免使用除了安卓市场以外的其他 App 商店。

10.3 通信信道的安全

互联网是买方（多数情况下是客户机）和卖方（多数情况下是服务器）之间的电子连接。在学习通信信道安全时，最重要的是要记住互联网的设计目标并未考虑过安全性。虽然互联网起源于军事网络，但是建造网络的主要目的不是安全传输，而是提供冗余传输，即防止一个或多个通信线路被切断。换句话说，互联网包交换的最初设计目的是提供多条路径来传输关键的军事信息。军方总是以加密形式来传送敏感信息，保证在网络上传输的任何信息（即使被截获）都处于保密状态。在从以前的军事网络过渡到互联网后，信息的安全性由独立于网络运行的软件加密信息来保证。互联网在发展演变的过程中也没有为网络本身特别增加安全机制。

互联网发展到今天，其不安全状态与最初相比并没有太大改观。互联网上的信息包从源节点到目的节点之间的传输路径是无计划的，信息包在到达其最终目的地之前会通过网络上的许多中间节点的计算机。在同一起源点和目的节点之间发送包信息时，每次所用的路径都会有所不同。由于用户无法控制传输路径，也不知道信息包经过的节点，所以某个中间节点的计算机就可能会读取、篡改甚至删除信息包，也就是说，在互联网上传输的任何消息都会受到保密性、完整性和即需性的威胁。本节会详细讨论这些问题，并提出解决这些安全问题的方法。

10.3.1 保密性威胁

保密是在论文和大众媒体中最常提及的一种安全威胁。与保密紧密相关的隐私问题也受到广泛关注。保密和隐私虽然很相似，但却是不同的问题。保密是防止未经授权的信息泄露，而**隐私**（privacy）是保护个人不被曝光的权利。隐私保护委员会（Privacy Council）专门帮助企业实施智能隐私和数据实践，它创建了一个网站，解决涉及业务和法律的隐私问题。保密是技术问题，要求繁杂的物理和逻辑机制，而隐私保护则是法律问题。阐述保密与隐私的区别的一个经典例子就是电子邮件。

公司的电子邮件可使用加密保护其电子邮件免受侵犯。保密措施保护向外发送的消息。电子邮件的隐私问题则涉及是否允许公司主管阅读员工的消息，争端集中在电子邮件的所有权属于谁，是公司还是发电子邮件的员工。本节的重点是保密问题，防止未经授权的人阅读他们不应该阅读的信息。

电子商务的一个重大威胁就是盗窃包括信用卡号、姓名、地址或个人偏好在内的敏感信息或个人信息。这种盗窃行为在任何人通过互联网提交信息的时候都可能发生，因为恶意用户很容易将来自互联网的信息包（破坏保密性）记录下来，供日后使用。在电子邮件传输时也会发生同样的问题。名为**嗅探程序**（sniffer program）的软件应用程序提供了记录通过某台正在处理互联网流量的计算机或路由器的信息的方法。嗅探程序类似于在电话线上搭线窃听和录制对话。嗅探程序可以读取电子邮件消息和未加密的 Web 客户端—服务器的消息传输，如用户登录账号、密码和信用卡号。

安全专家经常会发现电子商务软件上的漏洞，称为"**后门**"（backdoor）。"后门"是程序的一个组成部分（或者是独立的程序），它允许用户在访问程序时无须通过正常的身份验证过程就能运行程序。程序员经常会在程序的开发和测试阶段构建一些进入程序的后门，以便节省每次打开软件都需要输入用户名和密码的时间。有些时候，程序员在完成程序编写后忘记删除后门程序；在其他时候，程序员会故意留下后门。

知道"后门"存在的人可以利用它窥视交易、删除数据或窃取数据。例如，一家安全咨询公司发现 Cart32（一款广泛使用的购物车程序）有一个"后门"，知道这个后门信息的人能够获取信用卡资料。虽然这个"后门"是一个软件编写错误，不是有意而为（公司迅速提供了一个补丁软件，关闭了这个后门），但是使用 Cart32 购物车软件的顾客在商家应用补丁软件之前还是将自己的信用卡账号暴露给了全世界的黑客。

窃取信用卡号是明显存在的问题，但私有企业的产品信息或预先发布的产品数据也可以轻易地被截取和传递。公司的保密信息可能比信用卡信息更有价值。因为信用卡往往有消费额度限制，而公司被窃取的公司计划、产品配方或营销计划等信息可能价值数百万美元。

举一个在线窃听者如何获得机密信息的例子。假定用户登录包含表单的网站，该表单需要包含姓名、地址和电子邮件地址的文本框。当用户填完这些文本框并点击提交按钮时，这些信息就会被发送给 Web 服务器去处理。有些 Web 服务器通过收集文本框响应将它们放置在服务器 URL 的末尾（显示在用户 Web 浏览器的地址框中）来获取和跟踪该数据。这个长 URL（附加了文本框响应）包含在用户浏览器和服务器之间传输的所有 HTTP 请求和响应消息之中。

迄今为止还没有发生任何破坏活动。但是，假定用户决定不再等待该网站服务器的反应，跳到另一个网站，第二个网站的服务器可以通过从浏览器发送的 HTTP 请求消息中复制 URL 来捕获用户刚刚访问的 URL。使用这种 URL 记录技术来识别客户流量来源是完全合法的。但是，第二个网站上任何能够获取服务器日志的员工都可以读取此 URL，它记录了用户在第一个网站的文本框里输入的信息，从而获取该用户的机密信息。

2013 年，发生了一起严重的中间人攻击。五年前，安全研究人员发现了《边境网关协议》（Border Gateway Protocol）中的一个漏洞，该漏洞曾被用于劫持前往美国政府机构、公司办公室和其他目的地的互联网访问，攻击次数超过 38 次。犯罪者从未被查出，但被劫持的访问导致延迟并被路由经过了伦敦（London）、莫斯科（Moscow）、德黑兰（Tehran）和其他地点的计算机。有一次，一个从丹佛（Denver）的一个地址发送到丹佛的另一个地址的信息包被路由经过冰岛（Iceland）。识别这些漏洞的互联网安全公司无法确定被劫持的信息包是否被修改或破坏。所涉及的协议已被修补，以防止未来的此类攻击。

在使用 Web 的同时，用户也在不断地暴露自己的信息，包括 IP 地址和所用的浏览器类型，这也是一种保密性的破坏。一些公司和组织提供**匿名 Web 服务**（anonymous Web service），可使你所访问的网站看不到你的个人信息。这些服务对互联网冲浪者提供的保密性措施是用匿名 Web 服务的 IP 地址代替用户的 IP 地址，并将其放在用户要访问的 URL 地址前。当 Web 站点记录站点访问者的 IP 地址时，它会记录匿名 Web 服务的 IP 地址而不是访问者的 IP 地址，从而保护了访问者的隐私。

使用这样的服务可以使匿名 Web 冲浪成为可能，但是比较麻烦，因为每次都需要在匿名 Web 服务的主页的文本框里输入要访问网站的 URL。为方便访问，像 Anonymizer 这样的公司都为用户提供了可以按年订购费下载和安装的浏览器插件。ShadowSurf.com 公司提供免费的在线匿名浏览服务。Tor 是允许用户使用其网络来保护自己免受网络监控的免费软件。Tor 通过其遍布全球的 5000 多台计算机组成的网络，随机地重新路由互联网流量，从而将用户的在线活动隐藏在政府和私人监控之外。2013 年，美国政府在全球范围内收集个人网上活动信息的大型项目被披露后，人们对这些服务的兴趣和使用有所增加。

10.3.2 完整性威胁

完整性威胁，也被称为**主动搭线窃听**（active wiretapping），当未授权方可以更改信息的消息流时，存在完整性威胁。未受保护的银行交易（如在互联网上传输的存款金额）很容易受到针对完整性的攻击。当然，破坏了完整性也就意味着破坏了保密性，因为能更改信息的窃听者就肯定能读取并理解该信息。与保密性威胁中某人仅仅看到了他不应看到的信息不同，完整性威胁会导致个人或公司行动的改变，因为关键任务的传输已经被更改。

网络破坏就是侵害完整性的例子。**网络破坏**（cybervandalism）是指以电子方式破坏某个网站的网页，这种行为等价于破坏财产或在物体上涂鸦。当某人用自己的网页内容替换某个网站的常规内容时，即发生了网络破坏。近来有多起破坏网页的案件，包括某些商业内容被他人用黄色内容或其他令人反感的内容替代。

电子伪装或电子欺骗（masquerading 或 spoofing）是破坏网站的一种手段，其是指某人伪装成他人或将某个网站伪装成另一个网站。**域名服务器**（domain name servers，DNS）是互联网上负责维护域名和 IP 地址关联目录的计算机。作恶者可以利用运行在这些计算机上的软件中的安全漏洞，用他们网站的地址代替真实网站地址来欺骗网站访问者。

例如，黑客可以通过利用 DNS 的安全漏洞将 Widgets 国际公司的 IP 地址用自己的假 IP 地址替换，创建一个伪装成 www.widgets.com 的虚假网站。以后对 widgets.com 网站的访问将被重新定向到这个虚假站点。这样黑客就可修改任何订单，更改订单中的订购量，并改变送货地址。完整性攻击包括拦截并修改订单，然后再将其发送给真实公司的 Web 服务器，Web 服务器并不知道发生了完整性破坏，只是验证顾客的信用卡号并传递订单以履行订单。

近年来，遭受电子伪装攻击的主要电子商务网站包括亚马逊、美国在线（AOL）、eBay 和 PayPal。其中一些攻击方案还将垃圾邮件和电子欺骗结合起来。诈骗犯发出数百万封看起来像是合法公司发出的电子邮件。这些电子邮件中包含一个指向某网页的链接，该网页的设计与公司网站完全相同，然后诱导受害人输入用户名、密码甚至信用卡信息。这种骗取客户机密信息的行为称为**网络钓鱼攻击**（phishing expedition）。网络钓鱼攻击的受害人往往都是网上银行或结算系统（如 PayPal）等网站的用户。有关网络钓鱼攻击及银行等其他公司采取的安全措施参见第 11 章。

10.3.3 即需性威胁

即需性威胁（necessity threat）通常表现为**延迟攻击**（delay attack）、**拒绝攻击**（denial attack）或**拒绝服务攻击**（denial-of-service attack，DoS attack），其目的是破坏正常的计算机处理或完全拒绝处理工作。例如，降低任何网站的响应速度都会把顾客推向其他竞争者的网站，再也不会回访。1998 年的网络蠕虫攻击使连接到互联网的成千上万台计算机系统瘫痪，就是 DoS 攻击第一个记录在案的例子。

攻击者可以使用本章前面已经介绍的僵尸网络，从僵尸网络中的所有计算机同时发起针对一家网站（或数家网站）的攻击。这种形式的攻击称为**分布式拒绝服务**（distributed denial-of-service，DDoS）**攻击**。本章开始介绍的那次针对美国、韩国政府和商业网站的攻击就是一次 DDoS 攻击。

DoS 攻击会删除一次传输或文件中的信息。在一次针对安装了 Quicken 财务软件的计算机的拒绝攻击中，犯罪分子的计算机能控制受害者机器上的 Quicken 软件并利用该程序的电子支付功能将钱都汇到犯罪分子的银行账户。另一起针对亚马逊和雅虎等知名网站的 DoS 攻击中，攻击者利用僵尸网络向网站发出海量数据包，这使网站服务器不堪重负，阻塞了合法客户的访问。在攻击前，犯罪分子定位到易受攻击的计算机，并将软件加载到计算机上，该软件能够从所有被定位的计算机同时发起攻击。

10.3.4　互联网通信信道的物理安全威胁

互联网设计的初衷就是抵御对物理通信连接的威胁。第 2 章已经介绍，导致互联网出现的美国政府研究项目的目的之一就是协调军事行动的抗攻击技术。因此，基于包的网络设计使互联网不会因对该网络上的单个通信连接的攻击而被关闭。

尽管有此安全功能，但个体用户的互联网服务会因为此人与互联网的连接被破坏而中断，因为没有人在上网时会同 ISP 进行多路连接。但是，大公司（以及 ISP 本身）一般都有多条连接接入主干网，而且每条连接都来自不同的网络访问提供商。如果一条连接过载或无法服务，服务商可将流量转入另一个访问提供商的连接，以保证公司、组织或 ISP（及其客户）能够连入互联网。

10.3.5　无线网的安全威胁

第 2 章已经介绍，网络可以使用无线接入点（WAP）向数百英尺范围内的计算机和移动设备提供网络连接。如果不加保护，无线网覆盖范围内的任何人都可以登录并访问连接到该网络的任何资源，包括连接到网上的计算机所存储的数据、联网打印机、网上发送的消息，甚至免费接入互联网（如果无线网同互联网相连）。这种连接的安全性依赖于**无线加密协议**（Wireless Encryption Protocol，WEP），即在无线设备与 WAP 之间加密传输的规则集。

有大型无线网络的公司通常会谨慎地在设备中启用 WEP，小公司或在家里安装无线网络的个人通常不会启动 WEP 安全功能。许多 WAP 出厂时就设置好了缺省的登录账号和密码，公司在安装时无法更改，这为入侵网络提供了一种新的途径。

在无线网络密集的城市里，攻击者驾车四处转悠，用无线笔记本电脑搜索可访问的网络，这种攻击者被称为无线窃听者（wardriver）。一旦发现一个开放的网络（或使用缺省的登录账号和密码的 WAP），他们就会在建筑物外面用粉笔做标记，方便其他攻击者知道附近有容易进入的无线网络，这种行为称为黑客上网标记或**攻击标记**（warchalking）。有些黑客上网标记者或攻击标记者（warchalker）甚至建立了覆盖世界各大城市无线接入位置地图的网站。公司只要启动访问点设备上的 WEP 并更改缺省的账户与密码就可以避免成为攻击目标。

作为无线攻击的早期受害者，零售店百思买的某些店铺使用无线 POS 机，可以在店内各个区域很方便地移动，比单单使用固定 POS 机更好地接待大客流。不幸的是，百思买没有启动无线 POS 机的 WEP。一位刚刚为笔记本电脑购买了无线网卡的顾客，他在停车场的车里打开笔记本电脑里的嗅探应用程序后，发现可以拦截无线 POS 机里的数据，包括交易细节信息和看起来像是信用卡号码的数字。新闻报道了这一事件后，百思买立即停止使用无线 POS 机。

10.3.6 加密方案

加密（encryption）是用基于数学算法的程序和密钥对信息进行编码，生成一串难以理解的字符串。研究加密的学科被称为**密码学**（cryptography）。密码学和信息隐蔽不同，后者是指使文本无法被肉眼察觉，而密码学并不隐蔽文字，只是将文字转化为可见的但似乎没有任何意义的文本。未经授权的读者所看到的是一串随机的文本字符、数字和标点。

1. 加密算法

将正常的文字［称为**明文**（plain text）］转成**密文**（cipher text，一串难以理解的字符）的程序称作**加密程序**（encryption program）。加密程序背后的逻辑包括用于将明文转换为密文的数学，称为**加密算法**（encryption algorithm）。

消息在通过网络或互联网发送之前被加密，接收方收到后使用**解密程序**（decryption program）对其进行解码或**解密**（decrypted），该过程是加密的逆过程。加密算法被认为对保护美国国内的安全至关重要，所以在美国由国家安全局控制加密算法的传播。有些加密算法非常重要，美国政府甚至禁止公布其细节，美国公司出口某些加密算法也是违法的。自由论坛网站（Freedom Forum Online）上有大量关于加密出口法律的诉讼和立法的文章。批评者认为公布管制限制了言论自由。如果有兴趣阅读更多关于言论自由和出口法案方面的最新论点，可用"encryption"为关键词搜索自由论坛网站。

加密算法的一个特性是：在不知道算法用于加密消息所用密钥的情况下，某人可以知道算法的细节，但仍然不能够解开加密的消息。加密消息的抗攻击能力取决于加密所用的以比特（bits）为单位的密钥的长度。现在大多数安全专家认为 128 位密钥为数据传输提供了足够的安全性，但是 192 位密钥和 256 位密钥也被广泛使用。现在多数网站使用 2048 位加密密钥来加密数字证书，但许多网站正改用 4096 位密钥进行加密。一个足够长的密钥可以帮助加密变得牢不可破。

根据用于加密或解密消息的密钥和相关加密程序的类型，可以将加密细分为散列编码、非对称加密和对称加密三类。

2. 散列编码

散列编码（hash coding）是用**散列算法**（hash algorithm）求出任意长度消息的**散列值**（hash value）的过程。因为散列值对每条消息都是唯一的，相当于消息的指纹。散列编码可以指示消息在传输过程中是否被更改，因为消息更改后，消息的原散列值与接收者计算出的散列值将不匹配。

3. 非对称加密

非对称加密（asymmetric encryption）也称为**公开密钥加密**（public-key encryption），它用两个数学上相关的数字密钥来加密或解密消息。1977 年，麻省理工学院的罗纳德·里韦斯特（Ronald Rivest）、埃迪·沙米尔（Adi Shamir）和莱昂纳德·阿德勒曼（Leonard Adleman）三位教授发明了 RSA 公开密钥加密体系。在该体系中，其中一个密钥称为**公开密钥**（public key），可随意发给期望同密钥持有者进行安全通信的人。公开密钥以某种加密算法对消息进行加密。另一个密钥是**私有密钥**（private key），属于密钥持有者。密钥持有者用私有密钥对收到的所有消息进行解密。

下面举例介绍非对称密钥的工作原理。如果赫布（Herb）想给阿利森（Allison）发消息，可从几个公开渠道取得阿利森的公开密钥，然后用阿利森的公开密钥对自己要发的消息加密；消息加密后，只有阿利森才能用自己的私有密钥解密消息后阅读。密钥对是唯一的，只有私有密钥才能打开配对的公开密钥加密的消息，反之亦然。阿利森也可向赫布发一条私人消息，用赫布的公开密钥对消息加密。赫布收到阿利森的消息后可用自己的私有密钥解密消息后阅读。如果他们互相发送电子邮件，那么消息只有在传输过程中是加密的。一旦消息从服务器下载并解密，就以明文的形式保存在接收者的计算机上。

现在实现公开密钥加密最常用的技术是菲尔·齐默尔曼（Phil Zimmerman）1991 年发明的 PGP（pretty good privacy）。企业使用 PGP 需要交费，个人则可免费使用。PGP 可用多种算法实现公开密钥加密。个人可从 PGP 国际（PGP International）网站下载 PGP 软件的免费版供自己使用，企业也可以从 Symantec 公司（其收购了最初的 PGP 公司）购买该产品的许可证。

4. 对称加密

对称加密（symmetric encryption）又称**私有密钥加密**（private-key encryption），通过使用单个数字密钥（如 456839420783）来加密或解密消息。因为加密和解密使用相同的密钥，所以消息发送方和消息接收方都必须知道密钥。使用对称加密对消息加密和解密非常快速且效率高，但需要细心保存密钥。如果密钥泄露，那么以前使用该密钥发送的所有消息都会变得容易受到攻击，并且必须更改密钥。

在维护密钥的安全性和控制权的同时，将新密钥分发给授权双方是很困难的，因为私下传输任何东西（包括新的密钥）都需要加密。私有密钥不能被很好地应用于互联网这样的大环境中，因为想要私下共享信息的每对用户必须具有自己的私有密钥，这需要大量的密钥。

在银行或军队等高度安全的环境中，通常使用私有密钥加密。私有密钥的分发需要警卫（双人控制）和秘密传输计划。**数据加密标准**（Data Encryption Standard，DES）是 1976 年到 1999 年美国政府主要的私有密匙加密方法。随着计算机速度越来越快，密钥的长度（比特长度）必须定期增加，美国政府开始使用 DES 的更强大版，称为**三重数据加密标准**（Triple Data Encryption Standard，Triple DES 或 3DES）。2001 年，美国政府又开发了更安全的加密标准，**称为高级加密标准**（Advanced Encryption Standard，AES）。如今，美国大部分政府机构和高安全性的商业环境使用 128 位或 256 位的 AES 密钥。下一节将介绍 Web 使用公开密钥加密和私有密钥加密的组合来建立服务器和 Web 浏览器之间的安全连接。

5. 对称加密体系与非对称加密体系的比较

与私有密钥（对称）加密方法相比，公开密钥（非对称）加密体系有以下三个优点：首先，在多人之间传输保密消息所需的密钥组合数量很小。如果 n 个人希望彼此共享保密信息，只需要 n 对不同的公开密钥，远远小于同等情况下私有密钥加密体系要求的密钥数量。其次，密钥的发布不成问题。每人的公开密钥没有特殊的发布要求，可以随处发布。最后，公开密钥加密体系可实现数字签名。这就意味着电子文档可以被签署并以不可抵赖的方式发送给任何接收方。也就是说，采用公开密钥加密技术，除签名者外他人无法以电子方式进行签名，而且签名者事后也不能否认曾签署过电子文档。

公开密钥加密体系也有若干缺点，其中之一是加密/解密比私有密钥加密体系慢得多。随着个人和组织在互联网上进行商业活动，这种额外的时间会迅速增加。公开密钥加密体系并不是要取代私有密钥加密体系，而是它们可以相互补充。公开密钥加密体系可以用来向互联网参与者传输私有密钥，从而实现更高效的安全网络传输。图 10-3 展示了散列编码、私有密钥加密和公开密钥加密方法之间的图形化比较。图 10-3a 描绘了散列编码，图 10-3b 描绘了私有密钥加密，图 10-3c 描绘了公开密钥加密。

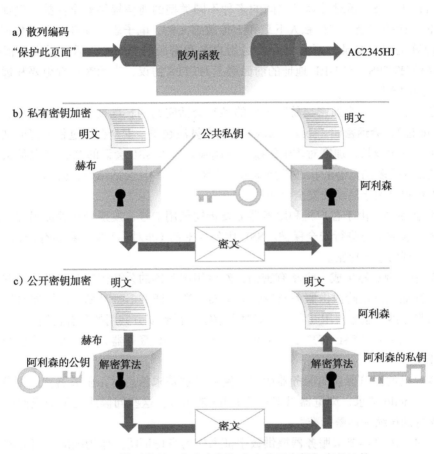

图 10-3　散列编码、私有密钥加密和公开密钥加密的比较

10.3.7　Web 浏览器中的加密

由网景通信公司（Netscape Communications Corporation）开发的**安全套接层**（secure sockets layer，SSL）系统和 CommerceNet 提出的**安全超文本传输协议**（secure hypertext transfer protocol，S-HTTP）两种加密方法用于在 Web 服务器和客户端之间建立安全连接。SSL 和 S-HTTP 支持客户机和服务器在安全 Web 会话过程中对彼此的加密和解密活动进行管理。但 SSL 和 S-HTTP 的目标不同，SSL 确保了两台计算机之间的安全连接，而 S-HTTP 为每个单独的消息建立安全性。

1. 安全套接层（SSL）协议

SSL 提供了一种安全的"握手"，客户机和服务器在其中交换简短的消息。在这些消息中，双方就用于交换数字证书和其他任务的安全级别达成一致，每台计算机都要正确识别对方。识别完成后，SSL 对在这两台计算机之间传输的信息进行加密和解密。这意味着 HTTP 请求和 HTTP 响应中的信息都是加密的。所加密的信息包括客户机所请求的 URL、用户所填的各种表（其中可能包含如登录信息、密码或信用卡号等敏感信息）和 HTTP 访问授权数据（如用户名和密码）等。简而言之，SSL 支持的客户机和服务器间的所有通信都是经过加密的。在 SSL 对所有通信都加密后，窃听者得到的是无法识别的信息。

除 HTTP 外，SSL 还对计算机之间的多种不同类型的通信提供安全保护。例如，SSL 可以保护 FTP 会话的安全，支持私人下载和上传敏感文档、电子表格和其他电子数据。SSL 可以为远程计算机用户登录公司主机并发送用户名和密码的 Telnet 会话提供安全保护。实现 SSL 的协议是 HTTPS。在 URL 地址的前面缀上 HTTPS 协议，表示客户端想要和远程服务器之间建立安全的连接。

安全套接层允许每个加密交易所生成的私有会话密钥的长度被设定为不同的位数（比如 128 位或 256 位）。**会话密钥**（session key）是加密算法在单个安全会话过程中将明文转成密文所用的密钥。密钥越长，加密对攻击的抵抗就越强。进入 SSL 会话的 Web 浏览器会表明这是一个加密会话（很多浏览器的状态栏会显示一个图标）。一旦会话结束，会话密钥将被永远丢弃，不会再被重复用于后续的安全会话。

在 SSL 会话中，由于客户机和服务器需要传输信用卡号、发票号和验证码等，所以双方都同意对所交换的信息进行安全保护。SSL 用公开密钥（非对称）加密和私有密钥（对称）加密的组合来实现信息的保密。

在 SSL 中，浏览器生成一个私有密钥，然后用服务器的公开密钥对其进行加密。服务器的公开密钥存储在认证阶段由服务器发给浏览器的数字证书上。对私有密钥加密后，浏览器将其发送到服务器，服务器用其私有密钥对它解密，得到双方共用的私有密钥。

下面是在浏览器（SSL 客户端）和 Web 服务器（SSL 服务器）之间进行信息交换时 SSL 的工作原理：

（1）客户机的浏览器在向服务器的安全网站发送请求信息时，服务器就向浏览器（客户机）发送一个 hello 请求，浏览器以客户机 hello 来响应。这些问候或握手交换使两台计算机确定它们支持的压缩和加密标准。

（2）接着，浏览器要求服务器提供数字证书作为身份证明。作为响应，服务器向浏览器发送公认的认证机构签署的证书。

（3）浏览器检查服务器证书的序列号和证书指纹与浏览器所存储的认证机构的公开密钥是否一致。一旦认证机构的公开密钥得到验证，签名也就证实了。此动作完成了对 Web 服务器的认证。作为响应，浏览器将会向服务器发送自己的客户端证书和加密的私有会话密钥。当服务器接收到这些信息时，将在浏览器和 Web 服务器之间开启用共享私有密钥加密的会话。

（4）建立了安全会话，Web 服务器就可以接受浏览器的请求信息，并进行必要的响应。通过安全会话，浏览器用户就可以进行购买、付款和安全贸易，不用担心计算机之间信息传递过程中的安全威胁。

从这时起，在会话中就不再使用公开密钥加密，传输受到私有密钥加密的保护。在客户机和服务器之间传输的所有消息都用共享的私有密钥（也称为会话密钥）进行加密。会话结束后，此密钥就被丢弃。

客户机和安全服务器重新建立连接时，将重复从浏览器和服务器握手开始的整个过程。

图 10-4 展示了客户机和服务器在开始交换私有密钥加密的商业信息之前的 SSL 握手过程。

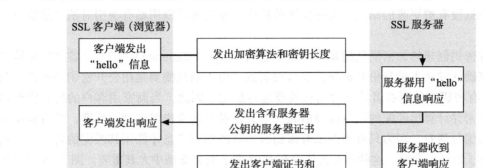

图 10-4　建立 SSL 会话

2. 安全 HTTP 协议（S-HTTP）

安全 HTTP（S-HTTP）是 HTTP 的扩展，它提供了多种安全功能，包括客户机与服务器身份验证、加密以及请求/响应的不可否认性。S-HTTP 提供了用于保密通信的对称加密和用于建立客户机与服务器身份验证的公开密钥加密。S-HTTP 安全性是在客户机和服务器的初始会话期间建立的。客户机和服务器都可指定某个安全功能必需、可选还是拒绝。这一提议和接受（或拒绝）不同传输条件的过程称作**会话协商**（session negotiation）。

S-HTTP 通过客户机与服务器间的"握手"交换建立一个安全会话（与 SSL 过程相似），但 S-HTTP 的信息包头部中包含了安全细节。头部定义了安全技术的类型，包括使用私有密钥加密、服务器身份验证、客户机身份验证和消息完整性。一旦客户机和服务器同意在它们之间执行安全措施，那么随后在此会话中的所有信息将被封装在一个称为信封的安全容器中。**安全信封**（secure envelope）封装并加密消息，以提供保密性、完整性和客户机与服务器身份验证。一些 Web 服务器仍然使用 S-HTTP，但 SSL 在很大程度上已经取代了它。

现在你已经了解了如何用加密来保证消息的保密性，也了解了数字证书如何实现客户机和服务器的互相认证。下一节将介绍如何实现消息的完整性，以防止侵入者更改传输过程中的信息。

10.3.8　散列函数、消息摘要和数字签名

虽然很难防止犯罪分子更改消息，但是有一种技术能够检测消息何时被更改。为了检测消息更改，可以将散列算法应用到消息内容上以创建**消息摘要**（message digest），即概述加密信息的一串数字。接收消息的计算机可以独立地计算消息摘要值，并将该值与使用散列算法计算所得的消息摘要进行比较。如果两个消息摘要值匹配，则加密消息在传输过程中未被更改。如果它们不匹配，接收者可以请求发送者重新发送此消息。

由于散列算法是公开且广为人知的，所以散列函数并不理想。例如，可以截获一条包含购买订单的消息，更改送货地址和商品数量，重新生成消息摘要，然后将新消息及其附带

的消息摘要发送给商家。商家收到后计算消息摘要，发现这两个消息摘要相匹配，商家会错误地得出消息没有被更改的结论。为防止这种欺诈，发送者可以用私有密钥对消息摘要进行加密。

用私有密钥创建的加密消息摘要称为**数字签名**（digital signature）。带数字签名的采购订单可让商家确认发送者的身份并确保消息未被更改。由于消息摘要是用公开密钥加密的，只有公开/私有密钥对的所有者才能对消息摘要进行加密。因此，当商家用客户的公开密钥对消息进行解密并计算出匹配的消息摘要值时，消息发送者的身份就得到了验证。只有真正的发送者才能编写消息，因为只有他的私有密钥所生成的加密消息才能用其匹配的公开密钥成功解开。第 5 章已经介绍，这种不可否认性在 B2B 电子商务交易中尤其重要。图 10-5 展示了数字签名和签名消息的创建与发送方式。

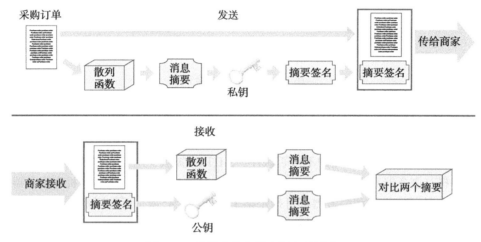

图 10-5　发送和接收数字签名的消息

对数字签名和消息本身这二者都进行加密能够保证消息的保密性。同时使用公开密钥加密、消息摘要和数字签名能够为互联网交易提供高度的安全保障。正如第 7 章中所述，如今在多数国家中，数字签名具有与书面签名相同的法律地位。

10.4　服务器的安全

服务器是用户和 Web 服务器之间客户机—互联网—服务器电子商务链上的第三个环节。Web 服务器管理员的工作就是确保安全政策的记录和实现，以最小化 Web 服务器威胁的影响。

10.4.1　密码攻击的安全威胁

Web 服务器上最敏感的文件之一是存放 Web 服务器用户名及其对应密码的文件。能够访问和读取该文件的入侵者就能伪装成合法用户的身份进入特权区域。为了减少这种风险，大多数 Web 服务器都将用户的身份验证信息存储在加密文件中。

用户所选的密码也会构成安全威胁。有时用户会选择很容易被猜到的密码，比如母亲的婚前姓氏、孩子的名字或他们的电话号码。所谓**字典攻击程序**（dictionary attack program），就是按电子字典里的每个单词和常用名字来验证密码。

一旦用户密码被泄露，就会给非法进入服务器打开方便之门，这种非法侵入可能很长时间不会被发现。许多组织现在要求用户创建由字母、数字和不可能出现在攻击程序的字典中的特殊字符组成的强密码。其他一些组织使用自己的字典检查作为预防措施。当用户选择新密码时，密码分配软件会根据其字典检查密码，如果找到匹配项则拒绝用户使用该密码。好的密码分配软件会检查常见单词、姓名（包括常见的宠物名）、组织中常用的缩略语、对请求密码的用户有特定意义的单词或字符/数字（如可能禁止员工使用其员工编号作为密码）。图 10-6 展示了从极弱到极强的密码示例。

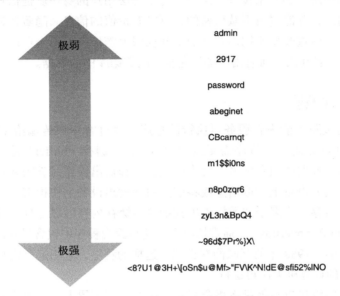

图 10-6　密码示例，强度从极弱到极强

有许多在线资源可以帮助创建非常强的密码，其中最为有名的一个是吉普森研究公司（Gibson Research Corporation）的超级安全密码生成器（Ultra High Security Password Generator）。

一些安全专家建议在创建复杂密码时改用密码短语。**密码短语**（passphrase）是一组容易记住的单词或文本，但又足够复杂可以作为一个好的密码，也可以作为一个提示符来帮助记住密码。例如，一个美国用户可能会很容易记住国家国歌的开始句，并创建密码短语，如"OSay, CanYouSee, ByTheDawn'sEarlyLight"。这个密码短语很长，可以通过一些替换来增加使用字符的多样性以改进密码，但密码仍然很容易记住，如"0$ay,CanYou$ee,ByTheDawn'$EearlyL1ght"。使用这些单词的首字母、标点符号和替换符号构建的密码不会很长，但有效且容易记住，如"0$,Cy$,Btdel"。

密码问题的另一个解决方案是使用密码管理器，如你在本章开头学到的 LastPass 程序。**密码管理器**（password manager）是一种可以安全存储一个人的所有密码的软件。密码管理器用户只需记住一个主密码就可以访问密码管理器程序，而无须记住每个在线账户的单独密码。大多数密码管理器程序都自动运行。当用户打开一个 Web 页面时，密码管理器就会检查是否存储了登录账号和密码。如果是这样，则密码管理器会将它们输入 Web 页面的适当位置。密码管理器用户的主要关注点是确保用于访问软件的主密码尽可能长且复杂。正如本节前面讲过，获得主密码后黑客能够立即获取所有用户的在线账户。

10.4.2 数据库的安全威胁

电子商务系统存储用户数据，并可从连接到 Web 服务器的数据库中搜索产品信息。除了存储产品信息外，连接到 Web 的数据库还包含有价值的私人信息。如果这些信息被泄露或更改，则会给公司带来无法弥补的损失。大多数数据库管理系统都包含依赖于用户名和密码的安全功能。一旦用户通过了身份验证，就可使用数据库的特定功能。然而，有些数据库要么将用户名和密码存储在未加密的表中，要么对数据库本身根本没有进行安全保护，仅依赖于 Web 服务器的安全措施。如果未授权的用户获得了合法用户的身份验证信息，他们可以伪装成合法的数据库用户，并泄露或下载保密的、可能有价值的信息。隐藏在数据库系统里的特洛伊木马程序也可以通过改变不同用户组的访问权限泄露信息，甚至可以删除数据库中的访问控制，让包括入侵者在内的所有用户都能完全访问数据库中的数据。

10.4.3 其他软件威胁

Web 服务器的威胁可能来自服务器执行的程序。通过客户机传输给 Web 服务器或直接驻留在服务器上的 Java 或 C++ 程序需要经常使用缓存。**缓存**（buffer）是为保存从文件或数据库中读取的数据而预留的内存区域。每当处理输入和输出操作时就需要缓存，因为计算机处理文件信息比从输入设备上读取信息或将信息写到输出设备上快得多。程序在填充缓存时可能会出错并溢出缓存，将多余的数据溢出到指定的缓存内存区域之外。这被称为**缓存溢出**（buffer overrun 或 buffer overflow）。通常情况下，这是因为程序中包含导致溢出的错误，但有时缓存溢出是有意的。1988 年的互联网蠕虫就是这样的程序，它引起的溢出会最终耗尽所有资源，直到被感染的计算机无法再运行。

另一种更狡猾的溢出攻击就是将指令写在关键的内存位置上，以便当入侵者程序完成覆盖缓冲区的工作时，Web 服务器通过使用主要的攻击程序代码的地址加载内部寄存器来恢复执行。这种类型的攻击使 Web 服务器遭受严重破坏，因为恢复运行的程序是攻击程序，它可能会重新获得对计算机的控制，导致文件被侵入的程序泄密或破坏。完善的编程可以降低缓存溢出带来的潜在危害，有些计算机还用硬件辅助操作系统来限制恶意编程的缓存溢出所导致的问题。

在邮件服务器上可能会发生类似的攻击，即向邮件服务器发送过多数据的攻击。这种攻击称为**邮件炸弹**（mail bomb），即数百甚至数千人将同一消息发给一个特定的电子邮件地址。攻击可能是一个组织严密的黑客团队发起的，但更有可能是由一个或几个黑客发起的，他们用特洛伊木马病毒或其他方法控制别人的计算机，将它们变成了僵尸机。邮件炸弹的目标电子邮件地址收到的累积邮件超过允许的电子邮件规模限制，可能导致邮件系统故障。

10.4.4 Web 服务器的物理安全威胁

必须保护 Web 服务器及与之紧密相连的计算机（如用于向电子商务网站提供内容和业务处理功能的数据库服务器和应用服务器），以免受到物理破坏。很多公司都用这些计算机存储了重要数据（如客户、产品、销售、采购、支付等信息），它们已成为许多公司业务功能的重要组成部分。作为关键的实物资源，这些计算机和相关设备需要被严格保护，免受物理安全的威胁。正如你在第 9 章中所学到的，许多公司将其 Web 服务器的托管外包给一些公司，这些外包公司对服务器的维护要强于公司在自己办公场所提供的安全措施。

许多公司会在远程位置维护服务器内容的备份。如果 Web 服务器运营对业务的持续至关重要，公司可以在一个远程位置维护整个 Web 服务器物理设施的副本。一旦发生系统故障，公司的 Web 运营可以在不到一秒的时间内切换到备份服务器。诸如机票预订系统、证券经纪公司交易系统和银行账户清算系统这样的业务关键型 Web 服务器需要这种全面（且昂贵）的物理安全保证。

有些公司依赖于它们的网络服务提供商提供的 Web 服务器安全保护，这通常是作为托管合同中的附加服务。还有些公司则聘请规模较小的专业安全服务提供商来处理安全问题。服务提供商除收取标准带宽费之外，每月还要额外收取 200 ～ 2000 美元的费用。

10.4.5 访问控制和认证

访问控制和认证是指控制访问 Web 服务器的人及其所访问的内容。大多数使用 Web 服务器的人都是从客户机访问服务器（客户机可以位于远程位置）。前面讲过认证就是验证请求访问计算机的人的身份。就像用户可认证其所交互的服务器一样，服务器也能够认证各个用户。当服务器要求认证用户时，它会请求客户机发送证书。

服务器可用多种方式对用户进行认证。首先，如果服务器无法使用用户的公开密钥对证书中用户的数字签名进行解密，就可推断此证书不是来自真正的所有者，并可拒绝访问。其次，服务器检查证书上的时间戳以确保证书未过期，并拒绝为使用过期证书的用户提供服务。最后，服务器可使用回调系统，在回调系统中，服务器软件会根据授权客户机的名单检查用户的客户机名称和地址，然后再回调建立连接。

用户名和密码也可以提供保护。要使用用户名和密码对用户进行认证，服务器必须获取并存储一个包含用户名与密码的数据库。许多 Web 服务器将用户名存储为明文，将密码存储为密文。通过存储明文用户名和加密密码，系统可以在用户登录时根据数据库中所存储的用户名清单来检查输入的用户名以验证用户的合法身份。对照用户所输入的密码和数据库中所存储的加密密码，如果两个密码匹配，就接受登录。这就是为什么在大多数系统中，即使是系统管理员也不能告诉你被遗忘的密码是什么。相反，管理员会分配一个新的临时密码，用户可将其改成其他的密码。

用户名和密码可以保存在客户机上的 cookie 中，该 cookie 允许访问网站的订阅区域，无须在后续的网页访问中输入用户名和密码。但是，cookie 信息以明文形式存储于客户机上。如果 cookie 内含有登录和密码信息，那么任何能访问用户计算机的人都能看到这些信息。

Web 服务器一般通过提供访问控制列表的安全性来限制指定用户的文件访问权限。**访问控制列表**（access control list，ACL）是文件和其他资源及有权访问这些文件和资源的用户名清单或数据库。每个文件都有自己的访问控制列表。当客户机向 Web 服务器请求访问一个已设置成需要访问检查的文件或文档时，Web 服务器检查此资源的访问控制列表以确定此用户是否有权访问此文件。这样的系统对于限制内部网服务器的文件访问非常方便，每人都只能按照业务需要来访问指定的文件。Web 服务器可将文件访问进一步细分为读、写或运行等活动，从而对资源进行更精细的控制。例如，允许某些用户阅读公司的员工手册，但不允许修改手册，只有人力资源经理有权修改员工手册。访问权限和人力资源经理的用户名与密码一起存储在访问控制列表里。

10.4.6 防火墙

防火墙（firewall）是安装在网络上用来控制流经它的数据包的软件或软、硬件组合。大部分组织会在其内部网络与互联网接口处设置防火墙。防火墙为内部网络和互联网之间，或内部网络与任何可能构成威胁的网络之间提供安全防护。防火墙的运行要遵循以下规则：

- 由内到外和由外到内的所有数据流都必须通过它。
- 只有本地安全政策所定义的合法数据流才被允许通过它。
- 防火墙本身无法被侵入。

防火墙内的网络通常称为**可信网络**（trusted），而防火墙外的网络称为**不可信网络**（untrusted）。防火墙相当于一个过滤器，它允许选定的消息流入或流出被保护的网络。例如，某个安全政策下的防火墙允许 HTTP 数据流通过防火墙，但不允许 FTP 或 Telnet 请求出入被保护的网络。防火墙可以把公司的网络彼此隔离，防止某个部门的员工访问本公司另一个部门的信息。用防火墙把公司的网络分成多个安全区，这时防火墙的作用就相当于一个简单的访问权限过滤设备。

拥有多个网站和在多地有分支机构的大型公司必须在每个与互联网有外部连接的地方都安装防火墙。这样的系统能确保整个公司有一个有效的安全边界。此外，公司的每个防火墙都需遵循相同的安全政策，否则，一个防火墙可能允许一种类型的业务进入另一个防火墙禁止其进入的公司网络。如果没有一致性政策，通过防火墙的一个漏洞出现的非法访问可能会使整个公司的信息资产受到威胁。

公司应该从防火墙中删除任何不必要的软件。在系统上的软件程序越少，软件安全被破坏的可能性就越小。防火墙的访问应该限制在与防火墙机器直接物理连接的控制台上。管理人员应该禁止防火墙的远程管理，以避免外部攻击者冒充管理员访问防火墙的威胁。

防火墙被分为包过滤、网关服务器和代理服务器三类。**包过滤防火墙**（packet-filter firewall）负责检查需要在可信网络（防火墙内）和互联网之间传输的所有数据，包过滤检查传入数据包的源地址、目标地址及端口，并根据预先设定的规则拒绝或允许这些数据包进入。

网关服务器（gateway server）是基于请求的应用程序来过滤流量的防火墙。网关服务器会限制对 Telnet、FTP 和 HTTP 等特定应用程序的访问。应用网关对网络内部和网络外部的访问进行仲裁。与包过滤技术不同，应用级的防火墙不是在较低的 IP 层而是在应用层过滤请求和登录。网关防火墙提供了一个中心点，在此处可对所有请求进行分类、登录和事后分析。例如，一个网关级的安全政策可允许内向的 FTP 请求，但不允许外向的 FTP 请求，该政策能够防止防火墙内部的员工从防火墙外下载有潜在安全威胁的程序。

代理服务器防火墙（proxy server firewall）是代表某个专用网络与互联网进行通信的防火墙。当浏览器配置为使用代理服务器防火墙时，防火墙就将浏览器的请求转给互联网；当互联网回送响应时，代理服务器再把它转给浏览器。代理服务器也用于网页的缓存。

如今，公司经常有远程办公人员和其他远程访问人员，这增加了必须受防火墙保护的计算机的数量。有些公司的雇员或分包商可能在客户地点、供应商位置甚至在机场等公共场所的各种类型网络中使用笔记本电脑访问公司的机密信息，对于这些公司来说这种**边界延伸**（perimeter expansion）问题尤其麻烦。

由于骇客们不遗余力地尝试公司的服务器，公司通常会在防火墙里安装入侵监测系统。**入侵监测系统**（intrusion detection system）的设计目的是监视服务器登录的尝试，并分析这些尝试的模式，以判断是否有骇客在攻击。

一旦入侵监测系统发现这种攻击，就可以阻断此 IP 地址的进一步尝试，直到公司的安全技术人员检查和分析是否真的存在攻击。

随着越来越多的公司在一些重要的生产系统上使用云计算，云环境下的安全需求也与日俱增。尽管云计算环境下的防火墙开发进展很快，但仍然滞后于需求。这些防火墙不为每一台服务器都建立安全规则，而是为云中的所有服务器强制执行同一组安全规则。云环境下面临的一个问题是云中的服务器或数据库是根据需要启动或关闭的。这就导致大多数按照保护可识别服务器要求所设计的防火墙产品在云环境下失去了用武之地。

除了安装在公司网络上的防火墙，也可以在单个客户机上安装软件防火墙，即所谓的**个人防火墙**（personal firewall）。个人防火墙的使用已成为许多公司保护扩展网络的一个重要工具。更多关于家庭计算机防火墙保护的详细资料可参考 Gibson Research Shields Up! 网站。

10.5 促进计算机安全的组织

自从 1988 年发生互联网蠕虫病毒后，成立了一些共享计算机系统威胁相关信息的组织。这些组织认为共享攻击及防卫信息可以帮助大家提高计算机安全。有些组织由大学创建，有些组织则由政府机构发起。本节将介绍这些组织及其资源。

10.5.1 CERT

1988 年，在臭名昭著的互联网蠕虫攻击发生后不久，一群研究者聚集起来对其展开研究。他们想了解蠕虫的工作原理以及未来如何防止这种类型的攻击造成破坏。美国国家安全局（National Security Agency）下属的全国计算机安全中心（National Computer Security Center）发起了一系列研讨会，以确定如何应对未来可能影响数千人的安全中断问题。会议结束后不久，美国政府成立了计算机应急小组协调中心（Computer Emergency Response Team），并以卡耐基梅隆大学作为中心总部。

该组织现在隶属于美国联邦政府资助的卡耐基梅隆大学软件工程研究所，其法定名称也由计算机应急小组协调中心改为 CERT（以前人们就习惯于用其缩写名 CERT）。CERT 负责在安全专家之间建立一个有效的快速沟通机制，以避免或快速处理安全事件。

如今，CERT 每年都要应对数以千计的安全事件，并提供大量信息，帮助互联网用户和公司更加了解安全风险。CERT 发布警报向互联网社区通报安全事件，被认为是病毒、蠕虫和其他攻击信息的主要权威来源。

10.5.2 其他组织

CERT 是这些组织中最为著名的，它同诸如互联网安全联盟（Internet Security Alliance）这样的行业协会建立了关系。然而，CERT 并不是唯一的计算机安全资源。在 CERT 成立一年后的 1989 年，又一家名为系统管理、审计、网络与安全协会（Systems Administrator, Audit, Network, and Security Institute）的协作研究与培训组织成立了。现在该组织被称为 SANS 协会，拥有数千名成员，大都是来自计算机安全咨询公司或公司信息技术部门的系统审计员、系统管理员和网络管理员。

SANS 的研究与培训工作成果累累，在网站上免费提供新闻公告、研究报告、安全警报和白皮书等资源。它也销售一些出版物，以募集资金开展研究与培训。SANS 协会运营着互联网风暴中心（Infocon Internet Storm Center），发布关于世界各地计算机攻击的位置和强度的最新情报。

普渡大学的信息保障和安全教育与研究中心（Center for Education and Research in Information Assurance and Security，CERIAS）是信息安全的跨学科研究与教育中心，其网站不仅提供有关计算机、网络和通信安全的信息资源，还提供有关信息保障的专门内容。

互联网安全中心（Center for Internet Security）是一家非营利组织，致力于帮助电子商务企业降低技术缺陷或恶意攻击带来的风险，也为审计此类系统的审计员和服务此类企业的保险公司提供信息。

想了解计算机安全的最新信息，可访问 CSO Online 网站，内有 CSO 杂志的文章及其他有关计算机安全的新闻。在线访问英国的一份出版物《信息安全》（*Infosecurity*），可以获取各种类型在线安全问题的文章。

英国出版物 *Infosecurity* 可在线获取，其中包含有关所有类型的在线安全问题的文章。

10.5.3　计算机取证与伦理黑客

根据拥有这些计算机的公司的要求，少数专业咨询公司从事意想不到的事业，入侵服务器和客户机，它们是**计算机取证专家**（computer forensics expert）或**伦理黑客**（ethical hacker），专门受雇检查计算机，寻找可用于法律诉讼的信息。**计算机取证**（computer forensics）是指收集、保存、分析与计算机相关的证据。公司经常雇用伦理黑客来测试自己的计算机安全保护措施，他们还受雇于调查犯罪的执法机构和代表其客户进行调查的律师事务所。

本章小结

当今时代，电子商务面临着巨大的安全风险，因此必须有效地管理它们。大多数电子商务公司都会创建一个正式的安全政策文档，识别风险并确定能把这些风险降低到可接受的水平的应对措施。电子商务安全要素包括保密性、完整性和即需性。这三个要素分别在电子商务交易的三个组成要件中执行，即客户机设备、通信通道和 Web 服务器计算机。

客户端设备可能受到浏览器插件中活动内容的威胁、通过 Web 浏览活动或电子邮件传递的攻击（包括病毒、特洛伊木马和蠕虫），或通过同一网络上的其他设备发起的攻击。防病毒软件是保护客户机的重要组成部分。

互联网是电子商务中使用的主要通信信道，特别容易受攻击。加密提供了针对许多攻击的保密性和完整性保护，可以通过私有密钥、公开密钥或两种技术的组合来实现。数字证书提供了完整性控制和用户认证，这有助于确立电子商务交易中的不可抵赖性。特定的互联网协议可以提供安全的 Web 浏览器连接。无线网络会受到信号拦截的威胁，但这些威胁可以通过安全形式的无线加密来减少。电子商务中移动设备使用的日益增多也使通信面临着更多的威胁。

必须保护 Web 服务器免遭物理威胁和基于互联网的针对服务器上软件的攻击。保护服务器的方法包括由用户名/密码的登录过程和客户端证书等方式所提供的访问控制和认证。防火墙可以将可信的内部计算机网络和客户端同不可信的外部网络（包括公司企业网系统的其他部门和互联网）隔离开。

有很多专门分享计算机安全威胁和防御信息的组织已经成立。在有重大安全问题爆发时，这些组织可以帮助定位和消除威胁。对客户端计算机进行攻击的计算机取证公司可以在帮助识别安全漏洞方面发挥重要作用。

关键术语

访问控制列表（access control list，ACL）：指计算机系统中的资源列表及有权访问这些资源的用户名清单。

活动内容（active content）：是指被透明地嵌入可引发操作的网页中的程序。

主动搭线窃听（active wiretapping）：当未授权方改变消息时发生的对完整性的安全威胁。

ActiveX 控件（ActiveX）：一个对象或控件，包含放在 Web 页面中以执行特定任务的程序和属性。

高级加密标准（advanced encryption standard，AES）：使用 Rijndael 算法设计用于保护政府信息安全的加密标准，由美国国家标准与技术研究院（National Institute of Standards and Technology，NIST）于 2001 年 2 月推出。

匿名 Web 服务（anonymous Web service）：指通过将用户的 IP 地址替换为用户访问的任何 URL 前端的匿名 Web 服务的 IP 地址，为使用它们的 Web 用户提供保密措施的一种服务。

防病毒软件（antivirus software）：检测病毒和蠕虫的软件，把它们从客户机上删除或隔离，使它们无法运行。

小应用程序（applet）：在另一个程序中执行的程序，不能直接在计算机上执行。

非对称加密（asymmetric encryption）：也称为公开密钥加密（public-key encryption），使用两个数学上相关但又截然不同的数字密钥对消息进行编码。

后门（backdoor）：一种访问软件的方法，无论用户是偶然还是故意，都允许其运行程序而无须通过常规的程序访问所需的身份验证。

生物识别安全设备（biometric security device）：是一种使用人的生物构造特征来确认身份的安全设备，包括识别签名形状与着力点的书写板、识别视网膜上血管模式或虹膜颜色的视网膜扫描仪，以及识别手掌形状（不只是一个手指的指纹）的手掌扫描仪。

黑帽黑客（black hat hacker）：将他们的技能用于有害目的的黑客。

僵尸网络（botnet）：作为一个攻击整体，发送垃圾邮件或对某网站实施 DoS 攻击，也被称为僵尸场（zombie farm）。

缓存（buffer）：是为保存从文件或数据库中读取的数据而预留的计算机内存区域。

缓存溢出（buffer overflow 或 buffer overrun）：指程序在填充缓存时可能会出错并溢出缓存，将多余的数据溢出到指定的缓存内存区域之外。

认证中心（certification authority，CA）：为组织或个人签发数字证书的机构。

密文（cipher text）：由看似随机的比特组成的文本，是加密后的消息。

计算机取证（computer forensics）：是指收集、保存、分析法律程序中与计算机相关的证据。

计算机取证专家（computer forensics expert）：受雇访问计算机以查找可用于法律程序的信息的人。

计算机安全（computer security）：保护计算机资源免受各种威胁。

安全措施（countermeasure）：是指识别、降低或消除安全威胁的物理或逻辑过程。

骇客（cracker）：熟练的技术人员使用其技术获得未经授权的对计算机或网络系统的访

问，通常意图窃取信息或破坏信息、系统软件或系统硬件。

密码学（cryptography）：指研究加密的科学，即隐藏信息以便只有发送者和接收者能够读取它们。

网络破坏（cybervandalism）：是指以电子方式破坏某个网站的网页。

数据加密标准（data encryption standard，DES）：美国政府为加密敏感信息而采用的一种加密标准。

解密（decrypted）：对信息进行解码，是加密的逆过程。

解密程序（decryption program）：一种反加密过程的程序，以得到加密信息的解码。

延迟攻击（delay attack）：破坏正常计算机处理的攻击。

拒绝服务攻击[denial-of-service attack（denial attack），DoS attack]：破坏正常计算机处理或完全拒绝处理的计算机攻击。

字典攻击程序（dictionary attack program）：循环电子词典，尝试将词典中的每个单词作为密码的程序。

数字证书（digital certificate）：是一种用来验证邮件发送者或网站的身份的电子邮件附件或嵌入在网页上的数据。

数字签名（digital signature）：即用私有密钥创建的加密消息摘要。

分布式拒绝服务攻击[distributed denial-of-service（DDoS）attack]：即僵尸网络中的所有计算机同时发起针对一家网站（或数家网站）的攻击。

域名服务器（domain name server，DNS）：互联网上负责维护域名和IP地址关联目录的计算机。

窃听者（eavesdropper）：是指能听到并复制互联网上传输内容的人或设备。

加密（encryption）：用基于数学的程序和密钥对信息进行编码，生成一串偶然观察者或没有密钥的人难以辨认的消息。

加密算法（encryption algorithm）：实现加密程序的逻辑。

加密程序（encryption program）：指将明文转换成密文的程序。

伦理黑客（ethical hacker）：受雇调查计算机和计算机网络以评估其安全性的计算机安全专家，也可受雇于查找可用于法律程序的信息。

防火墙（firewall）：为一个网络（防火墙内）和另一个可能对内部网络构成威胁的网络（防火墙外，如互联网）之间提供安全防护的计算机。所有进出网络的访问都必须通过防火墙。只有本地安全政策所定义的合法访问才被允许通过防火墙。也用于描述在防火墙计算机上执行这些功能的软件。

第一方cookie（first-party cookie）：由Web服务器站点放置在客户机上的cookie。

网关服务器（gateway server）：是根据受信任网络上客户端所请求的应用对访问进行过滤的防火墙。

黑客（hacker）：专门编写复杂代码以测试技术极限的程序员（通常指以积极的方式）。

散列算法（hash algorithm）：一种安全实用程序，以数学方法将消息中的每个字符组合起来，创建一个固定长度的数字（通常是128位），相当于原始消息的缩写或指纹。

散列编码（hash coding）：用于将消息计算为数字的过程。

散列值（hash value）：当消息被散列编码时产生的数字。

完整性（integrity）：一种处理数据有效性的计算机安全类别，确认数据没有被修改。

完整性破坏（integrity violation）：当消息在发送方和接收方之间传输中被更改时所发生的安全破坏。

入侵监测系统（intrusion detection system）：是防火墙的一部分，能够监视服务器登录的尝试，并分析这些尝试的模式，以判断是否有骇客在攻击。

JavaScript：Netscape开发的一种脚本语言，使网页设计人员能够构建活动内容。

密钥（key）：用于编码或解码消息的数字。

逻辑安全（logical security）：指使用非物理

手段对资产进行保护。

宏病毒（macro virus）：一种在下载的文件附件中传播或包含的病毒，会对电脑造成损害并泄露机密信息。

邮件炸弹（mail bomb）：一种安全攻击，许多计算机（数百或数千）各自向特定地址发送消息，超过了收件人允许的邮件限制并导致邮件系统出现故障，这些计算机通常在第三方的秘密控制之下。

中间人攻击（man-in-the-middle exploit）：以否定邮件原始含义的方式更改电子邮件内容的信息完整性破坏。

电子伪装或电子欺骗（masquerading，spoofing）：伪装成他人（如通过发送一封发件人显示是其他人的电子邮件）或将某个网站伪装成另一个网站。

消息摘要（message digest）：对明文信息进行加密时产生的数字。

多向病毒（multivector virus）：以多种方式入侵计算机系统的病毒。

即需性（necessity）：是指一种处理数据延迟或拒绝服务威胁的计算机安全类别。

即需性威胁（necessity threat）：破坏正常的计算机处理或拒绝处理工作，也称为延迟攻击（delay attack）、拒绝攻击（denial attack）或拒绝服务攻击（denial-of-service attack，DoS attack）。

公开会话（open session）：互联网上客户机和服务器之间的连续的连接。

包过滤防火墙（packet-filter firewall）：检查在可信网络和互联网之间来回传输的所有数据的防火墙。

密码短语（passphrase）：是一组容易记住的单词或文本，但又足够复杂可以作为一个好的密码，也可以作为一个提示符来帮助记住密码。

密码管理器（password manager）：是一种可以安全存储一个人的所有密码的软件。

边界延伸（perimeter expansion）：远程办公使得防火墙限制超出传统边界。

持久性 cookie（persistent cookie）：可以无限期存在的 cookie。

个人防火墙（personal firewall）：安装在单个客户机上的纯软件防火墙。

网络钓鱼攻击（phishing expedition）：将垃圾邮件与电子伪装结合起来的伪装攻击。诈骗犯发出数百万封电子邮件，这些电子邮件看起来像是著名公司发出的，在这些电子邮件中链接所指向的网页非常类似这家公司的网站，然后诱导受害人输入用户名、密码甚至信用卡信息。

物理安全（physical security）：是指有形的保护设备，如警铃、警卫、防火门、安全栅栏和保险箱。

明文（plain text）：正常的、未加密的文本。

插件（plug-ins）：帮助浏览器显示信息（如视频或动画）但不属于浏览器的应用程序。

PGP（pretty good privacy）：一种用公开密钥加密来保护电子邮件消息隐私的流行技术。

隐私（privacy）：是保护个人不被曝光的权利。

私有密钥（private key，也称为 symmetric key）：用于加密和解密消息的密钥。

私有密钥加密（private-key encryption）：使用单个数字密钥编码和解码数据的算法来加密消息，要求消息的发送方和接收方都知道密钥，且密钥必须避免公开披露。

代理服务器防火墙（proxy server firewall）：是代表可信网络与互联网进行通信的防火墙。

公开密钥（public key）：一对数学上相关的数字密钥中的一个，用于加密消息并随意分发给公众。

公开密钥加密（public-key encryption）：用两个与数学相关但又截然不同的数字密钥对信息进行编码。

勒索软件（ransomware）：一种特洛伊木马，对受害者计算机上的文件进行加密，并要求受害者购买解密密钥以解锁它们的软件。

远程擦除（remote wipe）：通过清除存储在设备上的所有数据（包括电子邮件、短信、通讯录、照片、视频以及任何类型的文档），从丢失或被盗的移动设备中清除个人信息。

僵尸网络（robotic network，也称为 botnet

或 zombie farm）：作为一个攻击整体，发送垃圾邮件或对某网站实施 DoS 攻击。

流氓软件（rogue App）：指带有恶意软件或从移动设备上收集信息传送给犯罪分子的 App。

沙盒（sandbox）：是完整浏览器的一个功能子集，小应用程序或脚本可以在不影响客户机上的其他操作的情况下运行。

脚本语言（scripting language）：提供执行的脚本或命令的一种编程语言。

保密性（secrecy）：一种防止未经授权的数据泄露并确保数据源可靠性的计算机安全类别。

安全信封（secure envelope）：封装消息并提供保密性、完整性和客户机与服务器身份验证的安全实用程序。

安全超文本传输协议（secure hypertext transfer protocol, S-HTTP）：用于在 Web 服务器与客户机间建立安全连接的加密方法。

安全套接层（secure sockets layer, SSL）：在互联网上安全传输私人信息的协议。

安全套接层扩展认证数字证书安全政策［secure sockets layer-extended validation（SSL-EV）digital certificate security policy］：一种更安全的证书，认证机构必须通过验证组织的注册名称和其他事实来确认组织的合法存在。

会话 cookie（session cookie）：仅在关闭浏览器之前存在的 cookie。

会话密钥（session key）：是加密算法为在一个安全会话过程中将明文转成密文所用的密钥。

会话协商（session negotiation）：建立 S-HTTP 安全性时，提出和接受（或拒绝）各种传输条件的过程。

签名代码（signed code）：消息或网页在包含附加数字证书时的状态。

嗅探程序（sniffer program）：一种接入互联网并记录从数据源通过路由器到目的地的信息的程序。

电子伪装（spoofing，也称为 masquerading）：伪装成他人（如通过发送一封发件人显示是其他人的电子邮件）或将某个网站伪装成另一个网站。

信息隐蔽（steganography）：是指在另一个信息块中隐藏信息（如命令或标识）的过程。

对称加密（symmetric encryption）：也称为私有密钥加密（private-key encryption），使用单个数字密钥编码和解码数据的算法来加密消息。

第三方 cookie（third-party cookie）：源自被访问站点以外的 Web 站点的 cookie。

安全威胁（threat）：指对计算机资产构成危险的行动或对象。

三重数据加密标准（triple data encryption standard, Triple DES 或 3DES）：美国政府使用的更强的 DES 版本，即使在如今的超级计算机上也无法破解。

特洛伊木马（Trojan horse）：隐藏在另一个程序或网页中以掩盖其真正目的（通常是破坏性的）的程序。

可信网络（trusted）：指防火墙内的网络。

不可信网络（untrusted）：指防火墙外的网络。

攻击标记（warchalking）：在容易进入无线网络的建筑物上画粉笔记号的做法。

无线窃听者（wardriver）：网络攻击者驾驶汽车，使用配备无线设备的笔记本电脑搜索不受保护的无线网络接入点。

网页臭虫（Web bug，也称为 Web beacon）：一种微小的、看不见的网页图形，为网站提供放置 cookie 的方式。

白帽黑客（white hat hacker）：将技能用于积极目的的黑客。

无线加密协议（wireless encryption protocol, WEP）：对无线设备传输进行加密的一组规则集。

蠕虫（worm）：在其他机器上自我复制的病毒。

僵尸（zombie）：秘密接管一台计算机以攻击其他计算机的程序。僵尸攻击很难追踪到肇事者。

僵尸场（zombie farm）：被黑客植入僵尸程序的一组计算机。

复习题

1. 简单解释物理安全和逻辑安全之间的区别。
2. 什么是安全措施？
3. 什么是白帽黑客？
4. 简要说明在计算机安全环境中什么是保密性、完整性和即需性。
5. 什么是中间人攻击？
6. 什么是安全政策？
7. 举一个破坏完整性的例子。
8. 什么是会话 cookie？
9. 什么是第三方 cookie？
10. 什么是网页臭虫？
11. 什么是活动内容？
12. 什么是脚本语言？
13. 什么是僵尸？
14. 什么是宏病毒？
15. 为什么多向蠕虫或病毒比其他蠕虫或病毒的威胁更大？
16. 为什么 SSL-EV 数字证书优于普通数字证书？
17. 什么是勒索软件？
18. 什么是签名代码？
19. 什么是信息隐蔽？
20. 什么是生物识别安全设备？
21. 什么是后门？
22. 谁最有可能成为网络钓鱼攻击的受害者？
23. 简要描述拒绝服务攻击的情形。
24. 什么是散列算法？何时使用散列算法？
25. 什么是消息摘要？
26. 什么是字典攻击？
27. 包过滤防火墙如何工作？
28. 什么是计算机取证？

练习题

1. 用两段话简要描述你可能会在图 10-1 的象限 III 中放置的两个威胁，并解释原因。
2. Best Cutting Boards（BCB）公司生产并在线销售手工制作的木砧板。BCB 网站提供了大约 100 种不同的产品，每个月大约有 9000 名访客。平均成交金额为 112 美元，平均日销售额为 150 美元。BCB 网站接受四种不同的信用卡和 PayPal 支付方式，在其数据库中有超过 10 万名注册客户，这些客户信息与所有交易数据一起存储在该公司位于艾奥瓦州（Iowa）得梅因市（Des Moines）的办公室中自己的 Web 服务器上。用约 300 字概述公司 Web 服务器的安全政策草案。因为公司将客户信用卡号、客户数据库和交易信息存储在同一台计算机上，所以要确保考虑到了存在的所有威胁。
3. 用约 100 字解释会话 cookie 和持久性 cookie 之间的区别。回答中需要包含每种 cookie 的使用方式。
4. 用一段话解释沙盒的概念，并描述如何使用它来降低客户机的安全风险。
5. 用一两段话解释什么是僵尸网络，以及它如何造成比单个特洛伊木马攻击更大的伤害。
6. 用约 100 字阐述认证中心（CA）为购买其数字证书的企业提供了什么保证。请在回答中描述认证中心在颁发数字证书之前通常遵循的一般流程。
7. 用一段话说明远程擦除软件如何提高移动设备用户的安全性。
8. 用一两段话描述嗅探程序的目的和用途。
9. 用约 100 字描述匿名 Web 服务的功能，并解释为什么个人或公司可能会想要使用该服务。
10. 用约 200 字解释私有密钥加密和公开密钥加密之间的区别。回答中需要包含何时以及为什么使用它们的几个例子。
11. 使用你最喜欢的搜索引擎或资源库，搜寻在其在线销售系统中使用云计算的公司可能出现的防火墙问题。用约 100 字总结关于边界延伸问题的发现。

案例

案例 10-1 Adobe Analytics

Adobe Analytics 行业解决方案提供了许多软件产品和工具，公司可以使用它们为电子商务经理生成关于其网站访问数量和性质的详细报告。这个软件不仅可以告诉网站所有者登录他们网站的电脑数量，还可以提供关于访问页面、访问时间、访问顺序、从哪个网站而来以及离开后去了哪个网站的详细信息。许多在线企业发现 Adobe Analytics 报告中的信息是有价值的，它们订阅了该公司的一项服务，其中不仅包括报告，还包括与其营销和 Web 运营经理进行的各种级别的咨询。

Adobe Analytics 软件还可以生成访问者过去浏览过的网站的列表。该软件通过在客户机上放置 cookie，并让客户在他们的网络服务器发送给网站访问者浏览器的页面中以及他们发送的营销电子邮件中包含网页臭虫（该公司称其为网络信标）来实现这一点。这些信息对 Adobe Analytics 软件的客户非常有价值，因为它可以告诉他们，网站访问者在进入他们的网站之前，是否查看了几个提供类似产品的其他网站。

个人可以检查自己的 Web 浏览器存储的 cookie，以了解哪些公司在他们的计算机上放置了 cookie。显示为由 2o7.net 或 omtrdc.net 域名放置的 cookie 是 Adobe Analytics 软件的 cookie（这些是它的 cookie 服务器所在的域名），该公司使用先前访问个人网站的信息使其报告和向客户提供的咨询更有价值。Adobe Analytics 软件所放置的 cookie 通常几年都不会过期。

Adobe Analytics 软件为消费者提供了一种避免在其计算机上放置 2o7.net 或 omtrdc.net 的 cookie 的方法。为此，人们必须在公司的网站上找到正确的页面，然后必须选择在他们的计算机上安装一个特定的退出 cookie。此 cookie 将指示 Adobe Analytics 服务器不要在其计算机上放置任何 cookie。

问题

1. 使用你最喜欢的搜索引擎或这本书中的网页链接，找到并阅读 Adobe 网站上的隐私声明。用约 200 字评估一下找到该公司关于 cookie 的政策的难易程度，它提供的选项的清晰程度，以及你认为它是否能保护好那些在电脑上放置了该公司 cookie 的人的隐私。讨论中需要包含 Adobe 提供的选项的范围，并评论你是否认为它们是明确的、易于使用的。

2. 考虑到 Adobe Analytics 方案为希望了解更多访问自己网站的潜在客户的在线企业提供了有价值的服务，在将 cookie 放置在消费者的计算机上时，要讨论公司及其客户所面临的伦理问题。在你的讨论中（约 300 字），一定要考虑以下几点：站点访问者通常不知道 cookie 被放置在他们的电脑上，cookie 只能通过由 2o7.net 或 omtrdc.net 域名放置被识别出来（使用 cookie 信息的 Adobe Analytics 软件和客户都不会被识别），且 cookie 有数年的寿命。

3. 美国国家广播公司体育台（NBC Sports）使用了来自不同公司的一些分析工具，为其对温哥华冬奥会的报道获取了全面的跨平台观众测量统计数据。NBC 首次在其网站上播放奥运赛事报道的部分内容，因此它希望追踪并分析其广告在该媒体上的效果。用约 200 字描述你认为 Adobe Analytics 等公司与 NBC Sports 合作或与其他相关公司（主要提供电视观众跟踪服务）互动可能带来的伦理问题。

请注意：任课老师将要求学员们分组来完成案例，并要求每个小组在课堂上正式陈述所完成的报告。

案例 10-2 物料设备公司

你是一家大型工业设备分销商物料设备公司（Materials Equipment, Inc., MEI）聘请的信息技术顾问。这家公司的产品包括装配生产线和产品包装区域的物料处理机器。尽管许多客户都有需要移动流体的产品线，但MEI并没有扩展到该业务。相反，它与另一家专门生产流体相关产品的供应商合作。MEI已经有70年历史了，每年向3000名客户销售2亿多美元的零件和设备。客户分布在世界各地，但大部分客户来自美国、墨西哥、马来西亚、中国和新加坡。

公司销售主管乔·艾弗森（Joe Everson）聘请你来帮助他规划建设一个新的网站，MEI将与另外两家公司合作，在该网站上销售产品（如轴承、封条、软管，以及用于移动流体的软管配件）和服务（物料处理设备的设计、布局和安装），这些都是对MEI产品的补充。该网站将为MEI客户提供一个单一入口，他们可以通过它购买MEI的产品以及MEI的战略合作伙伴的产品和服务。该网站还提供有关工业设备技术的当前趋势及应用，也为MEI客户提供了一个可以出售旧设备的二手市场。乔认为，为客户处理旧设备提供便利，将会使他们公司的销售代表更容易向这些客户销售新设备。

该网站还将提供有关工业设备技术的当前趋势和这些技术的应用以及二手设备市场的信息，其中MEI客户可以列出待售设备。

乔已经成立了一个由销售、财务、产品工程和IT服务部门的关键员工组成的内部团队，测试网站的可行性。这个团队已经确定了几个在继续进行网站设计之前需要解决的安全问题。乔希望你帮助团队成员了解加密和数字认证技术以及这些技术如何在新网站上应用。

问题

1. 写一份约200字的简短报告，说明网站如何使用加密技术。报告应包括技术介绍、使用方法和一两个常见应用。
2. 写一份约200字的报告，概述MEI会如何使用加密的电子邮件与战略伙伴和客户进行沟通，并说明为什么MEI会这么做。
3. 用约300字说明什么是数字证书，以及如果这些证书被用到新网站中，它们对MEI、其战略合作伙伴和客户可能会发挥什么作用。回答中需要讨论MEI、其战略合作伙伴和客户三者之间沟通或者网站的哪些部分可能受益于扩展的认证证书，并在评估其收益时考虑获取任何类型的数字证书的潜在成本。

请注意：任课老师将要求学员们分组来完成案例，并要求每个小组在课堂上正式陈述所完成的报告。

延伸阅读

Baldoni, R. and G. Chockler. 2012, *Collaborative Financial Infrastructure Protection: Tools, Abstractions, and Middleware*. New York: Springer.

Chow, R., M. Jakobsson, and J. Molina. 2012. "The Future of Authentication," *IEEE Security & Privacy*, 10(1), January/February, 22–27.

Connell, S. 2004. "Security Lapses, Lost Equipment Expose Students to Possible ID Theft Loss," *The Los Angeles Times*, August 29, B4.

Creighton, D. 2004. "Chronology of Virus Attacks," *The Wall Street Journal*, May 13. http://online.wsj.com/article/0,,SB108362410782000798,00.html

Curran, K., J. Doherty, A. McCann, and G. Turkington. 2011. "Good Practices for Strong Passwords," *EDPACS: The EDP Audit, Control, and Security Newsletter*, 44(5), 1–13.

DeFigueiredo, D. 2011. "The Case for Mobile Two-Factor Authentication," *IEEE Security and Privacy*, 9(5), September/October, 81–85.

DoD Directive 5215.1 CSC-STD-001-83. 1983. *Department of Defense Trusted Computer System Evaluation Criteria* (the "Orange Book"), Washington, DC.

Eckersley, P. 2014. "Launching in 2015: A Certificate Authority to Encrypt the Entire Web," *Electronic Frontier Foundation*, November 18. https://www.eff.org/deeplinks/2014/11/

certificate-authority-encrypt-entire-web
Electronic Frontier Foundation. 2015. *Surveillance Self-Defense: An Introduction to Threat Modeling*, January 12. https://ssd.eff.org/en/module/introduction-threat-modeling
Goldsborough, R. 2012. "Computer Disasters: Preparing for the Worst," *Tech Directions*, 71(6), 14.
Gorman, S. 2009. "FBI Suspects Terrorists Are Exploring Cyber Attacks," *The Wall Street Journal*, November 18, A4.
Gorman, S., E. Ramstad, J. Solomon, Y. Dreazen, R. Smith, and R. Sidel. 2009. "Cyber Blitz Hits U.S., Korea," *The Wall Street Journal*, July 9, A1, A4.
Greenberg, A. 2015. "Hack Brief: Password Manager LastPass Got Breached Hard," *Wired*, June 15. http://www.wired.com/2015/06/hack-brief-password-manager-lastpass-got-breached-hard/
Happich, J. 2014. "Data Encryption: Seeking New Levels of Security," *EET India*, January 30. http://www.eetindia.co.in/ART_8800694674_1800006_NT_1a2ad299.HTM
Jakobsson, M., R. Chow, and J. Molina. 2012. "Authentication—Are We Doing Well Enough?" *IEEE Security & Privacy*, 10(1), January/February, 19–21.
King, R. 2011. "Many Mobile Users Are Uneasy About Smartphone Security," *ZDNet*, October 31. http://www.zdnet.com/blog/btl/many-mobile-users-are-uneasy-about-smartphone-security-survey/62145
Langner, R. 2011. "Stuxnet: Dissecting a Cyberwarfare Weapon," *IEEE Security and Privacy*, 9(3), May/June, 49–51.
Lawrence, D. 2014. "Spy vs. Spy: The U.S. Government Designed and Funds the Best Defense Against Its Own Surveillance," *Bloomberg Businessweek*, January 27, 42–47.
Lee, C. 2008. "GAO Finds Data Protection Lagging," *The Washington Post*, February 26, A15.
Lyne, J. 2013. "Computer Virus Spreading That Means You Never Get to See Your Files Again," *Forbes*, October 22. http://www.forbes.com/sites/jameslyne/2013/10/22/computer-virus-spreading-that-means-you-never-get-to-see-your-files-again/
McCarthy, N. 2012. *The Computer Incident Response Planning Handbook: Executable Plans for Protecting Information at Risk*. New York: McGraw-Hill Osborne.
McCracken, H. 2004. "Microsoft's Security Problem—and Ours," *PC World*, 22(1), January, 25.
McMillan, R. 2010. "After One Year, Seven Million Conficker Infections," *PC World*, January, 44.
Network Security. 2013. "CryptoLocker Runs Rampant, But Drops Ransom Price," December, 2.
The New York Times. 2009. "Hackers Steal South Korean, U.S. Military Secrets," December 18.
Pereira, J. 2008. "Data Theft Carried Out on Network Thought Secure," *The Wall Street Journal*, March 31, B4.
Perlroth, N. 2015. "I.R.S. Breach Demonstrates the Need to Guard Personal Data," *The New York Times*, May 28, B2.
Petreley, N. 2001. "The Cost of Free IIS," *Computerworld*, 35(43), October 22, 49.
Pocock, D. 2013. "RSA Key Sizes: 2048 or 4096 Bits? *DanielPocock.com*, June 18. http://danielpocock.com/rsa-key-sizes-2048-or-4096-bits
Rashid, F. 2011. "ZeuS Trojan Merger with SpyEye, Other Banking Malware Worry Researchers," *eWeek*, November 29. http://www.eweek.com/c/a/Security/Zeus-Trojan-Merger-with-SpyEye-Other-Banking-Malware-Worry-Researchers-648865/
Regan, K. 2001. "Hack Victim Bibliofind to Move to Amazon," *E-Commerce Times*, April 6. http://www.ecommercetimes.com/story/8768.html
Ren, K., C. Wang, and Q. Wang. 2012. "Security Challenges for the Public Cloud," *IEEE Internet Computing*, 16(1), January, 69–73.
Rivest, R. 1992. *The MD5 Message-Digest Algorithm*, IETF RFC 1321.
Sang-Hun, C. and J. Markoff. 2009. "Cyberattacks Jam Government and Commercial Web Sites in U.S. and South Korea," *New York Times*, July 7, 4.
Saraswat, P. and R. Gupta. 2012. "A Review of Digital Steganography," *Journal of Pure and Applied Science & Technology*, 2(1), January, 98–106.
Schneier, B. 2013. "The Spooks Need New Ways to Keep Their Secrets Safe," *Financial Times*, September 6, 7.
Schneier, B. 2014. "The Internet of Things Is Wildly Insecure," *Wired*, January 6. http://www.wired.com/opinion/2014/01/theres-no-good-way-to-patch-the-internet-of-things-and-thats-a-huge-

problem/

Shipley, G. 2001. "Growing Up with a Little Help from the Worm," *Network Computing*, 12(20), October 1, 39.

Smith, A. 2014. "Newly Discovered Sophisticated Malware Has Been Spying on Computers for Six Years," *Newsweek*, November 24. http://europe.newsweek.com/new-sophisticated-malware-has-been-spying-computers-six-years-286640

Thompson, J. 2012. "Smartphone Security: What You Need to Know," *TechRadar.com*, February 5. http://www.techradar.com/news/phone-and-communications/mobile-phones/smartphone-security-what-you-need-to-know-1056995

Tiwari, R. 2011. "Microsoft Excel File: A Steganographic Carrier File," *Digital Crime and Forensics*, 3(1), 37–52.

U.S. National Institute of Standards and Technology. 1993. *Data Encryption Standard (DES): Federal Information Processing Standards Publication 46–2*. Gaithersburg, MD: U.S. Computer Systems Laboratory.

Vamosi, R. 2010. "New Banking Trojan Horses Gain Polish," *PC World*, January, 41–42.

Vaughan-Nichols, S. 2015. "Securing the Internet: Let's Encrypt to Release First Security Certificates September 7," *ZDNet*, August 24. http://www.zdnet.com/article/securing-the-internet-lets-encrypt/

Villeneuve, N. 2015. "TeslaCrypt: Following the Money Trail and Learning the Human Costs of Ransomware," May 15. https://www.fireeye.com/blog/threat-research/2015/05/teslacrypt_followin.html

Vishwakarma, D., S. Maheshwari, and S. Joshi. 2012. "Efficient Information Hiding Using Steganography," *International Journal of Emerging Technology and Advanced Engineering*, 2(1), January, 154–159.

Wheeler, E. 2011. *Security Risk Management: Building an Information Security Risk Management Program from the Ground Up*. Waltham, MA: Syngress.

Wilshusen, G. and D. Powner. 2009. "Cybersecurity: Continued Efforts Are Needed to Protect Information Systems from Evolving Threats," *GAO Reports*, November 17, 1–20.

Zetter, K. 2013. "Someone's Been Siphoning Data Through a Huge Security Hole in the Internet," *Wired*, December 13. http://www.wired.com/threatlevel/2013/12/bgp-hijacking-belarus-iceland/

Zetter, K. 2015. "Attackers Stole Certificate from Foxconn to Hack Kaspersky with Duqu 2.0," *Wired*, June 15. http://www.wired.com/2015/06/foxconn-hack-kaspersky-duqu-2/

Zissis, D. and D. Lekkas. 2012. "Addressing Cloud Computing Security Issues," *Future Generation Computer Systems*, 28(3), March, 583–592.

第 11 章
电子商务支付系统

|学习目标|

- 最常见的在线支付系统是什么?它们是如何运作的?
- 在线零售交易中如何使用支付卡?
- 什么是储值卡?它们在电子商务中是如何使用的?
- 数字现金的使用带来了哪些挑战和机遇?
- 数字钱包如何通过计算机和移动设备推动在线交易?
- 银行业如何使用互联网技术?

|引 言|

在过去的 50 年中,全球金融服务业走过了漫漫长路。在 20 世纪的大部分时间里,银行业是一个守旧的甚至可能停滞不前的行业。一个关于银行业的玩笑是"5—4—3 业务":只需要以 4% 的利率获得用户的存款,再用 5% 的利率贷款给用户,并在下午 3 点之前到达高尔夫球场,就可以轻而易举获得成功。那些经历了 20 世纪 80 年代储蓄和贷款危机以及 20 世纪后期全球金融危机的人们可以证明,如今金融服务业已不再如此简单守旧。

现今各种类型的融资安排和投资机会错综复杂,这造成了金融业的一个分支——金融技术的诞生。**金融技术**(又称**金融科技**)(financial technology 或 fintech)利用互联网连接的功能强大的计算机,使用诸如 Web 服务之类的工具(见第 9 章)来提高服务质量,在降低现有金融服务成本的同时,更重要的是创造全新的金融产品和服务类型。

非银行运营的支付服务就是这些新产品之一。这些服务既包括先行者 Paypal,也包括亚马逊支付(Amazon Payments)、安卓支付(Android Pay)、苹果支付(Apple Pay)、谷歌钱包(Google Wallet)、Square 和 Venmo 等后继者。除了让用户能够轻松支付在线购物外,这些服务还允许个人之间进行贷款、赠送或分摊费用的现金转账。尤其是在互联网连接的移动设备普及之后,与银行系统的支票账户相比,它们提供了更多便利,并得到了广泛使用。

除了改变支付方式,金融技术也为借贷业带来了变革。通过直接匹配借贷人与贷款人,Lending Club 和 Funding Circle 等在线贷款辅助商将银行从贷款服务的产业价值链中剥离出来。通过从社交网络和其他在线来源收集潜在借款人的大量数据,OnDeck 等贷款辅助商可以减少贷款人的风险。所有这些公司都降低了成本,《经济学人》2015 年的一份报告显示,它们的运营费用占其未偿还贷款总额的 2%,而传统银行则为 5%～7%。

在本章中,你将了解这些金融技术是如何在在线支付系统和储值卡中运作的,以及信用卡等现有支付方式如何应用于在线交易中。

11.1 常用在线支付方法

电子商务的一个重要因素是对在线支付的需求。正如你在第 5 章学到的,许多 B2B 交易都是通过电子资金转账(EFTS)完成的。在本章中,你将了解企业和个人消费者所使用的其他在线支付系统。

现金、支票、信用卡和借记卡是全球消费者最常用的四种购物支付方式(即包括在线和实体商店)。目前,这四种支付方式占美国所有消费支付额的 90% 以上。大部分自动付款是从支票账户自动偿付汽车贷款、保险费和住房抵押贷款,只有小部分通过电子转账进行支付。

现金和支票很难用于在线支付,在美国超过 60% 的 B2C 网上支付使用信用卡或借记卡,剩下的部分则属于一些替代性的支付系统(主要是 PayPal)。大多数行业分析师预期随着可替代支付系统的发展,信用卡和借记卡的使用将持续减少,并且将越来越多使用移动设备进行支付。图 11-1 展示了对美国 2018 年 B2C 在线支付的预测。

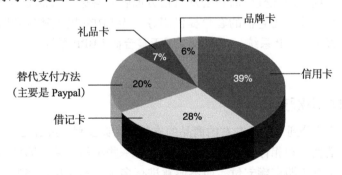

图 11-1　对美国 2018 年 B2C 支付方式的预测

资料来源:forecasts by *Internet Retailer*, Javelin Strategy & Research and *The Nilson Report*.

电子支付能够为顾客带来便利,还能节约公司成本。据估计,一个人邮寄账款的成本为 1～1.5 美元,而通过互联网发送账单、接收付款可以把交易成本降到平均每笔账单 50 美分。用单位成本乘以在线支付的顾客数量,会发现节省了巨大的成本。例如,大都市地区的一家电话公司可能有 500 万客户,每个客户每月都会收到账单。每张账单节省 50 美分,一年下来,6000 万张账单就可以节约 3000 万美元。此外,这对环境也有重要影响。6000 万张账单重达 170 万磅⊖,制造这些纸张需要 2200 棵树,还需算上造纸过程中消耗的能源及产生的污染。

⊖　1 磅 =0.453 592 4 千克。

11.1.1 电子账单处理及支付系统

如果在线账单支付的流程不需要消费者过多地改变行为，那么对于他们来说就是既经济又便捷的。**电子账单处理及支付系统**（electronic bill presentment and payment system，EBPP system）被设计用于交付票据并接受在线支付。这些系统要想获得成功，必须要比打开邮件账单、签发支票、邮回支票这一流程更便捷，并且耗时更少。互联网为实现这一目标提供了一个很好的途径。

从 21 世纪初首次推出在线账单支付以来，选择在线支付的消费者比例稳定上升。业内专家估计，之前由纸质支票支付的约 70% 的消费账单目前已被电子支付替代。在线账单和支付系统可以大幅节省邮资和纸张成本，而出票人也可以提前 3～12 天收到汇款，这可以显著地改善现金流。

目前投入市场的有两种类型的 EBPP 系统。第一种被称为**出票人直接 EBPP 系统**（biller-direct EBPP system），由那些想管理和维护自有系统的大公司所使用。公用事业、电话公司和金融服务公司（为信用卡付款、抵押贷款和汽车贷款等提供服务）是这一系统的主要用户。想要配置这一系统的公司可以自己开发或者购买专为此设计的软件，或者与服务提供商签订合约，由提供商在公司的网站上对系统进行管理。

第二种是**整合商 EBPP 系统**（consolidator EBPP system），由一个独立的公司（整合商）在其系统上整合客户的所有票据。该系统可以放在整合商的网站上，更普遍的是展现在客户金融机构的网站（如银行或信用合作社）上。由于必须要支付提供服务的整合商一定的费用，并且系统会出现延迟（尽管要短于纸质支票的延迟时间），整合商 EBPP 系统不像出票人直接 EBPP 系统那样具有吸引力。

账单支付者通常不愿意支付因在线支付账单而产生的费用，并且不太可能相信他们不了解的金融服务提供商，因此整合商在公众营销方面收效甚微。大部分整合商 EBPP 系统都由银行或信用合作社运作，为它们的客户提供服务。为 EBPP 提供软件和服务的领先企业有 Intuit（用于出票人直接 EBPP 系统）、Yodlee（用于整合商 EBPP 系统）和 Fiserv（用于两种类型的系统）。

11.1.2 微支付与小额支付

在互联网上对几美分到 1 美元左右的商品的支付称为**微支付**（micropayments）。微支付的障碍在于与人们的消费心理相悖。研究人员发现，对一些小额商品，即使小额支付整体花费更少，许多人也更愿意定期定额支付，而不愿意进行多次小额支付。例如，多数手机用户更喜欢固定月费方式，不愿意按通话时间计费。比起可能因为月使用量少带来的低廉话费，他们更希望确切地知道每月账单。

许多公司都试图建立处理微支付的系统。Millicent、DigiCash、Yaga 还有 BitPass 等公司都曾试水这一业务，但均告失败。行业观察家发现，虽然网上微支付处理系统存在需求，但还没有一家公司的系统获得广泛认可。所有进入这一市场的公司用到的系统不外乎是把微支付额度积累起来，定期地从信用卡上扣款，或者接受预先存款，将微支付从所存款项中扣减。一些提供数字现金和账单支付服务的公司附带提供微支付服务，但目前还没有公司专门提供这一服务。

额度介于 1 美元到 10 美元的支付尚没有一个被普遍接受的名称（有些行业观察家把 10

美元以下的都称为微支付），本书用**小额支付**（small payment）来表示所有低于 10 美元的支付。移动电话运营是目前使用最广泛的小额支付服务。消费者用手机进行支付，并可在手机月度账单上查看费用。这种微支付系统的应用因移动运营商收取高额服务费而受阻，这一费用能占到每笔交易的 30%。提供服务的公司通常会另收取 5% 的费用，因此消费者最终支付的价格可能远高于商品的实际价值。目前音乐下载属于最大的小额支付市场之一。亚马逊公司和苹果公司（iTunes）销售的大部分音乐和智能手机软件下载都是通过信用卡支付的。而谷歌商店的商品主要按消费者每月的手机话费支付。

在接下来的章节中，你将了解四种支付技术：支付卡、数字现金、数字钱包和储值卡。每种技术都有独特的性能、成本和优缺点。

11.2 支付卡

商务人士常用**支付卡**（payment card）泛指消费者（以及许多商家）采购时所用的各种塑料卡。支付卡主要包括信用卡、借记卡、签账卡、预付卡和礼品卡。诸如 Visa 卡和万事达卡等**信用卡**（credit card）都有一个按用户的信用记录事先确定的消费限度。在每一结算期内，信用卡用户可全额还清欠款或者至少还清最低额度。信用卡发卡方会对未结清的赊账收取一定利息。多数消费者都有信用卡，或至少已经很熟悉信用卡的工作原理。信用卡被世界各地的商家广泛接受，并为消费者和商家都提供了安全保证。消费者进行在线信用卡购物时会自动得到 30 天的保护。在线信用卡购物类似于电话购物，消费者无法像在传统收银台面对面那样容易提供身份证明。在线信用卡购物与电话购物通常称为**无卡交易**（card not present transaction），这两种购物都为商家和银行带来某种程度的风险。

借记卡很像信用卡，但工作原理大不相同。**借记卡**（debit card）不能基于信用额度赊账，而是将交易额从持卡人的银行账户中减去，转入商家的银行账户。特别是在美国境外，借记卡也被称作**销售点电子资金转账卡**（electronic funds transfer at point of sale card，EFTPOS card）。借记卡由持卡人的银行发行，由发卡银行与信用卡发卡机构签订协议，上面通常印有主要发卡机构的名称，如 Visa 卡或万事达卡。银行也借 Visa 或万事达等塑造借记卡的品牌，以确保认可这些信用卡品牌的商家愿意接受借记卡。

由美国运通等公司发行的**签账卡**（charge card）没有支出限额，在结算期到期后对卡进行收费。签账卡没有信用额度，也不会累积利息费用（注意：除了签账卡产品，美国运通还提供信用卡，这些信用卡有信用额度并且对欠款余额收取累积利息）。在美国，百货公司等零售商和拥有加油站的石油公司，会发行自己的签账卡。埃克森美孚加油站或科尔百货公司等特定零售商所发行的卡有时被称为**商家签账卡**（store charge card）或**品牌卡**（store-branded card）。第 5 章中所提到的采购卡（或 P 卡）可能是信用卡，也可能是签账卡。

许多零售商提供可以被任何人赎回的预付卡。预付卡也可以被用于小额购物，对商家而言，这类购物作为信用卡交易进行处理非常不划算。更普遍地，预付卡被用于送礼。作为送礼而销售的预付卡称为**礼品卡**（gift card）。从星巴克、劳氏公司到苹果 iTunes 商店，礼品卡适用于各类商家。那些不想被信用卡诱惑而消费透支的人有时会购买**预付卡**（prepaid card）。

为了打消消费者对在线提供支付卡号码的顾虑，几家支付卡公司提供了一次性号码卡。这种卡有时被称为**一次性卡**（single-use card），它为消费者提供一个只能用于一次交易的单独卡号。大部分发卡方发现人们并不愿意使用一次性卡，就将其撤出了市场。一次性卡需要消费者改变使用方式，但很少有消费者从中看到学会使用这种新产品会有什么明显的益处。

11.2.1 支付卡的优缺点

支付卡的一些特性使其很受在线交易和传统交易中消费者和商家的欢迎。对商家来说，支付卡可以防止欺诈。当商家接受支付卡进行在线支付或电话订单时，可以使用交换网络进行购物验证和授权。**交换网络**（interchange network）是连接发卡行、信用卡协会组织（如万事达卡和 Visa 卡）和商家开户行的网络。本章后面将介绍更多有关交换网络及其运行原理的知识。对美国消费者来说，《消费者信用保护法案》规定在支付卡被盗用时消费者的责任限额最大不超过 50 美元。当持卡者通知发卡银行自己的支付卡被盗刷后，持卡者的责任就终止了。当卡被盗用时，发卡方通常免除消费者赔偿这 50 美元的责任。其他国家也有类似的法律，但这种保护在美国以外并不普遍。

支付卡服务公司负责向商家收取每笔交易费用和每月处理付款的处理费用，而商家需要将其作为发展商务的必要成本。消费者无须支付每次使用支付卡所产生的交易费用，但是商品和服务的价格会略高于不用支付卡环境下的价格。一些信用卡、借记卡以及签账卡会向消费者收取年费。

11.2.2 支付接受和处理

在实体商店中，当消费者或售货员用卡划过联网的支付卡终端机，即刻就从卡的账户中进行扣费。在这类人工交易过程中，顾客带着所购商品离开商店，因此收费和交货过程几乎同时发生。美国的在线商店和邮购商店在从支付卡上扣费 30 天内必须发货，违反的话处罚非常严厉，所以这些商店往往在发货后才从支付卡上扣费。

处理在线支付卡交易一般涉及两个流程：支付接受和交易清算。支付接受流程包括保证支付卡的有效性和交易不超过支付卡可能存在的信用限额等必要步骤。交易清算流程包括把资金从持卡者银行账户转移到商家银行账户所需要的全部步骤。本节对这两个过程中涉及的具体步骤进行概述。

1. 开放系统和封闭系统

在一些支付卡系统中，发卡机构直接与商家结算，不需要其他银行或清算中心作为中介。这类系统称为**封闭系统**（closed loop system），因为没有其他机构参与交易。美国运通卡（American Express）和发现卡（Discover Card）都是封闭系统的例子。图 11-2 显示了封闭系统支付卡系统内各个实体之间的基本交互关系。

开放系统在封闭系统结构中增加了另外的支付处理中介。假定某个网购者用伍德兰第一银行（First Bank of Woodland）发行的 Visa 卡在 Web Wonders 网站上购物，而这

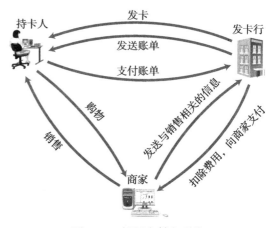

图 11-2　封闭支付卡系统

家商户在哈肯萨克商业银行（Hackensack Commerce Bank）开户。该系统由一家或几家中介组织（银行或其他类型的支付处理公司）负责协调，将资金从伍德兰第一银行转到哈肯萨克商业银行。只要在支付卡交易处理中有第三方参与，如该例中的中介机构，这样的系统就称为**开放系统**（open loop system）。Visa 卡和万事达卡的系统是开放系统中最广为人知的两个例子，许多银行都发行这两种信用卡。

与运通公司和发现公司不同，Visa 和万事达都不直接向最终消费者发行信用卡，Visa 和万事达是由会员银行运作的**信用卡协会**（credit card associations）。这些会员银行被称为**客户发卡行**（customer issuing bank）或**发卡行**（issuing bank），负责向个人消费者发行信用卡。发卡行负责评估其消费者的信用级别以及确定合适的个人信用额度。如果持卡人不付款的话，发卡行就要承担损失。图 11-3 显示了开放支付卡系统涉及的各个实体之间的基本交互关系。

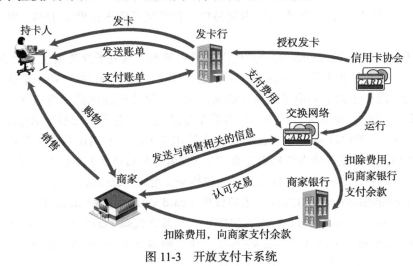

图 11-3　开放支付卡系统

2. 商家账户

收单银行（acquiring bank）是与接受支付卡的商家（互联网和非互联网）开展业务的银行。为了在互联网交易中处理支付卡，商家就必须在收单银行开设一个**商家账户**（merchant account）。有一种类型的商家账户类似于常规的商业支票账户；商家收单银行代表商家从支付卡发卡行收取信用卡收据，将销售款划入商家账户中，并扣除手续费。通常情况下，商家账户被设置一定的信用额度，而不是以支票账户的方式运行，即收单行按照每天信用卡收据金额提供给商家实质上的无息贷款。当收单行从发卡行收到交易款之后，再减少给商家的无息贷款余额。

在卖家开设商家账户之前，必须向商业银行提供相关的业务信息。通常一家新企业需要提供商业计划书、现有银行账户的详细情况以及企业和个人的信用记录。收单银行希望确保商家有很好的业务前景，以减少风险。如果是一家新企业或企业的财务状况不佳，收单行可能要求企业主或股东提供保证金或个人担保。有些情况下，收单银行还会要求抵押物品（如企业主的房子）。

企业业务风险也会影响收单银行批准商家账户的决策。有些类型的企业被消费者拒付的可能性比较大。例如，出售减肥保证计划的企业可能难以找到愿意提供商家账户的收单银行，因为消费者可能会要求无效退款。银行会根据业务类型和所提供的信用信息评估企业的风险级别，还会估计持卡人可能拒付的比例。如果消费者拒付费用，收单银行就会撤回转到商家账户上的资金，这一流程被称为**退款**（chargeback）。为了确保有足够的资金应付退款，收单银行会要求企业在商家账户保持足够的存款。例如，一家预计每月销售额为 10 万美元的新企业或者风险企业，就会被要求在商家账户里存入 5 万美元以上的存款。

除退款外，收单银行在确定商家的每日信贷额时，还要从销售总额中扣减一部分费用。这些费用包括**收单费**（acquirer fee）和**交换费**（interchange fee）。收单费是收单银行为提供支付卡处理服务而收取的费用，通常包括月度费用和每笔交易的费用，具体由收单银行决定。交换费的费率取决于商家所在的行业，由卡协会（比如 Visa 或万事达）设定并向收单银行收取，通常这笔费用会转嫁为商家的成本。

在线商家面临的一个问题是网上交易的欺诈率要远高于同类的面对面交易或电话交易（即相同金额、商品或服务）。所有信用卡交易中，在线交易额占比低于 15%，但占信用卡诈骗总额的 64%。

信用卡研究公司 Cybersource 的一系列年度调查显示，从电子商务诞生直到 2008 年，在线交易的欺诈率逐年稳步上升。2008 年以后，这一比率出现下降趋势。网络欺诈专家认为欺诈损失减少的原因在于商家采取了反欺诈措施。这些反欺诈措施包括：使用欺诈评分服务对单个交易提供实时的风险评级，只向信用卡账单地址送货，对无卡交易要求**卡验证码**（card verification number，CVN）等。卡验证码是印在信用卡上的三或四位数字，但并没有编码到信用卡的磁条内。卡验证码确保购物者持有该卡（或者曾见过该卡）并且不大可能是被盗的信用卡号。卡验证码有许多不同的名称和缩写，包括**卡安全码**（card security code，CSC）、**卡验证数据**（card verification data，CVD）、**卡验证值**（card verification value，CVV 或 CV2）、**卡验证值代码**（card verification value code，CVVC）、**卡验证代码**（card verification code，CVC）、**验证代码**（verification code，V-Code 或 V Code）、**卡代码验证**（card code verification，CCV）等。下一节将概述在线业务的支付卡授权和支付处理方案。

3. 支付卡交易处理

大多数在线商家既接受封闭系统的卡（如美国运通卡和发现卡），也接受开放系统的卡（如万事达卡和 Visa 卡），这要求其内部处理系统能够处理这两种类型的卡。此外，一些在线商家接受客户支票账户的直接扣款。这类直接扣款交易是通过美国联邦储备银行的**自动清算所**（Automated Clearing House，ACH）的银行网络完成的。发卡行、交换网络和收单行使用 ACH 网络进行资金转账，清算彼此的支付账户，因此这一网络是在线支付处理的重要部分。自动清算所提供标准化转账系统，给参与各方提供验证的审计追踪并保证不可抵赖性，与第 5 章中介绍的 VAN 带给 EDI 贸易伙伴的好处类似。你可以通过美国联邦储备银行的电子支付网络（electronic payments network，EPN）、美国 NACHA—电子支付协会（NACHA—The Electronic Payments Association）和美国清算所（The Clearing House）的网页链接了解更多有关自动清算所的信息。美国联邦储备银行的联合自动清算所（FedACH）网站上也有自动清算所运行方面的相关信息。

处理支付卡交易是一项复杂的任务，支付卡交易可能来自借记卡或信用卡，这需要开放或封闭的处理流程，甚至还可能直接涉及自动清算所。大型在线商家拥有技能娴熟的员工构成的完整部门，他们负责创建和维护这一工作所需的系统。中型在线商家通常会购买交易处理软件（单独的或作为电子商务软件包的组成部分），但必须雇用熟练的员工来管理系统。

即使购买了软件，小型在线商家通常也不具备内部管理功能的资源。它们通常依靠服务提供商帮助自己处理支付卡交易或处理全部功能。这些服务提供商称为**支付处理服务提供商**（payment processing service provider）或**支付处理商**（payment processor）。它们通常分为两种类型：前端处理商和后端处理商。

前端处理商（front-end processor）通过向交换网络发送交易的详细信息，获得交易授权，并把批准或拒绝交易（这一过程通常不到1秒钟）的记录存储下来。前端处理商（或用于获取交易批准的软硬件）通常被称为**支付网关**（payment gateways）。**后端处理商**（back-end processor）承接前端处理商的交易，并通过交换网络协调信息流以完成交易结算。后端处理商通过交换网络、收单行、发卡行（包括自动清算所），处理退款以及任何其他对账项目。

诸如IPPay、Autherize.Net、全球支付（Global Payments）和第一数据（First Data）这样的支付处理商处理支付流程的所有环节，包括支付网关功能、前端处理和后端处理。其他一些公司仅仅专注于处理流程的一个环节或特定行业。比如，数字河（Digital River）专门为销售可下载软件和游戏的在线商家提供支付处理服务。

很多支付处理商以电子商务软件的形式运作，让用户觉察不到有单独的公司在处理它们的信用卡交易。这对于那些颇有声名的在线销售商有利，因为这可以避免让用户担心其他实体会处理自己的信用卡信息。然而，很多支付处理商会在一个新窗口中打开自己的网站处理支付交易。在这种情况下，客户会意识到自己的支付交易是由第三方来处理的。以这种方式运行的支付处理商包括eBay的PayPal和BillMeLater、亚马逊收银台（Checkout by Amazon）、谷歌收银台（Google Checkout）和点击购买（ClickandBuy）以及数字河的"share*it"等。对于那些寂寂无闻的小型在线销售商来说，使用亚马逊或谷歌等知名公司的支付处理器来处理信用卡支付部分的交易，可以在顾客提供信用卡信息时带来一种安全感。

11.2.3 储值卡

今天，大多数人会随身携带很多塑料卡——信用卡、借记卡、地铁卡、签账卡、驾驶执照、健康保险卡和工作证或学生证等。这些卡通过磁条或者嵌在卡内的微型芯片来存储电子信息。大多数磁条卡可以将其插入一个专用的设备里进行充值，把现金放入设备中，卡退出后就完成充值了；新增加的现金存储在卡片磁条中。磁条卡是被动式的，也就是说，它既不能发送或接收信息，也不能自动增减卡上的金额，必须插入设备进行处理。

储值卡（stored-value card）是一种带有可存储信息的嵌入式微芯片的塑料卡。微芯片上有微型计算机处理器，可以在卡上进行计算和存储操作。大多数卡都采用**近场通信**（near field communication，NFC）技术，允许在短距离（通常小于25英寸）内进行非接触式数据传输，因此微芯片内的计算机处理器可以与读取器或其他设备进行交互。

储值卡可以存储比磁条卡多100倍的信息量。因此，储值卡可以存储用户个人数据，如财务数据、加密密钥、账户信息、信用卡号、健康保险信息、医疗记录等。

储值卡比磁条卡更加安全，因为可以对存储在智能卡上的信息进行加密。例如，传统的信用卡正面显示信用卡号，背面是持卡人签名。盗卡者只需要卡号和伪造的签名就可以用别人的卡购物。储值卡的出现使得这类盗窃变得困难，因为解密加密信息的密钥是采用个人识别号码（PIN）；而在卡上既没有让盗卡者可以识别的卡确认码（CVN），也没有让盗卡者可以看见并用于伪造的物理签名。

自 20 世纪 90 年代末，具有 NFC 功能的储值卡就开始投入使用，它在欧洲和亚洲部分地区得到广泛应用，消费者用储值卡为公用电话和家庭有线电视付费，但目前在美国还没有成功。在中国香港，储值卡非常普及，许多零售店和餐厅的收款台都有内置的智能卡刷卡器。中国香港的公共交通公司（包括地铁、公共汽车、火车、有轨电车和渡轮）联合推出了八达通（Octopus）储值卡。通勤者可以使用这一张卡来满足他们所有的公共交通需要。八达通卡现由独立公司持有管理，可在全香港的所有交通站点或 7-11 便利店充值。目前，类似的卡在欧洲和整个亚洲使用广泛。

近年来，在美国储值卡的使用有所增加，但仍不普遍。在旧金山，湾区城市交通委员会（Bay Area Metropolitan Transportation Commission）仿照八达通卡设计了自己的 TransLink 智能卡系统。一些加油公司也开始自己发行智能卡，消费者只要在加油机上刷卡即可购买汽油。在美国使用万事达 PayPass 智能卡的用户也日渐增多。

11.3　数字现金

尽管目前信用卡在在线支付中占主导地位，但数字现金前途光明。**数字现金**（digital cash）又称电子现金（e-cash 或 electronic cash），泛指由民营实体（非政府）建立的各种非纸币或硬币的价值存储与交换系统，它可以替代政府发行的货币。一个成功的数字现金系统需要统一的标准，以便一家发行的数字现金能够被其他发行方所接受。迄今为止，每个数字现金发行机构都制定了自己的标准，因此它们都未被广泛接受。

数字现金可以在线存贮或离线存贮。在线现金存贮意味着消费者个人并不持有数字现金，而是由受信任的第三方（比如一家网上银行）负责协调所有的数字现金转账，并持有消费者的现金账户。在线存储系统要求商家必须联系消费者开户银行，以接受消费者的支付款项。通过确定消费者的数字现金的有效性可以防止欺诈。

在美国，大多数消费者都有信用卡、借记卡、签账卡和支票账户。对美国消费者而言，这些支付方式可以有效地完成线上和线下交易。在其他国家，尤其是发展中国家，消费者更喜欢使用现金。由于现金并不适于在线交易，于是数字现金恰好满足了这些国家消费者参与 B2C 电子商务时的需求。这种需求在美国并不存在，因为美国消费者早就在传统商务活动中使用支付卡，而且这些支付卡也可以很好地用于电子商务。

如今**比特币**（bitcoin）是最知名的数字现金。2008 年，一位匿名人士创建了比特币，并将其作为独立于银行和政府控制的数字现金。比特币使用在线账本，将参与者的账目作为公开信息进行记录，还包括匿名个人之间的交易记录。参与者的网络地址通过公钥密码进行加密，以保持其匿名性。由于比特币是加密形式的货币，因此有时被称为**加密货币**（cryptocurrency）。

尽管一些商家（如 TigerDirect.com、WordPress online 以及一些主要在旧金山湾区的本地实体零售商）接受比特币支付购买，但大部分的比特币交易都属于非法交易（如毒品），或者货币投机（比特币的交易价格在 1 美元到 1200 美元上下跌宕）。2014 年，约 90% 的比特币被投机者所持有，而不是那些希望用数字现金购买商品的个人。作为一种缺乏稳定性并且没有国家法律体系支持的货币，比特币在日常交易中使用受限。专家们对比特币的前景持不同意见，但是有些专家认为比特币在世界范围内的应用前景广阔。

尽管比特币是全球最大的数字现金，但在特定的区域其他数字现金系统也很普及。例如，

Ukash 在英国使用广泛；Paysafecard 的总部在维也纳，但在西欧大部分地区都很受欢迎。

对数字现金的关注包括隐私、安全性、独立性、便携性和便利性。数字现金的用户希望知道交易是否易受攻击，数字现金是否可以复制、重复使用或者伪造。实体货币的两个特点对于数字现金实施同样重要。首先，与传统货币一样，一个数字现金同一时间只能用于一次交易。其次，数字现金应该像实体货币一样具有匿名性。与纸币和硬币类似，**数字现金的匿名性**（anonymous digital cash）是指不能追溯到使用它支付的人。数字现金交易只能在双方间进行，而收款方必须确保数字现金是非伪造的，并且没有在两个不同的交易中同时使用。便利性或许是现金最重要的特征。如果数字现金需要特殊的软硬件，人们就不方便使用。人们很有可能不会采用难以使用的数字现金系统。

11.3.1 重复消费

欺诈仍然是人们担心的问题，因此需要软硬件来防止欺诈消费或重复消费。**重复消费**（double spending）是指将同一数字现金付给两家商店，消费两次的现象。等到同一数字现金与银行第二次清算时再来防止欺诈，就为时已晚。检测和起诉可以对重复消费起到威慑作用。因此，数字现金必须具有可追溯性。数字现金采用双锁技术，既保证了匿名安全性，又在某人试图重复消费时发出警告。当同一货币发生第二次交易时，系统能够检测并阻止此次交易。图 11-4 用图形展示了检查重复消费的流程。

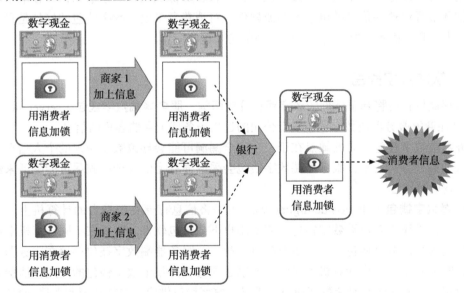

图 11-4　检查数字现金的重复消费

11.3.2 数字现金的优缺点

因为数字现金属于互联网交易，而互联网是现有的基础设施，因此比其他支付方式效率更高（成本也更低）。在互联网上进行数字现金交易的成本要低于处理信用卡的成本。传统的货币交换系统要求银行、分行、银行职员、自动取款机及相应的电子交易系统来管理、转账和分发现金。此外，数字现金不像信用卡交易那样要求一方获得授权。

数字现金也有显著的缺点。使用数字现金没有审计追踪，换言之，数字现金同实物现金一样很难进行追踪。由于真正的数字现金无法进行追踪,这就带来了另一个问题:洗钱。**洗钱**(money laundering)是指犯罪分子将非法所得的资金转换成现金的方法,使得在消费时无法识别出这是非法收入。用数字现金购买商品或服务,再将所购商品公开销售以换得真正的现金,这样就能达到洗钱的目的。

由于还没有任何数字现金系统得到银行或政府的支持(至少目前还没有),因此用户在使用这些系统时会面临一些风险,这些风险从一些事实中可以窥见。例如,如果一个数字现金系统得到广泛使用,那么它可能成为政府管制行动的目标,政府可能会对其进行控制、制止,或者寻找借口将其销毁。

技术进步会催生新型的数字现金,有一天终将淘汰现有的数字现金系统,使得这些数字现金失去价值。

11.4 数字钱包

许多消费者厌倦了每次网购时都重复输入详细的物流和支付信息。为了简化在线支付流程,很多电子商务网站都允许客户在网站上存储姓名、地址与信用卡信息。但是,这样还需要消费者在其他购物网站上重复输入这些信息。**数字钱包**(digital wallet)的功能和一般钱包类似,是一种可以存储信用卡号、数字现金、所有者身份识别与联系信息,并在电子商务网站的付款环节提供这些信息的电子设备或软件。对消费者来说,数字钱包的好处是只需要输入一次个人信息,而不需要在每个购物网站都输入这些信息。

11.4.1 软件数字钱包

根据存储位置可将基于软件的数字钱包分成两类。**服务器端数字钱包**(server-side digital wallet)是在商家服务器或数字钱包发行公司的远程服务器上存储客户的信息。

服务器端数字钱包最大的缺点在于一个安全漏洞可能会导致数千用户的个人信息泄露给未经授权的第三方。通常,服务器端数字钱包会采取强有力的安全措施尽可能降低未经授权的信息泄露的可能性。

客户端数字钱包(client-side digital wallet)是将信息存储在消费者的计算机上。早期的许多数字钱包都属于客户端数字钱包,需要用户下载钱包软件。需要在不同计算机上都下载钱包软件是客户端数字钱包的一个主要缺点。相反,服务器端数字钱包存储在服务器上,因此无须耗时下载或在用户计算机上安装。商家必须要支持某个数字钱包的使用,消费者才能使用该商家网站上的服务器端数字钱包。所以,数字钱包供应商要想让消费者接受数字钱包,就必须先说服大批商家接受。因此,只有少数服务器端数字钱包提供商能在市场上取得成功。

客户端数字钱包的另一个缺点是不能便携。例如,在安装了数字钱包之外的计算机上购物,客户端数字钱包就不能使用。这样就消除了对客户端数字钱包供应商服务器的攻击可能泄露敏感信息的风险,但是对用户计算机的攻击可能会泄露信息。多数安全分析师认为,敏感信息储存在用户的计算机上比存储在供应商的服务器上更安全(尽管用户计算机没有供应商服务器的强大安全功能),因为这要求攻击者对用户计算机发起多次攻击,而这些个人计算机难以识别。谷歌钱包、微软 Windows Live ID 和 Yahoo! Wallet 是目前使用最广泛的服务器端数字钱包。

11.4.2 硬件数字钱包

智能手机和平板电脑等移动设备可以用作**硬件数字钱包**（hardware-based digital wallet），硬件数字钱包可以存储各种身份证明（如驾照、医保卡、商店会员卡，以及其他身份识别文件）。通过蓝牙或者无线传输功能，智能手机可以按需将部分身份信息传递到附近的终端。本章前面所介绍的 NFC 技术可用于短距离非接触式数据传输，智能手机上只要安装 NFC 芯片就可以使用这一功能。

近年来，在美国 NFC 芯片已经被用于万事达的 PayPass 等支付卡。嵌入智能手机中的 NFC 芯片在日本已经非常流行，日语中称这种设备为 Osaifu-Keitai，翻译过来大概是"移动钱包"的意思。

在美国，已经推出了一些用于移动设备的硬件数字钱包，谷歌钱包利用了万事达用于信用卡开发的 PayPass 技术，于 2011 年开始应用于移动设备。随后，谷歌公司推出了该产品的改进版，即于 2015 年推出了安卓支付。2013 年，PayPal 收购了数字钱包 Venmo；2014 年，苹果支付投入市场；亚马逊公司也在同年发布了数字钱包，但很快决定让其他公司竞争这一市场，2015 年亚马逊数字钱包终止服务。一些业内观察家预期银行将进入数字钱包业务，然而另一些观察家认为，银行要超过苹果、谷歌和 PayPal 等公司的先发优势可能为时已晚。

安全性是移动设备数字钱包用户关心的主要问题。数字钱包存储了一张或多张信用卡的信息，以为用户交易提供资金。一些数字钱包将信息存储在移动设备上，但是将信用卡信息（以加密文件的形式）存储在由数字钱包提供商维护的服务器上更加安全。由于移动设备容易丢失或者被盗窃，一个好的数字钱包应该阻止未经授权的访问。例如，苹果支付只能在苹果设备上可用，这一支付使用 iPhone Touch ID 按钮，需要所有者的指纹才能访问。移动设备和读取器之间的 NFC 通信可能被拦截，因此应该对通信进行加密，并且不应传输信用卡或其他身份相关信息。

隐私也是移动设备数字钱包的一大问题。银行详细记录客户的信用卡交易，通过将信息（或者信息汇总）出售给那些对消费者购物种类、时间、地点感兴趣的公司，银行获得丰厚的收益。数字钱包系统的运营商需要决定是否遵循这一可能侵犯客户隐私的传统。

11.5 互联网技术和银行业

当今美元金额最大的支付方式还是纸质支票，这些支票是由国际银行系统进行处理的。今天所用的其他主要支付形式都与银行密不可分。本节介绍了互联网技术为银行业提供的新工具及带来的新威胁。

11.5.1 支票处理

过去支票是由银行和清算中心进行处理的。消费者在零售店用支票进行购物后，零售店要将支票存入其银行账户，零售店的开户行再将纸质支票交送清算中心，清算中心负责从消费者账户转账到零售店账户。纸质支票接着会转到消费者的开户行并由它把付讫支票交给消费者。近年来许多银行为节省邮费不再将已付支票交给消费者，取而代之的是向消费者账户文件夹发送处理过的支票的 PDF 图像的访问链接。这样虽然节省了部分开支，但每年在全美运输纸质支票的成本还是在不断增加。

除运输费用高之外，纸质支票的另一个缺点是签写支票与支票兑付之间的延时。这种延时［同前述 Paypal 账户的延时一样，这也称为**浮存**（float）］会产生在账户余额不足时也能签写支票的现象，只要几天后资金到账就行。实际上，银行的客户可以在这几天内免费使用银行的资金，银行在同期也就无法使用这部分资金了。尽管延时通常只会持续几天，但有时也可能会拖延很长时间。例如，铁路或航空公司罢工就可能导致浮存扩大。2001 年发生的"9•11"恐怖袭击曾造成浮存明显增加。

银行多年来一直在开发各种新技术以减少浮存。2004 年美国颁布的一项法案会从根本上解决浮存问题，这一法案就是**《21 世纪支票清算法案》**（通常称为 Check 21），允许银行无须运输纸质支票。法案规定，零售商可以扫描顾客的支票，扫描后的图像通过清算系统即时发送到双方的账户（就是说，从顾客账户取钱与存入零售商账户同时进行），这样就解决了交易中的浮存问题。你可以通过本书的网站链接访问联邦储备金融服务网站的 Check 21 法案启用服务页面或者美国银行家协会 Check 21 法案资源中心网站，获取更多关于该法案及其实施方面的信息。

前车之鉴

NetBank

CompuBank 和 NetBank 是美国最早的两家非传统银行创建的纯互联网银行。经过 4 年的经营，CompuBank 拥有 5 万储户，存款 6400 万美元，每年亏损 2000 万美元。NetBank 的业绩要强得多，有 16 万储户，存款 10 亿美元，已经连续 10 个季度盈利。

2001 年年初，CompuBank 决定停业，并将储户转卖给 NetBank。当一家银行接收另一家银行的储户时需要进行一系列信用核查（due diligence）程序，包括检查储户的信用历史和银行记录。一般情况下，在倒闭银行的客户认可新银行成为处理其银行账户的机构之前，就应该完成这些信用核查程序。

很多原因导致在账户转移时信用核查程序还未完成。NetBank 冻结了很多账户，发信通知储户并解释因其不符合 NetBank 的标准而不被接受。这对任何银行来说都很麻烦，对于互联网银行来说情况更加糟糕。

最终 4000～8000 个 CompuBank 储户没有通过信用核查。有些是小问题，比如，网上付款交易没有完成，信用卡和借记卡被商店和餐馆拒收，在自动取款机上无法提现。有些储户则会遇到更大的麻烦。一对夫妻在 CompuBank 的账户里存钱来偿还住房贷款的尾款，结果却被 NetBank 冻结，因此不得不申请二次贷款。这对夫妻在起诉 NetBank 时声称为此多付数万美元的利息。很多储户因为几个月不能动用存款而被激怒。有些储户一直担心自己自动支付的账单实际上没有被偿付。

必须承认，NetBank 的客户服务也非常失败。许多电话投诉或要求解释的储户在 45 分钟的等待后被转接到银行的安全部门，安全部门的电话语音提示储户留下社会保险号以便回电并录下通话记录，但储户都表示没有接到银行的回电。NetBank 的通知时间也存在问题，很多客户报告说接到 NetBank 通知其账户存在问题的信函。通知注明是 4 月 30 日发出，但储户都是在 5 月 14 日之后才收到。通知上提供了求助电话，这个号码 5 月 12 日就注销了。许多失望的储户是在网络讨论组里了解到彼此遭遇并互相比较银行的通知。

NetBank 没有透露在这次账户转移中

失去多少客户，可能它自己也不知道。CompuBank 的储户大部分都是愿意尝试新型金融服务的有经验的互联网用户，有过这次经历后，许多人发誓再也不与没有实体网点的银行打交道了。NetBank 案例给我们的教训是：客户服务及客户沟通能力对电子支付公司或者负责客户财产的公司极其重要。

11.5.2　移动银行

在第 6 章中介绍了一些新的机会适合于那些面向使用智能手机或其他移动设备连接互联网用户的初创公司。近年来，银行已经开始在业务领域发掘移动商务的潜力。

目前许多银行都提供移动 App，让用户可以使用智能手机查询银行账户余额、查看账户状态或者查找附近的自动取款机。

很多银行的移动 App 都允许用户完成各种类型的银行业务，包括可以选择用智能手机上的照相机给支票拍照并电子化存入银行账户。包括 Intuit GoPayment 和 Square 在内的多家供应商都提供了微型信用卡刷卡器，这种设备跟智能手机相连接，就成为高度便携的支付处理终端。这使得企业（或其员工）可以随时随地处理用户信用卡付款。因为刷卡器允许员工在提供服务后即刻收取费用，这些设备在居民服务业（如电工、管道工和景观设计师）中得到广泛应用。

11.6　支付系统面临的威胁：网络钓鱼和身份盗窃

在线支付系统为犯罪分子和犯罪组织提供了一个"大展身手"的舞台。进行在线支付的消费者很容易成为犯罪分子的猎物。在第 10 章已经介绍过网络钓鱼攻击，这是一种专门诈骗线上业务客户的技术。尽管网络钓鱼攻击可以针对所有网上企业，但金融机构最为关注这一问题，因为客户期望提交给金融机构的个人信息和资源具有高度的安全保障。

11.6.1　网络钓鱼攻击

网络钓鱼攻击的基本结构就是攻击者给目标网站的所有可能用户发送电子邮件（如图 11-5 所示），图 11-5 中的 Paypal 就是目标网站。

邮件内容通知收件人其账户已被盗用，需要登录来解决。这个邮件中包含一个看起来是指向网站登录页的链接。然而，该链接实际上会把收件人导向犯罪分子的网站，该网站经过伪装，看起来非常类似于目标网站。毫无戒心的收件人输入用户名和密码后，犯罪分子马上用它进入收件人的账户。一旦进入受害人的账户，犯罪分子就能随意访问个人信息、进行交易或取出资金。

当用于网络钓鱼攻击的电子邮件是针对某个人或组织而精心设计时称为**鱼叉式网络钓鱼**（spear phishing）。虽然采用鱼叉式网络钓鱼的犯罪分子必须对目标收件人进行大量研究，但是借助于获得的详细个人信息并将其用于电子邮件中，可以大大增加受害人打开电子邮件并点击钓鱼网站链接的机会。有些公司经常会用到一些企业或行业术语和缩写，这些特殊公司的员工往往会成为鱼叉式网络钓鱼者发动攻击的对象。网络钓鱼者利用熟悉的语言和术语取得受害者的信任，从而更有可能诱使受害者点击网络钓鱼链接。

```
Date: xx-xxx-xxx-xxx
From: xx-xxx-xxx-xxx
Subject: xx-xxx-xxx-xxx
To: xx-xxx-xxx-xxx

Dear valued **PayPal** member:

**PayPal** is committed to maintaining a safe environment for its community of
buyers and sellers. To protect the security of your account, PayPal employs
some of the most advanced security systems in the world and our anti-fraud
teams regularly screen the PayPal system for unusual activity.

Recently, our Account Review Team identified some unusual activity in your
account. In accordance with PayPal's User Agreement and to ensure that your
account has not been compromised, access to your account was limited. Your
account access will remain limited until this issue has been resolved. This
is a fraud prevention measure meant to ensure that your account is not compromised.

In order to secure your account and quickly restore full access, we may
require some specific information from you for the following reason:

We would like to ensure that your account was not accessed by an
unauthorized third party. Because protecting the security of your account
is our primary concern, we have limited access to sensitive PayPal account
features. We understand that this may be an inconvenience but please
understand that this temporary limitation is for your protection.

Case ID Number: xx-xxx-xxx-xxx

We encourage you to log in and restore full access as soon as possible.
Should access to your account remain limited for an extended period of
time, it may result in further limitations on the use of your account.

However, failure to restore your records will result in account suspension.
Please update your records within 48 hours. Once you have updated your account
records, your **PayPal** session will not be interrupted and will continue as normal.

To update your **Paypal** records click on the following link:
xx-xxx-xxx-xxx

Thank you for your prompt attention to this matter. Please understand that
this is a security measure meant to help protect you and your account. We
apologize for any inconvenience.

Sincerely,
**PayPal** Account Review Department

PayPal Email ID xxxxx

Accounts Management As outlined in our User Agreement, **PayPal** will
periodically send you information about site changes and enhancements.

Visit our Privacy Policy and User Agreement if you have any questions.
xx-xxx-xxx-xxx
```

图 11-5 网络钓鱼邮件信息

网络钓鱼犯罪分子很快又抓到新的机会实施诈骗。2008 年美国政府通过了一项经济刺激法案，向数百万公民签发了退税支票。法律通过后一周之内，网络钓鱼电子邮件就开始在全国范围内出现。电子邮件伪装成来自美国国税局（Internal Revenue Service），并且承诺只要点击邮件中的链接（网络钓鱼网站）并且提供诸如银行账号、社会保障号码（social security number）和网上账户的密码，就可以获得提早退税。

网络钓鱼邮件中的链接一般都伪装过。一种常见的伪装 URL 的方式是使用"@"符号，这就使 Web 服务器忽略掉"@"前的字符，只接受"@"后的字符。例如，链接 https://

paypal.com@218.36.41.188/fl/login.html 非常类似 PayPal 的地址，但是 "@" 符号会使 Web 服务器忽略掉 "paypal.com"，将受害者引导到 IP 地址为 "218.36.41.188" 的网站。

在图 11-5 所示的电子邮件中，受害者在电子邮件客户端软件上看到的链接是 https://paypal.com/cgi-bin/webscr?cmd=_login-run，点击此链接后浏览器打开的则是一个完全不同的链接：http://leasurelandscapes.com/snow/webscr.dll。这封钓鱼邮件的链接实际上加了一段如下 JavaScript 代码：

```
<A onmouseover="window.status='https://www.paypal.com/cgi-bin/webscr?
cmd=_login-run'; return true" onmouseout="window.status='https://
www.paypal.com/cgi-bin/webscr?cmd=_login-run'"href="http://
leasurelandscapes.com/snow/webscr.dll">https://www.paypal.com/
cgi-bin/webscr?cmd=_login-run</A>
```

这段代码在多数电子邮件客户端软件里是不可见的，所以受害者可能根本就不知道浏览器打开的是假冒网站。网络钓鱼诈骗犯还会用其他各种骗术来伪装 URL，如弹出与浏览器地址栏一模一样的窗口或覆盖住浏览器的地址栏。钓鱼犯罪分子通常还会盗用受害者的金融机构网站上的图片放到电子邮件中，增加迷惑性。想了解网络钓鱼技术的详细资料，可访问电子邮件与反垃圾邮件大会（Conference on Email and Anti-Spam）、反网络钓鱼任务组（Anti-Phishing Working Group，APWG）等网站。

11.6.2　用于身份盗窃的网络钓鱼攻击

很多网络钓鱼攻击的犯罪分子都是单打独斗。然而，利用网络钓鱼攻击与身份盗窃相结合很可能获得巨额非法收入，这引起高度结构化的犯罪集团的注意，这些团伙成员都具有各种专业技能。

美国法律将**有组织犯罪**（organized crime），也称**敲诈勒索**（racketeering），定义为组织严密的、纪律化的团伙为牟利而进行的非法活动。参与有组织犯罪的团伙与组织松散的帮会不同，也有别于从事有政治目的的非法活动的组织化团体（如恐怖组织）。一般来说，有组织犯罪的团伙从事的犯罪活动包括贩毒、赌博、洗钱、卖淫、制作与销售淫秽物品、敲诈勒索、劫车、诈骗、盗窃和股票内幕交易等。这些犯罪活动往往是在合法商业活动的掩护下进行的。

互联网不但为有组织犯罪的传统犯罪活动带来了新机会，而且开辟了新的犯罪领域，比如垃圾邮件、钓鱼攻击和身份盗窃。**身份盗窃**（identity theft）是指犯罪分子收集受害人的个人信息并以此申请信用卡，开户后巨额透支，然后立即消失的犯罪行为。图 11-6 就列举了身份盗窃罪犯最想获取的个人信息类型（按照对犯罪分子的有用性排列）。

因为大型犯罪集团可以快速有效地利用海量个人信息，所以它们是身份盗窃的主力军。这些组织可以通过网络钓鱼攻击收集个人信息，用于身份盗窃或其他犯罪活动。它们还会把这些信息出售给世界各地的其他犯罪组织，其中一些交易都是在网上完成的。例如，某个黑客将僵尸程序植入大量的计算机——形成所谓的**僵尸农场**（zombie farm），然后将僵尸农场的使用权卖给犯

社会保障号码
驾驶执照号码
信用卡号码
信用卡验证号（CVNs）
口令（PINs）
信用报告
生日
ATM（或借记卡）卡号码
电话卡号码
抵押借款（或其他借款）信息
电话号码
家庭地址
雇主和单位地址

图 11-6　对身份窃贼最有用途的个人信息类型

罪组织，后者用它来发动钓鱼攻击——用僵尸农场发动的这种攻击有时也称为**域欺诈攻击**（pharming attack）。个人进行这种犯罪会带来严重的安全威胁，而犯罪组织的介入后果更加严重。发动钓鱼攻击有两个要素：收集信息——由**钓鱼情报员**（collector）完成；使用信息——由**钓鱼收款员**（casher）完成，这两个任务所要求具备的技能完全不同。犯罪组织促成这两类人之间的交易，从而提高钓鱼攻击的效率与规模。

每年有超过 100 万人成为钓鱼攻击的受害者，经济损失超过 15 亿美元。尽管随着互联网用户的安全意识提高，网络钓鱼攻击总体上呈现下降趋势，但因为利润可观，多数专家认为网上有组织犯罪的比例将继续上升。

11.6.3　反钓鱼攻击的安全措施

第 8 章已经介绍，很多组织都在设法改进电子邮件传输协议以识别垃圾邮件的发件人。因为垃圾邮件是钓鱼攻击的关键，只要改进的协议能够让邮件接收者识别邮件的来源，钓鱼攻击的威胁就会大大降低。

但是，目前企业所能采取的最为重要的措施就是教育网站的用户。大多数网上银行在网站上不断提醒客户：网站从不会发送电子邮件询问账户信息，让收件人登录网站或更改账户信息。Paypal 有时会在登录过程中插入一个介绍钓鱼攻击的页面。

很多公司（尤其是拥有网上金融业务的公司）会与从事反钓鱼攻击的咨询公司合作，来监测使用公司名称或标志的新网站，一旦发现就立即关闭它们。大多数钓鱼罪犯在滥发电子邮件之前会先建好陷阱网站（带有目标公司的名称和标志），所以这种对付钓鱼攻击的措施很有效。另一种反钓鱼攻击的技术是监测罪犯们所用的网上聊天室，一旦发现出售盗用的信用卡信息和其他钓鱼攻击行为，专业顾问马上就可以识别出实施中的钓鱼攻击计划。

近两年钓鱼攻击增长速度很快，许多行业分析师都认为钓鱼攻击很快会成为影响网上企业的大问题。钓鱼攻击获利丰厚，而随着越来越多的公司加强防御，分析师认为钓鱼罪犯会加大对防御系统的攻击力。

本章小结

信用卡、借记卡和支付卡是最常见的网上支付形式，但其他支付系统（如 PayPal）也日渐普及。无论是出票人直接 EBPP 系统还是整合商 EBPP 系统，电子账单处理及支付系统越来越广泛地替代纸质支票支付。小额支付和微支付所带来的问题已经在很大程度上被支付卡和各种类型的预付账款所解决。

为了处理在线业务中的信用卡和借记卡支付，企业必须在收单银行建立商户账户。之后再使用内部开发的支付处理软件（大公司）、购买的软件或合约处理服务（小公司）完成交易处理。

储值卡包括智能卡和磁条卡，是持卡人持有信息（包括现金价值）的物理设备。磁条卡容量有限。智能卡可以在嵌入式微芯片上存储更多的数据。储值卡可以结合近场通信技术，并可用于非接触式读卡器执行交易。

数字现金是一种便携的、匿名的在线支付方式，作为现金的替代品，这些货币对尚未建立处理卡支付的基础设施的国家的用户来说颇具吸引力。尽管一些数字现金将免受政府和银行监管作为一项优势，但这种自由同时也意味着一种责任。

基于软件或硬件的数字钱包为在线购物者

提供了一个可以存储他们支付卡信息、数字现金和个人身份数据的地方。软件数字钱包使得消费者不需要在每个购物网站上重新输入支付卡和配送信息。随着硬件数字钱包被安装在移动设备上并且用于各种支付功能，硬件数字钱包会越来越普及。

大多数货币交易仍然由银行来处理，而且这些交易的总金额的绝大部分仍然通过纸质支票完成；然而银行经常使用互联网技术来处理这些支票，同时商业交易正在转向电子资金转账和在线支付。目前，美国主要通过电子支付来完成零售交易和消费贷款支付，银行业务越来越多地通过移动设备上的 App 来完成。小型企业和个体消费者都发现，用于移动设备的便携式读卡器（如 Square）可以方便地完成各种场景的卡支付交易。网络钓鱼攻击和身份盗窃对在线金融机构及其客户构成重大的威胁。

关键术语

收单费（acquirer fee）：是收单银行为提供支付卡处理服务而收取的费用，通常包括月度费用和每笔交易的费用，具体由收单银行决定。

收单银行（acquiring bank）与商业银行（merchant bank）同义，是指与接受信用卡的商家开展业务的银行。

匿名数字现金（anonymous digital cash）：数字现金与纸币和硬币类似，不能追溯到使用它支付的人。

自动清算所（automated clearing house，ACH）：银行或政府机构（如美国联邦储备委员会）设立的若干系统之一，用于处理大量低额的美元电子资金转账。

后端处理商（back-end processor）：通过交换网络、收单行、发卡行处理退款和任何其他对账项目的银行服务提供商，包括 ACH 转账。

出票人直接 EBPP 系统（biller-direct EBPP system）：由那些想管理和维护自有系统的大公司所使用的系统。

无卡交易（card not present transaction）：是指持卡人不在商家位置且商家看不到卡的信用卡交易，包括邮购、网上购物与电话购物等。

卡验证代码（card verification number，CVN）、**卡代码验证**（card code verification，CCV）、**卡验证数据**（card verification data, CVD）、**卡验证值**（card verification value，CVV 或 CV2）、**卡验证代码**（card verification code，CVC）、**卡验证值代码**（card verification value code，CVVC）、**卡安全码**（card security code，CSC）、**验证代码**（verification code，V-Code）：印在信用卡上的三或四位数字，但未在卡的磁条中编码，表明购买者持有卡（或已经看到了卡）并且可能没有使用被盗卡号。

钓鱼收款员（casher）：是在钓鱼攻击中负责利用个人信息的参与者。

签账卡（charge card）：没有信用额度的支付卡，必须每月全额支付卡上的全部金额。

退款（chargeback）：如果消费者拒付费用，商业银行就会撤回转到商家账户上的资金的这一过程。

21 世纪支票清算法案（Check 21）：美国一项允许银行用支票的扫描图像传输取代物理转移的法案。

客户端数字钱包（client-side digital wallet）：是将消费者的信息存储在消费者自己的计算机上的电子或数字钱包。

封闭系统（closed loop system）：是指涉及消费者、商家和支付卡公司（例如美国运通卡或发现卡）的支付卡系统，用来处理消费者与商家之间的结算，不需要银行作为中介。

钓鱼情报员（collector）：是在钓鱼攻击中负责

收集潜在受害者个人信息的计算机。

整合商EBPP系统（consolidator EBPP system）：是指由一个独立的公司（整合商）在其系统上整合客户的所有票据的电子账单支付和处理系统。

信用卡（credit card）：是指根据用户的信用额度确定的消费限度的支付卡。必须至少按月支付信用卡上的余额，并为未付余额支付利息。

信用卡协会（credit card association）：为个人消费者发行信用卡的会员组织，也称为客户发卡行。

加密货币（cryptocurrency）：是指加密形式的货币。

客户发卡行（customer issuing bank）：为个人消费者发行信用卡的会员组织，也称为信用卡协会。

借记卡（debit card）：直接将交易额从持卡人的银行账户中减去，转入商家的银行账户的支付卡。

数字现金（digital cash）：泛指由私有实体（非政府）建立的各种非纸币或硬币的价值存储与交换系统，该实体不使用纸币或硬币，可以作为政府发行的实物货币的替代。

数字钱包（digital wallet）：是一种可以存储信用卡号、所有者身份识别与联系信息，并在电子商务网站的付款环节提供这些信息的软件；数字钱包还可以存储电子现金。

重复消费（double-spending）：是指将同一数字现金付给两个商家，消费两次的现象。

信用核查（due diligence）：是指历史背景研究程序。

电子账单处理及支付系统（electronic bill presentment and payment system, EBPP system）：指在线接受账单并进行支付的系统。

销售点电子资金转账卡（electronic funds transfer at point of sale card, EFTPOS card）：借记卡的别称，通常在美国境外使用这一称呼。

浮存（float）：浮存是指签写支票与银行支票兑付之间的延时。

前端处理商（front-end processor）：通过向交换网络发送交易的详细信息，把批准或拒绝的交易记录存储下来以获得交易授权的银行服务提供商。

礼品卡（gift card）：是指用于送礼的预付卡。

硬件数字钱包（hardware-based digital wallet）：可以存储各种身份证明，用于智能手机和平板电脑等。

身份盗窃（identity theft）：是指犯罪分子收集受害人的个人信息并以此申请信用卡，开户后巨额透支，然后消失的犯罪行为。

交换费（interchange fee）：由卡协会设定并向收单银行收取的费用，通常这笔费用会转嫁为商家的成本。

交换网络（interchange network）是连接发卡行、信用卡协会组织（如万事达卡和Visa卡）和商家开户行的网络。

发卡行（issuing bank）：为个人消费者发行信用卡的会员组织，也称为信用卡协会。

商家账户（merchant account）：是指为了处理支付卡交易，商家在收单银行开设的账户。

微支付（micropayment）：是指在互联网上对低于1美元的商品的支付。

洗钱（money laundering）：是指犯罪分子将非法所得的资金转换成现金的方法，使得在消费时无法识别出这是非法收入。

近场通信（near field communication, NFC）：是指在短距离内进行非接触式数据传输。

开放系统（open loop system）：一种涉及消费者和消费者所在银行、商家及商家所在银行以及处理消费者和商家之间交易的第三方（如Visa卡或万事达卡）的支付卡系统。

有组织犯罪（organized crime）：是指组织严密的、纪律化的团伙为牟利而进行的非法活动，也称敲诈勒索（racketeering）。

支付卡（payment card）：即代替现金支付的塑料卡，包括信用卡、借记卡和签账卡。

支付网关（payment gateway）：用于获取交易批准的软硬件的前端处理商。

支付处理服务提供商（payment processing

service provider, payment processor）：是指在线业务支付卡处理的第三方公司。

域欺诈攻击（pharming attack）：是指用僵尸农场发动的攻击。

预付卡（prepaid card）：指价值有限的、可用于特定零售商处采购的购物卡。

敲诈勒索（racketeering）：由高度组织、纪律严明的团体进行的以获取利润为目标的非法活动，也称为有组织犯罪（organized crime）。

服务器端数字钱包（server-side digital wallet）：是指在商家服务器或数字钱包发行公司的远程服务器上存储客户的信息的电子或数字钱包。

一次性卡（single-use card）：是指为消费者提供一个只能用于一次交易的独特卡号的支付卡。

小额支付（small payment）：是指所有低于10美元的支付。

鱼叉式网络钓鱼（spear phishing）：是指用于网络钓鱼攻击的电子邮件是针对某个人或组织而精心设计的攻击类型。

商家签账卡（store charge card, store-branded card）：是指特定零售商所发行的卡。

储值卡（stored-value card）：既包括精心制作的智能卡，又包括有着记录货币余额的磁条的简单塑料卡，如手机充值卡、手机复制卡、地铁或公交卡。

僵尸农场（zombie farm）：被黑客植入僵尸程序的一组计算机。

复习题

1. 请说出最常见的在线交易支付形式。
2. 哪些公司最有可能使用出票人直接 EBPP 系统？
3. 哪些公司最有可能使用整合商 EBPP 系统？
4. 什么是微支付？
5. 什么是借记卡？
6. 什么是公司签账卡？它和信用卡有什么差异？
7. 什么是支付卡交换网络？
8. 什么是信用卡协会？
9. 什么是商家账户？
10. 什么是退款？
11. 什么是收单费？它包含哪些服务？
12. 请说出影响交换费费率的一个因素。
13. 为什么在线商家通常会要求消费者提供他们信用卡的卡验证代码？
14. 请说出三类使用自动清算所网络的业务。
15. 什么是支付网关？
16. 请解释使用磁条的储值卡和使用嵌入式微芯片的储值卡之间的关键差异。
17. 可用于数字现金的两种存储类型是什么？
18. 简要描述数字现金的重复消费问题。
19. 什么是洗钱？
20. 什么是数字钱包？
21. 为什么用户使用数字钱包时注重隐私？
22. 在金融服务业中"储备金"一词的含义是什么？
23. 什么是网络钓鱼攻击？
24. 什么是身份盗窃？
25. 什么是僵尸农场？

练习题

1. 用约100字讨论处理在线交易中的小额支付（低于10美元）时所产生的问题。请描述你所提出的问题对应的解决方案，以及提供此类解决方案的公司或产品的名称。
2. 用一段话解释信用卡和借记卡支付处理的差异。
3. 用约100字解释什么是无卡交易，以及在零售业务中为什么无卡交易比有卡交易的风险

4. 用一两段话解释支付卡开放处理系统和封闭处理系统之间的差异。
5. 用一两段话描述收单行在处理在线支付交易中所起的作用。
6. 用约 100 字解释为什么收单行通常会在开设用于处理企业的信用卡交易的商户账户之前，先评估该企业的信誉。
7. 用约 200 字解释支付处理商所起的作用，并简要描述两类支付处理商是如何执行这一功能的。
8. 用约 100 字解释为什么在美国使用近场通信技术的储值卡的流行速度要慢于欧洲和亚洲。
9. 自面世以来，比特币价值波动很大。用约 100 字概述加密货币可能会比其他货币波动更大的原因。
10. 一些匿名数字现金产品受到追捧，因为它们不受任何银行体系或政府监管的约束。用约 100 字评述这一观点，并概述这种自由对产品有用性会产生何种影响。
11. 用一两段话解释《21 世纪支票清算法案》的内容，以及它的目标。
12. 用约 100 字解释如何利用网络钓鱼攻击来实施身份盗窃，并简要说明针对此类攻击可能的有效对策。

案例

案例 11-1　移动设备上的数字钱包：苹果和谷歌

移动支付是在线支付业务增长最快的部分之一。预计到 2019 年美国移动支付将达到 1400 亿美元，到 2018 年移动设备购物可能占到所有在线零售额的一半。

2011 年，谷歌公司推出了首款在移动设备上运行的数字钱包产品，在其安卓手机操作系统中还引入了对 NFC 芯片操作的支持。谷歌钱包存储了用户的万事达卡账户，以保持与发卡银行的现金余额相一致，因此它主要用作借记卡。谷歌钱包不向商家或万事达发卡银行收取费用，也不收取交易费用。取而代之的是，它会从广告展示、优惠券提供或其他促销（根据移动设备与促销的商店的距离显示特定广告）的广告客户中获得收入。谷歌钱包在用户中的推广速度一直很慢。

2014 年，苹果公司为其移动设备推出了数字钱包产品——苹果支付（Apple Pay）。苹果支付与谷歌钱包运作原理类似，但是它们的基础架构和盈利模式有所差异。苹果支付向发卡银行收取交易金额 0.05% 的费用，并为交易提供担保；也就是说，如果发生了欺诈交易，苹果公司将赔偿损失。信用卡公司通常向商户收取交易金额 2% 至 3% 的费用，因此苹果支付的额外费用可作为他们的低价保险计划。消费者不会因使用苹果支付而被收费，也不会收到广告信息。此外，苹果表示，它不会从苹果支付数据中收集关于消费者购买习惯的信息。苹果公司将美国运通卡、发现卡、万事达卡、Visa 信用卡以及一些大型发卡银行纳入其系统。他们还与布卢明代尔百货公司（Bloomingdales）、迪士尼（Disney）、史泰博（Staples）、沃尔格林（Walgreens）和全食超市（Whole Foods）等主要零售商达成合作。这些参与者将能够收集关于消费者购买习惯的数据，但仅限于那些使用他们的卡或在其商店购物的消费者。苹果公司报告称，在苹果支付推出的前三天内，有超过 100 万张信用卡进行了注册。苹果支付推出后，接受 NFC 支付的零售商数量不断增加（正如你在本章中学到的，谷歌钱包和苹果支付都采用了 NFC 技术），谷歌钱包的使用量也因此得到提高。

问题

1. 用约 300 字，分别从消费者、零售商和银行的立场比较一下谷歌钱包和苹果支付的优劣。
2. 2015 年谷歌公司宣布推出新服务——安卓支

付。使用你熟悉的搜索引擎或者图书馆资源详细了解安卓支付，并用约200字解释你认为谷歌公司决定开发这款新产品的原因。在回答过程中注意思考谷歌公司为什么决定继续提供谷歌钱包产品。

3. 由美国大型零售商财团所持有的公司——Merchant Content Exchange 于2015年推出了一项将移动支付和客户忠诚效益相结合的产品——CurrentC。CurrentC通过使用借记卡，但借记卡不提供与信用卡相同级别的欺诈保护，避免了信用卡发卡行收取费用。使用你熟悉的搜索引擎或者图书馆资源了解更多关于CurrentC的信息，并用约200字概述该产品成功的可能性。在回答过程中注意思考CurrentC的优缺点。

4. 一些银行正在计划研发并推出数字钱包产品。使用你熟悉的搜索引擎或者图书馆资源详细了解这些银行及其计划，并用约200字评估银行成功推出数字钱包的可能性。

请注意：任课老师将要求学员们分组来完成案例，并要求每个小组在课堂上正式陈述所完成的报告。

案例 11-2　驼鹿小屋

罗德·纳尔逊（Rod Nelson）和玛莎·纳尔逊（Martha Nelson）15年前在阿尔伯特（Alberta）省卡尔加里（Calgary）市创办了一家名叫"驼鹿小屋"（The Moose Hut，TMH）的礼品店。纳尔逊夫妇充分利用全球最大的牛仔竞技表演之一的"卡尔加里牛仔节"（Calgary Stampede）带来的旅游贸易商机，向在阿尔伯特中部游览的牛仔竞技迷和其他游客推销各种加拿大主题的商品。驯鹿小屋的商品种类丰富，包括从便宜的食品（如加拿大枫糖和熏鲑鱼）到因纽特人和原住民的贵重手工艺品。其中，公司的商标商品驼鹿杯是最为畅销的产品之一。

许多客户再看到卡尔加里旅游时往往还会光顾驼鹿小屋礼品店。它的加拿大国庆宴会饰品系列非常受侨居他乡的加拿大人欢迎，多年来驼鹿小屋一直通过邮寄来销售这些产品。由于邮寄销售额不断上升，玛莎决定扩展邮购业务，在网上接受订单。商店的许多商品具有很高的价值重量比，向世界各地客户送货很方便。

目前驼鹿小屋的邮购业务只接受加元或美元的支票支付。然而要在网上销售，要求公司必须能够接受多种在线支付方式。请你帮助纳尔逊夫妇为驼鹿小屋的新在线业务提出支付处理方案。

网站的支付处理方案应该要能接受所有常见信用卡，完成外汇兑换，还能为加拿大商户所用，最重要的是支付处理方案价格不能太高。目前驼鹿小屋所有商品的利润约占售价的10%～30%，但在网上销售的物流和处理费用会使利润降低5%～10%。驼鹿小屋希望支付处理成本最好不高于售价的4%。

问题

1. 利用该案例的网页链接，查找三种适合驼鹿小屋礼品店的支付处理方案，写一份400字左右的报告介绍每种支付处理方案，并指出每种方案的优缺点。请准备一页备忘录向纳尔逊夫妇提出具体建议，并阐释推荐理由。

2. 纳尔逊夫妇已听说了比特币等数字现金，并且考虑在线上和线下交易中接受比特币或其他数字现金。使用你熟悉的搜索引擎或者图书馆资源，研究这种可能性，并呈递给纳尔逊夫妇约100字的总结报告。在报告中，概述驼鹿小屋接受一个或多个数字现金产品作为支付方式的优缺点。在报告结尾，请在分析的基础上提出建议。

3. 在卡尔加里牛仔节期间，纳尔逊夫妇会租用展台附近的展位，并将其产品出售给参会者。因为电力供应在展位区域不够稳定，而信用卡读卡器需要电力来运作，所以在过去他们只接受现金。因为客户不能使用信用卡，他们认为他们可能会损失一定销售额。为了增加其在展位的销售额，请用你熟悉的搜索引擎或者图书馆资源，对纳尔逊夫妇可能使用的便携式信用卡读卡器产品（如 Square）进行调研。用约 100 字总结你的发现并向纳尔逊夫妇提出建议。

请注意：任课老师将要求学员们分组来完成案例，并要求每个小组在课堂上正式陈述所完成的报告。

延伸阅读

American Banker. 2009. "Online Merchants Cut Fraud Losses," December 1, 11.

Ammons, J., G. Schneider, and A. Sheikh. 2012. "Accounting for Retailer-Issued Gift Cards: Revenue Recognition and Financial Statement Disclosures," *Journal of the International Academy for Case Studies*, 18(1), 1–8.

Bigdoli, H. and R. Phillips. 2012. *Online Banking*. Hoboken, NJ: Wiley.

Berthiaume, D. 2015. "Amazon Shuts Digital Wallet," *Chain Store Age*, January 21. http://www.chainstoreage.com/article/amazon-shuts-digital-wallet

Carter, M. 2015. "Mobile Wallets Are Not Convenient Enough for Consumers," *PaymentsSource*, August 27. http://www.paymentssource.com/news/paythink/mobile-wallets-are-not-convenient-enough-for-consumers-3022186-1.html

Clark, M. 2012. "Visa US Offers Mobile Services," *Near Field Communications World*, February 10. http://www.nfcworld.com/2012/02/10/313104/visa-us-offers-mobile-services/

CyberSource. 2015. *15th Annual Online Fraud Report: Online Payment Fraud Trends, Merchant Practices and Benchmarks*. San Francisco, CA: Visa-CyberSource.

Daly, J. 2014. "Report Documents the March of Online Alternatives to the Payments Mainstream," *Digital Transactions*, March 9. http://digitaltransactions.net/news/story/Report-Documents-the-March-of-Online-Alternatives-to-the-Payments-Mainstream

The Economist. 2015. "The Fintech Revolution: A Wave of Startups Is Changing Finance; for the Better," May 9, 13–14.

EMC Corporation. 2013. *The Year in Phishing*. Bedford, MA: RSA, The Security Division of EMC.

Galbraith, J. 1995. *Money: Whence it Came, Where it Went*. London: Penguin Books.

Grant, D. 2001. "Internet Banking Nightmare: Couple Sue after Access to Their Funds Was Cut Off for 10 Crucial Days," *EastSideJournal.com*, June 10.

Henning, P. 2014. "More Bitcoin Regulation Is Inevitable," *The New York Times*, February 3. http://dealbook.nytimes.com/2014/02/03/more-bitcoin-regulation-is-inevitable/

Hill, K. 2014. "Bitcoin's Legality Around the World," *Forbes*, January 31. http://www.forbes.com/sites/kashmirhill/2014/01/31/bitcoins-legality-around-the-world/

Hof, R. 2015. "Most Stores Still Aren't Ready for Apple Pay or Android Pay," *Forbes*, September 17. http://www.forbes.com/sites/roberthof/2015/09/17/most-stores-still-arent-ready-for-apple-pay-or-android-pay/

Hoffman, C. 2015. "Explaining the Implications for Merchants of EMV and the Liability Shift," *Data Privacy Monitor*, May 18. http://www.dataprivacymonitor.com/data-breaches/explaining-the-implications-for-merchants-of-emv-and-the-liability-shift/

Javelin Strategy & Research. 2013. *Fifth Annual Online Retail Payments Forecast 2012–2017*. Pleasanton, CA: Javelin Strategy & Research.

Javelin Strategy & Research. 2015. *Mobile Online Retail Payments Forecast 2015*. Pleasanton, CA: Javelin Strategy & Research.

Lee, N. 2015. "With Android Pay, Google Gets Mobile Payments Right," *Engadget*, May 29. http://www.engadget.com/2015/05/29/android-pay-google-io/

Lewis, H. 2001. "NetBank, CompuBank Merge, Customers Get Squashed," *Bankrate.com*, May 22. http://www.bankrate.com/bzrt/news/ob/20010521a.asp

Livingstone, R. 2012. "Chasing the Digital Wallet," *Technology Spectator*, January 31. http://technologyspectator.com.au/industry/financial-services/chasing-digital-wallet

Magder, J. 2015. "Now Is the Time for Banks to Determine Mobile Pay Strategy," *PaymentsSource*, September 9. http://www.paymentssource.com/news/paythink/now-is-the-time-for-banks-to-determine-mobile-pay-strategy-3022268-1.html

Martin, J. 2015. "The State of Mobile Payments in 2015," *CIO Magazine*, April 22. http://www.cio.com/article/2912896/mobile/the-state-of-mobile-payments-in-2015.html

Millward, S. 2014. "China's Banks Give Deadline for Bitcoin Exchanges to Close Their Trading Accounts," *Tech in Asia*, April 10. https://www.techinasia.com/china-banks-must-close-bitcoin-trading-bank-accounts/

Montgomery, M. 2015. "Bitcoin Is Only the Beginning for Blockchain Technology," *Forbes*, September 15. http://www.forbes.com/sites/mikemontgomery/2015/09/15/bitcoin-is-only-the-beginning-for-blockchain-technology/

Nash, K. 2014. "Disruption Déjà Vu," *CIO Magazine*, February 1, 18–24.

Nevius, A. 2009. "IRS Expands Electronic Payment Options," *Journal of Accountancy*, 208(6), 78.

Peck, M. 2012. "Bitcoin: The Cryptoanarchist's Answer to Cash," *IEEE Spectrum*, May 30. http://spectrum.ieee.org/computing/software/bitcoin-the-cryptoanarchists-answer-to-cash

Perez, S. 2014. "Apple Announces Mobile Payment Solution Called Apple Pay," *TechCrunch*, September 9. http://techcrunch.com/2014/09/09/announces-mobile-payments-solution-called-apple-pay/

Ptacek, M. 2001. "CompuBank's Demise May Signal a New Era," *American Banker*, 166(63), April 2, 16.

Ramstad, E. 2004. "Hong Kong's Money Card Is a Hit," *The Wall Street Journal*, February 19, B3.

Ray, B. 2012. "Google Wallet PIN Security Cracked in Seconds," *The Register*, February 9. http://www.theregister.co.uk/2012/02/09/google_wallet_pin/

Rob, M. and E. Opara. 2003. "Online Credit Card Processing Models: Critical Issues to Consider by Small Merchants," *Human Systems Management*, 22(3), 133–142.

Roth, A. 2001. "CompuBank Merge Nettles NetBank," *American Banker*, 166(119), June 21, 1–2.

Say, M. 2014. "Why We Accept Bitcoin," *Forbes*, February 13. http://www.forbes.com/sites/groupthink/2014/02/13/why-we-accept-bitcoin/

Stoneman, B. 2003. "FAQs Lighten Service Load at First Internet Bank of Indiana," *American Banker*, 168(2), January 13, 12.

Torian, R., R. Schrader, O. Ireland, and R. Stinneford. 2008. "Current Developments in Electronic Banking and Payment Systems," *The Business Lawyer*, February, 63(2), 689–702.

Wingfield, N. and J. Sapsford. 2002. "eBay to Buy PayPal for $1.4 Billion," *The Wall Street Journal*, July 9, A6.

Yurcan, B. 2012. "Visa Rolls Out New Suite of Mobile Products for U.S. Financial Institutions," *Bank Systems & Technology*, February 9. http://www.banktech.com/payments-cards/232600563

Zhou, T. 2015. "An Empirical Examination of Users' Switch from Online Payment to Mobile Payment," *Technology and Human Interaction*, 11(1), 55–66.

PART 4

第四部分

整 合

第12章 电子商务规划

学习目标

- 电子商务活动如何识别收益和估算成本?
- 电子商务初创公司如何评估和融资?
- 何时以及如何外包电子商务项目开发?
- 如何管理电子商务实施并为其进行人员配备?

引 言

当米歇尔·克罗斯比（Michelle Crosby）三岁的时候，她的父母经历了一段痛苦而漫长的离婚，这让她接触到了律师和法律体系。她长大后成为爱达荷州博伊西市的一名成功的商业律师，但她那不愉快的童年记忆一直伴随着她。在完成了哈佛大学的调解培训后，她回到博伊西，开始从事离婚调解服务。克罗斯比希望通过在线广告拓展业务，推动建立一个全美办事处网络，但是当地银行家不愿为企业提供资金。

2013年，克罗斯比离开了她在博伊西的家，在一家名为Y Combinator的创业指导公司度过了三个月的时间。在完成申请并进行了10分钟的艰苦面试后，她的项目被Y Combinator选中。克罗斯比表示，这次面试比她参加的两门律师资格考试都要难。Y Combinator每年两次会接受少数申请者的项目。在提供少量资金（通常低于10万美元）后，Y Combinator与创业者密切合作，发展他们的业务，并在为期三个月的培训期结束时，向投资者安排"演示日"（Demo Day）演示。

克罗斯比现在回到了博伊西，经营她的公司——Wevorce。在Y Combinator的演示结束后的一年中，她从投资者那里获得了100多万美元，并在五个州经营离婚调解中心。她的在线服务Wevorce Anywhere提供"离婚架构师"服务，可以引导夫妻通过调解解决纠纷，为他们节省数千美元的律师费。

在这一章中，你将了解电子商务初创公司如何为其想法进行计划、管理和寻找投资者，包括如何使用类似 Y Combinator 等公司来帮助自己实现这一目标。你还将了解大型企业如何管理其内部电子商务的实施。

12.1 电子商务活动的收益识别和成本估算

公司计划、设计和实施连贯一致的电子商务战略的能力决定了公司的成败。公司抢先在互联网上以一种新的方式开展业务所获得的巨大影响力已经引起许多行业的高级管理人员和投资者的关注。成功实施任何信息技术项目的关键是计划和执行。本章为那些将管理电子商务项目的计划、实施和持续运营的读者提供了一些有用的指导。成功的电子商务计划应包括确定计划的具体目标，并将这些目标与（第 3～6 章已介绍过的）商业战略衔接起来。

在设定一项电子商务项目的目标时，管理者应该考虑项目的战略意义、预期范围和项目执行的可用资源。在本节中，你将学习如何确定目标并将这些目标与商业战略衔接起来。本章后面的内容将会介绍网站开发策略及管理电子商务项目实施的方法。

12.1.1 目标的确定

企业出于各种原因开展电子商务活动。企业利用电子商务努力实现的目标包括：增加现有市场的销售，开拓新市场，更好地服务现有客户，确定新供应商，与现有供应商更有效地协调，或更有效地招聘员工。

不同规模的组织有不同的电子商务目标。电子商务项目的资源分配决策需要考虑实现这些目标的预期收益和成本。这些决策还应考虑电子商务项目本身的风险，并将其与不作为风险（不采取行动可能会把战略优势拱手让给竞争对手）进行比较。

12.1.2 目标与企业战略的衔接

企业可以采用**下游策略**（downstream strategy）来提高企业的顾客让渡价值；或者，企业也可以通过与供应商或入境运输和货运服务提供商合作，追求以降低成本或创造价值为重点的**上游策略**（upstream strategy）。

本书早前章节介绍了公司可以在网上进行的各种业务。对于许多公司来说，网络是一种很有吸引力的销售渠道。然而，公司使用电子商务能做的不仅仅是销售，公司还可以利用网络来完善其商业战略并提高竞争地位。电子商务商业机会包括以下活动：

- 创建品牌。
- 改进现有营销方案。
- 销售产品和服务。
- 销售广告。
- 更好地了解消费者的需求。
- 改善售后服务和支持。
- 采购产品和服务。
- 管理供应链。
- 进行拍卖。

- 创建或利用虚拟社区维护客户和供应商关系。

上述这些活动的成功很难衡量。在第一次电子商务浪潮中，许多公司没有设定具体的、可衡量的目标，就已在网上开展了这些活动。20世纪90年代后期，公司只要有好想法就可以找到大量的投资者并在网络上开展业务活动。这些早期的活动往往具有很高的投机性，成功还是失败立见分晓。某家公司要么变成所在行业的领头羊（或许在被一家规模更大的公司购并后），要么就破产消失——所有这些都发生在短短几年之间。

在第二次电子商务浪潮中，公司开始在投入资源之前仔细研究其电子商务项目的收益和成本。电子商务计划必须为收益和成本设定具体的目标。公司会在一开始创建试点网站来测试其电子商务创意，随后再发布实现全部功能的正式网站。这些公司在启动正式的新网站之前，必须明确试验的目标。

在第三次浪潮中，公司的发展已经超越了电子商务就是借助于计算机上运行的Web浏览器软件与个人用户进行沟通的网站的概念。智能手机和平板设备的普及让更多的人在更多的场合可以利用Web浏览器的功能。这也改变了在线通信的性质。在固定位置的计算机上运行的Web客户端和Web浏览器之间的消息传递，是更像固定电话一样的一种点对点的通信。在多种设备上运行的Web客户端（其中可能有一些是一个用户在同时使用），让通信和交互的类型更丰富，并且能够完成更广泛的任务，获取技术带来的好处也更为便捷。例如，公司可能永远不需要开发自己的基于微博客的社交媒体工具（如Twitter），因为可以使用Twitter所提供的功能以参与虚拟社区的方式巩固其与客户、供应商甚至自己员工的关系。然而，第三次浪潮中出现的意义最为深远的变化是小型企业在线活动的增加。这些企业可以使用诸如Facebook、Twitter以及类似的社交媒体工具这样的现有通信设施，一样能非常有效地向潜在客户传递信息，而无须在自己的Web基础设施上投入大量资金。有些专家甚至认为，小企业把促销资源投到社交媒体上要比传统网站好。

12.1.3 收益的识别和衡量

电子商务活动的一些收益是显而易见的、有形且容易测量的，这包括增加销售或降低成本等收益。另外一些收益是无形的，并且也许更难以识别和测量，比如客户满意度的提高。在确定收益时，管理人员应当设法设定一些可测量的目标，即使这些目标是为了获得无形收益。例如，通过计算返回站点并再次购买的首次购买客户的数量，可以衡量成功实现提高客户满意度的目标。

创建网站以建立品牌或增强其现有营销方案的公司，可以将品牌知名度的提升作为目标，而品牌知名度的提升可以通过市场调查和民意调查来衡量。在线销售商品或服务的公司，可根据销售量的增长来衡量。衡量品牌知名度或销售额时可能出现的一个复杂问题是：品牌知名度的提升和销售量的增加可能是由公司同期开展的其他活动或经济环境的总体改善而引起的。优秀的营销研究人员或外部咨询公司可以帮助公司确定其在线营销或销售活动的具体效果，还可以帮助公司制定和评估这些电子商务活动的具体目标。

希望使用网站来改进客户服务或售后支持的公司，可将提高客户满意度或降低客户服务或支持成本作为目标。例如，飞利浦照明设备公司（Philips Lighting）想使用Web为小客户提供一个订购系统，其主要目标是降低处理小额订单的成本。飞利浦公司发现，响应库存可用性和订单状态查询的费用，占了处理小订单成本的一半以上。小额订单客户经常会通过电话或传真来询问这些信息。飞利浦公司建立了一个试点网站，邀请许多小客户进行试用，发现测试组客户的客户服务电话数量下降了80%。基于这一明显提高的效率，飞利浦公司决定投资更多的硬件和人员，以支持几乎可以处理所有小客户业务的网站版本。小额订单处理成本的降低证实了额外投资的合理性。

公司可以采用多种类似的测量方法来评估其他电子商务活动。供应链经理可以衡量供应成本的降低、质量的提高或订单交付时间的缩短。拍卖网站可将拍卖活动数量、出价人和卖家数量、已销售商品的金额、已销售商品的数量或注册参与者数量作为目标。拍卖网站软件通常都内置了跟踪这些指标的功能。虚拟社区和网络门户则可以测量访问者数量，并尝试衡量访问者体验的质量。

有些网站利用在线调查来收集这类数据，而大多数网站则基于每个访问者在网站的滞留时间和回访网站的频率进行估算。表 12-1 总结了公司可用来评估这些电子商务的一些测量方法［这些测量方法通常称为**指标**（metrics）］。

表 12-1　衡量电子商务举措的收益

电子商务举措	常用的收益衡量方法
建立品牌	衡量品牌知名度的问卷调查或民意调查、市场份额的变化
改进现有营销方案并建立新的营销方案	每单位销售量的变化、顾客联系频率、转化率（转化成购买者的比率）
改进客户服务	顾客满意度调查、顾客投诉量和顾客忠诚度
降低售后服务的成本	支持活动的数量与类型（电话、传真和电子邮件）、单位顾客净支持成本的变化
改善供应链的运营	所采购材料或服务的成本、质量和按时交付情况；商品销售成本的总体降低
进行拍卖	拍卖活动数量、出价人和卖家数量、已销售商品的数量、注册用户的数量；已销售商品的金额；参与率
提供网络门户、社交网络和虚拟社区	访问者数量、单位访问者回访次数、平均访问的滞留时间、在线讨论的参与情况

无论采取哪种方法衡量电子商务实施带来的收益，公司通常会设法把所有的原始活动测量值转化成货币单位。以货币单位表示收益的方法使公司能够比较收益和成本，而且可以将特定项目的净收益（收益减去成本）与其他项目的净收益进行比较。尽管每项活动都为公司带来了一定的价值，但以货币单位精确衡量价值会很困难。通常情况下，即使设法将这些测量值进行最佳转换，得到的结果也只是粗略的估计值。

12.1.4　成本的识别和估计

乍一看，识别和估计成本似乎比设定收益目标要容易得多。然而，许多管理者发现，信息技术项目的成本与收益一样难以估计和控制。由于 Web 开发比其他信息技术项目所用的软硬件技术变化更快，管理者经常发现他们的经验在进行估算时没有多大帮助。硬件成本的最大变化是在不断下降，但软件复杂性的增加需要更多更新的便宜硬件，这通常导致硬件总成本的净增长。更复杂的软件的花费也经常超出最初的预算。尽管电子商务项目通常比其他许多信息技术项目在更短的时间内完成，但 Web 技术的迅速变化会很快破坏某个管理者设想好的计划。

1. 总拥有成本

除了硬件和软件成本外，项目预算还必须包括网站设计、编写或定制软件、创建内容和网站运营维护等员工的招聘与培训成本及员工工资。许多组织现在都按业务活动跟踪成本，并计算每项业务活动的总成本。这种成本称为**总拥有成本**（total cost of ownership，TCO），包含与业务活动相关的所有成本。增加一些成本可以降低其他成本，因此大多数管理者发现项目的总拥有成本比项目成本的个别要素更适合成为成本控制工作的重点。

电子商务实施的总拥有成本包括硬件成本（服务器计算机、路由器、防火墙、负载均衡设备的购置或租赁费）、软件成本（操作系统、Web 服务器软件、数据库软件、应用软件的许可费用）、互联网连接费、网站设计的外包费、项目参与员工的工资与福利、网站运营后的维护费用等。举例而言，好的 TCO 计算要包括未来网站重新设计的频率的预估。

2. 机会成本

对许多公司而言，与电子商务项目相关的最大最显著的成本就是不开展电子商务导致的机会损失。公司因放弃电子商务项目而获得的收益就是实施电子商务项目的机会成本，管理人员和会计人员用**机会成本**（opportunity cost）来描述不行动而导致的收益损失。

不从事电子商务的机会成本包括：未获得的客户价值、未实现的销售、未发现的供应商或在企业供应链中未实现的成本降低等。尽管机会成本从来没有体现在会计记录中，但它们都是真实的且可以避免的损失。优秀的管理者在做出任何业务决策时都会考虑机会成本。

3. 网站成本

从企业开始建立网站以来，信息技术研究公司［如国际数据公司（International Data Corporation）和高德纳公司（Gartner）］和管理咨询公司［如思略特（PwC's Strategy）和麦肯锡（McKinsey & Company）］就定期估算实施各类电子商务的成本。尽管这些年来创建和运营网站所需要的总花费变化了很多，但启动成本的相对比例一直保持稳定，大约 10% 的成本花在计算机硬件上，10% 花在软件上，另外 80% 用于人力成本（包括内部人力成本和外部咨询成本）。运营电子商务网站的年度成本通常是网站初始成本的 50%～200%。

像第 9 章中介绍的，尽管小型在线商店花费不到 1000 美元就可以投入运营，但大多数具备完整的交易和支付处理功能的小型到中型电子商务运营的成本在 1 万美元到 100 万美元之间。最新的估计显示，对那些必须整合现有业务运营的大公司而言，推出电子商务网站的成本要高得多。图 12-1 总结了行业近期对各种规模企业创建并运营在线网站的成本估算。

	小型网上商店	中等规模电子商务	大型电子商务	整合了其他业务运营的大型企业的电子商务
初始成本（美元）	400～7 000	1 万～100 万	100 万～500 万	500 万～1 亿
每年的运行成本（美元）	400～1.4 万	2.5 万～200 万	50 万～1 000 万	250 万～2 亿

图 12-1 电子商务网站的成本估计

许多行业观察家都注意到成本呈现总体下降的趋势。初创公司逐渐发现它们可以按照每个类别中较低档的金额开展业务。低廉的宽带接入和计算机硬件成本发挥了主要作用，但是最显著的趋势是开发和维护运行电子商务的软件成本（包括大量劳动力的成本）在降低。

报道高科技企业新闻的记者萨拉·莱西（Sarah Lacy）将互联网上首批成功的初创公司之一的网景公司与最近的初创公司进行了比较。她指出，在20世纪90年代初，网景公司需要4000多万美元来购买设备、宽带和支付开发所需软件人员的工资。而2004年，凯文·罗斯（Kevin Rose）创建他的电子商务网站Digg时，投资额低于50万美元。今天，程序员可以开发一款智能手机App，并以低于1000美元的售价将这个想法提交给苹果应用商店（Apple App Store）和谷歌市场（Google Play）。

在考虑网站托管方案时，企业必须考虑现在和将来需要的功能、托管服务提供商的可靠性、需要处理的客户量和交易量、安全性、备份条款以及成本。这些因素总结在表12-2中。

表12-2 Web主机托管服务的重要性能

性能	典型措施
功能性	带宽、支持不同操作系统和数据库的数量、磁盘空间、允许的电子邮件账户数量、提供软件（用于网站建设和流量分析等）的数量和类型
可靠性	正常运行时间的比例保证、故障后恢复速度保证
可扩展性	可在账户成长时添加到账户中的易于扩展的带宽、磁盘空间、附加软件（数据库和流量分析等）
安全性	员工背景检查、对设施提供的物理保护（防护设施、警报、警卫、安全摄像头等）和防止网络入侵（防火墙、网络安全软件和设备）的功能
备份和恢复	备份频率、自动备份、离线的备份存储介质
成本	设置和运营的初始费用和持续费用，专门软件和其他性能的额外收费

12.1.5 电子商务创业的融资

Web发展早期，许多企业是由那些了解计算机和技术知识并具有商业头脑的人士创建的。例如，eBay和雅虎就是由那些想凭借自己的爱好赚点小钱的计算机爱好者创建的。

初创公司的电子商务项目（而不是由现有企业推出的创意）通常不能从银行贷款或向投资者提供债券或股票。银行不会只因为有一个好创意就借钱，股票和债券市场也仅限于有长期跟踪的盈利记录的公司。大部分初创公司的资金都来自创始人的储蓄，以及朋友和亲戚的投资或贷款。

随着20世纪90年代末对网站商业兴趣的增加，许多电子商务初创公司吸引了想在互联网热潮中赚些快钱的投资者。人们想出一个电子商务点子，就会把它推销给一群有钱和有足够的商业知识评估这个想法潜力的商人。这些通常被称为**天使投资人**（angel investor）的投资者会给初创公司提供资金。对于那些所需资金远超亲朋好友筹资的电子商务初创公司来说，这仍然是一个不错的选择。作为投资回报，天使投资人会成为企业的股东。在许多情况下，天使投资人比创始人持有更多的股份。天使投资人提供的资金通常在几十万美元到几百万美元之间。一般而言，天使投资人希望业务能够快速增长，以便于在短时间内把自己在公司的股份出售给下一轮投资者，后者被称为风险资本家。

风险资本家（venture capitalist）是超级富豪、富豪团体或者投资公司，他们寻找那些即将快速成长的小公司。他们投入巨额资金（在100万美元到几亿美元之间），希望公司在几年内壮大到足以通过一种被称为**首次公开募股**（initial public offering，IPO）的方式向公众发行股票。在首次公开募股中，风险资本家获得利润，再次寻找新的小企业进行投资。

天使投资人和风险资本家的资金支持（以及他们投资初创公司的意愿）随着电子商务活动的盈亏而跌宕起伏。比起衰退期，在业务繁荣期为电子商务项目寻找资金总是更容易。

对于这些企业的创始人而言，电子商务融资启动和初始成长的系统既有收益（它在创业初期提供了大量的资金），也有成本（天使投资人和风险资本家最终会获得大部分利润，并且会给这些企业带来快速增长的巨大压力）。在第一次电子商务浪潮中开办电子商务网站的高成本让企业创始人鲜有选择的余地。如今，创建电子商务的成本已经下降，越来越多的创业者能够避开风险资本家甚至天使投资人。通过缓解快速增长的压力，电子商务创业者可以更具创造力，并有机会从失误中汲取经验教训。行业观察家预期，随着创建电子商务成本的进一步下降，这种趋势将在更多的小型电子商务企业中延续。

12.1.6 收益和成本的比较

大多数公司都有要求对任何主要的资金支出进行评估的程序。这些对设备、人员和其他资产的主要投资称为**资本项目**（capital project）或**资本投资**（capital investment）。公司评估所提议的资本项目所用的技术，囊括了非常简单的计算到复杂的计算机模拟模型。然而，无论技术多么复杂，总要简化为比较收益和成本。如果项目收益远远超过了成本，公司就会在这个项目上进行投资。

制订电子商务活动的商业计划的关键是识别潜在收益（包括员工满意度和公司声誉等无形收益）和确定获得这些收益所需的总成本，并且评估收益价值是否超过总成本。企业应该使用这种成本/收益方法评价其电子商务战略的各个元素。成本/收益方法如图 12-2 所示。

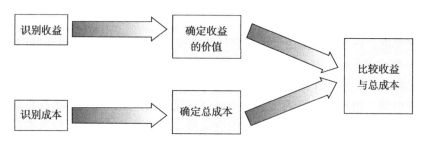

图 12-2　电子商务战略元素的成本/收益评价

12.1.7 投资回报

你可能已经在会计或财务课上学过了资本项目评估的技术，如回报法、净现值法、内部收益率法等。这些评估方法称为**投资回报**（return on investment，ROI）技术，因为它们衡量的是特定当前支出（投资）将提供的收入数量（回报）。投资回报技术可以量化表述特定投资的收益是否超过其成本（包括机会成本），人们还可以根据投资在未来几年回报的收益价值缩减进行数学调整（未来所获收益不如当年所获收益有价值）。

虽然大多数公司在批准电子商务项目之前都要进行某种形式的预期价值评估，但一些公司认为这些项目是绝对必要的投资。因此，企业可能不会像对其他资本项目那样对这些项目进行同样的谨慎审查和严格要求，因为他们担心，随着竞争对手进入在线市场，自己会被甩在后面。

报纸网站就是一个很好的例子，行业愿意为建立电子商务而蒙受一些损失。在第一次电子商务浪潮中，只有少数报纸网站（如 Gannet 公司的《今日美国》和《华尔街日报》的 WSJ.com 网站）获利。大多数报纸网站需要花费很多年才能赚钱，而且至今仍有很大一部分报纸不盈利。本书前面讲过，报纸网站尝试了各种创收方法，如收费订阅、对部分内容收取访问费、对过刊内容收取访问费。尽管报纸网站不断亏损，但大多数报业公司认为更无法承受因忽视网络长期潜力所造成的损失。这些公司估计，不建网站的机会成本（如网站未来收益的损失或市场份额输给竞争对手的风险）要大于其在网络运营中所承受的损失。

在第二次电子商务浪潮中，越来越多的公司开始更加关注与网络相关的支出。许多公司已将投资回报法作为评估新电子商务项目的量度工具，因为这是他们过去用于评估其他 IT 项目的方法。投资回报法既易于理解又便于应用，但是管理人员在使用它来评估电子商务项目时应该慎重，因为它本身固有的一些缺点可能会误导管理者做出糟糕的决策。

首先，投资回报法要求将所有成本和收益以货币单位来表示。由于成本比收益更易于量化表示，这就使投资回报法可能会赋予成本不适当权重，对测量产生偏差。其次，投资回报法注重可预测的收益。许多电子商务项目带来的收益是计划者难以预见的，在计划实施后才会产生。例如，思科公司创建了在线客户论坛，以便客户相互讨论产品问题。该计划的主要收益是降低客户服务成本并提高客户对产品信息可用性的满意度，然而此论坛成为思科工程师了解客户对新产品反馈的有力工具。这个收益是项目的计划者原来没有想到的，现在已经成为在线客户论坛最重要的收益。投资回报法则完全忽略了这一收益。

投资回报法的另一个缺点是更强调短期收益而非长期收益。投资回报法的数学计算确实可以解释两种收益，但短期收益更容易预计，因此往往会包含在投资回报计算中；而长期收益难以预见也难以量化，所以在投资回报计算时经常不予考虑或者预计准确度较低。这会使投资回报法偏向于权衡短期成本和收益，而不是长期成本和收益，从而导致依赖投资回报法的管理者做出错误的决策。可以在 CIO 预算网上了解有关此主题的更多信息。

在第三次电子商务浪潮中，公司对任何计划中的电子商务活动进行极其复杂的分析。例如，计划推出移动银行服务的银行将为实施活动的每个要素制定投资回报估计值，包括针对移动用户的网站、为各种智能手机操作系统提供的任何 App，以及诱使用户将他们的账户切换到银行或使用更多银行服务（从而为银行产生更多的手续费收入）的社交媒体促销活动。

12.2　电子商务网站的开发战略

公司刚开始建立企业网站时，典型的网站往往是静态的手册，不经常更新，基本没有任何交易处理功能。下一代网站包含了交易处理和各种业务流程自动处理功能，成为公司信息系统基础设施的重要组成部分。这些交易处理功能最终都加强了个性化（网站针对每个特定用户呈现定制化的网站内容）和客户关系管理的属性（前面章节中介绍的）。最近，网站与 Facebook 和 Twitter 等社交媒体网络整合在一起。企业还增设了单独的网站格式，为智能手机和平板设备等小屏幕提供特定功能。网站功能的演变如图 12-3 所示。

这种转变要求组织审查、更新，甚至有时完全重建其网站和相关的计算基础架构。许多大公司已经开发出用于管理其软件开发项目的工具。随着越来越多的公司开始将网站视为软件应用程序的集合，它们开始使用这些软件开发工具来管理其网站的更新和重建。许多公司已经能够通过使用传统系统开发方法的替代方案快速响应这些变化，包括本章后面将讲述的孵化器方法。

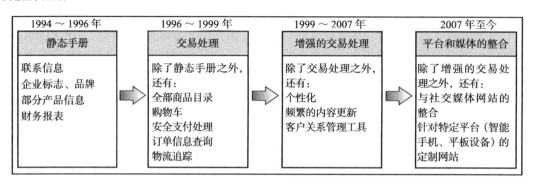

图12-3　网站功能的演变过程

12.2.1　内部开发与外包

一些公司试图通过找到能够为它们处理整个项目的承包商来避免电子商务网站的开发问题。这一方法称为**外包**（outsourcing）。大部分龙头企业明白这些网站对于公司未来的成功至关重要，所以无法承受外包的风险。电子商务项目的成功取决于它是否已被整合到企业已经从事的活动中。使用内部人员负责所有项目有助于满足公司的特定需求，能够保证项目符合企业的目标和组织的文化。外部顾问或外包公司不可能充分了解实现这些目标的组织文化。但大多数企业的规模不大或者内部专业知识不充分，企业无法在没有外部帮助的情况下开展电子商务项目。电子商务成功的关键是在项目的外部和内部支持之间取得平衡。

1. 内部团队

确定电子商务项目的哪些部分需要外包的第一步是组建负责该项目的内部团队。这个团队应该包括充分了解互联网及其技术的人，他们了解技术的能力和限制。团队成员应该有创造性思维，有兴趣带领公司超越目前的境况，在某种程度上他们在公司业务上非常出色。如果他们尚未被同行认可为成功的个人，那么该项目就会缺乏公司内部的信任。

有些公司常犯的一个错误是任命一位技术奇才为电子商务项目负责人，他对业务知之甚少，而且在整个公司并不为人所知。这样的选择大大增加了失败的可能性。在建设成功的电子商务时，业务知识、创造力和公司运营职能经理的尊敬要比技术专长重要得多。项目负责人需要很好地了解公司的目标和文化，才能有效地管理项目的实施。

衡量内部团队的绩效非常重要，这些度量数据不一定非得用金钱表示，可以用适合项目目标的任何术语来表达。顾客满意度、产生的销售机会量和订单处理时间的减少都可作为衡量团队绩效的指标。这些衡量应该体现出电子商务项目影响公司向顾客让渡价值的能力。许多咨询人员建议，应该拨出项目预算的5%到10%来量化项目的价值并衡量价值的实现程度。

如今的公司认识到员工对业务及其流程等知识积累的价值。组织中这种类型知识的价值被称为**智力资本**（intellectual capital）。虽然智力资本的价值很难衡量，并且无法反映在会计记录或财务报表里，但如今大多数公司都会对其进行估算，并试图管理其增长。

内部团队应该负责从设定目标到网站的最终实施和运营的电子商务项目的全过程，决定将项目的哪些部分外包以及外包给谁，也要决定公司需要为项目聘请什么样的咨询顾问或合作伙伴。在项目早期，咨询顾问、外包商和合作伙伴是非常重要的，因为他们经常比大多数信息系统专家更早地学习新技术的技能和专业知识。

2. 早期外包

在多数电子商务项目中，为了快速启动项目，公司将最初的网站设计和开发外包。然后，在将网站的运营交给公司之前，外包商会培训公司的信息系统专业人员掌握新技术。这种方式称为**早期外包**（early outsourcing）。既然电子商务网站能够迅速为公司带来竞争优势，那么就应该尽早让公司的信息系统人员参与项目并提出改进意见。

3. 晚期外包

在更传统的信息系统外包方式中，公司的信息系统专业人员进行初始设计和开发工作，实施并操作系统，直到它成为业务运营的稳定部分。一旦公司获得了系统带来的所有竞争优势，就可以把电子商务系统的维护工作外包，以便公司的信息系统专业人员能把注意力和才能转向开发可以为公司进一步赢得竞争优势的新技术。这种方式称为**晚期外包**（late outsourcing）。虽然多年来晚期外包已成为为项目分配稀缺的信息系统人才的标准方式，但大多数管理人员发现，早期外包更适合电子商务项目。

4. 部分外包

在早期外包和晚期外包两种方式中，整个项目的设计、开发和运营都由一个单独的团队（在公司内部或外包方）负责。这种典型的外包模式在许多信息系统项目中都发挥了积极作用，但电子商务项目还可以从采用部分外包方式中受益。**部分外包**（partial outsourcing）也称为**局部外包**（component outsourcing），即公司确定项目的特定部分交给另一家专精某一特定功能的公司，完全由其进行设计、开发、实施和运营。

例如，许多小网站将电子邮件处理和回复工作外包。客户希望与之打交道的网站能够迅速准确地回复自己所做的每个电子邮件查询。一旦收到订单或信用卡付款，许多公司就会立即通过电子邮件向客户发送自动订单确认。许多公司通过向其他公司提供这种电子邮件自动回复功能来充当外包商。部分外包的另一个常见例子是外包支付处理。许多供应商都愿意提供全面的客户付款处理。当客户准备付款时，这些供应商的网站"接管"客户，在支付交易处理完成后，又把客户"送回"原来的网站。

公司最常采用的电子商务部分外包的方式是 Web 托管。Web 托管服务提供商通常愿意满足各种服务级别的请求。小公司可以在服务提供商的现有服务器上租用空间。大公司可购买服务器硬件，放置在服务提供商处，并由服务提供商负责安装和维护。服务提供商具有维持电子商务网站每周 7 天、每天 24 小时不间断运营［这种服务通常称为 **24/7 运营**（24/7 operation）］所需要的人员配备和专业知识。

许多服务提供商为希望在网络上开展电子商务的企业提供基本的网络接入之外的服务，这些服务多数都是前面介绍的适合部分外包的业务，比如电子邮件自动回复、交易处理、支付处理、安全管理、客户服务和支持、订单履行以及产品分销等。

12.2.2 孵化器

孵化器（incubator）是以极低的价格为初创公司提供物理上的办公场所、财务与法律咨询、计算机、互联网连接的公司。有时孵化器还提供启动资金、管理建议和营销咨询。作为交换，孵化器持有该初创公司的股份，一般是10%～50%。

当这家初创公司成长到能够获得风险资本融资甚至能公开发行股票时，孵化器会卖掉全部或部分股份，将收回的资金重新投资给新的初创公司。最早的互联网孵化器之一的Idealab曾经为CarsDirect.com、Overture和Tickets.com等公司的起步助力。另一个例子是位于韩国首尔的SparkLabs，它是一个为实施创意的初创公司提供启动资金、办公场地和一定的指导的创业孵化器。

有些公司还成立了内部孵化器。过去曾有许多公司利用内部孵化器来开发公司计划用在其主要业务运营中的技术。这类项目大部分都不成功，最终都停工了。当内部孵化器的员工得知所开发的技术最终会被母公司拿走并控制时，他们很难保持创业精神。

最近，日本松下集团下属的松下美国公司启动了内部孵化器，帮助有望成长为重要战略合作伙伴的初创公司。在这个孵化器中发展出来的商业创意最终作为独立的公司推出，这些公司拥有创建想法或产品的资产的所有权。孵化器的开发团队也会继续担任新公司的管理者。相比旧式的技术开发孵化器，这种战略合作伙伴孵化器取得了更好的成果。

前车之鉴

诺德航空公司

诺德（Nordisk）航空公司是挪威海德鲁（Norsk Hydro）集团的子公司，它设计、制造和维修世界各地主要航空公司的货运和旅客行李的空运集装箱以及诸如联邦快递和联合包裹这样的物流公司的空运集装箱，也设计和销售匹配集装箱的处理系统及托盘。诺德航空公司年销售额超过1亿美元，在世界各地的机构有150多位员工。

诺德航空公司坚信IT项目应该采用外包，因其IT部门只有两个人。这两名IT员工主要负责监督公司的每个IT设计与项目实施，还负责管理其他公司给诺德航空公司提供的IT服务。

2000年年底，诺德航空公司总裁曼弗雷德·戈兰特（Manfred Gollent）决定将多年来只用于信息发布的网站升级为门户网站，允许客户检查订单状态、了解集装箱与集装箱处理系统设计的最新进展。按照惯例，诺德公司会将项目外包给一家公司。

诺德航空公司IT部门的两位员工立即着手寻找合适的网站开发公司。创建了诺德航空公司现有网站的网站开发人员已经找不到踪影了。开发人员创建网站时使用了许多程序来生成动态页面。但不幸的是，开发人员只给了诺德航空公司可执行代码而不是实际程序，也没有提供程序的源代码和任何文档。

最初创建的网站根本不是诺德航空公司的重要战略项目，其IT部门的员工忙着其他重要的项目，不确定是否接收到源代码和文档。现在诺德航空公司要想在网站中添加其他门户功能，必须雇用一家公司来重建整个网站。诺德航空公司案例带给我们的教训是：即使一个公司将网站开发工作全部外包，也必须采取相应措施确保项目的内部管理并建立完整的文档。

12.2.3 加速器

加速器（accelerator）是执行类似孵化器功能的公司，然而其构建活动的方式不同。此外，加速器倾向于与已经将他们的想法发展成商业的企业合作，而不是像孵化器那样经常与仍处于"我有一个好主意"阶段的企业家合作。

加速器通常具有正式的申请流程，经常涉及一系列竞争性的方案和演讲。在这个过程中，企业家会让加速器的工作人员审查他们的业务，工作人员会非常仔细地了解业务的运营现状和未来计划。大多数方案都会被拒绝。那些幸存下来的方案进入正式程序，企业家会花费一段时间（从几周到几个月不等）与一个由加速器配备的导师团队 [称之为导师网络（mentor network）] 密切合作，将想法转化为可行的业务。

当一个方案被接受时，加速器就会给初创公司投入资金，以换取少量股权。在加速器中，对于企业家来说，真正的价值不在于获得投入的资金，而在于获得进入导师网络的机会。对于一些初创公司而言，这些导师网络会超过 100 人。其理念是汇集初创公司发展所需的专业知识，并将其提升到更高的水平。

在发展期结束时，许多初创公司一起参与加速器的流程，企业家在演示日活动中向媒体和潜在投资者发表演讲。这些推销活动旨在使每一家初创公司都得到宣传从而赢得投资者的兴趣。本章介绍的 Y Combinator 是一家非常成功的加速器公司。其他运营加速器的公司还有 TechStars 和 Brandery。

12.3 管理电子商务的实施

管理任何复杂的电子商务实施的最佳方法是采用正规的项目管理技术。企业可以采取项目管理、项目组合管理、人员配备、实施后审计等方法对电子商务项目进行有效管理。

12.3.1 项目管理

项目管理（project management）是一整套为实现特定目标而计划和控制活动的规范技术。项目管理是 20 世纪五六十年代由美国军方和与其合作的国防承包商在研制武器和其他大型系统时开发出来的技术。当时，不仅国防开支增加，而且单个项目变得太大，以至于管理者无法在没有任何帮助的情况下保持对它们的控制。

项目计划包括有关成本、进度和绩效的指标，能帮助项目经理根据这三个指标做出明智的权衡决策。例如，如果项目需要提早完成，项目经理就可以通过增加项目成本或降低项目绩效来压缩时间。

现在，项目经理使用被称为**项目管理软件**（project management software）的特定应用软件来帮助他们监督项目。诸如 Oracle Primavera 和 Microsoft Project 这样的商业项目管理软件产品为管理人员提供了整套用于管理资源和时间的内置工具。该软件可以生成图表和表格展示如下内容：哪些部分对项目的及时完成至关重要，哪些部分的重新安排或拖延不会影响项目完成日期，以及哪些资源对项目赶工最有效。Open Workbench、OpenProj 和 Redmine 都是开源的项目管理软件包，它们提供了许多与领先的商业产品相同的功能。

除了管理内部团队的人员和任务外，项目管理软件还能够帮助团队管理指派给咨询顾问、技术伙伴及外包服务提供商的任务。通过检查任务完成时的成本和完成时间，项目经理就能了解项目进展情况，并不断修订未来任务的预计成本和完成时间。

信息系统开发项目当之无愧是容易失去控制并最终失败的项目，比诸如建筑项目这样的其他类型项目更容易失败。信息系统项目失败的主要原因是技术的快速变化、开发时间过长和客户期望的不断变化。由于信息系统项目的这一弱点，许多团队都依靠项目管理软件来帮助他们实现项目目标。

虽然电子商务确实采用了变化迅速的技术，但大多数电子商务项目的开发时间相对较短，常常在不到六个月的时间内就能完成，这使得技术和顾客期望都较少发生变化。因此，开展电子商务总的来说比其他类型的信息系统实施更容易成功。

要学习更多有关项目管理方面的知识，可以阅读本章最后在延伸阅读中所列的参考文献，或者点击美国项目管理协会（Project Management Institute，致力于推动专业的项目管理实践的非营利组织）的网站链接。

12.3.2　项目组合管理

较大的企业往往同时实施多个 IT 项目，有些属于电子商务实施或升级。一家公司级别最高的技术经理是**首席信息官**（chief information officer，CIO）。有些大公司的首席信息官采用组合方法管理多个项目。**项目组合管理**（project portfolio management）是把每个项目当成类似投资组合中的一项投资来进行监督的技术。首席信息官将所有项目记录在列表中（通常使用电子表格或数据库管理软件），并定期用每个项目当前状态信息更新该表。通过把项目当作组合中的元素来管理，项目组合经理就能够像管理单个项目一样对不同项目的成本、进度和质量进行权衡。这让组织在分配资源方面具有更大的灵活性，从而以最及时的方式实现所有项目的收益最大化。

这种管理有点类似于管理一个项目内的多项任务，但是多数项目管理软件被设计为用于管理单个项目，无法很好地处理多个项目的任务。此外，项目组合管理所用的信息与管理特定项目所用的信息略有不同。项目管理软件跟踪每个项目如何实现其特定目标的详细信息。在项目组合管理中，首席信息官根据各项目对企业战略目标的重要性及风险水平（失败概率）来确定项目等级。

管理者可以使用通常评估企业资产投资风险时所用的各种方法来确定项目等级。实际上，使用这些工具有助于 IT 职能部门将电子商务项目解释为资产投资，这使得公司的其他高层管理者更容易理解这些项目的业务特征。

12.3.3　电子商务人员的配备

无论内部团队是否决定要外包部分设计和实施工作，都必须确定电子商务活动的人员需求。对开展电子商务至关重要的人员一般包括：

- 首席信息官。
- 业务经理。
- 项目经理。
- 项目组合经理。
- 客户经理。
- 应用程序专家。
- 网站程序员。
- 网站图形设计师。
- 内容创作者。
- 内容经理或内容编辑。
- 社交网络管理员。
- 网络营销经理。

- 客户服务代表。
- 系统管理员。
- 网络操作员。
- 数据库管理员。

除了实施 IT 项目之外，首席信息官还要负责监督开展和运营电子商务活动所需的信息系统和相关技术要素。首席信息官应该具有战略性的眼光，处在该职位的人通常会是电子商务项目的重要推动者。首席信息官一般都拥有计算机信息系统专业（或类似领域）的学士学位和商业或信息技术管理专业方面的硕士学位。他们必须具有多年在所负责管理的职位上工作的经验。

业务管理职能应该包括内部人员，**业务经理**（business manager）应该是为项目设定目标的内部团队中的一员。业务经理负责实施业务计划并实现内部团队设定的目标。如果项目进行中有必要对计划进行修订，业务经理会制订计划修改和追加资金的具体方案，并将其呈交给内部团队和最高管理层进行审批。业务经理应该具备在电子商务网站上从事业务活动的经验和知识。例如，如果业务经理被安排到消费品零售网站，他们应该具有管理零售运营的经验。

除业务经理外，大型电子商务项目的业务管理部门还需要其他人来处理业务经理没有时间亲自处理的特定事务，如项目管理或客户管理等。**项目经理**（project manager）在跟踪项目中特定目标的成本及进展方面受过专门训练或具备特定能力。许多项目经理都通过了诸如美国项目管理协会（之前已经介绍）这样的组织认证，能够熟练使用项目管理软件。

项目组合经理（project portfolio manager）通常是从项目经理的职级晋升上来的，负责跟踪所有正在进行的项目并把它们当作一种组合来管理。项目组合经理权衡不同项目之间的成本、进度和质量，平衡企业对所有项目的资源投入需求。

客户经理（account manager）要记录一个项目使用中的多个网站版本，或者记录未来有望合并建成大网站的多个项目。许多大型项目都有位于不同服务器上的测试版、演示版和正式版网站。测试版是"正在建设中"的网站版本。由于大多数网站经常使用新功能和内容进行定期更新，测试版保证了在网站正式展示给客户前，网站的每个新功能都能正常工作。演示版的功能已通过测试，必须要展示给内部受众（如营销部）以供审批。正式版是供客户和其他访问者使用的完整运营的网站版本。当网站从测试版过渡到演示版再到正式版时，客户经理要监督特定网页的位置和相关软件的安装。在小项目中，业务经理往往身兼项目管理和客户管理的职能。

如第 9 章所述，随着越来越多的供应商提供成套的电子商务软件方案，公司需要能安装并维护这些软件的信息系统人员。许多大公司都由**应用程序专家**（applications specialist）负责维护财务软件、人力资源软件和物流软件。同样，购买软件来处理商品目录、支付处理和其他业务的电子商务网站也需要应用程序专家来维护这些软件。虽然这些软件包的安装工作可以外包，但大多数公司更倾向于培训内部人员来安装软件，这样他们就能为在网站开始运营后管理这些软件做好充分准备。

网站已经从静态 HTML 演变为使用动态网页生成技术和 XML 数据集成构建的复杂设计。随着网站变得越来越复杂，对动态数据库驱动的 Web 页面设计和编写底层代码的**网页程序员**（web programmer）的需求也在增加。优秀的网页程序员熟悉各种动态 Web 网页生成技术，并至少精通其中之一。许多网页程序员还能进行数据库操作和查询，如编写 SQL 或 PHP 代码。

网站是一种视觉媒体，因此每个页面上的图形元素都非常重要。公司要么必须请求拥有图形设计师的图形设计公司或 Web 设计公司提供服务，要么必须聘用具有图形设计技能的员工。**网站图形设计师**（Web graphics designer）是受过艺术、布局和构图训练并且了解网页制作的人。大型网站的网站图形设计师或设计团队必须要确保网页的视觉吸引力、方便易用以及各页面间图形要素的风格一致。

多数大网站和许多小网站都包含专为网站创建的内容。其他网站选择从公司内部现有的资源中改编内容或将购买内容放置在网站上。这些工作要求公司聘用**内容创作者**（content creator）来创作原始内容，聘请**内容经理**（content manager）或**内容编辑**（content editors）购买现成材料并加以改编后用在网站上。

许多电子商务团队中包括**社交网络管理员**（social networking administrator），负责管理网站运营中的虚拟社区元素。这些管理员可能拥有技术、销售、客户服务甚至诸如社会学和人类学等广泛多样的背景。社交网络管理员必须协调使网站作为社交网络工作的所有技术，为企业创造价值。

虽然许多组织在其传统营销部门之外运营其网络营销功能，但在**网络营销经理**（online marketing manager）职位上的员工精通利用网站和其他网络工具（如电子邮件营销）建立品牌和增加市场份额的专门技术。这些经理通常具有广泛的市场营销背景，并能将其与管理组织网络营销方面的技术知识结合起来。

网络为公司提供了主动接触顾客的独特机会。因此，想要利用该机会的 B2C 网站和 B2B 网站都必须包括客户关系管理功能。**客户服务**（customer service）人员在电子商务运营中帮助设计和实施客户关系管理。例如，他们能发布和管理密码、设计客户界面功能、处理客户对服务或后续行动的电子邮件和来电请求以及为网站进行电话营销。公司努力提供最好的服务以满足客户的需求。客户在网上组织和表达他们期望的能力不断增强是过去 20 多年来不断壮大的消费者运动的自然延伸。

有些公司将部分客户关系管理工作外包给独立的呼叫中心。**呼叫中心**（call center）是为其他公司处理客户来电和电子邮件的公司。对客户咨询量不大的小企业来说，使用呼叫中心比自己建立内部呼叫中心更加合理。有些呼叫中心为各种各样的公司服务，有些只专注于特定领域。例如，专业呼叫中心可能与软件制造商签订合同，为其软件产品提供安装帮助。熟练帮助客户安装某种软件的呼叫中心员工，通常能够非常快速地学会如何给其他软件提供支持服务。

了解服务器硬件和操作系统的系统管理员对成功实施电子商务是必不可少的。**系统管理员**（systems administrator）负责保障系统的可靠和安全运营。如果网站的运营外包给服务提供商，则由服务提供商提供此功能；如果是公司自己管理网站，就需要安排至少一个人来专门负责这项工作。此外，内部系统管理员需要安排足够的人员维持网站的 24 小时不间断运营和站点安全。这些网络操作员的职能包括预测和监控负荷、解决出现的网络问题、设计与实现容错技术以及管理外包给服务提供商或电话公司的任何网络运营业务。

大多数电子商务网站都需要**数据库管理**（database administration）功能来支持诸如交易处理、订单输入、查询管理或货运物流这样的活动。这就要求将现有的数据库与网站集成起来，或者为电子商务项目建立一个单独的数据库。拥有一名能够有效管理此功能的设计和实现的数据库管理员非常重要。

12.3.4 事后审计

电子商务网站建成后，项目的大部分资源就转到维护和改善网站的运营上了。越来越多的公司认识到事后审计的价值。**事后审计**（postimplementation audit 或 postaudit review）是在项目建成并运营后进行的正式审核。

事后审计使管理人员有机会检查在项目规划阶段为项目确立的目标、绩效指标、预计成本和计划交付日期，并将其与实际情况进行对比。过去，大多数项目的事后审计都侧重于找出导致成本超支或交付延期的罪魁祸首。由于技术项目中的很多外部因素超出了项目管理者的努力范围，因此对于项目的管理者来说，这种追究责任的方式没什么价值，且会让人感到不舒服。现在，事后审计被大多数组织用来总结项目的成功经验或失败教训。这些经验教训可以随时间积累起来，用来创建和更新组织的最佳实践标准。

事后审计允许内部团队、业务经理和项目经理质疑项目目标，并提供给他们关于在项目初始设计中制定的策略的实际反馈。通过事先确定不追究责任，公司就能得到可用于规划未来项目的有益信息，也为参加者提供了有意义的学习体验。

审计的结果应该是一份全面的报告，分析项目整体效果、项目管理情况、组织结构是否适合项目以及项目组的具体绩效。审计报告的每个部分都应将实际结果与项目目标进行比较。许多公司会在每个项目完成后根据事后审计报告的内容调整项目管理组织结构。许多公司还会在报告的保密部分评价每个项目组成员的表现，这一成员绩效总结可以帮助管理层决定哪些员工应该参与未来的团队项目。

12.3.5 变革管理

任何信息系统项目都会涉及变革，变革可能会让人心烦意乱。当员工熟悉了他们的特定职责后，多数人都会满足于自己目前的知识技能水平并因此产生安全感，因为他们非常了解自己的工作而且能够胜任。当工作场所出现任何变革时，员工们会担心自己是否具备应对这些变革以及继续做好本职工作的能力，他们经常担心自己可能会失去工作。这些担忧会加剧员工的工作压力，导致士气低下和工作绩效滑坡。

管理学研究人员开发了**变革管理**（change management）策略，帮助员工适应这些工作变化。变革管理技术包括向员工传达变革的必要性、让员工参与变革决策流程、允许员工参与制订变革的计划以及其他让员工感到自己参与变革的技巧。这有助于员工克服可能导致压力和工作绩效下降的无力感。

本章小结

本章概述了初创公司和现有公司如何管理电子商务项目的实施。在确定总目标后，可据此确定具体目标，包括计划的收益和成本目标。收益和成本目标应该用可衡量的指标（如金额或数量）来表示，并且应与组织的业务战略相关联。在开展电子商务项目前，公司应该评估项目的预期成本和收益。有些成本很难识别和估算，比如机会成本。

实施电子商务项目的资金可能来自中型企业或大型企业的内部资源。小型新企业可以从个人储蓄或贷款以及亲戚朋友的投资中获得资金。随着规模扩大，初创公司可以寻求天使投资人，甚至最终转向风险资本家，然后公开发行股票。

投资回报是最常见的电子商务项目评估技术。电子商务项目的收益比大部分其他 IT 项目更难界定及用货币单位量化，因此管理者在使用投资回报率等量化指标评估电子商务项目时一定要谨慎。

成熟公司可以在内部开展电子商务项目，

也可以全部或部分外包，或者使用内部业务孵化器。这种公司应组成一个内部团队，由知识渊博的个人来制定具体的项目目标，并负责实现这些目标。内部团队可以从特定策略中进行选择，如使用孵化器或将项目的各个部分外包，并且应该监督项目内部开发的任何部分的人员配备。较小的公司或初创公司可以开展自己的电子商务项目，但有些小公司使用由另一家公司运营的孵化器或加速器来促进这一过程，使用其中任何一种方法通常都要求所有者让渡新计划的部分股权。

项目管理是计划和控制项目中使用的特定任务和资源的规范方式。它让项目经理在进度、成本和绩效这些项目要素之间进行明智的权衡。大型企业开始采用项目组合管理技术来跟踪和权衡多个正在进行的项目。电子商务项目通常在很短的时间内完成，与其他信息系统开发项目相比失控的可能性很小。

无论项目的某些部分是否外包，公司都必须为电子商务项目配备人员。需要配备人员的关键领域或职位包括业务管理人员、应用程序专家、客户服务人员、系统管理人员、网络操作员、社交网络营销人员和数据库管理人员等。

让所有参与者都能从项目经验中学习的最好办法就是实施事后审计，将项目目标与实际结果进行比较。从这种比较中汲取的经验教训有助于改善未来的项目。

电子商务的实施总是需要变革，而变化可能会让人心烦意乱。变革管理技术可以帮助员工适应变革，并在实施变更时更加合作。

关键术语

24/7 运营（24/7 operation）：网站或服务每周 7 天、每天 24 小时不间断运营。

加速器（accelerator）：是执行类似孵化器功能，但构建活动的方式不同的公司。

客户经理（account manager）：负责记录一个项目使用中的多个网站版本，或者记录要合并建成大网站的多个项目的员工。

天使投资人（angel investor）：为电子商务的初创项目提供资金的投资者。作为投资回报，天使投资人会成为企业的股东，比创始人持有更多的股份。天使投资人提供的资金通常在几十万美元到几百万美元之间。

应用程序专家（applications specialist）：负责维护执行特定功能软件（如商品目录软件、支付处理软件、财务软件、人力资源软件和物流软件）的电子商务团队成员。

业务经理（business manager）：负责实施业务计划的要素并实现内部团队设定目标的，具备在电子商务网站上从事业务活动的经验和知识的电子商务团队成员。

呼叫中心（call center）：为其他公司处理客户来电和电子邮件的公司。

资本投资（capital investment）：公司用于购买地产、工厂或设备等固定资产的主要支出。

资本项目（capital project）：也称为资本投资。

变革管理（change management）：协助员工适应工作变化的过程。

首席信息官（chief information officer, CIO）：公司级别最高的技术经理，负责监督所有业务活动的信息系统和相关技术要素。

局部外包（component outsourcing）：也称为部分外包，公司确定项目的特定部分交给另一家专精某一特定功能的公司来完全设计、开发、实施和运营。

内容创作者（content creator）：负责为网站创作原始内容的人。

内容编辑（content editor）：负责购买现成材料并加以改编后用在网站上的人。

内容经理（content manager）：也称为内容编辑。

数据库管理（database administration）：由人员或团队负责定义组织数据库设计中的数据元素及其数据库管理软件操作。

下游策略（downstream strategy）：提高企业顾客让渡价值的策略。

早期外包（early outsourcing）：聘请外包商做初期的电子商务网站设计与开发，再由外包商培训公司自己的信息系统专业人员，然后把网站的运营交给他们。

孵化器（incubator）：以极低的价格为初创公司提供办公场所、财务与法律咨询、计算机、互联网连接的公司。

首次公开募股（initial public offering，IPO）：首次向公众发行公司股票。

智力资本（intellectual capital）：组织中员工对业务及其流程等知识积累的价值。

晚期外包（late outsourcing）：聘请外包商维护由内部信息系统团队设计和开发的电子商务网站。

导师网络（mentor network）：一个由加速器配备的导师团，与进入正式程序性的企业一起将想法转化为可操作的业务。

指标（metrics）：公司用于评估网站访问者活动价值的衡量标准。

网络操作（network operation）：由网站工作人员负责预测和监控负荷、解决出现的网络问题、设计和应用容错技术，以及管理外包给网络服务商、客户服务商或电话公司的任何网络运营业务。

网络营销经理（online marketing manager）：精通利用网站和其他网络工具（如电子邮件营销）建立品牌和增加市场份额的专门技术的员工。

机会成本（opportunity cost）：因不行动而导致的收益损失。

外包（outsourcing）：聘请另一家公司为信息系统项目进行设计、实施或运营工作。

部分外包（partial outsourcing）：也称为局部外包。

事后审计（postaudit review/postimplementation audit）：项目建成和运营后进行的正式审核。

项目管理（project management）：为实现特定目标而计划和控制活动的规范技术。

项目管理软件（project management software）：提供管理人员、资源和进度的内置工具的应用软件。

项目经理（project manager）：在跟踪项目中特定目标的成本及进展方面受过专门训练或具备特定能力的员工。

项目组合管理（project portfolio management）：把每个项目当成类似投资组合中的一项投资来进行监督的技术。

项目组合经理（project portfolio manager）：负责跟踪所有正在进行的项目并把它们当作一种组合来管理的员工。

投资回报（return on investment，ROI）：用于评估所提议的资本投资的潜在成本和收益的方法。

社交网络管理员（social networking adminis-trator）：负责管理网站运营中的虚拟社区元素的员工。

系统管理员（systems administrator）：了解服务器硬件和操作系统、负责保障系统的可靠和安全运营的电子商务团队成员。

总拥有成本（total cost of ownership，TCO）：与企业业务活动相关的总成本，包括网站设计、编写或定制软件、创建内容和网站运营维护等员工的招聘与培训成本及员工工资，也包括硬件和软件成本。

上游策略（upstream strategy）：企业同供应商或入站物流服务提供商合作，致力于降低成本或创造价值的策略。

风险资本家（venture capitalist）：投资即将快速成长的小公司的超级富豪或者投资公司。通过投入巨额资金（在100万到几亿美元之间），风险资本家试图帮助公司壮大到足以向公众发行股票。

网站图形设计师（Web graphics designer）：受过艺术、布局和构图训练并且了解网页制作的人，负责确保网页的视觉吸引力、方便易用以及各页面间图形要素的风格一致。

网页程序员（Web programmer）：对动态数据库驱动的Web页面设计和编写底层代码的程序员。

复习题

1. 信息技术项目成功实施的两个关键因素是什么?
2. 举出两个关于电子商务活动计划中可能包含的业务战略的例子。
3. 下游策略的目标是什么?
4. 上游策略的目标是什么?
5. 在线零售商如何衡量顾客满意度的提高?
6. 什么是总拥有成本?
7. 举出一个机会成本的例子。
8. 什么是天使投资人?
9. 什么是风险资本家?
10. 什么是首次公开募股?
11. 什么是资本项目?
12. 投资回报法提供了哪些具体的信息?
13. 什么是晚期外包?
14. 什么是部分外包?
15. 什么是项目管理?
16. 在电子商务运营中,数据库管理员的作用是什么?
17. 什么是事后审计?
18. 什么是变革管理?

练习题

1. 当地餐馆 Midtown Bistro 聘请你帮助他们开发新的电子商务项目。该公司希望在其营销计划中积极使用社交网络,并将其整合到自己的网站中。写一两段话,确定 Midtown Bistro 可能希望从该项目中获得的三种收益,然后用一段话说明如何衡量每一个收益目标的实现情况。
2. 用 100 字左右叙述企业可能想要在网上完成的四项活动,并简要说明为什么每一项活动的成功可能难以衡量。
3. 用 100 字左右解释为什么公司在第二次电子商务浪潮中开始创建试点网站。
4. 用一两段话概述企业可用于提高顾客让渡价值的两项电子商务活动。
5. 用 100 字左右列举并简要描述公司在开展电子商务项目时可能采取的四项具体活动。
6. 在第三次电子商务浪潮中,企业不再将其电子商务活动的愿景限制在网站上。用两三段话阐述至少两个无法通过构建或改进网站来实现的电子商务实施。
7. 无论如何衡量实施电子商务所带来的收益,公司通常都试图以货币单位衡量这些收益。用一两段话解释为什么这是一个好的做法。
8. 用一段话列举并简要描述可能包含在电子商务活动总拥有成本中的两个具体的成本。
9. 从电子商务最初发展以来,开展电子商务活动的成本稳步上升。用 100 字左右解释为什么会发生这种变化。
10. 用 100 字左右解释使用投资回报评估电子商务方案的优缺点。
11. 用两三段话解释为什么早期外包经常被用于电子商务活动的某些部分。
12. 用 300 字左右解释孵化器和加速器如何工作。在你的答案中,比较这两种方法,并分别举出至少一个例子。
13. 用 100 字左右概述项目管理软件的功能。在你的答案中,解释此类软件是设计用来防止哪些问题的。

案例

案例 12-1 IdeaMarket

比尔·格罗斯(Bill Gross)15 岁时就创办了自己的第一家公司(太阳能设备制造公司)。从加州理工学院毕业后,他又创办了一家音响设备制造公司和一家教育软件公司,分别卖给了莲花公司（Lotus Software）和圣达特集团（Cendant Corporation）。借助出售这些企业所获收入，格罗斯决定将自己能把创意转化为盈利业务的魔力和挖掘利用网络商业潜力付诸实践，在1996年他与几个合作伙伴一起创建了Idealab公司。

Idealab公司是首批为个体创业者提供孵化器的公司之一。Idealab公司为创业者提供风险资本，并为创业者提供了与其他创业者一起工作和发展商业理念的场所。在第一次电子商务浪潮中，Idealab公司非常成功。尽管所孵化的许多公司都失败了，但不少公司的成功使Idealab公司通过其运营能为几代新企业提供资金。Idealab公司在第一年投资了包括非常成功的CitySearch网站在内的10家新企业，在第二年又支持了包括成功的网站Shopping.com、Tickets.com和WeddingChannel.com在内的10家企业。随后的几年中，Idealab公司还孵化了NetZero、Cooking.com、CarsDirect.com、Picasa和GoTo.com（该公司后更名为Overture，并最终被Yahoo!收购）。然而，Idealab投资的企业也并非全都成功，第一次电子商务浪潮中最引人注目的失败之一就是Idealab投资的eToys公司。但是，Idealab公司的投资成功多于失败，到2000年年初公司资产超过40亿美元。

2000年格罗斯改变了Idealab公司原来定位孵化器的战略，决定整合其已经孵化的公司与亚马逊公司展开竞争。他计划合并孵化器中的10家公司（包括在线专卖店Eve.com和在线珠宝店Ice.com），推出一个名为Big.com的电子集市来推广它们（使用从外部投资者那里筹集到的大量资金）。不幸的是，当格罗斯开始为这个新的电子集市融资时，互联网投资基金断流了。新合并的公司失败了，Eve.com和Big.com也不复存在了。Ice.com的创始人从Idealab公司回购了公司，并将它搬到了老家蒙特利尔（该公司现在盈利不错）。

短短几个月，Big.com的失败加上Idealab公司所持股票的市值下跌，公司资产从40亿美元缩水到2亿美元。2002年1月，44位Idealab公司的投资者控告格罗斯及其他管理层管理不善，索赔7.5亿美元。一年半后，这一诉讼被驳回，格罗斯再次用心经营作为孵化器的Idealab公司。Idealab公司解聘了超过三分之二的员工，并不再接受外部风险投资。现在Idealab公司也不再为那些自己开发创意的创业者提供孵化环境，而仅为Idealab管理团队的创意提供资金。2012年，Idealab公司再次回到了为外部创业者提供资金的定位，并已经重新孵化了一些成功的创意，比如孵化成功了生产低成本3D打印机的公司New Matter。

2014年，格罗斯推出了一个众包市场IdeaMarket，它可以将创意与可能将创意转化为企业的创业者和能为初创公司提供资金的投资者进行匹配。任何有创意，但没有技能也没有资源来发展自己创意的人，都可以把创意发布在IdeaMarket上。提出这个创意的人如果愿意，可以将自己的一部分资金投入这个项目，但大部分资金都是由IdeaMarket批准的其他投资者提供的。有兴趣将这个创意发展为企业的企业家可以提交计划。IdeaMarket网站的访问者可以对商业计划提出改进建议，并可以投票表达赞成或反对。投资者或IdeaMarket最终会对这些计划进行审查，以决定是否向前推进相关项目。拥有这个创意的人获得新企业（如果存在的话，取决于他们投入多少资金）5%到20%的股份，为该计划做出贡献的网站访客分享5%的股份，IdeaMarket得到5%的股份，其余的则属于企业家团队和主要投资者。

问题

1. 格罗斯在一次被广泛关注的TED演讲中指出，在推出新产品或新服务时，成功的关键因素是时机。用200多字来分析Idealab公司在2000年的决定：从孵化器转型为合并下属的公司，试图与亚马逊公司竞争。在分析中讨论这个决定是战略错误还是错误时机的个案。

2. 用200多字解释你认为格罗斯决定转变思维、仅为内部管理团队的创意提供资金的原因。请务必考虑这一变化是否有助于Idealab公司在第三次电子商务浪潮中取得成功。

3. 2009年，一个名为"Quirky"的公司成立了，它是一家使用众包来评估发明人提交的创意的公司。Quirky公司会资助那些最受欢迎的产品创意的开发，如果这些创意是可行的且可以创造利润，那么该公司将与发明者分享利润。尽管Quirky公司有一些成功的产品，但该公司还是在2015年倒闭了。用你最喜欢的搜索引擎或图书馆的资源来了解更多关于Quirky公司的信息，写一份500多字的报告，比较Quirky公司和IdeaMarket公司。在报告中评估两家公司的收入模式，找出Quirky公司失败的原因，并根据你的比较和分析，评价IdeaMarket公司避免类似命运的可能性。

请注意：任课老师将要求学员们分组来完成案例，并要求每个小组在课堂上正式陈述所完成的报告。

案例12-2 戴维斯人力资源公司

戴维斯人力资源公司（Davis Humanics，DH）创办于1982年，向大约7000家公司的近10万名员工提供人力资源服务。DH公司的服务包括工资处理、税务申报、医疗保险和理赔管理以及退休计划管理。DH公司年营业收入20亿美元，员工约1000人。DH公司于1997年上线的网站已发展成为拥有各种连接客户工具的平台。DH公司发展迅速，客户公司规模各异，从员工少于50名的小公司到《财富》世界500强的大公司，不一而足。

随着发展，DH公司遇到难以保证服务质量的问题。每个客户经理都必须负责更多的客户公司，他们很难保证同控制着与DH公司合同的人力资源主管保持个人联系。在过去，客户经理仅需要与一小部分客户公司的联系人合作，但现在客户经理必须与更多人（其中很多人从来没有见过面）一起工作。此外，许多不同的客户公司的雇员还需要定期联系DH公司的运营人员（负责录入工作）、系统管理人员（负责定制DH公司系统与客户系统之间的接口）和专业人员（专业人员是指DH公司的律师、精算师和人力资源专家，负责与DH的客户公司及其法律顾问就它们的退休和福利计划的运作进行协商）。

由于客户公司的规模及运营方式差别极大，DH公司需要灵活处理数据录入工作。例如，DH公司的工资单处理服务允许客户以多种方式提交考勤数据：大型客户公司可以采用定制的计算机间传输，也可以采用EDI传输；大多数中小型客户公司用电子邮件传输考勤信息，但有些中小型客户公司邮寄考勤表，必须由DH公司扫描到其系统中。医疗保险赔付业务更为麻烦，不但要接收客户以不同格式提交的信息，还要按照保险公司要求的特殊格式提交信息，而且不同保险公司的格式还各不相同。

随着新客户公司的增加，DH公司运营越来越复杂。DH公司的运营总监桑迪·希格比（Sandi Higbee）请你帮忙提出一个基于Web的客户关系管理系统（customer relationship management，CRM）的纲要，以帮助客户经理管理日益复杂的客户联系工作。桑迪考察了几家领先的CRM供应商的产品，认为不论选择哪一家产品，都只能是作为基础产品使用，必须进行大量的定制，因为DH公司的运营极其复杂，与大多数向客户出售产品和简单服务的公司差异很大。DH公司的客户关系管理系统必须能够监测客户经理、运营人员、系统管理人员、专业人员同客户的所有接触活动。另外，系统的Web界面要能够支持DH客户公司访问CRM系统的某些部分，以便他们可以跟踪DH公司对其工作请求和待处理查询的进展。

DH公司采用投资回报法评估包括IT项目在内的所有投资项目。桑迪对此感到担忧，因为她认为这个客户关系管理项目的许多收益难以量化。而项目的成本（软硬件采购费以及付给按DH公司特定需求完成软件定制的顾问的咨询费）却很容易量化而且金额很大。桑迪期望供应商顾问团队对该项目的投标报价在100

万到 200 万美元之间。

问题

1. 准备一份报告概述 DH 公司期望从客户关系管理项目中获得的收益。将列出的收益分类阐述，如分别确定 DH 公司的客户经理、运营人员、IT 人员和专业人员可能获得的收益。DH 公司的客户公司也将受益，列出 DH 公司的营销部、销售部、新产品开发部将获得的收益。确保你的报告包括项目实施几年后对公司可能产生的长期收益。

2. 给 DH 董事会准备一份一页的备忘录，阐述你反对使用投资回报法来评估该项目的理由。请记住，这些董事没时间审查你的论点，并且非常倾向于用投资回报法评估所有项目。

请注意：任课老师将要求学员们分组来完成案例，并要求每个小组在课堂上正式陈述所完成的报告。

延伸阅读

Alton, L. 2015. "Five Reasons Why a Good Business Idea Is Never Enough to Succeed," *Entrepreneur*, September 2. http://www.entrepreneur.com/article/249886

Anthes, G. 2008. "What's Your Project Worth?" *Computerworld*, 42(11), March 10, 29–31.

Aragon, L. 2004. "Idealab: Bubble Fund Finds Itself Back at Square One," *Venture Capital Journal*, 44(6), June, 20.

Armour, P. 2010. "Return at Risk: Calculating the True Likely Cost of Projects," *Communications of the ACM*, 53(9), September, 23–25.

Blazier, A. 2003. "Far from Dead, Idealab Continues to Build for Future," *San Gabriel Valley Tribune*, July 12, C1.

Boyer, A. 2012. "Social Media for Small Businesses with 'No Time,' " *BlogWorld*, February 25. http://www.blogworld.com/2012/02/25/social-media-for-small-businesses-with-no-time/

Brandel, M. 2008. "Xtreme ROI," *Computerworld*, 42(7), February 11, 30–33.

Casserly, M. 2013. "Can This Y-Combinator Startup's Technology Keep Couples Out of Divorce Court?" *Forbes*, April 10. http://www.forbes.com/sites/meghancasserly/2013/04/10/wevorce-y-combinator-technology-divorce-court/

Cendrowski, S. 2012. "Nike's New Marketing Mojo," *Fortune*, February 27, 81–88.

Cerpa, N. and J. Verner. 2009. "Why Did Your Project Fail?" *Communications of the ACM*, 52(12), December, 130–134.

The Economist. 2014. "Special Report: Tech Startups, a Cambrian Moment," January 14, 1–14.

Fisher, T. 2009. "ROI in Social Media: A Look at the Arguments," *Journal of Database Marketing & Customer Strategy Management*, 16(3), September, 189–195.

Fleming, Q. and J. Koppelman. 2003. "What's Your Project's Real Price Tag?" *Harvard Business Review*, 81(9), September, 20–21.

Forrest, C. 2014. "Accelerators vs. Incubators: What Startups Need to Know," *TechRepublic*, November 17. http://www.techrepublic.com/article/accelerators-vs-incubators-what-startups-need-to-know/

Gerber, S. 2015. "Thirteen Things Tech Founders Should Look for in an Incubator or Accelerator," *Mashable*, June 4. http://mashable.com/2015/06/04/tech-incubator-accelerator/#Rigzv47apqkN

Grimes, A. 2004. "Court Deals Blow to Investors' Suit against Idealab," *The Wall Street Journal*, June 30, B6.

Gross, B. 2015. "The Single Biggest Reason Why Startups Succeed," *TED2015*, March. http://www.ted.com/talks/bill_gross_the_single_biggest_reason_why_startups_succeed

Haeussler, C., H. Patzelt, and S. Zahra. 2012. "Strategic Alliances and Product Development in High Technology New Firms: The Moderating Effect of Technological Capabilities," *Journal of Business Venturing*, 27(2), March, 217–233.

Hof, R. 2014. "With IdeaMarket, Idealab's Bill Gross Wants to Create One Million

Startups," *Forbes*, September 8. http://www.forbes.com/sites/roberthof/2014/09/08/with-ideamarket-idealabs-bill-gross-wants-to-create-1-million-startups/

Jepson, K. 2009. "How Two Credit Unions Are Achieving Banner ROI on Their Web Sites," *Credit Union Journal*, September 21, 1–15.

Keefe, P. 2003. "Backing Up ROI," *Computerworld*, 37(12), March 24, 22.

Keen, J. and R. Joshi. 2011. *Making Technology Investments Profitable: ROI Roadmap from Business Case to Value Realization*. Second edition. Hoboken, NJ: Wiley.

Keil, M. and D. Robey, 1999. "Turning Around Troubled Software Projects: An Exploratory Study of the De-Escalation of Commitment to Failing Courses of Action," *Journal of Management Information Systems*, 15(4), 63–87.

Kerzner, H. 2013. *Project Management: A Systems Approach to Planning, Scheduling, and Controlling*. Eleventh edition. New York: John Wiley & Sons.

Kirsner, S. 2015. "Incubator and Accelerator Update: Mobile, Financial Services, Healthcare," *beta Boston*, February 17. http://www.betaboston.com/news/2015/02/17/incubator-accelerator-update-mobile-financial-services-healthcare/

Lacity, M. and L. Wilcocks. 2013. "Outsourcing Business Processes for Innovation," *MIT Sloan Management Review*, 54(3), 63–69.

Lagorio-Chafkin, C. 2015. "What Happened to Quirky?" *Inc. Magazine*, September 15. http://www.inc.com/christine-lagorio/what-happened-to-quirky.html

Levy, S. 2013. "Y Combinator Is Boot Camp for Startups," *Wired*, May 17. http://www.wired.com/magazine/2011/05/ff_ycombinator/all/

Mathiassen, L. and T. Tuunanen. 2011. "Managing Requirements Risks in IT Projects," *IT Professional*, 13(6), November–December, 40–47.

McConnell, S. 1996. *Rapid Development: Taming Wild Software Schedules*. Redmond, WA: Microsoft Press.

Metz, R. 2012. "The Startup Whisperer," *Business Impact*, February, 16.

Nocera, J. and E. Florian. 2001. "Bill Gross Blew Through $800 Million in Eight Months (and He's Got Nothing to Show for It): Why Is He Still Smiling?" *Fortune*, 143(5), March 5, 70–77.

Phillips, J., W. Brantley, and P. Phillips. 2012. *Project Management ROI*. Hoboken, NJ: Wiley.

Reitzig, M. 2011. "Is Your Company Choosing the Best Innovation Ideas?" *MIT Sloan Management Review*, 52(4), 47–52.

Rich, N. 2013. "Pitch. Eat. Sleep. Pitch. Eat. Sleep. Pitch. Eat. Sleep. Pitch. Eat. Sleep. Pitch. Eat... Silicon Valley's Startup Machine," *The New York Times*, May 5, MM36–MM48.

Sawhney, M. 2002. "Damn the ROI, Full Speed Ahead: 'Show Me the Money' May Not Be the Right Demand for E-Business Projects," *CIO*, 15(19), July 15, 36–38.

Schonfeld, E. 2007. "The Startup King's New Gig," *Business 2.0*, 8(9), October, 68.

Schwalbe, K. 2013. *Information Technology Project Management*. Seventh edition. Boston, MA: Course Technology.

Schwalbe, K. 2015. *Introduction to Project Management*. Fifth edition. Minneapolis, MN: Schwalbe Publishing.

Shu, C. 2013. "Seoul-based Accelerator SparkLabs' Latest Class Includes Wearable Tech and Mobile Game Makers," *TechCrunch*, December 4. http://techcrunch.com/2013/12/04/seoul-based-accelerator-sparklabs-latest-class-includes-wearable-tech-and-mobile-game-makers/

Silverster, J. 2015. "The Rise and Fall of Quirky: The Start-Up That Bet Big on the Genius of Regular Folks," *New York Magazine*, September 13, 2015. http://nymag.com/daily/intelligencer/2015/09/they-were-quirky.html

Taylor, H., E. Artman, and J. Woelfer. 2012. "Information Technology Project Risk Management: Bridging the Gap Between Research and Practice." *Journal of Information Technology*, 27, 17–34.

Wortham, J. 2013. "A Missing Revenue Stream from Mobile Apps," *The New York Times*, December 14, BU3.

Yourdon, E. and P. Becker. 1997. *Death March: The Complete Software Developer's Guide to Surviving "Mission Impossible" Projects*. Upper Saddle River, NJ: Prentice Hall.